JN203819

倫理学と法学の架橋

ファインバーグ論文選

J・ファインバーグ 著
嶋津　格・飯田亘之 編集・監訳

東信堂

まえがき ――訳者解説にかえて

嶋津　格

> ここ数十年にわたってジョエル・ファインバーグの著作は、英語圏の法・政治・社会哲学においてもっとも（the most）影響力のあるそれであり続けている[1]。

1994年に出版されたファインバーグを記念する論文集（以下 *In Harm's Way* として言及する）の冒頭にあるこの文は、少なくとも話を「英語圏」に限れば、決して誇張ではない。たとえば、10年ほど前にオーストラリアで哲学の学位を取って帰国した若き友人の話でも、彼は指導を受けた教授達から、（言語分析的な手法を採る）哲学論文の手本として「ファインバーグを読みなさい」と言われた、とのことである[2]。

しかし、本論文集に収録されている各論文をお読みいただければわかるように、ファインバーグの論文は、ある意味「ローカル」であり、そのことが彼の影響力が英語圏に限られる傾向をもつ原因であるかもしれない。ファインバーグの議論は、それが論じられる環境、つまり英語圏の中に共有されている、明示的・非明示的な前提に依拠し、その一部を再構成したり批判したりしながら進行する。どんな議論もそれが行われる場（トポス）との関連なしに説得力をもつことはないから、一般的にはこれは当然である。ただ、彼の議論進行の道具となる言語分析は、英語の用法――それは場合によって類似語間の微妙なニュアンス上の差異に着目する――を手がかりとするから、英語でものを論じ考える世界での教養・前提・沿革・常識の色彩を強く帯びることになる。それに加えて、倫理的諸問題を扱う場合に、法科大学院の教授でもあったファインバーグは、米国の裁判例を取り上げることも多い。もちろん哲学者・倫理学者として彼がそうする場合、法律家がするように法のあるべき解釈と適用を目指しながら既存の法を前提にして事例を論じるわけではなく、むしろ現行の法的処理自体を自覚的にまな板に載せ、それを批判的に扱うために問題となった実際の法的事件を取り上げるのである。それでもそれらは、あらゆる法＝裁判問題がそうであるように、まずはその法圏に住む人々にとっての「実定法」に対するローカルな関心対象であり、その外における普遍的レレバンスは直ちには理解されにくい。

私は自分の議論の中では、法を説明項（explicans）として扱う法解釈学または官僚的用語法と、法を被説明項（explicandum）として扱う法の哲学（日々の法実践中にあるものを含む）とを区別している。もちろん後者の場合にも、議論を展開するための何らかの前提は必要である。その意味では本書は、ファインバーグが各論文で、何を前提にしてそれぞれのテーマを論じているかを意識しながら読んでみることでも、その意義（あるいは限界）が理解できるだろう。上記のオーストラリアの哲学の指導教授が、外国から来た論文執筆中の院生に教えたかったのは、この点でのファインバーグの技の冴え、であったのかもしれない。普通その種の技は、学生がみずから設定した手本の中に沈潜し、そこから世界を眺めそれをまねることで、はじめて自分のものにできるのであって、中途半端に明示化して暗記（マニュアル化）してみても、それを身につけることはできないものだからである。むしろ議論展開のための前提の多くは、論敵相互間にも暗黙のうちに共有されていて、明示的には語られないし、有意義な論争はそのようにしてしか成立しないのではなかろうか。何は語らないまま残し、何を自覚的に取り上げて論じるのか。そしてその際、いかなる立場を論敵として選ぶのか。よい論文を書くためには、その種の選択が何よりも難しいのである。

では、そこでファインバーグが前提としているものをあえて名指しすれば、それは何だろうか。結論的にはそれは、アメリカ社会の基底にある、「リベラリズム」である。その内容はもちろん、広く解釈に開かれているが、同時にそれは、何らの前提なく普遍的に妥当する、というものでもないだろう。これに関して、*In Harm's Way* の序文の中の私が興味を惹かれた一節から引用すれば、

> リベラリズムを抽象性と不毛性のゆえに論難する、マッキンタイアやサンデルのような「共同体論者」や「文脈主義者」たちがそろって、〔遠巻きにするだけで〕ファインバーグの作品にかかずらうことをしないの

> は興味深い。しかしまさにここにこそ我々は、明確な歴史的文脈の内部において一定のタイプの社会と政治文化がもつ共通の価値の上に築かれた、生きている教義としてのリベラリズム、またはその1つの解釈、を見出すのである[3]。

要するに、リベラリズムは反リベラリズムと対抗する局面では、1つの価値であり、1つの価値にすぎない。できるだけ広い多様な価値をその内部に包摂しようとする指向を定義上伴うとはいえそれは、指向またはクレイムとしてはともかく、現実としては地域性と歴史性を超越しているわけではない。昨今のイスラミストからの挑戦（それは何よりも、西洋社会の中に深く組み込まれているリベラリズムに対する挑戦と理解すべきである）を見るにつけても、我々はこの点を自覚せざるをえない。個人の自由や尊厳を歯牙にもかけないような、そして場合によって諸問題へのリベラルな対応自体を軽蔑の対象とするような、価値観・教義は、現実には今でも全世界の人口のかなりの部分を支配している。たとえば（宗教的・政治的・文化的権威への）「服従」を、「自由」や「人権」以上の価値として掲げるような文化圏では、リベラリズムが直ちに受け入れられることはないのである。

しかし同時に上記の引用文がいうように、一定の解釈の下でのリベラリズムは、アメリカにおける憲法関連の法典や蓄積された判例、そしてアメリカ社会の政治文化が体現している価値でもある。そしてその「真理性」は、そのようなローカルな文脈のみに依存しないかもしれない。つまり、日本をも含む別の文脈においても、「同じ」リベラルなドクトリンの妥当性が論証されるなら、そのドクトリンはより「普遍的」なものに近づくだろう。私は規範的問題についても、数学の証明や解答に似て、特定の推論のみに依存せず複数のルートによってその正しさを論証できる、ということが「真理」の条件だと考えてきた。だから、たとえば日本の文脈で、推論のルートは同じでないかもしれないが、同じリベラルな結論が論証されるなら、リベラリズムはより強固なものになるだろう。アメリカ人将校たちが占領下で短期間に起草した、いかにも「バタ臭い」憲法典を現行の憲法として掲げ、それを大いに気に入っているように見える日本の国民、というトポスにおいてこれが可能なのは、当然すぎることなのかもしれないが。

【本書所収論文と部の構成など】

ジョエル・ファインバーグ（1926-2004年）の浩瀚な著作[4]の中心は、J.S. ミルの『自由論』から出発してそれを実践的に適用可能なレベルにまで敷衍し、自由擁護の観点から刑法による権力的介入の限界を論じた、*The Moral Limits of the Criminal Law* 4部作（以下 *Moral Limits* という）である。これは、第1巻 *Harm to Others*（1984年）、第2巻 *Offense to Others*（1985年）、第3巻 *Harm to Self*（1986年）、第4巻 *Harmless Wrongdoing*（1988年）として、Oxford University Press から出版されている。彼による詳細な具体的検討の結果は、単純なミルの他害原理（「個人への介入が許されるのは、他者への加害を防止するためだけである」）が、一部修正されたり（加害ではなくとも他者に深甚な迷惑となる行為の禁止や、自傷的行為への限定的介入なども容認される）、より具体化されたりしており、圧倒的な5刑法の限界画定論の風格をもつ。この *Moral Limits* についても邦訳が期待されるが、今回ファインバーグの翻訳作業をしてみて言えるのは、そのための労力はかなりのものになりそうだということである。

本書で訳出した諸論文は、この4部作（1984-88年）を挟んで出版された、次の3冊の論文集に収録されているものの中から選択した[6]。①と②は *Moral Limits* 以前、③は *Moral Limits* 以後の出版である。

① *Doing and Deserving: Essays in the Theory of Responsibility*, Princeton University Press, 1970.

② *Rights, Justice and the Bounds of Liberty: Essays in Social Philosophy*, Princeton University Press, 1980.

③ *Freedom and Fulfillment: Philosophical Essays*, Princeton University Press, 1992.

本書においては、論文を出版順に並べることも考えられたが、方針として出版年度にとらわれず、一応主題ごとに3つの部に分けることにした。第1部「自由・介入・正義」に入れた論文は、主題的には *Moral Limits* に繋がってゆくもので、これらはすべて *Moral Limits* 出版以前に出ている。「1章　自由人の観念」は、歴史的文脈も含めて「自由人」の概念を追ったものである。自律的統合が行われ行動が安定していること（この逆は恣意的で予測不能であること）は、自由と順接逆接いずれに接合するのか、といった問題を扱っており、多彩な分析は独立にも楽しめる内容かと思う。「3章　法的パターナリズム」は、*Moral Limits* では第3巻の harm to self 論の中心テーマであって、この論点に触れる場合にほぼ必読文献として挙げられる、著名な論文である。「4章」は *Moral Limits*、特にその第2巻の offence 論に直接つながる。第5章はデザート論であり、分配的正義に一応関わっているが、ファインバーグの結論はむしろその関連を強く取りすぎることを警告している[7]。

第2部「道徳的権利はあるか」は、9章から11章の道徳的権利3部作が中心的に、この問題を扱っている。ここでは、法的権利とは独立に道徳的権利を認めることの意義を論じている。権利を承認した場合とそうでない場合とで、人の行動が変化する。そしてその変化は、権利に言及せずに説明することが難しい。ファインバーグがそういうわけではないが、例えば宗教も同じであって、特定の神を信じる人とそれ以外の人では行動が異なる、という点は、宗教社会学のイロハでもある。そしてファインバーグは権利について、この変化を歓迎すべきものとして擁護する。ある種、権利の存在論ともいえる原理論的な論文群である。

第3部「動物と未来世代の権利・安楽死・他」は、1部と2部の原理論的な立場を適用して、ファインバーグが現代社会のいくつかの実践的な倫理問題を論じている論文を集めた。12章は動物の権利論、12・13章は子供の権利、世代間正義、環境問題、を扱う。15章の安楽死論も、現代世界、特に高齢化社会の先端を走る日本社会では避けられない論点である。17章の刑罰論は、特別予防論と一般予防論に刑罰論を解消するのではなく、罰を通して社会の罪に対する非難が表出される点に着目する。帰結と独立に行われる社会の非難感情表出と、それに応答する犯罪者、というモデルは、応報刑論の基礎にあるものかと思うが、語られてみるとなるほど、という「王様は裸だ」的な説得力をもつ論文だと私は感じた。当然とはいえ、人間はこのチャンネルを通しても応答しあうものだ、という点は、合理的人間モデルしか見えない論者の盲点になっているかもしれない。

【いくつかの細部にかかわる情報】

本書所収の論文は、長期に及ぶ時間にわたって書かれていることもあって、その間のファインバーグのスタイルも変化している。特に、各論文の節について、I, II, III, など番号のみを振っている論文と、見出しをつけている論文とがある。これについては、読者の便宜を考えて、見出しのない節には、私(嶋津) の方で適当な見出しをつけさせていただいた。

初出年	収録論文集	本書の章番号	部	節見出し
1961	① DD	16	3	×
1963	① DD	5	1	× #
1965	① DD	17	3	× #
1966	② RJBL	7	2	○
1971	② RJBL	3	1	×
1973	② RJBL	1	1	○
1973	② RJBL	4	1	×
1974	② RJBL	6	1	×
1974	② RJBL	12	3	○*
1978	② RJBL	2	1	×
1979	② RJBL	8	2	×
1980	③ FF	13	3	○*
1980	③ FF	14	3	○*
1990	③ FF	9	2	○*
1990	③ FF	10	2	○*
1990	③ FF	11	2	＼
1991	③ FF	15	3	○*

上の表は、本書所収の論文を発表順に並べ換えた（並べ戻した）ものである（「初出年」参照）。①～③は、それらが収録された上記の英文論文集の番号である。ご面倒かもしれないが、「本書の章番号」で当該の論文を特定していただきたい。「部」は本書で分類した1～3の部である。「節見出し」で×のつい

ている論文は、元の論文には節の番号のみで見出しがなく、嶋津が見出しを適当に補ったものである。11章の論文（道徳的権利の擁護：その憲法における重要性）には、もともと節が設けられていない。他の論文の節も、区分自体はファインバーグの設定したものであって、訳者が勝手に節の区分を操作した箇所はない。ただ、ファインバーグが節の見出しのみを付けているもの（○＊）には、I, II, III などの番号をふって他の章と形式を整えた。また、節より下の区分けで、タイトルのみで番号のふられていない（款または項にあたる）もの（#）についても、同様に i, ii, iii などの番号をふった。

必要な場合にこの表を、訳者の浅薄な理解を反映した操作を解除するための情報として利用いただけるかと思う。各論文の部（嶋津が勝手に設けた分類）への所属を解除し、補われた節の見出しを解除し、論文を元の形で発表された順に（発表当時の世情や論壇事情も勘案しながら）読む、といったことである。当然、ファインバーグのテキストは、我々訳者が理解した以上の内容を含んでいるに違いないから、このような操作の解除が役立つことも、大いにありうると考える。文法に従った忠実な翻訳文は、訳者の理解している程度を越えて原文の趣旨を読者に伝達することができる場合が多い、という印象を私はもっている。願わくば本訳書も、そのように働いてほしいものである。

各論文の翻訳は、各担当者の訳文を、飯田と嶋津がチェックして改善（と信じる）意見を出し、各担当者との間で相互にアイデアを何度か交換した。一部の論文は千葉大学大学院の授業の中で、原文と訳文をスクリーンに映しながら院生たちと検討した。また飯田が編集してきた生命倫理資料集のために、かなり以前に各担当者が用意した訳文が元になっているものもある。なので、残っている欠点は飯田と嶋津が非難を受け、優れた訳文は担当の訳者達が賞賛を受ける、という扱いがもっとも簡便な処理であろう。

各論文の翻訳権に関する処理は、すべて飯田が行った。本書の場合、３冊の英文の論文集はあるのだが、翻訳権については個々の論文ごとにそれぞれの版権者と交渉することが必要であった。その結果、この交渉が成功せず、重要な論文なのに本書に収録できなかった論文もいくつかある。版権者を特定し、多くのメールや郵便をやり取りし、ほとんどが少額ではあるが版権料

を振り込み … といった作業の上に、本書が成り立っている点も、ここに記しておきたい（別紙英文 Copyright Arrangement 参照）。

それから、本書の出版を引き受けて下さった東信堂の下田勝司氏に、訳者全員からのお礼を申し上げたい。その他、もう５年ほどこの翻訳に携わっている間に、お世話になった多くの方々、特にファインバーグのコロキアルな英文に悩まされた時に適切なアドヴァイスをいただいた日英バイリンガルの若き友人、加賀貴雄氏にもこの場を借りてお礼を申し上げたい。

註

1　Jules L. Coleman and Allen Buchanan eds., *In Harm's Way; Essays in Honor of Joel Feinberg*, 1994, Cambridge University Press, p. I, 明示されていないので誰がこの文を書いているかは不明であるが、多分二人の編者のどちらかであろう。

2　井上彰東京大学准教授による。

3　*In Harm's Way*, p. vii.〔〕内は、文の意図の理解に資すると考えて訳者が加えた。

4　*In Harm's Way* の巻末には、1992 年までの業績として、101 点が挙げられている。それ以降、2004 年に死去するまでにも、ファインバーグは重要な論文を書いており、その一部は下の注 6 に挙げた論文集に収録されている。

5　英文の Wikipedia では、「しばしば「magisterial（威厳のある）」と形容される」としている。

6　これ以外に、最後に出版された *Problems at the Roots of Law: Essays in Legal and Political Theory*, Oxford University Press, 2003, があり、そこにも重要な論文が含まれるが、あまりに法哲学に偏ることを恐れたこともあって、本書には入れなかった。

7　この論文については、亀本洋『ロールズとデザート —— 現代正義論の一断面』2015 年、成文堂が、「第 3 章ファインバーグのデザート論」において詳細に検討していて出色である。ただ本書においては、かなり複雑な議論を要するであろうロールズとファインバーグの比較という魅力的なテーマに立ち入ることは禁欲し、それは別の機会に譲ることにする。参照、拙稿「平等妄執（obsession）を抉る」『法と哲学』第 2 号、2016 年。

目次／倫理学と法学の架橋　ファインバーグ論文選

Copyright Arrangement

Joel Feinberg is the author of all the articles below.
Original copyright notice is shown in the 1st page of the Japanese translation of each article.

number	**original publisher**	**journal etc.**	**with kind permission from / date of permission acquired**
	original article title (# shows that the title was changed later in the collected works)		
1	Routledge & Kegan Paul, Ltd.	James F. Doyle (ed.) *Educational Judgments* (1973), pp.143-169	author 19940804
	The Idea of a Free Man		
2	D. Reidel Publishing Company, Dordrecht, Holland	Alvin I. Goldman and Jaegwon Kim(eds.), *Values and Morals: Essays in Honor of William K. Frankena, Charles L. Stevenson, and Richard B. Brandt*(1978), pp. 21-35	Springer Science+Business Media B.V. 20110318
	The Interest in Liberty on the Scales		
3	*The Canadian Journal of Philosophy*	*The Canadian Journal of Philosophy*, Vol.1, No.1(Septemper 1971), pp. 105-124.	*The Canadian Journal of Philosophy* / 20110112
	Legal Paternalism		
4	The Press of Case Western Reserve University	Norman S. Care and Thomas K. Trelogan (eds.), *Issues in Law and Morals: The proceedings of the 12th Oberlin Colloquium in Philosophy*(1973), pp. 83-109.	Oberlin College and the author 20050927
	"Harmless Immoralities" and Offensive Nuisances #		

No.	Publisher	Source	Rights
5	Prentice Hall Inc., Atherton Press	Carl J. Friedrich and John W. Chapman (eds.), *Nomos VI: Justice* (1963) , pp.69-97.	Pearson Education 20140225
	Justice and Personal Desert		
6	Cornell University	*The Philosophical Review,* Vol. 83(1974), pp. 297-338.	in the public domain
	Noncomparative Justice		
7	*The American Philosophical Quarterly*	*The American Philosophical Quarterly*, Vol.3, No.2(April 1966), pp. 137-144.	*The American Philosophical Quarterly* / 20110729
	Duties, Rights, and Claims		
8	Martinus Nijhhoff	*The Journal of Value Inquiry,* Vol. 4(1970), pp. 243-57.	Springer Science+Business Media B.V. / 20110318
	The Nature and Value of Rights		
9	Oxford University Press	*Oxford Journal of Legal Studies* 12(2)(Summer 1992), pp. 149-169.	Oxford University Press 20151005
	In Defense of Moral Rights #		
10	Ridgeview Publishing Co., Atascadero, CA.	James E. Tomberlin (ed.), *Philosophical Perspectives*, vol. 6, Ethics(1992), pp. 175-198.	Ridgeview Publishing Co. 20110608
	The Social Importance of Moral Rights #		
11	Princeton University Press	Joel Feinberg, *Freedom and Fulfillment: Philosophical Essays*(1992), pp. 245-259.	Princeton University Press 20110411
	In Defense of Moral Rights: Their Constitutional Relevance		

<table>
<tr><td rowspan="2">12</td><td>The University of Georgia Press</td><td>William T. Blackstone (ed.), Philosophy and Environmental Crisis(1974), pp. 43-68.</td><td>The University of Georgia Press
20110618</td></tr>
<tr><td colspan="3">The Rights of Animals and Unborn Generations</td></tr>
<tr><td rowspan="2">13</td><td>Littlefield, Adams & Co.</td><td>William Aiken and Hugh LaFollette (eds.), Whose Child ? Children's Rights, Parental Authority, and State Power(1980), pp. 124-153.</td><td>Rowman & Littlefield Publishers
20110210</td></tr>
<tr><td colspan="3">The Child's Right to an Open Future</td></tr>
<tr><td rowspan="2">14</td><td>D. Reidel Publishing Company</td><td>Peter van Inwagen (ed.), Time and Cause(1980), pp. 255-281.</td><td>Springer Science+Business Media B.V.
20110318</td></tr>
<tr><td colspan="3">Absurd Self-Fulfillment</td></tr>
<tr><td rowspan="2">15</td><td>Blackwell Publishers</td><td>Ratio Juris Vol 4, No. 2(July 1991), pp. 131-51.</td><td>Blackwell Publishers and the author / 19940607</td></tr>
<tr><td colspan="3">Overlooking the Merits of the Individual Case: An Unpromising Approach to the 'Right to Die' #</td></tr>
<tr><td rowspan="2">16</td><td>Cornell University Press</td><td>The Philosophical Review 71(1962), pp. 340-351.</td><td>in the public domain</td></tr>
<tr><td colspan="3">Problematic Responsibility in Law and Morals</td></tr>
<tr><td rowspan="2">17</td><td>Open Court Publishing Company</td><td>The Monist, 49/3(July 1965), pp. 397-423.</td><td>Open Court Publishing Company / 20110523</td></tr>
<tr><td colspan="3">The Expressive Function of Punishment</td></tr>
</table>

倫理学と法学の架橋
——ファインバーグ論文選——

第1部
自由・介入・正義

〔訳者〕

第1章
自由人の観念
The Idea of a Free Man

ピーターズ教授の見事な小論には、2つの主要なねらいがある。すなわち、(1) 広く賞賛されている理想的性格をこれまでより明確に言語化すること、及び (2) いかにしてその個人の卓越性が「学習」されうるか、あるいは、少なくともある種の制度的な環境によって促進されうるか、を考察することである。問題にされている性格上の特徴は、「自由」という光り輝く名前を、性格の徳目ではない当惑させる様々な他のもの、例えば、ある種の制度的な配置や支配システム、と共有しているそれである。ピーターズは、一方では自由人という理想を、他方では自由な社会システムの本質を分析すれば、教育政策の目的に役立ち、心理学上の学習理論の帰結と調和するあり方で、それら二つの関係をよりよく解明できるようになるだろうと期待した。私はピーターズのこれらの目的は彼の小論によって大幅に達成されていると考えており、それ故に私の論評は、彼が触れずに済ませなければならなかった一つの関連するトピックに限定しよう。

ピーターズが、「学校のような社会的文脈で『自由』が意味するものと『自由人』が意味するもの」とを詳しく検討することは「それら二つの関係について…いくつかの示唆」[1] をもたらしうる、と書く時、彼は道具的な関係を考えている。彼の関心は、いかにして自由な制度的環境が個人の性格上の特徴としての自由をもたらすのに役立ちうるか、を伝えることにある。私の意図は、この二種類の自由の間にある道具的なというよりもむしろ概念的な関係を考察することで、彼の小論を補足することにある。我々が個人について彼は自由だと言う時に意味しているかもしれない様々なことを概観することから、私の考察を始めよう。

I …から自由である（free from）、と…する自由がある（free to）

「彼は自由である」とはまず、ある人が特定の何かを、したり、しなかったり、それであったり、それをもったりしたいという、彼がもつあるいはもつかもしれない願望に対して、幸いにも障害や制約がない状態にある、という単称判断の省略表現でありうる。これらの単称判断を、三つの空欄をもつ単一の分析的な式で表現すると有益である。すなわち、

――は――する（しない、である、をもつ）について――から自由である。

誰の自由が問題になっているかは、文脈から完全に明らかな場合がある。また特に、何ら名詞や代名詞なしに形容詞に依拠して我々が、大仰に「経済的」自由または「宗教的」自由について語る時、明瞭さと多義性防止のために、この式の最初の空欄を書き入れなければならない場合もある。他の場合には話者は、彼の主張の主体が自由に何をするのかは充分明確に意識しているが、今いかなる制約から自由であるのかは極めて曖昧である。おそらく彼が熱心に伝えたいのは、その人がXをすることを現に妨げるものが何もないということにすぎず、その場合、彼の発言は、今やその人に開かれている新しい選択肢を強調しようとしているだけであり、だから、存在しない制約に関するいかなる特定の記述も彼の意味するものを補完する必要がない。しかしながら、もし問われているそのXが、我々の大多数がいずれにしてもそれをするのが通常自由であるような何かであるならば、話者が、Xをしたいという彼の願望に対するどのような制約が、元々存在していて今や除去されたのか、をより詳細に述べるまで、我々は話者が何を言いたいのかと当惑するかもしれない。しかしこの種の当惑が起きない場合、特定の存在しない制約に関するいかなる記述も、明瞭さのために必要ではない。

他の場合には、話者が自由を主張するについての主要なまたは専らの強調点は、ある特定の存在しない制約にあるかもしれない。例えば彼は、単にある特定の願望に対する一つの嫌悪していた障壁が取り払われたことを理由に、「自由である」と主張するかもしれない。そのまさに同一の願望に対する他

の障壁がいまだに残っている、と認める時でさえも。その場合、彼の主張はその取り除かれた制約を強調しているだけであり、新しく主張される自由は、彼が以前にはできなかったことをすることができるようになった、ということを含意しない。彼はXすることに対する1つの障壁から自由であり、そのことは一つの抑圧的な負荷からの救済として祝福すべきだと思えるかもしれない。しかし彼は、いまだにXすることはできないかもしれない。極端な限界事例では話者は、いかなる将来の行動にも何ら関心をもたないかもしれないし、選択できる新たな代替案の存在は、自分はCから自由であると主張する時に意図している意味には入っていないかもしれない。彼は、なんらかの嫌悪していた状況が取り除かれたことで頭がいっぱいで、それが自分の他の願望または選択肢にどんな影響を与えるかまではまったく考えていないかもしれない。彼は、自分を縛る鎖を憎んでいるだけで、「自由」とは専らそれを取り除くことにある、と考えているかもしれない[2]。この稀ではない限界事例では、…からの自由（freedom from...）は、ある人がそれから自由であると言われる当のものなしでいるという自由以外には、新たな…する自由（freedom to...）を何ら含意しない。

しかしながらより典型的には、制約の不在という言葉を用いる時に我々が含意しているのは、したい（あるいは、したくなるかもしれない）ことが何かあって、その制約がそれを妨げていること、そして、その制約から自由であるとは、その制約がそれをするのを妨げていること、をすることができるということである。それ故この典型的な事例では、「からの自由」と「する自由」とは、同じコインの両面であり各々が他方と関連しているのであって、何人かの論者が示唆してきたような、二種類の根本的に区別された自由というわけではない。実際、特定の制約を、それが実際に制約しているまた制約しうる願望（つまり、専らそれから救済されたいという願望以外の様々な願望）に言及することなしに、完全に特徴づけることは困難である。離婚裁判所の外で、今や（おそらく、彼の妻であった女性から）自由であると告げる男は、結婚していた時には満たせなかったいかなる願望を今や満たせるのかを特定しない限り、我々を十分理解させたことにはならない。（乏しい情報のままこのことについて我々が想像するに委ねるのは、彼の側からして極めて有害な対世間対応になるかもしれない。）理由がそれ以上特定されなければ我々は、彼には今や妻がなく、そのことをかなり喜んでいると知るのみである。しかし先に見たように、そのことが、彼が自由であると言った時に考えたすべてなのかもしれない。

自由には二つの主要な概念、類型、理想があり、一方は積極的で他方は消極的なそれであって、様々なイデオロギーは、それらの一方、他方、もしくはその両方を用いる、または強調する限りで、衝突するのだ、としばしば言われてきた。この区別に大きな重要性があると考えた論者たちはしばしば、重要な洞察をもっていた。しかしたとえそうであったとしても、彼等の洞察は、ここで与えられる「単一概念」分析を使えば、より簡潔に維持、表現しうる。私が言及する論者たちは、別物だとされる二つの自由概念の一方、すなわち「消極的」なものだけが制約の欠如として分析されるべきである、と主張する。これらの哲学者の主張では我々は、X をしたいという願望に対するあらゆる制約から免れている（free of）が、依然として X をする自由はない、ということがありうる。したがって彼等は、「積極的自由」（…する自由）は制約の欠如以外の何かである、と結論づけるのである。

積極的自由と消極的自由とを区別するこのやり方は、私の考えでは、ある制約の観念が人為的に限定されている場合にのみ、もっともらしいものに見える。しかしながら実際は、制約の種類についての相互が交差するような二つの重要な区別が可能であり、ひとたびこの二つの区別が理解されると、「二概念」分析のための見かけ上の根拠は消滅する。私が考えているのは、積極的制約と消極的制約という区別と、内的制約と外的制約という区別である。いくつかの制約が消極的であることに疑いはない。例えば、金銭、体力、技能、知識の欠如は、ある人が欲求する何かをし、何かをもち、何かであることを、かなり効果的に妨げうる。これらの条件は、欠如であるがゆえに「消極的」であり、障害的原因となりうるがゆえに制約である。

もちろん、どのように「内的」制約と「外的」制約を区別するかは、自我の境界線をどのように引くかに依存する。もし我々が自我を、広がりをもたない非経験的な実体となるまで縮減するなら、あらゆる原因は外的原因となる。他にいくつかある狭い自我概念は、一群の究極原理や「内面化された価値」または究極の目標や願望を、その「内的核心」に帰属させ、あらゆるより低次の願望、気まぐれ、空想を、単なる「経験的自我」へと、あるいは自我に対して完全に外的な世界へとすら、追いやろうとする。しかしながら、内的制約と外的制約との区別に政治的利用価値を与えようするなら、おそらく最も簡単なやり方は、単に空間的基準を用いることである。外的制約は人の身体兼精神の外側から来るものであり、他の制約は、筋肉痛、頭痛、制御しにくい「低次の」願望などもすべて、彼にとって内的なそれである。これは、この区別をするのに、特に近しい「内的核心」の自我ではなく、広い「自我全体」を用いる、ということである。

上述した二つの区別は、互いに交わって四つのカテゴリーを生み出す。頭痛、強迫的観念、衝動的願望といった内的積極的制約。無知、弱さ、能力や技能の不足といった内的消極的制約、閉ざされた窓、鍵がかかったドア、突きつけられた銃剣といった外的積極的制約、金銭不足、交通手段の不在、武器不足といった外的消極的制約、が存在することになる。消極的制約からの自由は、特定の種類の行為を可能にするなんらかの条件についての、不在の不在、それ故それが存在していることである。そのような条件が人にとって外的である時、それが存在することは通常、機会と呼ばれ、それが内的である時は能力と呼ばれる。しかしながら、それの存在が機会や能力を構成するような条件のあらゆる欠如が、消極的制約となるわけではない。その条件の欠如が、通常の期待や適切さからの顕著な逸脱となるか、何らかの仕方で本人あるいは後のコメンテイターの実践的関心にとって特に重要な考慮事項となる場合にのみ、それは、制約の名に値するのである。

もし、積極的な要素のみが制約といえるのなら、貧困者は、キャデラックを買いたいという彼の（事実上のまたは可能的な）願望に対する制約から自由であるだろうが、もちろん、彼にキャデラックを購入する自由はない。同様に、制約が外的な要素に限定されるのなら、慢性のアルコール中毒者や、熱や昏睡で重病の人は、ともに、自分の仕事をどんどんすることに対する制約から自由であるが、もちろん、どちらもそうする自由はない。しかしながら、ひとたび我々が、内的制約と消極的制約がありうることを認めると、二つの異なる種類の自由があってそのうちの一つは制約と無関係、とされるような自由、を語る必要はなくなるのである。制約とは、人が何かをすることを妨げる何か——それが何であっても——である。それ故、もしXすることから私を妨げるものが何もないならば、私にはXする自由があり、反対に、もし私にXする自由があるならば、Xすることから私を妨げるものは何もない。「する自由」と「からの自由」は、このような形で論理的に結合される。したがって、同時にからの自由ではないような特別の「積極的な」する自由は、存在しえないのである。

それにもかかわらず、私が思うに、次の条件があてはまる場合には、「積極的自由」を消極的制約の欠如であると特徴づけ、「消極的自由」を積極的制約の欠如であると特徴づけても、何ら害はない。それはすなわち、(1) 積極的自由と消極的自由がともに、人の究極的な（積極消極など形容詞のつかない）自由にとって必要、しかも同等に必要、であると考えられており、かつ、(2) どちらも他方よりも、「より高次である」とか「より低次である」とか、本質的にそれをもつだけの価値が大きいとかと考えられておらず、かつ、(3) どちらも、制約の欠如とは全く異なるものだとは分析されていない、ような場合である。

最後となる制約の類型区別によって、「甲はXする自由がある（free）」という形の単称判断を解釈する際のさらに別の困難を除去することができる。この判断によって話者は、次のいずれかを意味するのかと思われる。

(i) Xは、甲がしてもよい（*may*）何かである。つまりそれは彼が、彼に対して権威をもつ誰かによって、または、彼が従う道徳的または法的ルールによって、することを（要求されてはいないが）許容されている何かである。（以上全体を換言すれば甲は、Xをするもしないも自由である（*at liberty*）。）

(ii) Xは、甲がすることができる［*can*］何かである。つまりそれは彼が、他者からの（直接的または間接的な）強制によって、または他の種類の制約によって、することを実際に妨げられてはいない（またはすることを要求されてはいない）何かである。（この種の場合には、「liberty（許容的自由）」を語ることは、「freedom（無制約的自由）」を語ることと常に互換可能であるわけではない。）

命令やルールが実効的に執行されない時には、人は、許容されていないことでもできる、ということが十分ありうる。同様に人は、制裁に裏付けられたルール以外の制約によって妨げられているためにすることができないことについて、それを行うことが許容されているかもしれない。さらに人は、実際に極めて実効的に執行されている命令やルールによってある行為が禁じられているというだけの理由で、それができないかもしれない。その場合、執行されるルールは、それ自身が制約となる。

してもよい（may）こととできる（can）こととの区別には、そこから単称の自由判断がなされる二つの観点、すなわち、法的観点と社会学的観点との区別が対応している。前者は、法的または法類似の規制体系それ自体が採る観点である。ニューヨーク州の誰も自宅で賭けポーカーをする自由はない、と言う時私は、ニューヨーク州法典が禁じるものを再言しているにすぎない。私の判断は、それらの法典を参照することによって、積極または消極の確認が可能である。もちろん実際には、ニューヨークでは毎晩多くの人々が私宅で、無関心な警察によって逮捕される危険もほとんどまたは全くない状態で、賭けポーカーをしている。社会学的観点から語るなら、ニューヨークの誰もが、事実上、彼が望むならばポーカーをする自由がある、と言っても問題はないだろう。この判断は、先とは異なる種類の積極または消極の証拠に依存する。すなわち、法がどれほど実効的に警察によって執行されているか、ポーカーをする人たちが、どれほど実際に法によって威圧されていると感じているか、彼等のうちのどれほど多くが、事実として進んで発覚と有罪判決の危険を冒すか、などの根拠に依存する。

司法的観点からは、私が特定の場合に何をする自由があるかは、程度問題ではない。どの作為や不作為に関しても、それは許容されているかいないかのいずれかである。私はそれをするのが（完全に）自由である（at liberty）か、全く自由でない（not at liberty）か、のいずれかである。もちろん、自由の「程度」について語るのを許容するような可変的制約を利用する、より微妙な形態の法的コントロールも存在する。仮に、A類型の行動には100ドル、B類型には500ドルの税金が課されるならば、かなり理解可能な意味で、公的権威によって私は、BよりもAをする自由が大きい状態に置かれている。しかしながら、刑法や、指示し、許容し、禁止することによって行動をコントロールする他のあらゆる規制の場合、法的観点からは、どんな行為をする私の自由も、完全であるか不存在であるかのいずれかである。他方、社会学的観点からは、特定の人の特定の一つの行為についてでさえ、そして、その行為が法によって無条件に禁止されている時でさえ、その自由や不自由の程度を語ることは、常に理解可能である。たとえ、摘発されたり、かつまたは、有罪判決を受けたりする見込みが、犯罪によって異なるという点だけからしても、そうである[3]。

もちろん我々のほとんどは、自分たちが受け容れているルールや権威によって禁じられている行動について、それをすることに対する実効的な外的障害がなく、不服従によって利益が得られそうな場合でさえ、それをするのは自由だと感じはしない。我々は、外的な障壁や脅しによってではなく内的な抑制によって、不服従に走らないよう強いられる。内的制約が自我の行動の自由を制限するものと捉えられるかどうかは、我々が自我をどのようにモデル化するか、すなわち、我々が「全自我」の諸要素のどれに最も密接に同一化するか、我々が内的な地形の広がりのどこに自身が住んでいると捉えるか、に依存する。もし我々が、熟考の上で全体として最善の行動と考えるものをすることが、何らかの内的な要素——衝動、渇望、気力低下、強烈な反倫理的願望、神経症的強迫、その他何でも——によって妨げられるならば、その時、その内的な抑制者は、内的であろうがなかろうが、闖入者的な力、つまりある種の「内なる敵」として扱われる。他方で、その抑制者が何かより高次の願望であり、そして、抑えつけられる者が瞬間的な強度はより大きいけれども重要性においてより低次の願望である時、我々は、個人の中の階層秩序でより高次にある願望と同一化し、自身を制約の対象というよりもむしろその主体であると考える。まして、禁じられていることをしたいという願望が、良心によって、すなわち、禁止ルール自身の「内面化された権威」によって制約される場合には我々は、良心が存在する場所に自分が住んでおり、どれほど「内的」であろうと自分が「縁を切」る制御しにくいより低次の願望、が引き起こす自分の人格的高潔性に対する脅威を撃退しつつある、と捉えるのである。

様々な欲求と目標と理想が階層構造をなしておらず、自身の内部のどこに自身が本当に住んでいるのかはっきりとした理解をもっていない人がいたら、彼は、彼の構成要素すべてが戦う場所となり、あちらこちらへと引っ張られ、絶望的に断片化されてしまうだろう。そのような人は、自律を達成できないだろうが、その理由は彼が、自身の価値がすべて他からの借りものであるような迎合主義者にすぎないからではない。というのも、彼の中にある様々な欲求や理想や良心は、彼の中で完全に真正かつオリジナルなものでありうるからである。しかしそれらは、内的な秩序と構造を欠くために、自律を達成できないのである。この欠陥状態、その極端な形態では致命的になる傾向のある状態を、デュルケームは「アノミー」と名付けた。自由の「制約欠如」一元論に従えばなぜ、アノミーをある種の不自由として語ることが理解可能なのか、に傍論として言及するのも興味深い。規律のない、つまりアノミー的な、人について我々が描く像は、明瞭な規定された自我が、背後に文字通りのまたは比喩上の銃剣を突きつけられているとか、すべての側面で障壁に阻まれ、ドアに鍵をかけられ、窓を閉ざされている、というものではない。むしろその描像は、秩序を保つための交通巡査や交通信号もなく車両で混雑しているあちこちの道路、のイメージを用いる。様々の願望や衝動や目的は、あらゆる速度であらゆる方向からやって来て行き過ぎるのだが、どこへも行き着かないのである。年がら年じゅう内的な衝突、混雑、暴動に陥りがちな、規律のない人は、外側の世界からも内的な統治者からも制約を受けないとしても、不自由である。描像を変えれば彼は、外的な手錠からは自由だが、自分自身の欲求という多数のより糸の結び目で縛られている人である[4]。彼が「欲求することは何でもして」よい時、彼の多数の選択肢は、それらを順序づけて選好の階層構造にする彼の能力を圧倒するだろう。それ故に彼は、困惑し、混乱し、倦怠や欲求不満に取り付かれる。そして、自分が何をすべきかをまた単純に命令されること、を渇望するだろう。不自由であることは制約されていることであって、内的な交通巡査や交通規則が欠如している時、様々な願望は、混雑し衝突しながら、互いを制約しあうだろう。そのような状況を、自由過剰の悲惨状態と解釈するよりも不自由と解釈する方が、確かに筋が通りそうである。

II　結局のところ自由な（free on balance）

自身や他者が自由であると主張する時、話者は三つの空欄をもつ式が示唆するほど厳密なものを意図していないかもしれない。しかし、彼が意味しているかもしれないのが２番目の種類のものならそれは、前述した〔この式で表される〕単称の非比較判断を前提とし、それに基づいている。彼は、前述の「自由（free）」の意味で、自分が一般的に自由である、または相対的に自由である、と言っているのかもしれない。彼は、とても多くのことをする、あるいはおそらく、する価値がある多くのことをする、あるいはおそらく、多くの人々に開放されている以上に多くの割合のやりがいのあることをするについて、全体的に自由［free または at liberty］であること、を伝えようと意図しているかもしれない。あるいは彼は、（病気や貧窮など）それ自体として、ないことに価値がある多くのことから自由である、または、何らかの比較集合の構成員よりもそれらのことから自由であること、を強調しているのかもしれない。自由の「結局判断（on balance judgments）」は、必然的に曖昧かつ印象主義的であり、それが時折含む比較判断でさえ、大抵は厳密な裏付けが不可能である。

次のように仮定しよう。甲は、十分に執行されているルールによって、シカゴ、ヒューストン、シアトルにだけ旅行することを認められているが、それらの都市で見るどんなものにもけちをつけることは許されていない。それに対して乙は、ブリッジポート、エリザベス、ジャージーシティ〔いずれもニューヨーク周辺の小都市〕にだけ行くことを認められているが、彼が望む何にでも批評を加えることが許されている。または次のように仮定しよう。甲は、まったくどこへでも行くことができるが、けちをつけてはいけないのに対し、乙は、家を離れることができないが、好きなように何でも言うことが許されている。「二人のうちどちらがより自由なのか」という問に対する賢明な答としては、甲は一つの観点（物理的な移動）でより自由であり、乙はもう一つの観点（意見の表明）でより自由である、というしかない。もし質問者が、誰が「結局のところ（on balance）」そして「最終的分析では」より自由なのか、と固執して尋ねるなら、彼は二つの観点のうちのどちらがより重要かを尋ねているのだ、としか我々には解釈できない。我々がそこで悪循環を避けるには、我々が採用する「重要性」の基準は、「自由への貢献度」以外の何かでなければならない、と私は考える。

二つ以上の属性や「側面」が厳密な数学的比較になじむ時、それらが共通してもつ何らかの量的要素が常に存在するだろう。「結局のところの自由」の合成総計を算出する困難さは、次の事実から生じる。すなわち、人々がそこにおいて自由であると言われるような様々な「領域」の間の関係は、物理的対象の高さと幅と深さの関係よりもむしろ、自動車の燃費とスタイリングと乗り心地の関係に近いのである[5]。高さかける幅かける深さは体積に等しく、体積は他の三つから整合的に合成された単一の次元である。しかし、表現の自由かける移動の自由は、同様のものを何も生み出さない。それでも、共約不能なものでさえ限定的には比較することが可能である。仮に、平均的なアメリカ人が、平均的なルリタニア〔小説上の架空の国〕人よりも、あらゆる次元で大きな自由をもつなら、彼はより大きな結局のところの自由をもつ、と言うことに意味がある。あるいは仮に、いくつかの次元では二者は等しく自由であるが、他のすべての次元でアメリカ人がより自由である、という場合も、同様の判断が帰結する。また、ある主体が他のそれよりも結局のところ自由である、と我々が言う時に意味するのが、彼の自由は、より価値があり重要で意義のある諸次元でより大きい、ということである、という場合の方がもっとありそうだが、その場合一つの次元がもつ「価値」は、何らかの〔自由とは〕独立の基準によって決定されているのである。

この分析から、なかなか興味深い結果が導かれるように思われる。「最大限の自由」（できるだけ多くの、結局のところの自由をもつこと）は、異なる種類の関心や行動領域の相対的な価値や重要性を決定するための独立した基準、を適用することによってのみ意味を成しうる概念なので、最大限の自由は、それ自体としては形式的な理想、すなわち、他の諸価値の助けなしには自分の足で立つことのできない理想、なのである。ある人の自由は他の人の自由と衝突しうるし、ある次元での自由は他の次元での不自由と対照をなしうるし、そして、衝突しあう諸次元は、有意味な形で結びつけて単一の秤の上に乗せることができない。これらの衝突と扱いにくさのために我々は、様々な主体、可能的願望、行動領域、の多くのタイプを、何らかの重要性の階層の内に位置づけることが必要となる。そして、そのために今度は、自由の政治的理想に他の種類の道徳的基準をあれこれ補足することが必要となる。しかしながらこれらの補足的価値は、正義や幸福のような独立のものとして理解される競合的理想の場合のように、自由に対して外在的なのではなく、むしろ「内在的に補足的」、すなわち、それがなければ部分的には空虚な観念である「結局のところの自由」の不可欠の充填物なのである。

III　法的な身分語としての「自由」

「自由」という言葉の3番目の用法は、我々の分析枠組に適合せず、それ故別個の「自由概念」であると認めてよい。しかしこの用法は、かつては重要だったが、封建制と奴隷制の凋落以来、衰退してしまっており、今ではほぼ古語である。C. S. ルイスによれば[6]、古英語における「自由（free)」という言葉は、古代でこれに相当する表現であるギリシャ語の「eleutheros」やラテン語の「liber」と同様に、元来の意味として単に「奴隷でないこと」を意味し、それ故、人をこの最も早い時代の意味で「自由だ」と呼ぶことは、彼の法的身分を同定しているにすぎなかった。自由人であるとは、たいていは多様な参加的投票権を含む、そのメンバーシップから生じるあらゆる権利と特権を備えた、自分の属する政治共同体の一人前のメンバーである、ということであった[7]。二つの区別される法的身分、すなわち自由人と奴隷、をもつ社会において、人を「自由〔な人〕」と呼ぶことは、彼の法的諸権利を記述し、それらを奴隷の法的諸権利（不可変動産奴隷制という極端な限界事例では、その奴隷は権利を全くもたない）と対照化させることにすぎなかった。そのような判断は、法的文書や焼き印などを調べることで、容易に証明された。

「人が物理的運動において制約されていないこと」を意味するのは、この元の「自由な」の意味からの自然で有用な拡張であった。というのも、自由人とは、彼が思うがままにどこにでも行き来できる人だったからである。しかしながら、奴隷と自由人それぞれの身分は、事実上のまたは法的な制約の有無によってではなく、むしろ、これとは全く別のことである権利の有無、によって定義される。主人が慈しみ深く、ノブレス・オブリージュによって動機付けられている奴隷は、大変多くの重要な事柄を自由にするかもしれず、その欠如がそれ自体として例外なく希求されるような様々な条件から自由であるかもしれない。もし、その慈しみ深いまたは礼儀正しい主人がたまたま裕福でもあれば、その奴隷の「結局のところの自由」は、ほとんどの自由人のそれと比べても勝っているかもしれない。その許容的な主人は、彼の奴隷を、広い範囲内で、自由に（at liberty）好きなことをするにまかせ、ある種の法的観点からでさえ、奴隷のもつ自由（freedom）は相当のものになったかもしれない。しかしながら、自由人のもつ法的な自由と、奴隷に「許容される」それとの間には、一つの重大な差異がある。自由人は、彼の法的自由の一部を、権利の問題として享受しており、他の誰も、それらを無効にしたり取り上げたりすることを許容されていない。それらがなかなか認知されなかったり、棚上げされているように見える時には、彼はそれらを、訴求したり自分のものとして要求したりすることができる。他者がそれを侵害するなら彼は、傷つけられただけでなく不正を受けた、と感じることも妥当なのである。彼の法的な自由の一部は、他の人々の行為または受忍の義務と、さらには国家による執行と支援の義務とさえ、論理的に相関している。要するに、それらは権利なのである。他方、奴隷に許容されている自由は、彼の所有者の単なる好意で与えられており、その単なる不興で撤回されるかもしれない。所有者は、奴隷に対して何も負っておらず、奴隷に対して「自由」を「許容する」法的義務を全くもたない。それ故、所有者が慈しみ深い時に奴隷が感謝するのは相応しいが、恣意的に許可が取消される時に奴隷が失望したり傷ついたりすることは予想されるかもしれないが、奴隷が恨んだり虐げを感じたりすると予想されはしない。要するに奴隷の自由は、せいぜいのところ我々が今日「単なる特権」と呼ぶものである。しかしながらたとえ、奴隷が権利を有しないことが、一つの不自由な法的地位をもたらすとしても、社会学的観点からも法的観点からも、多くの点において奴隷が「結局のところ自由」であってならない理由は、原理上ないのである。

Ⅳ　身分に伴う徳を表す語としての「自由」

さらに次の容易な拡張によって、「自由な」という言葉（及び、より古いインド・ヨーロッパ語におけるその相当物）は、ある身分の名称であるだけでなく、ある一組の性格上の徳、すなわち、自由な身分の人にとって特に相応しいものと理解される徳の名称にもなった。この意味での「自由な」は、奴隷に特有な、したがって自由人には相応しくない性質に言及するために用いられていた「奴隷の（servile）」と対置される。奴隷の人は「媚びへつらうか傲慢かのどちらか[8]」であり、自由人は、恐れるものが何もないので、威厳があり思慮深く、どんな相手でも目を見て相対することができる。自由とは本当はどんなものかを問う時我々は、これらの特性のより十分な説明を求めているのかもしれないし、特定の人を自由であると述べる時我々は、彼の法的身分が何であろうと、また彼の「結局のところ自由」の程度をどれほどだと考えるにせよ、そのような徳を彼に帰しているだけなのかもしれない。

「自由な」の意味のこの拡張によって例証される言語学的な現象は、C. S. ルイスが「身分語の道徳語化[9]」と呼ぶものである。

元々、人の身分に、すなわち、法的、社会的または経済的身分と、これらにしばしば結びつけられてきた出生の資格とに言及する言葉は、性格と行動の類型を割り当てる言葉になる傾向をもつ。上位の身分を含意する言葉は賞賛の言葉となりうるし、下位の身分を含意する言葉は非難の言葉となりうる。騎士的な（chivalrous）、宮廷流儀の＝礼儀正しい（courteous）、フランク人かたぎの＝率直な（frank）、良家の＝おだやかな（gentle）、高位の＝寛大な（generous）、自由な（liberal）、高貴な（noble）は前者の例であり、非貴族的な＝下劣な（ignoble）、農奴的な＝悪者の（villain）、大衆的な＝俗悪な（vulgar）は後者の例である。

徳や悪徳と社会階層とを関係づけることはおそらく、様々な態度の形成に一定の不幸な効果をもたらしてきただろうが、ルイスが述べる過程は、まったく利点なしともいえない。ルイスは、「それが人類の根深い俗物根性を反映している」という非難に対抗してそれを力強く擁護すると同時に、それがどのようにうまく機能したのかをより詳しく説明する[10]。

高貴さのような言葉は、人の身分だけでなく、その身分に相応しいと考えられる態度や性格をも表す時、その社会＝倫理的意味を帯びはじめる。しかし、それらの態度や性格のことを考えると、早晩、それらが身分では高貴である人々に欠如している時があり、そうではない人々がもっている時があるという反省に至ることになる。それ故ことの最初から、社会＝倫理的意味は、単に存在することによって、自身を身分語的意味から区別する運命にある。したがって、真の高貴さは心の中に存在すること、身分ではなく悪事が、悪漢を作り出すこと、紳士的でない紳士がいること、そして「紳士らしく振る舞うのが紳士である」こと、はボエティウスから後代に至るまで、ヨーロッパ文学の常識となっている。それ故、我々が考慮している言語学上の現象は、私見では俗物根性と呼ばれるべきあの、誇りは上位者に属し卑屈は下位者に属す、という命題の断定であると同程度に、その命題からの解放なのである。

　それでは哲学者はどのようにして、どれが現在の意味の「自由人」がもつ性格となる性質か、を決定すべきだろうか。哲学者は自由に、彼が好むどんな特質でも選んで自由人の性格に割り当て、そのようにしてそれらの特質に、「自由」のきらめきという利益を与えてよいだろうか。あるいは彼は、「自由」という言葉が一組の徳をさす際にはその言葉の意味の一部を形成するとさえ言ってもおかしくないほど伝統的となった特質の割り当てを、厳格に尊重する義務があるだろうか。ある言葉によって、示唆される特質と厳密に意味される特質とを区別する、という技術的な問題には立ち入らなくとも、いくつかの大雑把な基本原則を据えることができる、と私は考える。第一に、哲学者は実際に、彼自身が好む特質を売り込む余地をもっている。提案される様々な「自由人」の定義は、他の概念構想と対抗する論争的な一組の道徳的構想のためにこの句を充てようとする試みであると、誰にでも理解されている。それらの定義は、スティーヴンソンの意味で「説得的」であり、C. S. ルイスの意味で「戦術的」である。このことが率直に承認されており、その承認が理由の提示を回避する許可を与えるものと理解されない限り、これについて悪評を受けるべきいわれはない。最良の戦術的定義、最も説得的な概念構想は、最良の諸理由によって支持されるそれでなければならない。自由人の性格〔が何を意味するか〕は、「慣用」によって永遠に閉ざされてよい問ではない。

しかし、その問は広く開かれてもいない。もちろん、その哲学者は恣意的であってはならない。それ故彼は、ひいきの諸特質が徳とみなされるに値するについて道理にかなった論証を構成しなければならない。加えてそれらの特質は、賞賛に値する特質であれば何でもよいわけではなく、自由人（偶然にも、今日では事実上普遍的になっている法的身分）の「身分に相応しい」特質以外であってはならない。キーワードは「相応しい（appropriate）」である。少なくとも、自由人の法的身分の記述は部分的に、難癖のつけようがないほど充分に明確である。結局のところ自由人は、一定の権利をもっている人であり、もしあたかも権利をもっていなかったかのように振る舞うなら、彼は不相応に振る舞っていることになるのである。自由人の典型的な状況を正確に記述するだけでそこから導かれるような自由人であるための条件、についてのよく知られたいくつかの概念構想があるために、慣用上相対的に確立され、それぞれが受け容れられている自由人の記述の一側面を取り入れた、自由人に「相応しい」特質についての様々な伝統的構想が現れた。これらの概念構想は、「自由人」という表現の意味そのものの一部を形成するほどには確立されていないが、どんなものでも見解の修正を主張する前に少なくとも批判的吟味を要求するほどには、因習的になっている。

〔自由という〕獲物がいかに移ろいやすいかの例として、ジョン・ラスキンの有名なハエの賛歌を検討しよう[11]。

> 私は、完全に自由な被造物の模範として、家バエ以上のものはないと信じている。〔彼は〕ただ自由であるだけでなく勇敢でもあり、そして、いかなる人間の共和主義者がいかなる哲学によってもそこまで自分を高めることができないと思えるほど、不敬である。彼はまったく礼儀を気にせず、自身がしつこく悩ます相手が、王であるか道化師であるかには関心もない。そして、その迅速で機械的な行進のどの一歩、休

止して大胆不敵に行うどの観察、の中にもいつも同一の、完璧な自己中心主義、完璧な独立と自信、世界がハエのために作られているという確信、の表現がある。あなたの手で彼を叩いてみなさい。彼にとっては、その力学的な事実と事柄の外的な側面は、あなたにとって、1エーカーの赤粘土、厚さ10フィートが、巨大な平面となって地面から乖離し、空中であなたの上に一瞬止まり、狙いを定めて下方にぶつかってくるようなものである。これはその事柄の外的側面であり、内的側面、つまりハエの精神からしたそれは、極めて自然で取るに足らぬ出来事、すなわち、彼の活動的生活の瞬間的一コマにすぎない。彼はあなたの手の軌道外に逃れ、その甲に止まる。あなたは彼を恐怖させることも、支配することも、説得することも、納得させることもできない。彼はあらゆる事柄について自身の積極的な意見、たいてい彼自身の目的からして賢明でないとはいえない意見をもっており、だからあなたに助言を求めるつもりは全くない。彼は——専制体制的な服従本能をもたないので——すべき仕事をもたない。ミミズには土掘りがあり、ハチには蜜集めと巣の建設があり、クモには巧妙な巣作りがあり、アリには備蓄と勘定がある。これらの者たちはすべて、比較において奴隷であり、低俗な仕事をする庶民である。しかし、あなたのハエは屋外でも自由で室内でも自由、いわば全くの気まぐれの権化、彷徨ったり、調査したり、飛び回ったり、もてあそんだり、思いのままに貪ったり、それも何でも選び放題。食料雑貨店の窓に積み上げられたごちそうから肉屋の裏庭のごちそうまで。あなたの辻馬車の馬の背中にある鞍ずれから道路にある茶色のモノまで。そしてそこから、蹄が彼を邪魔するや、彼は怒れる共和主義者のブンブン音をもって、飛び立つ。彼ほどの自由が他にあるだろうか。

この注目すべき一節には、ここで分析できる以上のものが含まれており、無理矢理分析するなどという野暮なことをすれば消えてしまうような茶目っ気の大きな魅力もある。しかしいくつかの点は論評に値する。ラスキンのハエの描写は混合的叙述であり、部分的にはハエのいわゆる「…するについての、…からの、結局のところの自由」の説明であり、部分的にはハエの、「相応しい特徴」すなわち徳、の説明である。これら二つの説明ははっきりと区別されておらず、そしてそのどちらにも苦情を言うべき多くの点はあるが、それらがまったく恣意的だというわけではない。それらは、置かれた状況によって、またはまさに人間の条件それ自体とそれに対する当人の理解とによって、独立し、自足し、自信をもつことが可能になった人として自由人を捉えるような、一部の伝統的構想と、多くの違いはあるものの、一つの共通の性格を共有している。ラスキンが、「完全に自由な被造物」は、外的指令、強制、制約から自由なだけでなく、内的衝動、目的、人生計画、統制、良心の呵責、不安、「専制体制的本能」からも自由、すなわち人間において自律よりもアノミーに近いであろう状況にある、「気まぐれの権化」であると述べる時、茶目っ気たっぷりに、「結局のところの自由」についての伝統的な諸理解を、不条理な極端へと近づける。しかしラスキンは、「ハエ自身の目的」とそれを達成するための合理的な手段や計画を、ハエに帰属させることによって、この深淵から身を引く。自分が食事を邪魔される時、「怒れる共和主義者のブンブン音」をハエに擬人的に帰属させることは、ハエが、自身の権利を意識していると暗に仄めかしている。奴隷根性の輩は、自身のために憤慨を表すことはなく、偽りの「ずうずうしさ」を見せる際や、仲間や他の弱い者をいじめる横柄な人の役割を演じる際を除いて、単純な怒りを示すことさえない。ハエの怒れるブンブン音には、より本物の誇りと自尊とがある。

ラスキンのアイロニーを呼び起こす「自由身分」は、彼の時代までには、一般的かつ「平等の」条件、すなわち、「共和主義的身分」になろうとしていた。だからラスキンは、それに相応しいと彼が考える特徴を、自由と述べるだけでなく共和主義者的とも述べた。彼のいう「気まぐれの権化」は、生まれつき生意気で、独断的、そして侮蔑的である。彼は誰からも指図や口答えを受けない。彼は伝統や権威に敬意を抱かない。彼はそのすべてからの自由を、権利、すなわち、単に個人的なまたは家柄上の権利ではなく、あらゆる者と共有する一般的で不可譲の権利、の問題として享受する。もはや主人も奴隷もないのだ、と自由になった共和主義者は言う。今や我々ハエは、ほかの誰とも同じだけ主人なのだと。権威にもはや居場所がない世界でそのような人生を権利の問題として主張する類いの被造物がいるなら、それは「完璧な利己主義者」であろう、とラスキンは言う。彼の議論の目的は明白である。つまり、問題にされている特徴が徳でないことが明らかな場合、その特徴に「相応しい」条件といってもそれは、理想として貧しいものになってしまう、と彼は示唆するのである。

我々はラスキンの戯画について、そのパロディの元になっている伝統的な諸理想を簡潔に叙述するのはいいとして、それ以外でいつまでもそれにかかずらう必要はない。共有している絆は、優越的な力をもつ者を恐れる必要がなく、自身の善き生の条件として他者を喜ばせる必要もないような、自分自身を所有する人という観念である。自由な法的身分と高い社会的経済的地位とをもつ人は、他者に苦しみを与えることで自身の自由を享受したわけではない。したがって彼はあらゆる人に対して、用心深く疑り深いというよりむしろ開かれ自然でいることができた。彼は他人を前にして、媚びへつらう必要も縮こまる必要もない。彼は、悠々として動じない尊厳をもち合わせている。自尊心においても安心感においても完全な確信をもっているので彼は、絶えず自身の有利さを計算したり、自身の昇進を企んだりする必要がない。彼には、狭量さやけちくさささは全くない。傲慢でも高慢でもなく「気取ったり」しないから、他者の「恭順や敬意」をいつも再確認する必要がない。そんなものなどなくともやってゆけるのである。これらは、自由身分の人がもつ自然で特徴的な徳である（なるほどそれらは実際に徳である）。

対照的に[12]、

> 真に奴隷的な性格は、生意気で、意地が悪く、狡猾で、あらゆる企みをしようと目論み、常に利に聡く、「我が身のことだけを考えよう」と心に決めている…・。公平無私な態度の欠如、寛大さの欠如は、奴隷的な人々の証明である。典型的な奴隷は常に、腹に一物を抱えている。

奴隷（または封建主義や資本主義の下で低い社会的・経済的身分の人）がもつ性格上の欠点は、彼等の身分にとってそれなりに自然である。というのもそれらは、困難を伴いかつ不安定な地位への順応の形態だからである。それらは、自由人に対して、同じ形で相応しいわけではない。というのも、自由人の地位はもっと気楽なので、自由人はそれらを必要としないからである。それでも、不安定な人が順応する他の仕方がある。例えばエピクテトスであれば、単なる奴隷としてひどい専制君主に面と向かっても、自由人のあらゆる徳を示すはずである。しかしその時エピクテトスは、他の者なら強大な権力だと考えるものが臨席していても、自分は不安にならないからこそ、この驚くべき徳を手にするのだ、と我々に言うのである。

古代の二身分社会における自由人は、彼に特徴的な徳だけでなく、彼に特に相応しい関心や時間の費やし方ももっていた。「リベラル・アーツ（自由人の技芸)」、つまり、自由でかつ安定した身分をもつ人に相応しい追求ごととは、「余暇の費やし方であり、便益のためにではなく[13]」、金銭のためや拍手喝采や尊敬のためでさえもなく、「それら自身のためになされる物ごと」であった。それらには、描くこと、作品を書くこと、熟考すること、哲学すること、が含まれる。「法的に主人の奴隷でも、経済的に生計の奴隷でもない自由人だけが、ピアノや書庫を使うだけの余暇をもつ蓋然性または可能性をもっている。その意味で、人のピアノや書庫は、その人の石炭ショベルや工具よりも、自由なものであり、その人の自由人としての地位により特徴的なものなのである[14]。」

もちろんアリストテレスは、自己充足的で内在的に価値のある研究や追求ごとという観念と、自由な身分をもつ人の生においてそれらがもつ無二の相応しさという観念の大部分を作りあげた哲学者である。C. S. ルイスは、素晴らしい思索的な一節において、アリストテレスの教義とアリストテレスの環境とを結びつけている[15]。

> 『形而上学』において我々は、万物の組織化は家政のそれに似ており、そこでは自由な構成員ほどに成り行きまかせに行動する機会が少ない者はいないのだ、ということを学ぶ。彼等にとって、すべてのことまたはほとんどすべてのことは、決まった計画に従って進行するが、奴隷や家畜は、共通の目的にほとんど寄与せず、たいていは成り行きまかせに行動する[16]。いかなる奴隷所有社会が示す態度も、我々に嫌悪

感を催させるし、当然そうに決まっているが、アリストテレスが見たような景観を得るためなら、その嫌悪を押さえるだけの価値はある。書斎の窓から外を見て彼は、土を引っ掻いて掘る雌鳥、眠っている豚、蚤を捕まえようとしている犬、そして、奴隷たちを見る。まさにその瞬間に決められた仕事に従事しているのでない奴隷たちは誰も、いちゃついたり、口喧嘩をしたり、くだらないことに熱中したり、さいころ賭博をしたり、居眠りしたり、している。その主人である彼は、彼等のすべてを、共通の目的すなわち家族の善き生のために使うことができる。彼等自身は、そのような目的も、何らかの一貫した目的も、考えてはいない。彼等の生活において上から強いられないことは何であれ、成り行きまかせ――その時の気分次第――である。彼自身の人生はまったく異なっており、体系的に繰り返される、宗教的、政治的、科学的、文学的、社会的な活動からなっている。その人生中の休養の時間自体が、…熟慮によるものであり、是認され、許容されたものであり、その人生自体と整合したものである。しかし万物の構造の中で何が、自由人の規律を備えた自己束縛的なアリストテレスと、個々の仕事と次の仕事の合間に奴隷的な自由という形で消極的な自由を味わう彼の奴隷たちとの間にある差異に対応するのだろうか。その答えに疑いはない、と私は思う。…家政におけると同様万物の世界においても、より高位の者が既定の計画に従って行動し、より低位の者が「成り行きまかせの」要素を許容するのである。

したがって、ラスキンの家バエたちの自由は、アリストテレスが彼の奴隷たちに対して「仕事の合間に許容する」ものであり、家バエたちの徳や利益は、アリストテレスが奴隷的状態にのみ相応しいと考える徳や利益である。これら二つの概念構想の内、どちらがより説得的であるかに疑いはない、と私は考える。

V　独立的、自己統治的、自律的であることとしての自由

私が次に考察する「自由」という言葉の最後の用法は、個人に対してではなく、国家や他の制度に対して、第一次的かつおそらく本来的に[17]適用される。それが個々の人間にも当てはまるように拡張されるのは必然だったが、その結果は、プラトンの時代以来我々が人間精神を観念化するについて大きな影響を与えてきた、手の込んだ国家のメタファーの一部となるものであった。それの拡張された用法を理解するには我々はまず、はるかに明瞭な、それを字義通り国家に適用したものを考慮するのがよいだろう。ある国家が他の国家の植民地である時、その国家は独立を勝ち取るまでは自由だとは言えない。その国家は、以前は外部から統治されていたが、今や内部から統治されている。したがって、この意味での自由と、独立と、自己統治とは、みな同じことである。国家に対して適用される場合の独立という意味の自由は、一見したところ、制約欠如一元モデルに適合しないように見える（しかし後で見るように、少し強く引っ張り、引き伸ばし、搾り取ることで、適合させることができるのだが)。そのような「自由国家」は、その国民にとって、そして他国家や自然に対峙する上でのその国家自身にとって、最低限の結局のところの自由しかもたない貧困な専制国家であるかもしれない。自己統治は、外国による占有よりもいっそう抑圧的になってしまうかもしれない。それでも、たとえそのすべてが当てはまるとしても、その国家は依然として政治的に独立し、主権を有し、そして内部から統治されており、それ故に自由であるかもしれないのである。

これと類比的に、個人の支配的な部分または「本当の自分」が統治していて、外的内的を問わず従うことに同意していない外来のどんな権威にも全く服従していない時、個人は「自由である」としばしば言われる。今甲は、現実の及び潜在的なあらゆる願望が様々な制約から自由であることだけを欲している、と仮定しよう。彼は、できるだけ多くの選択肢、特に彼にとって最も重要な選択肢、が開かれていることを欲している。彼は、乙がこの状態を実現する方法を最も良く知っている、と信じている。そこで、彼は自身を乙の支配の下に置き、あたかも命令されたかのようにして、乙が彼に与えるあらゆ

る助言に従う。この例は、もし甲がこの取り決めを撤回不可能なものにするなら、よりいっそう強力なものになる。今や甲は、もはや自己決定的ではなくなったが、自身が欲する、またはいつの日か欲するようになるかもしれない、具体物をすべて獲得するより効果的な方法を見出したことで、豊かな満足の分け前を手に入れる。（自己管理は、彼が欲する具体物の一つではなく、いつの日かそれを取り戻すという選択肢を開かれたものにしておくことが、彼にとって重要なわけでもない。）彼はまた、「息抜きの余地」と「本物の選択肢」を欲しているかもしれない。この場合、彼の慈悲深い指導者である乙は、甲が自由にできる余地がもっとも効果的に最大化されるような仕方で重要な決定を行うことで、これらの目標を念頭に置きながら甲の人生を差配する。さて、もしこの描写が整合的である場合、その状況は、慈悲深くて自分より賢い権力の植民地となることによって制約からの自由を獲得している国家のそれに類比的である。それぞれの事例において、自由の主体は、自身を統治する権力の一部分を放棄することによって、制約からの自由を増加させることができるのである。こうしてどちらの例も、自己統治が制約の欠如とは異なる種類の自由であること、を示していそうなのである[18]。

しかしながら、自己統治は制約モデルの言葉で分析不可能な種類の自由なのだ、という見解に与せずに、自己統治は「自由」なのだと語り続けることができる、と私は考えている。相互に別個の自由「概念」だと想定されるものは多くの場合、「自由のどんな事例にも常に現れるものの中でその一部のみがもつ重要性[19]」についての評価の相違であることがわかる。それは、他との比較において一群の論題がもつ重要性、他との比較において一群の欲求や開かれた選択肢がもつ重要性、または、他との比較において一群の制約の欠如がもつ重要性についての評価の相違である。私が考えるに、個人の自己指導を自由と呼ぶことの要点は、一つの特定種類の欲求または選択肢、すなわち、自身がすることを自ら決定するという欲求または選択肢がもつ重要性を強調することにあるだろう。賢くかつ慈悲深いものでさえ、外的指令は、自ら決定したいという実際のまたは可能的欲求に対する制約である。したがって、その制約の欠如（つまり自己指導があること）を自由と呼ぶことに意味はある。

もちろん、ほとんどどんなものであれ、これと似通った仕方で、何らかの実際のまたは可能的欲求に対する制約と理解される可能性はある[20]。したがって、どんなものであれ（例えば曇り空）その欠如を、「真の」または「積極的な」自由と同一視することができる。しかしながら、自身を統治するという欲求に注目してそれに特別な地位を与えることの意義は、様々な欲求の中においてそれがもつ至高で特別な重要性を認めることにある。その人にとって、善くても悪くても自身を統治したいという欲求がとても重要で、それが制約されている限り、意味のある満足を生み出すことができる他の欲求はほとんどない、というような人々にとっては、それに対する制約の欠如を表すために「自由」の語を先取りしておく理由は十分にある。このように一つの至高の欲求を選抜することは、純粋な恣意でも主観的なことでもない。他の承認された様々な価値にとって自己統治が前提条件となること、特に、尊厳、自尊そして責任がそれなしに不可能であること、を示す強力な論証を構成することは可能である。

私は最終に、自己統治という政治の隠喩を個人に適用するについての問題、つまり、ピーターズが彼の自律の議論において大変効果的に我々に光明を投じた問、に行き着く。結論の中で私が期待しているのは、彼が正確に辿った描像をもう少し膨らませ、彼が一掃する時間がなかったいくつかの扱いにくい哲学的混乱に先鞭をつけること、にすぎない。

i　個人の自我

「結局のところの自由」の場合と同じく、自律概念の明確な適用のためには、自由の主体である自我についての適切な概念化が前提となる。すなわちそれは、十分に狭くて、それとそれが支配するとされる全自我を構成する内的な他の様々の要素とを対比することができ、しかしまた十分に広くて、それ自身の構成的な要素または属性――様々な基礎的信念、忠誠心、人生計画、究極的目標、道徳原理など――を含む、ような自我である。より広い自我を支配する内核自我がもつ諸属性は、「理性」だけではなく、理性がそれらと共働する様々な素材をも含んでいる。そして後者は、階層的ネットワークをなす類似の原理群の内に最も深く守られている信念や理想や目的であり、そのネットワーク内で論理的に中心の位置を占めているために、理や情の変化が必要な際にも、最後にやっと書き換えられるような信念や理想や目的である。これらは、「当該の人格を定義し」、あるいは彼に自身の「自己同一性」の感覚を提供する、としばしばされる属性群である[21]。仮に我々が、統治する自我の概念化からあらゆる基準や価値を取り去り、裸の非人格的理性をその王宮内に監禁されたまま残すならば、自律の観念は空虚で整合性のないものとなる。どんな意味であろうと「自由」という言葉が理解可能な適用例をもつためには、その主体は、妨げられたり満たされたりするし、「従われ」たり反抗されたりするような、それ自身に属する様々な傾向性を備えた実体でなければならない。だから、自由の主体である人間は、何らかの内実、何らかの規範的な肉と血をもたなければならないのである。

自律的な自己統治には、必然的に二つの側面がある。統治する自我は、何らかの外的自己や「外来権力」の植民地であってもならないし、それ自身の内側の臣民に対して指令を強制するだけの力に欠けてもならない。仮に我々が、ウィリアム・ジェームズの用語（我々の目的のために修正されている）を使って、「内核自我」をアイ（I）、それが支配する包括的自我の残部をミー（Me）と呼ぶならば、個人の自律がもつ二重の側面をうまく表現することができる。つまり、もしアイがミーを支配し、他の誰もアイを支配しないなら、アイは自律している[22]。全自我の外側から指図がないことは、皆が望む理想的状況である（外的指図の完全な欠如は、現実的に望めるものではないが）。しかし、この理想的状況を実現することは大幅に運の問題なので、それを徳や性格的理想でもあると考えるのはおかしいだろう。人は、（完全に自身を支配していて）外的支配を必要とせず、したがって外的支配を許さない、という範囲内でのみ、他者からの独立についての栄誉を受けるべきである。たとえ外的支配が優越する力によって否応なく彼に課されるとしても、その環境が彼の性格の欠陥ではないことは明らかである。外的支配が、統治不可能な内的構成要素の反乱のためにあるいは内核自我に結束力や管理力が欠如していて統治することができないために、自己統治が失敗した結果であるという場合にのみ、それは性格上の欠陥（それとも我々は「精神疾患」と言うべきだろうか）の徴候となるのである。

ii　真正さ（authenticity）

ピーターズが「真正さ」と呼ぶ自律〔性判断〕の基準を適用するについては、混乱を避けることが難しい。我々は実際いつ、自身を統治しており、自分自身の規則を作ったり受容したりしており、自分自身のものといえる（「模造」でも「借り物」でもない[23]）本物の理由から決定しているのか。私はこのことを常に、単に理論的な問題ではなく、難しい個人的問題だ、と考えてきた。ピーターズは、ピアジェに従って、彼の真正さの議論を道徳的規則に限定するが、それは、この問題の単なる一側面（それも比較的容易な側面だと私は考えるが）にすぎない。真正さは、様々な趣味、意見、理想、目標、原理、価値、そして選好にも適用がある観念である。結局どのようにして自分が、知らぬ間に操作されたり自己に欺かれたりするのではなく、自分自身の選好に従って選択したり自分自身の意見を形成したりしていると知ることができるのか、と我々は問うことができる。これらの更なる疑問を真正さ問題に付け加える時、我々の個人的疑念は活気づき、哲学的当惑は深まる。これらの問は、自分自身の（知ることがはるかに容易な意図と対置される）動機を知るという一般的問題の実例だ、と私は考える。我々は、一つの対象についてそれを我々にとって魅力的にするものは何か、そして別の対象についてそれに嫌悪感を抱かせるものは何か、または、一つの意見について我々の「心を動かし」てそれを採用させるものは何か、等々を常に確実に知ることができるわけではない。何かの見通しが自分に魅力的に見える時その魅力の基礎がどこにあるかについて、我々が明らかに間違っていることも希ではない。時によって我々の選択はその決心が固すぎるために、我々の心を実際に動かしたのが「善き理由」なのか利得の予測なのかも明らかではない。私の決定が他者を喜ばせる時、私がそれをしたのは、彼等を喜ばせようと期待したからなのか、それとも、自分自身の「本物の」理由のためだったのか。そしていかなる時に、他者を喜ばせたいという願望それ自体が、その人自身の「本物の理由」となるのか。

自分自身の動機を知るという一般的な問題に加えて、真正な人の印である私心のなさという捕まえるのが難しい動機を特徴づけるという概念的問題がある。我々の基準は、油断のならない真正さの模造品を排除するのに充分なほどには高くなければならないが、真正さを空虚で実現不可能な理想にするほど高くあってはならない。特に我々は、人の生きる時と場所の文化からの完全な超越を要求してはならない。というのも、真正な人のものでさえ自律的理性は、時代精神と自身の特別な境遇によって彼に「与えられた」にすぎない何らかの関心や世界の見方に仕えるだろうからである。私の元同僚の一人は、敏感で才能ある分析哲学者であったが、かつて私に対して、長年の宗教哲学の講義の後に、次第に神を信じるようになった、と告げた。友人は、彼の重要な新しい信念に、私が彼の理由づけの真正さを疑うことができないような、精巧かつ複雑な理論的根拠を用意していた。数ヶ月後彼は私に、地元のメソジスト教会に加わったと告げた。私は彼に、互いに対立する様々なプロテスタントの宗派や、プロテスタンティズムと一般的に対立するカトリシズムや、他の世界宗教と対立するキリスト教が行う、真理に対する主張を注意深く吟味した後にそうしたのかどうか尋ねた。もちろん、彼は吟味していなかったし、私の質問は彼に差し出がましいという印象を与えただけだった。私が彼の両親や祖父母の宗派は何だったか尋ねた時、もちろん彼は、メソジストだと答えた。当時私はこのことを、非真正さの確固たる証拠、つまり、「模造」かつ「借り物」のやり方で信念やコミットメントを身につけた証拠として捉えた。しかし今では私は、そうは言い切れないと思う。あるいは私の真正さの基準は、非現実的なほど高く固定されていたかもしれない。友人は、（例えば）仏教徒やローマカトリック教徒になることは考慮さえできなかった。ジェームズの成句ではこれらは、彼にとって完全に死んだ選択肢であった。結局のところ、仮にある人がビルマ人で神を見出すならば、仏教徒になるし、ある人がイタリア人やアイルランド人ならば、カトリック教徒になる。友人は、異なる国籍や民族的同一性を求めて渉猟していたのではない。彼自身の国籍と民族的同一性は、あまりに既定のものであり、疑問に付されることもなかった。だから彼はメソジストになった。彼はこの選択において、自身の時と場所に対する「奴隷にすぎな」かったのだろうか。私はそうではないと考える。我々はみな、いくつかの点で、撤回不可能な形で「自身の文化の産物」であるかもしれないが、そのことは、そのような産物である自我が、自分が現在あるところの自我を自由に統治できない理由にはならないのである。

iii　自律と対比されるもの

自律の理想に失敗するよく知られた仕方が色々あり、それらに言及することで、我々は自律の概念をより強固に把握することができるかもしれない。アイがそのミーを統治できない時、その結果は、アノミーつまり、外部からの支配ではなく、むしろ事実上全く「制御のない」状況である。自律はまた、その人が属する文化からの諸要求に対する思慮なき受動的適応(軽蔑的な用語では「順応」）の諸形態と対比される。20年前に大いに注目を浴びたある本[24]でデイヴィッド・リースマンと彼の仲間たちは、それぞれが経済上かつ人口統計上の発展の所与の段階の人間社会に特徴的な、3つの「社会的人格類型」を詳細に記述した。「伝統指向」期であれば、自律という理想が誰かの心に浮かぶことはめったにない。諸個人は、祖先によって作り出された様々な儀式と実施手順によって「統治されて」いた。社会的・技術的変化はとても遅かったので、この支配的な人格類型は社会条件によく適合しており、個人的な野心・自発性・柔軟性のような特色は要求されない。誰もが、たとえ公に恥をかく恐怖のみからであるにせよ、疑問を抱くことなく同じことをする。

西洋諸国では、伝統指向の後にはリースマンが「内面指向」型と呼んだものが続いた。封建主義の衰退に続く数世紀は、「増大した個人の移動…絶え間のない膨張…巨大な技術的変化…探検、移住…」によって性格づけられた。これらの難問に対処するために必要とされたのが、「厳格で自明の伝統指向なしに…やってゆくことのできる」新しい型、つまり、「融通はきかないが非常に個人化された性格[25]」を備えた型である。人生の早い段階で、一群の「一般化されているにもかかわらず不可避的に運命的な目標」[26]や基準が、彼の両親、つまり内面化された権威の根源によって、子供のなかに植えつけられ、結果としてそれらは不可避的に、後になるほどより彼のものになる。したがって内面指向の人は自身のなかに、強力な罪の感覚という痛みに基づいてしっかりと自身をその航路上に保つとともに、自身の両親に似た様々な権威から、または彼を統治している内面化された理想から、「信号を受信する」ことを許しもする、ようなある種の「心理的ジャイロスコープ」[27]をもつ。

我々の内面指向の先祖たちを賞賛して非常に多くの文章が書かれたので、リースマンは、この先祖たちもまた、どれほどひどくいかなる道理にかなった自律モデルを満たすのにも失敗するのか、を大いに骨を折って示す義務を負う[28]。

> 第一に、そのジャイロスコープの仕組みは内面指向の人に、彼が実際にそうである以上にずっと独立しているように見えるのを可能にする。というのは、彼は実際には、他人指向の人に劣らず他者に対して順応的であるのだが、彼が聞く声は、より遠くから聞こえ、より古い世代のものであって、それらからの合図は彼の幼少期に内面化されているのである。
>
> 彼は、人々と非人格的関係をもつことができるようになるが、時には、それ以外の種類の関係はもつことができない。このことは彼が、仲間の要求や欲求を相対的に寄せ付けないでいられることに対して払う代償の一つであり、彼が自身の重視する目的を追求する際に、仲間の無関心または敵意も気にせずに自分を貫くことができる力を説明する一助となる。

リースマンによると、工業化と人口急増が収まって、裕福な社会が生産よりも消費の方に適応するようになるにつれて、内面指向性の社会的効用は逓減する。我々自身の時代に特徴的な他人指向の人は、内面のジャイロスコープではなく、彼自身の年齢集団と時々の人気のコミュニケーション「メディア」からの信号に極度に敏感な心理的「レーダー装置」、をもつような仕方で育つ。対人的やり繰りの方が物質的環境の征服よりも経済的な優先事項となる時代において、「ジャイロスコープによる支配はもはや充分に柔軟ではない。」[29] 生産に携わらない消費者が人口の高い割合を形成し、「彼等は、浪費的であるための経済的機会とそれを許容する性格構造の両方を必要としている。…子供たちは、内面的基準の違反ではなく社会的是認が獲得できないことに罪の意識を感じるように仕向けられる。」[30] 他者の願望に対する極度に敏感な同調は早くに植えつけられ、他者に受け容れられたいという要求が、恥や罪の痛みではなく「びまんする不安」の痛みに基づいて、思考や行動への主な衝動となる。

よく適応した他人指向の人が見せる真正さに欠ける様を示すのは容易である。仮に彼がまるまると太っているとすると、彼は横縞よりも縦縞がよく似合う。しかし、もし彼の仲間が今季は横縞を着ているなら、彼もそうするだろう。審美的考慮などくそ食らえ、である。仮に遺伝的体質のために彼が、今の仲間に気に入られない生活様式の方がいいと思うとしても、彼はそれと異なる生活様式を採用するだろう。たとえそれが彼の体質に適合しておらず、不似合いであるとしてもである。彼は、仲間の是認を得るためにまとって見せたいと願う人前の「イメージ」に合った衣服を選ぶのと同じ仕方で、自身の意見や「信念」さえも、選ぶだろう。

仮にこれらが、射るべき的を外しているとするなら、それらはその的自体について我々に何を伝えるだろうか。人間は自己統制する能力をもたなければならないし、そうでなければアノミーに陥る。しかし仮に、彼の内的な統制者が、それ自体統制できないジャイロスコープまたはレーダー装置である場合、彼は、たとえどれほど幸せに調整されている（または「同調している」）としても、自律的ではありえない。しかし、我々はみなおそらく子供の時に、それぞれのジャイロスコープやレーダー装置、または何らかのその二つの組合せを与えられている。そうだとすれば、いかにして自律は我々にとって可能でありうるのか。リースマンが言うには、自律的である人々は、彼等の社会に適応していないかもしれないが、それを選択する場合には順応する能力があるという点で、他の体制反対派や順応不能者たちとは異なる。すなわち彼等は、「順応するか否かを自由に選択することができ」[31]、仮に順応しないと選択した場合、行動力を奪う罪悪感やびまんする不安の虜にはならない。彼等は、順応するだけの善い理由がある時そしてその時だけ、順応する。そして、他の声からの「信号」が及ぼす静電気から自由に理性の声に耳を貸すことができる。彼等は、たとえ自身のジャイロスコープをもっているとしても、その速度と方向をコントロールすることができ、彼等のレーダー装置の向きを変えたり、その回転を止めたりすることができる。自律的な人はある程度、財布や体格や役割に合う衣服を買うだろう。彼の体質に合う生活様式、彼の理想や関心に合う政治的態度を選択するだろう。彼は、他人の様々な反応に無関心でありえないが、それ以外の考慮によってもまた動かされることが可能なのである。

もしリースマンが主張するように、我々の時代には「他人指向」が広く行き渡った順応確保の形態になりつつあるのであれば、自律的である人は、彼自身の深く埋め込まれたレーダー受信器をどうにかして克服または出し抜くことによって自身の自律を果たさなければならないだろう。真正でありたいと熱望しながら若者たちが、新興宗教であるかのように相互への同調を続けている今日、人はこの問題がどれほど困難でありうるか、を理解することができる。レーダー装置を避けて通ることができない時、おそらく教育者たちの最善の望みは、そのレーダー装置を利用して、その伝送システムに「合理主義の」信号を送り込むことにある。学校とメディアが協働して、若者たちの敏感な受信機にすぐ検出され、彼等自身の信号ネットワークの一部になるような、合理性のイメージを創り上げ、その結果例えば、色々な日用品を買う「流行の」やり方が、宣伝者たちの磨きをかけられたイメージに反応するのではなく、消費者連合による検査と評価を調べてみる、というものになる、と仮定してみよう。その種の賢明な合理性が、インテリぶった連中や他の変なグループだけの特徴ではなく、真に流行の先端を行く人たちが一般にすることの特徴であると考えられるようになり、その結果ティーンエイジャーたちは、自身の割り当てられた分別ある役割を離れて行動すると、仲間の評判を失うことになる、と仮定してみよう。その時、独立した慎重な判断の実践は、ある種の他人指向的な芝居として始まっているかもしれないが、もし（「権威」ではなく）仲間から流れ込んでくる信号によって絶えず強化されるならそれは、固定した機能上は自律的な習慣になりうる[32]。そのようなやり方で出来上がったものは、完全に純粋な自律ではないだろう。というのも、人々の中にある基本的な動機は依然として、彼等の仲間の承認を得ることにあるからである。しかし確かにそれは、ほとんどの人が今までに達成したどれよりも近い近似である。我々の中でいったい何人の者が、何か「もっと純粋な」ものを達成しただろうか。

iv　合理的反省

私が最後の強調点としたいのは、自律が、家庭または学校における教育の目標として、重要視されすぎることの危険性である。そうなるのは、自律をひどく高尚なものに考えて、その基準の満足をまったく不可能にしてしまう場合か、そうでなければ、未熟な時期にこの理想を奨励して自滅させてしまう場合である。自律的な人の作法で合理的に内省するとは、合理的な手続が従う諸規則に従って、いくつかの既に受容されている原理を、もっと暫定的な原理や原理候補の吟味に、あるいは、可能的な判断や決定に、適用することである。したがって合理的内省は、そこからそしてそれを使って理性的に考えるための、何らかの相対的に確立した信念群を前提とする。もし我々が、自律のためには、個々の決定の際に理性に照らしてすべての原理を一から検討しなければならない、と考えるなら、合理的内省に類するものは何も始まることができないのである。

『孤独な群集』刊行から10年後リースマンは、自律には「様々なモデルや経験の中から自身で選択することによって自身の性格を形成してゆく力を個人がもつこと[33]」が前提となる、と書いた。私がこれに付け加えるなら、その力とは、益々多くの大学生年代の若者たちが、目下の多様な「自己同一性」探求においてそれを使うのに励んでいるのが見られる力のことである。私が控えめに指摘したい論点は、人は、新しい性格を選択することを望めるようになる以前に、少なくとも暫定的な性格を既にもっていなければならない、ということにすぎない。この論点の裏側として、もし子供が「自律的であることを学」ぶ必要があるのなら、彼は始める時は自律的でない、というのでなければならない。合理的内省の習慣を無から創造するなどという魔術はあり得ない。子供が適切な方向へと成長する道理にかなった機会をもつためには、いくつかの原理と、特に道理にかなっていることそれ自体への傾倒が、子供の中に植えつけられねばならないのである。

信念と理想の領域でおおよそ「アノミー」に相当するのは、開かれた精神という理想の堕落したものであり、そこでは、あらゆることが常に「誰にも手に入り」、あらゆる確信や忠誠は、問題になるたびに、あたかも過去に行われた確認に何の価値もないかのように、いつも一から吟味されることになる。したがって「認知的アノミー」人間は、彼の理性的思考において確固たる方向づけももたず、疑いの余地があるものをそれで比較しテストするための疑いなきものも何ももたない。この叙述は「気まぐれの権化」というラスキンの描写に類似してくる。仮にそれが自律というものであるなら、それは理想的身分でも自由身分に相応しい徳でもないし、全体として自由な人という包括的理想は、整合性のないものになるしかない。自律をそのような仕方で理解することに誤りであるが、この誤りを、自律へと向かう漸次的発展の諸段階に深く注意を払うピアジェやコールバーグやピーターズが、犯すことはないのである。

V　要約

私の目的は、自由人の観念と自由社会の観念との概念的連関性を、「自由」という言葉がいかにして両者に当てはまることになったかを考慮することによって、探ることにあった。私はこの精査を、「私は自由である」という文を解釈する5つの代替的方法に対応する5つの部分に分割した。その結果を要約するのは容易ではない。制約の欠如という観念が一つの形の用法にとっては本質的であり、身分的権利という観念がもう一つの形の用法にとっては本質的であり、身分への相応しさという観念がもう一つの形の用法にとっては本質的であり、自己支配という政治的隠喩がもう一つの形の用法にとっては本質的である。仮に我々が、内的かつ消極的な要因が制約であることを受け容れ、そして、そのこと自身のために何かから解放されたいという願望と、自分が何をするかを自分で決定したいという願望とを可能的な制約の対象の中に含めることを許容するならば、上記の多様な観念の基礎に大いなる統一性があることを理解することができるだろう。しかし、制約からの一般的または相対的自由という観念でさえも、ぶつかり合う様々な欲求や関心がもつ相対的重要性を決定するために、規範的諸基準の補足を必要とする。実際、上で議論した型のうちの3つ（結局のところの自由、自由という徳、自律）には、いくつかの点で、他の種類の基準や価値が入り込んでいる。つまり、重要性、適切さ、合理性という基準が、それらの内に必然的に組み込まれている。しかしこのことは、それらの整合性または重要性を決して損なうものではない。

全体として自由な人は、最もするだけの重要性があることをするについて結局のところ自由であり、それがないことに最大の重要性がある制約から結局のところ自由であるだろう。結局のところの不自由に特徴的なイメージは、障壁や閉ざされた部屋（外的制約）、背後からの銃剣（強制）、そして内的な交通渋滞つまり行動不能、である。全体として自由な人は、幸運なことに自由人にもなるだろうが、その場合彼は、自身の重要性についての揺るがない感覚、寛大さ、高潔さ、私利私欲のなさ、自足など、この法的身分に相応しい様々な徳を有することで、自分がその身分に値する価値をもつことを示すだろう。最後に彼は、すべての彼の選択肢や選好において、吟味を経ていない伝統、自身の内部にある修正不可能なジャイロスコープやレーダー装置からの信号、などによって指令されるのではなく、自身を「統治」するだろう。この複合的理念を構成するこれらの要素のほとんどについて、それらを理解するための前提として、「自由」という言葉やその複数の反意語がそれらにも当てはまる様々な社会システム〔自由社会〕をよく知っている必要がある、という点を理解するのは容易である。

（島津実伸訳）

註

1　R. S. Peters, 'Freedom and the Development of the Free Man', p. 120.

2　Isaiah Berlin, *Four Essays on Liberty*, O.U.P., 1696, 'Introduction', p.xliii n（アイザイア・バーリン著、小川晃一、小池銈、福田歓一、生松敬三訳『自由論』みすず書房、1971 年）を参照せよ。

3　フェリックス・オッペンハイム（Felix Oppenheim）によると、仮に我々が、ある都市における駐車違反の 70 パーセントだけが摘発され罰せられることを知っているなら、他の一定の諸仮定も与えられれば、任意の駐車違反者が罰金を科されることを 70 パーセントの確率で予測でき、このことから我々は（もちろん、社会学的観点から！）、「その都市の運転手は、時間超過の駐車違反をすることに、公的には 0.7 の確率で不自由であり、彼等のそうする自由は 0.3 である」と言うことができる（*Dimensions of Freedom*, New York: St Martin's Press, 1961, p.187）。

4　今一度その描像を変えれば、彼は「様々な心配事」に支配されており、「自爆」してさえいる。

5　Oppenheim, op. cit., p. 200 を参照せよ。

6　C. S. Lewis, *Studies in Words*, Cambridge University Press, 1961, p. 114.　（C. S. ルイス『語の研究 ―― ヨーロッパにおける観念の歴史』, 本田錦一郎 他訳 , 文理 , 1974 年）

7　ルイスが言うには、古代世界では、「自由（Freedom）は『市民権（citizenship）』を意味しうるだけである。そして、百人隊の隊長が、ローマの市民権（politeia）を獲得するために多くの金を払ったと聖パウロに言う時に、欽定訳聖書は『高い代価で私はこの自由を得た』と記す ...。この意味は、*franchise*（特権）が、一人前の市民権の本質的な印である投票の権限を意味するという、今も残る英語用法のうちに化石化されている。」(*Studies in Words*, p. 125.)

8 *Ibid.*, p. 114.

9 *Ibid.*, p. 21.

10 *Ibid.*, p. 22.

11 John Ruskin, *The Queen of the Air*, ch. 3.（ジョン・ラスキン ,『空の女皇』, 御木本隆三訳 , 東京ラスキン協会刊 , 1932 年）

12 C. S. Lewis, *op. cit.*, p. 112.

13 *Ibid.*, p. 126.

14 *Loc.* cit.

15 *Op. cit.*, pp. 128-9.

16 Aristotle, *Metaphysics*, 1075b.（アリストテレス ,『形而上学（上）（下）』, 出隆訳 , 岩波文庫 , 1959 年）

17 C. S. Lewis, *op. cit.*, pp. 124-5.

18 以下の Isaiah Berlin, *op. cit.*, p. 130 と比較せよ。「誰が私を統治するのか」という問への答は、「政府はどこまで私に介入するのか」という問〔への答〕とは論理的に別である。自由(liberty)の 2 つの概念の間の大きな対比は、結局この差にあるのだ。」

19 Gerald C. MacCallum, Jr, 'Negative and Positive Freedom', *Philosophical Review*, vol. 76, 1967, p. 318.

20 制約されておらず可能であるが現実的でない欲求は、一つの「開かれた選択肢」である。

21 社会科学者たちが「自己同一性の問題」と呼ぶものは、私が彼等を正しく理解していればだが、ある人についての真なる記述の組（例えば彼は、男性である、若い、茶色い目をしている、アメリカ人である、カトリック教徒である、哲学者である、野球選手である、自由主義者である、フルート奏者である、父親である）の中から、些末で、あらずもがなで、偶然的であるような記述とは対置されるような、彼の自身についての理解にとって何らかの意味で本質的である記述を選び出す、という問題である。この場合その地位は部分的には、通常の場合、完全には形成されていない若者自身によって、どのようなものであれ彼が既に持っている（または現にそれである）「内的核心」にある原理群に従って、本質的だとして、選ばれるのである。

22 この自律の説明はまた、ジョン・オースティンの有名な主権の定義を満たす。おそらく〔自律と主権という〕2 つの概念は、政治的適用では同じものになる。おそらく、我々は用いないが、「個人的主権」という表現があるとすればそれの方が、政治の隠喩としての性質がより隠蔽されていない点で、我々が用いる「個人的自律」より好ましかっただろう。

23 Peters, *op. cit.*, pp. 123-4.〔訳者注 : 原文では直後の「)」に対応する「(」は存在しないため、補った。〕

24 David Riesman, *et al*, *The Lonely Crowd*, New Haven, Yale University Press, 1950.〔デイヴィッド・リースマン（加藤秀俊訳）『孤独な群衆』みすず書房、1964 年〕私が参照したのは、要約版（Yale Paperbound, 1961）である。

25 *Ibid.*, p. 14.

26 *Ibid.*, p. 15.

27 *Ibid.*, p. 16.

28 *Ibid.*, p. 31, p. 56.
29 *Ibid.*, p. 18.
30 *Ibid.*, pp. 19, 21.
31 *Ibid.*, p. 242.
32 似通った仕方で、内面指向期では、自律に専心する両親は、その強固な目的が親の理想とする方向へと向かっている心理的ジャイロスコープを用いて、彼等の子供達に自律を「教え込む」かもしれない。その子が聞くであろう様々な声は、彼の両親のものであるだろうが、しかし、彼等の唯一のメッセージは次のものであるだろう。自分の頭で考えなさい！
33 *Op. cit.*, 'Preface', p. xlviii.

第２章
自由の利益をはかりにかける

The Interest in Liberty on the Scales

国家による強制の道徳的限界を画するためのジョン・スチュアート・ミルによる著名な「危害原理」については、事実上論争の余地がない一つの理解の仕方がある。行動が制約されることになる当の人以外の人に対する危害、あるいは法外な危害のリスクを防止するために、提案されている刑法による禁止が道理にかなって必要である（すなわち、それが必要だと考えるための道理にかなった根拠がある）ということは、その禁止を支持するについての常に道徳的に当を得た理由である、という点を否定する人はほとんどいないだろう。ある人は、軽度の危害の防止は国家介入の社会的費用に値しないだろうという根拠で、他者への危害の防止の必要性が国家による強制の十分な理由となる、という点を否定するかもしれない。別の人は、危害を伴わない行為にさえも適用しうる強制の他の理由（例えば、感情を害するに過ぎない行為の防止や道徳の強制など）があるという根拠で、他者への危害を防止することが介入を正当化するための必要条件である、という点を否定するかもしれない。しかし、ほとんど誰も、他者への危害を防止する必要性が、常に国家による強制を支持する一つの理由である点を否定しないだろう。たとえその必要性が、常に決定的な理由でもなく、適用可能な唯一の種類の理由でもないとしても、である。

しかしながら、危害原理のこの弱められた理解の仕方は、もっともらしさにおいて増しただけのものを、立法上の決定指針としての実践的効用において失うのである。立法者たちは、軽度に過ぎない危害、中度の蓋然性をもつ危害、道理にかなったまたはかなわない危害のリスク、集成的危害、競合的危害、蓄積的危害、等々の場合において、弱められた危害原理を使用するか否かだけでなく、それをいかに使用するかもまた決定しなければならない[1]。これらの問題への解決策は、単純な形で表現された危害原理からは得られず、一部には論争の的になる道徳的決定や正義の格律を言語化したようなものを含む、補助的諸原理からの助力を絶対的に必要とする。この論文において私は、複数の個人的利益の異なった集合が重要さにおいて比較され、順位づけられるのを要求するような、危害原理を立法上適用しようとすれば問われる問題のいくつか、について考察するつもりである。いかにして社会的「危害」を最小限にするかを決定するために様々な利益を順位づける過程は、例外なく秤の比喩を用いて記述される。つまり利益は、いずれがより大きな「重み」をもつのかを決めるために「衡量される」のである。とりわけ私は、重みを量られる利益の一方が、法が（健康や経済的蓄えの利益のように）すべての市民によって平等に共有されていると想定する、一般化された自由の利益である場合の、衡量過程を特徴づけることに関心を集中することにする。

I　利益衡量：福祉利益、他

典型的には、立法機関により比較され、等級分けされ（「重みを量られ、衡量され」）なければならない諸利益に、自由の利益は含まれない、あるいは僅かな程度しか含まれない。私は次のような種類の事例を考えている。すなわち、ある種の活動は、その活動によって影響を受ける人々に危害をもたらす傾向があるが、その活動を実効的に禁止するとすればそれは、その活動に従事することに利益（つまり利害関係）をもつ人々に危害をもたらす傾向がある。しかもそれは、すべての自由（殺人の自由でさえも）の制限が、取りうる選択の幅を狭められる諸個人に対してその限度で有害だというような些細でありがちな意味においてだけではなく、むしろそれらの諸個人の他の重大な諸利益が完全に妨害されるという意味において危害をもたらす傾向である。そのような事例すべてにおいて、B が Y に関してもつ利益を A が害することを防止するならば、A が X に関してもつ利益（及びそれがどれほどの価値をもつにしても、彼が一般的な自由に関してもつ利益）を害することになるだろう。それ故立法者は、B が Y に関してもつ利益が（危険の程度の問題は別にして）それ自体で、AがXに関してもつ利益よりも重要か否か——より保護する価値があるか否か——を決定しなければならない。そして立法者は、単にある特定の個人AやBについて考えるだけでなく、AやBという類型の個人すべてについても、すなわち標準的なAたちやBたちの利益についても考えなければならない。危害原理は、なお一層の特定化がない限り、ほとんど中身のない公式なのである。危害原理は立法者に、Bの利益を危害から保護することは、Aを抑制するための一つの善い有意の理由だ、と語るが、危害原理が彼に語ることはこれだけなのである。Aが自分の利益を制限を受けずに追求することを許すための明白な理由、それ自体が様々な危害を最小化する必要性から来る理由、と比較して、Bの利益を危害から保護することがどれほど善い理由なのか、を危害原理は立法者に語らない。もしAにXの促進あるいは達成について本物の利害関係があるならば、その時、彼のXの追求に対するいかなる束縛も、その利益を後退させるあるいは妨害することになり、それ故、有意の意味で彼に「危害」をもたらすことになる。

確かに我々は、他の点が等しいなら、危害を受ける蓋然性が推測上のものに過ぎない利益に優先して必ず害される利益を保護すべきであり、そして、他の点が等しいなら、衝突している利益の何らかの小規模に過ぎない侵害よりも、一つの利益の完全な妨害を防ぐことをより重要と考えるべきである。（法的に有意性をもつ意味における）危害とは利益の侵害のことであり、侵害は実際に程度において異なる。しかし、全く異なる種類の利益——例えば、オートバイ乗りがもつ速度、興奮、経済的移動の利益と、郊外に住んでいる職業的学者がもつ近隣の平和と静寂の利益——が同程度侵害される場合、どちらがより大きな危害なのか。もちろんこれは、この二種類の利益のどちらがより重要なものであるかに依存する。

自由の利益以外の利益の「重要性」は、少なくとも３つの異なる指標により通常評価される。それらの利益の持主に対するそれらの利益の重要性、すなわち、彼の個人的利益の総合的体系内での「肝要性（vitality）」と、それらの利益が、私的及び公的な他の利益によって補強される程度と、恐らくそれらの利益固有の道徳的性質（これはより論争的だが）である。特定の利益に対して肝要性の基準が適用されるのは、我々が、その利益の妨害はある人の個人的利益の全体系をどの程度害しそうかを考える時である。あるタイプの「標準人」がもつＸの利益が、彼がもつＹの利益より重要だと言えるのは、彼がもつＸの利益が害されることが、彼の正味の（単数形の）個人的利益との関連で、彼がもつＹの利益を害される場合よりも害が大きいだろうという意味においてである。これは、ある人の心臓あるいは脳への危害が、より生死に直結しない器官への「同程度の」危害よりも身体的健康に対してより大きな損害を与えるのと同様である。ある標準人がもつ彼の体系において肝要性の高い利益が、別の標準人がもつその人の体系において肝要性が比較的低い利益と衝突する場合、他の事情が等しいなら、前者の利益は後者のそれよりもより重要と考えることができる。

個人の利益体系内で最も肝要な利益は、その目標が今何であるのかあるいは後に何になるのかにかかわらず、その人の先々の目標への必須の手段に関する「福祉利益」と私が呼ぶことにするものである。この範疇に属するのは次のようなものに関する利益である。すなわち、人の身体的健康と活気、身体の無欠性と通常の機能、悩ましい痛みと苦しみあるいは異様な醜さの不存在、最低限の知的鋭敏さ、感情的安定、根拠なき不安と憤慨の不存在、社会的交流に普通に関わる能力、少なくとも最低限の富・収入・金銭上の安定、許容できる社会的・物質的環境、介入と強制からの一定程度の自由、である。これら標準的利益は、非常に広範な可能的目標に対する一般化された手段である諸条件、そして、それらがともに実現されることが、非常に特別な状況でない限り、より究極的な目標の達成のために不可欠である諸条件、に関する利益である。従って、ある意味では、それらは個人がもつ最も重要な利益である。というのも、それらの充足なしでは個人（常に立法者の眼前に在る「標準人」）は失われるからである。

しかしながら、他の多くの場合には、福祉利益はどちらかというと取るに足りない善、必要だが善い生活には甚だしく不十分な善、に見えがちである。それらの利益は、「人間の福利の基本的必要物」[2]だが、決してその福利そのものの全体ではない。さらに、この後示すつもりの私の理解に従えば、様々な福祉利益はぎりぎりの最低限という共通の特徴をもつ。人は、たとえ不健康であるとしても、ほとんど金銭をもっていないとしても、魅力のない環境で暮らしているとしても、ほとんどの場合において、自分のより先々の目標、そしてそれ故「より高度な善」を達成することが可能である。しかし、もしその人の健康が酷く損なわれていたり、その人が酷く取り返しがつかないほどに貧窮していたり、伝染病が蔓延する掃き溜めで暮らしていたりするならば、その人には機会が全くない。人は、別の人の健康を悪化させる、あるいは財産を減少させることによって、その人の福祉利益を脅かすことがありうるが、しかし、それらの福祉利益を許容できる最低限度より下に至らせて初めて、実際にそれらの利益を侵害するに至る。

我々のうちにはその種の利益を感じる人も感じない人もいるのだが、多くの基本的な福祉利益に対応して、福祉の特定要素の一つを、実際に必要であるよりもはるかに高い水準まで達成することが、先々の利益となる可能性がある。それ故、双方とも経済的利益であるという点で、繁栄することあるいは裕福になることの利益は、まともな生活に十分な金銭を所持することの福祉利益と類似しており、別の分類システムでは福祉利益と類別されるだろう。しかし、裕福さの利益は、それが金銭上の十分さの福祉利益とは程度の差しかないにもかかわらず、決してそれ自身福祉利益ではない。同様に、自分自身を溌剌として咲き誇る健康をもち、まさに最善の運動選手の状態に置くことの利益は、病気でないことの福祉利益のようにある種の身体的利益ではあるが、それ自身は福祉利益ではない。

所与の福祉利益はどれも、専らそれだけで考慮されるなら、一見、複数の福祉利益からなるより広くかつ真に重要な構造の一つの些細で自明な構成要素、すなわちそれ単独の侵害があっても、福祉の他の部門における利得によって容易に補償することができるようなもの、に見えるかもしれない。しかしながら、もっと先の利益とは異なって、様々な福祉利益は相互に結びついているために、それら全体はその最も弱い鎖の繋ぎ目よりも強くはないのだ、と気付く時、この印象は終わるのである。ニコラス・レッシャーは、医療との類似性を見つけ出す。つまり、「一般的に、ある部分における欠陥は、別の部分における優位性によって補償されえない。ここでトレード・オフが作用するとしてもそれは僅かしかない――心臓血管の優位性が欠陥のある肝臓を補填しないのとちょうど同じように、福祉のある部門の強化は、福祉の他の部門における欠点を相殺できないのだ」[3]。もしあなたが致命的な病気を患っているなら、世界の富すべてでもあなたの助けにはならないだろうし、強大な身体的力でも極貧や監禁の補償にはならないだろう。

これらの様々な点において、所与の福祉利益はどれも些細な事柄に見えがちであるが、それにもかかわらず、複数の福祉利益は別々に、また集合的に、最も肝要な利益であり、それ故、少なくとも一つの明白な意味で、個人の利益体系内において最も重要な利益である、ということに疑いはない。それらが妨げられるあるいは損なわれる時、個人は実際極めて深刻に害される。というのは、そのような場合、彼のより究極的な熱望もまた挫かれるからである。それに対して所与のより高度な目標に対する妨げは、必ずしも彼の利益のネットワーク全体へ損害を与えるわけではない。確かに人はパンのみでは生きられないが、パン無しでは人はまったく生きることができないのである。

福祉利益は最も肝要な利益であるが、非福祉利益もまた相対的肝要性の見地から順位づけることが可能である。ちょうど、たとえ手と足の小指とはどちらも必要不可欠な器官ではないとしても、前者は後者よりもより肝要な従属肢であり、ある人の手への危害は足の小指へのそれよりもより深刻である、と言えるように。二つの非福祉利益のどちらがより肝要であるかを決定することは容易な課題ではない。とりわけ我々が様々な型の「標準人」の利益体系間の考察に制限される時にはそうである。しかし、たとえ我々がこの問題を解決できたとしても、依然として困難な複雑性が残るだろう。様々な利益は、積み重なってお互いを強化する傾向がある。（郊外に住んでいる職業的学者としての）私の（平和と静寂の）利益が私の体系内でもつ肝要性は、オートバイ乗りの速度、興奮、経済的な移動の利益が彼の体系内でもつ肝要性よりも大きいかもしれないが、しかし、オートバイ乗りの雇用者がもつ労働者たちに工場へ効率的に移動してもらうことの利益、そして（私を含む）一般の共同体がもつ、工場所有者の事業の成功に関わる経済的利益、オートバイ製造業者の、彼等自身の収益の利益、警察と（恐らく私を含む）その他の人々の、青春横溢のために比較的害の無いはけ口を供給すると共に執行困難なルールを作らないことの利益、もまた存在する。私の近隣の静けさには、これほど大きな相互に強化し合う私的及び公的な利益の積み重なりに近いものはないかもしれない。それが理由で、オートバイ乗りの利益は私の利益よりも、共同体利益の体系の中でより肝要な構成要素であるかもしれない。しかしながらもし我々が、彼の騒音が財産価値に及ぼす影響、騒音がなければその共同体へ移住する気になって彼等の才能で貢献しただろう平和を愛する第三者に与える共同体の魅力に及ぼす影響、をもまた考慮する時、その問題は、全面的な複雑性の下では、接戦となる難しいものであることが理解されうるのである[4]。

利益衡量という扱いにくい課題を複雑にするかもしれない最後の考察は、比較されている利益の肝要性あるいは他の諸利益との関連と全く独立に、その利益自体に内在する道徳的値打ちを問題にする。この要因はせいぜい、極端な事例、全く保護するに値しないと思われる利益に関して考慮されるに過ぎない。もし「病的な」、「過敏な」、「残酷な」、「下劣な」（単なる願望と対置されるものとしての）利益のようなものがあるとしたら――そして、利益の概念に関する合意の得られた詳細な分析はないので、哲学者たちがこの点に同意しないだろうとの予想もありうるが――、そのような利益は、「重み」あるいは重要性がなく、それ故正当なものであればどんな衝突する利益によっても容易に相殺されうる、と考えてよいであろう。

II 自由の利益

利益衡量者たちが自由の利益に注意を向ける時、二つの絡み合った問題が生じうる。ある個人がXに関してもつ利益が、例えば一般にXをすること、追求すること、所有することに対する法的な禁止によって妨害される時はいつでも、自由の利益、すなわちXをするか否か、Xを所有するか否か、あるいはXを追求するか否かの選択をすることの利益、もまた妨げられる。それ故我々は、選択の自由の利益が一般的に言ってどれほど重要なのか、そしてまた所与の法的強制の場合に、その一般的利益に対してどれほど大きな侵害がなされたか、を問うことができる。後者の問は、自由の減少について、「より大きい」とか「より小さい」とかという場合の量的表現を、我々が理解できることを前提とする。

もし我々の個人的な諸自由が、どこかの無慈悲なまでに能率的な全体主義国家によって完全に破壊されるなら、我々のほとんどが自分の善を構成する究極的利益を追求できなくなるのは、経済的収入の源泉が破壊されたり健康が損なわれたりする場合と同様である。かかる理由で、我々がもつ自由の利益は一つの基本的な福祉利益であると理解するのが最善である。ある特定の種類の行動が非合法とされる時、すべての市民の自由が少なくとも一つの点で減少させられる。何人もその新たに禁止された行動に自由に携わることができないからである。しかし、だからと言って、すべての人がもつ自由の福祉利益が新しい法による禁止によって妨害されるとは限らない。これは、新しい税がそれだけで経済的蓄えの福祉利益の侵害になるわけではないのと同様である。我々が見てきたように、これらの福祉利益は、許容できる最低限のレベルを下回るに至るまでは、侵害されないのである。一部の人々がもつ可能な限り多くの金銭を所有することの利益と類似する、非福祉的で最低限度を超えた自由の利益もまたあるかもしれない。もっともこの「自由の欲張り屋」の像は十分ぼやけたものなので、この類比はかなり弱いものになるのだが。可能な限り多くの金銭（あるいは自由）をもつことの利益の侵害は、もちろん、まともな生活のために**十分な**金銭（あるいは自由）を所有することの利益の侵害よりもずっと害が少なく、利益を衡量する秤の上でもその分だけより軽い重みしかもたない。

しかしながら、すべての人は、暮らしていくのに十分なものをもつことの福祉利益への起こりうる将来の侵害に対する「緩衝材」として、実際に必要とするよりも多くの金銭あるいは自由を所有することの派生的な利益をもつ。その結果、人の（金銭、自由、健康面での）資産が最低限度のラインに近づけば近づくほど、最低限度の線より上でもそれらが減少することは益々大きな危害となる。すべての福祉利益について、金銭に関する限界効用逓減の法則に似たものが成立する。従って、立法上の利益衡量者は、すべての自由の利益を含むすべての正統な利益に何らかの重みを帰するだろうが、彼は自由の福祉利益に対して、その福祉利益の緩衝材への安全利益よりも大きな重みを帰すだろうし、そして、最低限の自由を安全にすることの利益に対して、広範で最低限度を超える自由あるいは「可能な限り多くの自由」を蓄積することの利益よりも大きな重みを帰すだろう。

III 開かれた選択肢

「標準人」がもっていると推定される政治的自由の利益から単純に派生するような行動を犯罪化しようとするすべての提案に反対するお決まりの推定があるが、この推定の強さは、自由の利益のタイプ（福祉利益か、安全利益か、蓄積利益か）によってのみでなく、その利益が、提案される法律によって実際に侵害される程度によっても変化する。自由の利益に対する侵害は、金銭の利益に対する侵害と同様に程度問題なのである。ただ我々は、ドル、ポンド、フランに対応するような、それらの侵害を計測するための明快な慣習的単位を欠くのだが。自由それ自体の利益は――我々にそれをする自由があったりなかったりする物事をするのに関して我々がもつ様々な利益とは異なって――、様々な種類の行為、不作為、所有に関して可能な限り多くの開かれた選択肢をもつことの利益である。私が所与の行為Xに関して開かれた選択肢をもつのは、私がXをすることが許されており、かつXなしをする（つまりXをすることを控える）こともまた許され、その結果私がXをするか否かが完全に私次第である場合である。もし私がXをすることは許されるがXなしをすることは許されないなら、通常のいかなる意味においても私にXをする自由があるとは言えない。というのは、もしXが、私がすることを許される唯一のものであれば、私はXすることを強制されることになり、そしてもちろん、強制は明白な自由の反対物だからである。自由を所有するとは、単純に行為の代替的な可能性を所有することであり、だから代替的選択肢が多いほど、自由も大きいのである。アイザイア・バーリンが気付かせてくれたように、「行為の可能性は、完全に数を数え尽くすことができるリンゴのような離散的な実体ではない」[5]し、正確に数量を数えられるシリングやペンスのようでもない（とつけ加えていいかもしれない）が、刑事立法の中には、我々の代替的選択肢を他のものよりも大きく減少させるものがある。それ故、選択肢の数を数え上げ評価することは「単に印象に基づくもの以上にはなりえない」[6]が、それにもかかわらず、自分の印象を取りまとめるについてより良いあるいは悪いやり方はあるし、一部の人の印象は他の人のそれよりも正確でありうるのである。

我々は人生を、あちこちで転轍機によってつながれたり切り離されたりしている、一種の鉄道線路の迷路と考えることができる。どちらにでも動かすことができる固定されていない転轍機がある時はいつも、「開かれた選択肢」があり、その転轍機が一方に固定されている場合はいつも、その選択肢は「閉じられて」いる。我々がその迷路になった様々な線路の上をポッポッと進む一方で、他の人々が、忙しく転轍機を固定したり固定を解除したり、開いたり閉じたりすることによって、我々の動きの様々な可能性を拡張したり制限したりしている。これらの転轍手の中には、立法者、警察官、裁判官からなるチームに属する者もいて、彼等は転轍機の開閉を決める権威をもつと主張する。他の転轍手は夜間不法に活動し、しばしば日の光の下で有権的に操作されたものを元に戻す。このモデルは、もちろん「線路」や「転轍機」がはっきりと示されるわけではない現実の世界よりも単純であるが、閉じられ固定された選択肢の一部が他のものよりも自由に関してより制限的たりうるのはいかにしてかについて、我々に実際一つの洞察を与えてくれる。転轍手が、一つの転轍機を閉じて固定する時、彼は我々にまっすぐ進み続けるか、停まるか、あるいは後退するかを強要する。我々ができないことは、今いる線路から逸れて別の方向に向かう別の線路に移動することである。この転轍機が固定される以前には我々は、進み続けることと、そうでなければ新しい線路へと移動することとの間の選択可能性をもっていたが、今やその特定の選択肢は、我々には閉じられている。もし我々がそこから閉め出されている線路が、側線へと導き田舎の村で行き止まりになる短い線路に過ぎないなら、我々の自由はそれほど大きくは縮小されないだろう。我々は、まさにその一つの目的地に行く自由はないが、多様な可能性すべてを有する線路網全体は、依然として我々の眼前に開かれているだろう。他方、もし閉じられた転轍機によって我々が、それ自体が多数の転轍点で多くの方面に向かう支線とつながっている幹線へと向かうことを妨げられるなら、その時我々の自由は大幅に縮小される。なぜなら我々は、この一つの転轍点で進路変更することだけでなく、幹線沿いとその複数の支線沿いの様々な転轍点にある膨大な数の開かれている（はずであった）選択肢を享受することもまた、妨げられるのだから。この場合、一つの固定された転轍機は、その線路の先にある数十の選択肢を閉ざす効果をもつ。さらに先の多くの選択肢へと導く選択肢は「多産的」、相対的に多産的でない選択肢は「限定的」と呼ぶことができる。それ故、他の条件が同じならば、多産的選択肢を閉じることは、限定的選択肢を閉じることよりも自由に関して制限的であり、閉じられる選択肢が多産的であればあるほど、一般的な自由の利益に対してより大きい危害となる。

鉄道線路のモデルは多くの点で不十分である。それは、移動の自由に関する我々の観念の近似的描写であるが、表現と意見の自由、あるいは一人で放っておかれる自由のような「消極的諸自由」、などのようなものに適用するのは難しい。その上、そのモデルは多大な複雑化がなければ、「選択肢」という一つの単語が指示している選択の甚だしい複雑性を適切に描写できない。自由な人は、しばしば「Xするか X しないか」という形式の選択、つまり、投票するか投票しないか、車を買うか買わないか、旅行に行くか家にいるか、という選択に直面する。我々の行うもっと複雑な決定でさえ、この論理形式に押し込むことはできるが、それらが我々の心に現れてくる形式はしばしば多肢選択、つまり、候補者 A、B、C、D の誰に投票するか、フォード、シボレー、ダットサン、フォルクスワーゲン、ルノーのどれを買うか、イングランド、フランス、オランダ、スウェーデン、スペイン、イタリアのどこに旅行するか、トム、ディック、ハリー、…の誰と結婚するか、という形式をとる。これらの場合、我々の選択肢は、楔というより音叉のような形になっており、音叉の柄元にある障害物は、片方の枝の根元にあるそれよりも、我々の自由を制約する。他の選択肢は、単一の可能性をではなく、代替的選択肢の結合したものを切り離してしまう。追い剥ぎが銃を人の肋骨に突きつけ、「金か命か」と言う時、彼はその人に金を出すか否かの選択肢と生き続けるか否かの選択肢を与えるが、金と命の両方をもち続けるという選択肢——実際のところ最も多産的な選択肢——を閉じている。

私が考えるに、自由の「開かれた選択肢」説は、その主要な競争相手である、自由は人の何であれ実際の願望への障害の欠如である、という説よりも好ましい[7]。マーティン・チャズルウィット〔Charles Dickens の小説 *Martin*

Chuzzlewit（チャールズ・ディケンズ（北川悌二訳）『マーティン・チャズルウィット』三笠書房、1974年）の主人公〕が次のような状況で幹線上にいると仮定してみよう。すべての転轍機が閉じて固定され、他の「列車」が彼の後方で同じ線路の同じ方向に移動している結果、彼は目的地Ｄへとまっすぐ移動し続ける他に選択の余地がないという状況である。自由の「開かれた選択肢」説では、これは自由の完全な欠如の最も明白な例である。つまり、彼の選択肢のすべてが閉ざされ、代替的選択の可能性がなく、彼はＤへ移動することを強要されている。しかしここで、Ｄに到着することは人生におけるチャズルウィットの最高の野心であり、彼の最も強烈に感じる願望である、と仮定しよう。そうだとすると、彼は、人生で最も望んでいるものが手に入ると確信している。このことは、自由との関連でその状況をいかに記述すべきかに影響を及ぼすだろうか。人は望むことができる限り自由であるという説、つまり古代のストア派やエピクロス派や現代の多数の著述家によっても保持されている説、に従うと、チャズルウィットは、たとえ他には何もできないとしても自分の望むことができているのだから、この状況下で完璧な自由を享受している。しかしこの説は、自由と無理強いの間にある区別を不鮮明にし、この一つの究極の仮想的事例において実際にこの二つを同一視するから、常識の歓迎するものではない。

常識は、「開かれた選択肢」説にも難題をもち込むように見えるかもしれない。自由のこの分析にとっては、たとえ自由が実際の願望と必然的関連をもっていないと理解される場合でも我々が非常に大きな価値をそれに付与するのはなぜか、を説明することが問題となる。トム・ピンチ〔上記 Martin Chuzzlewit の別の登場人物〕の人生における最高の野心が、（再び鉄道の比喩を用いるならば）行き止まりになっている重要でない支線上の倉庫の中の小さな側線にある目的地Ｅへ行くことだと仮定しよう。さらに、列車をその線路へ移動できるようにする転轍機は、進入を禁止する位置で変更不可能な状態に固定されており、その上その線路網全体の中で唯一の固定された転轍機である、と仮定しよう。最も行きたい一つの場所を除いてどこにでも自由に行けることは、我々の欲求不満な旅行者にとって実際小さな慰めになるのかもしれない。開かれた選択肢説が答えるべき問題は、最も望むことは**できる**が他の一切はできないチャズルウィットが何か価値あるものを欠くのはなぜか、そしてまた、最も望むことはできないが他の一切はできるピンチが何か価値あるもの（彼の自由）をわがものにするのはなぜか、を説明することである。

この挑戦を受ける理論家に開かれている二つの手だてがある。一番目は、（バーリンが明白に行っているように）彼の開かれた選択肢説を譲歩して他の要素を認めることである。バーリンは、本文の主張に但し書きをつける脚注において、所与の個人が所与の時に享受する自由の総量は、彼のもつ開かれた選択肢の数及び多産性の関数であるだけでなく、「本人に限らず彼が住む社会の一般的感情が様々な可能性に対して与える値」[8]の関数でもある、と示唆する。もし我々がバーリンの示唆を受け入れるならば、いくつかの奇妙な帰結が生じる。我々の例で何を望もうともＤに行くことを強いられるチャズルウィットは、もしチャズルウィットと「彼が住む社会」の両方によってＤが望ましい目的地と判断されるならば、結局のところ本当の意味で不自由ではない。Ｄに行くことについてチャズルウィットには何らかの選択権があるのかという問に対して、Ｄの望ましさが肯定的もしくは否定的にいかなる影響を及ぼすのか、が私には分からない。もしチャズルウィットがＤに代わる目的地を許されないならば、論理的に彼は否応なしにＤへ行くことを強要されていることになる。確かに彼の状況は彼を喜ばせるが、しかしそのことは、人々が行うように強いられることを望んですることもありうること、人々が不自由に満足しうること、すなわち数多く観察され昔から知られている経験的事実、を示すに過ぎない。我々の貧しく欲求不満な旅行者ピンチに関して言えば、バーリンの示唆は彼の最後の慰めを奪い取りうる。もし彼の選好する目的地が彼自身と彼の社会の「一般的感情」の両方によって望ましい場所であると考えられるならば、たとえ線路体系を通じて移動するための彼の選択肢がほぼ完璧に開かれているとしても、彼は結局あまり自由ではないことになる。開かれた可能性の数と値の両方を、自由を確定する要素として受け入れるバーリンが、我々にそれらの相対的重要性についての手がかりを全く与えていない故に、それを確定することは困難であるが、ピンチの自由は実際に、チャズルウィットのそれを超えない、あるいはそれ以下であるかもしれない。もし社会全般が、ピンチの目的地の望ましさに関する彼の風変わりな評価に同意せず（つまりこれは、ピンチがどれほど自由であるのかという問にとって彼自身は問題にしなくてもよいと想定されるかもしれない、という事実だが)、そしてそれ故に彼の願望への障害を単一で限定的なものであるだけでなく、大した反価値でもないと考えるならば、社会は彼に、どれほど欲求不満であろうともお前は「真に自由」なのだ、と告げることになるだろう。

自由の価値を説明する、よりもっともらしいやり方は、自由を擁護するために、確固としているがより控え目な主張を行うだろう。バーリン自身が彼の本文において何度も述べるように、自由とは本物の価値を有するものの一つであるが、しかし価値ある唯一のものではない。特に、自由を幸福あるいは満足、つまりほとんどの個人がそこに高い価値を置く別の状態、と同一視することはもっともらしくない。チャズルウィットは、代替的可能性がなくても、彼の心からの望みを手にして満足するかもしれないし、さらに言えば、すべてを衡量すると、自由かつ満足していない場合よりも、満足しかつ不自由である方が、彼には本当に良い状態ですらあるかもしれない。そしてピンチが、必要としていない膨大な自由を彼の満足に必要な一つのものと交換することを厭わないとしても、理解できることかもしれない。しかし、これらの事例が示すのは、「真の自由とは満足である」こと、あるいは（人が無理強いされながらも満足している時）無理強いと自由は両立可能であることではなく、自由と満足は別物であること、そして、自由と満足は共に価値があるが時に互いに衝突するので人は両方を得ることができない場合がある、ということである。

IV　選択肢の享受

それならば我々がもつ自由の利益の基礎は何にあるのか。もし我々が、「開かれた選択肢」以外の望むものすべてを手にしており、かつ他の様々な利益が開花しているならば、我々が「開かれた選択肢」をほとんどもっていないということがなぜ問題になるのか。許容できる最小限の自由をもつことの我々の福祉利益は、恐らく、人々が自由に関してもつ様々な種類の利益の中で最も容易に説明できるものである。たとえ人間が代替的可能性を全くもっていないとしても、たとえ彼等の行為すべてがいついかなる時でも彼等に許されている唯一の行為であるとしても、もし代替的可能性への彼等の願望がすべて徹底的に抑制あるいは根絶されているなら、彼等はそれでも満足しているかもしれないし、そしてもし彼等がそうするべく賢明にプログラムされていれば、彼等は価値あることを達成しさえするかもしれない。しかし彼等は、自分たちのどんな達成に対しても栄誉も非難も受けられないだろう。そして彼等は、ロボットあるいは「運命づけられた路線」の上を走らなければならない我々の豊かな比喩における列車と同様、事前にも事後にも、自分たちの生に責任を負うことはできないだろう。彼等は、自身の目からも仲間たちの目からも尊厳をもつことができないだろうし、他者に対する尊敬も自分に対する尊敬も、やせ細ってゆくだろう。彼等は、新しい利益を発展させることも追求することもできないだろうし、古い利益の追求を新しく適した水路に導くこともできないだろう。というのも彼等は、いくつもの人生の重要な転轍機への鍵をもたないために、狭い路線の外へと操縦することが不可能だからである。許容されていることと両立するのは少数の種類の究極的利益のみだろうし、自分の気質あるいは自然の趨向とより調和のとれた新しい究極的利益を開発したいと望むことに意味はないだろう。実際、どんな形でも重要な変更を考えること、つまり、自分の考え、自分の目的、自分の野心、自分の願望の変更を考えること、に意味はないだろう。なぜなら、自由が与える柔軟性がないかぎり、新しい方向への動きは古い障害によって挫折させられるだろうからである。外から自己を見る能力や自己批判の能力は人間本性にとってあまりに本質的であるが、それらも干上がり枯れてしまうかもしれない。それらはもはやいかなる機能も果たさないからである。これらすべてとそれでもなお両立するかもしれない満足とは、人間の幸福と認識しうるものではないだろう。

我々のほとんどは中年になるまでにかなり安定した轍へと落ち込んでしまっているので、自由の福祉利益が要請するものを超えた膨大な数の開かれた選択肢を享受することは、それほど緊急の関心事とは思えないかもしれない。私の願望あるいは野心を変化させる蓋然性が実際上皆無と思える時、そのような変化が起こったとしても新しい願望あるいは野心への私の追求に対する外的に課された障害は存在しないだろう、という考えは、これといった慰めにはならない。それでも、(私の現在の予期に反して) 私あるいは私の情況に色々な変化があったとしても世界は私を失望あるいは挫折させないだろう、と分かっていることには、何か非常に魅力的なものが含まれている。それ故、代替的可能性によって与えられる「息をつく余地」は、重要な種類の安心の種なのである。

自由の利益の別の源泉は、安心からまるで独立している。開かれた選択肢の享受は、快適な自然的・社会的環境の享受とまるで同じあり方で、多くの個人によってそれ自体として価値あるものとされる。一生に読むよりも多くの書籍を備える蔵書を所有すること、一生に鑑賞できるよりも多くの展示物をもつ博物館への利用資格を有すること、最も選びたいと思う料理よりも多い品数の料理を出すレストランで食事をすること、にはある種の象徴的な価値がある。その選択の余地がなくとも人が満足する場合でも、行使できる選択の余地が一つあることは善いことである。代替的選択肢があれば個人は、選好の変化の可能性があっても安心なだけでなく、世界の可能性の潤沢さや多様性を満喫することもまた許され、代替的選択肢自体が、そこで生きることが好ましい環境を形成する。

しかしながら、性格が完全には形作られていない若い個人にとって、そしてまだ自分の生き方が決まっていないより年長の個人にとってさえ、主要な自由の利益の基礎は、生活の様々な流儀や様式を実験し、できる限り広い範囲の可能的職業の中から、その人の理想、適正、選好の形に最も合う職業を探し求める、という必要性にある。そのような諸個人にとって、開かれた選択肢は贅沢品というよりも絶対的必要物であるだろう。しかし、他の人々にとって、必要性あるいは安全性を大きく超えた開かれた選択肢の蓄積は、それ自体がある種の先々の利益、つまり、それらを統合的に促進することがその個人の福利を構成するような複数の焦点となる目標の一つ[9]、であるかもしれない。一部の個人にとって、自由の利益の蓄積は、他の人々が、周囲の環境の美しさや、単なる道具的な効用を超えた咲き誇る健康や、膨大な富又は力、に関してもつ利益、と同じ地位と根拠をもつかもしれない。

Ⅴ　結論：秤に載った自由

我々が結論を述べる前に、自由の利益に関する二つの点を再度強調すべきだろう。第一の点は、自由の利益が、我々にそれをする自由があったりなかったりするその当の事柄に関して我々が事前にもっている利益から単に派生するわけではない、ということである。バイク乗りが素早くかつ安価に職場に行くことの利益は、彼が職場に行く複数の代替的な方法の中で選択できることの利益と同じではないし、郊外に住んでいる職業的学者にとっての近隣の平和と静寂の利益は、彼がそこで研究するかもしれない様々な代替的場所をもつことの利益と同じではない。我々がバイク乗りと学者の衝突している利益を「量り」「衡量する」に至る時、彼等のスピード、経済、静寂の利益は直接かつ完全に秤に載るだろうが、彼等それぞれがもつ自由の利益は部分的にしか計量に入ってこない。立法機関あるいは裁判所がその人の利益に反する決定をする当の個人には、たとえ問題となっている事例において彼の選択肢の一つが権威的に閉じられるとしても、他の点に関わる広範な自由が依然として残っているだろう。それ故、それぞれの自由の利益に帰されるべき重みは、各当事者が秤に載せる利益の重み全体の一部に過ぎないだろうし、それが競合相手の自由の利益よりも重いか軽いかは、それぞれの利益の多産性の程度に依存するだろう[10]。刑法による禁止は、我々が禁止された事柄を行うことの利益を時折侵害するが、これは頻繁にあることではない。なぜなら、我々のほとんどはそもそも禁止された行動に利益を有しないからである。しかし、開かれた選択肢の利益は全く独立した価値をもつものであり、刑罰化によって、たとえ他の実際の利益が侵害されない時であっても、ある範囲で常に侵害される。しかしながらこの事実は、刑法によって閉じられる選択肢が相対的に多産的である時には、高度な道徳的重要性をもつが、そうでない限り、道徳上の意味をほとんどもたない。

自由の利益に関する第二の点は、選択肢が、警察、裁判所、監獄によって執行される立法者の権威的法令によって遮断されるのと同様に、私人の違法行為によっても効果的に遮断されうるという事実に由来する。刑事法は、かかる私的な侵害から、開かれた選択肢を有することの利益を含む諸利益を保護するために設計されている。それ故、刑事立法の考察は、縮減される政治的自由と拡張される事実上の自由との間の「トレード・オフ」の評価を常に伴う。制定法が危害原理により明白に正当化される場合には、我々のほとんどは普通、その禁止される行動に従事する自由の喪失を補償する以上の利得を、事実上の自由において得るのである。

立法者は、一定の種類の行動を禁止あるいは抑制する時に、自由の利益以外の利益を一般に考えているので、得失を衡量すれば自由を拡大するような刑事制定諸法の明白な事例を思い浮かべることは困難である。もちろん、明白な事例の最たるものは、不法監禁、誘拐、ハイ・ジャック、強制的拘禁、及びその他の、望み通りに行き来するという被害者の自由の直接的侵害を禁じている諸法である。例えば、ある人が部屋に不当に閉じ込められる場合、彼はあたかも、主要な線路網につながっている唯一の転轍機が進入を阻止するように固定された上で側線におかれた機関車のようである。従って、このようにして閉じられた選択肢は極めて多産的な選択肢である。他方、いかなる事情が「不法監禁者」のもつ自由の利益をその場にもち出したかにかかわらず、その利益が立法の秤の上でもつ重みはこれにはるかに及ばないだろう。なぜなら、不法監禁の禁止によって閉じられる選択肢は、最も例外的な事例[11]を除いて、保護される選択肢と同程度に多産的ではないだろうから。

しかしながら、刑法による禁止のほとんどは、生命身体、健康、財産、プライバシー、などの利益を保護することを第一に設計されており、付随的にしか自由を保護しない。それら制定諸法は、他の利益をそれらが保護すること故にいずれにせよ危害原理によって十分に正当化されるだろうが、それらでさえ、自由を正味で拡大することにしばしば一定の正当化を見出す。例えば、強姦を禁止する法は、女性が心理的トラウマや身体的危害を受けることを防止するように設計され、それらの根拠において十分に正当化される一方で、秤の上でのその利益の大きさががどんなに些細であっても、自由の利益もまた保護する。その法は、女性から少しの自由も奪わない一方で、ほとんどの成人男性の相対的に多産的ではない一つの選択肢を閉じる[12]。それと同時にその法は、すべての女性が有する、有害で感情を害する身体的接触に曝されないことの利益を保護する（法の正当根拠において自由よりも甚だ重大に見える一つの独立した利点）だけでなく、彼女等の相対的に多産的な開かれた様々な選択肢を、私人によって暴力的に閉鎖されることからも保護する。それ故、すべての女性が、他のいかなる自由も犠牲にすることなく多産な開かれた選択肢の保護という利得を受ける一方、ほとんどの男性は小さな制限された一つの選択肢の閉鎖という犠牲を払う――これは自由にとって一つの明白な正味の利得である。しかしながら、自由の観点から見て、刑事立法が常にかつ必然的にそのような良い取引であるわけではない[13]。そして、いずれにせよ、様々な利益が衝突する場合に決め手となる傾向があるのは、自由以外の影響を受ける様々な利益がもつ重みなのである。（中井良太訳）

註

1 近刊の著作において私はこれらの問題を詳細に論じている。私が使う意味での集成的危害の問題は、一般には有害な活動（例えば、アルコール飲料を飲むこと、小火器を所持すること）の個々の事例が、しばしば、あるいはそれどころか大抵、それ自体では社会的に無害なものである場合、に生じる。包括的承認は、集成としての危害の増加につながるが、しかし、包括的禁止を行えばそれは、その活動の有害な事例だけでなく、無害な及び有益な事例への介入ともなるだろう。その中道、免許制度のシステムにはしばしば、それ自体に大きな困難がある。競合的危害は、競合的利益すなわち優先、勝利、あるいは支配権など、他者との相関における一定の位置の獲得に向けられた利益、によって招かれる。危害を受ける人は構造化された競合における敗者である。蓄積的危害の問題とは、ある活動の一つ一つはある閾値までは無害だが、それらの活動が一般的になれば有害となる、という見慣れた現象に由来する問題である。ここでも、包括的禁止を行えば、有害な行為だけでなく、無害及び有益な行為をも必然的に禁止することになるだろう。

2 Nicholas Rescher, *Welfare, The Social Issue in Philosophical Perspective*（Pittsburgh: The University of Pittsburgh Press）, p. 6.

3 *Ibid.*, p. 5.

4 この段落における多くの題材は、私のエッセイ、'Limits to the Free Expression of Opinion', in J. Feinberg and H. Gross（eds.）, *Philosophy of Law*（Encino, CA: Dickenson Publishing CO., 1975）, pp. 141-42. から引かれる。

5 Isaiah Berlin,'Two Concepts of Liberty' in *Four Essays on Liberty*（London: Oxford University Press, 1969）, p. 130 n.〔I・バーリン（生松敬三訳）「二つの自由概念」、小川晃一、小池銈、福田歓一、生松敬三訳『自由論』みすず書房、新装版、1979 年、所収〕

6 *Loc. cit.*

7 私はこれら競争相手となる諸説を、本書「第１章　自由人の観念」において、完全に満足がいく仕方ではないが、論じている。

8 Berlin, *op. cit.*, p. 130. 長い脚注内にあるこの一節は、私が広範に同意している本文内の議論からの逸脱であると私は考える。

9 この用語は、C. L. Stevenson, *Ethics and Language*（New Haven: Yale University Press,

1944), p. 203.〔C・L・スティーヴンソン（島田四郎訳）『倫理と言語』内田老鶴圃、増訂第2版、1990年〕からのものである。スティーブンソンの正式の定義は以下の通りである。〔焦点となる目標とは〕「その目的は、あまりに多くの分岐した目的への例外的に重要な手段でもあり、その結果、もし他の何かがこれへの手段でないならば、それは優越する価値をもっていないだろう」ものである。個人は一つ以上の焦点となる目標をもちうるので、この定義は以下のように修正されるはずである。「... もし他の何かがこれ、あるいは別の焦点となる目標、への手段でないならば、それは優越する価値を持っていないだろう。」

10 厳密に言えば、衝突している利益とは、ある当事者のある特定の開かれた選択肢の利益と、別の当事者の別の特定の開かれた選択肢の利益である。これらは、例えば「生命」、「財産」、あるいは「プライバシー」という範疇に対立するものとしての「自由という範疇」に属する利益であるという意味でのみ「自由の利益」なのである。厳密に言えば、多産性は選択肢それ自体の属性であり、利益の属性ではない。

11 これら「最も例外的な事例」の多くにおいて、逮捕、拘禁、誘拐、あるいはハイ・ジャックをしたくなる当の人は、究極的には自身が引き起こした自分の多産な自由に対する脅威、あるいは自身の悪行の帰結 ── 例えば何らかの昔の犯罪のため、逮捕や結果として起こる投獄を免れる彼の必要性 ── によって、そのような向こう見ずの手段に追いやられる。他のいくつかの非常に例外的な事例においては、非常事態においてある人が別の人の自動車を、少なくともその所有者を一時的に立ち往生させ、動けなくさせて、「借りる」場合のように、その拘禁者は「必要性」あるいはより小さい害悪の緊急の選択という正当性を有するかもしれない。この事例における「より小さい害悪」は、多産性がより少ない自由の侵害でありうる。

12 女性が、主たる犯罪実行者 ── 法的に述べるなら、主たる犯罪実行者は男性でなくてはならないが ── との共犯者として彼女自身が法的に強姦罪を犯すことが可能である点を除く。これはこの論点において取るに足りない限定であり、せいぜい脚注で言及すればよい程度のものである。

13 例えば、強制的な夜間外出禁止法、未成年者がアルコール飲料を購入するのを禁止するあるいはそれらが売られている場所をぶらつくのを禁止する法令、猥褻な書籍の販売あるいはそれを欲している見物人や望んでいる成人にさえポルノ映画の上映を禁止する制定法、を考えてみよう。もしそのような法が正当化されるなら、それは、その法が、自由の利益以外の利益を保護しているからである。というのは、それらの法はそれらが閉じるのと同数あるいは同じほど多産的というにはほど遠い選択肢しか開かないからである。

第3章
法的パターナリズム

Legal Paternalism

法的パターナリズムの原理は、自分で自分に加える危害から個々の人を保護するための国家の強制を正当化し、また、その極端な型においては、個々の人を、彼等が好むと否とにかかわらず彼等自身の善へと導くための国家の強制を正当化する。両親には、「パパがいちばんよく知っている」という根拠に基づいて、子供の人生への介入（例えば、何を食べなければならないかとか、いつ寝なければならないかとかを子供に命じること）を正当化することが期待されている。法的パターナリズムは、国家はしばしば個々の市民の利益を、市民が自分自身で知るよりもよく知りうるという理由から、国家が親に代わって（*in loco parentis*）永続的な市民の利益の保護者という地位に立つこと、を含意しているように思われる。このように直截に言い表すと、パターナリズムは不合理な原理に見える。大人が子供として扱われるとしたら、大人はやがて子供のようになるであろう。もし、自分自身で選択する権利を奪われたら、彼等はまもなく合理的な判断力と決断力を失うであろう。子供でさえ、ある段階を越えたなら「子供として扱われ」ない方がよく、さもないと子供は、責任ある大人がもつものの見方と能力をいつまでたっても獲得しないであろう。

しかし、もしも我々がパターナリズムを完全に拒否し、個人自身の善が個人を強制する妥当な根拠となることはない、と主張するとしたら我々は、常識と、古くからある我々の慣習・法の双方に公然と反抗してしまうように思われる。例えば刑法では、被害者となる者が自由に与えた同意は、傷害や殺人の罪に対する抗弁とはならない。国家は誰に対しても、自分自身の不具化や殺害に同意することをすべて拒否するのである。同様に契約法は、自分自身を身売りして奴隷となる契約や、妾すなわち第二の妻となる契約を有効と認めることを拒否する。他の人が自らの手足を切断したり自殺したりするのを阻止するために、いかなる一般市民も、法律上、相応の力を用いてもよいとされている。治療のためであっても、ある種の薬物を購入することは、医師の処方箋がなければ誰にも許されない（医師がいちばんよく知っている）。さらにヘロインのような薬物を快楽のためのみに使用することは、いかなる状況でも許されない。こういった制限のすべてについては、殴打、手足の切断、死、内縁関係、奴隷の身分、重婚、は個人がそのことを知っていると否とにかかわらずその人にとって常に害悪である、という議論そして、抗生物質は専門家ではない誰にとっても、またヘロインはおよそ誰にとっても、自らの責任で服用するにはあまりに危険すぎるという議論、以外にもっともらしい根拠は見つけにくい。

我々が一旦はこの方向に進むとしても、人々がそのことを知っていると否とにかかわらず人々にとって同じく害悪となる傾向のある、ウィスキー、たばこ、フライドフードを禁止したいと思うのでないかぎり、この奇手はどこまでても使えるわけではない。問題は、パターナリズムに対する我々の一般的嫌悪と、一部のパターナリズム的規制が明白に必要であるないしは少なくとも道理にかなっていることとを、何らかの仕方で調停することである。この問題を処理する私の方法は、著しくイデオロギー的なものにはならないであろう。むしろ私は、我々の基本的ないくつかの直観を整合的とするようなある原則を見いだすことにより、それらの直観を組織だてようとするであろう。そこで、個人を彼自身から保護することは常に、彼の個人的な問題への介入を行なう妥当な根拠であるという見解と、そのことは決して妥当な根拠ではないという見解との双方を退けることから話をはじめよう。すると、それはある一定の条件下でのみ妥当な根拠であるという帰結が導かれるが、我々は次にその条件をはっきりと述べることを試みなければならない[2]。

I　危害とリスクを分類する：議論の準備として

準備のための区別をいくつかしておくことが役に立つであろう。第一の区別は、当人によって自分自身に直接、もたらされたりもたらされそうであったりする危害と、本人が同意した他人の行為によってもたらされたりもたらされそうであったりする危害との区別である。自殺することは、自分で自分にもたらす危害の例であろうし、また、人を手配してその人に安楽死させてもらうことは、自分がそれに同意を与えた他人の行為によってもたらされる「危害」の例であろう。「同意あれば被害なし（*Volenti non fit injuria*）」という、ローマ法に由来する立派な法格言があるが、これは時に誤解を招きやすい仕方で、「同意する者にはどんな危害も与えられることはない」と訳される。ところで私は、同意の観念は厳密には、自分自身に影響する他人の行為に対してのみ当てはまるのではないかと思う。もしもそうであるとすれば、自分自身の行為への同意というものは一種の隠喩である。実際、私自身の行為に私が同意したと言うことは、単に色彩豊かな言い方で、私が自発的に行為したと言っているにすぎないように思える。結局のところ、私の非自発的な行為は、道徳的観点から見れば、私に同意する機会のなかった誰か他の人の行為と何ら異ならない。いずれにせよ、人は自分が同意した行為によっては害されえないと語ることは、その行為が自分自身のものであろうと他人のものであろうと、明らかに間違っているように見える。実際には多すぎる分量をまったく自発的に食べる人々は、自分自身を消化不良で苦しめることになるし、言い寄りに同意する少女は時に妊娠するのである。

同意あれば格言（*Volenti* maxim）を解釈する一つの方法は、それを一種の推定原則ととらえることである。人は、すべてを考慮して自分自身にとって有害であると信ずるものには、一般には同意しないし、また、概して個人は、自分自身にとってのリスクを評価するのに第三者よりは有利な立場にいる。こういった情報と法執行上の便宜への考慮をふまえて、同意あれば格言は、（現実の事実はどうであれ）法的には、ある人が自由に同意したことは何であれその人への危害とみなされることはない、という意味に理解することができるかもしれない。もしこの推定が決定的なものとされるなら、同意あれば格言は、害される当人が自由に同意した行動から生ずる明白な危害の事例に適用される場合には、一種の「法的擬制（フィクション）」となる。しかし、これよりもはるかに見込みのある解釈は、同意あれば格言を、そもそも危害については、文字どおりの意味においても擬制的な意味においても、何も述べていないものととらえる。むしろこの原理は、かつて「法益侵害（injuries）」と呼ばれたもの、すなわち不正義（injustice）もしくは不正（wrongs）に関係している。ある事柄に自由に同意する者に対しては、帰結がその者にとっていかに有害であっても、不正は行われない。「自分の権利を放棄し、然る後その権利の侵害を訴えることはできない」[3]とサーモンドは言う。もし同意あれば格言がサーモンドの洞察を表したものにすぎないとすればそれは、危害についての推定的ないしは擬制的原則ではなく、むしろ不正についての絶対的な原則である。

同意あれば格言（あるいはそれときわめてよく似たもの）が、自由に関するジョン・スチュアート・ミルの説を支持する議論では主要な役割を果たしている。彼に特徴的なやり方でミルはその格言を、自分の目的に適するのに応じて双方の解釈で用いており、しかも両者の相違には気づいていないようである。一方ではミルの議論は、危害と利得の計算を巧妙に政治的自由の問題へと適用するものだとされている。国家が他者への危害を防止するために人を制止できるのは正しい。では国家はなぜ、人が自分自身を害するのを防止するためにその人を制止することができないのか。結局、原因がなんであれ危害はやはり危害であり、もしも我々の唯一の関心が、全体的に危害を最小化することにあるのだとすれば、我々はなぜ、危害の源泉を区別しなければならないのであろうか。この問へのミルの一つの答え方は、同意あれば格言を、その第一の解釈において用いることである。彼は自分の議論の諸目的のために、「同意する者には何の危害も与えられない」と例外のない形で推定することになる。自分で自分に加える危害や、同意された危害は、まったく危害とされるべきではない。そしてこのことの理由は、そういった危害を防止するのに必要とされる強制が、それ自体非常に重大な危害であるため、圧倒的多数の事例において、強制される当人にそれがもたらしうるいかなる利益をも凌駕する可能性が高いということ、さらに、圧倒的多数の事例において、個々人自身がどんな外部者よりも、自分自身の真の利益をよく知りうるのであるから、外からの強制はほぼ間違いなく自己敗北的になるということ、である。

しかし、ジェラルド・ドゥオーキンが指摘したように[4]、せいぜい統計的なものにすぎないこの種の議論は、人をその人自身の利益のために強制することに反対する、強力ではあるが反駁可能な推定を生み出すにすぎない。ところが、ミルは絶対的禁止を支持する議論を展開していると称される。絶対的禁止は、純粋に功利主義的な根拠にたって擁護することの困難なものであり、そこでミルは、自らの確信が覚束なくなる場合は、同意あれば格言についての第二の解釈へと移行する傾向がある。つまり、同意する対象がなんであれ、人は害を受けるかもしれないが不正を受けることはないのである。その結果ミルの「危害原理」は、これに応じて再解釈され、彼と他人をただ、その利益の不正な侵害からだけ保護することがその意図となる。さらに、国家が危害原理以外のどのような根拠によって介入する時でも、国家自身による介入は不正な侵害となる。本来自分自身に関係する問題への介入に対する絶対的禁止を正当化するものは、そういった介入が自己敗北的で、防止するよりも多くの危害を引き起こす可能性（単なる可能性だが）が高いといったことではなく、むしろ、その介入がそれ自体、不正義、不正であって、すべての人の自我という私的な聖域に対する侵害だ、ということである。そしてこれは、危害と利得の計算が何を示そうとも言えることなのである[5]。

第二の区別は、一方で人が、直接に危害を自分自身にもたらす事例、すなわちその危害が彼の行いの確実な結末であり、その行いの望んだ目的である場合と、他方人が、他の目的へと向けた活動の過程で自分自身への危害のリスクを生み出してしまうだけの事例との間の区別である。致死量の砒素を知りつつ飲み込む人は確実に死ぬであろうが、死は、彼の行為の目標としてその人に帰さなければならない。別の人が、自分の左手を見て不快になったために右手に斧を握り、自分の左手をたたき落とすとする。彼はそれによって、五体満足という利益を「危険にさらす」わけでもなければ、片手喪失の「リスクを冒す」わけでもない。彼はその喪失を、直接的かつ意識的にもたらすのである。他方、たばこを吸うことや猛スピードで車を運転することは、自分自身を直接に害することではなく、自分自身に危害が生ずる確率を、正常な度合いを越えて増大させることである。

第三の区別は、道理にかなう（reasonable）リスクと道理にかなわない（unreasonable）リスクとの間の区別である。何らかのリスクをともなわない活動形態は（この点では不活動形態も同じだが）存在しない。ある場合に我々は、リスクのより大きな行為とより小さな行為との間での選択をするが、慎慮(prudence)はより危険でない方の経路をとることを命じる。だが「慎慮」と呼ばれるものが常に道理にかなうとはかぎらない。安全策をとって一回かぎりの好機を逃すよりも大きな収益をめざして大きなリスクを引き受ける方が、いっそう道理にかなっている場合もある。例えば心臓病患者にとって、静穏な不活動の人生を送ることによって自分の期待寿命を延ばす方が、どの瞬間にも起こりうる突然の致命的な心臓発作のリスクさえ冒して、何か重要なことを達成したいと希望しつつ自分本来の職業で一生懸命働き続けるよりも、いっそう道理にかなうとは必ずしも言えない。そういった様々な決断を行なうに際して当人を導いてくれたり、それらを「道理にかなう」とか「道理にかなわない」とか判断するのに役立ったりするような、単純な数学的公式は存在しない。他方、道理にかなわないことが明白な決断も存在する。定刻にパーティ会場に到着するために制限時速20マイルの区域を60マイルで運転すること、は道理にかなわないが、妊娠している妻を産科病棟へと運ぶのに時速50マイルで運転すること、は道理にかなうかもしれない。自分の財布を守ろうと奮闘して武器をもった強盗に抵抗するのは愚かだが、自分の命そのものや愛する者の命を守ろうとして必死で突進するのは、それだけの価値があることかもしれない。

これらすべての事例には、いくつか別個の考慮が含まれている[6]。もし熟慮する時間があるなら考慮すべき点は、(1) 所与の行為路から結果として自分自身への危害が生ずる蓋然性の程度、(2) 引き受ける危害の深刻さ、すなわち「リスクにさらされるものの価値ないしは重要性」、(3) 当人をそのリスクを背負いこむ気にさせた目標が、実際にその行為路から帰結する蓋然性の程度、(4) その目標を達成することの価値ないしは重要性、すなわちそれが、当人にとって労力にどれほど値するか（これは、一身上の個人的な要因であり、自分がもつ複数選好間での決断を必要とする。このことが、あるリスク評価が全体として道理にかなうか否かを、第三者に非常に判定し難いものにする）、そして、(5) そのリスクの必然性、すなわち、望んでいる目標にいたる、よりリスクの小さな代替手段の利用可能性、または不在性、である。リスクの引き受けが道理にかなうことに関するある種の判断には、まったく異論の余地がない。我々は例えば次のように言うことができる。考慮点 (1) ——自分自身への危害の蓋然性、(2) ——招来される危害の大きさ、が大きければ大きいほど、リスクはそれだけいっそう道理にかなわなくなり、また、考慮点 (3) ——望んでいる目標が結果として実現する蓋然性、(4) ——行為者にとってのその目標の重要性、(5) ——手段の必然性、が大きければ大きいほど、リスクはそれだけいっそう道理にかなう、と。しかし、特定の困難な事例では、「蓋然性」に関するあれこれの問に意味がありその答えにも疑問の余地がなく、かつ、関連する諸事実がすべて知られていてさえ、リスク決定の構成要素となっている個人的価値判断のために、リスク決定が客観的評価を受けつけないことがありうる。いずれにせよ、もし自分が（かつ自分のみが）被る危害のリスクをある人が冒すことを防止する権利が、国家に与えられるというなら、それは、禁止される行為が危険だから、さらにはきわめて危険だから、という根拠に基づくのではなく、むしろそのリスクが、極端であって、客観的評価の可能な構成諸要素から見て明白に**道理にかなっていない**から、という根拠に基づかなければならない。個人的に労力に値するかについての当人による判断（考慮点 4）でさえ、それを「明白に道理にかなっていない」とみなすことにまったく十分な理由がある場合もあるが、その種の道理不適合性が介入のための十分な根拠となりうるか否か（あるいはいつなりうるか）の検討は、やはり必要である。

最後の第四の区別は、十分に自発的な（fully voluntary）リスクの引き受けと、十分には自発的でない（not fully voluntary）リスクの引き受けとの区別である。十分に自発的な仕方でリスクを引き受けるのは、当人が、関連するすべての事実や付随する事柄について十分な情報を得ている中で、言わばしっかりと目を見開いて、強制のもつあらゆる押しつけ的な圧力のない状態で、リスクを担う場合である。落ち着きと慎重さがなければならず、混乱し動揺した感情、神経症的強迫、それに誤解があってはならない。もし、強制、誤情報、興奮や衝動性、（例えば飲酒による）混乱した判断力、未熟なまたは欠陥のある推理能力があるとすれば、それがどの程度であろうと選択はその分だけ、完全な自発性から遠いものになる。したがって自発性は程度問題である。当人の「選択」は、正しく言うならそれがまったく選択とはいえない場合——筋肉による動作のコントロールを一切欠いている場合とか、殴打、強風、あるいは爆発によって、倒されたり、押されたり、よろめかされたりする場合など——であるか、それとも、例えば砒素の粉を食塩であると思い込んだために、それを自分の炒り卵にかけることを選択する場合のように、当人が無知のために、自分が選択するつもりのものとは別のものを選択してしまう場合、完全に非自発的である。有害な選択の大部分は、一般に選択の大部分がそうであるのと同様、完全な自発性と完全な非自発性という両極の間のどこかに位置している。

ところで、「自発的」と「非自発的」という語は、哲学、法律、日常生活の中で、別種ではあるが重なった部分もある複数の用法をもっており、それらの用法の中にはまるで明晰でないものもある。私はここで、私の語法がアリストテレスのそれとは一致しない、ということを指摘しておくべきである。彼は、幼児、動物、大酒飲み、激怒している人でも、だまされておらず、かつ、外的な物理力によって圧倒されているのでさえなければ、なお自発的に行為しうる、と認めたからである。私がリスクの自発的引き受けと呼ぶものは、アリストテレスが「熟慮された選択（deliberate choice）」と呼んだものに、よりぴったりと一致する。衝動的行為や感情的行為、動物や幼児の行為は、アリストテレスの意味では自発的であるが、それらは選択されたものではない。選択された行為とは、熟慮によって決断される行為であり、その熟慮は、時間、情報、明晰な頭脳、高度に発達した理性的能力、を必要とするプロセスである。したがって私が、「自発的行為」、「自由で本物の同意」、等の言い回しを用いる時、私は、アリストテレスの意味での「自発的」である以上の諸行為、アリストテレス自身であれば「熟慮の上で選択された（deliberately chosen）」と称するであろう諸行為、に言及しているのである。そういった行為は、起源を「行為者の中に」もつばかりでなく、ある重要な仕方で忠実に彼を代表しており、行為者の安定的な価値観や選好を表現している。したがってそれらは、最も全面的な意味において、行為者が責任を負うことのできる行為である。

II　非自発性の推定と介入

ジョン・スチュアート・ミルおよび他の個人主義者達が擁護するパターナリズムに関する中心的テーゼは、成熟した理性的な人間による、自分自身の利益にのみ影響する事柄に関する十分に自発的な選択ないし同意は、非常に貴重なものであるので、当人「自身の善」だけのためにそれに介入する権利は、他の誰も（そしてもちろん国家も）これを有しない、というものである。疑いなくこのテーゼは、ほとんど十分だが完全とはいえない程度に自発的な選択にも、またおそらくは、実質的には自発的でない選択（例えば、ある神経症患者による妻の選択。彼は、大きな不幸、結末としての離婚、悪化する罪悪感という代償をはらってやっと、自分の神経症的要求を満たすことになるだろう）にさえも当てはまるものとされていた。だがこの個人主義的なテーゼが、自発性の尺度の底辺近くに位置する選択に当てはまるものとされていた、ということはありそうになく、かつミル自身、完全に非自発的な「選択」にこの原理を当てはめるつもりがなかったということには、疑いを残していない。また我々は、反パターナリズム的個人主義が、自分の意志の支配下にない（nonvoluntary）選択から人を保護することを拒否する、と考えるべきでもない。なぜなら、選択が自発的でないかぎりその選択は、他の誰かによる選択とまったく同じ程度に、その人にとって無縁のものだからである。

したがってミルならば、少なくとも、情報がなかったり誤っていたりする場合のある人の選択が、彼の最終的な選択とは一致しないであろうという強い推定を生むような状況で、国家がその人をその人自身の無知から保護すること、を許すであろう。

> もし官吏あるいはその他の誰かが、確実に危険だとされている橋を渡ろうとする人を見て、しかも彼に危険を告げるだけの暇がない時には、彼をつかまえて引き返させたとしても、彼の自由をなんら実際に侵害したことにはならないであろう。なぜなら、自由とは、人が欲することを行なうことの中に存するのであって、彼は川に落ちることを欲してはいないのだからである[7]。

もちろん、官吏にはわからなくとも、もしかしたら橋の上の人は川に落ちること、または他の目的のために落ちるリスクを負うこと、を実際に望んでいることもある。もしもその時、その人が危険について十分な警告を受けてもどのみち先へ進むことを願望するとすれば、それは他人が関知する事柄ではなくなる、とミルは論じている。とはいえ、大部分の人々はそういったリスクを冒すことを願望しないのであるから、調べてみるに先だっては、この人もまたそのリスクを冒すことを願望していない、という堅固な推定が成り立っていた。それ故、その役人のはじめの介入は正当であった、とミルは論じるはずである。

他の場合でも人は、その人の無知から保護されるのではなくとも、情報に基づく選択を実質的に自発的と言えなくする他の条件から保護される必要があるかもしれない。人は「子供であったり精神錯乱中であったり、または反省的能力を十分に行使することと両立しないような興奮や放心の状態に」[8]あるかもしれない。ミルは、そのようなどの人にも、客観的に見て安全でない橋を渡ることを許さないであろう。他方、子供や、興奮した人や、大酒飲みや、精神障害をもつ人が、完全に安全な往来を横切って家路を辿るのを、認めるべきでないとする理由は存在しない。実質的に意志の支配下にない選択でさえ、それを危険であると判断する十分な理由が存在しないかぎりは、〔阻止されることなく〕保護を受けるに値する。

さて、我々が知りうるすべてのことからして、酔っ払いや感情的に取り乱した人の行動は、仮にその人がしらふであったり冷静であったとしてもまったく同じであるかもしれない。しかしその行動が、明らかに自己を損傷すると見えるものであり、かつ、冷静で正常な大部分の人々なら採らないであろうと思われる種類のものである場合には、たとえそれが統計的な種類の根拠にすぎなくとも、反対のことを推断する強力な根拠が存在する。そしてその根拠は、ミルの原理に基づいて介入を正当化するであろう。たしかに、「冷静で注意深い心的状態にあり、十分な情報を得ており、等々の条件を満たした精神的能力のある成人なら、誰もそれを選択する（ないしは、それに同意する）ことなど決してないであろう」、と言えるような種類の行為はないかもしれない。しかしそれでも、任意の所与の行為者について、もし彼が正気であったならそれを選択しないはずだ、という強力な推定を生み出すような種類の行為は存在する。この仮説を「推定」と呼ぶことの眼目は、すでに介入を受けている人に対し、介入の前と同じ方向に進んでよいという法的な許可が与えられるに先だっては、その推定を完全にくつがえすことが要求される、ということにある。したがって、例えば警察官（または他の誰か）が、某氏が斧で自分の手をたたき落とそうとしているのを目にする場合、警察官は力を用いて彼を制止することが完全に正当化されるが、それは、誰もそのようなことを自発的に選択するはずがないという推定が働くからである。しかしこの推定は常に、原則的には反駁可能とみなされるべきである。すると今度は、公の法廷の前で、自分が冷静で判断能力があり自由であること、それに加えて依然として、自分の手をたたき落としたいと思っていること、を証明するのは、某氏の責任になるだろう。たぶんこれは、某氏自らに「証明」を期待するには重すぎる責任負担であるが、それでも法廷は、任意性を否定する推定が、何らかの資料から得られた証拠によってくつがえされることを要求しなければならない。推定の存在が、法廷が行なう通常の対審手続によって、あるいは単に法廷関係者が協力して入手可能な事実を取り調べることよって、客観的な判定が下されることを要求するのである。くつがえされるべき推定が強力なほど、それに要求される法的な道具立ても、いっそう入念で細心でなければならず、また証拠の基準もいっそう厳格でなければならない。（遺言法は、これのモデルとなるかもしれない。）この手続の眼目は、当人の選択の賢明さや価値を評価することにではなく、むしろ、選択が真に当人のものであるかどうかを判定することにあるだろう。

このことは我々を、ミルによってさえ受け入れられうるほど非常に弱く、害のない、ある形のパターナリズム、すなわち国家は、本人自身にのみ関係する有害な行いが、実質的に非自発的であるか、それともそれが自発的であるか否かを確認するのに一時的な介入が必要である場合にだけ、その行いを阻止する権利を有する、というパターナリズムへと導くように思われる。正常な人なら問題となっている類の行いを自発的に選択したり、それに自発的に同意したりはしないはずだ、という強力な推定がある場合は、そのことが、その人の選択の自発的な性格が証明されうるまでのあいだその人を引きとどめておくこと、の適正な根拠とされるべきである。我々は、「自発性基準（the standard of voluntariness）」というフレーズを、人を自身の愚行から保護するのは適切だ、という原則の適用を媒介するための諸考慮を表現する標語として用いることができる。（ミルの個人主義と完全に両立する強制的遅延や調査を支持する、さらにもう一つの根拠は、重要な第三者の利害がかかわってくるかもしれないという可能性である。たぶん、当人が自殺を許されるに先だっては――片手をたたき落とすことを許されるに先だってさえ――、妻や家族には何らかの言い分があるはずである。）

III　困難事例１：自発性基準の適用

自発性基準の詳細を練る作業は、ここで取り組むにはあまりに困難すぎる。しかし少なくとも、典型的な困難事例をいくつか考察することにより、複雑さの一部を例示的に描写することができる。何よりもまず、有害な薬物の問題を取り上げよう。甲氏が乙医師に薬物Ｘの処方を求め、次のような議論が続いて行われるとしよう。

乙医師：　薬物Ｘはあなたに身体的な害を与えるでしょうから、あなたに処方することはできません。

甲氏：　でも先生は間違っています。それが私に身体的な害を起こすことはありません

このような事例では、国家は当然のことながら医師の側を支持する。国家は、医療上の問題は専門家の意見に委ねるべき技術的な事柄であると考える。このことは、専門家でない素人は自分自身の医療上の利益についての最良の判定者ではない、ということを含意する。もしもある素人が、医学的な事実の問題に関して医師と意見を異にするとしたら、素人の方が間違っていると推定することが可能だが、それにもかかわらず彼が、実際には間違っている自分の信念に基づいて行為することを選ぶとしたら、彼の行為は、上で説明し

た意味で、十全に自発的といえるレベルには実質上達しないであろう。言い換えれば、実際には彼を害するであろう薬物を摂取するという行為は、彼が、自発的に選んでいる行為ではない。それ故に国家は、彼を、彼自身の自由で自発的な選択からではなく彼自身の無知から、保護するために介入するのである。

しかし、やりとりが次のように進むとしてみよう。

乙医師：　薬物Ｘはあなたに身体的な害を与えるでしょうから、あなたに処方することはできません。

甲氏：　そうです。それこそ私が望むことなのです。私は自分自身を害したいのです。

この事例では、甲は事実を正確に知らされている。彼は幻覚にも思い違いにも陥ってはいない。しかし、彼の選択は非常に奇妙であるから、彼は「内省能力の十分な行使」を何かの原因で奪われてしまっているという、道理にかなう推定が成り立つ。我々は、自分自身に傷害を負わせること自体を目的としてなされる選択の圧倒的多数が十分には自発的でない、ということを知っているからこそ、目下の選択もまた十分に自発的なものではないと推定する資格がある。しかしながらもし、精神錯乱や、疾患や、重度の抑うつや、心を乱す興奮を示すさらなる証拠が何も発見できないとしたら、そして患者が、自分の選択が自発的であることを、客観的である陪審団に納得させられるとしたら（これはありそうもない出来事だが）、そしてさらに、例えば妻や家族の利益のような、保護を必要とする第三者の利益が何もないとしたら、我々の「自発性基準」は、国家によるさらなる拘束を許さないであろう。

次に第三の可能性を考えてみよう。

乙医師：　薬物Ｘは、あなたに身体的な害を与える恐れが非常に高いので、あなたに処方することはできません。

甲氏：　薬が身体的な害を起こしても気にしません。私はまず、たくさん快感を得るでしょう。それは実際、身体的害のリスクを冒すだけの価値が十分あるだけの多大な快感なのです。たとえ自分の快感に代価を払わなくてはならなくなっても、進んでそうしますよ。

たぶんこれが最も面倒な事例である。甲の選択は、一見して明白に不合理というわけではない。彼は、もっとも深くにある確信の一つとして、よく考え抜いたうえの哲学的快楽主義を信奉しているのかもしれない。彼は、短くとも強烈に楽しい人生へとコミットするという、根本的な原理上の決断を行なったのかもしれない。もし、第三者の利害が直接に絡んでこないとすれば、国家は、いずれ必ずや破滅的な仕方で乱用することになるような権力を引き受けることなしには、彼の哲学的確信を不健全もしくは「病的」であると断じて彼がそれを実践するのを阻止すること、を許容されることはほとんどないだろう。

他方、この事例は、先の事例とほとんど異なるところがないのかもしれない。もちろん、それは正確な事実がどうであるかによるが。もしも、その薬物は1時間の軽い多幸感を与えるだけで、そのあとで、即座の、ひどく苦しい死を引き起こす、ということが知られているとすれば、招来されるリスクは、非常に道理にかなわないものと見えるので、非自発性の強力な推定を生み出す。自殺したいという欲求は常に、そうでないことが示されるまでは、非自発的でもあり、他人にとって有害でもあると、推定されなければならない。(もちろん、いくつかの事例でそうでないと示されることはありうる。)他方また、薬物Xは、ニコチンが今日、有害であると知られているのと同じあり方において有害であるのかもしれない。すなわち、2、30年間にわたる大量の使用があれば、肺癌や心臓病の重大なリスクが生まれるかもしれない。リスクがこの種のものである場合は、薬物をただ快楽のために使用することは、道理にかなわないリスクを負うことではあるかもしれないが、そのことは、非自発性の強い証拠とはならない。完全に正常で理性的な多数の人が、それがどのようなものであろうと彼等が喫煙の中に見いだす快楽のために、まさにこれらのリスクを負うことを自発的に選択する[9]。そうした実践が真に自発的であることを国家が確信する方法は、喫煙者に不快な医学的事実を絶えずつきつけ、健康への医学的リスクが正確にどのようなものであるのか知らざるをえないようにすることである。危険を絶えず思い出させるものが、ぞっとする詳細を和らげない形で、誰の手近にもなければならない。国家は、喫煙（およびそれに類似の薬物使用）をより困難にしたり魅力的でなくしたりするために、自らの課税、規制、説得、などの権限を行使することすら正当であるかもしれない。だが、もしも喫煙をすべての者に即刻禁止するとしたら、それは、自発的にリスクを引き受ける者に対して次のように告げることであろう。何が価値あることであるかについての、情報を得た上でのその者の判断でさえ、国家の判断に比べれば道理にかなっておらず、したがってその者は、その判断に基づいて行為することを許されない、と。これは、自発性基準を介在させない強い種類のパターナリズムである。それは、公共政策の原理となる場合には、つんとくる道徳臭を帯びており、政府の専制という深刻なリスクを生み出す。

IV　困難事例２：奴隷契約

やっかいなもう一つの部類の事例は、一方の当事者が自分自身の自由を何らかの点で制限することに同意するという契約に関わるものである。最も極端な事例は、一方の当事者が自由に、他方の当事者へと自分自身を身売りして奴隷となる事例である。それはあるいは、奴隷の身分の開始時期に先だって消費されるべき何らかの利得との交換としてかもしれないし、あるいは、ある第三者へと付与されるべき何らかの報酬のためかもしれない。我々が出発点としたいのは、この主題に関するミルの古典的な扱いである。

> わが国やその他の大部分の文明国では、人が自分を奴隷として売ったりまたは売られることを認めたりする契約を結んだとしても、それは、無効であって、法によっても世論によっても執行されることはない。人生における自己一身の運命を自発的に処分してしまう彼の権利をこのように制限する根拠は、明白であって、この極端な場合にはきわめてはっきりと理解できる。他の人々のためでないかぎり、個人の自由な行為に介入しないのは、彼の自由を配慮するからである。彼が自由に選択したということは、彼が

そのように選択するものが、彼にとって望ましいか少なくとも堪えうるものであることの証拠であって、彼の善〔幸福〕は、彼に自分自身のやり方でそれを追求させることによって、全体としてもっともよく与えられるのである。しかし、彼自身を奴隷として売ることによって、彼は自己の自由を捨てるのである。彼は、このただ一つの行為の後は、将来における自由のどんな行使をも放棄してしまうのである。したがって彼は、自己の身の処分を彼自身に任せておくことを正当化している、ほかならぬその目的を、みずからの事例において挫折させてしまうのである。彼はもはや自由ではなく、彼が今後立つ位置は、彼が自発的にそこにとどまっていることによって与えられるであろうような、その位置に好都合な推定を、もはやもたないのである。自由の原理は、自由でなくなる自由を彼がもつべきだ、と要求することはできない[10]。[強調引用者]

ミルが、この一つの極端な事例で、パターナリズム原理の受け入れへと追いやられたことは、私には明白に思える。同意あれば格言を介在させた形での「他者危害原理（the harm-to-others principle）」[11]であれば、能力があって十分に情報を得ている成人には、理性的な反省ができ不当な圧力を受けていないかぎり、その判定がいかに、他者にとって奇妙であったり倒錯していたりするように見えようとも、自分自身の利益の判定者であることを許すであろう。もちろん、自分自身を身「売り」して奴隷となることを選ぶような人は、判断能力がないか、自由でないか、誤った情報に基づいているかであるという推定、それも非常に強力な推定が、常に存在する。それ故国家は、そういった契約を有効とするに先だって、自発性についての非常に強い証拠――複数の、入念なテスト、宣誓、精神科医の証言、待機期間、一般からの証言、等々――を要求すべきである。似たような形態の役所による「確認作業」は、婚姻や遺言にもあり、奴隷化は、それよりもいっそう深刻な事柄であって、性急に約束してしまってよいことではない。疑いなく、ごく少数の奴隷契約しか、こういった手続きには耐ええないであろうし、あるいは、耐えうるものは一つもないかもしれない。たしかに、「誰も正気であれば自分自身を身売りして奴隷となりはしないであろう」ということは、文字どおりに真であるかもしれないが、たとえこのことが真であるとしてもそれは、アプリオリな真ではなく、むしろ、精神疾患についての独立した循環的でない基準の適用により、各々の事例でそのつど新たにテストされねばならないような真である。

したがって、自分の能力を十分に保持する正常な人が、時として、永久的な奴隷の身分に自発的に同意をすることもあるという想定は、少なくとも理解可能である。我々は、そういったことをする（魅力的ではなくとも）理解可能な動機を、いくつでも想像することができる。人は、最愛の人や価値ある大義に対して前金で手渡される百万ドルとの交換で、あるいは謙遜や辛抱の生活を要求する宗教的な信念にもとづいて、あるいはまた、ファウスト伝説におけるように、何かこの上ない利益を事前に享受することへの支払いとして、奴隷となることに同意するかもしれない。ミルであれば、上に引用した一節からして明らかに、当の承諾が十分に自発的であることがいかに確実であっても、自由の永久的で回復不可能な喪失は非常に大きな害悪であり、奴隷の身分は非常に有害な状態であるから、誰であっても、たとえ自発的にであっても、それを選ぶことを決して許されるべきではない、という根拠に基づいて、そういった契約は承認しないであろう。自分はそういった合意によって最終的には利得者となりうるのだ、と思っている人は誰でも、その理由はどうあれ、ただ誤っているだけであり、また誤っていることがアプリオリに知りうる、とミルはほのめかしている。私の理解が正しければ、ミルの先の議論は、人は、自分の身体を切断し有害な薬物を服用しあるいは自殺することを、それらのことをする決断が自発的であって、他の人がひとりも直接的かつ重大な仕方で害されさえしなければ、許されるべきである、ということを含意している。しかし、奴隷の身分に自発的に就くことは、ミルの我慢できるところではない。ここには次元の異なる害悪が存在する、それ故、「他者危害」の原理と、**同意あれば**格言とは、この場合には限界点に到達するのであって、このたった一種類の事例に対処するためであったとしても、強い意味での（自発性テストを介さない）パターナリズムに訴えねばならない、と彼は言っているように見える。

もちろん、奴隷契約実施の拒否を正当化する方法は他にも存在する。それらの中には、ミルの道徳哲学においては承認されていないが少なくともパターナリズム的ではないという長所をもっている原理、から導出されるものもある。仮にその契約がいずれの当事者側においても自発的であっても、「過酷で法外な」契約において憎むべきなのは、人が自由に背負いこんだ危害をこうむることではなく、相手方がその人を「搾取」したりその人につけこんだりすることだ、と主張されるかもしれない。この方向の議論では、防止されるべきは、一方が、他方の弱さ、愚かしさ、向こう見ずを食い物にすることである。もし、弱く愚かで向こう見ずな人が、自分自身を害したり、自分自身への危害のリスクを冒したりすることを自由に選択するとすれば、それはそれでさしつかえないが、しかしそのことは、もう一人が、その相手方になること、あるいは他方を犠牲にして自分を益すること、を許される理由とはまったくならない。(しかしそうは言っても、この原理は極端な事例にしか当てはまりえず、さもないとそれはあらゆる競争を禁ずることになるであろう。)自発的奴隷の問題へと適用される場合、非搾取の原理(the principle of non-exploitation)は、一方の人が奴隷となることを防止することに狙いがあるというより、他方の人が奴隷所有者となることを防止することに狙いがあるのだ、と言うかもしれない。この議論の基本にある原則は、ある種の法的道徳主義(legal moralism)である。他の人間を、あたかも机や馬を所有するかのような仕方で所有するということは、その人に対して内在的に不道徳な関係、したがって法によって禁じられるのが適正であるような関係、に立つことである。これは当然ながら、ミルとは相性が悪いと思われる方向の議論である。すべての人間のうちには、自分のものとして譲渡したり処分したりできるのではない何か、すなわち、「自分自身の人格の内にであろうと他人の人格の内にであろうと尊重せよ」と命じられている「人間性」がある、というカントの議論がそうであるのと同じように。(ついでながら、カントが法的パターナリズムの非妥協的反対者であったことは、特筆に値する。)

しかしながら、奴隷契約の承認に反対する議論の仕方の中には、(強い意味で)パターナリズム的でもなく、ミルの基本原理と不整合でもない、さらに別の仕方もいくつかある。例えば、人間の尊厳への尊重を弱めること(それはそもそものはじめから十分弱いのであるが)は、長期的に見れば、同意していない当事者に対する非常に深刻な種類の危害へと結びつく可能性がある、と主張することができよう。あるいはまた、扶養家族をもたない者であっても貧窮、疾病、餓死のリスクを引き受けることを許容することに反対して、19 世紀に一般に用いられた（貧しい移民による）「公衆への負担」論（“public charge” argument）の一変種を使って論じることもできよう。我々は、人々が向こう見ずに自分自身の人生を賭けることを放置し、そのあとで、敗北者に対し頑なに同情のない態度をとることもできるだろう。我々は、「自業自得さ、もう放っておけばいい」と、ヴィクトリア時代の上品な人たちに見られる流儀で語ることができるかもしれない。だがそんなことをすれば、国民の性格全体が冷淡で無情なものになってしまうであろう。それは、一般に鈍感さを奨励し、仁愛という社会的に有用な徳をもった人々に、公正でない経済的犠牲を負わせるであろう。現実的に言って我々は、面前で人々が衰えて死んでいくのを放置することなど到底できない。そして、もし我々が、そうせざるをえないように、介入して手助けをするとしたら、それには多額の金銭がかかるであろう。そこには、一見その人々自身に関わるリスクだが、たとえ勘定を支払うか堪えがたい悲惨に背を向けるかしなければならない他人のためにだけであっても、人々が冒すことを許すことができないような、一定のリスクが存在する。

最後に、パターナリズムをとらないで自発的な奴隷に反対する者は、専ら自分自身にのみ関係し十分に自発的な「奴隷契約」に対して原理的には異論がないが、自発性をテストするための法的機構は、あまりにやっかいで費用がかかるため実行不可能であろう、と主張するかもしれない（これは私が最も強調したいと思う主張である）。結局のところ、そういった手続きは税収で賄われなければならないだろうし、その支払いは納税者にとって義務的である。（そしてとりわけ、精神鑑定の料金は非常に高額である。）費用のかかる法的機構ですら、自発性を判定する確実な方法などありえない、と言えるほど誤りやすいかもしれず、その結果として例えば、精神的な病があるのに奴隷になってしまう人々が出てくるかもしれない。これらの事柄に関する証拠がもつ不確実な特質と、非自発性の圧倒的に強力な一般的推定とを所与とすれば、国家が単純に、最もリスクの小さな行動方針としてすべての事例において非自発性を決定的に推定する、ということが正当化されるかもしれない。理性的な取引主体で、この政策のもとでは不公正な制約を受ける者があるかもしれないが、しかし、他にとりうる政策では、多分、さらに多数の人々が不正な仕方で（誤って）奴隷にされるかもしれず、したがって、絶対的な禁止によって防止される害悪は、時おり発生する許容される害悪よりもいっそう大きいであろう。この議論の中に含まれる原理は次の二種類のものである。⑴（例えば）百人が、奴隷化の許可を誤って拒否されることは、ひとりが誤って許可されることよりもましである。⑵ もし我々が、仮にも「自発的奴隷」という制度を許せば、自発性テストがいかに厳格であっても、かなり多数の人々が実際に誤って許可される可能性が高い。

V　他の自由制限契約

このたった一つの事例（奴隷制）において（強い）パターナリズム的結論へと結びつくミルの議論は、危害と利得の計算と、「同意あれば被害なし」についての推定的解釈とだけを用いている。個人が自分自身の生に対してもつ不可侵の主権という概念は、その議論の中には現れない。自由は多数の善または利得のうちの一つであり（もっとも、きわめて重要なものではあるが）、その喪失は多数の種類の悪または危害のうちの一つである（もっとも、きわめて深刻なものではあるが）、と彼は我々に語っているように見える。法の目的が、あらゆる種類のそしてあらゆる源泉からの危害を防止することにある以上、法は、自由の剥奪に対しては非常に否定的な態度をとらねばならない。さらに、一般的に言って法的パターナリズムは、人に彼自身の善についての外的な概念を押しつけようとすることで、非常に自己敗北的になる可能性が高いため、受容不可能な政策である。「彼が自発的に選択したということは、彼がそのように選択するものが、彼にとって望ましいか少なくとも堪えうるものであることの証拠（強調引用者）であって、彼の善〔幸福〕は、概して（強調引用者）、彼に自分自身のやり方でそれを追求させることによってもっともよく与えられる。」それ故概しては、強制の危害は、それが強制される当人にもたらしうるいかなる善をも凌駕するであろう。しかし、当人が奴隷の身分を選択する場合、秤の傾きは明白かつ必然的に逆転し、介入に反対する通常の言い分は敗れ去る。ミルのこの議論は究極的に、個人の危害防止に訴えている。したがって、ある個人が自分の一切の自由を自発的に売り渡すのを許すならそれは、その個人が「自由でなくなる自由」、換言すれば、打ち消しがたい危害を自分自身に負わせる自由、をもつことを許すことである。そして、（ミルならこう言うであろうが）これは立法府が多数票によって多数決ルールを廃止するのを許すのと同じほどパラドクシカルである。他方、もしも我々の究極の原理が、個人の自発的選択それ自体への尊重を表明しているとしたら、それが自由喪失の選択である時、我々は、この自己危害の最も極端な事例においてさえ、パターナリズムに断固反対の立場を維持することができる。というのも我々は、危害回避（と比べてすらそれ）以上に重要な何ものかがある、という見解にコミットすることになるからである。強いパターナリズムへと通ずる門戸を閉ざしそれに鍵をかける原理は、利得（「自由」を含む）から危害を差し引いた彼自身の正味の収支への影響がどうであろうと、「人生における自己一身の運命を自発的に処分してしまう」人権を、どの人ももっている、というものである。

ミルは、自由を契約によって手放す事例でこれほど極端ではないものについてはどう語るであろうか。彼の次の（たった一つの）文章は意味深長である。「これらの理由は、この特殊な場合［奴隷制］には、その説得力が非常に明白であるけれども、さらに広い適用範囲をもつことが明らかである。にもかかわらずいたるところで、生活上のもろもろの必要がこれらの理由に限定を課す。そしてそれらの必要は、たしかに、我々に自由を放棄することを要求するわけではないけれども、たえず自由に対するあれやこれやの制限に同意することを要求する。」[12] ミルはここで、全面的で回復不可能な自由放棄の防止を正当化するのと同じ理由が、より小さな量の自由をより短期間だけ放棄することへの承諾にも不利に作用するが、不幸にして時にはそういった承諾が、実際的な考慮によって不可避となることもある、と言っているように見える。私としてはむしろ、これとは正反対の仕方で論じることを選びたい。すなわち、自由の限定的な断念は明白に許容可能である、というところから出発して、原理的には極端な喪失ですら許容可能である、というところへと至るが、後者（奴隷制）では、「生活上の必要」――自発性判定のための行政手続きの複雑さ、大きな経費、等々――がそれを禁じる場合は除かれる、と論じるわけである。

完全に道理にかなう雇用契約の多くは、雇用者の方が被用者に与えるのを勝手に差し控えることの出来ない給与と引き換えに被用者が、したいようにする自分の自由を一日の間実質的に放棄し、さらには（明白な範囲内ではあるが）上司が命じることを何でもする、という合意を含んでいる。もちろん、時にはそういった合意の条件は当事者の一方にとって非常に不利なものであるが、合意が、不当な圧力やごまかしなしに公正に成立したうえは（すなわち、合意が十分に自発的である場合は）、たとえ両者間の利得の配分に偏りがあったとしても裁判所は、その合意を執行する。もちろん、雇用契約に違反するのは比較的容易であるから、その点でそれは「奴隷契約」とは根本的に異なる。それ故、たぶん我々の目的によりいっそうかなう例は、契約による広範囲の自由の長期間の、さらには永久的な、喪失である。「営業制限（restraint of trade）」を行う契約、が好例となる。事業の「暖簾（goodwill）」を販売する契約を取り上げてみよう。

> 明らかに、店なり業務なりの買主は、売主を説得して、すぐに隣で競争的事業を起こして以前の顧客や取引先の大部分を引き戻すことはしないと契約してもらわないかぎりは、自らが購入するものに満足しないであろう。それ故買主は通常、売主に、自分との競争を始めないことに合意するよう求めるであろう。…この種の条項は、雇用契約書の中に［もまた］しばしば見られ、雇用者が被用者に、現在の仕事から離れた後競合する雇用者のために働かないこと、に合意するよう求める形をとる。[13]

裁判所が、そういった契約において放棄されることを許可する自由の量には、空間的にも時間的にも限界がある。一般的には、売主が同じ界隈で、さらには同じ市内でさえ、数年間、事業を再開しないことに合意すること、は道理にかなうと考えられるが、しかし、遠方の都市で、あるいは（例えば）50年間、その商売を再び行わないことに合意すること、は道理にかなわないと考えられる。裁判所は、合意による自己拘束は、「買主の購入を保護するのに必要だと道理上いえる範囲を越え」[14]てはならないと主張するが、買主の利害が非常に大きい場合は、拘束は、かなり広範囲の空間と時間に及ぶかもしれない。

> 例えば、この主題に関わる指導的判例においては、28万7千ポンドという巨額で兵器事業を買いとった企業は売主から、25年間、世界中のどの場所でもこの事業との競争を始めない、という契約書をとることが正当であると判定された。この事業がその活動において世界規模であり、また取引先が主として諸国の政府であったという事実にかんがみるなら、兵器事業を世界のどこかで再開しようという売主のいかなる試みも、買主の購入価格に容易に影響したかもしれない。[15]

だから裁判所は、人々が道理にかなう交渉において、契約を結び、他の利得との交換で広範囲の自由を長期間手放す、ということを実際に許可する。現金との引き換えで人が未来の自由を失うことさえ許可される。時としてそういった取引は、両当事者の利益を促進する完全に道理にかなったものである。それ故に、それらを禁止するまともな理由はなさそうに思えるであろう。自分自身を身売りして奴隷となるというのも、何か非常に貴重な利得との交換で、自分の一切の自由を人生の残りの期間、喪失するということであり、したがってそれは、契約によって自由を手放すについての、極限的な限界事例にすぎず、原理的にまったく違うものではない。それ故、自由とはその本性そのものからして取引するのが適切であるような種類の善ではない、というミルの議論は、自発的奴隷に反対する説得的な議論の仕方であるとは思われない。

他方裁判所は、事業の売主が自由に、道理ないしは必要の程度を超えたいかなる自由も喪失することを許可せず、また、道理にかなうかの問題を判定する権限を自らの手に留保する。この制限的な政策が、契約者たちを彼等自身の愚かしさから保護することを意図するパターナリズムの表現だということはありうるが、しかし実際には、それはまったく異なる根拠——自由な取引という競争的システムを維持する公的利益——に基づいている。価格が、あれこれの制御されない独占によってではなく競争的な市場によって決定されることが、消費者たちの利益になるために、富裕な経営者が競争者を買収するのを難しくすることが、国家に要求されるのである。道理にかなう「営業制限的」契約とは、自由な交渉当事者たちを彼等自身の間違いから保護するための、独立したパターナリズム的政策の表現なのではなく、むしろ一般的な政策に対する、第三者（消費者）の経済的利益を保護することを意図する限られた種類の例外なのである

さらに言及に値する最後の種類の事例がある。それらもまた、人々が他の利得のために自由を自発的に放棄する例である。しかしそれらは、自由放棄に対する禁止が、パターナリズム的根拠に立つ以外は正当化できそうになく、かつ、大概はそうした根拠に立ってさえできない、といったたぐいの状況で発生する。私が念頭に置いているのは、自由にそれだけの価値がなくそれが重荷となる場合に、自分からも他人からもその自由を奪うような「規則の保護下に」、自発的に「自分自身を置く」人々の例である。仮に、大学によって、学年が上の学部学生全員に、まったく拘束のない民間アパートか、それとも通常の門限や異性訪問者規則のある大学の学生寮か、のどちらかに住む選択の自由が与えられるとしてみよう。もしある者が後者を選べば、一定の制裁の下、ある時刻以後には部屋に戻っており、ある時以後は騒音を立てない、等々のことをしなければならない。もちろんそれらの喪失と「引き換え」にその者は、他のすべての学生も、生活習慣が予測可能でなければならず、規律を守らねばならず、騒音を立ててはならない、ということを保証される。学生としての自分の利益から見て、「より自由な」私生活を凌ぐ正味の利得は、相当なものでありうる。さらにまた門限規則は、男子と非常に頻繁に「デート」はしたいが、同時に次のことをも願望する女子にとっては大きな便宜でありうる。(a) 健康のために十分な睡眠をとること、(b) 学業において有能であり続けること、そして、(c) デート中に、いつになったら家に帰るのかの問題をめぐる緊張と言い争いに巻き込まれずにすむこと、である。規則が一定時刻の帰宅を要求していれば、女子も男子もその事柄に関しては選択の

余地がまったくなくなるが、それはなんとありがたいことであろうか。これらの考慮に訴えることは、禁止を支持するのに用いられるのでないかぎりは、パターナリズムをもち出していない。ある学生が民間のアパートに住むのを、「その学生自身の善のために」あるいは「その学生の安全のために」禁止する、というのはパターナリズムである。その学生が自由にそれを選び、かつもう一方の選択肢が彼に開かれている場合に、その学生に強制的な規則の支配のもとで生活することを許可する、ことはパターナリズムではない。実際のところもし、ある人が自由を他の利得と交換することを自発的に選択する際に、その人にそうする自由を与えないとしたら、それこそがパターナリズムであろう。

VI　要約

要約：法的パターナリズムには弱い型と強い型が存在する。弱い型は、独立した一個の原理であることはほとんどなく、それは、ミルのように、同意あれば格言を介在させた形での「他者危害原理」だけにコミットする哲学者にとって、完全に受容可能でありうるが、その際、同意あれば格言は、危害の諸原因に関する一般化から導出される単なる推定以上のものである。法的パターナリズムの強い型に従えば、国家には、個人による十分に自発的な選択や企ての場合でさえ、その有害な帰結から当人をその意志に反して保護する、ことが正当化される。強いパターナリズムは「他者危害」の原理からの逸脱であり、そしてまた、ミルが、契約に基づく自由喪失に関する議論の中では採用するべきではなく、その必要もなかったところの、厳密に解された同意あれば格言からの逸脱でもある。法的パターナリズムの弱い型に従えば、人が自分自身を害することを正当に制止しうるのは、（他者の利害が直接的に絡んでこない時には）その人の意図した行為が、実質的には非自発的であるか、それとも、反対の証拠が欠如していて実質的には非自発的であると推定しうるかの場合にかぎられる。結局、「他者危害」の原理は我々に、他の人々の様々な選択から人を保護することを許す。また、弱いパターナリズムなら、我々が人を「自発的でない選択」から保護することを許すであろう。そういった

選択はまったく誰の選択でもないので、その人にとっても同じく無縁のものなのである。（久保田顕二訳）

註

1　In *Canadian Journal of Philosophy*, Volume 1, Number 1, September 1971.

2　以下の議論では、二つの重要な明示化も擁護もされない推定を置いている。第一の推定は、少なくともある社会では、しかもある時代には、他者に関係する（other-regarding）行動と、一次的・直接的には自分自身にのみ関係し（self-regarding）、ただ間接的で遠まわしにのみ、したがって瑣末な仕方でのみ、他者に関係する行動との間に、境界線を引くことができる（ミルが、ヴィクトリア時代のイギリスではそれができるだろう、と主張したように）、というものである。もしこの仮定が偽であるとしたら、法的パターナリズムに関して興味ある問題は何もないことになる。なぜならその場合、一切の「パターナリズム的な」制約が、制約を受ける当人以外の人々を保護するのに必要である、として擁護されうることになろうし、したがって（全面的には）パターナリズム的でないことになるであろうからである。第二の前提は、パターナリズムに対して自然に沸き起こる反感（読者もこれを私と共有していると仮定するが）は、十分に根拠があり支持できる、というものである。

3　次を参照せよ。Glanville Williams（ed.）, *Salmond on Jurisprudence*, Eleventh Edition（London: Sweet & Maxwell, 1957）, p.531.

4　彼のすぐれた次の論文を参照せよ。Gerald Dworkin,“Paternalism”in *Morality and the Law*, ed. by R. A. Wasserstrom（Belmont, Calif: Wadsworth Publishing Co.,1971）.

5　ミルの修辞的な表現はしばしば、彼の議論についてのこの第二の解釈を支持する。彼はとりわけ、独立（independence）、合法的統治（legitimate rule）、領土（dominion）、主権（sovereignty）といった政治的隠喩を好む。国家は個人の身分を、その「自分自身に対する主権」（ミルの言い回し）が領土に対するイギリスの主権のように絶対的である独立した一個の存在者、として尊重しなければならない。自分自身にのみ関係する事柄においては、人の個人性が、「外部からの統制を受けることなく君臨する」（もう一つのミルの言い回し）べきである。そういった問題への介入は、成功すると自己敗北的になるとにかかわらず、法における〔他人の土地への〕不法侵入や国家間における侵略と同じく、合法的な境界線の侵犯である。自分の四肢の切断や自殺ですら、当の個人が真にそれを選択し、かつ、他者の利害が直接に影響を受けないのであれば、許容可能である。個人人格は自分で、自分のことを選択し、誤りを犯し、地獄へと赴く、絶対的な権利を有するのであって、それに介入することは、他の誰にとっても、適正な仕事や任務ではない。当の個人が彼の人生を（単に占有するだけではなく）所有するのであって、彼がそれに対する権原を有する。独り彼のみが、彼自身の生死の裁定者である。こういった言葉遣いが、どれほど法律万能主義的で非功利主義的であるか、ご覧あれ。大いに不思議なのは、ミルが、抽象的な権利なる概念を引き合いにだす議論のいかなる便宜も借りていない、などと主張しえたことである。しかし、ミルの意図はさておき、私自身は、彼の議論についてのこの第二の解釈への好感を隠すことができない。

6　この段落における諸区別は次のものから借用した。Henry T.Terry,“Negligence,”*Harvard Law Review*, Vol.29（1915）.

7　J. S. Mill, *On Liberty*（New York: Liberal Arts Press）, 1956, p.117.〔本論文中での同書からの引用の訳出については、ミル（早坂忠訳）「自由論」、世界の名著38『ベンサム J.S. ミル』中央公論社、所収、の訳業を参照させていただいた。〕

8　*Loc cit.*

9　完全に理性的な（rational）人々が、他の完全に理性的な人々の判断からして「道理にかなわない（unreasonable）欲求」をもつということはありうる。それは、完全に理性的な人々（例えば大哲学者）が、他の完全に理性的な人々の判断からして「道理にかなわない信念」を抱くことがありうるのとまったく同様である。それ故、特定の道理にかなわなさの具体例が、一般的な反合理性の強い証拠となりうることはほとんどない。

10　Mill, *op. cit.*, p. 125.

11　すなわち、他者への危害の防止が法的強制の唯一の根拠であり、かつ、自由に同意されたことは危害とはみなされない、という原理。これらが、『自由論』におけるミルの第一の規範的原理である。

12　*Loc. cit.*

13　P. S. Atiyah, *An Introduction to the Law of Contract*（Oxford: Clarendon Press, 1961）, p. 176.

14　*Ibid.*, pp.176-77.

15　*Ibid.*, p.177.

第4章
「危害なき不道徳行為」と感情を害する生活妨害行為

"Harmless Immoralities" and Offensive Nuisances

私的な不道徳行為であってしかも危害をもたらさない行為が存在するのかにつき、私はまったく確信はないものの、もしそのような行為が存在するとした場合、それらに対する国家による抑圧、とりわけ刑法による禁止を正当化することはできない、と私は確信する。片や、他者の感情を非常に害する類いの行為が存在するのは明らかであり、一定の厳しい諸条件が満たされる場合に、少なくともその一部を国家が防止するのは正しいと思われる。こうした結論（それを私はこれから本稿で擁護していくことにしよう）に至る過程で、私的自由を政治的に制限するための正当化として一般に提案されている諸原理のうち、私は明らかに一つを推し、一つを却けた。他人の感情を害することの防止は、少なくとも時折それを根拠に自由を制限してよいものであり、また片や「道徳性それ自体の法的強制」が妥当な根拠になることは決してない、と私は断ずる。

I　危害原理

有力な著作家たちが頻繁に提案している自由制限原理は、計七つにも上るだろう。人の自由を制限することを正当化できるのは以下のような場合である、と考えられてきた[1]。

1. 他者への危害を防ぐため（私的危害原理 the private harm principle）
2. 税金や関税の徴収のような、公益に関わる制度的営為や規制システムへの害を防ぐため（公的危害原理 the public harm principle）
3. 他者の感情を害することを防ぐため（感情損傷原理 the offense principle）

4. 本人への危害を防ぐため（法的パターナリズム legal paternalism）[2]
5. 道徳的罪を防ぐもしくは罰するため、すなわち「道徳性それ自体を法的に強制」するため（法的道徳主義 legal moralism）
6. 本人を益するため（非常なパターナリズム extreme paternalism）[3]
7. 他者を益するため（厚生原理 the welfare principle）

私的危害原理はむろん、ジョン・スチュアート・ミルの名と分かちがたく関連づけられるが、事実上この原理を争う余地はない。故意の殺人、加重暴行、強盗のごとき加害行為をこの原理に基づいて、犯罪とする権利を国家に認めない者はほとんどいないだろう。ミルはしばしば、私的危害の防止が国家による強制の唯一妥当な根拠であるかのごとく書いているが、これが彼の熟慮の上の意図でなかっただろうということは確かである。熟慮していれば彼は、脱税や密輸や法廷侮辱のごとき犯罪を、書物から全部抹消してしまうことはなかったであろう。その種の犯罪は、その健全さに我々全員の利害がどれほど間接的であれかかっている公的制度を弱体化させる。そのようなわけで、ミルは私的危害原理と公的なそれの両方を支持していたと私は考えている。

『自由論』のいくつかの節でミルは、何らかの危害だけが強制介入のための唯一妥当な理由であり、したがって危害を及ぼすこと（harmfulness）と対置される単なる感情損傷（mere offensiveness）に対する防止は、自由への介入を正当化する十分な理由たりえない、と示唆している。しかし『自由論』最終章では、ミルはこの点でも後退しているように見える。そこで彼は、「良風美俗（good manners）への違反であり、他人に対する感情損傷（offenses against others）の範疇にはいるために、正しくも禁止されてよい」公然の行為について言及している。そして「この種のものの中には風紀（decency）を乱す不作法もあるが、それらについて詳しく述べる必要はない‥‥」と彼は続ける[4]。他人の感情を害することに関するミルの見解は、しかし次のように考えれば筋が通っている。すなわち彼によれば、あるサブクラスに属する行為は特別の社会的重要性を有している。そのような行為とは、事実問題について、および歴史的、科学的、神学的、哲学的、政治的そして道徳的問題について口頭もしくは文書で意見を表明すること、の具体例となる行為である[5]。自由な意見表明は共同体の福利と進歩にとり非常に重要なので、それが制限されてよいのは、文書による名誉毀損、口頭による名誉毀損、暴力教唆、そしてひょっとしてプライバシー侵害など、個人に対する一定の非常に明白な危害を防止する場合のみに限られる。自由な意見表明の重要性はきわめて大きく特別なものであるから、特定可能な個人に対する直接的かつ実質的な危害を防止する必要性だけが、その重要性の推定を覆す十分な理由たりうる。傷つきやすい感受性にとっては衝撃だ、というだけでは決して、自由意見表明弁護論を打ち負かすほどの重大な危害たりえない。しかしミルは公共の場でのヌード、みだらな行為、猥褻画の公然陳列等々を「象徴的言論」(symbolic speech) の諸形式、あるいは何らかの種類の意見を表明するものとは見なさなかった。自由優先の推定は、主張、批判、弁護、論争に特有の「埋め合わせになるような (redeeming) 社会的重要性」を有していないような行為の事例では、はるかに弱くしか働かず、それ故、そうした事例では、危害を伴わず「単に他人の感情を害する」というだけで、それを禁止する妥当な理由になりうるのである[6]。

II　感情損傷

他人の感情を害すること (offensiveness) とは何であるか、またそれと危害 (harm) とはどのような関係にあるか。一部の法学者の考え方に従い、「危害」とは利益の侵害のことであると定義し、感情を害されないことに普遍的利益があると仮定するなら、そこから、感情を害されることは一種の危害を加えられることだという論理的帰結が導けるだろう。しかし、何らそれ以上の害を及ぼさない、すなわち、感情を害されないという利益以外のいかなる利益の侵害へも導かない、という点で (狭義で)「危害のない」ような感情を害する行為が存在する。それ故、危害とは明確に対比される意味での「感情損傷」があり、明晰さのためには、我々は、この語の意味としてそれを採用すべきである。

他人の感情を害する行為とは、不愉快とか、心地よくないとか、嫌っているとかいった点を除いてほとんど共通点がない多様な心的状態のどれかを他者の内に呼び起こす力のために、他人の感情を害する行為なのである。これらの心的状態は必ずしも、悲嘆（sorrow）や苦悩（distress）がそうするようには、人を「傷つける（hurt）」ことをしない。むしろこれらの心的状態と傷つけることとの関係は、身体的不快感と痛みとの関係に類比しうる。結局のところ、人を傷つけないが普遍的に嫌われているということを除いては共通するものをほとんどもたない多種多様な、不快だが痛みをもたらさない身体的状態――痒み、衝撃、不快等――がある。

感情損傷行為が引き起こす不快な精神状態の完全なカタログ作成は期し難いが、主として以下のものがその中に含まれるのは確かである。すなわち、いらいらさせられる感覚刺激（例えば悪臭、騒音）／例えば極端な下品さや不潔さによって引き起こされるような、心底からのむかつき（unaffected disgust）と強烈な嫌悪（acute repugnance）／道徳的、宗教的、愛国的な心情への衝撃／例えば他者の「醜悪、侮辱的、無礼、あるいは横柄な行為」によって引き起こされるような、収まらない怒りといらだち／例えば他者のヌードや猥褻行為によって引き起こされる、羞恥心に満ちた当惑（shameful embarrassment）やプライバシー侵害などである。

生活妨害法（nuisance law）は、普通民事的救済を講じることで、大きな騒音、ひどい悪臭、他の感官に対する直接的で免れ得ない刺激物から、人々を守っている。悪臭は、たとえ（狭義での）有害でない場合でも当然、迷惑、不便、不快刺激でありうる。「心底からのむかつき」の類が、有害でも、いかなる普通の意味で「不道徳」でもないが、むしろ下品、下劣、愚昧、野卑、あるいは極端なまでに見苦しい行為によってしばしば引き起こされる。マナー違反（bad manners）は、道徳や法による注目に値しないと見なされるのが普通だが、違反が悪質にすぎる（bad enough）場合、それらからの「保護」を我々は要求してよいとするもっともな説もある。不潔で蚤虱のたかる男がいて、体をあちこち掻き、痰を吐き、手の甲で鼻水を拭き、口からは唾液が垂れ、耳障りな声でほぼ常時、冒涜的で卑猥な言葉を発していると想像していただきたい。かかる人物が公道で通行人たちに自由に話しかけてきた場合、誰かに危害を与えるか否かにかかわらず、彼は公的生活妨害（public nuisance）として拘引の対象となるかもしれない。

さらに他の感情損傷行為には「心底からのむかつき」以上の怒りと憤りをよく招くものもある。良くないとして非難される行為をこれ見よがしにすることが怒りを招くのは周知のことであるから、そのような行為に及ぶのはしばしば、人々の一集団に対して意図的に象徴的侮辱を発するやり方である。これみよがしに誇示すること（open flaunting）はそれ自体、時に一種の嘲りあるいは挑戦であり、「暴力への誘い」だと理解されてもおかしくない。これみよがしに誇示する者は、まるで「お前とお前の大切なもの（your values）なんて俺にとってはこんなもんだぞ！」と侮りをこめて言っているようなもので、衝撃による怒りと反感を故意にかきたてる。ニューヨークでナチスの記章を身につけてそれを人目にさらすとすればそれは、このやり方で人々を怒らせ挑発することになろう。人種の異なるカップルが手をつなぎ危害をおよぼすことなくミシシッピー州ジャクソンの街を散歩する場合、これと同じことをしていることになってしまうのは、あいにくなことである。後者のような行為にはむろん、一理あり、これみよがしに誇示したり嘲ったりしたいという欲望とは異なる動機を有しうる。公然とそうした行為に及ぶのは、遅れている（benighted）と行為者が考えている人々がもつ感性に無礼をはたらいているのだと知れるにちがいない。しかし、その動機は、嘲りというよりもむしろ、自らの独立と、習俗への軽蔑を人目にさらし、もって自らの権利を大胆に肯定するとともに、その権利を支持していることを身をもって示すことにあるのかもしれない。

人の感情を害したいとの欲望を離れては、これみよがしに誇示する行為に何の意味もない場合、時によってさらに別のモデルが適切であることがある。それは、神聖冒涜つまり涜神という行為のモデルである。聖なるものは、他のいかなる特徴をもつとしても、笑い事で済むものではありえない。「なにものをも聖とは思わない」人は、どんなものでも軽侮し嘲笑しうる人である。しかし我々の大部分は、世の中には自分にとって軽侮しえぬものがあると感じるようにできている。したがって、（野蛮さと大量殺戮への象徴的示唆を帯びている）鍵十字や公然の国旗焼却、または崇拝の対象たる宗教シンボルを泥中で引き回すような真似を容認するのは、難しい。それらはあまりにも広くかつ深い憤りの対象であるので、それらを容認せねばならない理由を見出すのは難しいと考える人々もいるほどである。

さらに感情を傷つけるもう一種類の行為は、通常「猥褻」（indecent）と呼ばれるものである。猥褻行為は、これまで論じてきたどの動機、どの意図的効果をももちうる。それがもつ、他と異なる特徴は、きわめて個人的または親密な個人間の関係だというその性質ゆえに、一般のしきたり（prevailing mores）によれば人目を憚るのが最もよいと見なされていることが、公衆の目にさらされるということにある。猥褻によって感情を傷つけられるのは、侮辱されたり怒りを覚えさせられたりするというよりも、ひどく深く狼狽させられる点にある。猥褻は、罪悪感を募らせたり、衝撃ゆえの能力低下をまねいたり、悪い手本を示したり、暴力を挑発したりする場合には、他の感情損傷と同様、間接的に有害なこともありうる。しかし法律が「危害なき猥褻」をすら禁止する時、その第一の目的は、単に「街中でそれを不本意に目撃すること」を防ぐことにある[7]。

自由制限の正当化根拠を十全に述べるためには、私的危害原理および公的危害原理を感情損傷原理で補うべきである、ということに私はほとんど疑いをもたない。感情損傷原理にはしかしながら、その必要性と背中合わせの危険性があり、次の卑猥（obscenity）に関する節で議論するように入念に限定してそれを用いねばならない[8]。

III　道徳（風儀）違反

危害なき不道徳行為は存在するだろうか。功利主義的倫理概念によれば、有害さ（harmfulness）こそが不道徳のまさに根拠であり本質的性質であるが、我々の道徳律が（まだ）全面的に功利主義になりきっていないのは確かである。ある種の行為は、たとえそれが誰も傷つけず、あるいはせいぜい行為者本人を傷つけるにすぎないとしても、不道徳だと今なお広く考えられている。ここでの問題は、そうした行為を人々が控えるよう法で強制することの是非である。

中心となる問題事例は、道徳（風儀）違反（morals offenses）と呼ばれる犯罪行為である。昔から道徳と良俗に対する違反は、（人体に対する違反、財産に対する違反とは別種の）犯罪と見なされてきた。これらには主として、姦通、未婚者淫行、ソドミー、近親相姦、売春等の性犯罪が含まれていたが、動物虐待、国旗その他の敬慕対象冒とく、死体損壊などの種々雑多な非性的犯罪も含まれていた。ルイス・B・シュウォーツが非常に有用な論文の中で主張しているように、こうした犯罪を他から区別して一つの種類にさせるものは、道徳性との間に特別な関係があることではなく（結局のところ殺人もまた道徳に対する違反であるがいわゆる「道徳違反」ではない）、むしろ社会的危害との間に本質的むすびつきを欠いていることである。特にそれらを抑止することが公共的安全のために要請されているわけではない[9]。道徳違反によって違反者自身が傷つくことはありうるが、行為者が予めそのリスクに同意していない例はめったにない。第三者への感情損傷が生じるとすればそれは、違反行為が公の場で遂行される結果であり、「社会生活妨害」［に関する判例］法や、「公然猥褻」や公共の場所での「買春勧誘」を禁止する制定法によって防止することが可能である。合意した成人間での私的な「道徳（風儀）違反」が残ることになるが、それらは本当に犯罪視されるべきなのだろうか。

道徳違反を創造する制定法を支持する議論の中には、私的、公的危害原理に訴えるものもある。この立場は、目立たず私的な不義の性的関係によって同意されていない危害が直接に及ぶことはないかもしれない、と時に譲るにしても、間接的には、有害な結果が咎なき（innocent）第三者ないし社会に必ず及ぶ、つまり、結婚および家族という社会的に有用な制度が弱体化し、貞潔な生き方がより困難になる、というのである。しかしながら、そのような間接的で拡散した結果なるものは高度に思弁の所産であり、いずれにせよ刑法があればそれらを防止できるという確たる証拠はない。逆に、そのような法律自身の副作用のいくつかは例外なく有害であるということで、危害原理をそうした法律の反駁に用いうるかもしれない。例えば同性愛禁止法は、選別的執行という不公平や、恐喝と私的報復の機会の増大にむすびつく。さらに、「性的逸脱者が精神療法の支援を求めようとしても刑法が妨げになる。それ以上に、同性愛者の追跡は警官を不名誉な囮捜査に従事させ、われら大都市文明の優先的関心事である、暴行傷害、詐欺、公務員汚職といった犯罪により有効に傾注されうる注意と努力を他にそらしてしまう。」[10]

じつのところ、犯罪と戦うには社会的エネルギーを賢明に配分する必要があるという本質的に功利主義的な議論はそれだけで、有害さがせいぜい間接的で思弁的でしかない私的な（したがって迷惑にはならない）行為に対して刑事罰を科すことに対する決定的な反論になるかもしれない。人体と財産に対して深刻な危害をもたらす犯罪が随所で増加中なのに、我々の警察署、刑事裁判所、刑務所は、酩酊、大麻所持、その他の「被害者なき犯罪」を犯した者であふれている。たとえその人数に大量の未婚淫行者、ポルノ関係者、同性愛者が含まれていないとしても、それは単にそうした「犯罪者」の摘発がそれだけ困難であるからにすぎない。いくつもある我々の性関連法をどこかで破っているにちがいない人々の中で、何千万人に一人だけがたまたま風儀違反を犯して捜査の網にかかることがある。これらは通常、経済的に貧しい階級、人種的に少数派に属する人々である。それ故、ハーバート・パッカーが合理的立法者に「カネと労働時間はいずれの一単位も様々な用途間での競争にさらされるべき対象であり」、「合理的立法者は、最重要なことを最初にするだけでなく、より難しいことかもしれないが、重要性のもっとも低いことはもっとも後回しにすべきである」[11]と注意を促す時、彼は適切な助言をしているのである。犯罪との戦いにおける資源配分という観点からすれば、「道徳的な違反にすぎないもの」すなわち危害も感情損傷ももたらさないような非とされる行為（disapproved acts、それが存在すると仮定して）は、じっさい「もっとも後回しにすべきこと」（“last things”）である。

公の場での避けて通れない行為によって、それを否応なく観察することでむかつきを覚える人が受ける感情損傷を防ぐために、刑法を用いるのは別の話である。このような場合、感情損傷原理は、迷惑行為者たちに感情を損傷する彼等の行為を私的な場に限定するよう強制する法律を正当化できる。しかしこれを行っても、不道徳それ自体ではなくみだらなことを防止するために法律を使うことになるであろう[12]。そのような制定法があっても、同様な理由に基づいて公然のヌードを取り締まる制定法以上に自由を侵害することは、ほとんどないだろう。行為によっては、一種の「精神的侵襲」に相当するほど感情を損傷するかもしれない。その場合は、身体的暴行の抑止と同じ根拠によって、私的危害原理がその抑止を正当化するだろう。しかしたとえこれらすべてが正しいとしても、危害原理と感情損傷原理を足し合わせたものが、「道徳性それ自体の法的強制」のすべてを支持することはないだろう。というのも二つの原理を合わせても、成人が同意のもと私室で扉に鍵をかけブラインドを下ろして、自発的にする行為にまで介入することを許すわけではないからである。

こうした理由により、多くの著述家は私的不道徳を禁止する法律の廃止を主張してきた。しかし驚くべきことではないが同じ考慮から、危害原理と感情損傷原理が立法政策にとって適切な指導原理であるという考え方を放棄した者もいる。彼等は代替原理として「法的道徳主義」を揚げるが、これにはいくつか種類がある。その穏健なものとして、通常パトリック・デヴリン（Patrick Devlin）の見解があげられる[13]。デヴリン卿の理論は私見では、事実上は功利主義の一種、より正確には公的危害原理の一応用である。刑法本来の目的は危害の防止にあるが、その場合、諸個人に対する危害防止のみならず、第一義的に社会それ自体に対する危害防止もある、と彼は主張する。デヴリンは、共有された道徳律は共同体の存立そのものにとっての必要条件である、と論じるのである。共有された道徳的信念は「見えざる靭帯」ないし一種の「社会のセメント」として機能し、諸個人を一つの秩序ある社会へと結合する。加えて、根本的な、社会を統合する道徳は（別の隠喩で言えば）一種「縫い目のないクモの巣」であり[14]、一個所でも損傷を与えると全体を弱めることになる。それ故社会は、同じく不可欠である政治の諸制度を法的強制を用いて守る際と同じだけの権利を、その道徳律を守るについてもつのである。法は、政治において革命的行為を容認し得ないし、織り上げられている道徳を千々に引き裂く行為もまた受容しえない。それ故「悪徳の鎮圧は、転覆活動の鎮圧に劣らず法律の仕事であり、私的な転覆活動の範囲（sphere）を定義するのが不可能なのと同様、私的な道徳の範囲を定義するのも不可能なのである。」[15]

H. L. A. ハートは、共同体存立にとって何かしらの共有道徳が必要だというのはありそうだと認めるが、デヴリンがさらに進んで「社会は、その歴史における任意のどの時点における現存の道徳とも一心同体であり、したがってその道徳の変更は社会の転覆に等しい」[16]、とする主張を批判する。たしかに倫理の批評家は、我々の社会は何らかの道徳なしには存立しえないことは認めながら、この道徳がなくても（もし別のよりよい道徳で置き換えるなら）我々の生活は全く支障ない、と主張するかもしれない。この批判に対しデヴリンは、たとえ法的保護下でも共有道徳は変えうるが、それが実際変わる場合、今度はその新たな改善された道徳が法的保護に値するのだ、と返答しそうである[17]。この場合には法は道徳改革を妨げる機能を果たすことになるが、改革の熱意が十分に激しい時には変化を防ぎきれるものではない。今現に支配的である道徳的諸信念が法で守護されている時、いかにしてそれらを変化させるのか。おそらく、ある者は実際には違法である行為を弁護し、ある者は自説を公然と実行に移し、ある者は有罪判決を受けて監獄への道を誇り高く行進することで自己の本気さを公示するだろう。

> 本気の意見に対しては尊敬の念 …. が自然と沸く。そうした意見が積み上がり十分な重みをもてば、法は譲歩するか、さもなくば破られる。民主主義社会では …. 法は譲歩する傾向が強い――それは数に押し切られて白旗を掲げるためではなく、自らが信奉するもののために闘う用意のある者たちに地歩を与えるためである。闘うことは傷つくことであるかもしれない。傷ついても構わぬという姿勢は、本気であることの最も有力な証しである。法がなければ証しもないであろう。法は、その上に鉄槌が下される鉄床なのである[18]。

この注目すべき一節の中でデヴリンは、「道徳それ自体」の強制を擁護するもう一つの論拠を見出した。ちなみにそれは、道徳変化を開始するとともに規制する主たる手法として、統制のとれた市民的不服従を擁護する論拠にもなっている。類似の議論がサミュエル・ジョンソンにある。おもに宗教教義の変更を念頭に置いたものだが、ミルもその内容をよく承知していた。この理論は以下のように言う。宗教改革者たちは迫害を受けるに値する。というのも、迫害は彼等に、気概を立証し私心なき善意を証明することを可能にするが、一方彼等の教えは、それが真理である限り傷つくことはありえない。真理は常に最後は勝利するだろうから。ミルは真理を試練にさらすこの方法を、不経済かつ狭量（ungenerous）と見なした。

> 世界に深い関係があって、しかも今まで知らなかったことを世界にむけて発見すること、現世的または霊的な利益に関わる重大な点で、これまで誤りをおかしてきたことを世界に対して明らかにすることは、人間がその同胞に対してなしうる最も重大な貢献である。‥‥こんなすばらしい恩恵を生みだしてくれた人々が、殉死によって報われること、犯罪人中のもっとも罪深いものとして遇されるのがその報酬だということは、この理論によれば、人類が痛悔服（sackcloth）をまとい灰をかぶって悲しむべき嘆かわしい誤謬でも不幸でもなく、普通の正当化可能な状態なのである。‥‥恩人たちへのこのような形態のを弁護する人々が、その恩恵に十分な価値を認めているとは考えられない[19]。

他方もし自己犠牲的な市民的不服従が、道徳改革者に与えられるべき最も効率的かつ人道的な救済策ではないとすれば、道徳改革のために利用可能などのような手段が彼にはあるのか。この問は、それ自体難問だが同時に、デヴリンの好んで語る、危害なき不道徳と政治的転覆活動との類比論を難破させて沈める暗礁でもある。

転覆活動とは何かを考えていただきたい。現代法治国家の大半には、憲法、適正に構成された一連の公共機関、およびそれらの機関により創造され執行される制定法ないし「実定法」の体系がある。そこには、これらを変えるためのよく知られた秩序ある憲法の許す方法があるだろう。例えば、憲法が修正され、新法が導入され、立法者達が選ばれる。片や様々な種類の許容されていない、無秩序な変更を想像するのは容易である。例えば、暗殺や暴力革命、賄賂や買収、正統に獲得された公権力を無理強いと脅迫のために使うこと、などを通した変更である。もちろん、こうした非合法の変え方のみが「転覆活動」の名に値する。しかしここで、実定法と実定道徳の間の類比論は崩れ始める。「道徳の憲法」（moral constitution）も、秩序ある道徳立法を導入するための適正に構成された道徳立法者たちによく知られた方法も、明確な多数決という決まりも、存在しないのである。道徳転覆活動（moral subversion）なるものがもし存在するならばそれは、公式に許容された「合憲的」技法ではなく、許されていない変更の技法を用いること、にあらねばならない。それは、単なる変更自体のことではなく、正統性のない変更のことである。正統的に引き起こされた道徳変化という観念が不明瞭なままである限り、「正統性のない道徳変化」も明瞭ではありえない。それでも両観念には、政治の場合との間で一定の類比を確保するに十分な内容がある。市民が正統性をもって（legitimately）現行の道徳信念を変更する働きかけをしていると言えるのは、彼が自分自身の異議を公に、率直に表明している時であり、論証し、説得し、理由づけしようと試みている時であり、他人を傷つけたり、他人の痛みやすい感受性に逆らうような反説得的感情損傷をせずに、説得力ある静かな落ち着きと威厳をもって自分自身の信念に従って生活する時である。片や、市民が議論と例証を放棄して力と欺瞞に頼る時、社会的習慣を正統性のない手段により変更しようと試みていることになる。もしこれが道徳変更の正統性のある手段とない手段とを分かつ理論的基礎であるなら、有害性の問題がないのに道徳信念をどちらかの方向に動かすために国家権力を使うとすればそれは、正統性なき試みの明らかな例になるだろう。政府による慣行的決まり（conventional code）の強制はもちろん、現状維持のためであるから「道徳転覆活動」とは呼ばれないが、保守的であれ革新的であれそれは等しく、他のどんなものよりも、我々の「道徳の憲法」への挑戦であろう。

法的道徳主義の第二のものは純粋型であって、何か他の原理に偽装しているわけではない、本来そう呼ぶにふさわしい法的道徳主義である。道徳それ自体の強制、およびそれに伴う罪の処罰は、何かさらなる社会目的（社会の結合性保持のような）のための手段として正当化されるのではなく、それ自体が目的なのである。J. F. スティーヴン（Stephen）が「あまりにも粗悪（gross）で不埒（outrageous）なため、自己防衛とは別の観点から、犯罪者にいかなる対価を払わせようとも取り締まらねばならず、発生時には見せしめ的（exemplary）な厳しさでもって処罰せねばならないような邪悪行為が存在する」[20]と書いた時、たぶん彼はこの純粋道徳主義を表明していた（彼の挙げている例から、スティーヴンが、法で「風儀違反」と言われる行為を念頭に置いていたことは明らかである）。処罰されるべき行為は真に邪悪で不埒だということが、その社会で事実上全員一致の意見であらねばならず、社会が下すその種の行為に対する有罪宣告は、「激しくかつ疑う余地のない」（strenuous and unequivocal）ものであらねばならない、とスティーヴンは追記している[21]。

スティーヴン説を十分に検討するためには、特定の時代と場所で実際に存立している道徳律と、何らかの理想的、合理的なそれとを区別して考える必要がある。前者はしばしば「慣習的」ないし「実定的」道徳と呼ばれ、後者は「合理的」ないし「批判的」道徳と呼ばれる。特定のタイプの行為が、特定の実定的道徳からして邪悪か否かは、社会学的事実の問題である。それが「真に邪悪」か否か、は別種の議論を要する問であり、これの解決が前の問題よりどれほど難しいかについては悪評が高い。スティーヴンは批判的道徳を大部分、彼の生きた時代と場所で妥当していたヴィクトリア朝の実定道徳と同一視していたように見える。一世紀後に生きる我々がこの同一視にいくらか懐疑的であっても許されるだろう、と私は思う。所与の実定道徳と真の批判的道徳との間には必然的かつ自明な対応関係がないことがひとたび認められるならば、法的道徳主義の純粋型は、どちらの意味の「道徳」をそれが用いているかによって、異なる二つの原理のうちのいずれか一方であることが明らかになる。

それではまず、実定道徳を法的に強制することそれ自体が目的であるとする説を検討しよう。この説は市民の大多数によって邪悪とみなされている種類の行為はすべて、たとえそうした行為が無害で、他者の道徳感受性に敬意を表して密かに行われるとしても、国家がそれらすべてを禁止し処罰することがそれ自体として良いことだ、ということを意味している。主として倫理的直観から支持を導き出す命題に反論を加えるのは難しいが、我々が実定道徳の概念を十全に把握する時、この道徳主義的命題の直観的基礎ですら崩れ始める。世論それ自体、何がそんなに尊いのだろう、と人は不思議に思うだろう。道徳的問題に関する世論が、過去に非常にしばしばそうであったように、間違っていたと仮定してみよう。それでも世論を法的に強制することに、それが世論であるという単なる事実から導かれるような何らかの本質的価値があるだろうか。とりわけ、法的強制の分だけ過ちの訂正がいっそう困難になることを考えれば、これは、もっともなことでもなく、それ以上に直観的に確かでもないと思われる。忌まわしい、ないしは罪深いと（正しくあるいは間違って）公衆が見なしている行為が、ブラインドの下ろされた背後でさえもほとんど発生せず、もしそれが発生しようものなら「見せしめ的厳しさ」でもって処罰されるのだ、と知るのは、公衆に何がしかの満足感を与えるかもしれない。しかしやはり、そのような「満足感」にいかなる本質的価値があるのかを理解することは困難である。たとえ議論のため仮にそうした価値を認めたとしても、苦しみを与えプライバシーを侵害するという歴然たる本質的悪とそれとを比較考量すべきである。

純粋道徳主義のよりもっともらしいものは、妥当範囲を批判的道徳に限定する。これは、国家が、真に合理的な道徳をそれ自体として強制し、その道徳からの逸脱行為を、たとえ他者に無害な種類であっても処罰すること、は正当化できるという考え方である。この原理もまた直観的基礎の上にあると言われる。宇宙は、不道徳な（たとえ無害でも不道徳な）行為がそこにあることでより本質的に悪い場所になるのだ、としばしば言われる。処罰の脅しは（とこの議論は続く）そうした行為を抑止する。処罰の実例は、その脅しを裏書きし、それによって宇宙という庭園から将来の道徳的雑草を排除するのに手を貸すだけでなく、過去の悪を「抹消する」、すなわちそれらが元々無かったかのようにすることにより、宇宙の履歴簿からそれらを拭い去りもする。こうして処罰は宇宙の本質的価値の総量増加に対して二つの仕方で貢献する。つまり、過去の罪を帳消しすること、並びに、未来の罪を阻止することによってである[22]。

この考え方は、それが通常の有害な犯罪、とりわけ二枚舌や残虐性を含む犯罪で、それらが本当に「宇宙の調子を狂わす」（set the universe out of joint）ように見えるものに適用される場合、僅かながら最小限のもっともらしさがあるかもしれない。それらによって「物事をまっすぐにする」ものとして悔恨、謝罪、赦しを、そしてある種の「支払い」あるいは道徳の石版をきれいに消すものとしての処罰を考えるのは、十分に自然な考え方である。しかしそのような類比に訴えるのが自然な事例では、ルール違反があるだけでなく、被害者（a victim）——危害を受けた人あるいは人々の社会——が存在している。被害者がいない時、——とりわけ、誰かの利益を犠牲にして得たような利益が何もない場合――「物事をまっすぐにする」ことに明瞭な直観的内容は何も含まれていない。

それでもなお処罰は、「宇宙の道徳記録」のために無害な私的道徳違反行為を思いとどまらす、という役割を果たすかもしれない。しかしもし、処罰の恐怖によって人々を私室における不義密通から（あるいは国旗の冒とくや死体の損壊から）遠ざけるというのであれば、誰のプライバシーをも尊重しないような恐怖を生む効率で、道徳が強制されねばならない。（宇宙全体のいっそうの名誉のために）無害な道徳違反が私室内でも犯されていないのだと考えることから大きな満足感を引き出す、スティーヴンのような人々もいようが、しかし彼等のうち果たして何人が、この「満足感」のために自らのプライバシーを犠牲にするつもりがあるだろうか。私的不道徳が刑罰の脅しによって阻止されるべきだとすれば、捜査当局は、何らかの方法で誰のであっても私宅の隠された部屋と施錠された居室に踏み込むことが可能でなければならない。そして我々がプライバシーのこの大幅な喪失を、強制に通常伴うコスト――自発性の喪失、合理的諸能力の鈍磨、不安、偽善、その他――と合わせて秤に載せた場合、共同体の道徳基準への単なる外面的同調の確保（というのもそれが刑法にできるすべてであるから）の対価は莫大である。

極めて犀利な論文の中で[23]ロナルド・ドゥオーキンは、上に議論した二つの型の特徴の一部を共有する、純粋な法的道徳主義の一種を（完全に支持することはしないまま）示唆している。本物の道徳的確信と、単なる偏見、個人的嫌悪、恣意的独断、心理的合理化、との間に、彼は一線を画する。共同体の実際の道徳的確信は、真正の「特徴的（discriminatory）道徳」を構成している場合、刑法によって強制されてよいかもしれない、とドゥオーキンは考える。しかし、単なる情緒的嫌悪であるにすぎない「道徳」は、それがいかに広く普及していようとも、弱い「人類学的意味」でのみ道徳なのであって、法的強制に値しない。実際、「偏見、個人的嫌悪、心理的合理化が他者の自由それ自体の制限を正当化することはないのだ、という信念は、我々の公衆道徳の中で決定的かつ基底的な位置を占めている」[24]。ドゥオーキンの考え方によれば、同性愛は邪悪であるという我々の社会で一致している判断は、純正の道徳判断では全くなく、「衝撃的で間違っているのは、［デヴリンの］共同体の道徳は重要だ（count）という考えではなく、何が共同体の道徳に当たる（count）のかについての彼の考えである」[25]。

ドゥオーキンの議論は、性的感情損傷に関するデヴリンの見解に反論するにはよい議論だが、私ならさらにずっとその先に進みたい。ある共同体の中で、ある種の「無害」な活動が間違っているという純正の道徳的合意があるとしても、その合意が刑法によって強制されねばならない理由を私は理解できないし、むしろ法的に強制されるべきではない少なくとも一つの非常に有力な理由があると思う。それは、たとえ純正にして「特徴的」な公衆道徳でも、結局は間違っているかもしれず、法的強制は批判的異議を抑圧し進歩的改善の妨げになるから、という理由である。

性に関するものではない風儀違反の中で動物虐待は、自由制限原理の適用に関する最も興味深いハード事例である。甲氏は、知的で繊細な人物だが、ある非常に神経を病んだ特徴——生物が苦しむのを見て楽しむという——をもっているとしよう。幸い、彼は人間を拷問した経験はない（彼にとっては真に残念なことだろう）が、それというのも常に動物をその目的のために見つけることができるからである。毎晩しばしの間、彼は自室に鍵をかけて閉じこもり、入念にブラインドを下ろし、それから一匹の犬を死ぬまで殴打し苦しめる。動物の悲鳴とうめきは彼の耳には音楽だが、隣人には生活妨害である。そして彼の家主の女性は、彼がしてきたことを知るや衝撃で入院を余儀なくされる。人間に害が及んだことに心を痛め、甲氏は下宿を引き払い、五百エーカーの農場を買い、その所有地のひと気のない中心部に位置する家屋に転居する。そこで彼は、自分のもち家にふさわしい完全なプライバシーの中で毎晩、自分が所有する動物たちを不具にし、虐待し、死ぬまで殴る。

甲氏の奇行に対して我々は何を言いうるだろうか。選択肢は三つある。第一の選択肢によれば我々は、それは実際自己の財産を破壊しているだけのことゆえ完全に許容可能である、と言うことができる。人が自己の財産を私的にどう処分しようと、彼が騒音や悪臭などの生活妨害を引き起こさない限りは、他人の関心事ではない。第二の選択肢によれば我々は、この行為は、行為者以外のいかなる人の利益に対しても何の害も及ぼさないとしても、明白に不道徳であり、さらに、それは法的にも許すべきでないのは明らかであるがゆえに、危害原理と感情損傷原理とでは不適切で、これは法的道徳主義で補足されなければならない事例なのだ、と言うことができる。第三の選択肢によれば我々は、危害原理を動物にまで拡張し、「道徳それ自体」を強制するためではなく動物への危害を防止するために、この事例では法が財産の私的使用に介入できるのだ、と論じることができる。第三の選択肢に最も心惹かれるが、難点がないわけではない。我々は動物の行動を抑制せずにはおれず、動物の労働を搾取し、多くの場合、動物を意図的に屠殺している。この種の処遇はすべて、もし人間に加えられようものなら「危害」に相当するが、危害原理が現実的な仕方で動物にまで拡張されるべきだとするならば、それらを動物への危害のうちに数えるわけにはいかない。最善の妥協案は、動物にとって至高の一つの利益、すなわち、残酷にあるいは気まぐれに加えられる苦痛からの自由を承認し、その利益の侵害のすべてをしかもそれのみを、「危害」として数えるようにすることである。

Ⅳ　猥褻

ここまで我々に危害原理と感情損傷原理をあわせたものを、この二原理だけで慣習的道徳違反を規制するのに十分か、それとも何らかのさらなる独立した原理（法的道徳主義）の助けを要するか、を決定するために、検討してきた。道徳（風儀）違反は本質的に私的なこととして扱ったため、感情損傷原理を拡大してそれらに適用することはできなかった。猥褻印刷物はその点まったく事情を異にする。それは人の目に触れることを目的に故意に出版された資料であり、これがもとで、補足なしの危害原理支持派と感情損傷原理支持派が正面衝突したりするのである。

「猥褻」には通常の意味と専門的な法学上の意味の両方がある。非専門的、前法的な意味ではそれは、感情を害する仕方でヌード、性、ないし排泄を扱う資料を指す。そうした資料が法的意味で猥褻になるのは、それがもつ感情損傷的性質のため又は別の理由（それが何であるかは未決のままにしておくのが一番よい）により、それが法の保護外にある、または保護外にあるべき時である。法的意味は日常的意味を取り込んでおり、両者にとり本質的なのは、その資料が感情を害するものでなければならないという要件である。同一のものが見る人により感情を害するものだったりそうでなかったりすることは可能である。「猥褻」は、もしこの主観的相対性を避けるべきだとするならば、「感情を害する」の語が間主観的にもつ客観的意味を含んでいなければならない。資料がそうした客観的意味で「感情を害するもの」であるためには、公共的で周知の現に有力な共同体の標準に照らしてそうであるか、または事実上誰もが感情を害されると感じるようなものでなければならない。
アメリカ自由人権協会（The American Civil Liberties Union）は、初期のころの検閲の友と敵の双方に特徴的だったアプローチを採用しつつ、猥褻の引き起こす感情損傷は事前差し止めや検閲を正当化する根拠としては瑣末すぎると主張する[26]。この立場を擁護するA.C.L.U.の議論は、文芸作品、劇、ならびに絵画を、意見の表現が従うのと同一のルールに従う表現の諸形態だと見なしているのである。その主張によれば、検閲し処罰する権力は、社会的に貴重な資料が「不潔物」（filth）と一緒に抑圧されてしまうという巨大なリスクを伴う。そして、抑圧の全般的効果は、非順応的でエキセントリックな表現一般を挫くことにしかならない、と強調する。この重大なリスクを乗り越えて覆すためには、当該の事例において、猥褻資料が抑圧されないといっそう大きな危害が発生するという、より強い明白かつ現在の危険が存在せねばならないが、この種の相殺力ある証拠は決して出てこない（とりわけ「単なる感情損害」が危害の一種として数えられない時には）、とA.C.L.U.は結論づける。

猥褻に関するA.C.L.U.の立場は、補足なしの危害原理とその系である明白かつ現在の危険テストに準拠した立場であることが明らかであるように見える。この時点で感情損傷原理を議論にもち込む理由が何かあるだろうか。気は乗らないが、もし我々のあれこれの個別的直観のすべてを最も調和のとれた仕方で正当に扱おうとするのならば、まさにそうすることを我々は強いられるかもしれない。ルイス・B・シュワーツが提出した一例を考えていただきたい。新しい模範刑法典（Model Penal Code）の規定に基づけば、「金持ちの同性愛者が、タイムズスクエアの広告板を用いて、一般大衆にソドミーの技巧と快楽を宣伝することは許されない」と彼は書いている[27]。もし「危害」の観念が、「感情損傷」とは対比されたその狭い意味に限定されるならば、危害原理に基づいてこうした禁止の理論的根拠を再構築するのは難しいだろう。タイムズスクエアにある毒々しく猥褻な宣伝ポスターが、地下鉄駅から地上へまばたきしながら出てきた時に目をそらす間がなかった不幸な人々に対して、危害を与える明白かつ現在の危険を生み出している、という証拠を挙げることはできそうにない。それでもなお、筋金入りのリベラルでさえ、この種の事例で表現の自由を弁護するのは並はずれて難しいだろう。ゆえに、もし我々にこの事例での強制措置を正当化するつもりがあるなら、どんなに気が進まなくても、感情損傷原理の方へと導かれる可能性が高い。

上述のような種類の例によってそれへと導かれるまでは、感情損傷原理を奉じるのが「気が進まない」のには十分な理由がある。商業広告から他愛ないお喋りまで、人々は社会的に有用だったり無害だったりする多くの活動に感情損傷、それも完全に正真正銘の感情損傷を覚える。さらに、すでに見たように、じつに広範な種類の非合理的偏見のせいで、人々は全く罪のない活動に対してむかつき、衝撃を受け、さらには道徳的反感を覚えることさえありうるが、人々の根拠のない嫌悪が無罪性を圧倒するのを座視しないよう警戒すべきである。感情損傷原理はしたがって、十把ひとからげで直観的に不当な抑圧への扉を開くことのないように、十分的確に定式化されねばならない。

厳格に案文化された感情損傷原理は、その固有の性質において嫌悪を感じさせる（例えば男色、獣姦、加虐 - 被虐性愛）ような公然の行為並びに公然と描かれた行為の禁止を正当化するのみならず、それ自体は感情を害するものではないが不適切な環境下で発生した場合にのみ感情を害する行為並びに行為描写、の禁止をも正当化するだろうと注意を促すことは有益である。私が想定しているのは、公の場で裸でいるようないわゆる猥褻事例である。ヌードの光景は誰の危害にもならず、私人としての市民がどんな服を着るか、あるいは着ないかに、お仕着せの基準を課す権利は国家にない、という理由で、公然ヌードの禁止に反論する J. S. ミルよりもさらに極端な（そしてたぶんもっと一貫した）危害原理擁護者を想像することができる。衣装を身にまとう仕方はつまるところ自己表現の一種である。場違いな色や奇矯な髪型を国家が禁ずるのを我々がもし許さないとしたら、何の権利あって国家は全面的脱衣を禁止するのか。裸の光景は騒乱その他の反社会的行動に結びつくことがあるのかもしれないが、まさにそうした万一の場合に備えて警察がある。他者を不品行へと導くかもしれないという理由で人の言論の自由を否定する、ということを我々がしないならば、それと同じ理由で、好みのままに衣服を脱着する人の権利を、一貫性を保ちながら否定することはできない。

この問題に危害原理自身の立場から答えるのは無理かもしれないが、感情損傷原理はヌード禁止に関して、それ自身の特別の理論的根拠を提供する。公の場所でのヌードの光景が、ほとんど誰もを激しく困惑させる(embarrassing)のは疑いない。その説明の一つはヌードが、普通は抑圧されている事柄へと目をひきつけ思考を集中させる、抗いがたい力をもっているという事実にあるのも疑いがない。この誘惑する力と抑圧する力との間、うっとりする気持ちと目をそむけたくなる気持ちとの間の葛藤[28]は、人を興奮させ、狼狽させ、不安にさせる。大半の人にとって、それはよくて苦痛な動揺の一種を引き起こし、そして最悪の場合には自分の「特別に敏感、内密、脆弱な面」[29]が自分自身に曝露されるあの、羞恥(shame)と呼ばれる経験を引き起こす。自分を守る準備がまだできていない時に、「自己の感情が非自発的に、まともにあからさまに曝露され‥‥我々は‥‥不意打ちを食らい、愚弄される」[30]。多くの人々にとってその結果は単なる「感情損傷」ではなく、苦痛に満ちた傷にもなりうるような精神的動揺の一種である。自己の感情にもっと上手に対処できる人々も、そうすることを強いられるのは腹立たしかろうし、それを、他のどの生活妨害とも同じく、いらいらさせ気を散らすもの、うんざりさせるもの、と見なすだろう[31]。

V　感情損傷原理の適用限定

感情損傷原理を危害原理の補足として我々が受容するのであれば、危害原理に対して明白かつ現在の危険テストがもつのと同じような関係を感情損傷原理に対してもつ、二つの媒介的解釈規範を受け入れなければならない。第一は、すでに触れたところの普遍性という基準である。異人種間カップルが手をつなぎミシシッピー州ジャクソンの通りを歩けば、偶然それを目撃する白人歩行者の圧倒的多数は間違いなく衝撃を受け、癪に思い、羞恥と怒りすら覚える。しかし我々は、それを理由に感情損傷原理が適用され予防的強制を正当化することを確かに欲しない。そうした帰結を避けるために、「感情損傷」（嫌悪、困惑、羞恥等々）が強制措置を正当化するに十分であるためには、それが、選ばれた個人が何らかの派閥（faction）、党派（clique）、集団（party）に属するからではなく、国民全体から無作為に選ばれたほとんど誰からも期待するのが道理にかなう反応だといえるのでなければならない、という規定を設けることにしよう。

このように条件づけることによって、異人種間カップルについては十二分に守れるはずだが、しかしあいにく、他のもう一つの事例のクラスについては好ましからざる帰結がもたらされるかもしれない。国民の特定のサブグループ、とりわけ民族的、人種的、ないし宗教的集団を攻撃する、口汚い、嘲笑的、侮辱的な行動ないし言説のことを私は念頭に置いている。公の場での十字架放火、鍵十字の誇示、公共メディアで語られるポーランド系米国人を馬鹿にした「ジョーク」、ローマ教皇を愚弄する大きな風刺画のある旗の公的誇示[32]、それらはそうして侮辱された集団にとってはきわめて感情を傷つけられるものであり、同情的部外者の多くにとっても同様であるのは間違いない。しかしそれでも、何の情緒的反応も示さない何百万以上の人々、それにさらに加えて内心ひそかに是認しているかもしれない何百万以上の人々が存在していよう。ゆえに我々の修正された感情損傷原理は、そうした言説ないし行為を犯罪として禁止することを正当化しそうにない。それ故私は、もう一度その原理に単純にその場しのぎのパッチを当てるのがよいかと思う。侮辱相手を狼狽、警戒、憤激、ないし立腹させるに違いない、口汚い、嘲笑的、侮辱的な行為の誇示である、感情を害する特別な種類のこの行為（Ⅱで区別した数種類の感情損傷のうち一種類のみだが）については、その行為がたとえ国民全体の感情を損なわないとしても、感情損傷原理が適用可能と考えたい。そのような行為によってあざけられた人々が、感情的にひどくかつ複雑に傷つくだろうことは理解できる。彼等は恐怖を感じ傷口が開き、血は怒りで煮えたぎるかもしれない。それでも法は、彼等が相手の挑発に乗って報復攻撃で怒りを爆発させるのを許すことはできない。しかしここでも、怒りを耐え忍ばなければならないのは、羞恥や嫌悪感や悪臭に苦しまなければならないのと同じくらい、うんざりさせられる負担である。だから法は傷つきやすい人々を、たとえ彼等が少数者であっても、というよりまさにそうであるからこそ、保護する仕事を引き受けてもよいだろう[33]。

感情損傷原理を適用する際の第二の媒介原理は、道理にかなう回避可能性の基準である。もし感情を害される経験を道理にかなわない努力や不便なくして容易かつ効果的に回避できるならば、誰も国に要求してそのような経験から守ってもらう権利をもたない。もしヌードの人物が公共のバスに乗り込み前方部に着席したならば、他の客たちがひどい恥ずかしさに困惑する（あるいは何か他の耐えられない感情を覚える）のを効果的に避ける方法は、自分達がバスを降りる以外にないだろうが、それでは道理にかなわない不便さになってしまうだろう。同様に、拡声器による卑猥な言葉、タイムズスクエアでの巨大な同性愛広告、通りすがりの歩行者の手に押し付けられるポルノチラシ、これらにはどれも道理にかなう回避可能性があるとはいえない。

他方で、適切な限定条件のついた感情損傷原理が、猥褻であるという理由で図書を出版禁止することを正当化することはない。書店の書棚に目立たずに置かれた図書のカバーの内側に、活字になっている言葉が上品に隠れているならば、それらの及ぼす感情損傷は容易に回避できる。これと逆の見解を助長するのは疑いなく、猥褻なものを汚れ（smut)、不潔物（ filth)、塵芥（dirt）になぞらえる広く行き渡った慣用である。このことが今度は、隣人に迷惑となる騒音や悪臭を産み出す種類の活動を制御する生活妨害法との類比を示唆するので、「裁判所は隣人への生活妨害（「感情損傷」と読み替えよ）の重みと被告の行為の社会的効用（「埋め合わせとなる社会的価値」と読み替えよ）の重みとを計り比べねばならない」[34]のである。しかしながらこの擬制には、類比を無効にする点が一つある。「汚らわしい図書」の事例では、感情損傷は容易に回避しうるのである。ゴミの腐敗したような悪臭が図書を見ようが見まいが表紙を通して染み出してくるということはない。一冊の「猥褻」図書が書棚にある時、誰が感情を害されるのか。性欲の刺激を求めてそれを読みたい者たちは感情を害されないだろう（さもなくば読まないだろう）し、それを読まないことを選択する者は、その図書で感情を害される経験をすることはない。表紙が上品すぎる場合、偶然それを手に取り拾い読みしてしまい、内容に感情を害される者も出てくるかもしれないが、その感情損傷から逃れるためにはまた本を閉じればそれで済む。この感情損傷はごく軽微なものだが、信頼の置ける書評者たちの意見を事前に参考にすることで、それすら完全に回避しうる。加えて、誰も客に無作為に拾い読みせよとは強いていないし、もし危険個所（risqué passages）に出くわすリスクを前もって知っているなら、彼はそのリスクを自ら背負う覚悟があるはずで、不平を言うには及ばない。結論として、猥褻図書の出版禁止のために十分な根拠を、危害原理からも感情損傷原理からも引き出すことはできない。ただし児童保護という根拠は別だが、児童に対してのみ選別的に禁止する方針が、図書の場合にタバコやウィスキーの場合のようにはうまく機能しない、と考えるべき理由を私は知らない。

さらに二つの制限を感情損傷原理に課す必要がある。第一のものは普遍性原理にすでに暗に含まれているが、その重要さゆえに十分な明示と強調に値する。感情損傷原理の適用においては、**アブノーマルな敏感さ**（abnormal susceptibilities）を尊重してはならないのである。ここでもまた生活妨害法が適切なモデルを提供する。例えばある典型的不法行為事件において裁判所は、「それが過度に敏感な一個人に痙攣を起こさせるからという理由だけで、教会の鐘を鳴らすことが生活妨害になるわけではない」[35]と裁定した。プロッサー（Prosser）が言うには、どのような種類の行為が生活妨害と言えるほど十分に迷惑なのかを決めるにあたっては、「特定の原告の個人的な嗜好、敏感さ、性癖（idiosyncrasies）とは別の基準を採用すべきなのは明らかである。その基準とは必然的に、**その共同体の標準的な人物**（normal person）にとっての明確な感情損傷又は迷惑という基準であるにちがいない」[36]。

刑法に同様の基準を当てはめれば、我々はタイムズスクエアでの同性愛広告からは守られるだろうが、完全に着衣した異性愛の恋人たちを描いた広告からは守られない。そのような［その共同体の標準的な人物にとっての明確な感情損傷又は迷惑という］基準を確かに満たしえない損傷の感じ方の種類が一つある。すなわち、他者が不道徳なことを密かに行っている、あるいは行っているかもしれない、という単なる（裸の）認識（ダジャレの意図はなし）

によって惹起される衝撃ないし落胆である。難破した法的道徳主義者を救うための救命ボートとして感情損傷原理を使用することはできない。人によっては道徳的感受性の繊細さゆえに、密かにして「無害な不道徳行為」が存在すると知るだけで烈しい精神的苦悩に陥る、ということも考えられるだろう。しかしそのような場合その苦悩は、それを悪化させた原因によりもむしろアブノーマルな敏感さに真の原因を帰す方がもっともらしいだろう。くしゃみで窓ガラスがもし割れるならば、我々が責めるべきはガラスの弱さないし脆さであって、くしゃみではない。感情損傷原理がこの点で個人的危害原理と異なるところはなく、感情損傷原理と個人的危害原理の適用に当たっては、何がしかの正常さの概念が要求される。利益を強制的権力によって保護されるべきなのは、正常な傷つきやすさをもつ個人である。喩えて言うなら、くしゃみで吹き倒されてしまうような人物が、自らを保護するために、精力的だが通常なら無害な他者の活動を政府の力によって停止させるよう要求することはできない。彼は、彼の立場にいる正常な人物を傷つけたり不快にしたりするだろう行為についてだけ、それからの保護を要求できる。彼は、必要とするさらなる保護を、自前で調達しなければならない――そしてもちろん、自前で調達することが許容されねばならない――が、それは非強制的方法によってである[37]。

感情損傷原理を安全に使用するための最後の条件は、他者の感情を害さないよう法的強制を受ける人物には、許容可能な別のはけ口（outlet）ないし表現方法が認可されなければならないということである。これは多分、ゴミの投げ捨て禁止条例や、公的出費や公的不便さを理由にして表現の自由を一時的に制限すること、と類比できる。街を清潔に保つという公的利益はあるいは、政治ビラの配布を規制する命令を市が出すことを正当化しうるだろう。しかし、ゴミをみずから清掃したり清掃費用を負担したりする意思のある人物によるビラ配りをすら市が妨げたり、ビラの郵送その他すべての普及方法を市が禁止する場合には、その制限は明らかに行き過ぎである。同様に、裸で愛し合う様やその描写を街角で公開するのは、感情損傷原理によって禁止されうるが、私宅あるいは借りきった劇場における、意欲的かつ進んで参加する自発的観衆に対して同種の行為ないし行為描写が示されることをこの原理が妨げるとしたら、それは行き過ぎである。感情損傷原理は、嫌味な法的道徳主義原理への変態を遂げることなくしては、人の感情を実際に害するわけではないところにおいてすら「感情損傷的」行為を禁止する、というようなことを正当化はできないのである。（川北晃司訳）

註

1　これら諸原理の定式化において私は「正当化される」という語を用いているがその場合、自由への当該の制限が正当化されるという事実から帰結するのは、国家はその制限を課する義務があるということではなく、国家は当の根拠にもとづいて介入することを、もし万一そうすべく選択したならば、おこなってもよい、ということだけである。Ted Hoderich, *Punishment: Its Supposed Justifications*（Hutchinson of London,1969）, p.175 参照。さらに、これらの諸原理がここで定式化されているかぎりでは、それら原理が表明しているのは「正当化される」（すなわち許容される）強制のための十分条件であって必要条件ではない。一定の条件が満たされたならば（しかしその場合のみではなく）介入が許容できると各々の原理は述べている。このゆえに諸原理は相互に排他的ではない。同時に二つないしそれ以上を採用することも可能であり、全部を一緒に採用することさえできる。また、それら全部を否定することもできる。じっさい、これら諸原理すべての順列組み合わせが（論理的には）可能であるから、この一覧表が表現している強制の正当性に関する可能な立場は、2の7乗、つまり128通り（そしてそれ以上）存在する。

2　法的パターナリズムに関する最近の詳細な議論については . *Morality and the Law,* ed. Richard Wasserstrom（Belmont, Cal.: Wadsworth, 1971）所収の Gerald Dworkin の論文 “Paternalism” および Joel Feinberg, “Legal Paternalism,”Canadian Journal of Philosophy 1（1971）: 105-24 を見よ。

3　極端なパターナリズムと厚生原理の長所短所については本稿では議論しない。両原理とも、益することと害さないことの間、そして害することと益さないことの間の、困難な区別に意味があるという前提に立っている。

4　J. S .Mill, *On Liberty*, 第５章、第７パラグラフ。

5　これらは *On Liberty* 第２章 “Of the Liberty of Thought and Discussion” というタイトル下でまとめて論じられている事柄である。ハリ―・カールヴァン（Harry Kalven）が指摘するように、ミルは「小説、詩歌、絵画、劇、彫刻作品」をきわめて社会的価値の高い種類の表現の中に含めることを見送っている。チェイフィ（Chafee）とミイークルジョン（Meiklejohn）においてと同様、ミルにおける力点は、「競争的なアイデア間での公正な戦いを勝ち抜いてくるものとしての真理、にすべて集約」される。カールヴァンの “Metaphysics of the Law of Obscenity,” 1960: *The Supreme Court Review*, Philip B. Kurland 編（Chicago: University of Chicago Press, 1960）, pp. 15-16 を見よ。

6　したがって、私の解釈によるミルの見解は、合衆国対 Roth（1957）における、ブレナン判事によって多数意見として表明された見解に驚くほど類似しているが、後者は芸術作品を含むに十分な、広い「社会的価値」概念を採用している点で違いがある。

7 H. L. A. Hart, *Law, Liberty, and Morality* (Stanford,Cal.: Stanford University Press, 1963) , p. 45.

8 伝統的には、感情損傷は有害さよりもいっそう厳しい刑罰を招く傾向があった。例えばニューヨーク州刑法典は最近まで、第一級暴行には10年、不自然性交(sodomy) には20年の最高刑を用意していたし、ペンシルバニア州刑法典は、殺意のある暴行には7年、売春斡旋 (pandering) には10年の最高刑を用意している。またカリフォルニア州は、妻や子に身体的危害を加えると2年、「性倒錯」(“perversion”) には15年の最高刑を用意している。深刻な重罪を犯す犯意のある重傷害と暴行は、カリフォルニアでは、それぞれ14年と20年の刑だが、法定強姦［同意能力が認められる年齢に達しない女性と性交を行う罪］と近親相姦はおのおの50年の刑である。単なる感情損傷に復讐しようとする倒錯的な司法の情熱について、ゼカライア・チェイフィ (Zechariah Chafee) は私の知る限り最上の例を教えてくれている。「白人奴隷売買が曝露されたのは、W.T. ステッド (Stead) がある雑誌に書いた “The Maiden Tribune (処女貢物)” という記事が最初であった。イギリス法は悪徳による利得者に対しては全く何もせずにおりながら、ステッドを猥褻な主題について著述したことを理由に一年間収監した」(Z. Chafee, *Free Speech in the United States* [Cambridge, Mass.: Harvard University Press, 1964] , p. 151)。最後に、“crimes” (犯罪) のもっともありふれた一般的な同義語は、“harms” (危害) や “injuries” (傷害) ではなく “offenses” (違法行為、感情損傷) であるのは、付記しておく価値がある。

9 例えば「アムステルダムのある種の通りを行き来してみさえすれば、売春の公然たる繁盛が許容されていても、個人の安全、経済的繁栄、ないし実際のところ、西側世界の最も尊敬されている国の一つという一般的道徳的色彩 (general moral tone) が損なわれるわけではないことがわかる」(Louis B. Schwartz, “Morals Offenses and the Model Penal Code,” *Columbia Law Review* 63 [1963] : 670) .

10 *Ibid.*, p.672.

11 Herbert Packer,*The Limits of the Criminal Sanction* (Stanford,Cal.: Stanford University Press, 1968) , p.260.

12 不道徳 (immorality) と無作法 (indecency) の間の区別について H.L.A. ハート (Hart) が適切に説明している。「夫婦間の性交は不道徳ではないが、それが公の場でなされるならば公的作法 (public decency) に対する侮辱 (affront) である。同意に基づく成人同士の私秘的な同性間性交は在来の道徳律によれば不道徳だが、公的作法への侮辱ではない。ただしそれが公の場でなされるならば侮辱となる」(*Law, Liberty, and Morality,* p.44)

13 Patrick Devlin, *The Enforcement of Morals* (London: Oxford University Press, 1965)

14 この表現はデヴリンではなくむしろ彼の批判者である H. L .A . ハートのものである。*Law, Liberty, and Morality*, p. 51. デヴリンはハートの批判に答えて書いている。「縫い目がないというのは直喩としてはかなりきついが、それはともかく、大部分の人々にとって道徳性とはばらばらの多数の信念というより諸信念の網の目だと言うべきである。」(Devlin, *Enforcement*, p. 115)

15 Devlin, *Enforcement*, pp. 13-14.

16 Hart, *Law, Liberty, and Morality*, p. 51.

17 Devlin, *Enforcement*, pp.115ff.

18 *Ibid.*, p.116.

19 Mill, *On liberty*　第2章　第14パラグラフ

20 James Fitzjames Stephen, *Liberty, Equality, Fraternity* (London,1873), p.163.
21 *Ibid.*, p. 159.
22 Cf. C. D. Broad, "Certain Features in Moore's Ethical Doctrines," in *The Philosophy of G. E. Moore*, ed. P. A. Schilpp, (Evanston: Northwestern University Press, 1942), pp. 48ff.
23 Ronald Dworkin, "Lord Devlin and the Enforcement of Morals," *Yale Law Journal*, 75 (1966)
24 *Ibid.*, p. 1001.
25 *Loc. cit.*
26 "Obscenity and Censorship" (New York: American Civil Liberties Union, March, 1963). 50年代後期と60年代初期に特徴的なアプローチは、政府による出版禁止を正当化するためには実質的危害の「明白かつ現在の危険」の証明が必要だとする、開拓されている表現の自由の理論に、猥褻問題を取り込むことであった。性に関係する猥褻な材料は（排泄に関するものとは違って！）、魅惑的であり、したがって人々を反社会的（有害）行為に誘いうるがゆえに、ともかくも危険だと見なされた。ハーバート・パッカー（Herbert Packer）が指摘するように、(*Limits of Criminal Sanction*, p.319) 明白かつ現在の危険というテストが、たとえ最も感情を害する材料でも通してしまうのはほとんど確実である。そのようなテストを採用すべきだという50年代になされた提案について彼は書く。「真面目か冗談か判じかねる提案である。これを良心的に適用すれば、よほどの例でない限り免責になるのは明らかだろう。私はこの提案を、事実上、伝統的テストの提唱者のはったり（bluff）への挑戦とみなしたい。『もし君が本当に、不道徳さそれ自体ではなく危険な傾向性に関心があるのなら、賭けろ（put up）、それができないなら黙ってろ（or shut up）！』と」。後でわかったところでは、大概の場合、猥褻への代表的敵対者たちは実のところ「不道徳さそれ自体」にこそ関心があったのである。有名なロウス（Roth）判決とギンズバーグ（Ginsburg）判決において合衆国最高裁にあれほど影響を与えた模範刑法典規則ですら、「好色」（prurient）な種類の性的思念の存在はそれ自体が悪であり、「好色的関心」への訴えは結果とは別に独立の邪悪の一形態である、と示唆しているように見える。
27 Schwartz, "Morals Offenses," p.681.
28 ハリー・カールヴァン（Harry Kalven）によれば、性的事柄の卑俗な取り扱いに対する嫌悪と反感を表現するために「不潔な（filthy）」という語を使用するのは、「猥褻さに関して普通に認識されているのとは正反対の悪を言表している。すなわち猥褻が悪なのは、それが胸が悪くなるようなもの（revolting）だからで、それが魅惑的だからではない、というのである」。続けてカールヴァンは、裁判所の明らかな不整合性をたしなめて、「それ［猥褻さ］は同一の観衆にとって同時に両方［胸が悪くなると同時に魅惑的］ではありえないから、どちらの異議の方が他を制するのかについて、もっと明確な指針がある方がよい」と言う。カールヴァンはここで、猥褻さに関する最重要（にして見逃されやすい）点を看過している。すなわち、猥褻さは同一人物にとって同時に魅惑的にして不愉快でありうる。魅惑と嫌悪の両方が、猥褻さのもたらす感情損傷の一番の特徴である羞恥心に満ちた困惑の複雑なメカニズムには、しばしば含まれているのである。引用文はカールヴァンの、他の点では優れたとても有用な論文 "The Metaphysics of the Law of Obscenity," pp. 41-42からのものである。
29 Helen Lynd, *On Shame and the Search for Identity* (New York: Science Editions,1961), p.33.
30 *Ibid.*, p.32.

31 もちろん、魅惑と嫌悪の間の緊張を楽しみ、精神的動揺と興奮を「スリリング」だと感じて積極的にそれを追求するように見える者もいる。同じように、通常危険で一般に不愉快とされているスリル感のために遊園地で若者らは、ローラーコースターその他の興奮をもたらす乗り物を求める。この類比は、近いものだと私は考える。どちらの場合も、人がスリリングな感覚を求めて「楽しむ」のは許容されるべきだが、同意なしにそのような感覚を押しつけられてはならない、という点で。

32 この記述の実例に関する掘り下げた議論については Zechariah Chafee, *Free Speech in the United States* (Cambridge, Mass.: Hravard University Press, 1964) を見よ。

33 多くの州法で実際にそうしているように。例えばニューヨーク州刑法典第 722 条では「公の場での風紀紊乱的 (disorderly)、脅迫的、侮辱的な言動、および他者を悩ませ、あるいは妨害し、あるいは感情を害する行為」に関する処罰を明記している。明白かつ現在の実質的危険の挙証は要求されていないようである。1939 年のある典型的告発において、ニンフォ (Ninfo) という名のクリスチャン・フロント (Christian Front) の一街頭演説者がこの制定法のもとで有罪宣告を受けたのは、彼が「もし私の意思が通るのなら、この国のユダヤ人をみな縛り首にする。ヒトラーには 10 万ドルよこしてもらいたい。糞ユダヤ人どもに目に物見せてやる。お前たちユダ公め (you mockies)、糞ユダヤ人どもめ (you damn Jews)、この屑どもめ (you scum)」と演説したからであった。David Riesman, "Democracy and Defamation: Control of Group Libel,"*Columbia Law Review*, 42 (1942) : 751ff を見よ。リースマンは集団に対する感情を害する侮辱のみならずより複雑な、集団に対する名誉毀損 (group defamation) の問題を議論している。

34 William L. Prosser, *Handbook of the Law of Torts* (St.Paul: West Publishing Co., 1955) .

35 *Roger v. Elliot* (Massachusetts, 1888) .

36 Prosser, *Handbook*, pp. 395-96　強調は引用者による。

37 片や一方で、異常なまでに脆弱な人は、彼に目をつけ、彼に嫌がらせし、よからぬ目的のために彼の脆弱さにつけこむような、意図的で悪意ある企てから保護されねばならない。

第5章
正義と人のデザート(報いに値すること)
Justice and Personal Desert

何かの報いに値する〔何かに対してデザートをもつ〕(to deserve something) とはどういうことだろうか。この悪気のない問はほぼ必然的に、それを考える反省的な人を悩ませる。しかし、この問に固有の困難が解消されないかぎり、正義の本質を理解することは不可能である。というのも、正義の観念とデザートの観念とが密接に結びついていることは確かだからである。この論考が直接めざすのは人のデザートという観念の分析だが、その背後には、この結びつきの解明という目的がある。

「人のデザート〔報いへの値〕」という句は、冗語ではない。一般に人以外の多種のものが、報いに値すると言われる。芸術品は賞賛に値し、問題は慎重な検討に値し、法案は可決に値する。このような言明は正義をめぐる問とまったく無関係ではないが、人のデザートについての言明と比べれば核心から遠いので、ここでは考察から外す。また、「地滑りで押しつぶされた悪党は、彼が値する報いを受けた」のような、自然現象を報いとみなす言明を考察することもしない。このような形で人はしばしば、仲間の手による処遇以外の報いに値するとされるが、この論考では、人に他人が与える報いのみを扱うことにする。

多くはないが哲学者が人のデザートの言明について論じる場合、そのような言明はしばしば、ルールと密接な論理的結びつきをもつと考えられるか、権利・義務との関連で解明される[1]。そして哲学者自身が人のデザートに関する判断を行う時に彼が念頭に置く報いとしての処遇の形態はほとんど例外なく、罰と報償である[2]。これに反して以下に述べる図式的な分析が示唆するのは、デザートは「自然な」道徳的観念(つまり、制度、慣行、ルールなどに論理的に結びつくわけではない観念）であり、正義の領域の一部、必ずしも最重要ではない一部、を占めているにすぎず[3]、報償と罰は人がそれに値する報いとしての処遇がもつ他に還元できない区別可能ないくつかの形態の中の二つにすぎない、という点である。この論考の第一部では、デザートがもついくつかの一般的な側面、特に、それとルールおよびルールに関連する資格の観念との関係、さらに、デザート言明と理由との関係、を考察する。その後、人のデザートをより深く分析するためにはどのような処遇の形態が報いとされるかを明らかにせねばならないので、第二部では、報いとなる処遇のいくつかの一般的形態を考察することで、分析を進める。最後の第三部では、デザートと社会的効用との関係、また人のデザートを一種の「道徳的権原」として扱うことに伴ういくつかの不幸な帰結を論じる。

I　根拠を伴うある種の適切さとしてのデザート

i　デザートという適切さ

人が何かの報いに値する〔デザートをもつ〕ということは、彼がそれを受けるについて一定の種類の適切さ（propriety）がある、ということである。しかしこのことは、彼が何かに対して、適格である（eligible）、資格がある（qualified）、権原がある（entitled）などの言明にも、また、彼はそれに対して請求権（claim）や権利（right）をもつとか、単に、彼はそれを受けるべきだ（ought to have）、という言明にも当てはまる。それ故我々の最初の仕事は、デザートに固有であるような特有の種類の適切さを特徴づけることである。これは、対比によってもっとも効果的に行うことができるかもしれない。

まず、何かに適格である（eligible）とは何を意味するのか、を考えよう。ウェブスターの辞書によれば、人は「選ばれるに適している（fitted）または資格がある」時、つまり彼が「法的または道徳的に相応しい（suitable）」時に、適格である。適格性は、ある種最低限の資格、つまり無資格でない状態、なのである。我々は、人がルールや規則によって特定される適格条件を充足しているか否かを決定することで、彼が何かの役職や雇用、賞や褒美に適格であるか否かを見いだす。例えば、大学代表運動チームへの適格性をもつためには、健康診断証明書、少なくともＣ平均の成績、２年生以上の身分、が必要であり、合衆国大統領への適格性としては、35 歳以上であり「生まれつきの」市民でなければならない。

適格性は、ある種の資格であり、重要な予備的必要条件を満足することである。同様にルールと結びつく別の種類の資格として、例えば役職や賞への十分条件の満足がある。それ故この意味で、例えば、投票の過半数を獲得することで人は合衆国大統領の資格を得、競争者たちより先にフィニシュラインを越えることで 100 ヤード競走の一位になる資格を得る。この強い意味で資格を得る者は誰でも、そこでの役職や賞を自分の権利だと主張することができる。ルールに従って彼はそれへの資格をもつのである。

明らかに、この二つの意味の資格はどちらも、デザートと同じではないと私は考える。大統領への適格性はもつがそれに値しない人は何百万人といる。そして実際に大統領に選ばれた人がそれに値しない、ということはしばしばありそうなことだし、常に理解可能である。何かに値するためには、さらに第３の意味で資格をもたねばならない。つまり、法のまたは公式の規則に書かれているのではない、ある種の真価（worthiness）の条件を充足せねばならないのである。例えば、大統領になる「本当の資格をもつ（truly qualified)」ためには人は、知性があり、正直で、考え方が公平でなければならない。そして彼は、国にとって実際によいプログラムと、それに実効性をあたえるための気転と老獪さとをもっていなければならない。これらおよび類似の条件を競争相手たちよりもよく満たす候補者は誰でも、大統領になるに値する。しかしこれらの条件は、権威的・公的・公認の規則の意味で、または「基準」の意味、「手続きルール」の意味で、何らかのルールによって特定される要請ではない。これらはせいぜいのところ、鋭敏な投票者がもつ私的な標準または原則によって要請される条件なのである[4]。

それ故、人がそれに値する処遇の形態に関して、３種の条件を区別することができる。それの充足が適格性を与える条件（「適格条件」)、それの充足が権原を与える条件（「資格付与条件」)、規則的または手続的なルールでは特定されない条件でそれの充足が真価またはデザートを与える条件（「デザート根拠（*desert bases*)」）である。

ii　デザート根拠

もし人が何らかの処遇に値するなら、彼は必然的に、何かの特徴または事前の活動によってそうであらねばならない。そのデザートについて何かの根拠または直示可能な原因が存在するのでなければ誰も何かに値することはできないのだから、デザートの判断は、理由を与えることへのコミットメントを伴っている。人は例えば、ジョーンズは「特に何もしていない」が感謝に値する、とは言えない。もし人が、ジョーンズは感謝に値する、と言うなら、その人は「何について？」という質問に答える用意がなければならない。もちろん彼は、ジョーンズのデザートの根拠を知らないかもしれない。しかしもし彼が、何らかの根拠があるということも否定するなら、デザートの用語法に対する権利を失ってしまう。彼はそれでも、「特に理由はないが」または単に「いい奴だから」我々はジョーンズによい処遇を与えるべきだ、と言うことはできるが、特に理由はないがジョーンズはよい処遇に値する、と言うのはばかげている。根拠なきデザートはデザートではないのである。

しかし、どんな根拠でもよいわけではない。ある私の特徴は、なんらかの形でそれがあなたの特徴を反映しているのでないかぎり、あなたのデザートの根拠になることはできない。一般に、ある主体のデザートの根拠を構成する事実は、その主体に関する事実でなければならない[5]。例えば、学生が科目で高い成績に値するなら、彼のデザートは彼についての何かの事実――それまでの出来具合とか、現在の能力とか――のためでなければならない。もし教師が高い成績を与えなければ学生のノイローゼの母親の心を壊してしまう、という理由で、教師は高い点を与えるべきだ、ということもあるだろう。しかしこの事実は、教師の行為の理由ではありえても、学生のデザートの根拠にはなりえない[6]。

デザート判断は二つの形で不適切でありうる。一方でそれは、根拠をまったく欠いているか論理的に不適当な根拠しかもたないことがありうる。他方それは、単に偽であったり正しくなかったりしうる。換言すればそれは、適当な「根拠理由（basal reason）」[7]を欠いているかもしれないし、あるいは根拠理由が正当化に足る理由でないかもしれない。人が「おもしろ半分に」打ち据えられるに値するという主張は、どんな根拠理由も欠いており、実際、根拠は明示的に拒否されている。母親の精神的健康状態が学生のデザートの根拠だという主張は、論理的に不適当な根拠理由を伴っている。これらの主張は、よい理由（正当化に足る理由）を欠いているだけでなく、正しい種類の理由を欠いており、論理に敵対的であるのと同じく道徳にも敵対的である[8]。他方、能力はそれ自体が報償へのデザート根拠となる、というよくある見解は、どちらの誤りも犯してはいない。この見解は、デザートのための正しい種類の理由、つまりその人に関する事実、をもち出している。ただ私の考えでは、それはよい理由ではない。しかしながらこれは、論争の種として悪名高い問であって、競合する価値体系間の争いに関わっており、容易に決着のつくものではない。

もちろん人がある形態の処遇に値するとするについて論理的に不適当な根拠は、彼がその形態の処遇を与えられるべきだとする判断を支持する理由として有意性をもつこと、そして決定的であることさえ、ありうる。規範的〔べき〕判断は時によって、それに関する一定の最終性をもち、我々は、「すべてを考慮して」または「最終判断として」SはXを得るべきだ、と言う。他方で規範的判断が、これとまったく異なる効力をもつことも多い。すべての関連ある理由を調べる時間がない時、均衡点を見つけることができない時、または単に、事例の種類に関して一般化を行っているだけの時、我々は「べき」の語を、*他の事情が同じなら*、または、*ある程度まで*、という意味で使いやすい。我々は、「他の事情が同じなら」または「多くの中のある一種類の理由がその状況にかかわっているかぎりで」Sのような人はXを得るべきだ、と言う。ある人がXに値するということは彼がXを得るべきだということを論理として帰結するが、それは、ある程度までという「べき」の意味でであって、「すべてを考慮して」または「結局のところ」の意味でではない。このことは、人がXに値することは常に、Xを彼に与える一つの理由になるが、いつも決定的理由となるわけではなく、彼のデザートとは関連性のない様々な考慮が、結局彼はどう処遇されるべきかの結論を出すについて、それを覆す力をもつことがありうる、ということを別の言い方で言っているにすぎない。

我々はまだ、デザート根拠がもつ必須の性質について完全な解明を与えていない。人のデザートは根拠をもつこと、そしてその根拠は、彼自身に関わる何らかの事実からなっていること、は必要だが、二つのどちらも十分条件ではない。それらは例えば、報償のデザート根拠としての必要性や、罰のデザート根拠としての無知を排除しない。どちらも、不適当に思われるがやはりデザートをもつ主体に関わる事実である。しかしながら、デザートの根拠は、報いとなる処遇の形態とともに変化するので、抽象的に人のデザートのための必要十分条件のリストを挙げることはできない。ここでは、内容に応じて変化することのないデザートの重要な一般的属性をいくつか挙げることで満足せねばならない。

II　デザートの対象となる処遇の種類

人がそれに値する〔に対するデザートをもつ〕とされる処遇の主な種類のそれぞれに対して個別の注目を払うことなしには、デザート〔報いへの値〕の観念の哲学的分析をこれ以上深化させることができない。というのは、Ｓは人、Ｘは処遇の形態、ＰはＳに関わる事実として、「ＳはＰのゆえにＸに値する」という定式を考えるなら、Ｐ（様々なデザートの根拠）のとる代入値が、問題となる様々なＸの性質によって部分的に決定されることは明らかだからである。例えば、人を数学の授業で高い点に値させるものは、彼を失業補償に値させるものと同じではない。

人が他者からの様々な種類の処遇に値する場合、その処遇とはどのようなものだろうか。それらは多様であるが、少なくとも一つ共通のことがある。それらは一般に、情動を呼び起こすものである。すなわち、好かれるか嫌われるか、求められるか避けられるか、心地よいか不快か、などである。それへのデザートが問題となるものは、たとえ具体的事例によってそれに値するとされる人がそれに無差別である（好きでも嫌いでもない）としても、一般には好感または嫌悪をもって見られるものである。もし我々全員が完璧なストア派であって、気持ちよくさせるについてどの出来事も他の出来事より上でも下でもなければ、デザートの観念に用はなかったはずである。

デザートの対象となる処遇の種類は多く、一般に理解されている以上に相互の差異は大きい。分類上の厳密さや完全性を主張するわけではなく便宜的に、私はそれらを５つの主要類型または一般的決定要素に区分し、それらを二つの属的名称の下に束ねたことがある。主要５類型は以下のとおりである。

1. 与えられる賞品
2. つけられる成績
3. 報償と罰
4. 賞賛と非難、その他非公式の反応
5. 修復義務、賠償責任、その他の形態の代償

この基本的リストの中に、名誉を伴う地位と経済的利得を入れなかったのは、それらが普通、他のどれかの分類名または複数名を併せたものの下に包摂されるからである。役職や名誉ある地位の包摂という問題は、このセクションの最後で述べている。

二つの属的名称は、⑴ デザートが一つの「極的（polar)」観念となる文脈を特定するような形の処遇と ⑵ そうでない処遇、である。極的なデザートに関して人は、報償か罰、賞賛か非難、などよき報いまたは悪しき報いに値する。極的デザートは、伝統的に応報的正義の観念と呼ばれてきたものの中核である。他方、非極的デザートは、異なる種類の対称性をもつ。問題になるのが賞や名誉ある地位や試験点である時、我々は人々を、よき報いに値する者と悪しき報いに値する者とに分けるのではなく、値する者とそうでない者とに分ける。非極的デザートは、伝統的に哲学者が分配的正義の観念と呼んできたものの中核である。非極的文脈から先に考察することにし、賞の授与から始めよう。

i　賞

個人または団体によるゲーム、競走、トーナメントなどで、またエッセー、料理、トウモロコシの皮むきなどの競争で、綴り字競技で、勝者に賞が授与される時、賞となるのは、独立に価値のある物やメダルや表彰や称号である。いずれにせよそれらは、勝者をたたえる手段として、賞賛や、才能の「承認」、の有形的表現と受け取られる。一人の競争者だけ（同位を除外すれば）が勝利する。他の者たちは敗れねばならない。そうでなければその賞に「栄誉」は

ない。もし全員に受賞の資格があるなら、誰もそれを勝ち取っていないのである。なぜなら競争の目的は、最高の者を他から区別することにあるからである。

この文脈でデザートの観念は据りのよいものに見えるが、悪しき報いの観念は出番がなさそうか、少なくとも、悪しき報いと報いなしとが同じになる。競争者は、賞に値するかしないかであって、それ以上に悪しき報いに値するという選択肢、罰に当たるもの、はない。さらに、ここではデザートは単なる立派さ（worthiness）とは区別されるので[9]、デザートに程度差はない。もしグリーンがまっとうに賞を受けたなら、我々は、ジョーンズの方がスミスより賞に値するところに近かったとは言えるが、ジョーンズがスミスよりそれに値した〔より多くのデザートをもった〕、とは言えない。どちらもそれに値しなかった〔デザートをもたなかった〕からである。

ゲーム、トーナメント、競争を統率する様々なルールの中には、競争の根拠（やり投げ、ケーキ作り、エッセー書き）を特定するルールと勝者が充足すべき条件を特定するルールがある。後者は、「勝利条件」と呼ぶことができ、競争の文脈で資格付与条件がとる形式を表現している。それらは、（幅跳び、綴り字競技、競走のように）数学的厳密さで勝者を決定することができるルールから、エッセー・コンテストやケーキ作り競争のように、解釈の余地を広く残すルールにまで渡っている。競争の根拠は常に、なんらかの技能（skill）である。もしそうでないとしたら、くじ引きやサイコロ遊びのように、その活動はそれでもゲームかもしれないが、競争的ゲームではない。

デザート根拠と資格付与条件との間の一般的区別は、明らかに競争的状況にあてはまる。デザート根拠は常に、競争の根拠として選び出された技能を傑出して保持していることであり、一方資格授与条件は、ルールによって特定される勝利条件の充足である。しかしながらこの区別は、競争的状況で我々が「デザート」の語を二通り——慣用的な「立派さ」の意味だけでなく、「資格充足」の意味——に使う傾向があるために、あいまいになることが多い。しかしこれが起こる時、新しい用語を使うことで我々の重要な区別は再導入される。つまり、賞に値すること（deserving a prize）は、賞を勝取るに値すること（deserving to win a prize）と区別されるのである。走り高跳びのように、勝者が厳密な計測によって決定可能な技能の競技においては、誰が賞（資格）に値するかに疑問はない。賞は、この場合には、指定されたやり方で地面からもっとも高く離れて飛ぶことで、勝利条件を明白に充足した競争者が受けるに値する。それでも依然として、誰が勝利するに値したのかをめぐる論争はありうる。確かに勝者は（受）賞に値したが、誰が勝者になるに値したのか。あるいは、真に勝利するに値した男は、足を痛めたとか、靴が破れたとか、その他予測不能の不運に見舞われたとかのために、実際には勝利しなかったかもしれない。技能の競争においては、勝利に値する男はもっとも技能に優れた男であるが、（運のために）彼はすべての場合で、実際に勝利する男となるわけではない[10]。

厳密に決定はできず少なくとも部分的には判定の問題となるような勝利条件をルールが決めているような技能の競争――例えば美人競争行列やエッセー・コンテスト――においては、誰が賞に値するか（誰が厳密性に欠ける勝利条件を充足したか）と誰が勝利に値したか（誰が競争の根拠においてもっとも技能に優れているか）との双方をめぐる論争が可能である。もし賞がそれに値しない（それの資格を得ていない）者に与えられるなら、それは審判が、金で動く人間だからか、勝利基準を誤って事実に当てはめたからである。他方、賞に値する者は賞を勝ち取るに値した者ではない、と主張するためにはいくつかの理由が可能である。賞を勝ち取るに値した者が、不運だったかもしれないし、その日は調子が悪かったかもしれない。また、ルール化された勝利条件それ自体が、その競争の直示的基礎である技能の卓越を真に計測しておらず、まずい選択だった可能性もある[11]。

最後に、偶然性のゲーム――例えばくじ引きやルーレットのゲーム――では、誰が賞に値するかをめぐってのみ争いが生じうる。それも、争いが起こるのは比較的些末な事項についてだけであろう。その種のゲームのルールによって特定される勝利条件の充足は普通、厳密に判定可能だからである。偶然性のゲームでは、誰が「本当に勝利するに値した」のかを語ることはできない。なぜなら、仮定上、技能は関係がないからである。ここでは我々は、資格と権原という法学的な言語のみを使い、デザートは語らないことにしようと決心した方が、誰もが明快さにおいて利得するだろう。

ii 成績

非極的なデザートの観念は、形式化された競争状況の中だけでなく、一般に技能や質の評価を必要とする文脈においても、適用がみられる。J.O. アームソンに従って[12]、そのような文脈を「成績づけ状況」と呼ぶことにする。成績づけの要点は、賞の授与とは異なり、その対象に向けて何か特別な態度を表明することではなく、単に、対象がある技能や質を有しているその程度を、できるだけ正確に査定することである。成績のデザート根拠は、評価されている質を適切な程度まで実際に有していることにある。

あれこれの質を成績づけするための様々な形式的手続きがあり、それぞれは個々の成績のための資格付与条件についてそれ自身の基準を伴っている。形式的基準によって我々が成績づけしようとするほとんどの人間的質（もちろん、そのようにして成績づけしたいと思ってもできないものも多いが)、特に技能と能力の場合、形式的な成績づけの手続きは、テストという形をとる。だからテストの出来具合が、ルールによって決められたあり方で、なんらかの成績への権原という意味での資格を打ち立てるのである。

成績づけ状況にとって、デザートの観念が積極・消極の対称性をもつことは必須ではなく、そのため私は、このような文脈に適用される場合にデザートの観念は非極的であると性格づけたのであるが、もちろん、比較的粗野な成績評価システムが極的なデザート観念を利用することもありうる。例えば、もし我々がリンゴを、食べられるものとそうでないものというただ二つのグループに分けることに関心をもっているなら、未分類の山にあるリンゴはすべて、よい成績か悪い成績かのどちらかに値すると述べることができる。しかしほとんどの成績づけ状況は、ずっと多くの選択肢を伴っている。例えば学生を成績づけするシステムの一部は、成績づけのラベルとして百までの正の整数のどれでも使うことを許す。ここには、デザートの連続体がそっくりあり、他の状況では、デザートの成績づけとして三区分や四区分の評点があるが、二つの可能性しかない――「高」か「低」か、「よい」か「悪い」か、「合格」か「失格」かといった――ことはあまりない。

しかし状況はむしろこれ以上に複雑である。人間の様々な関心それ自体が、本質的に極性をもっており、願望は充足されるかある程度くじかれるか、野心は満足されるか部分的に失望に終わるか、である。それに人々は、自分や仲間がどう成績づけされるかに関心をもっているので、成績づけのシステムを報償と罰のシステムへと自分たちの関心によって転換してしまう傾向がある。野心的な学生は、どんな成績を取ろうとそれを、安心させてくれる賛辞または手首をピシャリとやられる軽い罰だと受け取る。成績は普通、彼の野心と相関して、歓迎すべきものであったりそうでなかったりするからである。人の成績づけについての議論を特に複雑にするのは、成績づけを行う者自身やそれ以外の者によって成績が、他の目的――地位の補充、許可や特権の授与など――のために利用され、これら先にある目的は成績づけされる者たちにもよく知られているからである。しかし混乱をさけるためには我々は、成績それ自体は、何か――リンゴや人――を何かの質や技能の点で序列づける一つのやり方、何かそれ以上の利用に供されるかもしれないが真理を登録すること以外の目的なしに記録にとどめられるかもしれない評価、にすぎないことを忘れないようにしなければならない。

iii　報償と罰

次は、デザートの観念が本質的・必然的に極的であるような文脈である。これは、もし何らかのデザートがあるならそれはよいデザートか悪いデザートかである、という状況である。「賞」という語は、非極的なデザートの観念にのみ妥当し、反対語をもたない。「73 点」とか「B マイナス」という成績づけの表現も同じである。しかし人が極的文脈でそれに値するとされる反応は、きちんとした対になっている。報償と罰、賠償と責任、問責と名誉、賞賛と非難、などであり、それぞれの対の片方の語は、心地よいものあるいは嫌なものと想定される反応の態様を表現している。競争や成績づけなどの非極的文脈との類似性は、ここでは部分的で偶然のものにすぎない。勝利できなかったことやCマイナスの成績は、心地悪く嫌なものかもしれないが、心地悪さは〔極的文脈の場合と〕同じ意味でその存在理由の本質的部分なわけではない。苦しみは、競争や成績づけの偶然的で非意図的な帰結であって、それらの営みの目的ではないからである。競争の要点は、勝者を選び出すことにあり、敗者たちを罰することにはないし、成績の要点は、達成を正確に評価することにあり、（単に）快や苦を与えることにはないのである。しかし、受刑者が苦しみを受けさせられることは罰の、その者が支払わせられることは〔賠償〕責任の、本質的で意図された要素であって、それらは、この営みの嘆くべき派生物にすぎないのではなく、目標点である。

慧眼にもヘンリー・シジウィックは、報償とは「一般化された感謝」であり罰とは「一般化された憤り」である、と主張した[13]。我々が「報償」や「罰」と呼ぶ褒美や剥奪が、感謝や憤りを表現する伝統的手段であることは疑えない。二つの態度は、「報償衝動」と「処罰衝動」に原型的に含まれる態度だからである。これらの「衝動」が表現される典型的な場合を考えてみよう。町全体がペストの危険にさらされており、ある英雄的に勤勉な科学者が低い確率に抗して仕事を続け、血清を完成させて土壇場で町を救う。この男に報いたいという正常な衝動を引き起こすものは、まさに感謝であり、それを表現したいという欲求ではないだろうか。また、私的制裁者たちやリンチを実行する群衆が殺人者を罰するために集まる時、彼等は殺人者がやったことに対する憤りに駆り立てられているのではないか。もちろん、見知らぬ人が別の見知らぬ人から受けた恩恵に対して感謝するのは、私の問題ではない。そしてウェブスターの辞書によれば、憤りもまた、個人的な危害や侮辱への反応に、概して限定される。だからシジウィックは、罰と報償を、「一般化された」憤りと感謝であると定義したのである。私的な感じ方と反応に起源をもちながらそれらは、すべての犠牲者と受益者の憤りと感謝を想像上で共有するための社会的手段となった。

シジウィックの洞察は重要だが、それが報償と罰がもつ「表出機能」についての真理の全体ではない。感謝と憤りは、報償と罰によって表出される、重要で多分もっともありふれた、そしてほぼ確実に原初的な態度であるが、もはや表出される態度はそれらのみに限られない。実際それらは多分、必要不可欠な態度ですらない。例えばもし共同体全体が、罰に対して冷血的なカント主義の態度を採用して、罰〔が与えられること〕が道徳法則の証となるという理由からのみ罰を是認し、犯罪者に対する個人的憤りをすべて控えることにするなら、その結果は疑いなく依然として罰とみなせるだろうが、罰が公的憤りを「表出する」とはいえない。そして、よい通信簿をもち帰ったので年少の息子に25セント玉を与えて報いる父親が、彼の感謝を表現しているわけではない。彼が何かの奉仕の受益者なのではないからである[14]。

報償は、シジウィックが気づいていたように、与えられた奉仕への感謝を表現する伝統的に承認された手段であるが、またシジウィックが気づいていなかったように、真価や卓越性に対する認定や評価や賛意を表現する手段でもある。同様に罰は、受けた害に対する憤りを表現する標準的な媒体であるが、(多分それよりずっと一般的ではないが) 悪に対する認定と不賛意を表現する媒体でもある[15]。「認定 (recognition)」の語について少し説明する必要があるだろう。父親が息子に25セント玉を与えた時、彼は息子の達成を正式認知 (acknowlege) したが、喜び、感謝その他の態度を感じていたとはかぎらない。彼が与えた報償は、彼の正式認知の有形で公式の証拠であって、かれの認定を証拠づけているのである。「功労表彰晩餐 (testimonial dinners)」がこの名で呼ばれるのは、それらを受ける者の達成に対する公的認定をそれらが表示するからである、という点に着目していただきたい。それらは、受け手の徳を「証明する」[16]。すくなくとも一部の理論にしたがえば罰は、必要な変更を加えて、同種のことを行う。

報償と罰によって典型的に表現される様々な反応的態度――感謝、高評価、是認、「認定」、憤り、不賛意、有罪宣告――そして実際のところデザート的形態の処遇によって表現される態度と反応はすべて、重要な共通の性質をもっている。それらすべてにとって、一種の現象上の標的をもつこと、つまり何かのおかげ〔せい〕で感じられるということ、が本質的だという点である。これらの心の状態や態度はすべて、内省可能な要素として、その直示可能な場面を含んでいるのである。例えば誰かに憤りを感じることは、単に彼を嫌うことではなく、彼が行った何事かのせいで彼に対して否定的な感じ方を抱くことであり、「のせい〔おかげ〕で (in virtue of)」の前に来るものは、反友好的で攻撃的な性質がそうであるのと同程度に、その〔憤りという〕感じ方の一部をなしている。

これらの態度は、刺激への単なる自動的反応ではなく、デザート根拠に対する自覚的応答である。単なる「への反射」ではなく「に対する返報」である。もし人が、話者が彼に憤っている (それとも感謝している) との宣言を受けて、「どうして？」とたずねるなら、彼は「何の目的で？」と言いたいわけではない。憤りも感謝も、目的をもちうる種類のものではない。むしろ彼が言いたいのは、「どの害（または奉仕）への応答として？」ということである。この問は、そう解釈すれば常にしっくりする。だから、憤りや感謝の態度には、直示的なデザートが論理的に組み込まれている。自分の感じ方について論理的に適切な種類のデザート根拠がなければ、我々は「憤り」とか「感謝」という語は使わない。はっきりした理由なしに人に好感をいだくことはできるが、「まったく何の理由もなく」感謝することはできないし、はっきりした理由なしに人に敵意を感じることはありうるが、「まったくなんの理由もなく」憤りを感じることはできない。ブラドリーは有名な文の中で、デザートなしの罰は罰ではない、と書いた[17]。これは誤りだと私は考える。しかし直示可能なデザート根拠なしの憤りは憤りではない。これは明らかだと私は考える。浮かび上がってくる要点は、問題の態度がすべてデザート（相手のせい）だと感じられている、ということである。それらは、「公共の利益のために」または「功利的理由によって」という以上の根拠なしに、自由にまたはいわれなく授けられたり、意図的に抱かれたりすることは不可能である。そしてこの不可能性は、単なる心理的不可能性ではない。とにかく我々は、根拠なき怒りを人為的に誘発することはできるが、もし憤りについて同じことができるなら、それは憤りではない。我々はそれを何か別の名で呼ばねばならないであろう。

法的処罰や公的報償は、ルールや規則、役職や職務、義務や特権と結びついており、それらが典型的に表現している態度への単なる関心が示唆する程度をはるかに越えて定式化され制度化されている。とにかく罰は財産の強制的没収、投獄、むち打ちのような処遇からなっており、決して憤りを感じることにとどまらない。そして報償は感謝か認定の有形的表現であって、決してそれを感じることにとどまらない。さらに処罰は、要請される権威をもつ人々に留保され、法によって、または家族と私的組織の場合には「家内ルール」とでもよべるものによって、特定される一定の厳格な条件の下でのみ行使される、特権である。それ故報償と罰は、他のデザートとしての処遇の形態と同じように、デザート根拠と同時に資格付与条件をもち、それらはルールと規則によって特定され、権利と義務を与える。

多分、私的報償は、「私的処罰」と異なって、社会的帰結において無害であり良性でさえあるという理由から、政府が報償のプログラムを大規模に実施することはまれである。ほとんどの政府下付金は、功利主義的な誘因と助成または補償である。しかし広範な私的個人やグループが、広範な(根拠上の)理由によって報償を与えているので、その資格付与条件を一般化することは容易ではない。普通報償は、授与するグループの認めている価値を反映する卓越の基準によって決定されるか、罰と直接に類比的である場合には、斬新な行為または自己犠牲をともなう英雄的所作のために取っておかれる。人は、値しない報償への資格を得る場合もあるし、資格を得られなかった報償に値する場合もある。もっとも卑しい動機から自分の兄弟を裏切った密告者は、公示された報償への権原を得るが、それに値しないことは確かである。何年もの終わりの見えない困難な年月のあいだ自分の絶望的に病身の夫が亡くなるまで看病するためにすべてを犠牲にした妻は、報償に値するが、いくつもの制度的ルールの下で資格を得ていなければ、それへの権原をもたないかもしれない。彼女はそれへの適格性すらもたないかもしれないのである。

罰、少なくとも法的処罰、について一般化することはずっと容易である。それの普遍的な資格付与条件は、二語、つまり「法的・罪」によって表現可能である。何が法的罪であるかの方は、重くて厚いいくつものルールブックによって定義されるので、ずっと複雑な問題となる。それは、適正手続に従って公正な裁判の後に下される有罪判決の結果として確定する。そして適正手続の方は、手の込んだ手続法によって定義されている。

何らかの制度的ルールの下で人が資格を得る可能性のある公式の処遇の諸形態の中で、罰だけが、権利の言語を当てはめるのに無理があるように見える。というのは、我々がイデア論の伝統に従う哲学者でないかぎり、罰への「資格を得」ている犯罪者について、罰への権原があるとかそれへの請求権や権利をもっているとか言うことは、普通ないからである。たとえ対称性と概念的整然性という利益だけのためであっても、有罪判決を受けた犯罪者は、それを望むか否かにかかわらず、公示された報償への資格を得た人が、それを望むか否かにかかわらずそれへの権利をもつのと同じ意味で、自分が受ける罰に対して完全な権利をもつ、とする主張は、心そそるものである。あるいはちがいは以下の点にあるだけかもしれない。放棄される権利は、遅かれ早かれ権利であることをやめるが、犯罪者が有する罰を受ける「権利」は、放棄されるのがほぼ確実だ、という点である。

iv 賞賛と非難

返報という性質をもっているが制度的ルールとは結びついていない非公式の応答を問題にする時、デザート根拠と資格付与条件との区別は崩壊する。賞賛や非難をするのに特別な権威はいらないから、誰でも褒めたりとがめたりすることができる。これらの形態の処遇〔を与えること〕は、不変の条件を特定している公的ルールの下で仕事をする裁判官、レフリー、教官、福祉行政官のような特別の役職者に限られていない。その結果、賞賛と非難、褒め称えと軽蔑、喝采とあざけり、などは、時によって人が受けるにふさわしい応答であることが明白であるにもかかわらず、人がそれへの資格を得る処遇になることはけっしてない。ちょうどくじ引きの勝者が、賞品への権原を得るがそれに値すると言うことができないのと同じように人は、時によって賞賛と非難に値するがそれへの権原を得ることはけっしてない。

v 賠償、回復、責任

人がそれに値するとしばしば言われるさらに別の処遇は、損失や侵害に対する賠償である。我々は、人は他者から不当に加えられた危害に対する賠償〔を受ける〕に値すると言い、その場合それは、「侵害の矯正」、「弁償」、「回復」などと呼ばれ、損害を回復する役割だけでなく、謝罪や自責の表現がはたすのと同じような、「道徳的均衡を修復する」という役割もはたす。回復は、「ものごとをまっすぐにする」または「満足を与える」のである。しかし、すべての侵害が〔賠償責任を発生させる〕不法行為となるわけではない。一部は、他者への奉仕に際して自発的に負ったリスクの結果であり、一部は避けられない事故であり、他のものは、技術的に複雑な社会における労働の専門化がもたらす必然的な悪しき帰結である。私は、「回復（reparation）」の語を侵害の矯正の意味にとっておき、誰の責任でもない損失に対しては「補償

(compensation)」を語ることにする。

不当な侵害に対する回復へのデザートは、極的観念である——その反対の「極」を語るのが文法的に奇妙ではあるのだが——と私は考える。もし回復が、犠牲者によって受け取られるべきだとすれば、それは不当行為者によって与えられるのでなければならない。そこからの論理的帰結は、もしある者が受け取るに値するなら、別の者が与えるに値する、である。しかしもちろん、我々はそのようには語らない。我々が、不法行為者について彼は回復を行うに値すると言わないのは、刑務所長（warden）について彼は処罰するに値すると言わないのと同じである。実際には我々は、不法行為者は彼が生じさせた危害に対して責任があるとされるに値する、と言う。彼は、咎なき（または相対的に咎のない）犠牲者に対して補償するよう強制されるに値する、のである。デザートとしての回復の対極は、デザートとしての責任である。

しかし、誰かの落ち度に帰すことのできない危害は別である。失業者たちは、損失への補償に値するかもしれないが、だからといって、それに〔賠償〕責任があるとされる人がいるとは限らない。不快、わずらわしい、危険などの仕事をする労働者は、補償となるボーナスに値するかもしれないが、我々はこのことを、彼等の雇用者または指定可能な他の誰かに〔賠償〕責任がある、とは多分表現しない。要するに、補償が侵害の矯正でないところ、それ故債務の義務的支払いという性格を欠くところでは、デザートは非極的である。その咎なき苦痛は、援助と救助に値するのか、それともそうでないのか、それでおしまいである。道徳的平衡が均衡を失しているのでない場合、報いとしての罰の類似物となる補償はない。

人が損失を被る時、それは他の人のせいかもしれないし、そうでないかもしれない。そして我々が見たように、デザートの性格は、それら二つの場合で異なるのである。しかし、第3の可能性がある。損失または被害は、本人自身のせいかもしれない。その場合、彼が助力への権原をもつことも十分あるが、我々は彼がそれに値すると言いたくはないだろう。というのも、慣行として人々の愚行や怠惰を補償することはないからである。たとえ我々が助力を行う場合でも、人々がそれに値すると考えるからではない。単に慈善的恩恵として人を苦境から救うことと、彼がそれに値する救済を与えることとの違いは、ここにある。

もし報償が、感謝や認定や是認など小さな範囲のいくつかの適切な態度のうち一つかそれ以上についての有形の表現であるなら、提供される助力は何を表現すると言えるだろうか。ここでも私は、我々が問題にしているのが、有責の当事者による被害の回復なのか、単なる予見できない不運に対する補償なのか、によって異なる、と考える。回復は、同情や恩恵や配慮を表現することもありうるが、それに加えて常に、過去の悪の承認、「債務の払い戻し」、それ故謝罪と同じく、道徳的均衡の取戻しまたは犯罪以前の状態への修復である。単なる賠償の場合は、これらの追加的意味合いはない。しかしいずれの場合も、提供される助力は、被害者自身を全面的に非難することはできない損失〔であること〕の認定を含意している。それ故補償は、しばしば同情の慣行的な表現ではあるが、あわれみのみを表現することはありえない。救済に値する人については、あわれむべきものは何もないのである。

ここで論じられる他のすべての処遇の形態の場合と同様、補償と回復についても、資格なきデザートもありうるし、その逆もありうる。例えばある男は、その状況ができの悪いルールによる資格賦与条件を満足するので、「実際には」それに値しなくとも、失業補償への技術上の権原をもちうる。他方、経済的破綻の犠牲者で補償に値する者たちが、法の下の「援助を利用し尽くして」しまったので、〔受給〕資格を得られないこともありうる。

vi　役職と名誉ある地位

私は、人がそれに値する様々な処遇をグループ化しうる大項目、*summa gerena*、と思われるものをリストとして示した。これは、一般にデザートとなる処遇のタイプを分類する重要なスタートであるが、いくつかのところでやっかいな包摂の問題を生じさせる。例えば、シジウィックが「(様々な)役目と道具」と呼んだ高位の役職や名誉と責任のある地位を、我々はどの項目の下に含めるべきだろうか。大統領職、議長職、将軍職、教授職、教皇職、のようなものは、ルールが支配する競争の勝者に与えられる賞なのだろうか。シジウィックは、それらを賞と見なすのが自然だ、と考えた。特にそれらが、(彼の上品な用語では)「それ自体で興味深く愉快なものであるか、または人生の尊厳と光輝、声望、物質的安楽、あさましい心配からの自由、を伴うのが一般であるとともにふさわしい場合には」[18]。他の著述家たち、その中では多分Ａ．Ｃ．ユーウィングがもっとも著名だが[19]、は名誉ある地位を報償、つまり過去の達成か、奉仕か、貢献かに対する感謝、少なくとも認定、が表現される手段、とみなす方が自然だ、と考える。

さらに他の論者たちは、名誉ある職のもつこれらの側面を低く評価し、上記とは異なってそれらを、もっとなじみのあるデザートの二つの意味のどちらでもなく、現在の能力と将来の約束という基準（シジウィックが仕事への「ふさわしさ」と呼び、むしろ不正確に、功利主義的考慮であると性格づけたもの）にしたがって埋められるべき信用と責任のある地位とみなす方がよいと考える。「確かに我々は、道具がもっともよくそれを使える者たちに与えられ、役目がそれを実施する能力がもっとも高い者たちに割り振られるのが道理にかなうと考える。しかし、それらは過去に最大の奉仕を行った者たちではないかもしれない。…それ故、デザートの観念とふさわしさの観念は、少なくとも時によって矛盾する」[20]ことをシジウィックは容認する。しかし、ふさわしさとデザートは、シジウィックが主張するほど強く対立するわけではない。判定者たちが、ある仕事への各候補者がもつ関連性のある能力と潜在力を慎重に評価し、つまり各人のふさわしさを点数評価し、その点数をデザートの根拠として利用する、という状況を考えてみよう。「ジョーンズは、彼の特別のふさわしさにより、その仕事に値する」という言明に、論理的に奇異な点がないことは確かである。そしてもしその地位が、競争的なもの、勝者に与えられるべき賞、であるなら、なおさらふさわしさは、なんらかのテストの出来具合によって示される競争の根拠であり、デザートと対立するのではなく親和的である、というのはきわめてありそうなことである。シジウィックは、「役目」を（過去の奉仕に対する）報償とみなすことと（現在のふさわしさに対する）賞とみなすこととの区別に着目したが、報償としてのデザートの観念を先取りし、そのために過去の奉仕のみをデザートの根拠と考えた結果、この区別をふさわしさとデザートとの区別であると誤認したのである[21]。

それ故、切望される地位への選任や指名のような処遇の形態のために我々がデザートの基準をどのように選ぶかは、それらの地位をどう考えるか――

例えば、賞、報償、補償、のどれと考えるか——に依存する。多くの名誉ある地位は、我々の主要分類項目の二つまたはそれ以上の下に適切にも同時に包摂可能であり、このことが問題をさらに複雑にする。C. P. スノーの時のような、ケンブリッジのあるカレッジの学寮長への主要候補者間の競争を考えてみよう。A候補は、全体として（役目としてだけ考えた場合）その役目にふさわしく。彼はよりよい管理者、疲れを知らぬ働き手、目端の利く資金調達者であり、冷徹な頭脳をもっている。この相対的にすぐれたふさわしさを念頭に彼の派閥の人々は、彼がその地位に値すると主張するが、彼等はこの地位を賞とみなしているのである。B候補はかなり年配で、すべての点でピークを過ぎているが、過去の学問業績を根拠にすればAよりもずっと著名であるとともに、人により好かれている。彼の派閥の人々は、彼の著名さは認定に値し、この学寮長職のみが適任の報償となるはずだ、と論じる。その仕事を賞とみなせば一方の男がそれに値し、仕事の報償としての側面からは、他方の男がそれに値する。この問題は、デザート対利得、正義対功利ではなく、デザート対デザートの問題なのである。

問題はもっと複雑でさえありうる。A候補の派閥は、B候補の学問業績が認定に値することを認めながらも、次のように反論するかもしれない。A候補は、カレッジの繁栄のためにB候補よりずっと厳しく働いてきたし、特にカレッジへの募金と寄付を獲得した。仲間の俸給の増加もそれによって可能になったのであって、それ故彼の過去の奉仕は感謝に値し、学寮長職はその感謝の相応の表現である、と。一方の候補は〔業績〕認定の表現として報償に値し、他方は感謝の表現として報償に値する。そして問題はさらに難しくなりうる。Bは、不運にも20年前には選ばれなかった。当時彼はライバルよりもその仕事に値した、と（今では）誰もが認めるにもかかわらず。彼の応援者の一部は、現在彼を選ぶことのみがあの侵害に対する矯正となりうる、つまり彼は回復に値する、と論じる。しかしAの派閥の連中は、Aがカレッジへの寄付を増やそうと努力する中で健康を害し、私的な経済的損失を被ったのだから、彼は学寮長職がその表現となる補償に値する、と指摘する。というように続いてゆく。賞へのデザート対報償へのデザート、感謝対認定、補償対回復である。

このよく知られた話は、デザートは倫理的決定において他の「功利主義的」考慮に対置して考量されるべき唯一のファクターであり、正義の要請をそれのみが代表している、といった哲学的神話を葬るために語るものとして十分であろう。今や、直観主義者と目的主義者、応報主義者と功利主義者、の間に別の時代にあった争いの子孫であるこの単純すぎる説明、を一挙に否定する時である。様々な正義の主張が、他の事情が同じなら誰もが自分が値するものを得るべきである、という空疎な原理に収まりきることはない。仮に、「すべてを考慮して」Ａ候補がその学寮長職に値する、と我々が決める（それが道理にかなうと考えて）としよう。その後で、Ｂ候補がその学寮長職に権原をもっていることがわかるとする（20年前にそれが正式に彼に約束されていたとか、長らく忘れられていたルールにより、学寮長には二回に一回は昆虫学者を選出せねばならず、彼はそのカレッジで唯一の昆虫学者だとか)。我々がこの二つの理由の対立を、正義と功利の間の対立と記述しないのは確実である。むしろそれは、デザートと権原との間、つまり一つの正義主張と別の正義主張との間の対立なのである。さらにいえば、すべての倫理的対立において、デザートが他より強い主張となる、そして結局人々は常に、彼等が値するものをえるべきだ、というのは明白な偽であるように思われる。

最後に、Ａのデザートと Ｂの権原のどちらかを選ぼうとしている時に、応援者たちがテキサスの石油王から電報を受け取り、そこには、彼等がＡを選んだ場合に限ってカレッジに百万ドルを（他に）何も条件をつけずに寄付するとの申し出が記されている、としよう。これでやっと、利潤と利得の考慮のような、本物の功利的考慮が実際に秤の中に投げ入れられたのである。

III　避けるべき誤り

以上でデザート観念の分析を提示したので、これが前もって防止するかもしれない三種類の誤りを簡単に示すことで、結論としたい。

i　素朴な功利主義

私の想定では功利主義者とは、誰であろうと、よきものがもつ社会的効用に強い印象を受け、なんらかのやり方でよさを功利に還元する（またはそれと同定する）人、である。この論考で論じた様々な形態の処遇が、かなりの程度社会的効用を伴うことに疑いはない。賞の授与は直接に、競争の根拠となっている技能の育成を促進するし、間接的に、肉体的健康、感覚の鋭さ、競争上の熱意、のような社会的に価値のある条件を活性化する。人に様々な種類の成績をつけることは、予測可能性、秩序、制御を増大させ、人と資源の効率的配置を可能にする。報償の期待は価値ある行いへの刺激を生み出し、罰のおどしは不当行為を抑制する。回復の裁定は私的な憤りを鎮め、内的平穏を促進する。補償は、損失と不利な条件とをより広く分配し、労働者が気に染まないが不可欠な仕事につく誘因となる。ここまではこれでよい。功利主義は正しいところがある。社会的功利がもつ有意性を誤解する時にかぎって、それは誤るのである。

まずなにより功利は、報いとなるどんな形態の処遇についても、そのデザート根拠とはならない。デザート言明についての我々の分析からすれば、「ＳにＸを与えることは公的な利益となるので、ＳはＸに値する」と述べるのは、「値する」という語を単に誤用しているだけである。

第二に功利主義的な資格付与条件は、観念として不条理なわけではないが、ほとんどの場合において自己敗北的である。例えば功利主義的成績基準は、一つの成績基準だが、よい成績基準が果たすべき役割——なんらかの技能や質を可能な限り正確に評価するという役割——をうまく果たすことができない。もし我々がある生徒の数学の知識を評価することに関心をもっているなら、「数学試験」の方が、「功利」への直接の訴えよりも、その目的のために明らかに役立つだろう。功利を、普遍的なデザート根拠あるいは普遍的な資格付与条件と解釈する功利主義は、「素朴である」以上に、不条理または自己敗北的〔功利をめざすことによって功利実現に失敗する〕なのである。

「デザートの対象としての様々の形態の処遇」に対して社会的功利がもつ有意性はどこにあるだろうか。最初から出発してそこまで考えていこう。人々、少なくとも「道理をわきまえる人々」は、様々な行為、特質、達成に対して一定の反応的態度をとるのが自然である。彼等は、認定したり賞賛したりする。客観的に評価する。感謝したり喜んだりもするし、憤ったり不賛成であったりもする。自責や同感や懸念を感じる。ここまでのものはどれも、功利とは関係がない。そしてこれら反応的態度の個々のものは、それ自身の適切な種類の標的をもつ。我々が「自然に」、自分が侵害だとみなすものに感謝を感じることはないし、他者の行動に自責を感じることもない。それらは、論理的に調和しない標的なのである。しかし、その態度の対象が論理的には適切でも、その態度がある種の適切性を欠くことがありうる。例えば、大喜びは、他者の苦痛に対する相応しい反応ではないし、一部の人間主義的哲学者が正しければ、どんな種類のものでも他人の不幸を喜ぶこと(*Schadenfreude*)が人の不幸に対する相応しい反応になることはない。これらの道徳的適切性についての判断が、一体全体いかにして確証されるのかについては確信がないが、それらは、裁定的宣告――例えば、ある人が犯罪のために処罰されるべきだとか、ある走者が百ヤード競走で賞を与えられるべきだといった――よりも美的判断――例えば深紅とオレンジは釣り合わない色だといった――に似ていると私は推定している。

もしそうであれば、人のデザートがもつ適切さという特徴の種類は、上記のように、ルールや規則の下での資格付与と対置されるだけでなく、人の行為または特質と他者の反応的態度との間のある種の相応性になぞらえられるべきだし、さらには同定されるべきである。このことは逆に、様々な反応的態度は人がそれに値する〔デザートをもつ〕基礎的なもの〔対象〕であり、「様々な形態の処遇」は、それらが、多分道徳的に相応しいあれこれの態度を表現する自然なまたは慣習的な手段だという限りで、派生的な形でのみ、値への報い〔デザートの対象〕となる、ことを示唆する。だから例えば、犯罪者が罰に値するのは、それが、犯罪者が「招いた」憤りや叱責を表現する通例の方法だから、というのみの理由からなのかもしれない。

我々が反応的態度のレベルにとどまるかぎり、依然として功利主義的考慮の占める場所はない。例えば、ある人が我々に親切にしてくれたという事実は、彼が我々の感謝――それに何かの功利があろうとなかろうと――に値する理由となる。感謝は奉仕に対する「相応しい」応答なのである。しかし次に我々は、評価を成績に翻訳し、値する〔デザートをもつ〕人に対する我々の認定を刻印するなどの形で、感じ方にはけ口を与えるという問題に行き当たる。我々は、例えば賞賛や非難を与える時のように、煩瑣な手続を追加することなしに、直接ただそれを行うこともできるし、それとも自分の態度を表現せずに心にとどめておくこともできる。しかしその代わりに我々はしばしば、様々な制度を課し、手の込んだ規則を作り、審判員や評価人、裁判官や執行担当者を任命し、人々が裁判やテストや競争でそれらへの資格を得るに値する〔デザートをもつ〕と証明することを要求するのである。

ここでやっと、様々な功利主義的考慮が入る場所が現れる。それらには二重の役割がある。それらは、公的で慣習的な方法で我々の態度や評価を表現したり確認したりするための（生来的傾向性に加えて）理由を与える。結局のところ我々は、不当行為者に対する憤りをただ心にとどめることもできるが、それは我々の攻撃性の重荷を降ろさせてもくれないし、犯罪を抑止することもしない。我々は、失業者たちに対する共感をただ感じるだけでもいいが、それでは食糧暴動を防止できないのである。第二に、公的規則によって特定され中立の役員によって執行される資格付与条件の充足を人々に要求することで我々は、多くの種類の活動に関して、たぶんもっとも信頼性のあるデザートそれ自体への手引きとなるシステムを手にするのである。我々は、すべての反応的態度に自由な表出（非難と賞賛のような）を許し、それらの対象となるものが公的に資格をえることを要求しないこともできるが、一般的に言ってそれでは行き当たりばったりになるだろう。デザートはいつも簡単に手に入る形で顕現しているわけではなく、その場合には、「値への報い〔デザートの対象〕となる様々な形態の処遇」は盲撃ちのようなものになる。その場合、競争、テスト、裁判、その他のルールによって特定される資格付与条件はしばしば、不正義を最小化するのに不可欠となる。そして、このことは厳密には「功利主義的考慮」ではないが、ただちにそれを生み出す。つまり我々は、不正義の脅威が最小化される社会に生きることで、みんながよりよい暮らしをし、より幸福で安全に生きられるのである。

ii　肥大したデザート理論

功利主義の諸理論が功利の有意性（relevance）を誤解しがちだとすれば、反功利主義者たちはデザートの役割を肥大させがちである。我々が考察した様々な制度的実践の目的の一つは、人がそれに値する〔それへのデザートをもつ〕ものを手に入れることを、不正義を最小化する形で保障することである。しかしこのことを個々の事例で至高の考慮事項とし、それによって賞、成績、報償、などを、それへの資格を得た者ではなくそれに値する者に（両者が異なる場合に）与えようと試みることは、統制ルールを廃棄し、役員たちに、相応しいと思われる時に使うべき危険な裁量権という過剰な荷物を負わせ、それによって長期的には、人間の誤りやすさを所与とすれば、回避される不正義以上の不正義を生み出すことになる。賞が二番目に早い走者に与えられ、足を痛めたより優れた不運な走者に与えられないことは、（なんらかの宇宙的意味では）正義でないかもしれない。しかしもし審判たちに、もっとも賞に値すると彼等が考える競争者に、たとえ彼がルールの下で資格を獲得していなくとも賞を授与する、という裁量権が与えられるなら、苦い憤りや口論を引き起こし（功利主義的考慮）、不可避的な不正義へと導かれるだろう[22]。デザートは常に、人をどのように処遇するかを決める際の重要な一つの考慮事項である。特に、我々がルールに拘束されていない時、またはルールが我々に一定の裁量権を与えている時にはそうである。しかしそれは、唯一の考慮事項ではないし、十分条件としてのそれであることもほとんどない。

iii　道徳的権原としてのデザート

ここでの分析によって防止される誤りの最後の種類は、准司法的な道徳観念を抱く哲学者たちが犯しやすいものである。これらの哲学者たちは、自覚的または無自覚的に、様々な難問となっている道徳的観念を解明する際に、法的制度をモデルにし、それによって道徳的なものと法的（または制度的）なものとの区別を曖昧化してしまう[23]。前者を後者の常軌外れの種と解釈するためである。手近な例ではデザートを、権原とは本質的に対置される観念ではなく特異な種類の権原だとすることで、デザートと権原との区別を曖昧化する。この理論が言うところでは、デザートは権利を与えるが、この権利は、競争の勝者や報償の要求者がもつような種類の通常の権利ではなく、特別な「道徳ルール」が割り当ててくれる「道徳的権利」である。そしてこの場合道徳ルールの方は非明示的に、特別な「道徳制度」の規則として扱われる。もちろん、「道徳的権利」という表現には多様な正当の用法がある[24]が、これはほぼ確実にそこには含まれない。例えば、破れた大統領候補は、勝つに値したとしても、だからといってその職への権原をもつわけではないし、それへの権利ももたない。その権原や権利は、デザートによってではなく票によって与えられるのである。そして私は、問題の権原を道徳的権原と性格づけることでものごとがいかに解明されるのか理解できない。敗れた候補者はその職に対して、道徳的であろうとなかろうと、どんな権利ももたない。もちろん、「道徳的権利」が単に、彼のデザートのことを指す、常軌から外れた別のやり方にすぎないなら別だが。一方にある「値する」「相応しい」「適切な」と他方にある「権利」「権原」「ルール」とは、私の倫理的語彙の中のまったく異なる部分から来た語である。ある人について、彼は一定の形態の処遇に値する（それを彼が受けるのは相応しいだろう）が、それにもかかわらずその処遇に対して彼はそれを当然受けるべきものだとして要求することができない、と言うことがパラドックスにならないように、これらの語は関係づけられているのである。

ここでの分析は、いかなる意味でデザートという道徳的観念が公的授与のシステムに、先行するのか（後者の目的の一つは、人々に彼等の値するものを与えることにある）、そしていかなる意味で先行しないのか（授与はしばしば、そのシステムが資格付与ルールによって厳格に統制されている場合に、もっとも正しく行われる）、を示そうと試みたものである。我々はまた、デザートとデザートの間、デザートと権原の間で可能となる、多様な対立を見た。正義の範疇内部でのこれらの対立は、倫理における他のどんな対立とも同じだけ微妙で困難であり、すべての事例においてそれら対立を解決する必然的方法をアプリオリに指示するような、一般原則を定式化することができるかは疑わしい。しかしもしデザートと権原が本質的に別のものでなければ、それらの関係をめぐる問題が困難であったり複雑であったりすることはありえない。というのもその場合には、「真の」または「より高次の」権原（デザート）と「より下位の」または「劣位の」権原（資格付与）がありうるだけであり、そして対立がある場合には、より高いものが常により低いものに打ち勝たねばならないからである。一方が従属的場所、他方が優越的場所を占めるような特別の宇宙的制度を仮定することで比較不可能なものを比較しようとする努力、対照的な倫理的・制度的諸観念を共通の物差しの両端に置くことでそれらを統合しようとする試み、が生み出すものはこれである。それ故、結論としてデザートが、様々な公的制度とそれらのルールに論理的に先行するとともにそれらと独立だという意味で、そして我々のあれこれの公的制度に対応する天上的な相対物内の一つの道具だという意味でではなく、一つの道徳的観念なのだ、ということを強調しておくことが重要である。（嶋津格訳）

註

1　近年の文献における明白な例として、S.I. Benn and R.S. Peters, *Social Principles and the Democratic State*（1959）：「「デザート」は規範的語である。その使用はルールを前提している…」（p. 137）、および D.D. Raphael, *Moral Judgment*（1955）：「それ故我々の結論は、デザートの観念は…特別の環境において義務が存在したりしなかったりすることを話す一つのやり方だ、というものである。」（p,77）

2　例として、John Hospers は近年出版された彼の *Human Conduct, An Introduction to the Problems of Ethics*（1961）の中で「正義とデザート」という論点を、「報償」（pp. 433-451）と「罰」（pp. 451-468）という二つの項目の下で考察している。また Austin Duncan-Jones は *Butler's Moral Philosophy*（1952）というバトラーを論じた彼の鋭敏な議論の中で「デザート」に一つの章全体を当てているが、〔そこでは〕罰に関連する観念のみを論じている。

3　対照的な見解として、Hospers, *op. cit.*:「正義は人が値するものを得ることである。これ以上に単純なものがあるだろうか。」（p. 433）

4　「ルール」の語がもつ六つの意味についての有益な検討として、Kurt Baier, *The Moral Point of View*（1958）, pp. 123-127 を見よ。

5　このことは、芸術作品、問題、法案などの人間以外の主体についても、人についてと同じように当てはまるように思われる。

6　デザートの根拠は、複雑な関係的事実でありうる。しかしその場合には、主体はその関係の一当事者でなければならない。デザートの根拠は、主体のまったく外にあることはできない。これと逆を想定することは多分、デザートの根拠とデザートのためのなんらかの十分条件とを混同しているのだろう。例えば、神がある人が罰されるべきだと意志するという事実から、彼が罰されるに値するということは導けるかもしれない。その場合神の意志への言及は、デザート主張を正当化すると称される理由であるが、それは主張されているデザートのための根拠をまったく何も特定していない。神の意志はある人のデザートにとっての認識根拠ではありうるが、存在根拠ではありえないのである。

7　私はこの有用な用語を George Pitcher, "On Approval," *Philosophical Review*（April 1958）から借りている。

8　デザート判断に対する「論理的に不適切な」理由の意図せざる複数の例として、

読者は Hospers, *op. cit.*, pp. 440-442 を参照されるとよいかもしれない。そこで彼は、それを「報償」とみなした上で、正当な賃金と給与の問題を論じている。それから彼はまじめに、必要を正義にかなう分配の基準として考慮する。あたかも、誰かに対して彼の必要のために（補償と対置される意味での）報償を与えることを考えられる人がどこかにいるかのごとくに！この著者は、成果、努力、能力、必要を提案されるデザートの基準として考慮し、それから「ここまでのところ我々の基準はすべて、当該の労働者または彼が生産できるものに関わっている。しかし、別の場所からさらなる示唆が与えられるかもしれない。基準はその労働者とは無関係かもしれないが、彼が生きる社会と関係があるのである」（強調はファインバーグによる）。それからホスパースは、「公開市場」「公的必要」「人の労働の生産物に対する公的欲求」を労働者のデザートの基礎と称するものとして考慮する。これらの考慮はもちろん、労働者は（すべてを考慮して）どれだけ支払われるべきかという問題に対しては適切なものだが、彼のデザートという問題にはまったく有意性がない。

9　我々が一般にデザートと立派さ〔＝真価〕（worthiness）とを区別するのは、競争的賞に関連する場合に限られる。他の場合には二つは普通同じ意味である。二人またはそれ以上の男は、同じ罪について罰に、同じ成果について報償に、値するかもしれない。そして同じことが、成績づけ、賞賛と非難、補償にも当てはまる。これらの文脈では、相応しい立派さとデザートとは同じものに帰着する。しかし一定の競争的状況では、同じ賞にふさわしい立派な者は複数いるが、それに値する者はただ一人、それはもっとも立派な者、であるかもしれない。このような形で立派さとデザートとが区別される時、デザートとの関連での立派さは、強い意味での資格との関連での適格性と非常によく似ている。

10　それ故、「より優れた者に勝利あれ」という儀式的発話は、単なる敬虔な祈祷的同義反復ではない。

11　あるいは、ミス・アメリカ・コンテストに勝つのに「真に値した」女性は、ルールが水着評価に重点を置きすぎており、身のこなしや才能が低く配点されすぎていたから、敗れたのかもしれない。

12　J. O. Urmson, "On Grading," in A.G.N. Flew, ed., *Logic and Language*（*Second Series*）(1953).

13　*The Methods of Ethics*, Book III, Chapter 5.

14　さらに報償と罰が、技術的な犯則と貢献とを定義している高度に専門化した制定法に付属するようになるにつれて、それらは高度に非個人的になる傾向がある。駐車違反のチケットやヤマネコの革に対する賞金は、その起源も機能も、人の感情のはけ口にはない。その役割は単に、社会機構の円滑化に力を貸し、比喩を替えるなら、社会の交通を流れ続けさせることにある。

15　憤りと不賛意の間の差異の中に、（怒りに満ちた）復讐と（道義的な）応報の差異の基礎がある。しかし復讐的罰と応報的罰はともに、それらがなんらかの公的または権威的態度を表現していると理解することが可能だという点で、単なる罰金または「規制的処罰」とは区別される。

　憤りまたはなんらかの形の非難の表現が「罰」と呼ばれるものの本質的要素であるということは、法学の著者たちには広く認められているが、罰の明示的定義を与えると称している人々を含めて近年の哲学的議論の中では無視されてきた。Henry M. Hart 教授の "The Aims of the Criminal Law," in *Law and Contemporary Problems* 23 (1958), 401 に引用されているある法学の著者は、次のように言う。「肉体的辛苦を罰として性格づける唯一のものは、受刑者に対する共同体の憎しみや、恐れや、軽蔑である。」ハート教授は、(部分的に)「共同体全体の道徳的非難の公式的で厳粛な宣言」であるという彼自身の罰の定義を加えている。デニング卿(Lord Denning)は *Report of the Royal Commission on Capital Punishment* の中で、罰とは「共同体による犯罪に対する感情移入的な告発」だと語っている。非難の表現が罰にとって本質的だとした最近数十年の少数派に属する哲学者たちの中には、「罰に本質的なものは、…苦痛ではなく、必然的に苦痛をともなう咎めの表現である」[*The Theory of Morals* (1928), p. 111] と書いた E.F. Carritt や、*Reason and Law* (1950) の中で「我々は罰を共同体による表現の一形態…であるとみなすことができる。概してそのような非是認の表現は、抑止的である。しかしここでは抑止は従属的である。主要なのは表現である。」と書いた Morris Cohen がいる。

16 A.C. Ewing:「我々は、よき人々が幸福であらねばならないと考えるだけでなく、彼等はよきものとして認定され、明示されねばならないと考える。そして認定の方法としてもっとも印象的なのは、幸福の手段を授与することによってというものである。」*The Morality of Punishment* (1929), p. 128.

17 「罰はそれが値する報いである場合にかぎって罰なのである。」*Ethical Studies* (2nd ed.: 1927), pp. 26-27.

18 *Op. cit.*, p. 254

19 これは、彼の著しく広い「報償」の暫定的定義からの、そして賃金と給与を報償だとする彼の解釈からの、強い推論である。参照、*The Morality of Punishment, op. cit.*, p. 130:「…我々の社会システム全体は、給与と賃金という形の報償方式の上に築かれている。」、それから脚注の中で「…もし…報償が、行われた奉仕に対して何かよきものを授与することだと定義されるなら、それら〔給与と賃金〕はあきらかに、この項目に含まれる。」

20 Sidgwick, *loc. cit.*

21 ある役職を占めるための選考そのものは報償でも賞でもなく、それ自体の権利において一つの「処遇の一般的形態」であり、それのデザート的根拠はシッジウィックの言う「相応しさ」であり、その資格付与条件は時によってテストとか他の種類の選考基準である、と論じることには心そそられる。その場合、包摂と対立する複数のデザート的根拠という問題が生じるのは役職(または役目)が同時にそれらへの着任者にとって「名誉ある地位」、高度に切望される悦びの源泉でもある場合にかぎられる、と論じることが可能である。そのような見方からは、「役職」または「役目」としての側面でのみ考慮される名誉ある地位は、それのデザート的根拠をもつが、それが同時に切望される悦びの源泉でもあるかぎりで、それはまた賞や報償とみなすことができ、その場合には、競争的技能や過去の貢献が有意のデザート的根拠となる。

しかしながら、この見解を採用したいという魅惑には抵抗すべきである。単に「それ自体として」考慮される役職は、デザートとは無関係であり、それ故デザート的根拠をもたない。というのは、それが何か快や苦を伴うとか歓迎されたり恐れられたりするものでなければ、デザートの観念はそれの理解可能な適用場所をもたないからである。

22 これはギリシア人たちが、より初期のデザート中心のホメロス的社会が頑固に持続する中で常により手の込んだルール支配的システムを試す過程で、苦労して学んだことである。

しかしながら価値システムは、社会が発展しても持続する。そしてホメロス的システムは、報償または罰を、行為者がもっているかもしれないどんな他の考慮への請求権にもかかわりなく、単にその行為の性格に基づいて行為に割り当てようと試みる社会ならどんな形のものであろうと、それと暴力的に対立する。一方のシステムの存続は確実に、もう一方のシステムを導入しようとするどんな試みをも混乱させるのである。

ホメロスの中にすでに存在しているそのような混乱の兆候は、*Iliad* xxiii の二輪馬車競争に見られる。我々は、競争とは特定の日における武勇の判定だと考える。最善の男が勝利しようがそうでなかろうが、勝者は一等賞に値し、二番目のものは二等賞に、と続く。しかし、エウメロスが最終着に入って、勝利したディオメデスは一等賞を与えられるが、アキレウスは、二等賞をエウメロスに与えることを提案する。なぜなら「一番優れた者（*aristos*）がしんがりで終わった」からである（*Iliad,* xxiii. 536. 明らかに、勝者が一等賞を受けないのでは道理にかなわないというのだろう。）

第二位で終えたアンティロコスを除いて、すべての者がアキレウスの決定に賛成する。アンティロコスの異議は成功するが、彼は、「これは理不尽だ。こんなことなど聞いたことがない」とは言わず、「エウメロスは神々に祈ればよかったのです。いずれにせよ、あなたが彼に別の賞を与えることは簡単にできるでしょう」と言うのである。これはすなわちアンティロコスが、競争においてさえ、賞を分配するという目的にとって、男の徳（arete）が彼の実際の出来具合よりも重要だと見なされることを理不尽だとは考えていない、ということである。他方メネラオスは、「徳と力においてより優れている」が、そのことがアンティロコスではなく自分が第二位とされるべき理由ではなく、理由はアンティロコスが、進路変更と妨害によってルールを破ったことにある、と主張する。それでも彼は同時にアンティロコスに向かって「君は私の徳に恥をかかせた」と言うが、それ以上に重要なものはないのである。

これは絶望的な諸価値の混乱である。賞の割り当てが競争の結果に何らか形で関係するのでなければ、それぞれの賞は競争が始まる前に配分されることもできたはずだから、競争することにまったく意味がなくなってしまう。それ故、結果には一定の注目が払われねばならない。しかしあきらかにこの社会では、それぞれの競争者がもつ徳に対してもまた、一定の注目が払われねばならないのである。そのような状況は、疑念、混乱、言い争いにしかつながらない。二輪馬車競争においては、このことは重要でないかもしれない。しかし我々はここに、一つの小宇宙において、アテナイの様々な裁判所や集会の中であれほど破滅的な結果を生み出した諸価値の混乱を見るのである。　A.W.H. Adkins, *Merit and Responsibility*（1960）, pp. 55-56

23 この哲学のやり方に関するより詳しい議論について、拙稿 ” Supererogation and Rules,” *Ethics* (Jury 1961) 参照。

24 H.L.A. Hart, “Are There Any Natural Rights?” *Philosophical Review*, LXIV（1955）; reprinted in F. Olafson, *Society, Law, and Morality*（1961）.

第6章
無比較的正義[1]
Noncomparative Justice

思慮深く経験主義的発想の哲学者が、中心的洞察、あるいは基本的分析枠組みを何ももたないにもかかわらず、体系的な正義論を執筆しようと企てるとしよう。そのような人は当然ながら、結果として自身の諸原理をそこから導き出さねばならないデータ全体を見渡すことによって、その世界の地形についての準備段階でのアイデアを得たいと思うだろう。彼は何を見つけるだろうか。疑いもなく、膨大に多様なものごとを見る。まずは、その中で正義についてあれこれの問が生じうる、極めて多様な種類の人間活動が存在する。そのような活動として、財と負財の分配、デザート（功績）への報奨、損失の補償、真価の査定、批判の判定、ルールと規制の実施と強制、娯楽のゲーム、（交渉、投票、コイントスによる）紛争の解決、契約、購入、売却、など、そしてもっとこれ以外にもある。

正義のデータに統一性をもたせる一つのやり方は、これらの多様な活動をもっと一般的な種類に分類することである。こうしてスコラ期以来哲学者たちは、配分と処罰と交換をそれぞれ、“分配的”正義、“応報的”正義、“交換的”正義という項目の下で論じてきた。しかし理論的観点からしてこの分類は、問題に深く切り込んでいるとはまったくいえず、人間活動の三つの一般的種類から正義の三つの異なった理論的に興味深い形式へと推論するなどといえば、それに誤謬推論になるだろう。伝統的な三表題はせいぜいのところ、研究を整理するため、または本を章に分けるための、有益なやり方であるにすぎない。正義のデータを分類するのに同じだけ有益で、もっと成果の期待できる理論的洞察を約束するやり方は、不正義[2]を、不当に差別する不正義、被害者を利己的に利用する不正義、誤った引き下げ判断を下すことで被害者を不当に扱う不正義、に分割するというやり方である。これは、不正義と呼ばれる不当行為のタイプの一つの区別であり、正義の状況や文脈の間の様々な区別に横断的である。私の考えでは、活動が何であれ、制度的背景がどんなものであれ、正しく不正義と呼ばれるものはどれも、これら三つの中のどれか一つのタイプの不当行為である。

さらにいっそうの統一性を達成するやり方は、正義のデータをできるだけ手際よく二つのカテゴリーに分けることである。多分これは色々なやり方で行えるのだが、私が本論文で関心を抱いているやり方では、正義の様々な文脈、規準、原理を、異なる人々の間における比較を本質的に含むものと、含まないものとに分類する。もちろんあらゆる事例において、正義とは人に応分のものを与えることであるが、ある場合には人の応分のものは、他の人にとっての応分のものと独立に決まる一方、別の場合には人の応分のものは、彼と他の人々との関係を参照することによってのみ決まる。私はこの後、前者の種類の文脈、規準、原理を無比較的（noncomparative）と、後者の種類のそれらを要比較的（comparative）と呼ぶことにする。本論文における私の目的は、要比較的正義と無比較的正義との間の差異を明らかにすることと、この両者が共にもっているもの、そしてそれのために正義という名称が両者に当てはまるようになったそのもの、を探究することにある。

I 要比較的正義と無比較的正義

近年、要比較的正義は、一つには論者たちがその一般的性質について合意が可能だったという理由もあって、無比較的正義よりもはるかに注目されてきた。驚くほど多くの哲学者[3]が、あらゆる正義は、（本質的に）財と負財の分配に際して恣意的な不平等がないことなのだと主張し、それによって性質上無比較的である正義の多種多様な文脈を完全に無視するところまで行った。もちろん、要比較的正義が抱える諸問題が、現実のものであり差し迫っていることは否定できない。ここでの私の関心は、要比較的正義の諸問題に排他的に関心が注がれた結果生じた重点の置き方の不均衡、を是正することに尽きる。しかしながらまず初めに、典型的な要比較的正義の状況について考えてみよう。つまり、⑴ 競争の賞が与えられる場合、⑵ 負担と利益が分配される場合、⑶ 一般的ルールが定立、施行、強制される場合、である。

競争の賞が成績や報奨とどのように異なるかを指摘することは、よい例証になる。我々は、受領者以外の人々の請求権やデザート（功績）について何も知らなくとも、成績や報奨が不適切に与えられたと知ることはできるが、一方賞というものは、何らかの競争の中で最善の者（あるいは「ブービー賞」の場合は最下位の者）を選抜する、あるいは競争者たち相互間の厳密な順位付けを行う、という公然の目的をもつものであるから、他のすべての人々がもつ適格性の吟味に先んじて、一人の者に正当または不当に与えられたとわかることはない。したがって、賞の授与は要比較的正義の状況であり、他方成績や報奨の授与は典型的な無比較的正義の状況である。

あらゆる要比較的正義は、何らかの形で、一つの組に属するすべての構成員に与えられる処遇についての平等を含んでいる。しかしその平等が、絶対的であるか「比例的」であるか、取り分の平等なのか機会の平等なのか配慮の平等なのかは、与えられたり分配されたりする財と負財の性質、また、授与や分配がその内部で実施される組の性質に依存する。要比較的不正義とは、何らかの種類の恣意的で不公平な差別のこと、すなわち、もっともな理由なく平等処遇が要求する形式から逸脱することである。正義の状況が、分割可能だが限りのある財の分配、あるいは分割可能だが限りのある雑用の割り当てである場合、誰か特定の個人はどれほど受け取るのが正義にかなうのかという問に対しては、**他の者たちのためにどれほどのものが残されているのか**、を問うことが適切である。そして正義の状況が、一般的ルールの適用あるいは強制である場合、要比較的正義は裁判官や行政官が、当該ルールによって特定される一つの組の中に含まれる各人に対して、厳密に同じ処遇を与えることを要請する。

もちろんこうした所見は、今となっては退屈でありきたりのものである。ここでこれを述べる私の目的はただ、要比較的正義と無比較的正義との間の対照を解明する助けにすることにある。ここで、様々の無比較的な正義の状況を検討しよう。我々の問題が、無比較的正義に従って、割り当てか、責任帰属か、賞の授与を行うことである場合、相手の「応分のもの」は、何らかの分割可能な便益ないし負担の取り分または分配分ではない。だからこそ、我々が対応しているその人の応分のものが何かを知るために、他の人々の応分のものが何かを知る必要はないのである。彼の権利あるいはデザート（功績）のみが、彼の応分のものを決定する。だから我々が、いったん彼の応分のものの判断に至れば、その判断が他の当事者たちの条件に関するその後の情報によって影響を受けることは、論理的にあり得ない。他の当事者たちについての情報に基づいて、我々が彼の応分のものを彼に与えないと決定するかもしれないが、しかしどんな新データも、何が実際に彼の応分のものであるかについての我々の判断を覆すことはできない。その判断は、排他的に当人のデータに基づいており、他の者たちの新たな情報によっては、一つの判断として矯正不可能なのである。我々の仕事が、多数の個人の各々に対して無比較的正義を実践することにある場合、我々は、彼等を相互に比較することはせず、各々を順次客観的な基準に照らしてみて、各人を（いわゆる）「彼の真価に基づいて」判断するのである。その結果、処遇の平等は、要比較的正義において主要な要素であるのはもちろんだが、無比較的正義概念の中には占める場所がないのである。もし我々が、すべての者を不公正に、しかし平等にかつ偏ることなく不公正に、処遇するならば、我々は個々の人に不正義を働くのであって、それはせいぜいのところ、すべての他者に行われる平等の不正義によって緩和される[4]に過ぎない。

最も明らかな無比較的不正義の事例は、不公正な、刑罰や報奨、真価の成績づけ、評価引き下げ判断、である。これら三つの行いのうち第三のものが、正義という観点からは最も基本的に見える。そしてそれは近時の議論の中でひどくなおざりにされてきたので、本論の残された部分における中心的な注目対象となるだろう。しかしながらまず初めに、いわゆる交換的文脈と応報的文脈における無比較的不正義についてのありうる事例を、いくつか簡単に考察することにする。一見、自由かつ平等な交渉者間の合意、取引、譲渡が不公正である時、または、約束が不当に破られる時、その不正義は本来無比較的である、と考えられるかもしれない。というのも、そういった事例において結ばれた合意または破られた約束が不正義になるのは、当事者の一人が応分のものを否定されるからであって、これは当該の行為者または他の行為者によって他の者がどう処遇されるか、または処遇されたかとは独立のことだからである。例えば、商業上の約束を結んだ後それを破られたビジネスマンは、不公正に扱われたといえるが、それは彼への扱いと他の者への扱いとの差異の故ではない（ただ、そういった比較対照がなされる場合にはもちろん、侵害の感覚を悪化させる役にたち、元のとは別の比較を基礎にした派生的不正義が存在することを示すことにはなるが）。彼は、そのような比較対照とは独立に決定される自身の権利を犯されたのだから、いずれにせよ不公正に扱われたのだ、と見えもする。しかしながらこうした事案は、たとえ実際にも無比較的不正義の事例であるとしても、最も明瞭かつ純粋な例ではない。（ホッブズには失礼ながら）不当な約束破りの事例のすべてが何かの種類の不正義の事例だというわけではない。結局のところ、人に対して特別不公正を働くことなく彼を虐待することも可能である。しかしながら、典型的には約束破りは不公正である。なぜなら、欺くことや特に嘘をつくことがそうであるように約束破りは、利己的利用（搾取）、つまり一方当事者が、相手につけ込むまたは、被害者の損失の下に不当に自身の利益をはかること、の一形態だからである。利己的利用が生じれば、利益の均衡が崩れ、利得と損失が再分配される。これらの事例においては、搾取者の結果状態と被害者の結果状態との比較がなされる時に、不正義が判然とする。この点は、はじめから不公正な取引についてはなおさら強く当てはまる。[5]

無比較的不正義のより純粋な事例は、応報的文脈の中に現れる。例えば、無実の人や自身のしたことに責任のない法律違反者を罰することが、彼の組に属するあらゆる他の違反者に類似の処遇が与えられることと無関係に、当該の罰せられた人に対して不正義を犯すことになるのは明らかである。確かに、有罪の者が自由の身となり、その罪で無実の者が罰を受けるという状況には、要比較的不正義の要素がある。しかし、たとえ有罪の当事者もまた罰せられる、あるいは罰よりもさらに悪い運命に泣くとしても、無実の者を罰することは、その者に対して不正義であろう。

私は、この後大きな注目を向けることにする無比較的正義のカテゴリーを、判断的正義と呼ぶよう提案する。私の考えでは、〔正義の〕理論における判断の重要性は、（プラトンやアリストテレスのような）正義の徳に、あるいは（近代功利主義者やその論敵たちのような）行為とルールの正義と不正義に、焦点を当てる著作家たちによっては、不十分にしか認識されてこなかった。判断上の不正義という観念は、十分によく知られている。日常の会話の中で、人々が表出する言明、意見、判断が、正当または不当だと呼ばれるのは普通のことである。時によって、ある人が別の人を評する意見は、「彼を正当に評価し」ていない、つまり我々の言い方では、「彼に公正」でないのである。（行為と区別される）判断が、判断された人にとって不公正だと言われる場合、主張されている不正義は、典型的に無比較的な類のそれである。無実の人が有罪と宣告される時、彼の履歴は、彼の評判を不利にする形で、そして真理という根拠を損ねて、歪められる。これは彼に対する不正義であり、たとえ彼の判決執行が猶予されたり、それ以上の苦難が課されることがなくても、そうであり続ける。この事例における不正義はまさに、引き下げ的申し立ての虚偽性にある。不正義はまた、不正に有罪判決を受けた男について信じられていることの虚偽性にもありうる。信念や意見は、たとえそれらが他の人々に向けて発せられたり喧伝されたりすることがほとんどなくても、しばしば信念や意見の対象である当の人々対して不公正だと言われる。同様にもし書評者が、機知に富んだ本をつまらないとか、綿密な議論を表層的だとか、正しい論証を誤っているとか、書いたりすれば、彼は当該の本またその著者に対して、「正義を行って」いないのである。繰り返すが、この不正義は無比較的である。それは、当該の本を読む人なら誰によっても見出されうるし、この評者または他の評者たちが行ったこの本または他の本についての批判的判断には全く依存しないのである。

要比較的正義と無比較的正義とを区別するについての困難事例は、それ自体が形式上比較を伴うような判断によって提起される。例えば、実際はBがAよりメリットを有する時に、「AはBよりメリットを有する」と言うのは公正でない。ここまでのところ、私の定義基準（definitional criteria）は、この不正義を要比較的と無比較的のどちらの不正義に分類するかについて十分厳密ではない。もし要比較的不正義が、不公正に扱われる人と他の人との間で、どんな種類のものであれ比較をして初めて、それと確定されうるような不正義であるなら、その場合はもちろん、当該の事例は要比較的不正義である。というのも、問題の判断が真か偽かを示すようないくつかの事実を立証するためには、Aの関連特性とBの関連特性とを比較しなければならないからである。他方この例は、重要な点で、ここまでで考慮したすべての要比較的正義の例と異なっている。他のすべての要比較的不正義の例は、二種類の比較——(i)当該個人の請求の基礎をなす、その者がもつ関連する性質、メリット、ないし業績と、関連する比較集団がもつそれらとの間の比較、のみならず、(ii)この請求者個人に結果として与えられる「処遇」(例えば、賞、成績、分け前、報奨、罰、そしてこの場合は、その者に関する判断)と、関連する他者に関してなされる「処遇」(この場合、別の判断)との比較——を必要とする。ここまでで考慮したすべての要比較的正義の事例において、批評家は、(アリストテレスならそう言ったかもしれないように)比較される請求(この場合はメリット)間の比率が、比較される処遇(この場合は判断)間の比率に等しい場合に、正義がなされたと認定できた。しかし当該の事例(「AはBよりもメリットを有する」という判断)では我々は、単にそれが偽であると知ること…つまりそれが述べる関係的事実が実際には妥当しないことを確認すること…で、当該の判断がBに対して不公正であると知ることができる。我々は、この判断とこれらの人々または他の人々についての他の判断とを、別の文脈であれば、現在の罰や賞や分け前をこれらの人々または他の人々への対応する(一般名称を用いて言えば)様々な「処遇」と比較する必要があるかもしれないような形で、比較する必要はない。要するにここでの不正義は、批評家に、二つの比較ではなくただ一つの比較——両請求者に対する様々な処遇(ないし判断)の比較ではなく、両者がそれぞれもつメリットの間の比較——を行うよう要求するから、すでに考慮された要比較的不正義とは異なるのである。

思うにこの違いは十分に重要であって、不当な虚偽の比較判断を無比較的不正義の事例として分類する裏付けとなる。この分類は以下のように、我々の当初の定義に除外条項を追加するだけで実行しうる。人に対して行われる不正義が無比較的である場合、それを確認するには、次のような場合を**除いて**、いかなる比較も不要である。すなわち、問題の処遇が、それ自体**形式上比較を伴う判断**であって、その結果、判断される人の請求(または性質や過去の成果）と、他の人のそれとの比較が、単にその真実性を確証または反証するために必要な場合、である。対照的に、甲に対する不当な処遇が、要比較的意味で不当である場合、我々はそれを確認するために二種類の比較…すなわち、甲の請求と他の者たちの請求との比較、および、甲に対するこの処遇と他の者たちに対する様々な処遇との比較…を行わなければならない。もしこれら二つの調査によって、甲にとって不利な形で、比較された複数の要求と複数の処遇との間にアリストテレス的な「不均衡」があることが明らかなるなら、その時当該の処遇は甲に対して（要比較的意味で）不公正だったのである。

判断的正義についてもっと包括的な議論を行うには、以下のものを区別せねばならないだろう。すなわち（i）それらの真または偽と同じように、誰がそれらを信じるようになるかとは全く独立に（実際には誰もそれらを信じなくとも）当該の判断がもつ性質である判断それ自体の正義または不正義、（ii）その判断を、形成したり単に抱いたり信じたりする「心的行為」の正義または不正義、（iii）判断を言葉で、あるいは象徴的に行動で、表現することの正義または不正義、である。（i）または（ii）を、人々に対する処遇の正義または不正義と同視することが、たとえ「処遇」という語に意識的に引用符がつけられていても、非常に誤解を招きやすいことは認める。せいぜいのところ、聞き手に対して引き下げ判断を実際に伝える（iii）のみが、賞の授与や罰の賦課が明らかに処遇であるのと同じ意味で、人に対する処遇と数えることができるだろう。しかしこうした限定づけは私が、（iii）と同様（i）と（ii）の事例における比較判断の正義または不正義も、無比較的領域に属するものと分類するのが最善だ、という結論に到達する妨げとはならない。なぜなら、たとえこれらの事例では通常の種類の処遇はないとしても、複数の処遇が比較されなければならないというのが真ではあり得ないし、さらに我々が見たように、問題となる判断が、同じ種類に属する別の判断と比較される必要はない、からである。

この要比較的正義と無比較的正義との区別を明快かつ機械的に適用するのを妨げるもう一つの種類の障壁となるのは、我々の制度化された実践それ自体がもつ複雑さから来るそれである。例えば賞授与の過程はしばしば、成績づけや報奨の要素を含んでいる。報奨もまた多くの場合、同様に複雑である。単純な方の事例では、我々が報奨として与える贈り物を受け取る人々は、多分それに報奨としての象徴性とは全く別の価値を見いだすだろう。我々は、何らかの優れた行為に対する高評価と賞賛を表現する方法として贈り物を与えるのだが、しかし時にその行為なるものは、技能競争に勝利することで真価を顕現することである。そのような事例では、報奨と賞の区別はぼんやりとしたものになる。他の事例では、賞は勝者たちにとって、賞としての象徴性を通した価値以外の価値をもたない。したがって州祭におけるパイ焼きコンテストで獲得されたブルーリボン賞は、全く報奨の要素を伴わない純粋な賞だが、プロのゴルフトーナメントの勝者に与えられる10,000ドルは、賞でも報奨でもある。さらに賞は多くの場合、成績付けの手続を経た結果として割り当てられ、成績と同様に、多くの場合判断の表現と理解されうる。さらに成績はそれを受け取った者たちに、賞や報奨と同じだけ高い価値のあるものと考えられる可能性があり、この事実は、これらの区別をさらにぼんやりしたものにしがちである。

ここで、実際にはジェーンのパイがメアリーのパイよりも良い出来であったにもかかわらず、メアリーが第1位（ブルーリボン）、ジェーンが第2位（レッドリボン）になると仮定しよう。単なるリボンにはそれ自体としての価値はないので、この状況下では、厳密な意味での報奨の要素はほとんどない。しかしながらこの賞の授与は、二つのパイの相対的な真価についての二つの判断、この場合は誤った二つの比較判断、の表現である。それらの判断は、判断として、ジェーンに対して不公正である。純粋で単純な判断的不正義の事例として、この不公正は無比較的である。なぜなら、その判断を確定するには、(2つのパイの間の）比較が一回だけ、必要だからである。それでもリボンを、単なる比較判断の表現としてではなく賞として分類することで我々はリボンに、公的に発話された言葉のもつそれにとどまらない価値を帰している。判断を表現する他の様々なやり方は、相対的につかの間のものだが、この賞は、永続性をもつ所有し展示することのできるトロフィーという形をとっている判断である。トロフィーの価値は、それが象徴している判断から部分的にさえ（賞金の価値ならそうなるようには）独立でないので、それは報奨ではない。

しかし他方でそれは、永続的で触知できる記録または証拠という性質をもっているので、それが体現している判断以上のものである。したがって、単に判断を下すことはそうではないが、賞の授与は実際人に対するある種の「処遇」である。そして象徴上の慣習によって、ブルーリボン賞はレッドリボン賞よりもよい処遇である。それ故賞授与の不正義は、請求根拠の比較と処遇の比較とによって（初めて）確立されるのであり、そのため要比較的不正義の資格をもつ。

ある種の判断としての成績というテーマへと移る前に、判断的正義についての一つの重要な誤解を、取り除いておこうと思う。すなわち、人が受けるに値するよりも良く当人を処遇する判断を表現する事によって、無比較的不正義がなされることはない。例えば、不相当に好意的な批評によってなされる「不正義」は、別のカテゴリーに属する不正義である。それは、批評で低く評価された者たちに与えた苦痛を不当に一層悪化させ、好意的に批評された者たちに与えられた賞賛を述べた言葉の通貨価値を切り下げることで、他のすべての著者に対してなされる間接的な要比較的不正義であるか、そうでなければ、「プラトン的」または別の「宇宙的な」類の無比較的不正義（これについてはこの後すぐ述べる）である。しかしそういった処遇が、幸運にも不相応な賞賛を受けた人に対する不正義になる場合はめったにない。彼は不当に扱われたわけではないから、個人的な苦情の原因をもたず、不満を感じることもないのである。

成績づけもまた、「判断的正義」の項目に入れることができる。成績づけシステムの目的が、人がなんらかの才能、知識、あるいは他の評価可能な特質をもつ度合いをできるだけ正確に明瞭に評価することにある場合には、所与の成績評価の公正さまたは不公正さは、無比較的な種類のそれとなる。実際、成績それ自体は、人についての判断（ないし評価あるいは査定）を表していると理解しうるし、それ故、他の判断とまったく同じように、彼にとって公正だったり不公正だったりする。成績が、その後の仕事への配属、機会、競争的名誉、その他の利益の基礎として用いられる場合には、不相応に低い成績は、それを越えた要比較的不正義、または無実の人を罰するのに類比的な別種の無比較的不正義、さらには「プラトン的」な、四角いくいがぴったりの四角い穴に収まることを妨げる不正義、を引き起こしうる。

成績づけシステムは、時により別の目的をもつものと理解される。そのシステムが、一つの組に属する各個人の正確な評価を生み出すのではなく、その組のメンバー間で他のメンバーたちとの相関における高い順位の地位をめざす競争を刺激することを目的とすることもありうる。それは例えば、学生たちが「相対評価で評点」をつけられ、その結果全員が高い成績を得ることはアプリオリに不可能、というような場合である。そのような成績づけを行う目的は、所与の特質をもつという点からする人々の正確な順位づけを生み出すことにある。あらゆる成績と同様、個々人に与えられる「相対評価」は判断——この場合は比較判断——の表現であり、不正義の確認のためには、出された評価の確証または反証に必要な限度での一回の比較のみが必要であるから、不公正な相対評価は、無比較的な意味において不正義である。しかしながら、公言されている相対評価の目的が競争を刺激することにあり、かつ相対評価によるという限定が周知で事前の同意を得ている場合には、成績をつけられる活動は、ルールに従ったゲームや競争の要素に似てくるし、相対的に高い成績は賞と理解される。そういった事例において不正義は、要比較的な種類の不正義に似てくる。なぜならその不正義は、被害者たちから、供給に限りのある分割可能な財——皆が欲しがる相対的高成績——中の彼等の「公正な取り分」に類似するもの、を奪うからである。[6]

私が上で「プラトン的正義」と呼んだものについて、ここでごく簡単に触れておくのが相応しいだろう。(そうしなければ私は、その主題に「正義をな」さなかったことになってしまう。) プラトンやソクラテス以前の哲学者たちが抱いた正義の概念構想 (a conception of justice) は生き続けており、より目に付く子孫たちと肩を並べて我々の道徳意識の中に息づいていることを、私は疑わない。私の理解ではプラトン的な観念は、無比較的なそれである。「様々な機能」は、それが内心の心理的種類の機能か、社会的種類の機能か、より一般的な自然的な種類の機能かにかかわらず、その物の (彼の) 本質からしてそれらを実行するのにもっとも相応しい物や人によって果たされない場合には、特定できる個人が応分のものを否定されるか否かにかかわらず、少なくとも宇宙的な観点からは不正義がなされているのである。ギリシャ人たちはあらゆる自然を、機械あるいは生物のモデルに基づいて、ある種の有機的システムだと考えた。そこでは、大きなシステムが果たすマクロ的機能は因果的に、構成要素であるサブ・システムが各々の機能を適切に果たすことに依存しており、ある程度は逆もまた然りなのである。したがって構成要素である「機関」や「メカニズム」の一つが適切に機能しなくなると、それを要素とする大きい方のシステムは、調子が狂うことになる。(この考え方と、人間は正常な宇宙的過程の働きがそれに依存している道徳的機能をもっているのだという、これもギリシャ起源の観念とを結合してみよ。そうすれば、一つの卑劣な殺人が宇宙の「歯車を狂」わせるというシェークスピア的観念が、ほとんど理解可能になる。)この元々曖昧な概念構想を、もっと厳密なものにしようとすることに意味はない。ここでの私の目的はただ、そういった観念が存在し、それは無比較的観念であること、その場合知覚される不正義は、自身の適切な役割を侵害された人々が被る(そのような不正義は、もっと普通の要比較的種類のそれである)のではなく、不正に用いられた「機能」とそれが部分をなす有機的宇宙が被ること、を指摘する点にある。「宇宙的不正義」は何よりも、宇宙自体によって被られる、と考えられているのである。[7]

無比較的不正義の概念1構想は時に、我々が状態を「正しいものではない」とする会話の中に含意されている、と私は考える。日常言語における「正しい」と「善い」の間の区別は部分的に、「正しい」は行為に妥当し、一方「善い」はもっと一般的に行為や事物のみならずあらゆる状態を賞賛するのに用いられる、という事実にあるという点は、英米分析倫理学における伝統的叡智の一部である。[8]逆に我々は時に、状態が正しいとか不正だとか言うが、そう言う時我々は、単にそれらが良いとか悪いとかいうことを、異なっているが意味は同じ用語で言おうと意図しているわけではない。我々は「しかじかなどという事実は正しいことではない」と言うが、これは単に、しかじかという事実は良くないと述べるよりも強く鋭い不服申立である。さらに我々は時に、特に侵害を受けた個人とか他の非難されるべき個人を我々が知っているわけでない場合でさえ、そして不正義という特質や効果をもつと我々が知っている行為がなくとも、ものごとが正しくない、と自信をもって言うことがある。有権者によって不当に扱われたもっと立派な人間が誰か知らないのに、あるいはその選択で有権者を責める気もないのに、「この偉大な国の大統領がこんな卑小な人間であるのは、まったく正しいことではない」と我々は不満を言うかもしれない。侵害された当事者の請求権に言及することなく、ある状態は正しくないとか、それを一部に含む宇宙がプラトン的な言い方で「歯車が狂って」いる、と我々が断定する場合、我々の判断は無比較的である。

II 現実世界への適用

要比較的正義と無比較的正義の区別を現実の世界に適用することは、容易ではない。二つの概念の区別は十分明快でも、各々の例が純粋なものであることはまれであり、与えられる例はどれも、もう一方の要素ももっている可能性が高い。このことは、概念上の混乱だけでなく、道徳的困惑をも招く。多くの正義状況には、要比較的原理と無比較的原理の両方が妥当する。様々な要比較的原理はすべて、アリストテレス的基準の形式――正義は、有意の点で（relevantly）類似した事例は類似した取り扱いをし、有意の点で類似しない事例は、それらの間の有意の非類似性の直接的割合に応じて非類似的に取り扱うことを要求する――を共有する。一方様々な無比較的原理は、数においても形式においても、縮減化不可能な形で多様である。あるものは、無実の人や非随意的に行為した人を罰することを非難し、あるものは、道理にかなう期待が裏切られないことを要求し、他のものは、虚偽の引き下げ判断を禁止する。二つの種類の原理のどちらもが一つの具体例に妥当する時、十分多くの場合に二重化は良性で、一方の原理で正義にかなうことはまた、他方の原理が命じる取り扱いでもある。他の場合には、有意の要比較的原理と無比較的原理は逆方向へと導き、「正義感覚」は麻痺に陥る。

要比較的原理と無比較的原理が重なり、相互を強化する時に、双方の原理に違反して相手を取り扱うことは、彼にある種の「二重の不正義」を加えることである。これは、A. D. ウーズレーがよく理解している点であって、彼は「(労働の報酬として）自身がしたことに対して相応しい報いより少なくしか受け取らない人は、もし誰か他の者が彼より多く得たなら二重の不正義の下にあるが、誰もより多く受け取ることがなくとも、たとえ他の者が誰も関係していなくとも、依然として不正義の下にある」と書く[9]。ウーズレーの例で示唆されている労働者への過小賃金は、実際彼への二重の不正義であるように見えるが、明白な要比較的原理と無比較的原理との二重化の例ではない。何が「公正賃金」かを決める「交換的正義」の原理は、それ自体が要比較的原理であるかもしれない。その場合ウーズレーの労働者は、二つの根拠からして不公正に取り扱われている。つまり彼は、同じ仕事についている有意の点で類似する仲間の労働者よりも少なくしか支払われていないし、彼の業種の国民「標準的労働者」よりも少なくしか、それ故「彼が値したものより少なくしか」、支払われていない。この場合彼は、彼の工場の仲間の労働者と比較された時、そしてまた、国全体で有意の点で類似する仕事をしている労働者たちと比較された時、差別を受けているように見えるが、無比較的原理はまったく彼の事例に当てはまらないように見える。しかしあるいは、所与の仕事に対する公正賃金を決定する交換的正義は、応報的正義の分野でこれに対応する、所与の犯罪に対する公正な処罰を決定する原理と同じように、部分的に無比較的であるのかもしれない。もし、適正に立法された法律の結果、首の切断や腹部切開が駐車時間超過に対する標準的刑罰になるなら、所与の事件で適用される処罰は、たとえすべての違反者に一律かつ差別なく適用されるものであっても、(厳しすぎるために) 不正義であるだろう。さらにそれは、たとえ刑法システム全体の中でもっとも穏やかな刑罰であったとしても、つまり他のもっと深刻な違反はさらに割合に応じて厳しく処罰される (拷問、違反者の家族の処罰、など) としても、不正義であるだろう。要するに、ある刑法システム内のすべての処罰が、厳しすぎるために不正義である、ということも可能であり、このことは、刑事的報いが部分的に無比較的であることを示す。もし交換的正義と応報的正義の類比が、この点でも成立するなら、ある仮想的な経済におけるすべての賃金が低すぎて、どの所与の労働者も、彼の賃金と他の労働者たちの賃金との比較によって決定されるのではなく、彼自身の事例がもつ真価によって決定されるものとして、彼が値するものより少ししか受け取っていない、ということが同様に考えうる。しかしこの類比は、一つの点で成り立たない。過小支払い下にある労働者たちが受け取る取り分が割合から外れて小さいなら、産み出された富からその雇用主たちが受ける取り分は割合から外れて大きいはずである。だからその労働者たちは、その雇用主たちとの比較では、不正に取り扱われているのである。(これはすべての搾取が、その点で要比較的不正義となる点である。)

それにもかかわらず、ウーズレーの例の中に無比較的不正義の要素が含まれている可能性がある。例えば、人種差別の例だとしよう。過小支払いされている労働者は、彼の仕事が劣るからより少ない給与しか受けないのだと(真実でないことを)告げられるのだが、ニグロであることが理由で差別されている。一方ではこれは、多数の労働者中の一人(または一組の労働者たち)に対する不当な差別であり、だから要比較的原理によって非難される。他方、能力評価に基づいているという見かけ上の正当化が与えられているという限りでそれは、能力を認識しないこと、事実としては高い能力をもつ排除された労働者に対する不当な判断、の表現であって、その場合にはそれは、すべての判断上の不正義と同じく、無比較的なのである。

有意に(relevantly)適用可能な要比較的原理と無比較的原理が、逆の判断を生み出す場合、もちろん二つの可能性がある。要比較的原理が容認することを、無比較的原理が非難するか、または無比較的原理が是認することを、要比較的原理が不正義と宣告するか、である。純粋に前者の種類に属する例を思いつくのは容易ではない。主人たちが一律かつ偏りなく、被統治者たちから(彼等の事例自体の真価によって決定される)彼等の応分のものを奪うような奴隷社会の例はこれに近いが、そこでさえ、結果として生じる特権者たちと恵まれない者たちの条件の格差は、要比較的根拠からして不正義であるだろう。それより純粋な例は上に示唆した、有効かつ偏りなく運営されているがすべての罰が実際の罪と釣り合わない刑法システム、である。というのもこの場合は、(奴隷制の例とは異なって)裁判官、陪審員、獄吏たちは、犯罪者たちに科される不正義の処遇から直接利益を得るわけではないから、刑罰は無比較的根拠からは不正義だが、要比較的根拠からはそうでない(いずれにせよ、もし処罰される違反者たちが相互にのみ比較されるのであれば、そうでない)だろうからである。しかしこの例でさえ、犯罪者たちが受ける過重な刑罰を犯罪者でない者たちが刑罰を受けないでいることと比較することもありうるから、完全に純粋なわけではない。

要比較的不正義の存在が、検討される比較群に相対的である、という点の重要性は、非随意的なルール違反に対してさえ人々が処罰されるような仮想的な刑事法システム、という困惑させる事例で生き生きと示される。罰がすべて（それが何を意味しようと）道徳的罪に正確に比例的であるような、または「非随意的犯罪」の事例では、その違反が故意であったなら問題になったはずの罪に比例的であるような、システムを想像していただきたい。この仮想的システムでは裁判所は一貫した公平さで、幼児と精神障害者を犯罪について有罪だと認定し、他の者たちを回避不可能な事故や悪意のない過失のゆえに処罰する。これらの実践はもちろん、処罰される者たちにとってひどく不公正であり、その不公正は、少なくとも無比較的であるように見える。しかしこれらの不運な者たちは誰も、法の実施に差別や、先入観、えこひいきがあるとして不満を言える立場にはないから、要比較的不正義の要素を問題にする必要はまったくない、ように見えるかもしれない。類似の事例（非随意的悪行）は厳密に類似のやり方（刑罰）で取り扱われるから、アリストテレス主義の公式は満足される、ように見えるかもしれない。しかしながら、その比較が異なる比較群の間で行われる時、結果は大きく異なる判断になる。すべての非随意的犯罪者たちがすべての有意（relevant）の点（彼等のルール違反）で相互に比較され、すべての随意的非犯罪者たちがすべての有意の点（彼等のルール遵守）で相互に比較される時、不当な取り扱いを認めることはできない。しかし、すべての非随意的犯罪者たちが同じ範疇のすべての随意的犯罪者たちと比較される時、結果は大いに異なる。というのも我々はすぐ、非随意的犯罪者たちは、道徳的に関連性のある点——つまり一つのグループは随意的に行為し、他方のグループは非随意的に行為したということ——で異なっているにもかかわらず、随意的犯罪者たちと同じに取り扱われる、ということを発見するからである。そうなる理由は単に、人を非随意的な根拠によって処罰することは、どんな人にとっても、無比較的根拠からして不公正だから、である。だからこの興味をそそられる事例は、要比較的原理と無比較的原理が概念上連結するやり方でぴったり繋がりうるという、もう一つの重要な点を例証する。当面の事例では、無比較的正義原理が一定の文脈において、このことがなければ形式的に決定できるはずの、要比較的正義原理を適用するための有意性（relevance）の基準、を決定するのである。

もっとよくある真正の対立の例は、無比較的原理からは許容されるが要比較的原理からは不正義として非難されるような具体例が与えてくれる。アウグスティヌス的な救済の理論を考えていただきたい。すべての人間はその本性において全面的に貧しい存在だから、その者自身の真価のみが考慮されるのでは、誰も神の恩寵に先立ってまたはそれと独立に、救済を受けるには値しない。それ故それぞれの事例において、断罪と地獄の業火へと向かう運命によって、無比較的正義が実現されるはずである。それにもかかわらず神は、無限の慈悲から、行政的減刑恩赦のようなものを行使して、神の恩寵が少数の根拠なく選ばれた者たちの魂に触れるのを許し、それらの魂が（その資格のない）[10] 自身の救済を達成することを許容する。他の者たちは実際、地獄へと向かう運命にあるが、少なくとも無比較的原理は、彼等に正当な不服を許さない。彼等は、応報的正義の規範に従って応分のものを受け取っているだけの罪人たちだからである。それでも彼等は、もし同じように罪深いがもっと運のよい仲間たちのことを考えるなら、明らかに要比較的原理に反する不正義の差別としか思えないもののために、少なくとも幾分は感情を害されそうである。

上記のような種類の事例に考えを巡らせれば巡らせるほど、私はより混乱してしまう。要比較的要素と無比較的要素のどちらを考慮するかによって、正義と不正義が交互に、視覚的幻想の中の画像のように、焦点に入ったりそこから出たりするからである。そしてそのような事例は、神学的思索の中に限られない。それらは、当局が個々の真価は類似している一組の被治者の中の一人またはそれ以上を、「みせしめ」または「例外」にする時はいつでも発生する。一つのクラスの学生全員、または一つの兵舎の兵士全員に同じく罪があり、一人だけが（他の者たちへの脅しとして）処罰されるか、（えこひいきによって）罰を免れる時、処罰を受ける者たちが感情を害するいわれは、無比較的根拠からはない。彼等は結局のところ有罪だからである。しかし彼等は、差別的取り扱いに対して不服を述べることが可能である。[11]

この一般的種類に属する事例群にはまた、無償の施し物の諸例が含まれる。

どんな人も他人の慈善に対する権利をもたない。それでももし、ある慈善家が彼の施しを、10人の集団の内の9人に分配して、何のまともな理由もなく10人目に施しを与えないなら、彼の行いはある重要な仕方で、その10人目の人に対して不公正であるように見える。それでもその慈善家は、恣意的な排除だとの訴えに対して、道徳的に言えば彼はその集団の誰に対しても寄付をせねばならなかったわけでなく、9人に対する彼の援助は、義務的要求を越える純利得だったこと、を想起するように促すことで応えるかもしれない。除外された可哀想な乞食は、自身の正義感覚が混乱し、感情を害されたりそうでなかったりと、ぐるぐる巡りになるだろう。慈善、恩寵、恩赦、または他の形の無償の厚遇を受ける権利はないのだが、それでもそれらのよきもの（財）を分配するについての恣意的な一貫性のなさやえこひいきは、無視されそれらを与えられなかった者たちに対する不正義に見えうるのである。

これに類似する要比較的原理と無比較的原理との間の衝突の例は、受取手たちからなる一つの集団の中で、個々の適切な請求に対して正義がすでになされた後に余剰を分配する、という事例においても見いだされる。ウーズレーによれば、「もしある父がその子供たちであるAとBに対する遺贈で、二人の必要性に十分応えたなら、たとえ彼が残りの資産を全部Aに残すとしても、——必要性以外に、その点で類似の事例の間で区別をすることが不正義になるような、何か別の点がない限り——彼がBに対して不正義を行うことにはならない。」[12] ウーズレーの例の空欄を埋めて、次のように仮定しよう。AとBは大体同じ年齢、体格、健康状態、見かけの良さ、能力、信念、理想、をもっている。各々は同じ基本的な金銭上の必要性をもっていて、その遺贈はそれぞれについてそれら必要性を満たして余りある。しかしその父は、これらの基本的必要性を満たした後、それ以外のすべて——例えば、思いも寄らない百万ドル——を、単にAの方が好きだからというだけの理由で（これ以外の理由は見当たらない）、Aに残す[13]。さらに我々は、その「追加の」百万ドルの存在は、息子達にはまったく知られていなかったので、どちらの息子も、その一部を相続するという期待または希望をもっていなかった、と仮定することができる。必要性、デザート（報いへの値）、「道理にかなう期待」、に基づく個々の請求権が満足された後、いずれにせよ無比較的基準では、不正義がなされることはあり得ない。それでも要比較的考慮が、依然としてその「恵まれない」息子の不正義感（ウーズレーには失礼ながら）を適切に掻き立てるかもしれない。

これらの例で示される要比較的原理と無比較的原理の間の対立は、正義概念それ自身に由来する、その概念の整合性に疑問を抱かせるような種類の、根源的な衝突ではない。私は、二つの形で正義を実現することが概念的に不可能であるような例、無比較的原理の充足が、要比較的原理の侵害を要求するか、またはその逆、の事例をまったく挙げてはいない[14]。いくつかの例が示すのは、一つの種類の原理を満足する一方で他方の種類の原理を侵害することが、時にはありうる、ということだけである。そのような時折の偶然的対立は、複数の原理が対立するとされる場合の、より弱い意味での対立である。このような対立の事例では、完全な正義には足りないものが実現されているが、それは、完全な正義が不可能な理想であることを示すわけではない。要比較的原理を充足することは、時によって特にやっかいであり、我々は例えば、ルール違反者たちのごく大きな集団の全メンバーではなく一部のメンバーだけを処罰することで、近道をしたい誘惑に駆られる。その場合我々が、効率と便宜のために要比較的正義の点で妥協を選択することには、十分な理由があり、そして、無比較的正義にはすでに応分のものを与えている（つまり、有罪の者だけを処罰した）場合、我々は比較的良心の痛みなく近道ができるかもしれない。それでも我々は、この種の事例で要比較的正義と無比較的正義の両方を充たすというのはどのようなことか、を簡単に思い描くことができるから、この二つの原理の間の「衝突」は決して、論理的に不可避なわけではない。無比較的正義と要比較的正義の両方が、我々の上に有効な要求を行うのだから、そして両方を満足することが原理上は可能なのだから我々は、所与の行為または取り決めが、２種類の原理のどちらかを満足しないかぎりで、それは最高度の正義ではないのだ、と結論せねばならない。

我々の例から推論できるもう一つの教訓は、無比較的基準による不正義は、要比較的不正義よりもずっと深刻なものになる傾向がある、というものだと私は考える。自身の応分のものを与えられる権利は、応分のものが単なる分け前や取り分ではなく（例えば）事前の合意や個人的デザートによって決定している場合、不利益な差別を受けない権利よりももっと重要な権利である。暴君が下位者全員を「犬のように」取り扱うなら、その時下位者の一人である甲が受ける不正義は、彼は応分のものを与えられるが他の誰もが「王のように」取り扱われる場合に被るはずの不正義よりも、ずっと深刻である。同様に、自身の犯していない犯罪で処罰されることは、自身は実際に犯した犯罪で処罰されるが同じだけ罪のある他の者たちが自由放免になることよりも、大きな非道である。(ドレフュス事件〔普仏戦争後の時代にユダヤ人ゆえにドイツのスパイとの嫌疑で有罪になった後、冤罪を隠蔽するために恩赦となる〕は、カレー事件〔ベトナム戦争時の民間人虐殺(冤罪ではない)により軍法会議で終身刑になった後、ニクソン大統領の恩赦を受ける〕よりもずっと大きな不正義であった。)

実際、無比較的正義の要求が要比較的正義のそれに対してもつ優越性はあまりに大きいので、そのような事例において要比較的正義は一体要求をもつのか、と人が疑問を投げかけることも十分ありうるだろう。仮にある雇い主が、すべての被傭者たちにその産業で支配的な賃金表よりも多く、実際道理にかなうどんな無比較的基準からしても被傭者の誰にも値する以上、を支払っているが、標準的にすぎない技能と年功をもつ労働者である甲には、優秀な技能と高い年功をもつ労働者である乙よりも多くを支払う、と仮定しよう。もしこの状況において仮にも何らかの不正義があるとすればそれはつとに、この取り扱いがもつ差別的性格にあるにちがいない。しかし差別それ自体のどこに不当性があるのだろうか。この例の中では、誰も悪い取り扱いを受けていない。事実としては、各々は彼に応分のもの以上を得ている。それなら乙は、どうして何か不満をもちうるのか。なぜこの状況を、乙は適正に取り扱われているが甲は応分よりも多く受け取っている、と叙述しないのか。しかし人に応分以上を与えることは彼を不当に扱うことではないし、もし誰も不当に扱われるのでなければ、いかにして不正義が存在しうるのか。無比較的正義は充足されいて差別のみが正義感覚を傷つけ続けるという、上で検討した他の例に関しても、まったく同じ問を投げかけることができる。それは、同じように有罪の他の者たちが無罪放免される時の有罪者の処罰、無償の寄付に際しての恣意的除外、個々の請求権が満足された後での超過的財の割り当て、などの例であった[15]。

それでも、恣意的な差別はそれ自体が、他にどんな請求権侵害がなくとも、我々のほとんどに、不当だ、そして単に不当（wrong）なだけでなく不公正（unfair）だ、という印象を与える。このほとんど普遍的な反応の説明は二つの要素からなる。まず第一に、差別的取り扱いによって、何らかの追加的基準にしたがえば不当に扱われたか否かにかかわらず、心理学的事象として人々はそれで傷つくし、第二に、その傷はある重要なあり方で「理性にとって不快な」――ばかげた、恣意的な、不釣り合いな、または整合性に欠ける――ものである。私が疑っているのは、考慮中の種類の事例で我々が「不公正」という語彙を使うこと、そして自然に我々の正義感覚が害されること、を解明するには、この二つの要素で十分ではないか、ということである。差別的取り扱いの標的にされるとか狙って除外されるとかで傷つくことそれ自体が、心理学的に十分な解明が必要な明白な事実、しかし依然として、今後どのようにであろうと解明されねばならない明白な事実、である。差別の針は、他の道徳的傷に塩を塗るような二重の不正義の場合にもっとも苦痛を感じさせる。例えば、人が奴隷になっている少数者の一員である時、その人にもっとも大きな不正をなすのは奴隷化であるが、自身の状況と、人種のみのために――と仮定しよう――奴隷になっていない他の者たちの状況との差異の知覚は、元々の不正に何もつけ加えないが、それがもたらす直近の効果をより悪いものにするのである。ほぼすべての人が奴隷になっており、残酷な支配が全体に平等に実施されている時、特別処遇のために選び出されたという要素は欠けている。この状態は、不正義において劣るものではないが、それはほとんどの事例で、念頭から去らない程度が低いし、不正義の適用がむき出しである程度も低いし、より弱くしか怨嗟の対象にならない。差別的扱いを恨みに思う心理学的傾向は非常に強いので、差別が、被られる不当性の全体であり、差別は相対的な形でしか不利益を生じさせないような事例においてさえ、差別は目につくのである。

しかし、なぜ差別がそれ自体として不正義なのかの解明としてもっと重要な部分は、その絶対的無根拠性[16]、または道徳的に有意性のない（irrelevant）基準に依拠していること、そしてこれらの点が生み出す特徴的な種類の不快さ、にある。というのも、この形態の不正義が他のすべての不正義と共有する一般的性質は、それを被る人に与える他のどんな危害や痛みや不当さなどともまったく別に、それが非個人的理性それ自体を不快にする、ということにあるからである。多くの著者たちが指摘しているように[17]、有意の点で類似する事例は類似するやり方で取り扱われねばならないという原理は、まさにこの一般的な形で表現される場合、アリストテレスの同一性と、矛盾と、排中律の諸原理が「思考の法」であるのと同じく、理性の原理である。有意性の類似する事例を異なった形で取り扱うこと、合同の関係にある二等辺三角形に異なる幾何学的性質を帰すること、または、有意に等しい労働者たちに等しくない賃金を与えること、はばかげているのである[18]。しかし個々の三角形は、感情も利益ももたない。それらは、狙い撃ちの選択的取り扱いやえこひいきや排除を認識しないし、傷つくこと、危害を受けること、または相対的に不利なやり方で取り扱われること、もありえない。これらの理由のため、三角形の間の差別は単に馬鹿げているだけだが、利益と感情をもつ存在の間の優位さの均衡に影響を与える差別は、不公正なのである。

差別から受ける道徳的不快さは、それ特有のものである。特にそれは、不正を行う人の動機の考慮だけに起因しているのではない。ただ、動機の考慮は、差別が生み出すいらだちを増大させる力をもちはするのだが。差別的取り扱いはしばしばその被害者に、その中に何か「個人的」なもの、敵意の要素、ゆえなき侮辱、があるという驚きを与える。他の場合には、見せしめの処罰のように、被害者はひどい形で利用された、他人の目的のための単なる手段だ、と感じるかもしれない。しかし、——例えば、道徳的にいかがわしい動機のためではなく、これという動機もまったくないまま、皆に共通の利益を人が奪われる場合のように——個人的要素も搾取的要素もないのが明らかな場合には、不快な取り扱いは、余計に頭にくるものにさえなりうる。

III　義憤

傷を与えるものに怒りで応答するのはまったく自然なことであるが、その傷が、不正義の差別に特徴的な形で恣意的に加えられる場合、怒りは道徳的義憤に変換される。その取り扱いが、傷つけるものであると同時に理性にとって不快である故に、応答としての怒りは、理性の権威の幾分かを借りて、正しく、非個人的で、自己懐疑から自由であるのにそれでも無私で単なる自己中心性から自由なもの、になる。この道徳化された怒りは決して、多様な不正義の様相の中の差別に固有のものではない。それは実際、要比較的か無比較的か、行為かルールか判断か、に関わりなく、すべての不正義に対する反応に共通の要素である。多分他の何よりもそれは、不正義の判断を他の種類の不正または有害な行為の意識から区別する。ジョン・スチュアート・ミルは多分、この弁別的感情を多とした最初の重要な著述家であった[19]。正義概念の分析は、「正義感情」と彼の呼んだものを補助的に分析しないかぎり完成しない、と彼は主張した。しかしながら、ミル自身の分析は、私が特に言及した正しさの要素を解明できていない。彼は正義感情（より正確には不正義感情）を、危害に対する報復の衝動——彼はそれを一種の動物本能と理解した——プラス特別人間的な共感の感情——それは我々が、不正の犠牲になった他者と想像上で一体化し、自分自身が受けた危害であるかのようにして他者のために怒りをもって応答することを可能にする——だと分析した。あるいはそのような要素は、実際に不正義感情の内に共通に含まれているだろうが、それらはまた我々が、他の種類の不始末に出会う時、それとも故意なくまたは事故で人に降りかかる危害を見る時にさえ、起こるものだと私は考える。ミルの説明には、不正義感情にそのユニークな正しさ感を授けるこの感情に特有のあの要素、への言及がないのである。

不正義感情の源泉は、子供時代の経験の内に容易に見いだすことができる。私の考えでは、小さな子供がもつ（もちろん、自身のための）道徳的義憤は、三種類の文脈に大きく限定されている。まず最初に、憤慨を伴う抵抗は、えこひいきと考えられるものに向けられる。その特徴的な定型句は、「あの子は僕よりたくさんもらった」とか「あなたは僕を罰したけどあの子は罰しなかった。だけどあの子もそれをやったんだ」とか「どうして僕じゃなくあの子が特権や利益をもってるの」である。初めは嫉妬心に促されて子供たちは、特別扱いだとして他の者たちを糾弾することと、自身をそのような嫌疑から弁護することの両方を学び、様々な事例の類似性と非類似性を見つけること、先例をもち出したり一貫性に訴えたりすること、を学ぶ。これらの訓練の中には、要比較的な正義感情のルーツが見いだされる。えこひいきに向けられた個人的怒りは、中立性のための、または中立の観点からの、怒りになってゆく。危害によって引き起こされた感情が、その標的を拡大して、一貫性の欠如、比率の不釣り合い、異例さ、その他理性を不快にする類似の要素を含むようになると、それは、共感的に投射された動物的怒りではなく、一人前の道徳的義憤になるのである。

不正義感情の次の源泉は、6歳くらいから始まる仲間指向と協力的遊戯の段階で初めて現れる[20]。その段階で少年の憤りの新たな対象となるのは、利己的利用（搾取）——相手の不利な点を不公正に利用するか、競争的または協力的営みで相手を不利な立場に置くこと——である。競争的ゲームでプレーヤーの一人は、そのゲームの目的に合わない自然的な不平等——例えば、体の大きさや年齢が上であること——を不当に活用することで、そうでなければ、いかさまや、賄賂、嘘によって不平等を作り出すことで、相手に対する不公正な優位を確保することができる。協力的営みでは人は、相手にたかること、個人的利得のために裏切ること、そうでなければ相手を見捨てること、によって協力者の信頼を利己的に利用することができる。5歳か6歳になるまで子供は、「プレーヤー」たちがお互いを、結果に対する不適切な影響を無効化するためのルールに従うものと信頼しあうような、楽しみまたは利得を目的とする規制された競争、について確固とした概念をもたない。また彼は、協力関係にあるパートナーたちの各々が、他の者すべてが共通の利得にとって必要な分担を行うものと信頼しているような、パートナーたちによる協力的事業についても確固とした概念をもたない。しかし一旦子供が、技能と機会のゲーム、チーム・スポーツと「チーム・スピリット」、そして両親と教師たちによって与えられる集団的仕事と割り当て、に熱中するようになると、それ以前に託児所では聞かれなかった不公正だという申立と反論が、路地にこだまするのである。

6歳児たちの中には、彼等のほとんどがいつか大人になってそれに惹かれるような、哲学的視点に到達するのに十分な技能と抽象的思考力をもつ者、はほとんどいない。その視点とは、人生全体は競争的ゲームだ、というものかそれとも、社会全体は一つの大きな協力的事業であって、その中でどのパートナーもそれぞれ、自身の応分の仕事と取り分を与えられている、というものである。後者の視点はG. H. フォン・ヴリクトのもので彼は、すべての社会的不正は利己的利用という形の不正義なのだ、という点を指摘する[21]。フォン・ヴリクトの語法では、他者からの危害を免れることは、道徳的共同体の各メンバーが共通財（善）の内にもつ「持ち分」である一方、他者に危害を加えないことは、その財に対して人が払う「代価」またはその代価に対する各メンバーの「応分の分担」なのである。だから、メンバーの一人が他者に危害を加える時はいつでも、彼はケーキを失わないまま食べよう――つまり、「自身の分担を支払わないまま取り分を得よう」――としているのであって、道徳的にはいかさまやたかりに似た他者の利用のこの仕方をフォン・ヴリクトは、「不正義の基本型」と呼ぶのである[22]。

フォン・ヴリクトの分析がもつ一つの興味深い側面は、どのようにして搾取的不正義もまた、理性に不快な要素を含んでいるか、を示唆するところにある。

> 人はこんな質問をすることができる。「あなたは、自身を特権的地位につけるどんな権利をもっているのか。もしあなたが、自身の分担を支払わないまま分け前を得るなら、同じように自身の分け前を得たいと切望している誰か他の者が、必然的にそれを得られなくなる。それは不公正だということがわからないのか。」人の正義感情へのこの訴えかけはほとんど、人の対称性の感覚への訴えかけと呼んでもよいものだろう[23]。

フォン・ヴリクトが言及する「非対称性」は、利己的利用、分配的不正義、そして差別に共通である。どれも有意に平等な事例の間に不平等を作り出し、どれも似た仕方で理性に不快である。利己的利用（搾取）は必然的に、ある意味で二重に不正義である不平等な結果へと導く。つまり、搾取者は真価以上のものを、被害者は真価以下のものを得る。一つのシーソーに乗る二人の子供のように、一方は他方が下がるのと同じ割合だけ上がるのである。利己的利用によって作り出される不均衡は、中立的理性が満足を見いだすような相関性のある差異には基づかない。上と下の位置を占めている者たちの間には、その結果の基礎にありそれを正当化するような有意の差異はないのである。彼等の間の決定的差異は、道徳的に有意性がない――もっと悪い場合は、道徳的に不適切、つまり、得する者はいかさまをするか嘘をつき、他方はそれをしなかった――のである。

フォン・ヴリクトの、すべての社会的不正は本質的に利己的利用だ、という大胆な主張は、誇張された洞察である。彼の念頭にあるらしいひどい利己的利用のパラダイム的事例では、A は B の損失というコストの下に自身の利得を確保するが、A はそれを B の信頼を裏切ることで行う。このモデルは、人がよく考えてみる前に気がつくよりもずっと多くの事例に当てはまるが、社会的不正のすべての事例に当てはまるわけでないのは確実である。一部の不正（例えば脱税）は、不正を行う者に大きな利得を産むが、特定の被害者をもたないか、または「社会」に対して取るに足らない害を産む。他の事例では、A は自身への利得をまったく期待することなく不当に B に危害を加える。典型的な堕落的または精神疾患的な犯罪では、誰も利得を受けないし、自己破壊的な恨みの事例では、どちらの当事者も損失を被る。さらに別の事例では、侵害者と被害者との間に事前の信頼があったことは必要でない。A と B は、相手からの被害を常に警戒している敵同士であった。彼等の敵意が爆発して格闘にいたる時、彼等のどちらかが不正に傷を受ける。これらのすべてを利己的利用（搾取）の具体例だと考えるのは、もっともとはいえない。しかし多分フォン・ヴリクトであれば、見たところ欺瞞、いかさま、たかり、などを含まないように見えるかなり多数の社会的不正の事例において、それにもかかわらず、どれほど薄められていても利己的利用の要素があるのだ、と主張するだろう。このごく一般的な適用法では不正義の概念はいくぶん薄くなるので、「弱い意味の不正義」と言う方がおそらく賢明であろう。そうすると我々は依然として、明確に強い方のあり方で不正義でもあるそれら「不正義の行為」と、そうでないものとをどうやって対比できるのか、と問うことができる。この問に対する私の答は、むき出しの（より強い意味における）不正義の行為とは、直接的かつ明白に利己的利用（例えば、いかさまを伴うもの）を行う行為か、または不快に差別的な行為か、それとも軽蔑的な虚偽の事実を表現する行為か、のどれかである、というものである。これらの事例における「不正義感情」は、非対称性、一貫性欠如、または虚偽、という要素を指し示しており、これらはどれも、ミルが十分には理解しなかったあり方で、「理性にとって不快」なのである。

Ⅳ　真理という正義

第3の種類の少年的義憤において、道徳的憤慨は、利己的利用の「非対称性」から出てくるのでも、類似の事例の間で自身が不利な差別を受けたという意識から出てくるのでもない。というもの、一つの「事例」――その子の事例――のみが関わっているだろうからである。むしろその子は、自身の評判を傷つける、または自身の地位を引き下げる、それとも、彼にとって重要な何らかの点で単に彼のことを誤って伝える、虚偽の判断だと確信的に信じるものに対して怒って反応する。典型的な例を考えていただきたい。年上の子供が、親の質問に正しく答える。年下の子供が、自身もその答を知っていたのに、声を挙げるのが間に合わなかった、と言う。これに対してその年長の子供が、年下の子供はその答を知らなかったし、ただ知らなかったから黙っていたのだ、と応える。このことは、もし年下の子供が、自身がその答を知っていたことを知っているなら、どんな激怒と落胆の激流を彼の内に産み出すだろうか。その場合、彼はその真理を直接所有しており、しかもそれを誰にも証明できない。しかし彼の激怒は単に、証拠を提示したいという希望が上手く行かないことの表現であるにとどまらない。それはまた、単に侮辱に対する彼の反応でもない。というのも、この文脈における特定のことについての無知の汚名は、ひどい侮辱ではないし、(子供から見て) これよりずっとひどい中傷であっても、もしそれがたまたま真実であるなら、同じ反応を引き起こしはしないだろうからである。年上の子供が非難がましく言った「お前は昨夜おねしょした」は、もし真実なら、恥と屈辱を生じさせる。もし虚偽であればそれは、(無比較的) 正義感情による激怒に特徴的な正義の怒りを産む。虚偽の申し立てに対するその子の反応に特別の趣を加えさせるのは、彼だけでなく真理そのものが損なわれた、という感じ方である。彼の怒りは、彼自身のためだけでないことから、正義のものである。それは主に、真理の名によるもの、または物事が実際にあるそのあり方を代表してのもの、なのである。

真理自体への関心が、大人たちの道徳的見解において中心的位置を占めることに疑いの余地はない。他の義務についてどれだけ意見を異にしようが、我々は全員が、反省さえすれば、真理に対する一種超越的かつ非個人的な義務があることを承認し、これに対応する、我々の評価に関連性のある事項において真実に従って（「公正に」はここでは「真実に従って」の同義語である）判断される一種の権利がある、とも主張するだろう。我々は、評価や利益と無関係の点——例えば、目の色とか指紋の形とか——で、真理に従って叙述される権利について、同じだけの激しさで主張することはない。たとえあなたが、私の茶色の目を青いと叙述しても、あなたは私について、間違ったことを言ったが不正なことを言ったわけではない。

判断的正義から来る自身の義務を尊重し、他者がもつ公正に評価される権利に敬意を払う人々がもつ徳は、「公正精神」と呼ばれる。我々の声に出したまたは書かれた判断がどんな役割を果たそうとも、それらがどんな変化を世界にもたらそうとも、それらはまた人間の記録の一部となり、すべての個人は、または少なくともすべての公正精神の持主は、その記録に対して二重の利害をもっている。誰もが、自身の記録をできるだけよいものにしたいと望むだろうが、すべての公正精神の持主は、その記録自体が、正確で汚されていないこともまた望むだろう。それは、部分的には公共の利益の問題としてだが、同時にいわゆる正義、それも末節的ではなくごく基本的意味の正義、の問題として、である。既知の真理が死んで埋葬されること以上に頭をぐらぐらさせるものはない。オーウェルの『1984年』中の歴史書き換えのくだりを読んだ人は、別の作家であるアルベール・カミュが、「真理の絶対的抹殺」への自身の反応として引用する「めまい」を理解することができるだろう[24]。我々の真理への関心はまた、時に「罪悪感」と呼ばれるあの感情の根本にあるものであって、その感情は、人生における自身の地位があまりにも有利すぎる判断を含意しているために、実際には自分でないもののポーズをしている、と感じる公正精神をもつ人々の意識に顕著に表れる。これらの現象の背後にある道徳原理は、誰もが実際にそうであるような種類の存在として扱われ判断される権利をもつ、というものであり、この原理はその説得力と非個人的権威を、利益と客観的真理の同盟から引き出すので、それはまた、真に裏付けのある判断以上に有利な判断を他者から受けない義務をも課すのである。個人的利益と真理との同盟は、いつも成立するわけではなく、それが存在するところでさえ、短命に終わるかもしれない。しかし真理自体は無時間的であり、すべての個人的利益との結合が切断された場合にさえ判断的正義を支えるのは、真理の威信なのである。ジョージ・ワシントンを人種差別主義者と呼ぶのは、彼が熱心かつ良心的に奴隷制度に反対していたことを考えれば「不公正」である、とジェームズ・フレクスナーは書いている[25]。この伝記作家は、その対象者が、亡くなってずいぶんになり、その記録にどんな個人的利益ももたなくなった後でも、当然のこととして彼に対して正義をなすことを考えている、という点に注目いただきたい。

判断的正義は、不当に傷つける取り扱いをもう一つの要素として含む複雑な不正義を構成する要素となることが、非常に広く見られる。真理への（そして被害者の真理に対する「二重の利益」への）不正義を、被害者がもつ他の利益に対する不当な加害から区別するには、時によってかなり微妙な分析が要求される。私のクラブのルールが、「いかさまを理由とする除名を許しており、そして私が、いかさまをしていないのに［いかさまを理由に］除名される」と仮定しよう[26]。この除名がこの状況において私にとって、二つの区別できるあり方で不正義であることに注目されたい。一方でそれは、裏付けのない利益剥奪、私に加えられる受けるいわれのない危害、である（もちろん、もし私がそのクラブを、どちらにせよ特別大事にしていないのであれば、その剥奪自体は、それほど痛いものではないが）。他方その除名は、不公正な判断――つまり、私がいかさまをしたという虚偽の非難――を維持し、是認し、それに賛成する。その是認は、たとえそれ以上罰が科されることはなくとも、それ自体が不正義である。

同様にして、ゲームの中でプレーヤーの一人が行ったいかさまは、彼のライバルを不公正な競争上の不利益状態に置くし、そのことはもちろん、危害や恨みを招くかもしれない、ライバルの利益に対する一種の侵害であるが、その不正義の感情は、元々いかさまはないのだという審判の公式判定によって、または観衆やジャーナリストたちの批判的判断によってさえ、大いに増大させられるだろう。その判断は、プレーヤーがもつ試合に勝つ利益を侵害するだけでなく、事実をも侵害し、単なる私的な危害感情を強めるものとしての非個人的な真理の権威の問題ともなる。哲学者に不正義のパラダイムの一つを提供するのが確実なこの種の現象は、裁判所と公的法廷が出す判決や宣告の内に、無数の実例を見いだすことができる。例えばケント市州兵発砲事件〔1970年に起きた学生デモ隊への発砲事件。4人死亡、9人受傷〕は我々のほとんどを怒らせ悲しませるが、「残酷」とか「無慈悲」の言葉の方が、「不正義」や「不公正」よりもこのひどい事件を記述するものとしてより自然であるように思われる。しかし最悪のオハイオ州大陪審評決〔発砲した州兵たち全員を不起訴にした〕に対する反応的感情は、実際の元の出来事に反応する感情とは異なる質のものである。それらの公的判定は、それらが誤認した出来事に対して新たな不正義の次元をつけ加えたのであり、それによって、侵害された真理の自覚のみがそうできる形で、不正義感情をいらだたせうずかせたのである。

V　判断的不正義：名誉毀損との対比において

我々の法システムは、名誉毀損者たちから損害賠償を求める訴えを人々に許すことで、一定の誤った判断に起因する危害から人々を防御する。しかし名誉毀損（中傷と悪口を表す一般的な法律用語）は、しばしば判断的不正義を含みはするが、この道徳的カテゴリーと同一視することはできない。この二つの間の違いを図示することは、たとえ判断的不正義とは何かをより明確にするためだけであっても、有益である。さらに、道徳的観念を法から来る概念モデルと比較する時にはしばしば起こることだが[27]、名誉毀損の法の枠組内では非常に厳密な問を投げかけることができるのに、判断的正義という「自然の」文脈におけるその対応物には、明快で簡単な答がない、ということもこの後見ることになる。これらの問の一部は、ただ払いのけることはできない。究極的な整合性という利益のためには、熟考による「道徳的立法」の手続によってそれらに対する厳密な回答を規定するか、そうでなければ、そのような問がなぜ、狭い制度的枠組みの外では意味をなさないのかについて、熟考による解明が与えられねばならない。

名誉毀損と判断的不正義とは決定的な点で異なりはするが、双方に共通の要素もいくつか存在する。まず第一に、どちらも命題的である。どちらも本質的には、真または偽でありうる種類の、人々に関する言明または判断の問題である。プロッサーは特に、侮辱を含まないように名誉毀損の妥当範囲を限定するべきだと強調する。

> 多くの裁判所が、被告が原告を嫌っており彼を低く評価していることを示すが原告に対する特定の問責を示唆するわけではないような、単なるののしり言葉は、名誉毀損として扱われるべきではない、と判定している。一定量の下品な罵倒は、ただそれだけのものにすぎないとして理解することが必要だという理論によって、大目に見られるのである。[28]

それ故、人はある男を酔っ払い、かみさんを殴る奴、脱税野郎、と呼んで罵倒することはできるが、ネズミ（密告者）、あばずれの息子、と呼ぶことはできない。被害者がいわれのない侮辱によって激怒や屈辱を被らせられる場合、搾取的不正義、または分配的不正義、さらには応報的不正義の要素はあるかもしれないが、判断的不正義は、単なるあだ名を投げつけることと対置されるような何らかの事実に関わる判断を必要とするのである。

名誉毀損と判断的不正義に共通する二つ目の要素は、それぞれによって肯定される命題がもつ軽蔑的な性質である。問題になる命題は、欠点や落ち度、不正行為の責任、何らかの意味で標準以下の性格や行為、を相手に帰すものである。ある人が死んだと新聞で活字にすることは名誉毀損ではない[29]。生きている人にとって、彼が死んだという早まった信念が拡散することは、彼の利益に反すると思われるのももっともではあるが。しかしその信念によって、その分だけ彼のことを悪く考えるようになる者はいない。もしその彼の死の報告が彼の信用を落とすようなそれ以上の情報を伝えるのでなければ、人の評判は、容易に本人より長生きするだろう。同様に、人が死んだという早まった報告は、（よい評判について彼がもつ利益以外の利益について）彼を傷つけるかもしれないが、単なる一つの命題としては、それが彼にとって不公正であることはほとんどありえない。

名誉毀損と判断的不正義はまた、誤った意見へと導かれた聴衆や読者たちに対してではなく、主にその名誉や判断がその人についてである当の人に対して不正義だ、という点でも類似する。判断的不正義の本質は、欺かれること、嘘をつかれること、にあるのではない。実際人は、欺すつもりは何もなくまったく善意で、不公正な判断を表出することがありうる。この点で不公正な判断は、いくつかの他の不公正な行為に似ている。それらが他者に与える効果の正義不正義は、それらがなされた動機や意図とは独立に決定しうるのである[30]。もちろん、人が実際に嘘をつくことで欺す場合には、それは聞き手に対する利己的利用（搾取）、それ故他の根拠から彼に対して不公正、でもありうる。

名誉毀損と判断的不正義の間の差異を明確にする最初の点は、名誉毀損が伝達を必要とすることにある。実際名誉毀損は、少なくとも 3 当事者の間の関係である。それは、少なくとももう一人の人に伝達された、一人の人が別の人について行った判断からなっている。しかし判断は、単に判断として不公正であるために、口にされたり書かれたりする必要はない。もし誰かが、不正義の信念を信じるに至るなら、それを採用したのがどれだけ彼の責任でなくとも、それがどれほどよく証拠によって支持されていようとも、彼がどれほど誠実にそれを自分だけに留めていようとも、彼は不正義の信念をもっている。もし甲が乙に対して不公正な信念をもっていて、それを乙に直接言うとすれば、彼は不公正な判断を表現するが乙に名誉毀損を働いてはいない。なぜなら彼はその判断を、第 3 当事者に表示していないからである。同様にして、甲は自身に対して不公正な判断を行っており、たとえその信念を、ひげ剃り用鏡の中の自分を不機嫌にじっと見ている時に衝動的に口にするとしても、彼は自身に名誉毀損を働くわけではない——それは不可能である——。第二の差異は、二つの事例における不正義の源泉に関わる。名誉毀損は普通（しかし必然にではなく）判断的不正義を犯すが、その法的不正の源泉は、単にその伝達の不公正性にあるのではなく、それが招く傾向がある危害にある。

問題の危害は、被害者の評判が直接被るのでなければならないが[31]、評判は、それ自体のために価値があるとされるか、それとも社会的、職業的、金銭的など何かその先の利益のために価値があるとされるのであり、時によって法は、賠償を認める前に、これらの先の利益のうちの一つが受ける損害の証明をも要求する。評判とそれに依存する利益が受ける危害は、多数の点に関連して異なりうるので、それぞれの次元の相対的深刻さを等級づけるためには、法的処理法が定式化される必要がある。だから例えば、名誉毀損の発言は、大きい責任または小さい責任を負わせるし、その責任は、強固な確実性または暫定的蓋然性について課されるし、責任を賦課される流布の範囲は、広かったり狭かったりしうるし、それは、重要なまたは重要性のない聴衆（友人たちか見知らぬ人々か、顧客たちか債権者たちか）に対して伝達されうるし、それが真実だと信じられることは、財布上の利益または他の種類の利益を脅かす。外科医が「彼は肉屋だ」と言われることは、彼の医療活動に悪影響を与え、彼の収入を引き下げるし、一方、裕福なプレーボーイが「彼は梅毒にかかっている」と言われることは、ほとんど女性達を誘惑するについての彼の利益だけを傷つける。法廷は、道理にかなう正確さで金銭的損失を見積もり、恣意的でないやり方で原告に対する賠償金を認める。他方プレーボーイの損失に対する賠償として支払うべき金額の決定には、恣意的でない値札がついている危害との比較で、この危害がもつ相対的深刻さの判定が必要となるが、その比較は、せいぜいでも不正確なものであらざるをえない。

これと対照的に、判断的不正義それ自体の源泉は、危害ではなく、危害を伴うか否かにかかわらず単純な引き下げ的な不実表示である。ほとんどの正常な人は、他者から自身が応分であるより悪く思われないことに利益をもっている。もし、広く散らばっているたった 5、6 人の者が、誤って私のことを妻を殴る奴だとか剽窃屋だと信じているなら、評判についての私の利益は、その限度で侵害されており、たとえ結果として他の私の実際的利益が侵害されることはなくとも、完全に理解可能な意味で、私は危害を受ける。極端な事例では、公的記録として永遠に虚偽が記され、誰もが私を（例えば）殺人者だと信じさせられる場合、私は、私にとって不公正な意見と判断によって極端な程度に害される。しかしこれら虚偽の意見と判断は、たとえ私に何も危害を与えなかったとしても、いずれにせよ私に対して不公正であろう。

仮に、ハーバード哲学討論会で一人の話者が立ち上がって、ウィラード・ヴァン・オーマン・クワイン〔著名な論理学者〕を「本物で最初からのボストン絞殺魔」だと非難するとしよう。この虚偽の引き下げ判断が、クワイン教授の評判を少しでも傷つけるかどうか、は疑わしいと私は思う。それが彼を少しでも悩ますことも、ありそうもないだろう。それは、あるいは一般の楽しみを産むかもしれないが、それ以外に少しでも効果を伴うだけの重みをもつには、あまりにもばかげた判断だということは明白である。それでも単純に一つの判断として考慮すれば、それは判断の対象とする人物を問題となるやり方で不実表示しているから、彼に対して不公正である。さらにもし、誰かがそれを信じるようになるとしたら、その者はその信念の対象者に対して不公正な信念をもつことになるだろう。

最後に、哲学的困惑を引き起こす名誉毀損と判断的不正義の間の差異を取り上げる。その差異は、この二つの領域で使われる基準の性質に関係している。法の内部でも、「基準問題」をめぐっては様々な不一致がある。プロッサーが教えるには、「イギリスでは、伝達は原告の名誉を毀損するものでなければならないが、それはどの特定のグループや集団の意見でもよいのではなく、共同体一般、少なくとも道理をわきまえた人、の目から見て、そうでなければならない、とされてきた。」[32] 他方アメリカの裁判所で使われる基準は、もっと現実的なものであって、「もし原告がどれかの相当でまともなグループにおいて評価引き下げを受けるのであれば、たとえそれが、かならずしも道理をわきまえない考え方をもった少数派グループであろうと、原告は現実の損害を被ると認める」のである[33]。そこで評価が引き下げられた人々の集団は、かなり小さくてもよいが、「無視できるほど小さい」場合は認められない。彼女の父親は殺人者だ、という被告の虚偽の公的発言があり、たとえ人々が彼女の父親についてのこの非難を信じたとしても、彼女のことを悪く思う者は多くなかっただろうし、道理をわきまえた人は誰もそんなことを思わなかっただろうが、この発言の結果として原告は損害賠償を認められた。他方今日では誰も、社交界デヴューの少女でさえ、彼女の父親は炭鉱夫だとか工場労働者だという虚偽の公的非難に対して損害賠償は得られない。

自分がそのことのために彼女をより悪く思うとは、ほとんど誰も、当惑なしに認めることができない。しかし、その中で評判が問題になるグループの大きさが、「相当でまとも」である場合、その価値基準が道理にかなったものである必要はまったくない。例えば、特に南部の裁判所で、白人の男が彼はニグロだという活字になった糾弾や仄めかしに対して損害賠償を認められる事例が多くあった[34]。評価する側のグループが道理をわきまえている必要はないが、それは最低限「まとも」でなければならない。職業的犯罪者にとって、警察への情報提供者だと誤って述べられることは、たとえ他の犯罪者の間での彼の評判を完全に破壊するとしても、その虚偽の指弾に基づいて名誉毀損で訴えても、成功することはない。

名誉毀損の決定基準についての正しい政策決定が何であろうと、その基準が判断の不公正の決定にも妥当するとアプリオリに期待する理由はない。実際、自分がニグロだという仄めかしによって名誉を毀損された白人の男の例で見たように、まさに名誉毀損的な発言が、判断として不公正である必然性はまったくない。それでは、判断的不正義それ自体の基準は何だろうか。それは、我々が慎重に取り扱わねばならない問である。というのも、それが法的対応物と同じように明快かつ正確に解答できるという事前の保証はまったくないからである。この問題は、3種類の基準の中から選ぶことを要求する。我々は判断的不正義の基準として、主観的基準、客観的基準、実際的真理基準、を選択することができる。そしてこれらのカテゴリー内部でも選択肢がある。主観的カテゴリーの中では我々は判断の不公正が、判断する者の、評価される者の、それとも判断が伝達される聴衆（がもしいるなら）の、評価基準によって決定されるのに任せることができる。この内最後の可能性は、名誉毀損の決定のためであれば十分ありうるが、判断的不正義のためには使えない。というのも我々は、表現されたものであろうがなかろうが、どんな判断にも妥当するような基準を追い求めているのだから、判断が表現された場合にだけそれに妥当する基準で満足することはできないからである。同様に我々は、判断を行う者を基準にすることを諦めねばならない。というのもそれでは我々は、無政府状態といえるほど相対主義的な結果に置かれるからである。まったく同じ虚偽の命題——例えば、甲は共産主義者だ——は、ある人――例えば、リチャード・ニクソン――に信じられれば甲にとって不公正だし、別の人――例えば、アンジェラ・デイヴィス――に信じられればそうでない。この結論は、教条主義的に排除できないが、実際我々の探求の前提と矛盾する。その前提は、人々に関する様々な命題は、ちょうどそれらがそれ自体として真または偽でありうるのと同じように、誰がそれらを信じ、肯定し、発話するのかとまったく独立に、それ自体として不公正でありうる、というものであった。我々の問に対する主観的解答の中でもっともうまくいきそうなものは、適切な判断的不正義の基準は、その判断の対象となる人の基準だ、というものである。後にこの解答にもどることにする。

複数ある客観的基準が、どれかの所与の主体や主体のグループによって実際に採用されている基準だという必然性はない。むしろそれらは、なんらかの主体によって採用されるべき基準、もし道理をわきまえている人々であるならすべての主体によって採用されるであろう基準、である。それ故コモン・ローが客観的基準を使う場合はどこでも、「道理をわきまえる人」の基準が言及される。もし我々が、イギリス人たちがそうするように、名誉毀損のために客観的基準を使っていたなら、ダニガンは彼がニグロだという虚偽の仄めかしを理由にナッチェス・タイムズに対する訴訟で勝つことはなかったはずである。というのも彼が、ニグロだと考えられることで、道理をわきまえた人の評価の中で評価を引き下げられることがないのは確実だからである。これはもちろん、人種偏見は道理にかなわないと、ただ別の言い方で述べているだけである。客観的基準を適用することは、いつもこれほど簡単なわけではない。特に我々が、現実の道理をわきまえる人々が示す多くの評価基準は、その価値観が具体的な時間と空間に置かれている具体的文化の限界を超越するような仮説上の理想人、に我々が帰すであろう評価基準と一致しないことを考慮する場合に、実際には他の文脈でしばしばそうするように、自身の基準が幾分かでも状況に適合させられることを許すなら、そうである。我々の仮説上の道理をわきまえる人が、超人に見えるべきでないとすれば、我々は彼にどの人間的性質を授けるべきだろうか。彼は、我々の隣人たちのほとんどのように、平均的な洞察と感受性をもつ通常の人、だろうか。それは、ひどく魅力的な考えとはいえないが、我々が隣人のほとんどに彼等には手の届かない基準を守らせたいと思うのでないかぎり、現実的な考えかもしれない。我々がその道理をわきまえた人に平均よりも正確さの理想にかなりの程度より近い判断基準を与えると仮定すれば、我々は彼に何を与えるべきだろうか。彼は道理をわきまえた南部人だろうか、それとも道理をわきまえた北部人だろうか。彼は歴史、心理学、経済学の多くを知っているだろうか。それとも彼の知識は、ほとんど我々の隣人たちがこれらの点でそうであるような仕方で、欠陥のあるものだろうか。

名誉毀損を含む様々の純法学的問題を扱う時我々はしばしば、一定の主観的要素を取り込むことで客観的基準をゆるめたいと考える。それ故例えば、過失による不法行為を扱う法は、盲目の人が「道理をわきまえる程度に注意深く思慮深い盲目の人」の基準に適合するよう求めるのであって、通常の視力をもった道理をわきまえる人のもっと高い基準にではない。同様にして、殺人罪の刑事法では[35]、一定のルールの下で被告人は、もし道理をわきまえた人にさえ自分のコントロールを失わせるような状況で人を殺したことを示すことができれば、「挑発」という、罪を緩和する弁護の資格を得る。このようなルールは、感情的側面を、一定の例外的状況では激情を伴う人間的な怒りそのものをさえ、道理をわきまえる人に帰属させる[36]。客観的な法的基準の中にそれを緩和するような要素を導入することは、具体的な人間たちに彼等が充たすことのできない基準に合わせることを求めるという不公正を避けることを意図した、人間に共通の弱点への譲歩である。名誉毀損の法では、この緩和手続は、将来の原告に与えられる保護を増大させ、将来の被告に課される要請をより厳しいものにする。というのもそれは一部の原告に、理想的な文化超越的に道理をわきまえた人の目からは原告の地位を低下させるわけではないが、深南部の背景や所属、例えば正統派ユダヤ教の宗教的信仰、その他何であろうと、をもつ道理をわきまえた人の評価を低下させるような、虚偽の言明を根拠として損害賠償を得ることを許すからである。しかし我々が、まったく法の外で判断の不公正の基準を適用する場合、考慮すべき「原告」も「被告」もいないし、具体的な状況で特定の聴衆に対して語られた発話や書かれた言明の主体や客体さえいない。ここでは我々は、後でひどい取り扱いについて不満を言うかもしれない人間たちを扱っているのではなく、人々に関する様々な命題を扱っているのであり、命題は考慮すべき人間的な弱点などもたないのである。もしどこかでというならここでこそ我々は、我々の基準が可能な限り主観的要素から自由であることを期待すべきである。

我々が採用できるもっとも客観的な基準は、実際的真理という基準であろう。つまり虚偽の言明は、その者にとって真に評判を下げるものであるなら、つまり、正しい評価基準のみを採用する仮説上の道理をわきまえた人の評価を引き下げるなら、彼にとって不公正である。その後で我々が、その理想的に道理をわきまえた人に評価に関連性のあるすべての事項の完全な経験的知識を帰属させるなら、我々はその道理をわきまえた人を神と同視するのと非常に近いところまで来るだろう。ある意味でこれは、我々の問題のもっとも簡単な解決法である。というのもそれは我々が、人間的性質の評価に関する困難な諸問題を回避することを可能にするからである。判断の不公正の基準という問題に対する様々な他の解決とは異なってこの解決は、何が賞賛と軽蔑の真の基準であるのかについての完全な記述によって、要するにカントが Tugendlehre つまり徳の理論と呼んだものに関する長くかつ体系的な学術論文によって、補完されることを必要とするので、部分的なだけでなく全面的に形式的なものである。

それにもかかわらずこの実際的真理基準は、我々のここでの限られた目的のためには一見したところもっともうまく行きそうな基準である。それは、明白な事例において我々の直感が前提する基準であるように見える。例えばそれは、なぜ、クワインをボストンの絞殺魔であると信じることが、たとえその命題の発話が彼の名誉を毀損するような実際の文脈が、たとえあるとしてもほんどないとしても、彼にとって不公正なのか、を説明できる。現実ではないとしても可能的な文化またはサブカルチャーがあって、そのメンバーに強い影響力をふるい、その中の一般に道理をわきまえた者たちでさえ、クワインの課外の暴力のために彼をより高く評価するかもしれない。しかしそのような「道理をわきまえたマッチョ」の意見がどうであれ、我々の直感が動揺することはなく、問題の命題はクワインに対して不公正である。同様にして、クワインがニグロだと信じることは、仮説上地方化され人間化された「道理をわきまえた人」が示す反応が何であれ、偽ではあるが彼にとって不公正ではない。

この問題をそこで離れるなら、それは満足がいく程度に単純であり、表面的にはうまくいっている。しかし哲学の常として、やっかいな反例やぼんやりと見えている複雑化が存在する。単に例として我々は、分析—総合の区別が完璧に道理にかなっており［これを否定した論文でクワインは有名］、今まで集められたこの区別を批判する議論が、どれもすべて混乱している、と仮定することにしよう。その仮定の下で、クワインを分析—総合の区別の偉大な擁護者だと信じることは、クワインに対して不公正だろうか。もし我々がこの信念を一定の種類の聴衆に伝達したなら、クワインは多分、名誉を毀損されたと感じるだろう。しかしそれは、少なくとも部分的には、彼が分析-総合の区別は維持不可能だと信じているためである。しかしながら、神の使いの天使が晩年のクワインのところに来て、分析—総合の区別はまったく維持可能だという真理を彼に明かし、その結果クワインはそれについて見解を変更せざるをえなくなる、と仮定しよう。その時でさえクワインは、それが伝達されたか否かにかかわらず、彼の研究人生が、今や正しさが証明されたその区別の維持可能性を擁護することで費やされたという虚偽の判断、に満足することはできないだろう、と私は推測する。実際私の考えでは、彼はその判断によって、名誉を毀損されたわけでも、それ以外の危害を受けたわけでも、けなされたわけでも、見くびられたわけでもないのに、それによって不当な扱いを受けた、とさえ感じるかもしれない。人がもつ自己の観念にとってまさに基本的なところで誤って記述されることは、明白な形では名誉を傷つけたり信用をなくさせたりするわけでなくとも、不公正に判断されまたは取り扱われることだ、と人は考えるかもしれない。歴史の中にある失われた信条のカタログから抜き出すことができる、もっと論争の的にならない仮定を含んだよりよい例がある。リベラル派である我々は、ビル・バックレー［保守主義の論客］をリベラルだと判断するのは彼に対していかに不公正か、を十分理解できるだろうし、教条的社会主義者でさえ、T.S. エリオットが社会主義者だったとする虚偽の主張に含まれる判断的不正義を理解するだろう。誰であっても、良心的にある命題を信じ、それを心に刻み、それのために擁護と宣伝を行い、極端な事例ではそれの上に自身の人生を築いた人に対して、彼がその命題を信じたことを否定することは、たとえその命題が実際には偽であるとしても、不公正な扱いである。それ故、もし神がバートランド・ラッセルのことを敬虔なクリスチャンだと信じたなら彼をより高く評価したかもしれないとしても、そのラッセルについての信念は、たとえ彼が実際には信じていた無神論が偽であるとしても、彼に対して不公正なのである。

これらの例から私が導く結論は、判断的不正義のための基準は必然的に選言の形式をとる、ということである。ある人についての虚偽の判断または信念は、彼にとって評判を引き下げるものであるか**それとも**、彼自身の自己観念にとって基本的なところでひどく彼を誤って表現する場合に、彼に対して不公正である。（第２の基準による不公正は、広く捉えた道理をわきまえているという限界内に収まるような自己観念に対する侵害に限定されねばならないだろう。この基準が尊重する誠実な主観的基準は、非合理なまでにひどく常軌を逸したものではありえない。）ある人についての判断または信念は、たとえ理想的に道理をわきまえた存在の目からして彼の地位を高める形で彼を誤表示するものであっても、第２の基準からして彼に対して不公正である。

選言による基準は、我々が他者についての信念に関して少なくとも２種類の義務を負うことを示唆する。第１の選言肢に対応するのは、確実な証拠がない時に他者について客観的に評価引き下げ的なことを信じるのは避けるようにすべきだ、という義務である。それは、自らの疑いの利益を他者に与える、根拠なく他者を悪く考えることを避ける、――要するに、物惜しみしない――という義務である。しかし第２の義務は、逆向きに交差する。というのもそれは我々に、物惜しみしない虚偽の信念が人の自己観念にとって重大なところで彼を誤表示する危険があるために、確実な証拠がない時に人をよい方に信じすぎることを慎重に避けようとさせるだろうからである。それ故、この第２の義務を真剣に受け止めることは、少なくとも一定の事例群において、第１の義務によって作り出される傾向を相殺する傾向を作り出すだろう。

信念と判断の道徳は、何よりもまず、十分に微妙なものであり、そして判断的不正義についてのこの選言的基準は、それをさらに難しいものにする。しかしながら、結論は驚くべきものではないにちがいない。我々は、仲間たちについて誤った判断を行う時にはこれほど複雑な道徳的リスクを冒してい

るのだとすれば、自身の信念や判断が真であることをそれだけ余計に確かめた方がよいのである。 （野崎亜紀子訳）

註

1　本稿の草稿に対して Jonathan Bennett, Bernard Gert, T.Y.Henderson, Saul Kripke, Phillip Montage, Joshua Rabinowitz, Robert Richman, Arthur Schafer, Harry Silverstein, そしてとりわけ David Lyons から得た、建設的な助言と鋭い批判から私は、利益を受けている。

2　多くの理論家が述べているように、道徳哲学に取り組む際には、肯定的な用語である正義の語ばかりを扱うよりも、不正義の語について語る方がずっと都合が良い。そのより大きな便宜は疑いのない事実であるが、そのことに何らかの理論的重要性があるのかどうかについて、ここでは深く考察しないことにする。

3　例えば、Richard Brandt, *Ethical Theory*（Englewood Cliffs, N.J., 1959）, p.410; S.I. Benn and Richard Peters, *Social Principles and the Democratic State*（London, 1959）, chs. 5 and 6; Chaim Perelman, *The Idea of Justice and the Problem of Argument*（New York, 1963）, pp. 16ff; Morris Ginsberg, *On Justice in Society*（Harmondsworth, Middlesex, 1965）, p. 70、他多数。

4　「緩和される」というのは、所与の事例でその針が同じほど痛くはなくなるだろうという意味であって、所与の事例における（無比較的）不正義の程度が実際に減じるという意味ではない。

5　利己的利用については下の III 節でより十分に論じることにする。

6　類似の理由によって、相対評価による成績づけの状況は典型的な分配の文脈――例えばパイの分配――と共通するものが多い。一人に不相当に多くの割合を与えることは、必然的に他の誰かから彼の適切な取り分を奪うことになるから、正義にかなう分配者は、パイを食べる人全員の請求権を比較して、自分が与える個々人への「処遇」（分配物）が個々人の請求権間の関係を反映するようにしなければならない。しかし個々の処遇が、個々の請求権の順位という面のみを反映すればよいという点で、相対評価による成績づけはしばしば、パイの分配よりも賞の授与に似ている。成績の「サイズ」を、個々の請求権の強さの間の小さなまたは大きな差異を反映するように加減することはできないが、一方パイの一切れは原理上、パイの丸ごとよりも小さなどんなサイズにもすることもできるから、である。しかしながら別の観点からすると、相対評価による成績づけは、パイの分配により近いものである。というのもすべての人が、A, B, C, D, あるいは E のどれであろうと、何らかの「取り分」を割り当てられるからである。完璧に近い賞との類比関係を保つためには我々は、あらゆる成績が積極的あるいは消極的な意味合いの賞であって、各成績は、順位におけるそれより下の成績より良い賞でありそれより上の成績より悪い賞である、と捉えるべきである。いずれにせよ、たとえ個別の成績自体は、本質的に評価――すなわち判断の表現――であるとしても、成績づけが、成績をつける者たちにもつけられる者たちにも事前に理解された、ルールによって決まるリスクと機会、を伴ったある種の公的実践である限りで、相対評価の文脈は要比較的である。これは複雑な結果であるが、そこに矛盾はないと私は考える。C マイナスが、単なる一つの判断――たとえ比較判断であっても――と理解されている限りでは、それをつけたのが相応しくないという不正義は、無比較的であり、そして、C マイナスという評価がクラスの相対的に出来の良い学生の一人に割り当てられることが、彼がそれに値する「賞」つまり「取り分」を彼から奪って、それを（必然的に）他の誰かに授与することになる限りでは、その不正義は要比較的だ、と我々は言うことができる。本論文Ⅱ節本文で主張しているような「二重の不正義」は、しばしば発生するのである。

7　宇宙的不正義についてのこれと全く異なる考え方が、上述のものと区別されるべきである。宇宙的不正義は時に、宇宙（が被ったというのと対置される意味）によって引き起こされた不正義のことだと理解される。レースで一番優れた走者が、足を痛めたか何か他の不運によって、賞を勝ち取れなかった時、ある種の不正義が行われたのだが、そのような場合には当該の不運な走者は、審判や自分の競争相手たちに対する正当な苦情をもたない。彼等は彼を不当に扱っていないし、実際当人の権利が、特定できるどの人によって侵害されたわけでもない。それにもかかわらずもし彼が、自分に相応しくない運命をののしるなら彼は、自身の不満が自然法則、運、神、その他何であろうと、に対して妥当すると考えているかもしれない。このことが示唆している「宇宙的不正義」の考え方は、本文で論じたそれとは異なり、要比較的不正義である。つまり、勝者の能力が不運な敗者の能力に対して持つ「割合」は、勝者の「処遇」（第1位を与える）が不運な敗者の処遇（より低い賞を与えたり賞を全く与えなかったりする）に対してもつ「割合」と同じではないのである。

8　特に、W. D. Ross, *The Right and the Good*（Oxford, 1931）, pp. 2-3、および Michael Stocker, “Rightness and Goodness: Is There a Difference?,” *American Philosophical Quarterly*, 10（1973）, p. 93 他を参照。

9　A. D. Woozley, “Injustice,” *American Philosophical Quarterly Monograph*, 7（1973）, pp. 115-116

10　神が選民たちに救済のみならず救済への資格をも付与することを示すために、「さもなくばその資格のないはずの救済」と述べることを選ぶ人がいるかも知れない。しかしこれは資格（真価・デザート）の概念を一貫しないものにすると私には思われる。たとえ全能であっても神は、命令によって、2+2=5 とすることにはできないと同様、資格の無い者を資格のある者にすることはできない。

11　オノレ（A. M. Honoré）「もしルールが、特定のエリアでの駐車を禁じているなら、当該エリアに駐車した A が、同じことをした B が処罰されない一方で、それで罰金に処されるのは、A に対して不公正である。」（“Social Justice,” *McGill Law Journal*, 8［1962］, p. 67）参照。

12　Woozley, op. cit., pp. 112-113.

13　もし父親が、（残された）全財産が分割されるよりも一人の手に渡る方がよいと考えて（そしてこれは恣意的ではない理由からだとして）、コインを弾いて A を選ぶならば、この例の意味合いは変わるだろうと私には思われる。

14　他方で、要比較的正義と無比較的正義とを実践上実施し得ないような環境は容易に想像される。例えば、私が A, B, C, および D にそれぞれ 100 ドル借りているとしよう。しかし私は全部合わせて 100 ドルしか持っていない。もし私がそれぞれの人に 25 ドルずつ支払うとすれば、比較的不正義（差別）は存在しないがしかし、「交換的不正義」がそれぞれに対して為されよう。しかしもし私が A に対して 100 ドルを支払い、他の者たちにはなんら支払いをしないとすれば、その時比較的不正義と無比較的不正義の両方が、その他の者たちに対しては為されるが、しかしどう見ても A に対して不正義はない。この事例では私が何をしようが、どこかに不正義の効果が及ぶことになる。注意しておくべきなのは、私がこのエッセイを通じて、不正義の「質」ではなく「効果」に関心を持っている、ということである。この区別はアリストテレスのものである。『ニコマコス倫理学』第５章を参照せよ。効果における正義（誰かしらに対する正義）の方が、行為者の徳を反映する行為の質としての正義よりも、より基本的観念であるという説得力のある議論については、Josef Pieper, *Justice*（London, 1957）を参照せよ。Pieper はそこでアクィナスを別の言葉で言い換えて「正義の領域においては、善および悪は、行為者の内心の傾向性に関わらず、純粋に行為それ自体に基づいて判断される。要点は、いかに当該行為がその行為者と調和するかではなく、いかに当該行為が「相手に」影響を及ぼすか、にある。」（36-37 頁）

15 さらには、聖マタイによる福音書第 20 章、ブドウ畑の労働者という聖書にあるたとえ話で示される別の例もある。

16 もちろん要比較正義が偶然性と両立するのみならず、現に偶然を要請するという文脈は存在する。時に分配的正義は、分割不可能な財や負担を分配するために、純粋に偶然の――すなわちランダムな――手続きを要請する。（David Lyons, *The Forms and Limits of Utilitarianism*［Oxford, 1965］161-177 頁、参照。）しかしながらこれらの事例では、その手続きに理解可能な根拠がある。一方不当な差別の事例では、用いられる規準が見当違いだったり、「手続き」もなければ「合理性」もなく徹底して偶然に任せるものだったりする。

17 例えば、Isaiah Berlin, Equality as an Ideal, *Proceedings of the Aristotelian Society*, vol. LVI（1955-1956）。

18 もちろん、関連する差異に反比例して、有意の点で等しくない労働者たちに対して、等しくない賃金を与えること、すなわち、より小さな真価しかもたない人により多くを支払い、より大きな真価のある人により少なく支払うことは、さらに一層ばかげている。

19 J.S. Mill, *Utilitarianism*, Ch. V, 16-24 段落〔川名雄一郎・山本圭一郎訳『功利主義』京都大学学術出版会、第５章（325-330 頁）〕。

20 Jean Piaget, *The Moral Judgment of the Child*, Marjorie Gabain 英訳（London, 1932）参照。

21 G.H. von Wright, *The Varieties of Goodness*（London, 1963）, Ch. X. また、Herbert Morris, Persons and Punishment, *The Monist*, vol. 52（October, 1968）も参照。

22 *Ibid.*, p. 208.

23 *Ibid.*, p. 210.

24 Albert Camus, *The Fall*, Justine O'Brien 英訳（New York, 1956）90 頁〔大久保敏彦、窪田啓作訳『転落／追放と王国』新潮文庫、2003 年、100 頁〕。

25 James Flexner, Washington and Slavery, *NewYork Times*, Feb. 22, 1973, 39 頁。

26 この例は Brian Barry, *Political Argument*（London, 1965）, 99 頁に基づいている。

27 拙著、*Doing an Deserving*（Princeton, 1970）, Ch. 2-4 を参照。

28 William L. Prosser, *Handbook of the Law of Torts, 2nd ed.*（St. Paul, 1955）, 576 頁。

29 *Ibid.*, p. 574. *Cohen v. New York Times Co.*, 1912, 153 App. Div. 242, 138 N.Y.S. 206, および *Lemmer v. The Tribune*, 1915, 50 Mont. 559, 148 P. 338 参照。

30 Pieper, *op. cit.*, pp. 35-40.

31 Prosser は名誉毀損を、「原告が与えられている高評価［彼は別稿で「尊重」とか「善意」とか「信頼」と記している］を減じたり、当人に対して悪い印象や意見をかきたてたりする傾向のある、他者に対する情報伝達によって、当人の評判と名声に内在する利益を侵害すること」と定義している（*op. cit.*, p. 572）。

32 Prosser, *op. cit.*, pp. 577.

33 *Loc. cit.*

34 より近時の判例の一つに、*Natchez Times Publishing Co. v. Dunnigan*, Mississippi, 1954, 72 So. 2nd 681 がある。他に、*Spencer v. Looney, Virginia*, 1914, 116 Va. 767, 82 S.E. 745, および *Jones v. R.L. Polk & Co. Alabama*, 1915, 190 Ala. 243, 67 So. 577 参照。

35 例えば、英国殺人法 Great Britain's Homicide Act（1957）、第３章。「陪審が、謀殺 murder の訴追をされた被告人において、その自制を失う挑発（行動によると、言辞によると、またはその双方によるとを問わず）を受けたことを認定できる証拠が存在する場合、その挑発が、通常人をして被告人がなしたごとく行動せしめるに足るものであったかについては、陪審の決定に委ねられる。」〔高窪貞人、堀孟、西野哲也訳「訳注、一九五七年、英国殺人罪に関する法律」中央大学学友会学術連盟英米法研究会編『英米法学』12 号（1961）23 頁）参照。翻訳を一部改変した。〕

36 このようなルールは、法の評釈者たちによって反論なく受け入れられているわけではまったくない。Glanville Williams は次のように論じている。「確かに、挑発に対する真の理解はそれが、法的禁止が効果を持たないような例外諸事例において「人間本性が示すもろさ」への譲歩だというものである。それは、当該行為を適当であったと認めるのでもなくまたそれに対する全面的な罰を科すのでもないような、妥協である。もしそうであるなら、徳の模範である理をわきまえた人が挑発に屈することが、いかにして是認され得るのか」（Provocation and Reasonable Man, *Criminal Law Review*［1954］, p. 742）。『模範刑法典』の著者たちは、その第９試案に関する解説（（1959）47 頁）の中で、「このルールが時にそう表現されるように、挑発が理をわきまえた人に、被告人がしたのと同じことをさせるに十分なものであることを要求するのは、明白に馬鹿げている。理をわきまえた人が殺したりしないのは明らかだからである。... しかし、当該の挑発的状況は、理をわきまえた人あるいは普通の人から自制心を奪うのに十分なものでなければならない、という当該ルールの正しくもっとよく見られる言明でさえ、改善の余地が大きい。それが、当の行為者が置かれている特別の状況への注目を全く排除しているからである。」と論じている。

第2部
道徳的権利はあるか

第7章
義務、権利、そして請求権
Duties, Rights, and Claims

今なお、権利に関する諸問題に携わる哲学者を二分するいくつかの問の中に、次のようなものがある。(1) 権利 (rights) と義務 (duties) は、論理的な相関関係にあるか、もしくは、どの程度相関関係にあるか、(2) 権利 (rights) を主張＝請求＝請求権 (claims) として扱うことは、一般的な理論的解明に資するのか、とりわけ問 (1) を考えるに際して、それは戦略的に有益であるのか、といった問である。問 (1) は、よく知られた意味で論理的な問題 (義務に関する言明は他者の権利に関する言明を含意するのか、権利に関する言明は他者の義務に関する言明を含意するのか) であるわけだが、本稿は、そういった形式主義的な考察というより、記述的もしくは印象主義的な考察である。第一節は、他者の権利と明らかに相関関係にある義務と、見かけ上はそうでない義務とを区別することを目的として、「義務」と呼ばれる多様な規範的関係を検討する。第二節は、権利に焦点を移して、義務に関する言説に還元しえない、もしくは、それとは明らかに論理関係にない請求権としての権利に関する言説が、少なくとも一種類は存在することを論じる。むろん、「請求権」は曖昧な用語ではある。(私がこの後議論するところでは) 物に対する請求 (*claims to*) は、人に対する請求 (*claims against*) で必ずしも表現できるわけではなく、そして、「…に対する請求権をもつ (having a claim to . . .)」と「…に対する請求を行う (making claim to . . .)」は、「…であることを主張＝請求する (claiming that . . .)」とは異なったものである。それにもかかわらず本稿は、こういった「請求 (claim)」といった用語により表現しうるいくつかの観念が、権利を理解する、もしくは、その意義を正しく評価するために不可欠であると結論付けている。

1　様々な義務と権利

様々な種類の義務の中で、どういった義務が必然的に他者の権利と相関関係にあるのだろうか。義務に関する第一の分類として、債務者と彼の債権者との関係を考えてもらいたい。債務のあることは、ある人が別の人に対して何かを負うことの最も明らかな事例である一方、負うことは、「誰かに対する責務」といった表現で散見される油断ならない小さな前置詞、つまり「に対する」を解釈するための明晰なモデルとなる。ここで、ある当事者が別の当事者に対して何かを負う場合、後者が、前者が負っていることに対して権利をもつことは疑う余地がない。債務者の責務は、異なる観点から見れば、彼の債権者の権利である。さらに、債務のあることに伴う義務は、法律学の専門用語では、積極的な対人権と呼ばれる、特化された種類の権利、つまり特定の個人に対して単なる不作為以上の「積極的な行為」を実行するよう要請する権利を含意する。

義務に関する第二の分類は、約束に基づくもので、より適切には「責務(obligations)」とも言われるのだが[1]、コミットメントによる（それ以外の）義務と呼ぶことができる。これらの義務を論ずる際には、「に対する」という前置詞に誤導されてはならない。債務者が債権者に金銭を負っている場合、彼は債権者に対して責務があると言えるわけだが、ここでの前置詞は両義的であって、債権者が占める二つの異なる地位の区別を曖昧にしている。一方で彼は、その責務が彼に対して負われるところのその人であり、よって責務を自分が受けるべきものとして請求しうる人である。他方で彼は、約束された債務者の行為に関する受益者と意図される人でもある。こうした二重の役割は、時には、これ以外のコミットメントの義務の名宛人によっても担われることがある。仮に、アベルがベーカーにある特定の時刻に会うこと、彼の靴を磨くこと、あるいは、彼の著作を好意的に評価することを約束した場合、ベーカーは、アベルの義務に関する請求権者であると同時に、受益を意図される人である。むろん、間接的であっても、アベルが責務を履行することで恩恵を受ける他者は存在しうるわけだが、こういったいわゆる「受益者である第三者」は、たいていの場合、迂遠な形でわずかばかりの利益を得るにすぎない。

しかし、場合によっては、二つの地位が分離することで、直接的な受益を意図される人が、約束の名宛人ではなく、彼が指名した誰か第三者であることがある。さらに、こうした類の行為は、次のように下位分類できる。つまり、約束の名宛人のみが請求権者または権利保有者である場合と、約束の名宛人と受益者である第三者の双方が約束者の責務履行に対する権利をもつ場合とである。仮に、アベルがベーカーにその愛犬フィドーの世話をすることを約束した場合、フィドーが約束されたサービスの直接的な受益者であるが、ベーカー自身が、そして恐らくベーカーのみが請求権者である。その一方で、仮にベーカーが彼の妻や母親（それとも愛犬でも？）を彼の生命保険証書の受益者として指名したならば、約束の名宛人としてのベーカーと指名された受益者との双方が、保険給付が受益者に支払われることに権利をもつと言えるだろう。（ベーカーが亡くなったあとでさえ、保険会社は受益者にそれを支払うことを彼に負っていると言うことが可能である）。

時に哲学者たちは[2]、約束の名宛人と意図された受益者は別の道徳的立場であることを最も明らかに例証しているといった理由で、受益者である第三者の権利が約束から派生しない事例を中心にして検討することが有益だと考えてきた。付け加えておけば、この種の事例においては、二つの地位の区別は、請求者に対する（to）義務と、受益者に向けた（toward）、もしくは、に関する（in respect to）義務とを（場合によって）区別する日常言語においても、まったく曖昧になるというわけではない。しかし、こうした事例だけに専心することは、不必要なばかりか危険でもある。その危険とは、我々を以下の点に関して盲目にするかもしれないということである。つまり、法[3]と道徳のいずれにおいても、受益者である第三者が約束者に対して実際に請求権をもつような事例が多く存在しており、いずれにせよ、約束の名宛人と受益者との区別は、受益者である第三者と約束の名宛人双方が請求権者である事例においても、〔受益者に請求権がない事例と〕同じくはっきりと行うことができるという点である。というのも、ある人が約束の名宛人であるといった事実から、彼が約束されたことに対して権利をもつことが必然的に帰結する一方で、これらの事例においては、ある人が約束されたサービスの意図された受益者であるという事実から、彼がそのサービスに対して権利をもつことが必然的に帰結するわけではないからである。むろん、受益者と約束の名宛人が別の立場でないかぎり、こうした差異はありえないはずである。換言すれば、約束の名宛人とは異なり、受益者である第三者の権利は、約束者の責務と論理的な相関関係にはなく、道徳もしくは法律上の政策やルールに基づいてはじめて相関関係に立つのである。受益者である第三者の権利が、約束者の義務と論理的な相関関係にあると言いたくなる一定の誘惑を感じさせる事例でも、約束者が約束の名宛人への明示的な約束に加えて受益者へも黙示の約束をしていたのだと言いたくなる誘惑は、少なくともそれと同じほど大きいのである。ここで、私が念頭においているのは、約束の両当事者が、受益者である第三者がその約束を知ることを許容し、後者は約束の履行を信頼して行為しているといった事例である。

これらすべての事例において、我々の現在の目的にとって重要な関係は、約束者と請求権者とのあいだの関係であり、それは、後者となるのが約束の名宛人、受益者、その双方、のどれであるかにかかわりなく、である。こうした関係は、我々が債務のあることに関する「パラダイム・事例」とでも呼べる事例からすでに一歩逸れているとはいえ、もう一つのまっとうでよく知られた負うこと（owing）に関する事例である。コミットメントの義務は、標準的な負うことに関する事例と同様に、他者がもつ対人権と明らかに相関関係にある。請求権者は、約束者から積極的履行または差し控えのいずれかを受ける対人権をもつ。それは、フィドーに餌をやるといった事例では積極的履行を受ける権利となり、私があなたを私の土地から排除する権利を放棄すると約束することで、私が介入しないよう請求する権利、つまり消極的な対人権をあなたに与える場合には、差し控えを受ける権利である。

同様のことが、義務に関する第三の分類、つまり賠償の義務にも言える。あなたの損害が「私のせい」である場合、つまりその損害が、私の怠慢、軽率、無謀、不注意、不誠実、悪意などによって引き起こされた場合、私はあなたに対して、危害を修復するか損害を補償する義務がある。この時、私があなたに対して修復を「負う」のは、あなたから借りたり、あなたの許可なしにもち出したりしたものの返却をあなたに負うこととまったく同じあり方で、である。つまり、こうした事例における私の義務とは、実際にあなたに属しているもの、もしくは、それが不可能な場合は同等の価値を有するものを返却することである。そして、こうした義務と相関関係にあるあなたの権利は、私の積極的なサービスに対する**対人**請求権である。

偶然にも、義務に関する第四の分類もまた、今や債務のあることに関する事例から少なくとも二歩は逸れるとはいえ、誰かに何かを「負う」と言うことが可能である。ウィンストン・チャーチルの公私に及ぶ講演、書簡、回想の記録集のための1964年の宣伝は、「チャーチル氏は、自身がこの遺産を〔残すことを〕世界に対して負っていると感じている」と述べた。恐らくウィンストン卿は、単に彼が以前に借りていたものを返却せねばならないとか、何らかの明示的または黙示的な約束を守らねばならないと感じていたわけではないはずである。私が思うに、彼は、世界が必要とするもので、齢90の自分がもはや独占し続ける理由などないものは、世界に与えるべきであるといった義務を感じていた。私は、富裕が欠乏に対して負う義務についてのこの事例や、その他のもっと世俗的な事例を、**欠乏充足の義務**と呼ぶことを提案したい。こうした義務は明らかに、しばしば多くの請求権者の内に、積極的な**対人**権を生みだす。

義務に関する第五の分類は、感謝に関連するものであるが、**返報の義務**（duties of reciprocation）と呼ぶ方が良いだろう。というのも、感謝は、一つの感情の表出であって、義務として扱うには返報――これは結局のところ行為である――がより適切であるからである。さらに言えば、「感謝の義務」といった観念に一般的に影響を与えているいくつかの混乱が他にも存在する。多くの論者は、感謝の義務がまるで債務を負うことからくる義務の特別な事例、または、恐らくは、その非形式的な類似物であるかのように、それに言及する。しかし感謝は、債務を負うことと類似した感情をまったく含みようもない。私に対してなんら義務を負っていない人が、善意の動機と思しきことに基づいて、私に対して何かのサービスをしてくれるとか、窮地から私を助けてくれる場合、私が彼に対して抱く感謝の感情は、注文した商品を支払い前に届けてくれた店主に対して私が抱く感情とは似ても似つかないものである。私が想像するに、このように感謝と道徳的な債務を負うこととのあいだの混同が広く散見される原因は、日本人に特徴的とされているが彼等に特有とは言い難い一つの傾向、つまり他者に助けられると自身の地位が失われたように感じる結果として、体のいい「感謝」の仮面の下で恩人へ憤りを感じがちであることにあるのではないだろうか。我々は時に、善行がその恩人を「一段優位に」立たせたと感じ、それを平等に戻したいがために、恩人には借りを返さずにはいられないと感じるのである。

「返報の義務」という表現は、これとは異なった種類の事例に対してより適合的に使われる。私の恩人はかつて、私が彼のサービスを必要としていた時に、それを気前よく申し出てくれた。その場では、彼に対して最も深い感謝を表明する以外に、私がお返しにできることは何もない（どんな類のものでも**代金支払い**は、いかに感謝と相容れないことか！）。しかし、彼が今や助けを必要する状況が生じ、私は彼を助けられる立場にいるとする。間違いなく私は、彼に自分のサービスを与えることを**負って**おり、そして、私がそれを提供しない場合、彼はそのことを憤る資格があるだろう。要するに、彼は今や私による助けに対する権利をもち、そして私は、それと相関関係にある義務として彼に対して助けを申し出る義務がある。これまでの他の事例と同様に、こうした事例における権利は、**対人**権であり、典型的には、積極的権利である。

これをもって、ある人が別の人に対して何かを負っている（owing）と語ることを可能にするような義務の主要な区分を列挙することができたであろう。むろん、「負う」には、きわめて広い意味があり、この用語があらゆる義務に関わる言説に付随するといったこともありうる。恐らくそれは、すべての義務に付随する要請や、「しなければならない」といった感覚に対する一種の同義語として、である。しかし、義務に関する残りの分類に関して言えば、たとえ人が何かをしなければならないとしても、そのことは彼が誰かに何かすることを負っているといった理由からではない場合がある。

義務に関する第六の分類は、我々の誰もが負う（have：もつ）土地所有者の財産に立ち入らない義務をその典型とする。私は、こうした義務を土地所有者に対して「負っている（owed）」ものとして語ることは、法が平気でそういった語り方をしていることは認めるが、自然であるとは思わない。我々は、他人の財産に介入しない義務を是認することで、各人が財産の排他的な所有と支配に対してもつ利益を尊重することを示す。こうした他者の人格または（典型的には）財産への不介入の義務は、尊重の義務と呼んでおきたい。このように「尊重」といった用語を使うことは、その唯一の用法でないとはいえ、慣れ親しんだものと考えることができる。ウェブスター辞典はこのことを以下のように言う。「…重んじる、価値を置く、それ故邪魔や介入を差し控える、個人のプライバシーを尊重するといった場合のように。」

尊重の義務と相関関係にある権利は、典型的には、消極的な権利、つまり他の人々の慎み、不作為、非介入に対する権利であるのだが、前出の事例で議論したいくつかの権利とは異なり、法律家が対人権ではなく対物権と呼ぶものである。対物権は、誰か名指しできる特定の一人または複数の個人に向けてではなく、法的な表現に従えば、世界一般に向けられる。むろん、私が「世界全体」は私の土地に立ち入らない義務があると述べることで意味できることは、私の財産に立ち入ることができる立場にある人は、何人であっても、それを控える義務があるということ以上のものではない。このことは、かのドゴール将軍でさえも、私が彼の立ち入りを望まなかったならば、私の土地の門前で立ち止まらなければならないはずだといったようなことを含意する。私の対物権自体は、他者に対して尊重の義務を課すに際して、人格の尊重者というわけではないのである。

では、あらゆる対物権は消極的だろうか。所有権をモデルとして、個人に関する利益をカバーするよう適用範囲が拡大した消極的な対物権が、政治思想、とりわけアメリカ政治思想に多大な影響を与えたことは否定できない。例えば、こうした権利は、18 世紀のいくつかの宣言の中で「自然権」のリストを独占してきたのである。それにもかかわらず、積極的な対物権は存在しており、その重要性は、ここ数十年のあいだに新たに評価されるようになった。その中でも、すべての市民が自分の過失によって傷つく立場にある、ありとあらゆる人に対して負うとされるケアの義務を考えてもらいたい。私は、自分の土地への招かざる侵入者に対してさえも、こういった義務をある程度は負っている。あるいは、（我々の法ではこれと同程度に認められているわけではないが）すべての市民がもつ事故の被害者に助けを差し伸べる義務を考えてもらいたい。こうした不運な被害者たちは、助けることのできる立場にある、ありとあらゆる人に向けられた援助を受ける権利をもつ。私は、こうした積極的な対物権を共同体成員の権利と呼びたい。というのも、一つの社会を結束した共同体へと練り上げるものは、他のなによりも、この権利の承認だからである。

義務に関する第八の分類は、私が地位の義務と呼ぶことにするものだが、恐らくは、その他の多くの義務が派生する原型である。中世において「義務」と呼ばれるものは、封建領主に対して、彼の役割やそれが社会システムにおいて占める地位のゆえに、彼の下級者の一人、すなわち家臣や農奴が、その地位のゆえに、当然負っている何かであった。各人は、社会秩序において比較的固定化された地位の中へと生まれる際、同時に、そうした地位に付随する、そして実際にそうした地位を定義している、様々の義務の中へと生まれた。各人の義務とは、様々な利益からなる一般的な経済体に対するその人の相応しい負担分の支払いのようなものだと理解され、当然異なる階級と身分に応じて取り立てられる負担は異なっていた。自身の義務を果たすとは、作物や家畜で支払うこと、定期的に割り振られた仕事を遂行すること、さらに、より高位の階級であれば、部隊や馬、武器を提供することでありえた。これらの支払いは、クラブ、とりわけ異なるタイプの構成員に対して異なるタイプの支払いを定めるルールをもっているクラブにおいて、構成員達が納期の来たものを支払う時の精神と類似する精神で行われた可能性が高い。

こうした厳格な階級社会において、各人の義務が誰に対して負われているかを知ることはそれほど困難ではなかった。というのも、支払いは劣位の階級から高位の階級へと行われることが一般的であり、高位の地位を占める人は、その支払いの取り立てを必要であれば力づくにより行うことが常に可能であったからである。しかし、封建制の衰退と共に、あらゆる地位に伴う義務に対して別個の請求権者を見つけることはますます困難になってゆく。むろん、今なお様々な役職や役割は生き残り、それぞれに伴う義務はもち越されているとはいえ、もはや義務が誰に対するものであるのかに関して明白となる直線的な関係や、それらを執行する単一の制裁機関は存在しない。なるほど、後に契約が社会組織化の基本原理として階級に取って代わるようになった際、各人は自身の仕事上の様々な義務を、「労働契約」に由来しており、それ故に、受約者としてのボスに対して責務として負うものだと考えることが、理論的には可能になった。しかし、これが説得力のある神話であったことはほとんどない。労働契約は、たいてい不公平な交渉の結果であったし、この点について条件が改善される頃には、雇用者はあまりに多数かつ非人格的な存在になっていたため、彼を個人的な責務の請求権者と捉えることはほとんどできなくなった。よって、地位の義務は、誰かに対して負うものとはますます考えられなくなったのである。

とはいえ、義務という概念は、その過去を何もかも忘れてしまったわけではない。義務は、今なお、役割、身分、仕事との祖先以来の関係を残しており[4]、たとえ間接的とはいえ、強制といった観念と結びつき、依然として、社会的な共有利益の促進を理由にして人に対して貢納として課す公正な負担分といった理念を広く示唆している。集団作業に際しては、「誰もが一生懸命に各々の負担を果しさえすれば、仕事は成功するものである」と言われることが多い。むろん、我々がそこで拠出するよう勧められる負担分は、我々の義務とまったく同量であり、貧者よりも冨者が多く、強者よりも弱者が少なくなることだろう。

今なお、義務や地位は誰に対して負うのかを問うことに意味はあるのだろうか。あるのかもしれないが、もはや「自分の封建領主」や「自分の雇用者」といった、なんらかの特定の人を名指す単一の回答を常に期待することはできない。〔アメリカン〕フットボール・チームのレフトタックルは、彼と対面する敵選手をブロックするといった彼に割り当てられた義務を、誰に対して負っているのだろうか。こういった事例において、義務を「チーム」以外の誰かに対して負っていると述べるのは奇妙である。同様に、我々は地位の義務を「会社に対して」、「大学に対して」、「国に対して」負っていると耳にすることがある。さらに別の事例では、例えば管理人がビルの廊下を掃く義務といった場合に、そうした義務は誰かに負うものではないと主張してもまかり通るかもしれない。だからといって、それが義務でなくなるわけではないのだが。

ここまで、私は、我々の義務言説において恐らく最も重要な側面に関して、言及するにとどめていた。それは、義務の観念と強制の観念のあいだの結合性というものである。義務は、それが他に何であろうと、誰かに対して要請されるものである。つまり、第一に義務（a duty）は、責務（an obligation）と同じように責務を与える（oblige）ものだということである。それは、我々の傾向性に対して課されると理解されるものであり、したいか否かにかかわらず、しなければならないものである。第二に、要請〔されるということ〕は、まったく良い意味で、有責〔であること〕（liability）であって、我々はそれをするか、さもなければ（刑罰、解雇、罪悪感といった）「帰結に直面」しなければならないものである。こうした義務と責務に共通する強制的な要素にはっきり焦点を当ててみると、例えば法律書が、義務を課すことと責務を課すこととを互換的に扱う時のように、そうした強制的な要素が、二つの概念のあいだのいくつかの差異を薄れさせるほどに中心的な重要性をもつということもありそうなことである。さらに、「義務」と「責務」いずれの用語も、強制的な特徴のみが本質的となるような派生的な意味を発展させてきた。それは例えば、我々が、多分「ジェスチュア」として相応しい行為や、感情の象徴的表現に、「有無をいわせぬ」適切さが伴うと思われる場合に、それは義務であると話すといったことである。今や、「義務」と「責務」のいずれも、我々が（理由の如何を問わず）行わねばならないと感じるあらゆる行為に関して使われる傾向にある。

有無をいわせぬ適切さといった義務は、恐らく派生的な意味でのみ義務であるのだが、それらをラベルごとに分類して、我々のカタログに入れることに何ら問題はないだろう[5]。恐らくこの分類には、「完全性の義務」、「自己犠牲の義務」、「愛の義務」、「代わりに感謝する義務」等といった哲学的には困った事例も含まれる。この種の義務があると考える人々であっても、それらを誰かに対して負っていると感じていないことは明らかであると思われる[6]。

我々は、有責性としての義務に言及する場合に、それを同じように役割や職務から課されるもう一種類の有責性、つまり責任と呼ばれるようになってきたものから区別するように努めるべきである。責任というものは、義務と同様に、負担と有責性の両方である一方で、義務と異なり、それには相当の裁量権（時に権威と呼ばれる）が伴う。目標は割り当てられるが、それを達成する手段は、責任ある当事者の独立した判断に委ねられるのである。さらに、望まない帰結が生じた際の有責性に関して言えば、責任の場合は単なる義務の場合に比べて「より厳しく」なる傾向がある。つまり、ある人が自分の最善を尽くしたことが弁明として受け入れられる可能性は、義務を履行することができない場合の方が、責任を果たすことができない場合よりも高いということである。実際に、責任の割り当てに際してより大きな裁量権が容認されているほど、不履行に対する有責性はより厳しくなる可能性が高い。例えば、将校の「撃て！」という命令が引き金を引く義務を課す場合、もしくは、年会費の支払い通知が支払い義務を課す場合のように、一般的に言って、仕事の割り当てがまったく裁量権の余地がない事例に酷似してくるほど、我々がそのことを義務と特徴づける可能性が高くなる一方、責任と呼ぶ可能性は低くなる。要するに、服従する義務はありうるとしても、服従する責任などというものはあり得ないのである[7]。

このことは、我々を義務に関する最後の分類である服従の義務に導く。中世の領主は、彼が治める農奴の義務との関係において、受益者、請求権者、であると同時に〔権利の〕執行を行う権威者でもあった。これら三つの立場は、封建制の崩壊により社会的役割が複雑化する過程において、分離していくことが一般的である。とりわけ、いくつかの制度において、我々に義務の履行を命令し、制裁をもってその命令を裏づけることができる人は、義務がその人に対して負われる人、もしそのような人がいたとして、と常に同一人物であるとは限らない。その場合、我々が命令を発する権威者に対して義務がある、という場合の前置詞「に対して（to）」の意味は、まったく異なってくるように思われる。それでもなお、両親や警察官、そして上司に対して「服従を負っている」といった言説はよく耳にするし、そういった権威者たちは、我々の服従への請求権をもっていると平気で口にする。では権威者は、その下位者たちに服従される権利をもつのだろうか。

交通巡査は、笛を吹き、指で差して、「止まれ」と叫ぶ。このことは、言うまでもなく、運転手に停止する（法的）義務を課す。それでも、その警察官が、その停止を自身にとって当然のものとして請求できるとか、その運転手が、停止する義務を警察官に対して負っているといったことは真実ではない。恐らく警察官は、運転手が停止することに関して、個人的な権利ではなく、警察官としての彼の地位に由来する職務上の権利をもつ。しかし私が思うに、このことは、警察官の職務が彼に運転手の停止を命令する権威を付与するといったことを単に遠回しに言っているにすぎないのではないか。むろん、そうした権威付与は疑いようのないことであるのだが、そのことは、なんらかの権威主体には、人々を命令通りに行為させる権利があると言いうるのかといった、さらに進んだ問題を解決するためにはなんら役に立たない。いずれにせよ、多くの服従義務が、「法」や、ペンキ塗りの停止標識といった非人格的な権威に対して「負われて」いる。こういった場合、誰かの停止を自身にとって当然のものとして請求することができる指定可能な個人を見つけることは、とりわけ困難である。それ故、服従義務の一部は、相関関係にある権利を含意しないように見える。そして私の予想が正しければ、どんな服従義務も、この含意をもたないのである。というのも、もし「自分の上位者に対する(服従の)義務」といった表現における前置詞「に対する」の意味が、「彼の不履行について誰それに対して〔弁明等の〕責任を負う(answerable to)」といった場合のそれの意味と同じであるなら、そして私は同じだろうと推測しているのだが、人がそれに対して服従を「負っている」権威は、(例えば)債権者といった意味での請求権者ではなく、むしろ義務の履行を適切に命令し、履行されない場合には制裁を科すことができる権威であるにすぎない。それ故、この小さな前置詞「に対する」は、「義務」に伴って使用される場合、三重にも多義的であることになる。人は、その請求権者に対して、そして、単なる受益者に対して(もしくは、に向けて)義務を負うことがありうるし、その不履行に関して権威に対して責任を負うことがありうる。しかし、請求権者のみが、人の履行に対する権利をもつと適切に言いうるのである。

要約すると、債務やコミットメント、賠償、欠乏充足、返報の義務は、他者の対人権と必然的に相関関係にある。尊重、共同体成員の義務は、前者は消極的、後者は積極的なものとして、必然的に他者がもつ対物権と相関関係にある。最後に、地位や服従、有無をいわせぬ適切さといった義務は、必ずしも他者の権利と相関関係にあるわけではない。

II　〜への請求権としての権利（Rights as Claims to…）

これまで、権利と相関関係にある多様な種類の義務を説明してきたが、これをもって権利概念を解明するために必要なことはあらかた終えてしまっただろうか。多くの著作家たちは、そのように考えるようである[8]。しかし私は、そのためには、請求権としての権利に関して、さらに深く述べる必要があるという点で、リチャード・ワサーストロム（Richard Wasserstrom）に同意したい[9]。むろん、権利を請求権といった用語をもって形式的に定義する試みが、役に立つわけではない。というのも、権利という観念はすでに請求権という観念に含まれている以上、そんなことをしても循環に陥るだろうからである。それにもかかわらず、請求権（claims）と請求すること（claiming）といった語でしか表現できないのではないにしろ、それらによってより容易に表現可能な権利に関するいくつかの事実が、権利とは何であり、なぜそれほどまでに決定的に重要であるのか、を余すことなく理解するために不可欠なのである。

一見したところでは、請求権はすべからく誰かに向けられたものである以上、必然的に、請求権が向けられている人たちの義務と相関関係にあると考えることには根拠がありそうである。しかしながら、必ずしもそうではないような、「欠乏」と密接に関連する「請求権」の語義が存在する。例えば、メキシコのごみごみしたスラムで読み書きができず貧困にあえぐ母親の10人ほどの子供の１人に、空腹かつ病弱で父親のいない幼児がいると想像してもらいたい。この子供は、食事を得ること、医療を与えられること、読み方を教わることに対して請求権をもたないであろうか。我々は、相関関係にある義務がどこにあるのかに関してなんの観念を得る以前に、そのことを知ることができるのではないだろうか。たとえ、これらのものを提供する義務を担う人を見つけることに絶望したとしてもなお、我々はそうした請求権の存在を信じるのではないだろうか。仮に我々が結局のところ誰かに実際に義務を割り当てるとしても、我々がそうするのは、私が思うに、こうした先行的な請求権が、あたかもそれに伴う義務を探すような形で、存在しているからではないだろうか。

昨今では、「請求権を構成する」ものとして欠乏を語ることが普通となっている。ウィリアム・ジェームズは、あらゆる利益は世界に向けられたある種の請求権であり、請求権としての利益の有効性は、「それが事実の問題として単に存在していることにある」と考えた[10]。恐らく、これは言い過ぎであろう。我々は、あらゆる願望が請求権になるとは考えないし、あらゆる欠乏に関してさえもそうである。しかし、いくつかの重要な欠乏に関しては別問題である。我々は、それらが充足を求めて「叫び声を上げている」と述べる。(「請求 [claim]」と「叫び [clamor]」のあいだの語源上の関連に注目されたい。) さらに、それらの [欠乏] が、固有名を叫ばずして、みずからの欠乏のみを叫ぶ場合、我々は、「世界に向けられている」請求について語るが、それは「何人に対しても向けられていない請求 」のことを言うための修辞的な方法でしかない。(もしくは、恐らく「世界に向けられた請求」とは、砂漠における爆発のようなものである —— それを耳にする者はいないが、もし誰かがそれに近づいたなら、彼はどれほどの動揺を耳にすることだろうか、そして、どれほどの衝撃を感じることだろうか。恐らく、私にとって、メキシコ人の子供に関しても同様である。恐らく、彼女の請求は、「永続的な〔被〕感覚可能性」のようなものであり、何人もそれを聴き取ることのできる範囲にいなくとも、十分にリアルなのである。それでも、ある人が十分に近くに来た場合に、彼が道徳的に聾でなければ実際に耳にするだろうことに注目されるとよい。彼は、欠乏の叫び声、…への請求を聴く。それは非常に強い声なので、…に向けた請求だと感じられるかもしれない。)

教育の権利は、20 世紀のいくつかの〔人権〕宣言に特有であるその他の積極的な対物権と同様に、多くの混乱や不和をもたらした。その理由の一部は、あらゆる権利に対する誰かの義務といった図式的な翻訳を提供することに熱心であった理論家たちが、宣言起草者たちの頭に真っ先にあった「権利」の意味を単に見過ごしたことにある。例えばブラント教授は、「私が教育の権利をもっているということ」に関して、そのことは「おおよそ、私が属する共同体の各個人が、私と私の立場にいる人々が教育の機会を提供される制度を確保、維持するために、自分の様々な機会、能力、その他の責務を考慮しながら、できるだけのことを行う (ブラントは、別の言い方では「実質的に協働する」と述べている) 責務があるといったことを含意する」と述べている[11]。しかし、「権利」には、他の人々が努めるとか、「できるだけのことを行う」(むろん、自分たちがどれだけ多忙であるか考慮しながら）とか、「実質的に協働する」といった以上のことを要請する、誰もが知っている意味が存在する。この意味における私の権利は、教育に対するもの（さらに別の第４の意味で、例の前置詞（*to*）がまた出てきた）であって、他者の義務的な努力に対するものにすぎないのではない。この場合、私の権利（仮に私がそれをもつなら）は、単に努める義務だけでなく、それに成功する責任を論理的に含意するという可能性の方が高い。しかし、これでも翻訳の仕事が完遂されるわけではない。というのもここには、どんな数の「せねばならない」にも完全には翻訳することができない「もたねばならない」が存在するからである[12]。

III　自分に権利があるとクレイムすること

最後に、「クレイム（主張＝請求）する」といった動詞が、権利の分析にとってではなく、権利がなぜワサーストロムの言う「価値ある日用品」であるのかを理解するために、重要であることを強調しておきたい[13]。自分に権利（もしくは何なら、人がクレイムするかもしれない他のもののどれか――知識、能力、その他何でも）があるとクレイムすることは、断言されているものが認識されるべきであると要求する、もしくは強調するようなやり方で断言することである。私の論点は、すべての権利について、適切な状況下で、自分がその権利をもっているとクレイムする、さらなる権利があるのだということである[14]。人の権利を認識するよう要求する権利は、なぜそれほど重要なのか。私が考えるに、その理由は次のようなものである。もし、人が認識を乞い、懇願し、祈ったとすれば、その人はせいぜい、一種の慈善的な待遇を受けるだけであろう。しかしその待遇は、権利の承認と簡単に混同されてしまうものではあるが、実際にはそれとはまったく、そして致命的なほどに別物だからである。

一般的に言って、二つのまったく異なる道徳的なやり取りが存在する。一方には、愛や憐れみ、慈悲に動機付けられた贈与、奉仕、好意が存在し、それに対する唯一適切な応答は感謝である。もう一方には、他者の権利によって要求される、義務的な作為や不作為が存在する。これらは、気まずさや恥を感じることなく、要求し、クレイムし、主張することができる。履行されそうでない場合、適切な反応は憤慨であり、適切に履行されたとしても、感謝は場違いである。もし感謝を表明するなら、それは、人が受け取ったものが、単に自分のものや当然のものに過ぎなかったわけでないことを示唆することになるからである[15]。いずれのやり取りも重要であり、一方があっても他方が欠けた世界は、ワサーストロムに言わせれば、「道徳的に貧困である」。愛にあふれた好意のない世界は、冷たく危険であるが、親切に満ちていても、普遍的な権利のない世界は、自尊心をもつことがまれで困難な世界になるだろう。過剰な感謝は、極めて悪いものであって、与える側を独りよがりで偽善的にし、受け取る側にもそれ以上の害を及ぼす。たとえ自分が何人にも負うことがないと無知ゆえに誇る疲れ果てた個人主義者が、まったくもって道徳的な手本でないとしても、あらゆることに感謝を感じる者もまた同じである。というのも、それはある種の自己卑下であり、自分の利益を尊重もせず、もっとも基本的な欠乏さえクレイムと感じもしないような人々から予想されることは、少なき善と多分かなりの災いだからである。　(福原正人訳)

註

1　責務と義務の区別に関する緻密な議論については、E. J. Lemmon, "*Moral Dilemmas,*" *The Philosophical Review*, vol. 71 (1962) . pp.139-158 および Richard B. Brandt, "The Concepts of Obligation　and Duty," *Mind*, vol. 73 (1964) , pp. 374-393. を参照せよ。

2　最も著名なものとして、H. L. A. Hart, "Are There Any Natural Rights, " *The Philosophical Review*, vol. 64 (1955) , pp. 179-182 (小林公、森村進訳『権利、功利、自由』、木鐸社) .

3　この複雑な論点に関する緻密かつ詳細な議論として、Corbin on Contracts (St. Paul, Minn., West, 1952) , pp. 723-783 を参照せよ。コービンはその７３３ページで次のように述べている。「以下は、一般に流布している法律を首尾一貫した仕方で述べる試みである。受約者ではなく、かつ、いかなる約因も与えてない第三者であっても、次の場合に、他の二者によって取り交わされた契約によって強制力のある権利を持つ。(１) 彼が受約者あるいは他の誰かの債権者であり、かつ、その契約が責務を果たすといった形で約束者によるその履行を要求する場合、(２) その約束された履行が彼にとっての金銭上の利益となり、かつ、受約者が契約を交わすことを動機づける原因の一つとして受約者がそうした利益のことを考えているということを知るのに十分な理由を約束者に与えるような仕方で当の契約が表現されている場合。第三者は、これら二つの規定の両方を同時に満たしているかもしれないが、必ずしも両方とも必要だというわけではない。このどちらの規定にも当てはまらない人は、たとえ契約の履行がたまたまその人にとって利益となるとしても、いかなる権利も持たない」。

4 「道徳的義務」といった表現が、「道徳的責務」といった表現とは違って、我々の耳に奇妙に響くとしたら、その理由は、前者が「人間自体」の地位または職務の存在——これは、（プラトンやアリストテレスには失礼ながら）きわめて疑わしい形而上学的な観念である——を示唆するからであろう。一般的に言えば、人間としての我々の道徳的問題と職務者としての我々の道徳的問題のあいだに何らかのもっともらしい類比を見出すことは困難である。ここには、契約の署名者としての我々の責務と約束者としての我々の道徳的コミットメントとのあいだに見られるような緊密な類比と比べるべき類比といったものはない。そういうわけで、「道徳的責務」が適切で、「道徳的義務」が奇妙に思えるのである。

5 しかしながら、ここに「有無を言わせず人を引き込まずにはおかない魅力といった義務」を含めるとしたら、それは早急であろう。それは、範例的なものにしろ、派生的なものにしろ、およそいかなる固有の意味においても義務ではありえないであろう。

6 H. B. アクトンは、「その人たちの権利である［と信じられている］ことを大きくはみ出してまで、他人に利益を与えるということを［自分に］要求するといった義務の構想に基づいて」行為する人々についてのいくつかの事例を挙げている。「例えば、エリオットの『カクテル・パーティ』の登場人物シーリアは、彼女から奉仕を受ける権利などあるはずもない野蛮人に対して奉仕する義務がある、と考えていたに違いない。マルローの小説には、生きたまま火あぶりにされることが自分や仲間の囚人たちの運命であるのだが、それを自殺によって逃れるため、仲間の囚人たちに自分が持っていたありったけの毒を与えた男が登場するが、彼はその毒を仲間達に与えることを自分の義務であると考えていたにもかかわらず、彼等は自分よりもその毒に対してより多くの権利を持っているとはおそらく考えていなかったであろう。こうした義務以上の行為は、その行為者が、自分自身は他の大多数の人々よりも、行為に関してはるかに厳格な規範に相応しい者であるとみなす、といった偽装された自己中心主義の一形態なのかもしれない。その他にも、同情心または慈悲心の結果であるものもあるだろうが、それは、そういった意味において、恐らくは権利と義務の領分を超えている。しかし、道徳的な英雄的行為の中でも、とりわけ感動的なもののいくつかは、受益者の側からは、そうした行為を受けるということが自分のそれ相応の権利であることなしに［「いかなる意味においても」それ相応の権利であることなしに、と付け加えておく］、厳密な意味で義務の命令によって履行されるように思われる。」H. B. Acton, "Symposium on 'Rights'," *Proceedings of the Aristotelian Society*, Supplementary Volume 24（1950）, pp. 107-108.

7 今や、どこのドラッグストアでも見かけるペーパーバックに、『女性の性的責任』といった表題の本がある。この本では、数百ページにわたって、妻が知性、判断、順応性を発揮するよう求められる結婚生活に関して多種多様な状況が述べられている。一方、例えばヴィクトリア朝時代の英国で『女性の性的義務』といった表題の本が出版されるとすれば、その本が何を意図しているかに関して疑いえないであろう。というのも、もし妻の性的義務といったものがあるとすれば、それは服従するということでしかありえないだろうからである。そもそも「服従する責任」などというものはありえないのである。

8 ハワード・ウォーレンダー（Howard Warrender）は、権利が「単に（他者の）義務により投じられた影にすぎない」と述べている（*The Political Philosophy of Hobbes*［Oxford, Clarendon Press, 1957］, p. 19）。またS. I. ベンとリチャード・ペーターズは、

「権利と義務は、同じ規範的関係を捉える視点に応じて異なる呼び名をあてたものである」と指摘している（Social Principles and the Democratic State［London, Allen & Unwin, 1959］, p. 89）。またリチャード・ブラントは、「「権利」に相当する語を持たない言語を使用する社会にあってもなお、人々は権利と対応した責務である、他人に対する責務をもつといったことが認められるとするならば、そうした社会は権利といった概念を持っていると言えるかもしれない」と言及している（Ethical Theory［Englewood Cliffs, N. J., Prentice Hall, 1959］, p. 441）。しかし、ブラント教授は、そのデリケイトな議論の中で、権利に関する言説と、それに相当する義務に関する言説とのあいだには、強調や「含み」という点で重要な違いがあることを認めている。

9 "Rights, Human Rights, and Racial Discrimination," *The Journal of Philosophy*, vol. 61（1964）, pp. 628-641.

10 William James, "The Moral Philosopher and the Moral Life," *International Journal of Ethics*（1891）, reprinted in *Essays in Pragmatism*, ed. A. Castell（New York, Hafner, 1948）, p. 73.

11 Brandt, *Ethical Theory*, op.cit., p. 437.

12 疑いもなく、これは「権利」に関する派生的な意味である。私は、これが適切で重要な意味であるということだけを述べておく。同様に、より一般的に普及しているものとして、「請求権」や「要求」にも、派生的な意味があることに注目されたい。例えば、ウェブスター辞典には、「要求」の四番目の意味として、「必要または有用なものとして、必要とする、頼むこと。あるいは、「事態はケアを必要とする」といった表現に見られるように、あるものを緊急に必要としていること」を挙げている。少なくともこの意味において、子供は教育を、病気は医療を、飢えは食料を必要とする。

13 Wasserstrom, op. cit., p. 437.

14 G.J. ワーノックは、ある有益な論文（"Claims to Knowledge," *Proceedings of the Aristotelian Society*, Supplementary Volume 36［1962］, 21）の中で、他人に向かって、自分が何かあることを知っているとクレイムする場合、私は単にそのことを主張するだけではなく、むしろ、「想定されている私の知識が関係者に承認されること、その知識に適切な関心が関係者によって寄せられることを要求することで、彼等の注意をその知識に向けさせている」といったことを述べている。これでは、まったくの礼儀知らずの言い分のように聞こえる！私は、あらゆる権利がこのように振る舞うことができる追加的な権利を付与するなどと述べるつもりはない。ただ、誰もが自分の権利が承認されることを、それにふさわしい状況において、そして、それにふさわしい程度の勢いにおいてのみ主張してよいと言いたいだけである。「それにふさわしい状況」のリストには、当人が誰かに異議を申し立てられている場合、当人の権利が明らかに否定されている場合、当人がその権利の申し立てをしなければならない場合、当人がその権利を所有していることが十分には承認されていない、または、正しく評価されていないように思われる場合などが含まれるだろう。一階の諸権利をクレイムするために、彼の二階の［上位の］権利の承認を要求するのに適した状況すらあるかもしれない。しかし、三階の権利をクレイムするためにふさわしい状況は恐らくは稀であるだろうし、それ以上［上位の］権利をクレイムするために相応しい状況は決してないだろう。それ故、どういった権利に関しても、ある人が自分の権利をもつということを相応しい状況でクレイムする権利があるといった本文での主張は、いかなる悪しき後退にも陥ることはないだろう。

15 この点に関する反対の側面もまた指摘に値する。しばしば感謝というものは、ある人が自分の権利を意図的に強く求めようとしないことに対する適切な反応である。『ザ・ニューヨーカー』(June3, 1961, p . 23) の切れ味のある論説から引用しておく。「…おそらくは、黒人指導者たちにもっと歩調を緩めるよう説得することは、国益には適っているが、そうした議論は、高い道徳的傾向をもちようがない。黒人に向かって、あなたは市民権に与ることを差し控えるような市民としての義務を持つといったことを、正当なこととして伝えることはほとんど出来ない。特別な状況下では、彼等にそうしたことを求める ことは想像に難くないが、それは、確かに責務ではないところの責務としてではなく、もしかしたらありうるところの絶大な好意としてのみ、である。」

第8章
権利の本質と価値
The Nature and Value of Rights

I　ノーウェアズヴィル：権利のない想像上の世界

ある思考実験をすることから始めたい。ノーウェアズヴィル（無在所市）を想像してみよう。そこは我々が生きている世界とほぼ同じであるが、権利をもつ人が誰もいない、もしくはほとんどの人が（この限定は重要ではないが）権利をもたない世界である。もしこの欠陥のためにノーウェアズヴィルが、あまりに醜悪で長く空想し続けるのが難しいというなら、我々はそれを、これ以外の道徳的な点については好きなだけ心地よい世界にすることもできる。例えば、人間本性の限界に関する我々の考え方に無理を強いない範囲で、その世界の住人は可能な限り魅力的で有徳だと仮定してもよい。特に、道徳的感受性（moral sensibility）に関わる様々な徳が花開いているとしよう。この想像上の世界を、無理が生じない範囲で可能な限りの慈悲や同情や共感や哀れみで満たそう。今や我々は、お互いの助け合いが複雑で多様な動機からなされる現実世界と全く同じかそれ以上に、ただ同情的な動機だけから互いに助け合う人々を想像することができる。

この光景はいくつかの点で好ましくはあるが、イマニュエル・カントを満足させることはまずないだろう。カントは、慈悲を動機とする行為が善をなす、したがって、他の条件が等しいならば、悪意に基づく行為よりもよい、と認めはする。しかし、義務によって命じられているという考えのみから行為の動機が出てこない限りは、どんな行為も至上の価値――カントが「道徳的価値」と呼ぶもの――をもつことはない。それ故、カントにより魅力的に映るように我々は、ノーウェアズヴィルに義務の観念を導入し、義務感が多くの親切で高潔な行為にとって十分な動機になるとしよう。しかしこのことは、当初の思考実験を不成功の結末へと至らしめるのではないか。もし義務がノーウェアズヴィルに入るのを許されるなら、必然的に、権利もそれと一緒に密輸入されてしまうのではないか。

これはなかなかいい質問だが、それに答えるためには少し横道に入って、いわゆる「権利と義務の論理的相関説」について検討する必要がある。これは、(i) すべての義務は他の人々の権利を必然的に伴う、(ii) すべての権利は他の人々の義務を必然的に伴う、という学説である。ここで我々に関係があるのは、義務には必然的に権利が伴うというこの学説の第一部分だけである。この部分は正しいのか。「ある意味では正しく、ある意味では誤りである」、というのが私の答えだが、それは意外ではないはずだ。語源からすると、「義務」という言葉は、誰か他の人に対して負っている（*due*）行為、すなわち、貸し主に対する借金の返済、約束の相手との関係における取り決めの遵守、しかるべき当局やその担当者に対するクラブ会費や弁護士費用や関税などの支払い、といった行為と結びつけられている。この「義務」という言葉の本来の意味では、すべての義務は、その義務の相手方の権利と相関している。他方、法的な義務についてもそうでない義務についても、他の人々の権利と論理的には相関していない多くの種類の義務があるように思われる。このことは、「義務」という言葉が、他者の権利によってであろうと、法やより上位の権威や良心その他何によってであろうと、命じられている（*required*）と理解されるあらゆる行為について使われるようになった、という事実がもたらした結果であるように思われる。命じられているという観念に明確に焦点が向くと、それが義務の概念に本質的で唯一の要素であるように見えてしまい、義務を構成する他方の観念――義務とは誰か他の人に向けて負うなにかであるということ――が抜け落ちてしまう。だから、この広く行き渡っているけれども派生的な用法では、「義務」という言葉が、（どのような理由であれ）我々がしなければならないと感じるあらゆる行為に使われる傾向がある。要するに、義務は単に道徳的様相を表す言葉となってしまっており、だから、論理的相関説の第一命題がしばしば妥当しないのも驚くに値しないのである。

それでは、義務をノーウェアズヴィルに導入してみよう。ただし、他者に対して負っている行為、他者が権利として主張＝請求（claim）することのできる行為という昔の意味ではなく、道徳が命じている（mandatory）もしくは命じていると信じられている行為、という意味での義務をである。今やノーウェアズヴィルには、実定法によって課されるような種類の義務がありうる。法的な義務は、単にその義務を果たすようお願いされたり勧められたりするものではない。それは、法や法の下にある当局が、我々が望むと望まざるとにかかわらず、刑罰の痛みを背景として我々にせよと命じる（*require*）ものである。しかしながら、信号が赤に変わる時、自分が受け取るべきもの（due）として我々に車の停止を請求でき、そのため車の運転者たちが、借り主が貸し主に対して支払いの義務を負っているような仕方で彼に対して停止する義務を負う、というようなあらかじめ確定している人、がいるわけではない。もちろん現実世界では我々は、時には仲間のドライバーに対して停止する義務を負う。しかしノーウェアズヴィルには、権利と相関するその種の義務は存在しない。ドライバーは法に対する服従義務を「負う（owe）」が、ドライバー間ではどんな義務も負わないのである。衝突した時には、たとえどちらに過失があろうと、相手方に対して道徳的に責任のある人はいないし、根拠のある不服あるいは「苦情をいう権利」をもちだせる人もいない。

法的な文脈から離れて、道徳的責務とその他の法外の義務とを検討すれば、権利と相関しないもっと多様な義務が姿を現す。例えば、慈善を行う義務は寄付を受けるにふさわしい多くの受け手のうちの誰かに寄付することを命じるが、自分が当然受けとるべきものとして我々に寄付を主張＝請求できる人はいない。慈善による寄付は、借りを返すとか賠償するといったことよりも、無償の奉仕とか親切な行いとか贈り物に似ているが、それでいて、我々には慈善的である義務がある。さらに、現実世界の多くの人々は、受益期待者たちが要求できるあの「義務」以上のことを行うよう、自らの良心によって命じられていると考えている。マルローの小説のある登場人物についてH. B. アクトンが引用しているのを私は別の機会に触れたことがある。その登場人物は、「生きたまま火あぶりにされることが、仲間の囚人達の、そして自分の運命である時に、自殺することでそれから逃れることができるように、自分の手持ちの毒をすべて他の囚人たちに与えてしまった。」この男は「[他の者たちには］自分以上の毒への権利があるとはおそらく考えなかったであろうが、それでも彼は毒を彼等に与えることが自分の義務だと考えた」[1]とアクトンは書き添えている。他者のために、その人が適切に要求することができることを超えて（それ故「権利」のないところで）、何かをしなければならない（それ故「義務」の語があてはまる）と、正しくまたは誤って、考える人の例は、この架空の例に比べれば英雄的でないかもしれないが、現実に多数存在する、と私は確信している。

今や我々は、横道を終わりにして、ノーウェアズヴィルに引き返し、これまでそこに導入したものを要約することができる。今やノーウェアズヴィルでは、自発的慈悲が現実世界よりもいくらか豊饒で、服従する義務、慈善を行う義務、一人一人の厳格な良心が課す義務、の存在が承認されている。そのうえ、現実世界でよりも人々は、これらの義務についてより良心に忠実であることにしよう。カントが、義務と法および権威への尊重とが加えられたノーウェアズヴィルに今でも完全に満足するかは疑わしい。とはいえカントは、これらが加えられたことを少なくとも改善だと評価すると私は確信する。私はここで、ノーウェアズヴィルにさらに二つの道徳的実践を導入したい。これによって、カントから見てその町の魅力はほとんど増さないが、我々にとってはノーウェアズヴィルがよりなじみのある世界となるだろう。それらは、個人のデザート（報いに値すること）の観念と私が主権による権利の独占と呼ぶものの観念とに結びつく実践である。

人が我々からのなにか善きものに値する、と言われる時、それが部分的に意味しているのは、そこには、場合によって彼の人となりに基づいて、よりありそうなのは彼の具体的な行いに基づいて、我々が彼にその善きものを与えるだけのある種の適切さ（propriety）がある、ということである。ここでいう適切さは、その善きものを与えると我々が彼に約束したことに由来する適切さ、あるいは、広く周知されているなんらかの公的ルールの諸条件を満たすことで彼がそれへの資格をもつことに由来する適切さよりもずっと弱い性質のものである。後者の事例では、彼は単に善きものに値するだけではなく、それへの権利をもつ、すなわち、当然受けとるものとしてそれを要求できる立場にある、と言い表すことができる。もちろん、ノーウェアズヴィルにその種のものは存在しない。単にデザートというもっと弱い性質のその適切さは、ある人の人柄や行為と他の人による好意的な反応との間の釣り合い(*fittingness*) にすぎず、ユーモアと笑いとの、素晴らしい演技と喝采との間の釣り合いに近い。

他の人から良きあるいは悪しき待遇を受けるに値する、という考え方の起源はおそらく次のようなことであろう。雇用主あるいは領主には、使用人の特に優れたサービスに対して褒美を与える義務はなかった。それでも、優れたサービスへの感謝の気持ちとして好意から褒美を与える（あるいは逆に、劣ったサービスには処罰を科す）にあたって、そこにはなんらかの特別な釣り合いがあると、雇用主は自然に感じたかもしれない。そういった行為は確かに釣り合いがとれて適切であるとしても、完全に義務を超えている(supererogatory)。褒美を与えられた使用人の側からの釣り合いのとれた反応は、感謝でなければならない。仮に値する報いが与えられなかったとしても彼に苦情はいえないだろう。なぜなら、使用人はその褒美に権利をもっているとか、当然受けとるべきものとしてそれを主張＝請求する理由がある場合とは対照的に、その使用人はただ単にその褒美に値した（deserved）に過ぎないのだからである。

デザート（報いへの値）という考え方は、今ではもうその起源からかなりかけ離れて発展しているが、それでもそれが、J. L. オースティンのいう「過去の歴史を決して完全には忘れていない」[2] 言葉の一つであることは明らかであろう。現代では、使用人たちは合意しただけの雑用を、それ以上でもそれ以下でもなく行うことによって、賃金を受け取る資格を得る。もし彼等の賃金がすぐに用意されないならば、契約に基づく権利が侵害されたのであり、彼等は受けとるはずの金銭について法的な請求をすることができる。しかしながら、使用人が合意したよりも少ない仕事しかしなかった場合には、雇用主は合意したよりもその分だけ少ない報酬を支払うことで、給料を「差し引く」だろう。これはすべて権利の問題である。しかし、たとえ使用人が契約に基づく最低限の義務以上の素晴らしい仕事をしたとしても、雇用主には彼に報いる責務はない。なぜならそれには、黙示的にすら先立つ合意がないからである。上乗せサービスはすべて、使用人の思いつきであり、まったく自分の判断でやったことである。それにもかかわらず、道徳的な感性が豊かな雇用主は、自分の判断で自由に、使用人による賞賛に値するサービスに報酬で応えることが、ことのほか適切なことであると感じるかもしれない。使用人はその報酬を、彼が当然受けとるべきものとして要求することはできないが、彼のデザートへの釣り合いのとれた応答として、感謝の念を抱きつつ、喜んで受けとるだろう。

労働者が組合に加入し組織されている現代にあっては、もはやこの光景さえも古風である。ほとんどすべてのサービスの交換は、冷徹な交渉によって取り決められる契約によって左右されるので、ボーナスまでも時には権利問題として要求しうるようになっており、交渉テーブルのどちら側かにないものに対しては何も与えられない。もしかすると、これはいいことなのかもしれない。「チップを与える」という古風な習慣の中に、少なくとも形式として生き残っている昔からの時代錯誤的な習慣の事例を考えていただきたい。そもそもチップは「熱心なサービス」によって稼ぐべき報酬と見なされていた。それは、どんなサービスにも与えられる標準的な対応として当然視されるものではない。すなわち、チップの支払いは、責務の履行ではなく、受取人が権利の問題として期待できることとは別に、あるいはそれに上乗せして、与えられる「好意（*gratuity*）」である。いずれにせよ、チップがもともと意味していたのはこのようなことであり、今でも、チップは納税申告書で「好意（gratuities）」の費目にあたる。しかし、この話をニューヨークのタクシードライバーにしてみたらいい。彼が好意を稼いだのなら、神にかけて、彼はそれを受けとるのであり、彼のデザートを十分に承認した方があなたの身のためであり、そうでなければ、彼はずけずけと文句を言うだろう。私はいつもニューヨークのタクシードライバーたちの肩をもつわけではないが、この場合、彼等はまったく良いところをついている。「稼いだ好意」という奇妙に据わりの悪い概念には形容矛盾のきらいがある。人は、「適切である」とか「単に釣り合いがとれている」という弱い意味での「デザート」がいかにして、デザート自体が権利請求の根拠になるようなもっと強い意味を生じさせる方に向かうのか、を理解することができよう。

それにもかかわらず、ノーウェアズヴィルには、もともとの弱い種類のデザートだけが備わっているだろう。教師が生徒に成績をつける、審査員が賞を授与する、使用人が階級意識は強いけれども慈悲深い雇用主にサービスする、といった営みを我々が容認するとすれば、実際のところ、この観念を閉め出すことは不可能であろう。ノーウェアズヴィルは多くの点で相当程度よき世界であり、ノーウェアズヴィルの教師・審査員・雇用主たちは通常の場合、生徒・競争参加者・使用人に、彼等の値する成績をつけ・賞を授与し・報酬を与えようと努めるだろう。受け取る人たちは、それを感謝するだろうが、デザートに対して期待した対応がとられなかった場合に、彼等は決して苦情を言おうとは考えないだろうし、不当な扱いを受けたと感じさえしないだろう。結局のところ、雇用主・審査員・教師たちは、誰かのためによきことをしなければならないのではない。彼等が一度でも我々をよく扱ったことに人は満足すべきであり、たまの不注意に不平をこぼすべきではないのである。結局のところ、期待された彼等の対応は好意なのであり、好意にしかすぎないものをしないからといってどこにも不正はない。権利の概念をもたない人の対応は、自分のデザートを誇りに思う人でさえ、こういったものである[3]。

次のように問う者がいるかもしれない。我々がそれなりでも複雑な形態の社会組織を有するというのであれば、間違いなくどこかで権利が登場せねばならない。権利を付与し義務を賦課するルールなしに、いかにして我々は、財産の所有、交渉と取り決め、約束と契約、受約と貸し付け、結婚と共同経営などを行うことができるのか、と。よろしい、ノーウェアズヴィルにこれらの社会的・経済的慣行のすべてを導入しよう。ただし、大きな一捻りを加えて。つまり、これらの慣行に関して、私は「主権者による権利の独占」という奇妙な観念を導入したい。あなたはおそらく、ホッブズの『リヴァイアサン』における臣民が、主権者に対してどんな権利ももたないことを思い出すだろう。主権者は臣民に対して気のおもむくまま振る舞い、理由なく害することさえできるが、だからといって臣民は、主権者に対して有効な不服を言える立場にはない。なるほど、主権者はその臣民をよく扱う一定の義務をもつが、これは臣民に直接的に負う義務ではなく、神に負う義務である。ちょうど我々が、ある人に対してその財産をよく扱う義務を負うかもしれないが、それはもちろん、財産それ自体への義務ではなく、財産の所有者にだけ負う義務であるのと同様である。したがって、主権者がその臣民を害することは当然できるが、臣民たちが彼に不平をこぼすことができるような悪を、主権者が臣民になすことはありえない。不平に先行する主張＝請求（claims）を、臣民が主権者の行為に対してもつことはないからである。主権者がその臣民を虐げることによって悪をなされる唯一の当事者は、神、すなわち至高の立法者である。だから、臣民への残酷な行いを悔い改める際に、主権者は神に対して、ダビデがウリヤを殺害した後でしたように、「主よ、あなたにだけ私は罪を犯しました」[4]と唱えることだろう。

しかしながら、『リヴァイアサン』においてさえ、普通の人々は互いに対して普通の権利をもっていた。彼等は様々な役割を果たし、責任ある地位を占め、合意し、契約書にサインした。純粋な「主権者による権利の独占」（私は以下でこの言い回しを使うつもりだが）の状態でも、人々はこういった活動すべてを行い、したがって、互いに偽りなき責務を負うだろう。しかし、その責務は（ここに捻りがあるのだが）、直接的に受約者や債権者や親といった人々に対して負うのではなく、むしろ神だけに、またはなんらかのエリートたちに、あるいは神の御許にある単一の主権者に対して負うことになるだろう。それ故、これらの取引から生じる様々な責務に相関する様々の権利はすべて、なんらかの「外部の」権威が所有するのである。

私の知る限り、（この我々の現実世界での）役割と契約から来る責務さえもすべて直接に神的仲介者に負っている、と提唱した哲学者はこれまで存在しない。しかし神学者の中には、そういった極端な道徳上の偶因論〔本来は心身論において心と身の中間に常に神の働きを想定する立場〕に接近した者もいる。私の念頭にあるのは、広く配付されている宗教冊子の中の「結婚するには三人必要」というおなじみの表現である。これは、結婚の誓いは新郎新婦の間で直接するものではなく、各配偶者と神との間でするものだ、ということを表している。だから、仮に一方が誓いを破ったとしても、他方は不当な扱いを受けたと正当に不平をこぼすことはできない。なぜなら神だけが、婚姻上の義務の履行を自分のものとして主張＝請求することができたはずであり、それ故神だけが、その不履行によって請求的権利（claim-right）を侵害されたのである。もしジョンが神への誓いを破ったならば彼は、「主よ、あなたにだけ私は罪を犯しました」とダビデの言葉を借りることで懺悔するかもしれないが、それが適切なのである。

現実世界では、このようなやり方で相互の責務を考えている配偶者たちはほとんどいない。しかし彼等の小さな子供たちは、道徳的躾けのある段階で、彼等子供間の相互の責務を、まさにこのようなやり方で感じている可能性がある。ビリーがボビーを蹴って父親から罰を受けた場合、最愛のお父さんと仲たがいすることのつらさから、自分の腕白さについて悔悛の情を覚えるようになるかもしれない。彼は喜んでお父さんに償いをし、心から謝るだろう。しかしお父さんが、不当な仕打ちを受けた弟に謝りなさいと要求する場合には、話は別である。ボビーに直接謝罪などすれば、自分がその者に対して悪をなしたり害したりすることがありえ、自分の悪についてその者に対して直接責任を負うところの、権利保持者としてのボビーの地位を暗黙に認めることになってしまう。これは、ビリーが喜んでお父さんに与えるであろう地位だが、ビリーが今は感じていないボビーへの尊重の念を暗に含んでおり、だから彼は、ボビーにその地位を与えることがひどく悔しいのである。「三人で結婚」モデルでは、配偶者それぞれと神との関係は、ビリーとお父さんとの関係に似るだろう。相手の配偶者に対する独立の権利主張＝請求者としての尊重は、必要ですらないし、それは、あるとしてもけっして十分なものではないのである。

「三人で結婚」モデルが実際の結婚制度を記述している、あるいは結婚がいかにあるべきかについて忠告している、と考えるこのモデルの擁護者は、配偶者に受約者として以外の立場の権利を与えることでこの困難を避けようとするかもしれない。彼等は例えば、ジョンがメアリーに誠実であることを神に約束する時、それによって権利が、受約者としての神にだけでなく第三受益者としてのメアリーにも与えられる、と言いたいかもしれない。ちょうど、ジョンが保険会社と契約する時にメアリーを受取人に指名する場合、仮に保険会社がメアリーに約束していなかったとしても、ジョンが死んだら積立金の権利はメアリーのものとなるのと同様である。しかしこれは、結婚の結びつきについての我々の理解になにも寄与せず、事をいたずらに複雑にしているように見える。生命保険の取引は、三つの異なる役割の保有者が関わる必然的に三者間の関係であり、そのうちの二者だけで完成させることはできない。結局のところ保険取引とは、購入者（本人）が保険の販売者（相手方）から受取人（第三者）のために、購入者の不慮の死に対する保護を購入すること、と定義できる。他方、我々の現実世界では結婚は、夫と妻の二者のあいだでの関係であるように見える。子供や近所の人、精神科医、聖職者といった第三者が、時には助けとなり、婚姻関係の継続にとって臨時に必要でさえあるとしても、彼等は婚姻関係についての我々の概念的理解（conception）にとって論理的に不可欠なわけではなく、実際多くの婚姻カップルが、彼等なしに何の問題もなく暮らしている。それでもまだ私は、我々の現実世界を記述しようとしているのではなく、むしろ現実世界を、その対照としての想像世界と対比しようとしている。その世界では、ほとんどあらゆる道徳的関係には三人を要し、すべての権利は、神あるいは神のもとにいる誰か主権者によって所有される。

もちろんこの想像世界には、下位者に命令を下し、その違反を処罰する権限を与えられた授権による権威も存在するだろう。しかしすべての命令は、権利独占者の名において下される一方で、権利独占者は、様々な責務がその者に対して負われる唯一の人格なのである。したがって媒介的上位者たちであっても、従属者たちに対する請求的権利はもっておらず、独占的な権利保有者に向けた義務を従属者の中に生み出す法的な権限（powers）と、その独占者の名において処罰を科す法的な特権とをもっているだけなのである。

II　権利と主張＝請求

「権利のない世界」について想像をめぐらすのはこれくらいにしよう。私がその世界に導入を認めた道徳的な概念や実践のいくつかがお互いに収まりがよくないとしても、気にすることはない。あなたにそれができるなら、ノーウェアズヴィルにはこれらの実践のすべてが備わっていると想像していただきたい。あるいは、もしその方がよければ、それらのうちの調和する実践だけのサブセットが備わっていると想像していただいてもいい。重要なのは、私がそこに導入したものではなく、そこに導入しなかったものである。本論の以下の部分は、世界に権利がない場合に、まさに何が世界に欠けているのか、そしてどうして権利の欠如が道徳的に重要なのか、の分析に費やすことにしたい。

ノーウェアズヴィルの住民と我々自身との間のもっとも顕著な違いは、主張＝請求する（claiming）という行為に関係していると思う。ノーウェアズヴィルの住民は、不快な差別を受ける時、あるいは彼等が必要とするものが与えられない時や、他の形で不正に扱われた時、彼等が欲するものを得るために力や策略に訴えることは躊躇しないかもしれないが、立ち上がってお互いに対して正当な要求をしようとは考えない。彼等には権利の観念がないので、自分たちが受け取るべきもの（due）という観念がない。したがって彼等は、手に入れるに先だって主張＝請求（claim）することはしないのである。個人の権利と主張＝請求することとの間に概念的なつながりがあることは、以前から法学者たちに気づかれており、「請求的権利（claim-rights）」を単なる自由、免除、権限と区別する一般的な用語法の内に反映されている。ただ後者はどれも、容易に「権利」と混同されるため、時にその名でも呼ばれるのだが。ある人がＸへの法的な請求権をもつ時には、(i) 彼はＸに関して自由であり、つまり、Ｘを控えたり諦めたりする義務がなく、(ii) 彼の自由は、彼にＸを認めるあるいはＸに関して彼を邪魔しないという彼以外の人がもつ義務の基礎となる、のでなければならない。だから、請求権の意味においては、権利は論理的に他の人々の義務を伴う、というのは定義上真である。そういった権利の典型的な例は、債務者に貸したお金を払ってもらう債権者の権利であり、自分の土地の排他的な占有について誰にも妨害されない土地所有者の権利である。例えば、債務者に対して債権者がもつ権利と、債権者に対して債務者が負う義務とは、まったく同一の関係を二つの異なる立場から見たものであり、同じコインの表と裏と同じほど分かちがたく結合している。

それでも以上のことはまだ、問題を完全に正確に解明しているわけではない。なぜなら、請求的権利がそれと必然的に相関している義務に何らかの形で先立つ、あるいはそれより基本的であるということを、正当に評価できていないからである。もしニップがタックに対して請求的権利を有しているなら、タックがニップに対する義務を有しているのはこの事実のゆえである。タックによる何かがニップの受け取るはずのもの（方向の要素）だからこそ、タックには、しなければならない（様相の要素）ことがある。さらに、これはタックは拘束されニップは自由な関係である。ニップはただ権利を有するだけでなく、権利を行使するかしないか、主張＝請求するかしないか、権利侵害に苦情を申し立てるかどうか、タックを義務から解放しすべてを忘れるかどうかさえも、選択することができるのである。しかしながら、仮に個人の請求権が刑事的なサンクションによって支えられるなら、タックは、ニップを含めどんな人もその服従義務から彼を解放することはできない法への服従義務をも負っているかもしれない。もしタックがノーウェアズヴィルに住んでいたなら、彼はそういった義務さえ有するだろう。しかし、主張＝請求行為に従属する義務、他者の個人的権利に由来しそれに左右される義務などいうものは、ノーウェアズヴィルでは知られておらず、夢にも想定されないのである。

多くの哲学者は権利（rights）と主張＝請求（claims）を単純に同一視している。辞書では、「請求（claims）」の方を「権利の断定（assertions of rights）」と定義する傾向にある。このめまいを起こさせる循環のせいである哲学者は、「権利を探しに行ったら請求に行くように指示され、次にお役所仕事的な無益さでまた権利に行くように言われる」[5]とぼやいている。では、一つの請求（権）と一つの権利との関係はどのようなものなのか。

以下で述べるように、権利は実際一種の請求権であり、請求権は「権利の断定」であるから、一方の観念を他方の観念で定義する形式的定義は役に立たない。だからもし、我々が求めているのが通常の哲学的な種類の「形式的定義」であるならば、始まる前にゲームは終わっているのであって、権利の概念は「単純で、定義できず、分析できない語根語の一つ」なのである。このことは、哲学における他の場合と同様に、ありきたりのことを不必要に神秘的に見せる効果を生じさせる。思うに我々は、「権利」あるいは「主張＝請求」の形式的な定義をしようとするのではなく、むしろ、具体的な権利の考え方を非形式的に説明する際に、具体的な請求の考え方を使うのがよいだろう。これが可能となるのは、主張＝請求することは複雑な種類のルールに支配された活動である、という事実があるためである。一つの主張＝請求とは、主張＝請求されるもの、主張＝請求するという活動の目的物である。結局のところ、「主張＝請求する（to claim）」という動詞はあるが、「権利する（to right）」という動詞はないのである。もし我々が、主張＝請求するという活動の結果だけではなく、公共的であり馴染みがあって我々の観察に開かれているその活動の全体に目を向けるならば、仮に形式的定義が可能であるとした場合にそれから学ぶと望みうる以上に、権利の属としての性質について学ぶことができるだろう。さらに、他に方法がないわけではないとしても、請求や主張＝請求行為といった言葉によってより容易に表現できる権利についての一定の事実が、権利とは何か、それだけでなく、権利がどうして極めて重要なのか、を十分に理解するために、不可欠なのである。

はじめに、(i) …［何物か］への（主張）請求を行うこと（making claim to）、(ii) …［何事か］を主張（請求）すること（claiming that）、(iii) 一つの請求権を有すること（having a claim）、を区別しよう。我々が主張＝請求する時にしているかもしれないことの一つは、何かへの主張＝請求を行うこと、である。これは、「想定されている権利の力に基づいて請願しあるいは得ようとすること、受け取るべきものとして要求すること」である。場合によりこのことは、権利保持者と認められた者が、すでに彼のものと認められたもの、例えば、借りられた物や彼から不当に奪われた物を自分に渡すよう求める通知を送達することによってなされる。しばしばこのことは、伝票、領収書、借用書、小切手、保険証書、権利証書、すなわち、現在誰かが所有しているものに対する権原（*title*）を提出することによってなされる。別の場合には主張＝請求を行うことは、鉱山の試掘者が鉱業権を主張する、あるいは自由土地保有者が公有地の一区画に対する所有権を主張する、発明者が特許権を主張する、時のように、権原あるいは権利それ自体を申請することである。一方の種類の場合には、請求することは、すでにある人が有している権利を、権原を提示することによって行使することである。他方の種類の場合にはそれは、ある人が権原を所有するためのルールによって特定される条件を満たしており、したがって、自分の受け取るべきものとしてそれを要求できることを証明することで、権原それ自体を申請することである。

一般的にいえば、権原をもつ人、あるいは、権原に対する資格のある人、または本人の名で発言する人、だけが権利の問題として何物かへの主張＝請求を行う（make claim to）ことができる。したがって、それを有している人によってだけ主張＝請求されうる、ということは権利（あるいは主張＝請求）についての重要な事実である。もちろん誰であっても、この傘があなたのものであることを主張する（claim *that*）ことはできるが、あなたあるいはあなたの代理人だけが実際にその傘を（主張）請求する（claim）ことができる。スミスがジョーンズに５ドルの借金をしている場合には、どんな傍観者でもそれはジョーンズのものだと主張することはできるが、ジョーンズだけが自分のものとして５ドルを（主張）請求することができる。…への法的な（主張）請求を行うことと…ことを主張（請求）することの重要な違いは、前者が直接の法的効果をもつ法的行為の遂行であるのに対し、後者はしばしば法的な力のない単なる記述的な解説に過ぎないということにある。法的に言えば、主張＝請求することそれ自身が、物事を起こさせることができるのである。「主張＝請求すること」がもつこの意味は、「行為遂行的な意味」と呼んでもおかしくない。自分の権利または自分が権利をもっているものを（行為遂行的に）主張＝請求する法的な力は、権利の観念そのものにとって本質的であるように見える。それへの主張＝請求を行うことができない（すなわち、承認を求める主張＝請求さえできない）権利などというものがあるならそれは、全く「不完全な」権利であろう！

自分は権利をもっている、と主張すること（「行為遂行的な主張」と対置して「命題的主張」と呼ぶことができるもの）は、言葉でもって行うことのできるもう一つの種類のことであって、法的な効果をその性質上もつ、というような種類の行いではない。ある人が権利をもっていると主張する（claim）ことは、ある人が権利をもっているという断定を行うこと、そしてその断定を、権利が承認されることを要求あるいは力説する態度（manner）で行うことである。この「主張」の意味で、権利に加えて多くのことが主張される。つまり、多くの他の種類の命題がそういった主張的態度で断定される。例えば私は、あなた・彼・彼女が一定の権利をもっているとか、ジュリアスシーザーはかつて一定の権利をもっていた、と主張することができる。あるいは、一定の言明が真であるとか、私に一定の技能とか業績があるとか、ほとんどなんでも主張することができる。地球は平面だ、とも主張できる。あることを主張するのに本質的なものは、断定の態度である。人は、誰かが聞いているかどうか気にすることさえなく断定することができるが、命題的主張の要点の一部は、人々が聞いていることを確保することである。例えば、私が何かを知っていると他者に主張する場合、私は単にそれを断定しているのではなく、「私の知識と推定されるものに他者が注目するよう押しつけて、それが承認されること、関係者たちがそれに適切な注意を払うことを要求している…」[6]。あらゆる文脈においてあらゆる真理を、断定することまして主張すること、が適切なわけではない。穏やかな断定以上のものは正当化できないような状況で、あることが真だと主張することは不作法な振る舞いである。（この種の不作法は、おそらくノーウェアズヴィルでは珍しいだろう、と付け加えてもよいかもしれない。）しかし、自分は権利をもっていると適切な状況で主張する、ことをしないのは、意気地なしで愚かである。「適切な状況」のリストを作るとすればそれは、誤りだと挑戦された時、何かを所有していることが否定されたり、十分に認められたり評価されたりしない時、などの場合を含むだろう。もちろんこういった状況であっても、主張は適度な激烈さでのみ行うべきである。

人が［自分の］権利を遠慮がちに認めるような状況も考えられるとしても、権利の特徴的な用い方、そして権利が特別にそれに適している用い方が、主張＝請求され、要求され、支持され、力説されることにあるという点は、疑う余地がない。権利は、「その上に立つ」には特に頑丈な物体であり、最も有用な道徳上の家具である。もちろん、権利をもっていることが主張＝請求を可能にするのだが、主張＝請求が権利にその特別な道徳的意義を与えるのである。権利のこの特徴は、人間であるとはどういうことかについての慣用的レトリックとも関係している。権利をもつことは、「人間らしく立ち上がり」、他者の目を見、他者をある根本的な点で平等な存在として感じる、ことを可能にする。自分自身を権利保持者だと考えることは、過度にではなく適切に誇りをもつことであり、他者の愛と尊敬を受けるに値するには必須の、最小限の自尊心をもつことである。実際、人格の尊重（これは魅力的な概念である）とはその人の権利の尊重のことであり、一方は他方なくしてあり得ない。そして「人間の尊厳」と呼ばれるものは、単に権利を主張する認識可能な能力のことであるのかもしれない。それ故、ある人を尊重すること、すなわちその人が人間の尊厳をもつと考えることは、その人を潜在的な主張＝請求者だと考えること、なのである。このすべてを、「権利」の定義の中に組み込めるわけではないが、これらは、権利の道徳的な最重要性をうまく論証してくれる、権利をもつことに関する事実である。私は、なによりもこれらの事実が、ノーウェアズヴィルの何が誤っているかを説明している、と論じるつもりである。

それでは、動詞の「主張＝請求する」ではなく名詞の「主張＝請求（a claim)」に関係する主張（claiming）関連語彙の第3の興味深い用法について検討しよう。請求権をもつ（*have a claim*）とはどういうことで、これは権利にどう関係しているのか。私は次のように提案したい。請求権をもつとは、請求する、すなわち、［物］への請求を行う、あるいは、［なんらかの］ことを主張する、ことができる地位にいることである。この提案が正しいならそれは、動詞形態の名詞形態に対する優位を示す。この提案は、請求権を一種の活動に結びつけるとともに、請求権を我々がポケットに入れてもち運べる貨幣や鉛筆その他の物質的な所有物がモデルとなるようなモノだと考える誘惑を予防する。確かに我々は、権原証書を提示することで自分の請求を行ったりそれを証明したりする。そして権原証書は、典型的にはレシート・チケット・証明書・その他紙や羊皮紙という形態をとる。しかしながら、証書は請求権と同じものではなく、むしろそれは請求権が有効であることを立証する証拠である。この分析に基づけば人は、それに対する権原がある（entitled）ものをまったく主張＝請求したことがなくても、あるいはその請求権をもつことを知らなくてさえ、請求権をもっているかもしれない。なぜなら、請求できる地位にいるという事実を単に知らない、あるいは、何らかの理由でその地位を使いたくないかもしれないからである。使わない理由の中には、法的機関が、破綻したり腐敗したりしていて、自分の請求が有効なのにそれを執行してくれない、ということを恐れている場合も含まれる。

ほぼすべての論者が、請求権（a claim）をもつことと権利（a right）をもつことの間には密接な関係があるとする。その一部は、権利と請求権を留保なく同一視する。一方、「権利」とは正当化されるあるいは正当化可能な請求権、承認された請求権、有効な請求権だと定義する者もいる。私自身は後者の定義を支持する。しかしながら一部の者は、すべての請求権はそれ自体有効なのだから、「有効な請求権」という表現は冗語だという理由から、権利と有効な請求権との同一視を退ける。だからこういった論者たちは、権利と請求権を単純に同一視する。しかし、これはかなり単純な混同である。確かにすべての請求は、それが実際に正当化されるものであろうとなかろうと、正当化されるものだとして提示される。請求者によってさえ有効性がないと認められる請求は、まったく請求とはいえず、単なる要求である。例えば、追いはぎは、被害者の金品を要求するが、それを正しく自分のものだとして請求することはしないのである。

しかしこの正しい指摘から、権利の定義において請求権に、正当化された（それとも私がいいと思うのは、有効な）それという条件をつけるのは冗語である、ということにはならない。なぜなら、有効だとして提示されるすべての請求が実際に有効なわけではない、というのは依然として真理であって、有効な請求だけが権利と認めうるからである。

もし有効な請求権をもつということが冗語ではないならば、つまり、他者の請求権を有効だと公言することが冗語でないならば、妥当でない請求権をもつということがあるはずである。これはどんな場合だろうか。人は、権利をもっている（あるいは、権利を与えられるべきである）ことを、圧倒的で決定的ではないかもしれないが、相当かつ説得的に主張するにちょうど足りるだけの証拠を積み上げることができるかもしれない。そういった場合に人は、聴聞と公正な検討の資格を与えられるに十分な強さの言い分をもっているかもしれない。人がこの地位にいる場合、慎重な評価に値する「請求権をもっている」といえるかもしれない。しかしながら、双方の理由づけを衡量してみると、請求権の承認に不利であり、そのため、ある人がもっていると認められた、そしてあるいは今ももっているのかもしれない請求権が、有効な請求権あるいは権利ではない、という結果になるかもしれない。この意味で「請求権をもつ」は、「一応の証明のある (having a *prima facie* case)」という法的なフレーズに非常によく似た表現である。原告は被告の責任について、被告が提出する別種の理由によって上回られない限りは十分に被告の責任を証明している根拠を樹立する時、一応の証明を樹立する。同様に刑法で大陪審は、結果としてどのような対抗理由が反対側から提出されるとしても、真剣な検討と公正な聴聞を行うに足るだけの証拠を検察がもっていると考える時には、正式起訴状を発行する。重要ではあるが決定的でないこの最初の証拠もまた時に、一応の証明と呼ばれる。これと平行する「請求権」の「一応の意味」では、Xへの請求権をもつことは、Xへの権利をもつことと同じでは（まだ）なく、少なくともXへの権利をもつについての最小限のもっともらしさの証明、Xへの権利ではなく公正な聴聞と検討を受ける権利を樹立する証明がある、ということである。このように考えられた請求権は、程度に違いがある。すなわち、あるものは他よりも強力である。他方、権利は程度に違いがない。ある権利は他の権利よりも権利らしい、ということはないのである。[7]

権利と請求権を単純に同一視しない別の理由は、請求権と権利を区別する理論的に興味深い国際法上の十分確立した用法がある、ということである。政治家たちは、飢饉の状況下にいる恵まれない人間たちの自然的必要を懸念する時、場合によって「請求権」を口にせざるをえなくなる。世界のどこでも幼い孤児たちは、良い養育・バランスのとれた食事・教育・技術訓練を必要としている。しかし不幸にも多くの場所では、これらの財の供給が非常に不足しており、それを必要としているすべての人に食糧を届けることができない。それでももし我々が、これらの必要性は単なる請求権ではなく権利を構成しているのだ、という言い方に固執するなら、ある財への権原ではあるがどんな特定の個人に対する有効な請求権でもないような権利の概念構想にコミットしてしまうことになる。なぜなら、飢饉の状態下で、困窮者たちに欠けている財を提供する義務を負っていると言ってよいような確定的な個人はいないだろうからである。したがってJ. E. S. フォーセットは、主張＝請求権と権利の違いをしっかりと念頭に置くのをよしとする。彼によれば、「主張＝請求権は、動きつつある必要と需要である。一つの社会が［より大きな豊かさへと］前進するにつれて、様々な経済的・社会的請求権が市民的・政治的権利へと連続的に転換してゆく…、そしてすべての国やすべての請求権が、このプロセスにおいて同じ段階にあるわけでは決してない」[8]。他方、必要性あるいは少なくとも基本的必要性を彼等が「人権」と呼ぶものと同一視しているように見えるマニフェスト執筆者たちを我々は、以下のように記述する方がより適切だ、と私は考える。つまり彼等は、すべての基本的な人間の必要性は、仮に多くの場合において、有効な請求権すなわち誰か他の人々の義務の根拠、として扱うのはまだ妥当でないとしても、今すぐに同情と真剣な配慮に値する（通例の「一応の」意味での）請求権だと認識されるべきである、という道徳原理を世界共同体に対して力説しているのだと。このような語り方をすることによって、現在のすべての人間に、まだ産業化されていない社会の人々にさえ、「定期的な有給休暇」のような「経済的・社会的権利」を帰属させるという奇妙な事態を招かずに済むのである[9]。

以上のすべてにもかかわらず私は、マニフェスト執筆者たちに一定の共感を抱いており、特別な「マニフェスト的意味」の「権利」について話してみたいとさえ思う。この意味では権利は、他者の義務と相関する必要はないのである。様々な自然的必要性は、たとえ未だ存在しない仮説的な未来の存在者に対するものであるとしても、現実の請求権なのである。満たされていない必要は、具体的な誰に対するものでもないとしても世界に対する、一種の請求権である、という道徳原理を私は受け入れる。何かの財に対する自然的必要性そのものは、自然的デザートと同じく、常にその財への請求権を支持する一つの理由である。それ故必要性の下にある困窮者は常に、それについて何かをすべき対応的立場には誰もいない時でさえ、「請求を行うことのできる立場にいる」のである。必要性のみに基づくこのような請求権は、「永続的な権利可能性」であり、そこから権利が成長する自然的種子である。マニフェスト執筆者たちがそれらを、まるで既に実現している権利であるかのように語っている場合でも、彼等を許容することは容易である。なぜならこれは、それぞれの国家によって今ここでそれらの請求権が潜在的権利として、そして結果的に現在の政策に対する現在の熱望と指針を決定するものとして、承認されるべきだという確信を表明する一つの強力な方法にすぎないからである。この用語法は、許容されるレトリックの有効な実践だと私は考える。

私は権利を、正当化される請求というよりもむしろ有効な請求であると性格づける方がよいと思う。というのも、正当化では広すぎる条件づけになってしまうのではないかという疑いがあるからである。私の理解では、「有効性」は特有の狭い種類の正当化、すなわち、ルールの体系内部での正当化である。人が法的な権利をもつのは、彼の請求を（有効だとして）公的に承認することが、支配的ルールによって求められる場合である。もちろん、この定義は道徳的権利には当てはまらない。しかしそれは、道徳的権利がその一つの種となる属が、請求権以外のものだからではないのである。人が道徳的権利をもつのは、彼が――（必ずしも）法的ルールによってではなく――道徳的諸原理、すなわち啓蒙された良心の諸原理、によってその承認が求められる請求権をもつ時である。

権利と請求権とを同じ属に入れることへの最後の種類の攻撃がある。それはH. J. マクロスキーによる最近の論文で意気揚々と発表されたもので、彼によれば、権利は本質的に請求権とは全く異なり、むしろ権原なのである。彼の議論の立脚点は、その本質的な性質において権利とは常に、[モノ] への権利であり、[人] に対する権利ではない、という主張にある。

生命への私の権利は、誰かに対する権利ではない。それは私の権利であり、それのお陰で、障害に直面した時私が生命を維持することは通常許される。他者が私を殺すことを差し控える義務を有する、あるいは有するようになるかもしれない、という意味では、それは実際他者に対する権利を生じさせる。しかしそれは、本質的に私の権利であり、数え切れないくらい多くの実際の潜在的な、そしてまだ存在しない人間たちに対する、仮想的あるいは現実の、無数の請求権のリストではない。…同様に、テニスクラブのメンバーがもつクラブのコートでテニスをする権利は、テニスをする権利であって、潜在的あるいは可能的な妨害者たちという曖昧な集団に対する権利ではない。[10]

この議論は、権利とは本質的にへの権利であり、他方、請求権は本質的にに対する請求権であるから、権利は請求権の根拠となりうるが、請求権ではあり得ない、というもののようである。しかしこの議論には二重の欠陥がある。

まず第一に、マクコスキーの主張とは反対に、権利（少なくとも法的な請求的権利 claim-rights）は、他者に対してもたれるものである。マクロスキーはこのことを、対人的権利（彼は「特別な権利」と呼ぶ）については認めるが、対物的権利（彼は「一般的な権利」と呼ぶ）については否定する。

> 特別な権利は、個別の個人や機関に対するものであり、例えば、約束や契約などによって生み出される権利であるが、これらは、権利が単にへの権利である、特徴的な…一般的権利とは異なる。[11]

私が理解する限り、マクロスキーが、対物的な権利は他者に対するものであるということを否定するために与えている唯一の理由は、対物的な権利がその人々に対してもたれる相手は、まだ存在してさえいない仮想的な人を含む、無数の「曖昧な」集団を構成する、ということである。多くの人々が、これを「対物的な」権利の観念が生じさせるパラドックス的な結果だとしてきたが、私はそこに何も問題はないと考える。もし一般的なルールが、一定の点について介入されないすべての人に対する権利を私に与えるなら、その点で私に対して義務をもつ人が、文字通り何億人もいることになる。そして同じ一般的なルールが、他のすべての人に同じ権利を与えるなら、それは私に文字通り何億もの義務、あるいは何億もの人への義務、を課す。しかしながら、ここには何もパラドックスはないと私は思う。結局のところ、この義務は消極的なものであり、私は単に自分のことに専念することで、それらの義務を一挙に果たすことができるのである。もしすべての人間たちが一つの道徳共同体を作り上げており、何億もの人間がいるなら、彼等の間には何億もの道徳的な関係が成立しているのだ、と我々は想定すべきなのである。

マクロスキーの別の前提には、さらに明白な欠陥がある。すべての請求権が「本質的に」へのではなくに対するそれであると考えるまともな理由はない。実際上述した請求権に関する議論のほとんどは、への請求権についてのものであり、我々が検討してきたように、法は、に対する請求権あるいは（「マニフェスト的意味」の「権利」を除けば）権利という資格にはまだ達しないようなへの請求権（「請求権にすぎないもの」）を承認することが有用だと考えている。

しかしながら、話題にしているのが請求権にせよ権利にせよ、我々はそれらが、「への（to）」と「に対する（against）」という句［英文の前置詞］によって示されているように、二つの次元を有しているように見えることに気づくにちがいない。そして、これらの次元のどちらかが他よりも、何らかの意味でより基本的あるいは本質的であるのだろうか、と思いをめぐらすのは全く自然なことである。すべての権利は何か、をする・をもつ・を控える・である、ことへの権原と、一定のやり方で、行為するあるいは行為しないよう他者に対して求める請求権とを一体化しているように見える。権利についての一部の言明では、権原は、完全に決定的（例えば、テニスをする権原）であり、請求権は曖昧（例えば、「潜在的あるいは可能的な妨害者たちという曖昧な集団」に対する請求権）である。しかし別の場合においては、請求権の対象は明白で決定的であり（例えば、ある人の両親に対する請求権）、権原は一般的で不確定である（例えば、適切な養育を受ける権原）。もし我々が、「権原」によって、人がそれへの権利をもっているものを意味し、「請求」によって、権利がその者に対して有効である人々に向けて投射される何ものか（マクロスキーは一見そう考えているようだが）を意味するならば、個々の場合では、一方あるいは他方の要素により鋭く焦点が当てられているかもしれないが、すべての請求的権利（claim-rights）は必然的に両方を含んでいる、と述べることができる。

簡単な結論：権利をもつとは、その請求権を有効だと承認することを一定の支配的ルールあるいは道徳的原理によって求められる人、に対して請求権をもつことである。逆に請求権をもつとは、配慮に値する言い分をもつこと、すなわち、行為遂行的主張＝請求行為と命題的主張＝請求行為をすることができる地位に人を置く理由あるいは根拠をもつこと、である。最後に、主張＝請求という活動は、他のこともだが、自尊心と他者に対する尊重を促進し、個人の尊厳の観念に意味を与え、そうでなければ道徳的に欠陥のあるこの世界を、それよりも悪いノーウェアズヴィルの世界から区別する、のである。

訳者による追記

本稿には、本論での議論が足りなかった点を補うため、とする短いが重要な補論（Postscript）が付属している。補論全文の翻訳権が得られなかったのでそれ自体の掲載は諦め、本論への理解を深めることを目的として、これについて以下に少しだけ論じておきたい。

補論は三つのことを述べている。

1. ファインバーグは、人間が尊厳をもつためには、権利を保持するだけでは十分ではなく、そのことを知っていること（および、それに応じて行為する用意のあること）が必要である、という。これについては、権利を自覚しないまま権利をもつ人々からなる社会、というものがありうるのか、という疑問もないわけではない。ただ個別的には民法上、行為能力と区別された権利能力は乳児でももつから、権利をもつこととそれを知ることを区別する議論もありうるだろう。より重要なのはファインバーグが、この条件（権利をもち、それを知ること）を、「人間的かつ道徳的に満足な生のための必要条件ではあるが十分条件ではない」とする点である。これは次の論点にかかわっている。
2. ファインバーグに従えば、権利の主要部分は選択の権利であって、それは具体的場面で自らのもつ権利を行使（claim）することもしないことも選択できる、という立場に権利者を置く。この後者（つまり、義務からの他者の解放、宥恕、権利放棄、贈与…など）の可能性とその意義を強調するのが、この補論全体の主要な目的である。これを一切行わない人間は、キリスト教で否定的に描かれる「パリサイびと」であって、「血の通わない道徳的自動機械」だ、というのである。ただこれは、権利がもつ道徳的重要性の限界を画する問題とはされない。なぜなら、適切な裁量行使の可能性を与えることも権利の半面だからである。「義務を越える徳」（supererogatory virtue）を発揮するためにも、まず権利の自覚が必要だ、とされる。権利関係を無視・軽視するのではなく、それを自覚するところに成立するような「雅量」の強調ともいえる議論である。ファインバーグの権利論がこの種のものを包含する形で拡張される可能性を、この補論は示唆している。

3. しかしこれには例外もある、とファインバーグはいう。たとえば、教育を受ける権利は、それを放棄することが許されない、ある種の「義務的権利(mandatory right)」である。学童が予防注射を受けることも、権利であるとともに義務ともいえる。これらは、「そうしないことは許されない」という点では、権利ではなく義務の問題と考えることもできる。しかし、それを行うことが本人にとってあまりにも有益であるために、その機会を保証すること、その妨害をしないこと、を他者から要求(claim)できる立場に当事者を置くという点で、これは権利の半面をもつ。だから「権利」の名で呼ばれるのだ、とファインバーグはいうのである。これは、もっとも重要な第2の論点への補足、という位置づけの議論かと思う。　　（嶋津　格）

註

1　H. B. Acton, "Symposium of 'Rights'," *Proceedings of the Aristotelian Society*, Supplementary Vokume 24 (1950) . pp. 107-108

2　J. L. Austin, "A Plea for Excuses," *Proceedings of the Aristotelian Society*, Vol. 57 (1986-57) .

3　人のデザートについてのもっと十分な議論として、本書「第5章　正義と人のデザート」を見よ。

4　（旧約聖書）サムエル記後書、11節。トマス・ホッブズはこれを *The Leviathan*, Part II, Chap. 21で肯定的に引用している。

5　H. B. Acton, *op. cit.*

6　G. J. Warnock, "Claim of Knowledge," *Proceedings of the Aristotelian Society*, Supplementary Volume 36 (19629, p. 21.

7　これは、権利と単なる主張（請求権）の重要な差である。それは、有罪の証拠（説得力の程度の差がある）と有罪宣告（それは全部かゼロかである）の差に類似する。人は、決定的ではない「証拠をもつ」ことができるのと同じように、有効ではない「主張をもつ」ことができるのである。「一応性（prima-facieness)」は「主張」の意味の中に組み込まれているが、「一応の権利」という観念は、ほとんど意味をなさない。後者の論点について、A. I. Melden, *Rights and Right Conduct* (Oxford: Basil Blackwell, 1959) , pp. 18-20; Herbert Morris, "Persons and Punishment," *The monist*, Vol. 52 (1968) , pp. 498-9を見よ。

8　J. E. S. Fawcett, "The International Protection of Human Rights," in *Political Theory and the Rights of Man*, ed. by D. D. Raphael (Bloomington: Indeana University Press, 1967) , pp. 125-128.

9　1948年12月10日に国際連合総会で採択された世界人権宣言第24条が宣言しているように。

10　H. J. McClosky, "Rights," *Philosophical Quarterly*, Vol. 15 (1965) , p. 118.

11　*Loc. cit.*

第9章
道徳的権利の擁護:その存在のみについて
In Defense of Moral Rights: Their Bare Existence

私の言う「道徳的権利」に対する哲学者たちの幾多の反論のうちから、第9章から第11章の各章で各々一つだけ反論を取り上げ、論駁を試みる。そのような形で、ある意味の道徳的権利の擁護に取り組みたい。しかし、たびたび見られる反論には、ほかにもこの限られたスペースでは検討することさえできないものが多数ある。あるいはその中に的を射た反論、さらには決定的な反論があるかもしれない。そのため、道徳的権利の理論は、たとえ以下の3章で私の言うことがすべて正しいとしても、維持しがたいかもしれない。私は、この理論が正しいことを証明したとか、その理論に対する重要な反論をすべて論駁したとか主張しているのではない。以下の各章で私が試みるのは、たとえほかの反論には答えられないにしても、一つの種類の反論には答えられるというささやかな点を示すことである。それは確かに、小さな論点ではある。しかし哲学においては、大きな論点と言われるものは往々にして、そうした小さな論点が連なったものにほかならない。

I　身近な例

イギリスとアメリカで女性は、言うまでもなく、投票権をもっている。しかし、アメリカで女性が投票権をもっていなかった時代があったし、クウェートなどの国では現在でも女性は投票権をもっていない。これは事実によって裏づけられる経験的判断であるように見える。他方、1890年のアメリカや現在のクウェートにおいてさえ、女性たちは実際には投票の権利をもっていたのだが、立法者や憲法制定者によってこの権利を不当に差し止められていたのだ、と我々は言いたくなる。後者の種類の判断は今日では我々におなじみだが、哲学的問題を引き起こしたのはこの判断である。この種の権利の存在は、立法府による立法化や憲法制定者による明示的ないし黙示的な権利宣言に先行し、それらに依存しないと言われる。我々は、前者の類いの権利の場合のように、経験的事実を証拠として集めて、その権利が当該の政治社会で現に承認あるいは施行されていることを確認する必要はないし、また、それができるわけでもない。というのもこの権利の存在は、それらの社会における承認にどんな形でも依存しているとはされないのであって、逆に、たとえ一般的に価値が認められたりさらには望まれたりしていない場合であっても、その存在を確証することができるような、なんらかの独立した源泉をもつからである。この第二の種類の権利が存在すると断定する時我々は、実際の慣行を善かろうと悪かろうと記述する中立の社会科学者として振る舞ってはいない。むしろ道徳の論争の場に飛び込み、自ら一つの立場を引き受けているのである。すべての成人は自分たちの問題を支配する政治決定に参加する権利をもち、これはもちろん女性にもあてはまる、と我々は言うかもしれない。たとえ一つの集団としての女性たちが、法的な投票権をもたない場合であっても、女性たちが、人間であることと平等という道徳的原理とに由来する道徳的権利として、男性とともに投票する権利をもつことは明らかである。ここでの哲学的問題（そのすべてをここで取り上げることはできないのだが）、それは次の諸点を解明することにある。すなわち、こうした道徳的権利とは何か、「それは何に由来するのか」、どのようにしてそれを認識し、その存在についての見解の相違を解消するのか、また、特に法的保護が与えられていない場合、そうした権利をもつことが実践上の帰結をもたらすとすれば、それはいかなる帰結なのか。

我々が自分自身や他の人々の権利を主張する時、主張している権利が 私の言う「道徳的権利」に属することはしばしばある。その例の多さは、この種の権利がどれほどありふれたおなじみのものであるかを示すであろう。クウェート女性の投票権の例に加えて、以下のような例をあげることができる。喫煙に反対する人たちが、それに対するいっさいの法的保護が成立するのに先立って主張していた、きれいな空気を吸う権利。夫婦が寝室のプライヴァシーの中で避妊具を使用する権利（この権利をはじめて認めたのは合衆国最高裁の「グリズウォルド対コネティカット判決」[1]である。避妊具の使用が違法とされたのまま、広く普及するようになってから何十年も経た後のことであった）。法的行為能力のあるカップルが、その男女の人種が異なっていても、その意思に従って結婚する権利（この権利は1967年に合衆国最高裁の「ラヴィング対ヴァージニア判決」[2]によって初めて支持された）。法的に承認される以前にイギリスの農業労働者が主張していた労働組合を組織する権利[3]。平和的にピケを張る権利（これは、20世紀に至るまでは、主に破ることによって尊重されていた権利である）。自分の病気の予後を知る権利（「先生、本当のことを教えてください。私には知る権利があります」と我々は言う）。家族の決定事項で発言する子供の権利（これは法的権利ではないし、法的権利ではありえないであろう）[4]。自分の子供から礼儀正しく話しかけられる親の権利。偏見のない評点をもらう学生の権利。法律や病院の規則の内容がどうであれ、生命活動をできるだけ長く維持することのみを目的にした治療の停止を要求する終末期の患者の権利。伝統的習慣から、結婚式前の儀礼的な陰核切除がすべての女性に要求されているような社会であっても、それを拒む若い女性の権利[5]。英国領インド全土で妻の殉死が禁止される1829年以前においても、社会的、宗教的、さらには政治的な圧力に抗して、夫を火葬している薪の上に身を投ずるのを拒否するインドの寡婦の権利[6]。自分の宗教を自由に営む権利（この権利は、例えばバーハイ教の事例においてイランの司法当局によって、系統的に侵害された。バーハイ教の寺院は破壊され、その指導者たちは処刑されたのである）。そして最後に、ゲシュタポが通常行っていたのと同様な恣意的な逮捕投獄を免れる権利（ユダヤ人や反体制派の家を午前4時に急襲し、威圧的にドアをたたき、おびえた住人を連行する、そしてその住人はしばしば消息不明になる、というのがゲシュタポのやり方であった）。かりにも我々が権利をもつとすれば、こんなふうに扱われない権利をもつことは間違いない。

以上の例から示したいのは、道徳的権利が浮世離れした哲学者たちの理解しがたい概念的構築物などではなくて、我々のすべてではないにしても大多数の者が道徳的、政治的判断を下す際に用いる概念装置に共通の要素を成していることである。今問題にしている意味での道徳的権利については、皮肉なことに、道徳的権利の存在に懐疑的なことを明言している哲学者が最良の定義の一つを与えている。それはレイモンド・フレイの定義である。すなわち、道徳的権利とは、「共同体の立法や社会習慣によって生み出されたのではなく、たとえ正反対の立法や習慣があったとしても存続する権利であり、個人や共同体が、全体の目的を追求するに際して越えることの許されない境界線を規定している権利」[7]だというものである。

ここでさらにいくつかの区別を行い、この定義を明確なものにしなければならない。第一に、分かりきったことだが、道徳的権利と法的権利のカテゴリーは一部重なっている。そのため、所与の道徳的権利は、その承認と実現を求める規則がしかるべく法として制定されるならば、法的権利ともなりうる。女性の投票権は、長い間道徳的権利であったが、1920年以来アメリカでは法的権利ともなった。第二に、私が述べた意味での道徳的権利と、より弱い意味での道徳的権利、すなわち、様々な共同体の慣習的「道徳」のルール、ないしはいわゆる「道徳規則(moral code)」、によって人々に授けられる権利とは区別されなければならない。後者はフレイの定義では「社会習慣」に属す権利である。対照的に、純粋な道徳的権利は客観的で普遍的な道徳原理に由来するので、立法だけではなく社会習慣からも独立して存在する。慣習道徳は集団によって異なり、我々は、ブルジョア道徳、「社会主義道徳」、「ナチ道徳」(これは実際には不道徳な道徳であった)、カトリック道徳、エスキモーの道徳、ホッテントットの道徳、さらには古代のスパルタ人やバビロニア人の道徳などについて語る。こうした様々な規範体系は、ほとんどの場合、多くの共通する禁止や差し止め命令を含んではいるものの、目立った形で異なる点ももつ。例えば、嬰児殺しはスパルタやホッテントットの道徳では許されるものであったが、カトリック道徳では恐ろしい罪である。

対照的に、時に「真の道徳」と呼ばれるものは、少なくともある程度は「事物の自然本性の一部」をなしており、批判的で、理性的で、正しいので、そうした変動を免れていると考えられている。そのように理解される場合、真の道徳は、慣習道徳も含めたどんな所与の社会の現実の制度——功罪いずれにせよその社会で現に確立している規則と原理——の是非をも判定しうる基準と原理を提供する。普遍的な真の道徳によって授けられる権利は、例えば当人や他人の防衛以外では殺されない権利や自分に約束されたものを受け取る権利のように、多くの社会の慣習道徳の一部を成すことがある。さらには、客観的意味での道徳的権利は、所与の慣習道徳の規則と実定法の体系のいずれによっても授けられることがある。この場合その権利は同時に、真の道徳的権利にして、慣習的な道徳的権利、かつ法的権利である。また逆にその権利は、一国の慣習道徳と法体系のどちらからも承認されないこともある。だがその場合でも、それがやはり真の道徳的権利であることに変わりはない。後者の点は、ゲシュタポの逮捕を免れる権利、イランにおいて宗教の自由を行使する権利、インドの寡婦が自己火葬を拒む権利、カイロの廃品回収業者の娘が婚前の性器切除を拒む権利によって、容易に例証されるであろう。いずれの場合も、批判道徳は、その集団の慣習道徳と法体系——その集団がそれをもつかぎりで——のどちらによっても、認められるどころか明示的に否定されている道徳的権利、を与えるのだといってよい。

第三に、法的承認以前でも行使可能な道徳的権利と、法定される以前には行使不可能な道徳的権利とが区別される。例えば、女性の道徳的な投票権は、その権利が法的に認められていない国では実行するすべがまったくないのに対して、平和的にピケをはる道徳的権利は、法的に承認される前でも、少なくとも警官が到着して連行されるまでは、実行可能である。実行可能な道徳的権利のさらによい例としては、自分の宗教を（密かに）実践する権利や、そのままでは苦痛が長びく恐れのある死を早めるために自殺する権利があげられる。この区別は大きな理論的重要性をもつものではない。だがおそらく、これと関連する第四の区別はもっと大きな関心に値する。投票権のために運動している女性たちは、「我々は自分たちの権利を要求しているのだ」と言うであろう。この言葉が示唆するのは、女性たちが望んでいるのはまだもっていない権利——法的権利——を与えられることだ、ということである。というのは、この例で女性たちが投票に関してもつ唯一の権利は道徳的権利であるわけだが、この権利は、実行不可能である以上、それ自体として有効な「投票権」にはならないからである。とすれば、実行不可能な道徳的権利をもつことは何の足しになるのだろうか。ちょうどマーチン・ルーサー・キングの信奉者たちが、自分たちはすでに一定の憲法上の権利をもっているのにそれがもたらすはずの利益が不当にも奪われている、と考えたのと同じように、この女性たちは、自分たちの権利を要求することによって、すでにもっている権利の承認を要求しているにすぎないのであろうか。キングの信奉者たちは、新しい権利を要求していたのではなく、すでにもっていると確信している現実の法的権利の実行を要求したのである。しかし女性たちの場合、法典に書かれ「効力をもっている」有効な法は、女性たちの求めているものをはっきりと否定していた。

女性の権利を求める要求は、その時点で女性たちが所有していなかった新しい法的権利を求める要求として解釈されるべきである。「自分たちの権利がほしい」と言った時女性たちは、現に道徳的権利を所有していることを根拠に、対応する法的権利の付与を請求していたのである。主張されていたのは、女性たちが権利を授けられる権利、国家に対して新しい法的権利の付与を要求する道徳的権利、を**もっている**ということであった。この道徳的権利は、ちょうど権原が財産への請求権を確立するのに類似する形で、女性たちが法的権利を受ける資格を有する根拠としての機能を果たした。たとえこの道徳的権利がなかったとしても、女性たちは新しい法的権利を要求し、効果的に戦うことはできたかもしれない。しかしその場合、その権利請求が正当に自分たちのものだとすることはできず、立法者たちの良心に対してその請求を突きつけることもできなかったであろう。女性たちが望んだのは、単にもてるとよいものではなく、自分たちの当然受くべきものとして（as their due）何としても到来させせようとしたものであった。そしてこの観念を伝えるのに相応しいのは唯一、緊急性と正当性の響きをもつ権利という言葉のみである。

用語法についてもう一言述べておく。「自然権」という言葉のもつ意味は時により、ここで定義した「道徳的権利」にすぎない場合がある。特に18世紀の用語法では、自然なるものは人工的なるものに対比された。自然なるものとは、人間の設計や構築とはまったくかかわりなしに、発見されるべく「そこ」にあるものであって、その存在を人間の発明や設計に負っているものに対置される。もし「自然」という言葉の意味がこうした意味に限られるとすれば、「自然権」と「道徳的権利」という二つの用語は完全に置き換え可能となる。自然権が人間の理性によって発見されるべき事物の自然本性の一部を成すのに対して、慣習的・制度的権利は、法的権利も含め、起草者ならびに一般の人々の遵守と受容が生み出すものである。しかし「自然権」という言葉は、批判的道徳的権利以上のものを指す場合がある。このさらに進んだ意味では、自然権とは「人間の自然本性」に由来する道徳的権利であり、生物学的器官や骨や筋肉のように、始原的構成の一部として人間に授けられているものである。このように理解された自然権は、生物学的組織と同じく、自然の法――人間存在の法――によって授けられる。ここにあるのは、経験における不変の規則性を記述する科学法則の観念と、人間の立法機関によって制定されはするものの、作られるのではなく単に発見されるにすぎない法の観念である。それらがない交ぜになることで、多くの思想家たちのいらだちを生んできた。彼らも、それさえなければ自然権すなわち道徳的権利という総称的な観念に好意的でありえたであろう。そこで私は、同義である場合でも、「自然権」という言葉ではなく「道徳的権利」という言葉を用いることにする[8]。

最後に、一部の人が特殊な属性や職務や他の人々に対する関係を有するためにもつことになる道徳的権利――子供や老人、学生、刑事被告人、受約者、市民の各々に限定される権利――と、単に人間であることをもってすべての人に属するとされる、より抽象的な権利とを区別しなければならない。前者は特別権と呼べるのに対して、後者は一般的な意味で「人権」と呼ばれる。いずれも総称的には等しく道徳的権利、あるいは自然権であり、いずれも慣習的な道徳規則と法体系の中に含まれていることが多い。

II　道徳的権利は不必要か

1950年代には道徳哲学の著作と教科書は、我々の義務と我々が一般的になすべきこと（これらは通常同じものだと解された）を、専ら問題にした。典型的には道徳的権利は、付録[9]か後ろの方の章[10]で、一種の補足説明として検討された。義務が道徳生活にはありきたりで基礎的なものと認められていたのに対して、道徳的権利はうさんくさく、しばしば神秘的だとか奇妙だとか考えられた。よく耳にした問は、「道徳的権利は何に由来するのか」というものであった（我々は、法的権利と他の慣習的権利が何に「由来する」のかは知っている)。この〔道徳的な義務と権利の扱いの〕相違が特に当惑の的となるのは、権利についての言明がしばしば論理的に義務の言明に結びつけられるからである。確かに、もっと徹底した懐疑主義者たちもいて、道徳的権利と道徳的義務どころか、客観的とされる道徳の規則と原理をもすべて容赦なく疑っている。この種の徹底した懐疑主義は、権利と義務の双方にその疑いが及ぶということだけからでも、道徳的権利の理論に対する重大な異議申し立てとなる。道徳的権利だけを疑う、より限定された懐疑主義が相手であれば、いくらか容易に対処できるかもしれない。

さらに一般的であったのは、権利についての形ばかりの章が別の点でもそっけなかったことであった。道徳的権利は、奇妙だとか難解だとかいうのではなくて、陳腐で、派生的で、些末なものと考えられたのである。確かに、道徳的権利は論理的には義務と関係がある。しかし、義務の概念が基本的なのであって、権利は他の人々の義務について語ることの代替的方策にすぎなかった[11]。理論上は、道徳を論じる者は言うべきことのすべてを義務の言葉で（おそらくは「価値」の話を補って）語ることができるのである。権利についての言明は、義務とその論理的帰結について話すための便利な省略語法とみなされていた。近年この種の否定的態度を代表するのは、フレイである。フレイによれば、権利語法（rights-talk）は、単に派生的、副次的にすぎないのではなく、原則的にも事実的にもまったく不必要である。フレイは書いている。「私の理解しえる限りでは、承認された道徳原理に基づいて特定の道徳的権利を主張しても、実際上の便宜は一つも得られない。というのも、私は、自らの原理を履行し遵守する道徳的人間として、たとえ〔あなたに〕その権利がないとしても、あなたの望むように行動することになるからだ」[12]。要するに、権利は何もつけ加えない。それはなくてよいものであって、あれば哲学者たちを混乱させるだけなのだ。もし人々がもつ義務をすべて書き出せば、その上さらに誰かの権利を書き出す必要はない。というのも、義務がすべて遂行されれば、どんな権利として請求されうるものも完全に満足されているはずだからである。

フレイに対しては、ある人の権利が他者の義務につけ加えるのは、他者の義務に対する権利所有者による一定の支配力の行使であると、直ちにやり返すことができる[13]。例えば権利所有者は、そうしたいと思えば、他者の義務を免除することができるが、これは、拘束したり免除したりする法的な権限に似た一種の「道徳的権限」[14]を行使しているからである。その上、権利所有者の権利はしばしば、相手方の義務全体の基礎となる。相手が義務をもつのは、権利所有者のためだからである。もしＢが、自分のためにＡがＸをする（あるいはしない）という権利をもつとすれば、ＢはＡにＸを当然受くべきものとして請求できる。Ｂは、道徳的にいえば、「あなたは、私が当然受けるべきＸを私に負っている」とＡに言える立場にある。さらに、もしＡがＢの有効な請求を侵害すれば、ＢはＡに対する苦情を申し立てることができ、Ａに対して、単に「あなたは不当に行為した」とだけではなく、そうした行為をすることで「あなたは私に不当をなした」と言える立場にいることになる。もしＡの不当な作為や不作為が単にＡ自身の義務の怠慢にすぎず、同時にＢの権利に対する侵害ではなかったとすれば、Ｂは個人としての苦情の資格をもたないから、ＡはＢの不平にこう言ってやり返すことができたであろう。「私が自分の義務を果たそうと果たすまいと、あなたに何の関係があるのか。それは私と私の良心の間の問題、私と神の間の問題だ。あなたがそれにあれこれいうのは適切ではないのだから、立ち入らないでくれ」と。どう控え目に見てもこの答えは道徳的状況を誤解している。もしこれが正しいのであれば、Ｂは、Ａの義務の領域で何らの請求も苦情も適切な介入や関与も抗議もなしえず、Ａの義務内容を左右する力をいっさい行使できないことから、他人の目からしてより少ない尊厳しかもたないことになったはずである。さらにＢ自身がフレイの不必要説を信じているなら問題はあくまで自分自身の基本的利益なのであるから、他人に道徳的請求をするとすれば、自分自身に対する尊重も損なわれることになっただろう[15]。

もし権利がフレイにとって本当に不必要に思えるとすれば、それは、あらゆる状況において道徳的になすべきことを前もって教えるフレイの「原理」自体に、すでに他の人々の権利に対する尊重が組み込まれているからなのかもしれない。あらかじめ、様々な人々が自分に対してどのような権利をもちそうか、また（これらのうち）どの権利が放棄されるべきかを決定することなしに（一般的に）何をなすべきかを知ることができるとは想像しにくい。道徳的にあなたの権利が私の義務に優先するのは、義務が権利に由来するからであって、その逆ではない、という考え方にはかなりの説得力があると思われる。例えば、あなたに鼻を殴られないことを請求する権利を私がもつから、あなたは私の鼻を殴ってはならないという義務をもつ。筋道がその逆であるとは思われない。言いかえると、あなたに鼻を殴られないという私の権利が存在するのは、単にあなたが人の鼻を殴ってはならないという義務をあらかじめもっているからなのではない。私の請求権とあなたの義務とはともに、私の鼻の身体的完全さに対して私がもつ利益に由来する。あなたの義務を基本的で支配的なものとみなすことは、この種の権利が基礎づけられる仕方を間違って説明することになる。それは、あなたの義務を説得的に基礎づけることには少しもならない。

フレイの不必要説のアナロジーとして、道端の「私有地、立入禁止」の掲示を読むことができない一人の盲人が、「まっすぐ前に百歩進んでから、二百歩右に進み、また三百歩左に進む」云々といった目的地までの行き方の指示を覚えている場合を考えてみよう。その指示は、少なくとも部分的にフレイの「原理」に類似している。いずれも道徳的に信頼できる指令ではあるが、権利には言及していないからである。しかしどちらの場合も、その指令の内容を確定する方法で重要なのは、何よりもまず他の様々な人がその人に対してどのような権利をもつのかを決定することにある。ひとたびそれらの権利に当然払われるべき配慮が払われさえすれば、その上さらにそれらの権利をわざわざ引き合いに出して、そうした権利から生じた原理を補ってやろうとすることは「不必要」となろう。

フレイも、権利請求が何の意味も伝えておらず、わけが分からないものだと主張しているわけではない。権利語法は、権利をもつとされる一人あるいは 複数の当事者の利益に注意を集中させ、その利益の侵害が道徳的に誤っていることを主張するためのいささか混乱したやり方である、そうフレイは寛大にも認めている。そうした働きは法廷で役に立つ可能性がある、と彼は認めるものの、それは、道徳的権利などといった実体が現に存在するのだと信じたくなる人などいない場合にかぎってのことだというのである。

Ⅲ　「法があるべきだ」

権利語法は意味があるという直観を保存するためのフレイの最も興味深い示唆は、彼を少なくともジェレミイ・ベンサムにまでさかのぼる伝統の中にしっかりと位置づける。フレイの示唆によれば、道徳的権利語法を、法的権利に言及する混乱した間接的やり方だと解釈すれば、その語法の中の神秘的要素を取り除くことができる。法的権利は平明な事実の問題であってそれ自体は神秘的でないからである（自分たちの主題が法の主題よりも神秘的だと思いこむような道徳哲学者は法を少しでも真剣に研究したことなどないことは明らかである）。私はこうした考え方を、道徳的権利の「法があるべきだ」説と呼んでいる。というのもこの考え方では、そもそも「A は X をする（X をもつ、X である）道徳的権利をもつ」という文に意味があるとすればその文は、「A は X に対する法的権利をもつべきだ」という意味に解されなければならない、とするからである。

「法があるべきだ」分析が道徳的権利語法の解釈として適切に思われる場合があることは、私も認める。例えば、国連人権宣言が与えている福祉受給権は、立法府の努力目標として提案されているにすぎないのであって、**今の時点**であらゆる所に存在し「有効」なわけでは決してない、というのは多分もっともな解釈であろう。たとえ、すべての人が国連の宣言がいうように「定期の有給休暇」[16]に対する道徳的権利をもつとしても、これが意味しうることといえば、すべての地域の商工業組織が、完全雇用が可能となり費用的に見て有給休暇が当たり前に提供できるような水準にまで生産を増大させる計画を、現時点で導入すべきであるということにすぎない。もちろん現時点で世界の多くの地域での経済状態では、義務的有給休暇の観念はユートピア的夢想とならざるをえない。それは、例えば飢えているエチオピアの農民が当然受くべきものとして請求できる立場にいるようなものではまったくない。その点、クウェートの女性たちの全国選挙で投票する道徳的権利とは大いに異なっている。「定期の有給休暇」への権利をもっともうまく分析してもせいぜい、全世界でそれをまかなえるような時が来るようなことがもしあれば、そしてその時には、法的権利あるいは他の慣習的権利となるべきなにものかをその権利は叙述している、というだけであろう[17]。

そうすると、様々な宣言が気前良く割り当てている福祉受給権を解釈すれば、そうした権利が規定している人間的問題の処理法は望ましいし、目標にする価値はあるものの、現時点ではまだ真の道徳的権利として存在しているわけではないとするのが妥当なのかもしれない。しかし、いつかは法的権利になるのが相応しいということをもって、「道徳的権利」という表現が通常意味することが説明されるとはとうてい思われない。というのも、この説明は道徳的権利に関わる言語のよくある用法の一部と両立しえないからである。例えば、これでは、違法なピケをはったために逮捕されたデモ参加者や、迫害されている国で密かに礼拝を行う宗教信仰者のように、法的承認に先立って道徳的権利を行使する人々について語ることの意味が説得的には説明されえない。「法があるべきだ」モデルに立てば、そうした人たちが行使しているのは現実の権利などではまったくない。それは、権利となるべきものすなわち、もつべきではあるもののまだもっていないし決してもたないかもしれないような理想の権利、といったものになる。要するに、これらの状況下では、行使されるべきいかなる種類の現実的権利も存在しない。あるのは権利となるための適格性にすぎない。しかし、人は適格性をどのように行使するのであろうか。その上、国家がその人がもつべき法的権利の行使にいずれはあたるようなことをするのを禁じている場合、「法があるべきだ」説でいけば、国家はその時点で人が現にもつ権利を何ら侵害していないことになってしまう。

確かに、最初にあげた道徳的権利の例の多く、というよりそのほとんどは、法的権利でもあるべきものである。しかし、その〔法としての〕適格性は、我々がそれらを道徳的権利と呼ぶ時に意味していることではない。それらが立法化されるにふさわしいか否かは、付随的なことである。我々がそれらは法的権利であるべきだと考えるのは、現在の侵害の状態にたじろがされるからである。消毒されていない剃の刃で若い娘の性器を切除することは、その娘に対して不正を働くことである。確かにそれはまた、法や慣習によっても許されてはならない。しかし、今ここで我々が非難しているのは、法がそれを禁じていないというだけのことではない。そもそもそれが行われているということ自体なのである。この例での娘は、彼女に対する侵犯行為が合法か否かにかかわらず、不正を侵されている。そしてこのことがまさに、それが合法であってはならない理由なのである。

Ⅳ　反乱を起こす道徳的権利

道徳的権利とは法的権利であるべきものにすぎないとする理論の第二の難点は、専制政府に対して反乱を起こす道徳的権利をもつとはどのようなことでありうるのか、がどう見ても説得的に説明できない点にある。確立した権威に反抗する権利は、政権政府によって授けられる法的権利にはなりえないから、それが法的権利として授けられるべきだという命題が真になることもありそうにない。にもかかわらず、ジェファーソンとともにこう言うことは意味を成す。すなわち、専制に対して反乱を起こす権利は、様々な法的権利と別に（あるいは、それらと並んで）、我々すべてが今もっているまぎれもない権利である。

この単純だが有効な議論の鍵となる前提はもちろん、反乱を起こす権利を合法的権利とすることは、どう見積もっても、重大で克服不可能でさえある実践上の困難なしにはできない、ということである。多彩な著述家たちが、この鍵となる前提の正しさを論証するためにそれぞれ独立の議論を行ってきたが、多分そのうちで最も典型的な人物は、ハーバード・ロー・スクールの実質的創設者であるとともに激動の1840年代に連邦最高裁判事だったジョゼフ・ストーリーであろう。ロバート・カヴァーによれば、ストーリーは、その著『憲法註解』（*Commentaries on the Constitution*）の中で、

政府の各部門が相互をチェックするどころか、「一致してはなはだしい

> 簒奪を行う」事態を仮定している。彼［ストーリー］は、もし抑圧される集団が少数派であれば通常の救済策は効果がないであろうと仮定する。そうした場合、ストーリーは次のように主張する［以下はカヴァーによるストーリーの引用］。「たとえそもそも救済策があるとしても…その救済策は人間の作る制度によっては決して提供されない。それは、極端な場合には抑圧に抵抗し、破壊的な不正に対して力を行使するというすべての人間の究極の権利に訴えることによって提供されるのである」。ここでは、道徳的権利が、その権利を制度に反映する可能性の否定と並べて、主張されたのである［とカヴァーは結論する］[18]。

ストーリーが考えていた「はなはだしい簒奪」の行為とは、政府の役人の法に反した様々の行為、すなわち、職務を限定し権力を制限する規則の違反や、腐敗、汚職、法的に不当な強制などの行為である。公務員たちが共謀して不正に行為し、彼等の犯罪が同僚たちによって覆い隠されたり、その全員が陰謀に荷担している司法部のメンバーによって潔白と認定されたりする時、現になされていることが犯罪と定義されていることを越えて、どんな制度的救済が入手可能になるのか想像しがたい。規則の侵害により損害が生じたと信じる時にはいつでも武器をとってよいという権利を制度化したりすれば、無秩序になってしまうであろう。例えば、堕落した役人による一連の悪弊に対抗するために、政府の権威全体の転覆を企ててその国の軍隊を攻撃するといった道徳的権利は、考えることさえ難しい。

しかしこの議論が、ストーリーの言う意味での「はなはだしい簒奪」を含んでいる必要はない。実際、それがない方がもっと明確に論点を提示できる。そこで、以下のようなありそうもないシナリオを考えてみよう。ネオファシストの「紫シャツ党」が経済的打撃を受けたアメリカ合衆国でどんどん強力になっていくと仮定しよう（言うまでもなく、同様の例はイギリスについても考えることができる）。このネオファシストの綱領の中心は、彼等の言う「ルリタニア人問題の最終的解決」にある。ルリタニア系市民すべてをかり集め、奴隷労働のキャンプに送って死ぬまで働かせるか、公益のための科学的実験の中で殺すべきだ、というのである。初めは、すべての州議会でも連邦議会でも紫シャツ党以外が多数派であるために、この綱領を法案として通過させることは成功しない。しかし、数年のうちに、経済状態が悪化し、市民もしだいに憎しみに満ちて非合理的になると、紫シャツ党がすべての議会で多数を占め、ホワイト・ハウス自体も紫シャツ党員の大統領に占められることとなる。直ちに紫シャツ党の綱領は連邦議会で立法化され、大統領が署名する。ルリタニア系アメリカ人たちが逮捕され始めるが、最初その数はごく少ない。そのうちの一人が最高裁に上訴し、自分の自由を奪った立法を覆そうとする。最高裁は9対0で、反ルリタニア立法は、事実上人権規定の全体を含んでいる最初の15条の憲法修正条項の大部分にはなはだしく抵触しているので、違憲であるとの判決を下す。ルリタニア系囚人にはすべて釈放が命じられ、彼等の逮捕のもととなった法の無効が宣告される。

しかし、紫シャツ党指導部が独特なのは、政治権力をもっぱら民主的支持という手段によって獲得することに専心するところにある。彼等は常に合法的手段による政治説得に頼る。彼等は自らの政治手腕についてはひじょうに自信たっぷりで、法と適法性を尊重してきた無傷の経歴を維持することができ、政治権力を追求する過程で行うどんな段階の活動もすべて厳格に国法と憲法に明記された適切な手続の規則に従うことを請け合っている。そこで、彼等は合衆国憲法を修正する法案を連邦義会と50州の州議会に提出する。合衆国憲法第5条は、憲法がどのように修正されるべきかを明記している。連邦議会両院での3分の2の多数決と、4分の3以上の州議会での単純多数決が必要である。紫シャツ党は大いに勢力を伸ばし、苦もなく必要数の投票者を得られるまでになる。こうなると、関連する憲法の当初の修正条項群〔すなわち米国憲法の現行の人権条項〕自体が、祖父母に少なくとも3人のルリタニア人をもつ人を排除する特別な例外条項によって修正されるか、あるいはまったくすべて廃止されるといった事態が予想される。すべての段階で適切な手続きに従い、憲法を尊重しながら行動してきた紫シャツ党は、今や自由に自分たちの全綱領を実行に移すことができる。元どおりの法案が、再提出され、直ちに議会を通過し、大統領が署名して法となる。最高裁への上訴は、今度は全員一致をもって即刻却下される。ここに至って、すべてのルリタニア人は死のキャンプへ送られ、紫シャツ党指導部は祝典に出席し、ここに、自らの道徳的立場を確信している我々残りの者は、戦いの覚悟を固める。

専制に抗して反乱する権利を授ける法的規則によって、こうした武力蜂起があらかじめ適法化されていることなど、どうしてありえよう。公然にしろ非公然にしろ、法的権利を何ら侵害していない政府——適切な手続きを申し分なく守る専制政府——を武力によって転覆すること、これを権利として付与することがたとえ法的に不整合な話ではないとしても、議会の多数派を占める紫シャツ党が、自分たちの計画をひいきするのが分かっている最高裁判事を適当な機会に承認することができないであろうか。そうした裁判所なら、「簒奪」を策謀しなくとも、事実に照らして、紫シャツ党の政府が法的意味の内部で専制的ではないと判定しうるのではあるまいか（たとえそうなる代わりに、革命家たろうとする者たちが反乱の正当な理由が存在するか否かを判断するようあらかじめ裁判所に申し立てるとしても、裁判所自身がこの反乱に加わらないまま、肯定的な判決を下すことなど、どうしてできようか)。失敗した反乱の後の司法判断の問題に戻れば、道徳的には正当な反乱で敗北した側が、流血の内乱で彼等を打ち負かしたばかりの政府に属する寛大な裁判所によって、反逆罪や他の罪状にはあたらない、すなわち、失敗した反乱は法的に正当であった、と判定されるような事態など、想像できようか。もしそれが起こるとは考えられないとすれば、「反乱する法的権利」に何の意味があるのか。だが、それでもやはり、専制に抗して反乱を起こす道徳的権利は、たとえそれを「専制民主主義」の中で法に書き入れようと企てることが無意味だとしても、なお存在するのだと私は主張したい。

これより強いが確実さには欠ける形の議論をすれば、専制に対する反乱を認める法的規則は単に意味がないだけでなく、はっきりと有害であると主張できるかもしれない。反乱の権利付与の規則を条文化したりすれば、見当違いの暴力を助長したり、全般的な政治的不安定を増大させることのないようにすることは、明らかにきわめて困難なことであろう。もし我々が、専制や弾圧や不正義に対する反乱を許す場合、不公平な税法、個々の刑事判決での過重な量刑の具体例、その他同様の特定の不正に対して人々が反乱を起こすのを、どうすれば防ぐことができるだろうか。権利の妥当領域を、詳細にわたってどのように明文化できるだろうか。反乱の正当な理由となる弾圧は、どれほど弾圧的でなければならないだろうか。法の起草技術に関するこうした問題を避けるには、わざと曖昧な声明を、革命の宣言につきものの「害のない修辞」、つまり、抽象的理念へのあらずもがなの道徳的賛辞として、出せばよいであろう。しかし、これこそまさにベンサムが、もっともな理由によって、嫌悪したものであった。それは、道徳的不満は自動的に革命の暴力に根拠を与えるという発想である。ベンサムは自然権の理論を広めた啓蒙主義時代の革命家たちの態度を次のように評している。「あらゆる点で私を同等に遇しないような奴［例えば、労せず不相応な利益を得ている貴族や金持ち］に出会えばいつでも、その気があればそいつを殴り倒し、それで足りなければ頭をたたくなどすべきだというのは、正しく適切で相応しい」。[19] 実際、不正に出会うたびごとに、その程度や入手可能な救済策の有無や害悪の大きさとは無関係に、自動的に「バリケードへ！」と叫ぶのは、危険な精神の習慣である。反乱は小さな悪の救済策としてはあまりにも犠牲が大きいし、道徳的に正当な反乱に向けた抽象的な修辞的賛辞でさえも、一連の制度的規則の中に含まれれば、おそらく善よりも害をなすであろう[20]。

V　もっと身近な例

こうなると、道徳的権利の「法があるべきだ」説に対する最後に述べる反論は竜頭蛇尾に見えるかもしれない。しかし、これまで考察してきた想像上の「反乱の権利」のシナリオよりもはるかに日常の状況に近い議論が存在する。先のリストにあげた道徳的権利の身近な例の多くについて、それらを法的権利たるべきものとして分析することは意味をなさない。例えば、自分の子供から礼儀正しく話しかけられる親の権利や、教師から偏見のない評点を受ける学生の権利の存在を承認しつつ、同時にそうした明白な権利が法的権利であるべきことを完全に否定することは十分に可能であろう。したがって、少なくともこれらおよび類似の道徳的権利を、単に法的権利であることが理想的ないし適切であるはずであると解釈しても、説得的ではありえない。我々はかかる道徳的権利を、私的な当事者たちに対する権利であって、必ずしも立法者に対する権利ではないと考える[21]。それらは、法がそれらの問題について語ることは無関係に、実行され、主張され、放棄され、侵害される権利と考えられるのである。

しかし、フレイやベンサム達は、そうした例は慣習的な道徳的権利にすぎないと反論できるのではなかろうか。それらの権利が「法があるべきだ」分析に収まらないのは、単にそれらが共同体の慣習的な道徳規則の一部としてすでに存在しているからだ、と彼等は言うかもしれない。そこでおそらく、「法があるべきだ」説の分析を少し手直しするのが望ましいことになろう。その説を擁護する者は、立場を後退させ、こう言えばよい。すなわち、道徳的権利を主張するとは、所与の規範が、法的なものにせよ慣習的にすぎないものにせよ、現に効力をもつ在来の規範体系の一部、例えば我々の支配的な道徳規則の一部、を成すべきだという判断を下すことである。問題の権利はすでに慣習道徳の一部をなしているのであるから、そうした権利を「道徳的権利」と呼ぶことは、それが慣習的権利として維持強化されるべきだと判断することにすぎないであろう。かくて、それらの権利が先の道徳的権利の例のリストに登場することは、この修正理論によって説明できることになる。

こうなると、より適切な例を先のリストからあげるとすれば、苦しむ末期患者が積極的安楽死を、その意思のある医師や友人から受ける権利になるだろう。この権利はまだ現在の慣習的規則の一部をなしていないであろうが、例えばイェール・カミサーによって道徳的権利であることが説得的に主張されている。カミサーはさらに、間違いや濫用の可能性を理由に、この権利は法的権利となるべきではないと論じている[22]。同様の根拠から、それは慣習的な道徳的権利でさえあってはならないと論じられるかもしれない。しかしそれにもかかわらず、それが批判的な道徳的権利であると論じることは可能である[23]。

VI　ベンサムとサムナーの道徳的権利論

ベンサムによる「法があるべきだ」論の利用法は、これまで論じてきたものとはやや異なっている。ベンサムは、フレイとは違い、「寛大に」次のように論じたりはしない。すなわち、道徳的権利を帰属させたり主張したりすることは意味を成さないが、人々が道徳的権利を帰属させたり主張したりする時には何か意味のあることをしているように見える。したがって人々が「道徳的権利」の語で意味しなければならない（ないしは、おそらく実際意味している）ものは、「法的権利であるべきもの」にすぎない、そして後者の概念なら 完全に意味がある、などと。むしろベンサムは反対の方向に論じる。もし人々が、道徳的権利によって「法的権利であるべきもの」のことを意味しているにすぎないのであれば、そう言うべきである。それなら異議はない[24]。他方、道徳的権利の言語にとらわれると必然的に人々は、我々の法体系の中で法的権利であるべきものはすでに、我々の法体系と平行しているがそれに勝る何か幽霊的な宇宙的法体系の中で現に効力をもつ権利なのだ、と思い込むよう導かれる。これは、混乱した危険な考え方である。「そうした言語はすべて、いずれにしろ誤っている…あるいは、せいぜい真なるものに言及する不適切で間違ったやり方にすぎない」[25]。そこで、ベンサムはお得意の破壊的誇張をもって結論する。「権利のようなものが存在したらいいのにと願う理由は権利ではない。特定の権利が確立されていたらいいのにと願う理由はその権利ではない。必要は供給ではない。空腹はパンではない。」[26]

確かに、権利をもちたいと願う理由は権利と同じものではない。しかし、ゲシュタポが長靴を踏みならして階段を上ってくる時にベッドで恐怖に震える夫婦には、その状況下で、保護される法的権利をもっていたらと願う理由以上の道徳的請求権はないという説明は、にわかに信じ難い。だがベンサムでは、それが彼等に許される道徳的資格のすべてであり、彼等の道徳的権利に対してしぶしぶ認められる内容のすべてである。ともかく、ベンサムの理解では、寛大なフレイとは違い、道徳的権利に対する真正の信念は、それがどれほど混乱し、危険でありうるにせよ、道徳的権利が現に存在し、効力をもつ権利であるということを擁護しているのであって、単にそれが我々の法的規範や他の慣習的規範に含まれるべきものだということを擁護しているわけではない。

L.W. サムナーは、権利の理論についての最近の優れた研究の中で、法に類似した規則の幽霊的な宇宙的体系が存在していて、そこから現実の道徳的権利が派生してくるといった混乱した観念をベンサムが軽蔑していることに賛意を示している。サムナーは、自分の道徳的権利の分析ではこの考え方を避けようとする。彼の分析についてはすぐ触れることにするが、ともかく、ベンサムの意図をサムナーが正確に理解していることは、以下の章句にはっきりと表われている[27]。

> ベンサムのような懐疑的議論は、自然権［すなわち、道徳的権利］の観念そのものが支離滅裂なものであることを決定的に示しうるものではない。しかし、自然権の存在に対する強固な信念を何か別の仕方で説明できれば、この懐疑的議論はより強力になるだろう。我々を統治している現実の法体系が、我々がもつべきだと信じる法的権利を否定しており、我々はその権利が付与されるべきことを論証したいと思っていると仮定してみよう。その権利をもつべきだと信じているのであるから、理想的体系であればその権利をもっているはずだと我々は信じることになる。そうなると、ほんの少し歩を進め、その中でその権利を我々が現にもつような一つの理想的法体系が存在することを主張し、さらには、この理想的体系によって授けられる権利が、現行の体系による同じ権利の授与を求める我々の申し立ての根拠を構成するのだ、と言いたくなる。ここで働いているからくりは投射である。現実の世界の［道徳的］不完全さを矯正するものして、我々は、道徳的に見てまさに個人がもつべき権利を所有するような［道徳的に］完全な世界を発明し、この発明物をあたかも実在するものであるかのように扱うのである[28]。

こうして、道徳的権利を想定することは、希望的観測の一例であることになる。これこそまさに、ベンサムによれば、道徳的権利に対する広く行き渡った強固な信念を説明するものにほかならない。

ではサムナーは、幽霊的な宇宙的体系に「願望」を投射することなく、どのようにして道徳的権利の存在に対する信念を擁護してみせるのであろうか。サムナーは道徳的権利を「道徳的に正当化される慣習的権利」[29]と定義する。「私が道徳的権利をもつのは、対応する慣習的権利の所有が道徳的に正当化される場合にかぎられる」、とサムナーは言う[30]。サムナーは何度か、道徳的権利が一種の慣習的規則であると示唆している。とすれば、私が道徳的権利をもちうるのは、私がすでに内容的に同じ慣習的権利をもっている場合に限られ、そしてその慣習的権利そのものが、慣習的規範や法体系のうちに含まれることを道徳的に正当化されることによって、道徳的権利となるのである。しかし全体的に見て、サムナーの意図の解釈としては、道徳的権利とは、道徳的に正当化される現実の慣習的権利であるか、あるいは、まだ慣習的権利ではない場合には、慣習的権利として採用することが、もっとも強い意味で道徳的に正当化されるようなものであるかのいずれかだ、と言うのがもっともよいように思われる。問題の慣習的規則の体系は、その道徳的権利をすでに承認しているか、まだ承認していないかのいずれかである。サムナーは言う、「もし承認していれば、正当化されるべきものはその権利の継続的承認である。…もし承認していなければ、正当化されるべきものはその体系を変化させて、その権利が承認されるようにすることである。…これらの選択肢——既存の慣習的権利を保持するか、あるいは新たな慣習的権利を創造するか——は、いずれも一つの社会政策と呼べるであろう。道徳的権利が存在するのは、関連する規則体系［通常は法体系］に対するものとして、二つのうちいずれかの種類の政策が、［道徳的に］正当化される時である」[31]。

サムナーがこの分析の主要な利点として主張するのは、道徳的権利に対する道徳的保証となるのは何であり、なぜ道徳的権利が道徳的力をもつのか、という点が説明されることである。もちろん答えはこの分析が、道徳的正当化の要請を含んでいるという点にある。しかしここで正当化されるべきものは、権利侵害の恐れを前にして権利保持者がなす道徳的主張ではなく、むしろ慣習的体系内で一つの規則を導入または維持するという社会政策である。この特徴はさらに、「言及される唯一の規則が慣習的規則である」ために、「自然的道徳規則という幽霊的領域に対する言及をいっさい含まない」[32]という追加的な利点ももつ、とサムナーは主張する。

サムナーの「道徳的権利」の定義は、私が「法があるべきだ」分析と呼んだものを一層洗練させた説であるように思われる。他のほとんどの説に勝るサムナー説の強みは、ここで問題となる正当化された慣習的規則の集合を、法的規則に限定していない点にある。この拡張によってサムナー版のこの理論は、一定の道徳的権利について、たとえ法体系の要素として含ませることが正当化されないとしても、慣習的な道徳規則の体系において維持したり、導入したりすることは正当化されうることから、それらが存在するという可能性を温存することになる。この方策によってこの理論は、家族の決定事項で発言する子供の権利や、礼儀正しく話しかけられる親の権利といった反例をかわすことができる。この種の道徳的権利は、法的権利としては正当化されないであろうが、慣習道徳によって授けられる権利として正当化される可能性は十分ありうる。そのようにしてそれらは、サムナーの見解中で本物の道徳的権利の資格をもつことになろう。

その上サムナーの分析は、法に類似した規則の幽霊的領域を認めることをいっさい退けている点でも、ベンサムを満足させるであろう（私もこの点に関しては、ベンサムの存在論上の潔癖症を共有している）。しかしながら、サムナーの説明は、道徳的権利の中心的性格を把握し損なっているという弱点をもつ。道徳的権利は、それが主張される時点で「そこにある」または「有効な」現実的権利であり、他の人々に道徳的義務を生じさせ、多くの事例で実行可能であり、すべての事例で尊重か侵害かのいずれかを受ける能力があると解される。この事実をサムナーは把握し損なっているのである。私が避妊具を使用したり、人種の異なる女性と結婚したりする権利をもつという〔仮定法と対置される〕直説法の主張は、どれほど数を費やしてもある種の社会政策が正当化されるであろうといった仮定法的主張に完全に翻訳することはできない。そもそも正当化についての主張であるならそれは、特定の仕方で私に介入したり非協力であったりしないことは正当化されない、すなわち、他の人々はそのような仕方で介入してはならないという私の統制に服する現実の義務を負うという、端的な非推測的主張である。

とすれば、道徳的権利の十分な定義は少なくとも二つのテストを満足しなければならないように思われる。すなわち、(1) それは、現実の法制度との通常の結びつきから切り離された法に類似した規則の幽霊的領域を認める立場をとってはならない、(2)それは、直接性と事実即応性、つまり道徳的権利の通常の理解の一部を成す即時的・非仮定的な現実性を保持していなければならない。これらを満足させるために、私は、サムナーによる道徳的権利の導出過程のうち、その中間段階を省略することを提案したい。サムナーの理論において道徳的に正当化されるべきものは、制度的規則や他の慣習的規則を創造する一種の立法行為である。私はそれに代えてより単純な説明を提案したい。すなわち、直接的に正当化されるべきものは仮言的な立法行為や政策ではなく、むしろ現時点での道徳的権利主張それ自体だ、という説明である。より複雑なサムナーの分析には６つの要素がある。

1. 道徳的権利という身分の候補。
2. その権利を授けるとされる規則。
3. 一定の種類の行動を要求したり、許可したり、禁じたりする慣習的規則の体系（例えば、法体系や慣習道徳の規則)。
4. 立法的文脈、すなわち、規則の候補がその体系において維持ないしは導入されるはずの時点で（つまり、ちょうど今）その中で稼働することになる現実の状況（「一つの社会条件の下で存在する道徳的権利は、他の条件の下では存在できないかもしれない」)。言いかえると、道徳的権利は、歴史的状況の変化に伴って、正当化を得たり失ったりする可能性がある。このことは、「道徳的権利の概念におけるある種の相対性」[33]へと導く、とサムナーは言う。
5. 規則の候補を慣習的規則体系において維持ないし導入する想像上の行為あるいは政策。
6. 道徳的正当化のための正しき原理。これはどのようなものでもありうる（例えば、功利の原理、契約説原理、自律の原理、トマス主義の自然法理論、カントの普遍化可能性、マルクス主義的歴史主義)。

道徳的権利候補が真正の道徳的権利となるのは、それを慣習的規則の体系において維持したり導入したりする行為ないし政策が、現実の今の社会状況において、正しき道徳的正当化原理のうちのいずれかによって正当化される時、かつその時に限られる。

私の提案するより単純な説明は、サムナーのテストに含まれる要素のうち、道徳的権利とされるものの言明化と、何らかの正しき道徳的正当化原理、この二つのみに言及するものとなろう。このより単純で、より自然な再構成でいけば、道徳的権利とされるものが真正の道徳的権利となるのは、それが正しき道徳原理によって道徳的権利として立証される時、その時に限られる。より厳密には、それが真正の道徳的権利となるのは、その真正さが、少なくとも一つの道徳的原理を含む、真なる前提群から帰結する時、その時に限られる。これと平行する仕方で、道徳的義務とされるもの（例えば、残酷に振る舞ったり、だましたりしてはいけないという義務）が真正の道徳的義務となるのは、それが正しき道徳原理によって道徳的義務として確証される時である。もし義務のこうした単純な導出が、化け物じみた宇宙的法体系を何ら呼び出さずに済む、問題のないものだとすれば、なぜ、これに対応するだけ単純な道徳的権利の導出が、同じく問題のないものであってはならないのか。この道徳的権利導出のための単純な形式がもつ利点は、次の諸点が説明されることにある。すなわち、どのようにして我々は、道徳的義務の場合と同じ仕方で直接じかに道徳的権利をもちうるのか、どのようにして道徳的な義務と権利は同じ源に由来するのか、また、なぜそれらは、個々の共同体の慣習的規則体系によって認められているか否かにかかわらず、「道徳的」と呼ばれるのか。もし正しき道徳的原理が、一定の事実に関する前提と結びついて、専断的な逮捕投獄をまぬがれる権利を私がもつことを論理的に含意するなら、その権利は公人および／または私人を拘束する道徳的請求として存在するのである。

Ⅶ　幽霊的領域

しかし「正しき道徳的原理」自体は、幽霊的領域から来るのではないとしたら、どこから来るのか。ここでは私は、究極的な道徳的原理の完全なメタ倫理学的基礎づけどころか、それの特定さえ試みることはできない。しかし、この原理が法的規則をモデルにして理解されてはならないことは力説できる。それは、何らかの宇宙的法体系についての法類似の成文法ではない。またそれは、法体系に部分的に類似しているものの、独自の憲章や憲法、独自の省庁と官吏、独自の手続要件、第一次ルールを変えるための独自の第二ルール、独自の制裁手段を備えた独自の立法府、有効な公布の手段、独自の第一審裁判所と上訴裁判所等々は欠いているといったものではない。こうした曖昧な観念が「化け物じみて」いるのは、我々の地上にある典型のような実在の法体系とはかなり異なる法体系を想定しており、おそらく本質的ないくつかの点では法体系と同一であるものの、他の同じく本質的な点では異なっているためである。

民話や物語の「幽霊」は人間といくつかの点では同一であり、同じような姿や形をしているが、他の同じく本質的な点では完全に異なっており、血も肉ももたず、重さもなく、物質的実体ももたず、接触可能性もない、ということに注目しよう。この点からすれば、特殊な宇宙的法体系は地上のどの法体系とも本質的ないくつかの点で異なるのであるから、「幽霊的」という言葉がぴったり当てはまる。ギルバート・ライルは同じように幽霊との類比を用いて、デカルト的な心の理解を「機械の中の幽霊」として皮肉っている。この幽霊は、本質的に非物質的と考えられる人物だが、機械的な歯車やレバーを動かしたり、自分が操作中の身体の電気回路をつないだり切ったりするのが彼の役割なのである。しかし、デカルト主義者たちはその非物質的幽霊をそれ自体一種の機械として扱う。それは特殊な幽霊的機械であって、ライルのすばらしい皮肉を借りれば、身体運動を開始するのに「隠れた非筋肉を」、ちょうど隠れていない本物の筋肉の収縮の原因となる種類の仕方で、「収縮させる」のである。多くの歯車に囲まれた幽霊は、物質的対象とは本質的に異なると仮定されているのだが、デカルト主義者たちがそれに帰属させている属性や機能のどれをとってみても、彼等がそれをあたかもある特殊な物質的対象――隠れた非筋肉を収縮させる者――であるかのように理解していることを示唆している。同様に、我々は道徳的原理を、通常は制度的規則とそれなりに区別しているにもかかわらず、（デカルト主義の哲学者たちの本質的に機械的な非機械に似て）あたかも本質的に制度的な非制度に関わる規則であるかのように扱う傾向がある。

ライルがデカルトに帰しているいわゆる疑似機械仮説と、ベンサムが軽蔑した「疑似法仮説」とでも呼べるものとの類似は著しい。ライルの言うところでは、「物的なものと心的なものとの相違は、…＜もの＞、＜素材＞、＜属性＞、＜状態＞、＜過程＞、＜変化＞、＜原因と結果＞といった両者に共通の諸カテゴリーという枠組み内での相違として表象された」。その結果、心は、ライルの言葉によれば、「どちらかと言えば機械に似てはいるものの、しかし同時に機械とはかなり異なるもの」とみなされた[34]。同様に、法的（ないし他の制度的）権利と道徳的権利との相違は、＜立法化＞、＜裁定＞、＜修正＞、＜管轄権＞、＜制裁＞等々の両者に共通の諸カテゴリーという枠組み内での相違として表象される。その結果、例えば「道徳的権利」は、どちらかと言えば法的（ないし他の制度的）権利に似てはいるものの、「しかし同時に」それらの権利とは「かなり異なるもの」、実際、本質的に異なるものとみなされることになる。

そしてまた、ライルは言う。

> デカルトが心についての自分の理論を押し込めた論理的な鋳型は…彼とガリレオが彼等の力学をはめ込んだのとまったく同じ鋳型であった。それでもなお無意識のうちに力学の文法に忠実だったので、デカルトは失敗を避けようとして、心を裏返しの語彙にすぎないものによって記述した。心の働きは身体についてのそれぞれ特定の記述を単に否定したものによって記述されなければならなかったのである。すなわちそれは、空間中にはない、運動ではない、物質の変形ではない、衆人に観察されうるものではない、等々と。[以下はライルの皮肉な結論なのだが、] 心はちっぽけなゼンマイ仕掛けではなく、ちっぽけな 非ゼンマイ仕掛けなのである[35]。

これとまったく平行する形で、道徳的なるものを、本質的に法的なるものと対照をなすが、しかもなお同じ論理的鋳型にはめ込まれるものであるかのように語ってきた哲学者たちもいるであろう。彼等もやはり無意識のうちに法の語彙に忠実なので、失敗を避けようとして、道徳を裏返しの語彙にすぎないものによって記述しようとする。すなわち道徳的権利は、立法化されていない、効力をもっていない、司法裁定たりえない、修正しえない、執行しえない、等々である。道徳的原理は法的規則に適応可能な基準にすぎないのではなく、それ自体、本質的に非制度的制度のための妖怪的な法的規則もどきなのだ、というわけである。これでは、ベンサムがあれほど軽蔑したのも驚くに当たらない。

Ⅷ　幽霊的領域の回避

しかし、道徳的原理をそうした仕方で理解する必要はない。むしろ道徳的原理は、人間の制度上のものにしろ、空想的な天上のものにしろ、あらゆる種類の法的規則とは本質的に対照的なものとみなされるべきである。サムナーはベンサムとともに、頭からこう決め込んでいる、もし我々が、現に今「ここにあり」ながら、法や他の作られた規則の体系にはいっさい属さないような道徳的権利の概念が占める余地を設けたいなら、その権利のいわば故郷となる管轄域として、特殊な化け物的領域を発明しなければならない、と。彼等はあたりを見回して見出す権利といえば、クラブや教会や会社の中、またゲームや商取引の中、民刑事の実定法体系の中、さらには慣習道徳の非公式的規範の中にさえ、そこで妥当するように人間の規則制定者たちがデザインした規則によって授けられた権利である。自然権の擁護者たちが、そうした制度的権利や他の慣習的権利以外にも現実に存在する道徳的権利があるのだと主張する時、その批判者たちは誤って、それらの道徳的権利もまた制度的基盤に付随していなければならないはずだ、と推論する。それは明らかに特殊な種類の制度であって、具体的にどこかに位置づけられるわけではない――というか、正確にはまったく制度といえるものではない。そしてこの制度もどきは、考えれば考えるほど、「幽霊的」なものとなっていく。

一言、興味深い点に触れておけば、ベンサムとサムナーの議論は道徳的権利の素朴な信奉者たちの議論を逆立ちさせてはいるが、同等で逆向きの誤りを犯している。素朴な権利信奉者たちのもつ道徳的権利に対する信仰は、ベンサムとサムナーに言わせれば一種の希望的観測であるが、信奉者たちは以下のように論じる。

1. 例えば法体系のような制度的基盤に付随するものを除いては、いかなる権利も存在しえない。
2. 現に道徳的権利は存在する。したがって、
3. （幽霊的領域においてであるにせよ）現に存在する「理想的法体系」がある。

他方、ベンサムとサムナーはこう論じる。

1. 制度的基盤なしには、いかなる権利も存在しえない。
2. 「現実の道徳的権利」のためには、(「幽霊的領域」——これは混乱し支離滅裂な観念である——における場合を除いて) いかなる制度的基盤も存在しない。したがって、
3. いわゆる現実の道徳的権利は存在しない。

このように、サムナーの理解するベンサムとその素朴な論敵たちとは、ともに同じ前提を共有している。すなわち、制度的基盤なしにはいかなる権利も存在しえない、という前提である。だがこれは私は論じてきたように誤った前提である。もしこの点に関して私が正しいとすれば、ベンサムによる権利懐疑主義の立証と、彼の初期の論敵たちがしぶしぶ認めていた化け物じみた領域とをともに回避することが、論理的に可能である。

事の真相は、これらの論者(ベンサムとサムナー)にとってあまりにも単純であったために、気づかれなかったのかもしれない。ベンサムとサムナーがともに認めるように、究極的な道徳原理は理性的原理である。そして、理性はそれ独自の特殊な制度的故郷をもつわけでも、必要とするわけでもない[36]。ある人が、地域の制度や実定法や支配的慣習が何というかにかかわらず、何かに対する道徳的権利をもつことを我々が肯定する時、我々は、他の文脈でも適用可能なより広い原理に由来する(と我々が考える)、その人の請求を支持する理由(理性)を是認しているのである。かかる理由(理性)そのものが、相手方や第三者の良心に向けてのものであり、権利の保持者を、本人が知っているか否かにかかわらず、請求をなしうる道徳的立場に立たせるのである。化け物じみた領域を語る必要はいっさいない。必要なのは、個々の請求を支持する説得的な理由をもたらすより大きな原理への言及だけである。

私はこの章を、一種のしっぺ返しによって結ばずにはおれない。もし、サムナーが立法行為と政策の正当化にあたって道徳的原理に訴えることが、ベンサムがあれほど軽蔑した幽霊的領域に彼を巻き込まないなら、私がそうした原理(まさに同じ原理である可能性もある)に訴えることが、どうして私の説明を巻き込むのであろうか。我々が批判的道徳に訴える際の唯一の相違は、サムナーが道徳的原理を引き合いに出すのは、慣習的規則の維持、導入に向

けた立法行為または政策を正当化するためであるのに対して、私が道徳的原理を引き合いに出すのが、人間の制度的規則に関わる必然性のない、権利についての一定の言明群のために真理主張を樹立するためである、という点にある。我々はともに、本質的に非制度的な道徳的原理をあたかも特殊な制度的規則であるかのように再解釈するという、よくある誤謬を免れているとは思う。しかし、私の単純な説明の方が、権利主張がもつ直接的で非仮定的な性格を保存するという追加的利点をもつ。この性格こそ、少なくとも我々の時代の我々の文化において、道徳的な常識が想定し引き受けているものである。

（香川知晶訳）

註

1　*Griswold v. Connecticut*, 381 U.S.479（1965）

2　*Loving v. Virginia*, 388US.1（1967）

3　「かりに歴史家が 1810 年のイギリスの農業労働者は労働組合を組織する権利をもってはいなかったと言うとすれば、事実と一致するかどうかで真偽が判断できるような現実の状況について言明しているように思われることになろう」（S. I. Benn and R. S. Peters, *Social Principles and the Democratic State*［London: Allen & Unwin 1959］, p.92）

4　この例は R. B. Brandt, "The Concept of a Moral Right and Its Function," *Journal of Philosophy*（1983）; 29 による。

5　*Time* の特別号（Fall 1990）は、この習慣を次のように述べている（p 39)。「これは八千万人以上のアフリカ女性が耐えてきた儀式である女性の割礼――外陰部の切除――は幾世紀にもわたって通過儀礼となってきた。若い女性を［不義の動機となりそうなものを除くことによって］確実に理想の妻にしようというのである。これは命に関わる出血や感染の原因となりがちだ。さらには性交にひどい痛みがともない、不妊や難産になることもある。この儀式は誤ってイスラム教の聖典に関係づけられること多いが、これを強制している宗教は一つもなく、エジプトやスーダンなどともに 24,5 か国ほどの黒人国家で行われており、人々の信仰は様々である。［これはカイロで廃品回収をしている身分の低いアラブ系エジプト人の伝統的習慣である。］…産婆と村の治療者と親類の年上の女性がこの儀式を行う。麻酔もなしに、消毒していない剃刀が使われる。両親はこの儀式に好意的である。クリトリスを取り除くことで娘が清められ、性的快楽への興味がそがれるというわけである。皮肉なことに、切除による冷感症や不妊症のために、多くの夫は妻を避けるようになる。アフリカ全土の医者たちは女性の割礼が有害な結果をもたらすことを承知している。しかし、慣習と伝統にかくも強固に根づいた悪習をやめさせるには、自分たちが無力だと感じている。多くの団体が反対のキャンペーンを展開しており、新しいアフリカの子供の権利憲章には割礼を非難する条項が含まれている。スーダンなどの国々の政府は禁止する法を可決しているものの、それらが執行されることはまれである。アフリカ人たちが自分たちの文化の象徴とみなすものをやめさせるには、法律だけではなく、教育が必要であろう。「みなさんは、法体系よりも強力な伝統をどのようにして根絶するのか」と、伝統的習慣に関するアフリカ諸国委員会の委員長、Berhane Ras-Work は問うている。」

6 「夫の葬儀の際に最愛の妻を殺す習慣は世界の多くの地域、…トラキア人、スキタイ人、古代エジプト人、スカンディナビア人、中国人、それにオセアニア人やアフリカ人の間で発見されてきた。インドの寡婦の殉死はヒンズー教がそれ以前の伝統から受け継いだものであろう。当初の目的は夫婦二人の罪 を償い、夫婦の絆をあの世においても守ることにあったが、この習慣は寡婦が軽視されてきたことによって助長された。…寡婦が進んで殉死する例は二十世紀に入っても散発的に起こっている。」（*The New Columbia Encyclopedia* [New York and London: Columbia University Press,1975］, p. 2662）

7 R. G. Frey, *Interests and Rights, The Case Against Animals*（Oxford: Clarendon, 1980）, p. 7

8 なお、「自然権」にはさらに別の意味もある。それは生まれつきの自然な必要に基づく権利という意味で、通常問題にされることはない。だが、リバタリアンの立場をとる哲学者の中には、この自然権の捉え方に疑念を示す者もいる。また、他にも「自然権」語法に不信をもつ哲学者たちはいる。というのも、自然法によるすべての道徳的要求（「自然義務」）が人間の自然な傾向性に従って行為することに帰着し、すべての罪が人間の自然本性が現に促している仕方に逆らって行為することに帰着するような、「自然法」の初期の考え方がしだいに説得力を持たなくなってきたからである。

9 W. D. Ross, *The Right and the Good*（Oxford: Clarendon, 1930）, appendix Ⅰ, " Rights," pp. 48-55

10 Richard R. Brandt, *Ethical Theory*（Englewood Cliffs, N. J.: Prentice-Hall, 1959）, chapter 17, pp. 433-54.

11 例えば、ハワード・ウォレンダーは次のように書いている。「『権利』とは、道徳哲学や政治哲学で通常使用される言葉としては、…個別的な問題に関して、他の人々の自分に対する義務を包括的に記述するものである。…この意味で、『権利』という言葉は哲学的な価値よりはむしろ修辞的価値をもつ。…権利の決まり言葉…は大雑把で、要約的な表現なのであり、議論で役立つとすれば、他者がこの権利を否定する場合や、回りくどい話を避けなければならない場合や、権利の感情的含意や個人的含意が強調されなければならないような場合であるが、哲学的探求の手段としては、取るに足らぬものである。」（Howard Warrender, *The Political Philosophy of Hobbes* [Oxford: Clarendon, 1957］ p. 18）

12 Frey, *Interests and Rights*, p. 12

13 H. L. A. Hart, " Bentham on legal Rights", in *Oxford Essays in Jurisprudence* 2d Series, ed. A. W. B. Simpson（Oxford: Clarendon, 1973）, 特に pp.179-80、および、Carl Wellman, *A Theory of Rights*（Totowa, N. J.: Rowman & Allanheld, 1985）, pp. 91-94 を参照。

14 Wellman, *Theory of Rights*, pp. 42-51, 66-68, 147-57.

15 同じことは、変更を加えれば、他者に対する尊敬についても指摘できる。意味的に関連する「自尊心」という言葉の場合、我々が自分自身を尊敬するのは、我々を自らのために請求することのできる者とみなす時である。同様に、他者を尊敬することは、他者を我々や他の集団に対して請求しうる者とみなすことである。権利の理論家にとって有益なのは、権利の所有が単に一人称単数のみならず、一人称複数や二人称や三人称でも認められることがあるのを時々思い出すことである。そのことを思い出せば、権利の理論家やその読者は、権利を本質的に自己本位の産物とみなす誤りから救われるであろう。

16 The United Nations Universal Declaration of Human Rights（1948）, article 24.

17 権利と義務は道徳的「立場」の名前である。ある人が一つの請求をなしうる立場にあっても、不足や他の不都合によって、誰もその請求に対応する義務が付随する立場にはいないこともある。私の *Social Philosophy*（Englewood Cliffs,N.J:Prentice-Hall,1973）,pp.67,110 における「manifesto rights（宣言的権利）」に関する議論を参照。言えるのは、もし誰かが後者の義務の付随する立場を占めるに至った場合には、前者の立場の人の請求が、それまで空いていた立場を占める人（たち）に対して向けられことによって、義務を生じさせるだろうということである。義務は立場とともに生じ、その立場が占められるまでは伏在しているにすぎない。

18 Robert Cover, *Justice Accused: Antislavery and the Judicial Process*（New Haven and London: Yale University Press, 1975）, p. 105.

19 Jeremy Bentham, "Conclusion" of Anarchical Fallacies. Jeremy Waldron, *Nonsense upon Stilts: Bentham, Burke, and Marx on the Rights of Man*（London and New York: Methuen, 1987）, p. 68 の引用による。

20 確かに、こうした非難を免れるような無害な原則も存在する。国の次のような公式の宣言で時々思い出すことは健全かもしれない。それ自体が不正な反乱の産物であるような政府に対して反乱を起こすのは正当であり、また、非合法的に権力を奪取した者を廃するために軍隊という手段によるにしろ、偽造の投票用紙という選挙の不正手段によるにしろ力を行使することは法的にすら正当化される。民主主義の最高裁が選挙結果の無効を決定し、腐敗した簒奪者が自分の公職を退くのを拒否したり、軍隊の支援によって公職にとどまる時、武力による反乱の合法性を宣言ないし再宣言することは重要かもしれない。しかし、私が見出せる限りでは、不正に占有したり、公職を放棄するのを拒否したりすることがこの種の唯一の例であるのに対して、支離滅裂さ、あるいは不適切さ、あるいは有害さといった理由から、法体系に含めてはいけない原則はその例に事欠かない。

21 明らかに道徳的な権利でありながら、法的な権利への適合性によっては十分に分析されない権利の中には、さほど身近ではないが、同じく有効な例で、立法者に対して主張されるものがある。それは 1920 年以前のアメリカ女性の道徳的な投票権である。この道徳的権利は、すでに見たように、女性たちが 当然受くべきものとして「到来させた」法的権利の根拠ないしは権限として解釈できる。しかし「法があるべきだ」説に従えば、1920 年以前の女性たちが「法的な投票権を制定する道徳的権利を持つ」と主張することは、「法的な投票権を制定する法的権利を持つ」という馬鹿げた剰語にすぎないことになるであろう。分析されるべき言明が完全に意味を持つ以上、その言明を無意味なものにしてしまう分析は間違っているに違いない。

22 Yale Kamisar, "Euthanasia legislation: Some Non-Religious Objections" in Euthanasia and the right to Death, ed. A. B. Downing（London: Peter Owen, 1969）,pp. 85-133. 私はカミサーに以下の論文で一つの反論を試みた。"On Deliberately Overlooking the Merits of the Case: An unpromising Approach to the Right to Die", Ratio Juris 4（July 1991）、. 本書の第 15 章参照。

23 カミサーは「道徳的権利」という言葉を実際には使用してはいないが、苦しむ末期患者の中には、誰か手助けしてくれる人がいれば自分自身の死を選ぶということを擁護しうるような、こころ動かされる主張と完全に正当な道徳的理由をもつ者がいることをはっきりと認めている。それに私が話を交わした限りでは、彼にはこの関連で道徳的権利という言葉を使うことに何の異論もないように見えた。

24 「例えば私が、ある人が［この］コートや［この］土地に対する自然権をもつ、と言うとした場合、もしそれが何事か真なることを意味するものだとしても、せいぜい言えるのは、その人がコートや土地に対する政治的権利を持つべきであると私が考えているということでしかありえない。」（*The Works of Jeremy Bentham*, ed. John Bowing [Edinburgh: William Tate,1843] 3:218）.

25 *Jeremy Bentham's Economic Writings*, ed. W. Stark（London; Allen & Unwin, 1952）1:333.

26 Waldron, *Nonsense upon Stilts*, p. 37 における Bentham の *Aarchical Fallacies* からの引用による。こうしたベンサムの指摘が示唆するのは道徳的権利の願望説、すなわち、「私は x に対する道徳的権利を持つ」とは「これが法的権利であったらよいのに」を意味するとする説である。

27 Bentham,*Works*（1840）, 2: 501; 3: 221 をパラフレーズしたもの。

28 L. W. Sumner, *The Moral Foundation of Rights*（Oxford: Clarendon 1987）, p. 119.

29 *Ibid.*, p.163. サムナーにとって「慣習的」という言葉が本来適用されるべきなのは、人間の意図によって作り出された規則の大きな集合か、はっきりした意図がない場合には、人間相互間に見られる受容や承認や有効性や強制である。慣習的規則の中には制度的規則でもあるものもあるし、制度の中には法的規則であるものもある。すべての慣習的規則が権利を授ける限りにおいて授ける権利は、慣習的権利」である。

30 より正確な定式化は、*ibid.*, p. 145 を参照。

31 *Ibid.*, pp. 143-44.

32 *Ibid.*, p. 136.

33 Ibid., p. 147. このサムナーの強い論点こそ、私のまったく異なる理論によって改善すべき点である。次の論文で、私は、どのようにして道徳的権利が導出され、擁護されるのかを示したい。もちろん、道徳的権利は、どう分析されようとも、関連する歴史的状況の変化にともなってその内容を変えると考えなければならない。私は、道徳的権利が、きわめて抽象的に定式化される場合を除いて、「永遠」とか「不動」であるとは思わない。永遠性にしろ、不動性にしろ、道徳的権利が仮定的ではなくて現実的であるということからは帰結しない。

34 Gilbert Ryle, *The Concept of Mind*（New York: Barnes & Noble, 1949）, p. 20

35 *Ibid.*, p. 19

36 しかし、私は故郷を持たぬ貧窮者とか放浪の漂泊者としての理性というイメージを擁護するのではない。言うまでもなく、そうしたイメージもまた誤解を生じさせる

第10章
道徳的権利の擁護:その社会的重要性
In Defense of Moral Rights: Their Social Importance

道徳的権利に関して懐疑的な多くの哲学者は、道徳的権利が存在することを否定することよりも、仮に〔事実に反して〕それが存在したなら（または実際に存在する場合に）それがもつであろう価値や重要性を疑うことに関心を向ける。このような人々の一部は、強い意味で「懐疑的」である。すなわち、単に道徳的権利が善い価値をもつことを疑ったり否定したりするのではなく、それが実際には結局のところ悪い価値をもつと主張するのである。このような区別はこうして、道徳的権利懐疑主義者の4つの新しいカテゴリーを生み出す。(1) そもそも道徳的権利が存在することを否定し、仮にそのようなものが存在するとしたら結局のところ善い価値をもつ、ということも否定する者、(2) そもそも道徳的権利が存在することを否定し、仮にそれが存在するならば結局のところ反価値をもつのだからという理由でその不存在は善いことだ、とも主張する者、(3) 道徳的権利が実際に存在することには同意するが、しばしば主張されるような善い価値をそれがもつことは否定する者、(4) 道徳的権利が存在することに同意はするが、そのような権利がもたらす帰結は有益というよりも有害であり、したがって結局のところ悪い価値をもつ、と信じるために、その存在を残念に思う者、である。

第4の立場は、その定式自体が逆説的に見えるかもしれない。というのも、もし道徳的権利が定義上、その存在がいかなる政治的立法にも由来せず、人間の意志作用による変更に服さないものであり、つまり発明・創造されるというより発見されるものであるのだとすれば、そのような権利が存在しかつ反価値をもつと言うことは、（どんな特定の慣例的な道徳とも対置される意味の）「真の道徳性」が、本来的に歪んでおり、それに関して我々にできることは何もない、と言うことだからである。これでは、確かに逆説的に聞こえる。しかし、第４の立場は、道徳的権利に訴えることで時に生み出される悪は、その権利自体の欠陥ではなく、人々がそれを理解し行使するやり方にありがちな欠陥なのだと言っていると解釈すれば、この逆説を回避することができると思う。例えば、もし第４の立場を擁護する議論が、権利の保有は利己性のある種の独善的な擁護を助長するから、というものであるなら我々は、そのような不幸にも普及した現象は、悲しいことに濫用されがちで、それが本来意図している善い効果が容易には獲得されない補完的な徳性に依存しているような、価値ある道徳的道具（つまり権利）の保有のせいというより、むしろ他者への配慮の欠如や、他者のニーズや感情への鈍感さのせいなのだ、と指摘することができるだろう。

道徳的権利への懐疑論は、別の道筋からも容易に生じる。早朝に重いブーツの足音がドアの外に聞こえるので、ゲシュタポの乱暴なノックが来るかとおびえてベッドで縮こまっている夫婦を考えてみよう。適正手続に対する法的権利は、彼等に何らかの力になっただろうが、それは、その権利の相関物としての義務が信頼できる形で強制されたなら、という場合のみである。強制なき法的権利があってもそれは、彼等に何の保護も与えない。このような場合、道徳的権利をもつことが、彼等にとってどのような善になるだろうか。道徳的権利の保有は、迫害者の道徳的義務を左右できる立場を彼等に与えるだろう。しかし、それを裏づける物理的な力がない場合、道徳的権利は彼等にとってどのような善となるだろうか。道徳的権利があるので彼等は、単に自分の落ち度や何らかの偶然の自然的事故によって害を被るのではなく、悪をなされているのだと知ることで「満足感」を得るだろう。このことは、鞭や棍棒で殴られていても、自分たちが正しいのであり道徳的に優越していると感じる機会を彼等に与えるだろう。このような状況における道徳的権利は、みじめに敗北した試合における（いわゆる）「精神的勝利（moral victory）」のようなものである。道徳的権利のすべての誠実な擁護者は、この点については、懐疑主義者に譲歩しなくてはならない、と私は思う。たとえ、道徳的権利が一般的に価値あるものでも、それは、あらゆる状況でその保有者にある程度の報いを与えるほど十分なものではない。道徳的権利を擁護して言えることは、それをもつことで世界は一般的により良くなり、それは多くの場合いわく言いがたい利益をもたらすが、人の全体的な善にとってせいぜいのところそれは必要ではあるが十分ではなく、保護を保証するものではまったくない、ということにすぎない。

I　道徳的権利と利己性

道徳的権利の価値を疑う哲学者は、たとえその資格においてさえ、前述のように、2つの集団に区分できる。すなわち、権利が実際に反価値をもつと批判する者と、権利の擁護者が言うような善い価値をもつとの主張を拒否する者である。前者に属するのは、(すべてではないが) 一部のフェミニスト、(すべてではないが) 一部の批判法学の理論家、そしてカール・マルクスに従う左派共同体論者と、とりわけエドモンド・バークに従う右派共同体論者である。これらの著述家のすべてに共通しているのは、権利は人々を、より近い者としてまとめてより密接な共同体の中へと引きつけるのではなく、ばらばらにするように機能し、権利は個人の利己性を表現し補強するものであり、社会の結束にとって脅威である、という見解である。ジェレミー・ウォルドロンは、ベンサム、バーク、マルクスを慎重に解釈した後で、次のように言う。「これら3人の攻撃すべてにおいて繰り返される大テーマは、人の権利が、純粋に利己的な個人の欲求の直接的で無条件な充足の要求を、政治にとっての精髄かつ究極目的として体現している、ということである。彼等3人にとって人生は、耐えられるものであるためには、共同体において共に生きることへの相当の関与を含まねばならないのであるが、人権理論の抽象的な利己主義はこの関与に背を向けるのである[1]。」

確かに権利主張は、主張者が欲求しているものに対して行われる要求である。もし、人が何ものかを欲しているのでなければ、どうしてそれを求めて主張することがあろうか。しかしだからといって、あらゆる人があらゆる時にもつ欲求、そしてそれらの人が権利の問題としてその充足を主張する欲求が、「純粋に利己的な」ものだけであるということにはならない。実際、最も根本的な道徳的権利によって保護されている欲求、主要な宣言で言及されている人権や市民的権利は、まさに自然で、理解可能で、利己的でないものだとして選定されていると見るのが最も適切である。あるアフリカの村の13歳前の少女が、将来の結婚の前提として性器切除（女子割礼）を受けたりしないことについてもつ欲求を、純粋に利己的だと非難したり、インドの未亡人が夫の火葬の薪の上で生きながら焼かれ（サティ）たりしないことについてもつ欲求を純粋に利己的だと批判したり、同じ攻撃を、勝ち目のない痛みばかりの戦いから解放されるべきだと主張している苦しみの中にいる末期患者に対して、自分たちの宗教を実践しようとしているイランのバハーイー教徒に対して、適正手続の道徳的権利を主張しているゲシュタポの被害者に対して、または、これらすべてについて彼等には実際にそのような権利があると判断している非当事者たちに対して、浴びせるのは、道徳的にばかげている。単数または複数の一人称・二人称・三人称でなされうるこのような判断は、そもそも本当に人々を、利己的に相互を顧みないように導いているだろうか。これらの事例では、その真逆が、真実に近いように思われる。

おそらく一部の道徳的権利、特に財産権や契約の権利は、ある種の正当だとして硬質化した自己中心性の道具であり、それに貢献している。結局、このような権利のより目に付く使い方の中には、強欲な商業戦略において、それを対抗策として利用することがある。自分は裕福なのに、貧しい者を助けるための課税はある種の泥棒、つまり彼の神聖な財産権の侵害であると考えるような人は、我々皆にもおなじみである。「俺の物」「お前の物」という言葉を、すぐ口にし、強調や情熱をもって頻繁に語る人は、それ以外の我々の間で共同体の感覚に貢献する社会的模範とはならない。しかしそれにもかかわらず、何かを共に所有し、ある文脈では競争ではなく協調する人、そして「俺の物」「お前の物」ではなく「我々は」「我々を」「我々の物」という言葉をすぐに口にする人は、我々の権利や、我々がもつ共有物を大切にするだろうということを、銘記しなくてはならない。共同体感覚は、権利を無用のものとするわけではない。それはただ、一部の権利を集合的に集団に帰属させるのであり、その集団が集合的に、部外者に対して、あるいは集合的な善を害する個々のメンバーに対して、それを主張しうるのである。集団は、何者にもその施設を害されたりその財産を略奪されたりしない権利を有しており、この権利が集団の一般的な結合性に貢献している。したがって、すべての権利は本質的に人々を分離させる、というのは事実ではない。

さらに道徳的権利はしばしば、他者に対する請求権と「権能」と呼ばれるものとを混合した法的権利に似ている。権能とは、自己や他者の法的あるいは道徳的関係（時には「地位」とも呼ばれる）を、創出・変更・消滅させる、ルールに基づく能力である。よって、例えばあなたに対する私の請求権は、私に対するあなたの義務に対応しているが、それに加えて私は、例えば自分の権利を放棄し、あなたを義務から解放することを選択することによって、あなたの義務を変更・停止・消滅させる権能をもっている。つまり権利は、我々に対して、そして（時には）第三者に対して、他者が負う義務を左右する統制力を与えるのである。我々がこの統制力をどのように行使するかは、道徳的に我々に委ねられている。すなわち、我々は、自分が相応しいと思うとおりに、他者をその義務から解放したりしなかったりする、道徳的な自由を有するということである。我々がもし望むならば、その権能を賢明に・慈悲深く・協働的に行使することができない理由はない。我々は、それに権利があるからといって、〔『ヴェニスの商人』のシャイロックのように〕1ポンドの肉を要求しなくてはならないというわけではない。よってここでも再度、権利は、たとえ道徳的に必要ではあっても道徳的に十分では決してない、と言うことができる。善い判断力、共感、配慮という美徳もまた、権利が建設的に使用されるためには、必要なのである。このような人格上の卓越性もまた、道徳の本質的な部分である。しかし、このようなより上品な社会的美徳の獲得と涵養に対して不利に影響するものは、道徳的権利の本性には何もないのである。

しかし、道徳的権利を利己的で分断的だとして批判する者への応答の主眼は、認められた道徳的権利の標本的リストに基礎を置くものでなくてはならない。その典型は多分、適正手続への道徳的権利である。ゲシュタポによる逮捕、拘禁、拷問、そして死に晒されたドイツ市民たちは、全体主義国家のあらゆる強大な力に直面したのであり、変容した共同体の道徳規範と国家の制定法の明示的内容によって有罪宣告を受けていた。以下の記載が、マリー・ワシリチェフの『ベルリン日記』にある。「1942年8月26日、お飾りの国会は、司法の運用について裁量的権力をヒトラーに委ねる法を可決した。その法の前文は言った。「目下のドイツに、もはや権利は存在せず、あるのは義務だけである。」数日後ゲッベルスは、彼の週刊紙ダス・ライヒ上で、この先何が待ち受けているかを明らかにした。「ブルジョワの時代は、人道性という間違った人を誤導する観念とともに終わったのだ」と。」[2] 国家に対抗する市民の権利を伴う体制は、団結した市民が熱狂的に国家の与える義務を受け入れるが、国家に対して何か自分の請求をしたり他者が国家に対して行う請求を支援したりすることなど考えもしないような体制よりも、道徳的に劣っている、というのが明らかにゲッベルスのイデオロギー的な確信であった。ナチスの哲学者たちは声を合わせた。なんと賞賛に値することか、義務へのなんという自己滅却的奉仕か、なんと至純で汚れないのか！我々の中で社会道徳をこのように考えることに対して反感と嫌悪で応えるような者たちにとって、共同体が高度に凝集化し身動きできないほど組織され、そこでは共通性が勝り異論が封じられる、そのような時こそまさに、道徳的諸権利、それらの承認、そして可能ならばそれらの強制、が最も必要になる時である、ということは明白であろう。

人やその行為が利己的であるとは、結局どのような意味だろうか。利己的な人とは、単に自分の目的の追求に専心する人なのではない。もしそんなことが本当なら、我々は全員が利己的と言われるだろう。これと対比される、本当に利己的な人とは、不当にあるいは最大限に自己を気にかけ、その行為が自分の福利への過剰な関心を現すような人であり、他者の不当な無視や犠牲によって自己の安楽や利得を追求するような人である。この言葉を、最後の欲求や希望が自身のぎりぎりの生存であった、ナチスの犠牲者や 1980 年代のアルゼンチンの国家テロの犠牲者に、適用するのは異様である。恐怖や不安におののきながら、自身や他者への人権侵害だとするものを指し示す人々に、利己的な社会的危険人物という汚名を着せ、仲間の従順に言いなりになっている市民たちを道徳的模範として引き合いに出すのは、明白な道徳的倒錯である。我々がこの倒錯の最後のものを耳にしたのが、邪悪なナチスからだった、というのはいいことである。同様の倒錯を、意図において善良ないっぱしの知識人たちから聞かずにすむようにできるなら、それは歓迎すべきことであろう。

II　道徳的貧困化テーゼ

ここで、道徳的権利が実際にもっている、あるいはもしそれが存在したならもったであろう重要性を疑う者の、第二の集合についての話に移りたい。それは、道徳的権利が実際に反価値をもつと主張するほどではないが、他の者が道徳的権利の価値を擁護するために出した言い分を否定するような哲学者たちである。これらの哲学者が否定する命題とは、私が擁護してきた命題であり、それは「道徳的貧困化テーゼ」と呼ぶことができる。私は、この用語をリチャード・ワサーストロムから借りている。彼は、司法省の弁護士として、1960年代の公民権法を南部諸州に実施する活動でリーダーの一人であった。ワサーストロムによれば、一部の年配の黒人は、旧来の体制において彼等に与えられた二級市民としての役割によく適応していたために、新たに宣言された憲法上の権利によって彼等に与えられた平等な地位を警戒していた。彼は言う。「身体的虐待・恣意的扱い・経済的困窮の蓋然性、を最小化するために追従的で恭しい振る舞いの習慣を身につけるよう要求される人には誰にでも何が起きるか、を観察することは、人権がいかに重要か、その否定が何を意味するか、を如実に見ることである。」[3] 法的権利をもたず、自身の道徳的権利の信念あるいは観念すらもたない人がこのようなことになりがちだとすると、特権階級には自分の下にいる下級者を寛大に扱う義務を課すが、誰にもいかなる権利も与えないような規範体系が、人間の性格に与える帰結は一般的にいかなるものだろうか。ワサーストロムは、「このような体系は、道徳的に貧困化したものになるだろう。それは、権利の体系が可能にするような請求を人が主張することを阻害するだろう」[4] と答える。

1970年代の論文「権利の本質と価値」[5] で私は、ワサーストロムの道徳的貧困化テーゼに、さらなる内容と擁護を提供することを試みた。議論の大半は、経験的なものである。すなわち、奴隷として生きねばならない人々は、単に生存技法として奴隷的になる傾向がある。自分より権力のある人々への権利なき依存の状況は、恐怖を植え付けられ、追従的媚び、従順さの誇示、従属的依存、へつらい、卑屈、といった特徴をもつ奴隷的な性格を自然に育てる。奴隷的な人は、抜け目ないうわべ操作の側面ももちがちである。すなわち彼は、自分と同等の者といる時はその偽りの謙遜さを脱ぎ捨て、力の劣る者ならいじめたりする。C. S. ルイスが言うように、彼は「交互にへつらいと横柄を繰り返す」[6]のである。

自分の権利に自信をもつ者が奴隷的な性格を育む可能性は、より少ない。彼等は、一方では、何ら関係的義務を彼等に対して負っていない主人から「恩恵」を乞うことで、他方では、盗んだり騙したり暴力に訴えたりすることで、自分の必要を確保することを強いられているわけではない。彼等が道徳的権利をもっていると言うことは、彼等が自身の欲するものを、正当な自分の取り分、自分のところに来るもの、それを提供する義務を他者が（単に彼等に関連してではなく）彼等に対して道徳的に負うものとして、請求することができる地位に道徳的にあると言うことである。請求は、あなたに命か金かと迫る拳銃強盗のそれのような単なる要求とは異なる。またそれは、乞うのとも哀願するのとも懇願するのとも異なる。というのも、請求することとは、指導的なルールや原理が、当該の事例との関連で適用可能で拘束力ありと認める根拠を提示することによって、これらのルールや原理の権威を発動することだからである。請求者は、自分が請求することで作動させる被請求者の義務を統御できる。スイッチを一方または他方に押すことで照明を入れたり切ったりする物理的な力をもつのと同じように、好きなようにその義務を、変更したり停止したりする力をもつのである。権利保持者は、欲するものを請求できる地位にない単なる物乞いや、道徳的姿勢を完全に放棄することで道徳的尊重に対してもったかもしれないあらゆる請求権を大部分失った追いはぎよりも、より多くの尊厳を有するのである。

人を尊重するとは、その人の権利を尊重すること、つまり彼女を重大な道徳的請求をする見込みのある者と考えることと同じである。もしある人が、何の権利も、つまり最も基本的な道徳的権利さえもっていないと考えられているなら、同様にして、彼女は尊重に値しないと考えられており、もし彼女が自分をそのように考えているなら、彼女は憐れみを乞うたり物乞いしたり、あるいは盗みや騙しをすることしかできないし、他者の尊重はいうまでもなく自尊心の徳も欠いているだろう。住民全体が権利をもたず、権利の観念さえ欠いているなら、それが「道徳的貧困化」であることに不思議はない。

多くの論者は、この分析に不同意を示している。彼等の多くは、公平や慈善の道徳的義務を認める共同体は、権利なしで済ますことができると反論する。ウィリアム・ネルソンは、ヤン・ナーヴソンに従って[7]、「どうしてファインバーグは、自分たちを権利の保有者とは見ないが他者を自分たちに対する（関する）義務や責務をもつ者と見るような人々が、それらの他者にその責務を行い義務を果たすように要求することができないと考えるのか。ある人がしてはいけないと義務づけられているような方法で彼等に振る舞う時に、立ち上がって相手を睨み付け、他の人と同じように大声で不満を言うことが、なぜ彼等にはできないというのか」[8]と問う。

ネルソンは、論文の後の方で「ファインバーグが、様々な道徳において、権利を欠く人は請求したり不満を述べたりすることを阻害されているとする時、彼はその人が口を開いても音声を発せないということを言っているのでないことは確かである」と言う時、私の応答を予期している。彼の言うことはまさにそのとおりである。もし、Aはその奴隷Bをきちんと扱う義務を有しているのだが、Bは、単なる奴隷なので、Aがその義務を果たすことへの権利は（あるいはそのことについてAに対抗する他のどんな権利も）もっていないという状況で、Aがこの義務を破ってBを残酷な方法で扱うことを始めるなら、その時には、以下の意味ではBはAが義務を果たすことを「要求できる」だろう。つまり、Bが口を開いて不満の言葉を発すれば意図された音声は音になる、あるいは、最高度の如才なさで主人に、（例えば）ノブレス・オブリージュ〔高い身分に伴う義務〕の戒律の下での主人の義務を思い出してもらうために話しかけるならば、その音声は音になる、という意味では、である。もし彼が、信じられないことだが、主人を睨み付け、主人はその義務を無視していると「大声で不満を言う」ことを選択すれば、そのような音声でさえ音になるだろう。しかし、Bの身体的能力、彼が一定の音声を発することができるということが問題なのではない。問題は、彼は何ができるcanかではなく、彼の行為とAの行為を支配する受容されたルールの下で、彼は何をしてよいmayかであり、そして受容されているルールの下で、Bが行えるどんな請求も虚弱なものになる、ということにある。彼は、主人の義務や自分の義務を左右する、いかなる法的あるいは道徳的な力ももたないだろう。彼は不満を言うことができるだろうが、不満を言う権原はもたないのである。彼はある意味「不満をもっている」のだろうが、本物の道徳的苦情（grievance：不当な苦しみ）を有しているわけではない。彼はAに対して何の権利ももっていないので、Aの行為によって悪をなされることはありえず、傷つけられ害されうるだけである。たとえそれでも彼が苦情を声にしようと試みるとしても、彼はAの説得力ある返答の前には脆弱——道徳的に脆弱——である。Aの返答とは「私が私の貴種としての義務を果たすかどうかが、どう君に関係するのかね。我々の関係を規定するルールは、私に君への責任を課していないよ」というものである。この返答は、必ずしもBへの尊重を示さないし、このルールの下ではBは、権利をもたないので尊重に値しない。だからこそ、AのBに対する道徳的義務に対応する道徳的請求権をBの道徳的レパートリーに加えることが、道徳的な違いを生み出すのである。

III　適切さの保証としての権利

以下戦略的な余談を。哲学者は、行為すること・行為しないこと・所有すること・何かあるいは別のものであること、への道徳的権利には大いに注目してきたが、信念・感情・態度・情念のような心の状態に適用される権利の慣用句が広く用いられていることには注意してこなかった。この驚くべき不作為は、法的モデルを、権利語り rights talk の解釈の唯一の指針と考えたことの結果だろう。というのも、ホーフェルドのそれのような法的モデルは、「確信をもつ権利」「証拠なしに信じる権利」「誇りに思う権利」あるいは（我々の最初の関心に戻れば）「不当に苦しめられたと感じる権利」や「道徳的に憤慨する」には適合しないからである。これらの文脈では、権利の概念は、適切さを保証する役目を担っている。この種の用法は、標準的で確立されたものというに十分なだけ普及しており、単に特異・流行・スラングであるとして退けることはできない。それが、表面的にさえ法からの類推に依拠しているように見えないのは、特に興味深い。よって、このような用語の分析は、「適合的」「ふさわしい」「適切な」のような、我々の道徳の語彙のうち法的ではない部分から得られる言葉に依拠しなくてはならないだろう。さらに、前述のような、行為すること・しないこと・所有すること・Xであること、に対して標準的な道徳的権利をもつとはどういうことかについて我々が概観した説明には、その一要素として、一定の状況において憤慨したり不当に苦しめられたと感じたりする権利も含まれていたが、それらが今度は、道徳における法的ではない部門から、つまり「適合的」「適当な」「適切な」のような語から得られる用語によって分析されねばならなくなるだろう。ここでは、2つの例が有用であるかもしれない。第一は、古いジャズの歌詞「私にはブルースを歌う権利がある（I' ve got a right to sing the blues）」である。第二は、人が多忙な一日を終えて疲れを言葉に出す時、相手が安心させる態度で答えて「あなたには疲れるだけの権利がある」と言うという、よくある状況である。

「ブルースを歌う権利がある」と言うのはどういう意味だろうか。それは、私は意気消沈（depressed）している、いやそれ以上に私は、そうするのも当然のこととして意気消沈している、そうするのが自然なこととして意気消沈している、正当な原因、十分な理由で意気消沈している、という意味である。私は、臨床的意味で意気消沈しているのでも、不十分な理由で、あるいは幻想や神経症が原因で意気消沈しているのでもない。客観的に言って意気消沈させるようなことが、私に起きたのである。たとえ私が実際には意気消沈していなくても、私には意気消沈するについての客観的で自然な保証（warrant：正当な理由）がある。（私の子供が死んだ、私の妻が出て行った、失業した。）私が意気消沈するのも、適切と言う他ない。私にはブルースを歌う権利がある。

ほぼ同じ分析が、「あなたには疲れるだけの権利がある」にも当てはまる。あなたは長く忙しい一日を過ごし、疲労はその自然な結果である。あなたが感じているのは退屈から来る疲労ではないし、無気力や倦怠の身体的な表れでもない。誠実な、きちんと稼いだ疲労である。（この語用における「稼いだ」は、逸脱的で皮肉である。稼がれる種類のものごととは、様々な利益である。ここで稼がれたのはおそらく「自慢の権利」であろう。「私は今日、なんと多くの労力を費やしただろう。」）ともかくこの場合の疲労は、神秘的でも・非自然的でも・（通常の方法で）説明不可能でも・神経症的なものでもない。そして非合理なものという観念が全く当てはまらないのは確かである。心配するな、あなたの疲労は適切なものなのだから。そのことの説明が、適切さの保証を与えてくれる。あなたは疲れるだけの権利がある。

ジャズの歌詞タイトルに戻れば、それをホーフェルドの法のモデルで理解するなら、どのように分析できるだろうか。そのジャズのタイトルは、請求権（claim-right）のことを言っているのかもしれない。その場合それが言っているのは、もし私が選択すれば意気消沈する自由があり（これでも既にやや逆説的に聞こえるが）、かつ私はあなたの不介入を請求できる地位にある、そしてこの請求はあなたの介入しない義務の根拠となる、ということである。すなわち、あなたや他のすべての者は、私が意気消沈するに任せておく義務を有する。しかし、このタイトルが何を意味するのかに関するこのような分析は、その真実を掘り崩しているように見える。なぜなら、私の意気消沈が理解できるものである時、あなたが私を上手に元気づけたり治癒を促進したりしようとすることで私の権利を侵害している、と言うのは正しくないからである。第二に、ここで言われている権利とは双方向の自由（liberty）に過ぎず、したがって歌詞が言っているのは、私には、意気消沈する義務も意気消沈しない義務もないということだと仮定しよう。私は、どちらでも好きな方、あるいは感じたままの方でいることができる。ただもしかすると、「合理性の義務」、ここでの例では、「もし合理的でなければならないのであれば、意気消沈する義務」（あるいは場合によって、意気消沈しない義務）はあるかもしれない。しかしここで、合理性が重要な要素であるようには見えない。この歌詞タイトルの言明は、私が合理的であるためには何が要求され何が要求されないかについてのものというより、いずれにせよしっかりと統御できていない私の感情が、その状況において適切なものであるのかどうか、についてのものなのである。第三の可能性は、この歌詞が、ホーフェルドの言う権能（power）を主張しているというものである。その場合、この歌詞を真とすれば私はあなたが、私の感情に「介入」しない義務、あるいはおそらくこちらの方が良い説明だろうが、私の感情の例えば「非合理性」や「不適切性」について、口に出すか出さないかはさておき、批判的な判定をしない義務、を創設することができる。またこの解釈によれば、私はあなたの義務を変更したり弱めたり完全になくしたりして、結局あなたが私に（非合理あるいは不適切な感情をもつとして）批判的な判定をする自由をもつようにする、という権能をももつことにも注意しよう。これがナンセンスであるのは確かである。最後に、歌のタイトルの言明は、免除（immunity）を主張していると言えるかもしれない。その場合、話者である私はあなたに対して、私のブルーな気分に関して私がもっている自由・請求権・権能あるいはその他の免除を、あなたは自分にできるいかなることによっても変更する権能をもたない、と言っているのである。これは、ややわざとらしいところもあるが、まだ説得力がある。

おそらく、疲れる権利があるという例では、最も適合的なホーフェルド的こじつけは、免除だろう。あなたが長時間働いたことは、あなたに、一定の批判からの正当な免除を与える。あなたを、弱虫とか怠け者とか、皿洗いを免れるために疲れたふりをしているとか言うことはできない。あなたに疲れる権利がある場合、このような批判的判定は、どれも真ではないし、少なくとも適切ではない。しかし、これはホーフェルドの免除そのものではない。それに対応する無能力（disability）は何なのか。あなたがもつ免除の結果として、他者はどのような道徳的権能を欠くことになるのか。ここには、あなたの道徳的な地位や関係を変化させる権能のどれを他者はもたないのか、についての言及は存在しない。その不在が肯定される「権能」は、一定の種類の批判的判断を主張する、かつそれを適切あるいは正しいものとして主張する「権能」（能力）にすぎない。しかしこれは、ホーフェルドの言う権能とは遠くかけ離れており、それへの類比性は非常に弱い。ホーフェルド理論を構成するこれ以外の要素は、もっとうまくいかない。あなたの疲れる権利は、自由だろうか。もしそうなら、あなたは疲れる義務がないのと同時に、疲れない義務もないことになる[9]。まるでこの問題についてあなたに何か選択肢でもあるかのように！あなたの疲れる権利は、請求権だろうか。もしそうなら、私や他の者は、あなたの権能によって左右されるような義務を有していることになるが、それは何をする義務なのか。あなたの疲労に介入しない義務か。一杯のコーヒーを与える義務または与えない義務か。その夜にベッドを提供する義務か。これらはどれも、我々が理解している「疲れる権利」に適合するものではない。「疲れる権利」は、典型的な道徳的権利や法的権利とは違って、他者の道徳的地位に全く影響しないのである。

よって、「適切さの権利」（と言えるもの）は実際、権利のかなり独特な種類であり、通常の道徳的権利や法的権利を非常にうまく分類しているホーフェルドのカテゴリーの中のどの権利にも還元できないようである。適切さの権利をここでの議論にとって重要なものにしているのは、それが、次節で論じるような、加害者の不当な振る舞いが他者の（よりおなじみの法的な意味での）権利を侵害したのかどうかを決定するための、我々の暗黙の基準の中心にあるのかもしれない、という可能性である。もし我々の評価の中で相手方が、不当に苦しめられているあるいは憤慨していると感じるだけの権利をもつのであれば（あるいは、もし第三の当事者が被害者のために代理的にそのように感じる「権利」をもつのであれば）、それは、加害者の不当な振る舞いが単に悪いことであるという以上のものであると我々が信じていることのしるしである。このテストに基づいて我々は、その振る舞いが相手方に特別の悪をなすものであり、だから相手方は、単に害された利益だけでなく侵害された権利があって初めてそう言える意味で、その行為の被害者だと考えることができる、と信じるのである。

少なくとも1つの関係で我々は、適切さの権利がこのように関わる必要があることを歓迎することができる。というのもそれは、権利の無限後退に陥る危険を除去してくれるからである。もしある人の権利が別の人に侵害されれば、前者は「不満を言う（complain）権原＝資格を有する」としばしば言われる。もしこの不満を言う道徳的権原も、道徳的権利の一つだと理解されるなら、**それが**侵害された時に我々はそれをいかにして知るのか。その答えは、最初の権利に関して用いたのと同じテストを適用する、というものだと思われるかもしれない。もし、ある当事者が不満を言う権利を侵害されれば、彼は、元々の権利の侵害に関して不満を言うという別の権利を侵害されたことに関して不満を言う新しい権利を手にする（と言いたくなるかもしれない）。このように、無限後退を生じさせることができるが、そんなことになれば、それが我々の元来の分析に与える悪い効果は、軽いものではないだろう。しかしもし「不満を言う権利」が、悪しき行為とそれに反応する感情や態度との間の「適切な適合性」という、かなり異なる意味での権利であるのなら、この後退を避けることができる。不満を言う権利が単に、他者の悪行に対する、苦しめられた側の対応の適切さにあるのなら、不満を言う権利の侵害に大きな意味はなくなる。

不満を言う権原という概念の大部分を作った哲学者は、ダニエル・ライオンズ[10]であり、彼の洞察のいくつかは、拝借する価値がある。他者（A）の振る舞いによって法的権利を侵害される当事者（B）と、被害が単に付随的である当事者（C）とを——あるいはこの区別を同等の別の言い方でいえば、Aがその人に対して義務を負う当事者（B）と、Aが単にその人に関連してその義務を負うに過ぎない当事者（C）とを——区別したいと思う場合、我々は時に、誰が、訴える、禁じる、あるいは訴追する権利をもっているのか、と問うことによって、この区別に「実践上の意味」を与える。道徳においてこのような法的実践に並行するものは、「不満を言い、害されたと感じる、ための特別の権利」だ、とライオンズは示唆する。ライオンズは、この主張についてはかなり説得力がある。ただ彼は、この「特別の権利」がいかに特別なものであるのかということを理解できていないと私は思う。それは、法的権利の単なる道徳版類似物なのではなく、完全に違う意味での権利であり、専ら適切さという関係から成っているのである。ライオンズの例は、彼の論点をよく示している。

> 次のやりとりを考えよう。「[福祉の不正受給者によって自分の権利が侵害されたと主張する人に対して] 君は、不正受給に対して不満を言う権利は無いよ。君は年金をもらっているし、税金は払っていないんだから。」「しかし、一つ一つの不正受給は、正統な年金受給者にその正当な取り分を完全に支払おうという気を共同体になくさせるから、僕の権利が関係しているんだ。だから僕には、実際不満を言う権利があるんだよ。」あるいは以下 [の例] を。「母さん、ジムが結婚を取り消したからといって、**あなたに**彼に腹を立てる権利は無いわ。ふられたのは私なのよ。」「そうですよ。でも、私は準備に大金をつぎ込んだんです。」[11]

もちろん、ライオンズ自身も指摘するように、不当に苦しめられたと感じたり憤慨したりする権原がない時でも、人々が個人的にそれを感じる例は多い。「例えば、ミルが『自由論』の中で言及する禁酒主義者は、他の人が単純に酔っ払っているだけでも、自身に対する直接的な攻撃だと考えた。彼等がこの特別な憤慨を感じていることは疑いないが、ミルであれば彼等にその権原があることを否定するだろう。」[12] 禁酒運動におけるミルとその反対者との間の不合意は、実質的なものであって、単なる権利概念の分析に関する理論的な不和なのではない。どちらの側も、不当に苦しめられたという感情が、権利が侵害されたと人が本当に信じているかどうかを決する基準の一部であることを理解している。しかし彼等は、自分たちの間で意見が分かれる事例では、そのような感情が適切なのかについて合意に至らない。それは、もし仮にも解決できるとすれば、広範な道徳的論拠によって解決されるべき問題なのである。

ライオンズが通常の語用に従って非常に頻繁に用いる「不満を言う（complain）」という言葉は、不注意な者たちを、適切さとしての権利がそこから守ろうとしている無限後退への罠、に陥らせうる。不満を言うことは、言語的に*する*ことの一種であるように見える。よって人は、それをすることを妨害されない限り、自分の権利の侵害に対してそれをすることができる。妨害された場合には、*その*束縛に対して、不満を言う（行為をする）試みができる。さらに束縛されれば、さらに不満を言うことができ、これが無限に続く。しかし、ライオンズは不注意ではない。不満を言うこと（complaining）と抵抗すること（protesting）とを区別し、前者を後者の一種と解釈するので、その結果彼は、不満を言うことを「一定の特別な種類あるいは程度の、不当に苦しみを受けることによる憤慨〔という感情〕、を伴うような抵抗」だと定義することが可能になる。「特別な種類」の感情を抱くことが重要部分なのであって、不満を言うことは単にそれに声を与えるにすぎない。人は、その感情を抱くことに対しては、適切さとしての権利をもちうるが、その感情をある時や場所において、またはあるやり方で、表現することに対しては、法的なスタイルの道徳的権利を、もったりもたなかったりするのである。

適切さとしての権利の概念は重要ではあるが、その有用性には一定の明確な限界がある。ある悪い行為がある特定の人の権利を侵害したのかどうか、あるいはその悪い行為をした人は、そもそもその人に義務を負っていたのかどうか、という問題を解決するには、それはほとんどあるいは全く助けにならない。結局、不当な苦しみ＝苦情の感情そのものが不適切かもしれず、その場合、その感情への権利はない。そして、不当な苦しみ感が適切かという問題を解決する理由は、まさに実質的な道徳的問題を解決する理由であろう。BがAの行為によって害された権利保持者であるのは、Bの不当な苦しみの感情が正当化される時かつその時のみである。これについて我々は確信をもちうる。しかし、不当な苦しみ＝苦情が保証される＝正当であることを証明する唯一の方法は、BがAに対する権利の保持者であること、そしてAがBの権利を侵害したこと、を証明することである。これは通常の道徳的議論に、より馴染む問題である。よって、適切さとしての権利の論点が提供するものは、実質的な道徳的問題についての不合意を解決する近道ではなく、単に問題の周辺を回る旅路に過ぎない。

第二に、我々は、不当な苦しみ感テストの適用について、それが解決を得意とする問題、つまりある人が自分（あるいは他者）の権利を侵害されたと**信じて**いるかどうかを決定する問題に対してさえ、可能な程度以上の正確さを求めるべきではない。不当な苦しみ（あるいは憤慨）の感覚は感情であるから、強さの程度が異なる。それは、道徳上の不当な苦しみ＝苦情そのものが、異なる程度の深刻さや道徳的重みをもつのと同じである。しかし、感情の強さは、道徳的重みの程度を決定するための信頼できる基準ではない。それ自体は、道徳的判断のみならず、気の短さ・打たれ弱さ・感情の移りやすさ・偏見・身びいきなど、多くの要素の所産だからである。もしこの種の要素が、不当な苦しみ感の発生において、あまりに大きな役割を果たすなら、その感情は、少なくともある程度は、自己欺瞞によって道徳的憤慨の仮面をかぶった単なる動物的怒り・軽蔑・嫌悪に過ぎないかもしれない。我々は、権利が侵害されたという信念を不当な苦しみ感をもつ人に帰属させるためには、不当な苦しみ感の何らかの最低基準が満たされなくてはならない、という慎重な立場をとる方が良いのかもしれない。この立場からは、侵害されたと信じられている権利の道徳的重要性が不当な苦しみ感をもつ人の怒りの強さと直接的に比例する、という結論は出てこないのである。

この点と密接に関連しているのは、我々の憤慨の感情は、我々に悪をなしたと我々が信じる人の行為のみを標的とするのではなく、その人自身を標的とするので、感情の強さは、侵害された権利の重要性に関する我々の評価よりも相手の動機や意図に関する我々の見方のような要素によって、より多く左右されるという事実である。我々の多くは、不器用さやうっかりゆえに不注意に我々の権利を侵害した者には、道徳的意味合いのものであれそうではない直接的なものであれ、そもそもほとんどあるいは全く怒りを感じないだろう。「君は、自分のしていることに注意すべきだったのに」というのが、我々がせいぜい示しうる最も強い道徳的非難であろう。この場合でも、「ねー君、もう忘れてしまいなさい。誰にでも起きることだよ。修理費(あるいは治療代)だけ払ってくれよ。それで我々はこんなこと全部忘れてしまえるよ。」と言う方を我々は好むもしれない。しかしもしその後で、補償を支払う気はないと言われれば、憤慨が湧き上がってくるのは確実であり、その憤慨は、その後の補償支払い拒否に対してだけではなく、(当初は許された)元々の過失行為に対しても遡って拡張されるだろう。その場合、被害者が悪をなされたと信じていることは明らかだろう。

適切さとしての権利の概念には、最後にもう一つやっかいな問題がある。急進的な道徳主義者や哲学者は時に、他者に向けられた感情や態度の中には、その本性上、決して適切になることはないものがある、と論じる。人は他者の幸運(特に受けるに値しない幸運)に対して妬みを感じるが、妬みは非常に心を蝕む性質をもち道徳的尊厳をもつ人にとって相応しくないものであるからそれは常に不適切なのだ、というのは理解可能だしおそらく自然なことである(と哲学者は論じるかもしれない)。同様に、ニーチェは見事に巧みな方法で、憐みが常に不適切であると論じたし[13]、クラレンス・ダローは復讐心を伴う怒りについて同様の判断に至った[14]。人(自分や第三者)への虐待に対して感じられる不当な苦しみ感(a sense of grievance)や道徳的憤慨の適切さを、一部の急進的な道徳主義者やその他の者が同様の全面的な形で否定したと知っても、私は驚かないだろう。もし、不当な苦しみの感覚が自分や他の者の権利が侵害されたという信念をある人に正しく帰属させるために満たさなくてはならない条件の一つであり、そして我々の仮定上の道徳主義者が、我々がそのような感情に対して適切さとしての権利をもつことをすべて否定するとすれば、論理的帰結としてその道徳主義者は、いかなる者も権利を侵害されることはないと言っていることになる。彼にとっての理由は、それらの権利を侵害するかもしれない者は皆、そんなことをするには高潔すぎるからというのではなく、そもそも侵害される権利など存在しないから、なのである。この結論は、驚くほど受け入れがたいものであるから、我々は、それを導く前提を否定するための背理法を構成するものとして、この結論を考えることすらできる。その場合、不満の種と信じるものをもつこと、道徳的に憤慨すること、他者が自分にしたことに対して不当な苦しみ感をもつこと、他者が第三者にしたことに対して代理的に不当な苦しみ感をもつこと――結局、権利が侵害されたと信じるためにはこれらのどれも必要ではなくなってしまう。

この困難に対処する最善の方法は、不当な苦しみを受けているという感覚における、より感情的あるいは情緒的な要素と、自分は悪をなされたのであり、自信をもって正々堂々と抗議する資格をもっているという基本的な道徳的確信とを、私がしてきたよりももう少し明瞭に区別することだと私は思う。道徳的憤慨は、道徳化された怒り、つまり、あらゆる同様の悪には同様の方法で応答する傾向性を伴う、危害に対する自然な応答であるような、「原理から来る」怒りである。しかし人は、正々堂々と、真正な感情の痕跡だけを伴いながら実際に「憤慨して」、自分の権利を強く主張したり他者の権利を是認したりすることもできる。怒りを全く感じることなく不満があると「感じる」こと、そして、意識の中ではほとんど感情の痕跡を伴わずに、ビジネスライクに不当な苦しみを事実問題として口にすること、ができるのである。恨みはない単なる過失者に対して、正当な取り分と信じる補償を自信をもって主張する時のように、である。このような「害意のない」不法行為者が不注意で補償の支払いを遅らせれば、人はその変人ぶりに内心では笑っていても、それでも彼に対して確固として不当な苦しみ感＝苦情を口にするかもしれない。その不当な苦しみ感は単に、必然的にではないが通常は「適切な」怒りを伴う、他者が自分を害したという主張である。自分には不満（complaint）があり、もし望めばその不満を**表明する**ことも道徳的に適切なのだ、という信念は、自分の権利が侵害されたという信念にとって非常に本質的なので、前者はほとんど後者の信念を定義するものである。そしてこのことは、人の不当な苦しみ感（「不満」）が、一部の敏感な道徳主義者であれば相応しくないと判断するような怒りや憤りの痕跡を伴っていない場合でも言えることである。「〔言うべき〕不満がある」あるいはその類義語の観点から権利侵害を説明することは、理論的進歩としては非常に小さいが、以下で私が示そうとするように、（当たり前かもしれないが）権利保持者にとって決定的な心理的重要性をもつ要素の位置を示すのである。

Ⅳ 「現象論テスト」

道徳的貧困化テーゼは、一部の権利がいかなる意味で価値あるものかを説明する以外にも、実践的な面で別の利点がある。すなわちそれは、ある人が他の人に対して権利を有している場合と、単に他の人の義務の遂行あるいは他の人が彼にしてくれる義務以上の善行から、利益を得る立場にいるに過ぎない場合とを区別するためのテストを、我々に提供してくれるのである。その区別が不明確で論争の的になる二種類の場合を考えよう。どちらの例でも、AがBを助けるべきであったこと、もしAが助けていたらそれは良いことだったし実際道徳的に正しかったこと、そしておそらくAにはそうする義務があったこと、には合意がある。しかし、Aがそうしなかったことで問題が生じる。すなわち、AがBを助けないことは、Bの権利を侵害したのか。第一の例は、ある者が相手方にした約束における受益者たる第三者の問題である。明確で論争にならない例では、生命保険会社（アルファ）は、ベイカーに対して、もしベイカーが約束された保険料を払えば、彼の死亡時に割増された額を指定受取人であるチャーリーに支払うと約束する。チャーリーは、このような合意の存在を知りもしないかもしれない。ベイカーの死亡時には、アルファはチャーリーに所定の額を支払う責務を彼に対して負う。そしてチャーリーは、それに対応する権利をアルファに対してもつ。この権利は、チャーリーを、アルファからその額を有効に請求することができる地位に置く。たとえ、アルファの元々の約束が、受益者であるチャーリーではなく、保険契約者であり約束の相手方であるベイカーに対してなされたものであってもである。もしアルファが、受益者たる第三者チャーリーに対して支払いを拒めば、明らかにそれはチャーリーの権利を侵害している。というのも、約束はベイカーに対してなされたとしても、その金はチャーリーに対して払うべきものだからである。

これとは異なって、アルファがベイカーに対して、たまたま付随的に赤の他人であるカルロスの利益になるようなことをすると約束し、カルロスは、その取引を知って、将来の幸運な棚ぼたを待ち焦がれ、その期待に基づいて行動すらするとしよう。次にアルファは、ベイカーとの約束を破り、それによって付随的にカルロスの利得の希望を打ち砕く。この場合、アルファのベイカーとの約束の受益者でありえた第三者カルロスは、明らかに、その権利を侵害されていない。なぜなら彼は、アルファがベイカーとの約束を守ることについて、そもそも個人的な権利を有していないからである。

このような明確な例では、二種類の場合の区別の根拠を導き出すことは、十分に容易なことであるが、それはここでの私の関心ではない。そのかわりに私は、ある当事者が他の当事者から利益を与えられなかったことを不当だと信じる人が、別の判断と道徳的応答によって、その助力を受けなかった者は権利を侵害されたのだという、より進んだ判断にコミットしているかどうかを決定するための、「現象論テスト」と私が呼ぶものを提案したい。一方当事者は助けになったであろう方法で行動しなかった点で悪い、彼女はそう行動すべきであった、彼女にはそう行動する義務があったとすら、あなたは既に信じている、と指摘することは、その〔権利が侵害されたという〕信念をその人の中に生み出すのに十分ではない。我々は、これらのことをすべて信じていながら、なおかつ助けを受けなかった者は加害者によって権利を侵害されたのではない、と言うことができるからである。人が権利の概念について混乱している場合、どのようにすれば権利が侵害されたというさらなる別の信念を自分が支持しているかどうかがわかるだろうか。私は、私の以前の論文で概観した分析と、前の節で示した解釈とを結びつけて、人は、次のようにも信じている時、そしてその時にのみ、そのさらなる道徳的信念を実際に抱いていると言いたい。

1. チャーリー（[原注] もちろん、「カルロス」や他のあらゆる固有名詞も、「チャーリー」と同様に使用可能である）は、（合意された条件の成立に基づいて、「あなたは私に、私の正当な取り分を負っている」と言うことで）自分の正当な取り分としてアルファからの支援を前もって適切に請求することもできた。したがってチャーリーは、単なる施し・いじめ・哀願・脅迫の場合よりも大きな道徳的尊厳をもって、適切に自分の要求を押し出すことができる。

2. チャーリーは、（もし約束が破られれば）その後で「あなたはベイカーとの合意を破ったことで私に悪をなした」と、アルファに対して適切に言うことで、アルファに対する不当な苦しみ感＝苦情を口にすることができる。
3. 合意の存続期間内ではいつでもチャーリーは、もし望めば、アルファをその義務から解放することができる。つまり彼は、アルファの義務をそのように統御する法的あるいは道徳的な権能をもっている。
4. アルファが合意された方法で行動する義務をもつのは、チャーリーのためであって、単にチャーリーとは関係ない何らかの外在的な理由のためではない。
5. アルファがその義務を果たすかどうかは、チャーリーに「関わること（business）」、彼の適切な道徳的関心事である。

もしあなたが、これら五つの言明のすべてがある取引に当てはまると信じているなら、その場合そしてその場合にのみあなたは、その取引の受益者たる第三者は当該利益に対して権利をもっていると信じているのである。これら五つの言明は、チャーリーが権利をもっているかどうかを決する完全かつ有用な基準を提供するものではない。実際それは、実体的な道徳問題がすべて解決済みであることを前提にしている。そのかわりにそれは、外部にいる判定者が、別の様々な判断や道徳的応答によって、既にその信念に対してコミットしているかどうか、のテストとなる。そして、このテストに関して、ここでの我々の目的にとって興味深いのは、そのいくつかの要素、特に、請求することができ、そして後で不当な苦しみ感＝苦情を口にすることができる地位にあるということが、権利保持者としての役割に付随するより大きな尊厳や自尊の根拠になっている、ということである。

もう一つの例は、悪名高い悪しきサマリア人の例である。より賞賛されている新約聖書の善きサマリア人と違って、悪しきサマリア人は、傷ついた被害者のために援助を呼ぶことが若干の骨折り以上にほとんど負担にならないにもかかわらず、自分にとって見知らぬ人である負傷者が、殴られ強奪されて路傍に倒れているのを、そのままにする。この問題に関してすべてではないがほとんどの論者が、道徳は、たとえ負傷者が見知らぬ人であろうと、可能であれば助ける義務を「サマリア人」に課すということには合意するが、傷ついた見知らぬ人がサマリア人に対して助けてもらう権利を有しているかどうかについては、大きな不合意が存在する。もしあなたが、義務〔があるとの〕判定には賛同するが、さらに権利〔があるとの〕判定も自分の内にあるかどうかについては確信がもてないなら、私は、前述の五つのテストのようなものが、あなたがその信念をもっているかどうかを教えてくれると言いたい。もしこのテストで結論が出なければあなたは、この問題に関して明確な信念をもっておらず、あなたの立場をはっきりさせるためには、その事実に対して何であれ適当な実体的基準を適用するべきだ、ということになる。しかしもしこのテストが、是であれ非であれ決定的な答を告げるなら、あなたは既にこの問題に関して、あなたがもっている他の様々な道徳的信念から帰結する一つの信念をすでにもっており、単に「権利」という表現の意味に関して確かではないために、そのことに関して混乱していただけだ、ということになる。

私は他の場所で、このテストは、我々のほとんどが、何と言おうと、その犯罪被害者がその見知らぬ者の助けに対する権利をもっている、と実際には信じていることを示す、と述べた。第一に、あなたは傷ついた被害者の友人あるいは親戚であり、あなた自身も、致命的ではない例えば両足の骨折のような傷を負って、動けない状態でそこに倒れているとしよう。あなたは、命が危険な意識不明の友人を助けるよう、サマリア人に頼む。その見知らぬ人が躊躇するなら、道徳的に言ってあなたは確実に、彼に友人を助けるよう要求できる立場にいる。「あなたは、彼を見殺しにすることはできない！」とあなたは言うかもしれない。道徳的に言ってあなたが、助けを哀願したり乞うたりすることしかできない立場にいるのでないことは明らかである。むしろ、あなたやあなたが代表している友人が、相手の義務を道徳的に統御する立場にいるのであり、この役割は、あなたの友人の命には見知らぬ者の尊重すら命じるだけの価値はない、と信じる場合よりもはるかに大きな尊厳を、あなたに与える。

第二に、我々は事後的に、見知らぬ者が助けを提供しなかったことが、無視された者に関わることかどうか、彼やその愛する人が、何もしなかった見知らぬ者に対して、単なる動物的怒りではなく道徳的憤慨を感じることが適切であるかどうか、彼等は、見知らぬ者が承認されている義務を無視したことに対して真正なものとして道徳的苦情＝不当な苦しみ感を口にする立場にあるかどうか、を問うことができる。このような場合通りすがりの見知らぬ者たちは助けを提供すべきである、実際、彼等は助けを提供しなくてはならない、ということに我々が合意するなら、我々のほとんどは、もし見知らぬ者が義務を果たさないなら、その義務の受益者に代わって道徳的に憤慨することは適切だとも考えていると私は思う。これに代わるやり方は、その見知らぬ人に低い道徳的評点を与えるとともに、彼がもっているあれこれの欠点は彼が助けを拒否した相手の関わることではなく、相手にはそれに苦情を言う権原もない、とつけ加えることである。確かに、このような対応が適切である例も存在する。もしある人、アベルが、尊大で、虚栄心が強く、愚かで頭の回転が遅く、想像力に欠けるとしても、単なる見知らぬ者で傍観者であるベイカーにとってそれが何だというのか。ベイカーは、アベルに関してこのような否定的判断をしたり、付き合いを避けたりすることはできるが、アベルにこれらの欠点があることに対して個人的な苦情＝不当な苦しみを訴えることができるだろうか。明らかに否である。そしてこれは、アベルがこれらの点でより善い人になるべきだということについてベイカーが権利をもたないことのしるしなのである。それは、アベルの問題であってベイカーの問題ではないのである。しかし、サマリア人の事例における傷ついた被害者の（例えば）両親が苦情を感じるのは理解可能で説得力もある。だから我々は、彼等の代理として憤慨を共有することもできる。もし我々が悪しきサマリア人が無視した義務を、ノブレス・オブリージュのようなもの（つまり、受益者が対応する権利をもたない義務）だと考えていたのなら、彼等の子供の権利が侵害されたとは認めなかっただろう。しかし明らかに、我々はそのように考えることはできない。個人的な苦情の感覚がつきまとって、それを許さないのである[15]。

V　権利・愛・共同体

この分析を武器にして、我々は今や、道徳的権利はその性質上、価値ある共同体に対する脅威となるという、先に考察した道徳的権利への批判へと戻ることができる。価値ある共同体の最も単純なモデルは、結婚・家族・友情・シンプルなパートナーシップである。結婚と家族に限定的に着目してロバート・ヤングが言うには、「権利への訴えがなされるのは、人々の間にあるケアや愛情の関係が崩壊してしまったところだ、ということがしばしばある。愛情の関係が崩壊し、道徳的に適切な他者の利益へのケアが見捨てられる時、人々は、権利という補助装置へと退却するのである。これは、しばしば理解可能なことであるが、道徳的には望ましくない。なぜならそれは、破綻した関係を修復する役にはまったく立たないからである。」[16]私には、これに対して三つの手短な応答がある。私は、愛情の関係において、権利を互いに主張することが劣位の役割をもつことを認める。しかし、権利をもつからといって、相手の違反行為に気づく度にいつも騒ぎ立てねばならないわけではない。それは道徳的に言って、要求したり不満を言ったりすることができる「地位に人を置く」だけである。人はこれらの自由や権能を、相応しいと思うやり方で実行できるのであって、愛する当事者は、柔らかで優しい言い方をしたりすぐに許したり等々のやり方が相応しいと思うだろう。

第二に、悲しいかな、愛情関係は実際に崩壊するし、多分崩壊する場合の方がしない場合よりも多い。そしてこのことが生じる時、権利の保持は単に価値あるというだけではなく、自分の利益を保護し自尊を維持するためになくてはならないものになる。さらに、愛情がない場合にさえ——カントなら「〔その場合こそ〕特に」と言うかもしれないが——、他の人格を真正な道徳的主張者として尊重することに真の道徳的価値が存在する。しかし最も重要なのは、権利は「退却用補助装置」以上のものだということである。というのも、愛情が満開の期間でさえ、愛するためには愛情そのものと同じくらい権利が必要だからである。人をケアすることの一部には、その人がたまたまいずれにせよそれへの権利をもっている様々なものをもつように、という配慮が含まれる。それはつまり、負担や労働の分配における、特殊な感受性・ハンディキャップ・公正さへの配慮や、恣意的な加害や困惑からの自由、などである。ケアすることに含まれるこれ以外の部分は、愛される者が権利の問題として主張できる最低限以上のものをもつように、という配慮である。それはつまり、思いもよらぬ喜び、無二の優しさ、贈り物、厚意、象徴的身振りなどである。このように愛は、権利の尊重以上を要求するが、それ以下では存続しえないのである[17]。

ヤングは、互恵的にケアする諸個人の真正な共同体では、権利がいかに役に立たないかを示そうとする、シモーヌ・ヴェイユの一節を肯定的に引用している。ヴェイユによれば、権利の観念は、「商業的な含みがあり、本質的に法的な主張や議論を呼び起こすものである。権利は常に、闘争的な口調で主張される。この口調が用いられる時、それは背後に物理力の裏づけがなくてはならず、そうでなければ一笑に付されるだろう。」[18]このような大胆な主張に対して、二つの応答がなされうる。第一に、権利が常に闘争的な口調で主張されるというのは、誤りだと思われる[19]。実際には権利は、尊厳と平静をもって、あるいは困惑や後悔をもって、さらには謝罪さえ伴って、冷静に自然に主張されうる。それは、クロークで係員に引換券を渡してコートを出してくれるように請求する場合のように、全く言葉を発せずに主張されることもありうる[20]。

特に興味深い例は、ジーク・ウィグルスワースによって書かれた最近の新聞の同時配信コラムで、航空会社がとにかくでも温かい食事を提供するためには克服しなくてはならない多くの困難を引き合いに出して、国際線の機内食サーヴィスのクオリティを擁護したものである。これらの困難を列挙した後で、彼はもう一つを付け加える。「それから、いつも食事の給仕中にトイレに行こうとするまぬけがいて、通路渋滞を生じさせ、ステュー（スチュワートやスチュワーデス）たちにワゴンをどけてくれと大声で要求する。」[21]私も時にはこのような「まぬけ」の役を演じたことがあるが、非常にばつの悪いものである。このまぬけは、搭乗前にトイレに行くのを忘れるか、駆け込み搭乗のためトイレに行く暇がないかのどちらかである。尿意を催した時には、既に遅すぎる。給仕ワゴンが通路を塞いでいて、身を細めても通る隙間がないのである。

幸い、この種の状況を制御するよく理解された道徳的慣習が存在する。そのまぬけには、彼の自然的必要性の方がより緊急だと推定されるかぎりで、通行の権利があり、スチュワーデスたちは、給仕のサーヴィスを遅延させても、ワゴンを後退させて道をあけなくてはならない。（これは、「自然権」の新解釈になりそうである。）スチュワーデスたちもまぬけも共に、彼には前進する権利があり、彼女等には、この慣習の下では、彼に道を譲る義務がある、ということを理解している。しかしこのまぬけは、ワゴンをどけるように「大声で要求する」ことによって、その権利を主張する必要はない。権利の保持は、無礼行為の免許ではない。彼は、スチュワーデスたちとすれ違う時に、ばつ悪そうに「すみません」と口ごもる以外、何も言わずに権利を主張することができる。このような場合、彼の権利主張は、以下の形を取るだろう。彼の意図を明確に示し、ルールを知っているのでためらいなく進む人という態度で、かき集められる限りの尊厳をもって、目標に向かい障害物の方へと堂々と闊歩する、である。このような状況での主張＝請求の行為とは単に、他者の義務を生み出す（あるいは「点火する」）ボタンを押しているかのようにして、法的権能に似た慣習道徳上の「権能」を行使することである。これは、申し訳なさそうに、残念そうに、しかしながら確固としてなされることが可能である。

VI　権利と力

ヤングが引用するヴェイユの一節のもう一つのポイントは、権利主張が、優越する物理力を前にして行われ、それ故それを強制執行することができない時に、たとえ「闘争的口調で主張され」るとしてもそれがもつ重要性に関するものである。これに答えるについて私は、ぐるっと一周回って本章がそれから始まったトピックに戻ることになる。もしサルマン・ラシュディがイラン人たちに捕らえられて、アヤトラの前に引きずり出されたとしたら、その機会に彼は、自分のもつ表現の自由の権利を闘争的に主張し、釈放を正当に要求できたであろう。アヤトラが容易に笑うものだという話はないが、その引用されている文においてヴェイユは、アヤトラの楽しみの笑いではなく嘲りの笑いのことを言っている。そしてラシュディの状況は、投獄されるために屈強の者に引きずられて出て行くのであれば、あまり尊厳あるものではないであろう。尊重や尊厳のために権利は必要であるが、おそらく真の英雄の場合以外には、それで十分というわけではない、というのが真実である。権利を、相手方に承認してもらうことや、何らかの物理力あるいは軍事力によって裏付けてもらうこともまた、助けになるのである。

よって、道徳的権利は、強力な反道徳主義者やその他無感情な敵対者の手先どもが操る機関銃座に直面しては、たとえ道徳的尊厳の観点からしてさえ、大きな助けには、あるいは全く助けには、ならない。しかし、この理由で道徳的権利を退ける前に、代わりになる選択のことを考えてほしい。自宅でゲシュタポに逮捕された反体制派の夫婦は、少なくとも三つの選択肢をもっている。彼等は、冷静かつ確固として自分たちの道徳的権利を主張することができるが、それは嘲りや残酷な仕打ちを招くことになるだろう。あるいは、あたかもこの状況で**自分たち**が力を独占しているかのように、道徳の言語を放棄して、空しくも英雄的な要求をすることができる。それとも、ひれ伏して慈悲を乞うかもしれない。三つすべてが運命として絶望的だが、希望のないまま権利を主張することが、その他の選択肢と比べて、尊厳との整合性が**より少ない**わけでないのは確かである。いずれにせよ、権利は主張＝請求だとする私の分析は、権利保持者はその権利によって、他者に対して請求を行うことができる道徳的立場にいるということを含意するだけであって、必ずしも顔面を蹴りつけられることなく請求することができるような物理的あるいは政治的立場にいることを含意するのではない。このいわゆる道徳的優位が真正の優位であるためには、なされている権利主張の相手方が、一定の道徳的認識力をもつ、あるいは少なくとも最低限の道徳反応性をもつことが必要である。ガンジーがイギリス支配下のインドにおいて、彼の敵たちの優勢な武力に逆らってさえ印象的な道徳的尊厳を維持したのは、不思議なことではない。ナチスであれば、ガンジーに全く道徳的尊厳を許容しなかったはずである。

圧政的な力に直面して尊厳を維持する技法として提案されている中で最も印象的なものの一つが、道徳的権利の概念を全く用いないのは興味深い。ストア派の道徳主義者であるエピクテトスは、彼や他の誰かがいかなる種類のものであれ道徳的権利をもつという主張を、一切行わない。彼にとって価値ある唯一のものは、自分の品性の汚れなき卓越性、あるいは「徳」である。次に徳とは、自分の義務を行うこと、あるいはむしろ、現実に自分の義務を行うのに成功することは時に自分の能力を超えているから、自分の義務を行うよう最善を尽くすこと、にある。しかし、自分の客観的義務を果たすことに最善を尽くすという主観的義務は、常に自分の力の範囲内のものである。次のステップは、自分自身の道徳的卓越性のみに価値を置き、その結果としてそれのみを欲することである。そしてこの徳は常に達成可能であるため、人が害されたり失望させられたりすることは決してありえないのである。よって彼は、『語録』の「暴君の正しい扱いについて」という章で、次のように言う。

暴君が誰かに、「お前の脚を鎖につなぐぞ」と言う時、自分の脚に最も重い価値を置く者は憐みを乞うて叫び、自分の道徳的目的に最も重い価値を置く者は、「もしそれがあなたの利益になると思うなら、鎖につなげばよい」と言う。

「何と！気にしないというのか。」

「気にしない。」

「私が主人だということを見せてやる。」

「あなたが？どうしてあなたが主人なものか？ゼウスは、私を自由なものとしたのだ。何と！あなたはゼウスが、自分の息子に奴隷になるという害を与えるなどと考えるのか？あなたは、私のぬけがらの主人だ。それを受取るがいい。」

「では、お前は私の臨席する前に出ても、私に注意を向けもしないというのか？」

「しない。私は、私自身だけに注意を向ける。あるいは、もしあなたが私にあなたをも認識させるなら、私はあなたを認識するだろうが、あなたが壺であるかのようにしてそうするだけだ。」[22]

エピクテトスは、自身が権利保持者だとか他者に対して道徳的請求をする者だという観念をもたない著述家であった。彼にとって重要なこと、そして重要な唯一のことは、彼の義務である。そして、誰も何事も彼がその義務を果たすことを決して阻止できないので、義務への忠実さに存する徳は、いつでも彼の掌の中にある。いかなる暴君も、例えば彼が臆病にでも大袈裟にでもなく勇敢に死ぬこと、を妨害することによってこれを奪うことはできない。

すぐに血まみれの死体となってしまえば彼の尊厳は長続きしないとはいえ、間違いなく、暴君に対するこのストア派に属する奴隷の抵抗にも、ある種の尊厳は存在する。そしてその尊厳は、自分は、義務を果たすことでではなく、自分あるいは他者の権利を守ることで死ぬのだと考えている正当な抵抗者の尊厳とは、確実にそして質的に異なる。ストア派は、成否を全く問わないという精神で抵抗する。重要なのは、彼が自分の義務を果たすことであって、何か他の想定上の善がそれによって実現することではない。彼の精神の傾向にはどこか、引っかかる見せかけの部分がある。彼の義務は、自分に割り当てられた役をうまく演じることであるが、その間ずっと、それがあくまでただの「役」、ただの徳〔発揮〕の機会であって、それ以上のものでないことを、意識しているのである。装いの同情はありうるが、決して本物の同情はない。というのも、本物の同情なら、自分の徳以外に真に気にかける価値のあるものが何か存在しうることを、含意するはずだからである。エピクテトスは、もし近い間柄の者――配偶者・子供・友人――が、深刻な苦痛を被っていれば、「その者〔の気持ち〕に自分を合わせること、そして必要とあれば呻くことを、軽蔑してはいけない。ただし、心の中でも呻くことがないように注意しなさい」[23]と言うのである。

ストア派の流儀で観念される道徳的義務は、道徳的権利と違って、包括的なもの、自足的に価値あるものとされる。権利が重要なのは、力によって裏付けられる時のみであるのに対し、エピクテトス的な義務は、力がない時でさえ、他の種類のいかなる真正な目的がなくてさえ、計画が成功しなくても、闘争での勝利がなくても、同情がなくても、愛がなくても、重要なのである。真に温かみと勇気のある女性であるシモーヌ・ヴェイユが、人権派のそれよりも、専ら義務中心のストア派的な考えを好むとは考えにくい。結局、権利を尊重するとは、権利が保護しているあらゆる目的・目標・利益を尊重することである。他方、現実生活の様々な帰結を度外視する心の持ち方で演劇での自分の役をうまく演じることに全面的に専心することは、見苦しい道徳的エゴイズムの心の持ち方で気にかけるべき他のあらゆることから自己の行動を切り離すことである。ヴェイユが権利を軽視する理由の一部は、力による裏付けがなければ、それは暴君の嘲笑を招くだけだという点にある。反道徳的な暴君の問題に対する最善の答えは、自分の傷つくことのない善への全身全霊の専心以外のすべての欲求や配慮を放棄して、利己的な「徳」という自己隔絶的な殻に逃げ込むことではなく、自分の道徳的権利に実力を接続することである。

物理力の裏付けのないいわゆる道徳的力は、道徳反応性によって制約されていない物理力に対して無力であろう。しかし、この憂鬱な話題を去る前に、我々は「道徳的力」という概念について、もう少し細かく見るべきである。道徳的力と法的力とは、原子力・水力発電・心理学的な力・説得力・政治権力のような、物理的世界において同種の効果を生み出すための選択的技法なのではない。むしろこの二つは、それぞれの独自の領域内における独自の種類の効果を生み出すための方法を提供する。それらの効果とは、人々の道徳上の様々な地位・義務・自由・請求権・免責・責任・その他の道徳的力に対する効果である。そしてこれらのそれぞれ独自の効果は、電力や軍事力と同等の何らかの他の種類の自然的な力によって生み出されるのではなく、ルールによって規定される役職や地位・申込み・承諾・譲渡・同意を示す行為・その他によって生み出される。何らかの形で潜在的な競争者ではあるのだが、物理力の方がよいとして道徳的ゲームをすべて拒否するのではないような両当事者の間で、権利主張は他のどんな代替的選択肢にも増して、当事者たちを道理性へと傾向づける。カール・ウェルマンが、この点をうまく述べている。「請求することは、自分の権利という根拠に訴えることであり、よって単なる力ではなく理由＝理性に訴えることである。」[24] 本章の冒頭でリストを挙げたような種類の道徳的権利の場合、訴えは文字通りに、権原・伝票・領収書・保証書など――これらは法的理由あるいは疑似法的な理由である――に対してではなく、道徳的理由、ウェルマンの言葉では「何らかの道徳的結論を含意する言明」[25] に対して行われるのである。

よって、非常に一般的に言えば、利益が対立する人々を、傲慢・残忍ではなく道理へと傾向づけるということは、道徳的権利が価値をもつことの重要な根拠の一つである。一般的に権利主張という実践に対する尊重がより広く普及すればするほど、人々が物理力に訴える可能性がそれだけ少なくなる（あるいはそれだけそうするのが遅くなる)。このことは、権利の重要性に対する論証全体の一部となる。この論証は、一般的な道理が道理を無視する者たちの心を動かさないという当たり前の事実によって掘り崩されるわけではないのである。

社会哲学者の間には、あるものが「唯一の善（*the good*)」でなければ、それは一つの善（*a good*）ですらありえない、つまり、あるものが、エピクテトスの「徳」がそうであると主張するような自足的な善でなければ、それは本来、内在的な善ではありえない、もしあるものがそれだけで人間の福利にとって十分だというのでなければ、それは人間の福利にとって必要な要素、または重要な寄与者ですらありえない、などと結論づける嘆かわしい傾向がある。おなじみの例を挙げると、それぞれ最低限の健康あるいは富あるいは機会が伴わない自由は、広くそして正しく認識されているように、保持者に何の善ももたらさない。したがって（とその議論は続くのだが)、国家による強制の不在として「消極的に」観念される政治的自由は、偽物の善であり、目標にする価値がない。これが推論として誤りであることは、あまりに明白なので詳述する必要もない。同様に、ロバート・ヤングとシモーヌ・ヴェイユに対しては、自律やプライバシー・表現の自由・暴行や暴言からの自由・適正手続・平等な扱い・結社の自由・信教の自由等々への権利は、愛情や愛に基づくケアの不足あるいは身体的安全の欠如の埋め合わせにはなってくれない、という点については譲歩することができるが、しかしこのことは、道徳的権利が善き生にとって十分ではないことを示しているだけであって、それが不必要だとか望ましくないと示しているわけではない。(実際、それが示しているのは、他にも必要なことがたくさんあるということである。）そして、権利保持だけでは、容赦ない全体主義的抑圧からの防御にとって十分ではないということは、権利が、愛情や愛に基づくケアなどのあらゆる善と共有する特徴である。（おそらく、ストア派による義務基底的「徳」への全面的かつ排他的な専心は、例外であろう。しかし、ヴェイユは真っ先に認めるだろうと私は思うが、それは人道に対して受け入れがたいコストを伴う。）結局、あらゆる形態の善は、政治的な力、そして究極的には物理的な力による保護を前提にしていると言ってよい。しかしこのことは、いささかも権利の価値を低く見る理由にはならないのである。

（川瀬貴之訳）

註

1　Jeremy Waldron, *Nonsense upon Stilts: Bentham, Burke, and Marx on the Rights of Man*（London and New York: Methuen, 1987）, p.44.

2　Marie Vassilichev, *Berlin Diaries*（New York: Alfred A. Knopf, 1987）, p.78. この引用は、ルース・マークスに負う。

3　Richard Wasserstrom, "Rights, Human Rights, and Racial Discrimination," *Journal of Philosophy* 61（1964）: 636. ワサーストロムが意図しただろう種類の事柄を例示するものとして、ウィリアム・マクスウェルの「ビリー・ダイアー（ニューヨーカー1989年5月15日号44頁）」に出てくる第一次大戦の例を考えよう。カンザスのキャンプ・ファンストン。それは、黒人のみで構成された部隊である第92師団の司令部であった。陸軍は、31年後にハリー・トルーマンの大統領命令が出るまで、人種統合されていなかったのである。キャンプ・ファンストンで、ある告示が、第92師団のすべての兵士に向けて読み上げられた。「師団司令官は、師団のすべての有色人種メンバー、とりわけ士官と下士官が、その出席が憤りを引き起こすような場所にはいかないよう、繰り返し強調してきた。その命令にもかかわらず、衛生部のある軍曹が最近、法的には疑いなくそれをする権利があるので、ある劇場に立ち入った。そして、与えられた座席が人種差別に当たると主張できる状況を惹起したことで、トラブルを引き起こした。諸君の出入りが望まれないような場所には行かないように。」黒人兵士がこの掲示を読んで道徳的憤慨を湧き上がらせないとどんな気がするか、白人の読者は想像できるだろうか。それがどれほど恣意的で根拠薄弱でも、自分に出入りしないでほしいという他者の欲求が始まるところで自分の権利は終わるという主張を、黒人兵士が受け入れられるというのは、ありうることだろうか。このような人を想像することが、ワッサーストロームが「道徳的貧困化」の語で意味するものを理解することである。

4　同上

5　Joel Feinberg, "The Nature and Value of Rights," *Journal of Value Inquiry* 4（1970）.

6　C.S. Luis, *Studies in Words*（Cambridge: Cambridge University Press, 1961）, p.14.

7　Jan Narveson, "Commentary on Feinberg," *Journal of Value Inquiry* 4（1970）.

8　William Nelson, "On the Alleged Importance of Moral Rights," *Ratio*（1976）: 150.

9　しかし、類似した用法はありうる。あなたは、護衛の任務につく兵士である。その義務は、広く注意を払い警戒することである。しかしあなたは「疲労する権利」を有しており、疲労は警戒を不可能にする。この状況であなたが疲労することは不適切ではないということは、義務の遂行が不十分になることの言い訳をあなたに与える。

10　Daniel Lyons, "' Entitled to Complain,' " *Analysis*（April 1966）: 119-22.

11　Ibid., p.120.

12　Ibid.

13　Friedrich Nietzsche, *The Will to Power*, trns. Walter Kaufmann and R. J. Hollingdale（New York: Vintage Books, 1968）, Book 4, sections 365-68.

14　Clarence Darrow, *Resist Not Evil*（Montelair, N.J.: Patterson Smith, 1973）. First published in 1902.

15　上の五つの文は、拙稿"The Moral and Legal Responsibility of the Bad Samaritan," Criminal Justice Ethics 3/1（1984）:64. から引用。

16　Robert Young, "Dispensing with Moral Rights," *Political Theory* 6（1978）: 68. 私がこの章の基となる論文を書いた時には知らなかったジェレミー・ウォルドロンの最近の明敏な論文も参照せよ。彼の"When Justice Replaces Affection: The Need for Rights," *Harvard Journal of Law & Public Policy* 11/3（1988）も参照。この論文で、ウォルドロンは、結婚における権利の役割に関するカントとヘーゲルの妥協のようなものを導き出している。ヘーゲルの見解は、ロバート・ヤングのそれに近い。ウォルドロンはそれを、このように言い換える。「自分の権利に固執することは、自分と主張の相手方とを引き離すものである。それはいわば、敵対開始宣言である。そしてそれは、暖かいきずなや愛情や親密さがもはやありえないと認めることである。敵対が不適切な文脈でそれをすることは、深刻な道徳的失敗である。ヘーゲルが『法哲学』の追補で述べているように、「自分の形式的権利以外に関心を持たないことは、純粋な我執であり、しばしば冷血や共感不足に伴うものである。自分の権利を最大限に主張するのは無教養な人のすることであり、高貴な心の人は物事の他の側面に目を向けるのである。」（628 頁）

17　「愛（love）」という名誉ある人間関係を正当に評価するようにそれを定義する一つの方法は、とりわけ相互的愛情（affection）および道徳的尊敬によって性格づけられる人の関係として定義することである。尊敬を伴わない愛情が、いかに愛から遠いか、の顕著かつ説得力ある例として、ヘンリク・イプセンの戯曲『人形の家』を見よ。無知な夫トルヴァルド・ヘルメルは、若妻ノラに対して、ある種の真正な愛情（affection）を抱いている。彼は妻の愛らしい顔を見る時必ず微笑む。彼は、親が子に対して、あるいは所有者が美術品に対してそうするように、「妻を誇りに」してさえいる。彼は、犬や猫にするように、常に妻を愛撫する。実際、彼が気に入っている呼びかけ方は、「キュートな」小動物の名によるものである（「私の小さな雲雀ちゃんは、そこでさえずっているのかい？」「私の小さなリスちゃんは、元気いっぱいだね？」）。その陳腐さはさておき、ヘルメルの愛情は真正のものだろう。結局、我々は動物（その他の玩具類）にも真正に愛情を持つことができるのである。しかし、ヘルメルは、重んじるという意味だけではなく、互いに道徳的主張ができる他者としての承認という意味でも、彼の小さなペットを尊敬しているわけではまったくない。ノラがついに彼に主張をした時、それはあたかも機械仕掛けの人形が突然しゃべりだしたかのようであった。彼は、ノラを主張者として真剣に考えることができず、そのような役割を果たすものとしても考えられなかった。この解釈は、ウォルドロンからさらに一歩進んだものだと私は思う。ウォルドロンは言う。「結婚の例に戻れば、（カントはそう言いそうだが）愛情的な絆（affective bond）を構成するためではなく、元伴侶との関係において自分ができることに他に何の基盤もないと判明したという不幸な場合に自分が期待できることについての安全な情報を与えてくれるために、一連の形式的で法的な権利や義務が必要であると私は思う。」（Waldron, "Need for Rights," p.629）　私なら、尊敬を、道徳的権利の概念と密接に結びついたものとして扱うだろう。そして、道徳的権利を、単なる予備的な安全としてではなく道徳的尊敬の対象として、価値あるものとして扱う。道徳的尊敬は、――かならずしも「愛情的な絆」（もしそれが単に「愛情（affection）」を意味するだけなら）のではないが――完全な愛（love）の絆の構成要素なのである。（他の要素、例えば単純な好意も、間違いなく必要ではあるが。）

18　Simone Weil, *The Need for Roots*（London 1952）, p.18. ここで引用された言葉は、明らかに、ヤング（"Dispensing with Moral Rights," p.68）によって、"The Notion of Human Rights: A Reconsideration," *American Philosophical Quarterly* 6（1969）:244 の著者、ミアリス・オーウェンズから引用された、ウェイユ自身の言葉の言い換えである。

19　カール・ウェルマンですら、（おそらく不注意な誇張だったのだろうが）この間違いを犯しているように見える。例えば彼は、「主張することは、争いにおいて敵対者に打ち勝つための一撃である」と言う。A Theory of Rights［Totowa, N.J.: Rowman &Allanheld, 1985］, p.209

20　それを十分に強調してこなかったのかもしれないが、20年以上この見解を持ってきたので、私は、ジェレミー・ウォルドロンが *Nonsense Upon Stilts*（p. 196）で、私の理論が「自尊や人間の尊厳は、他者に対して耳障りで不平に満ちた敵対的主張をする立場にあることに依存しており、私の達成や自由や自己実現は、あなたの達成や自由や自己実現に限界を設ける私の剛腕的で自己主張的な能力に依存する」というものだ、と言っているのを読んだ時には、驚かされた。

21　Zeke Wigglesworth, Knight-Ridder Newspapers, April 16,1989.

22　Epictetus, *Discourses*, book 1, chapter 19- "Of the Right Treatment of Tyrants."

23　Epictetus, *Enchridion* 16.

24　Carl Wellman, A Theory of Rights（Totowa, N.J.: Rowman &Allanheld, 1985）, p.210.

25　Ibid., p.170.

第11章
道徳的権利の擁護：その憲法における重要性

In Defense of Moral Rights: Their Constitutional Relevance

「建国の父たち」という語で、とりわけ米国の独立宣言〔1776年〕に署名した人たちを含む例の愛国者グループを念頭に置くなら、建国の父たちあるいはともかくも彼等の大半は、諸々の道徳的権利が存在することを、またそれらの権利のうちの少なくとも多くが――そこではっきりと言及されているかどうかに関わりなく――アメリカ合衆国憲法〔1787年〕の中に組み入れられていることを信じていた、ということにほとんど疑いの余地はないであろう。我々人間には創造主によって生命、自由、幸福追求への「不可譲の権利」が授けられている、というジェファーソンの有名な文言のすぐあとに重大な一句が見いだされる。それは、「人々のあいだに政府が組織されるのはこうした権利を確保するため」であるということもまた自明の真理だ、という一句である。これが明らかに含意しているのは、あるいは私にはそのように思えるのだが、問題となっているこれらの決定的な権利は政府による立法に先行しかつ立法とは独立に存在するものである、との見解である。そしてまたこれらの権利はしたがって、18世紀にはしばしば「自然権」と呼ばれていたものであり、また本書の9章から11章において私がこの表現に与えた意味での「道徳的権利」であるということである。ところで我々が政府をもつ第一の目的がこうした道徳的権利の保護である時に、もしもこれらの権利の承認と保障がそうした政府の基本的な法の一部でないとすれば、それは実際非常に奇妙なことであろう。政府をもつことの――政治的国家を建国することの――核心は、これらの権利を確保することにある。だとするとこれらの権利が、こうした目的のために建国者たちによって構築された政府の法的な枠組の部分になっていないなどということが、いかにしてありうるだろうか。

憲法〔以下、アメリカ合衆国憲法のこと〕は一群の個別的権利に言及しており、そのうちの多くは道徳的権利を具体化したものと解釈することができる。以下にそれらの一部のみを挙げる。著作者や発明者がそれぞれの著作や発明に対して有する独占的権利（第1条第8節）。人身保護令状の停止、私権剥奪法あるいは事後法、などに対する免除という意味での個別的諸権利（第1条第9節）。宗教活動の自由、言論の自由、出版の自由、集会の自由など、有名な修正第1条の諸権利。自宅での兵士の宿営を拒否しうる家主の権利。不当な捜索や押収を受けない権利。国が接収する財産に対して正当な補償を受ける権利。二重の危険、過大な保釈金、残酷で異常な刑罰、刑罰として課される以外の意に反する苦役、などを免れる諸権利。人種や性別によらない投票の権利。そして適正手続（デュー・プロセス）および平等保護など、有名な修正第14条の諸権利、である。

これらの権利のうち若干のものは請求権であり、この権利によって他の当事者たちの義務を制御する権限が授与される。しかし上記の権利の大半は免除権であり、この権利によって一定のタイプの統治行為や法律制定が法的に無効にされるのである。そうした権利のいくつかは私的な当事者たちに対抗して、しかし大半は国に対抗して保持されるものである。いくつかは比較的厳密で明確であるが、いくつかはまったく抽象的で相当な解釈を必要としている。いくつかは「不当な」、「適正な」、「正当な」、「過大な」、「残酷な」というような「本質的に論議の的になる概念」としばしば称される種類の用語を含んでおり、解釈する裁判官にはこれらの道徳的用語を適用するための適切な基準を提供することが要求されている。上述した権利のいくつかは市民社会の樹立に先行する自然状態において難なく当てはまるが、大半の権利は明確に政府に対する請求であり、そうした請求は政府がまがりなりにも存在するよりも前には用をなさないであろう。しかしこれらはそれでも道徳的権利として、けれども条件付きのものとして、つまり生成することになるどんな政府に対しても妥当するはずの権利として解釈できよう。このような仕方で条件付きの形で定式化される時、これらの権利はそれらを主張することが用をなすよりも前の時点でも、実在しうるし認めうるであろう。それ故これらの権利を有効とする理由は、現実に実在しているどのような政府による立法とも関連性を含まないであろう。

生存権、自由権、幸福追求権は、上記以外にさらに追加されるべき憲法の中に含まれる個別的権利の名称なのではない。これらはむしろ、多数の個別的権利からなる一群の寄せ集めがそこへと分類されるべきそれぞれの部類に対して与えられるカテゴリー標識なのである[1]。すべての人がこれらのカテゴリーに属する諸々の権利をもっていると言ったところで、それらの権利が何であるかについて、我々は多くを知りえない。そのうえ、これらのカテゴリー標識はそれ自身明らかに修辞的な効果をも狙って選ばれており、きわめて曖昧である。例えば、自由権はこうした曖昧さの申し分のない一例である。自由に対する我々の法的権利の大半は、純粋に道徳的権利として解釈しうるものも含めて、個別の法令や判例によって我々に与えられており、それらは憲法によって許容されてはいるがはっきりとは要求されていない。誘拐されないあるいは不当に投獄されない、といった我々の法的な権利はそうした例である。憲法によって我々に与えられている諸々の自由の大半は、我々の道徳的権利と相容れないような刑法上の禁止やその他の強制的な制限を、憲法が「事前に無効化」していることからくる間接的自由である。こうした事前の無効化つまり立法の無能力は、しばしば「議会はどんな法律も制定してはならない」といった仕方で表現されている。

これらのカテゴリー標識は曖昧なだけではない。それらは、一つのというよりも複数のカテゴリーに適切に包摂可能に思える所与の権利を分類するための指針をまったく提供していないという意味で、多少とも恣意的な傾向がある。例えば、ほとんどどの権利も幸福追求権の一つであるように思える。また憲法上有効な刑事諸法によって保護されている権利の多くは様々な自由権として、例えば暴行や殴打やレイプから、それどころか殺人から自由である権利として解釈可能である。（結局のところ、人は自分の生命を失えば自分の自由をも失う。）同様に、政府が市民に対して合法的に行ないうることに制限を課している憲法上の諸々の権利（信教の自由、言論の自由、不当な捜査からの自由等々）は、実際上すべて自由権として分類可能である。

伝統的なカテゴリー標識がもつ最終的な欠点は、そうしたカテゴリーが単に情報価値が低く、曖昧で、多少とも恣意的であるのみならず、いい加減で、おそらく不完全だということにある。概念的な整理衝動があるので我々は、幸福追求権のうちの疑いもなくそうだと同定できるいくつかの権利を、財産権として分類したくなる。そして財産権はしばしば他の人たちの個人的自由と明らかに衝突するので（あなたの財産である地所が始まるところで私の移動の自由は終わる）、いくつかの憲法上の権利は、自由権グループのメンバーとしてよりも財産権カテゴリーに属するものとして理解する方が優れているであろう。

道徳的権利についての伝統的な分類法に私がここで関心を抱く理由は、新たに設定された一つの総称的な権利カテゴリーが近年激しい論争を引き起こしており、しかもその論争が哲学的な側面をもっていることにある。私が話題にしているのはもちろん「プライバシーの権利」のことである。これは1965年の有名な「グリズウォルド対コネティカット州」事件の判決[2]において連邦最高裁が支持した権利であり、それが、暗黙裡に憲法に組み入れられているとされるそれまでは名称がなかった総称的な一群の道徳的諸権利に対する標識として適用されたのであった。これらの権利は新しい名称を与えられたにもかかわらず、実際には憲法の中の他の個別的諸権利、例えば修正第1条の権利群と類似している。これらは、ある仕方で行動する私的な諸々の自由を、そのような仕方で行動すべきではないという法的義務を有効なものとして創出する能力を立法に対して否定することによって、保護しているのである。

グリズウォルド事件での係争点は、「どんな人に対しても」避妊具の使用を禁止し、その使用を助言するどんな医者もあたかも正犯者であるかのように起訴され処罰されることを許しているコネティカット州法の有効性であった。この州法を憲法上無効だと宣言した多数派の裁判官たちにとって、婚姻関係にある男女が避妊具を使用する権利は、考えられる中でももっとも明白な道徳的権利の例である。つまり人々のあいだに政府が組織されているのは、この種の権利を確保するためなのである。他方で少数派の裁判官の大半は、この州法が「途方もなく馬鹿げた法律」であるというスチュワート判事の主張にはおそらく同意したであろうが、しかし避妊具を使用する権利あるいは避妊具を使用する権利を含意するような全般的な種類の道徳的権利が、憲法で明示的に宣言されていない以上、馬鹿馬鹿しさを憲法違反の根拠には出来ないと考えたのである。

権利章典〔合衆国憲法成立後に修正条項として付加された最初の10箇条の人権保護規定〕の中のいくつかの明示的な保証がまさにプライバシーの権利を含意あるいは前提している、とダグラス判事は主張し、またいずれにせよ修正第9条は「憲法の中での一定の権利の列挙が人々の保有するその他の権利を否定あるいは軽視していると解釈されるべきではない」と宣言している、とゴールドバーク判事は発言した。列挙の中にないプライバシーの諸権利は、人々が彼等の優勢な慣習的道徳律に基づいて保有しているのかどうか、それとも当該諸権利は、その確保を目的として人々のあいだに政府が組織されているところの自然権の中に含まれているのかどうか、という問いを、修正第9条は未決のままにしている。しかし後者の解釈こそが建国の父たちの全般的な哲学的信条をその後ろ盾にする解釈であり、そして州が夫婦の寝室というプライバシーにおいて夫婦が何をしてよく何をしてはいけないかを差し出がましく夫婦に指図するとすればそれは道徳的に常軌を逸している、と考える大半の我々にとっては、過去や現在の有力な慣習的道徳が何を言うかにかかわりなく、単なる「馬鹿馬鹿しさ」がではなくて、傲慢な権利侵害こそがその法律の欠陥なのである。

憲法上のプライバシー権というのは誤解を引き起こしやすい名称であったということは、現在では注釈者のあいだの常識である。グリズウォルド判決によって法的に無効とされたコネティカット州法は、言葉の通常の意味でのプライバシー（目撃されず、邪魔されず、一定の仕方で知られることさえなく、自分の孤独を楽しむ自由）を制限しているとの理由から、憲法上根拠薄弱となったわけではない。というのも、たとえコネティカット州議会が、ダグラス判事が示唆していたように、異議の余地があるその法律を止めて、避妊具の使用は禁止せずただその製造と販売だけを禁止し、こうしてダグラスの言う「避妊具使用の秘密暴露となる証拠物を求めて夫婦の寝室という神聖な領域を捜索する」どんな権限も警察には与えず、それによって通常の意味でのプライバシーは保護するような法律と取り換えたとしても、それでもなお非常に厳格な道徳的権利を侵害することになるだろうからである。夫婦は依然として、たとえ自分たちが選択したくても避妊具を使用する機会を奪われており、そしてこのことは彼等の道徳的自律を著しく侵害することになるであろう。というのもそれは、このようなことがなければ自由裁量であるはずの領域、つまり夫婦の性的関係とか生殖の決定とかに関連する選択の領域、において彼等が自分自身で決定する可能性の範囲を縮小させることになるからである。多くの人たちが示唆してきたように、道徳的であるがゆえに憲法上のものである当該の権利は、「プライバシーの権利」というよりも「自律への権利」と名付けた方がよいであろう。そのようなものとしてそれは、性的関係、家庭、家族、婚姻、母性、妊娠、出産等に関連する人生のきわめて中心的な決定において、それが保護する諸々の選択の内容によって、他の自由権からは区別される自由権の一つのカテゴリーなのである[3]。このリストには終りがなく、人生のその他の基本的な決定を、さらには、分類上は重複するにせよ宗教の自由さえ含みうる。繰り返すが、この道徳的権利をどのカテゴリーの中に位置づけるかは重要な問題ではない。実際に重要であるのは、いわゆるプライバシーの権利なるものが、それを大事にする人たちにとっては、自由な言論、適正手続、自由な宗教活動といったことへの権利に匹敵するきわめて重大なものだということである。そしてまた後者の諸権利は結局のところ、人生のこれ以外のきわめて重要なそれぞれの領域において、政府による制限からの免除という形式で付与されている自由権であるという点で、構造において平行関係にあるものである。

多数の注釈者が様々な立場から連邦最高裁のプライバシー判決を批判しているが、なかでも道徳的権利の実在についての根深い懐疑主義に依拠しているがゆえに、ここで簡単に議論するのが有益であるような、攻撃の論旨というものがある。私が話題としているのはある時は「原意主義」ある時は「解釈主義」ある時は「価値自由憲法学」と呼ばれてきた憲法解釈の理論である。どの名称が使用されるにせよ、この理論の決定的な言明はジョン・エリィ[4]とロバート・ボーク[5]の著作に見いだされ、またもっと影響力のあるこの理論の提唱者の中には、ウィリアム・レーンキスト連邦最高裁長官[6]とエドウィン・ミース元司法長官[7]が数えられる。サザーランド判事が 1934 年のある事件で「憲法の規定に適用される理論構成の全目的は、…その規定の立案者たちとそれを採用した人々の意向（intent）を確かめ、それに効力をもたせることにある」[8]と言明した時、彼はこの主義を効果的に定義していた。

原意主義者ならグリズウォルド事件にどのような判決を下していたであろうか。彼はまず憲法のはっきり書かれたテクストを精査し、憲法の原案の作成者たちあるいは修正案提出者たちが避妊具の使用に対して何らかの批評を表現しているかどうかを見るだろう。この容易な調査に引き続き、原意主義者は再びテクストを熟読し、規制されない性関係あるいは生殖選択についてのもっと抽象的な権利に対する何らかの明示的な言及を探すだろう。さらにテクストの中に何も明示的なものがないことを見いだしてから、彼は性的プライバシーの権利、つまり第三者に影響を与えない性的事柄における裁量的自由あるいは自律、を創出しようとする起草者や批准者たちの意図（intention）の表現と解釈しうるような文言を、憲法典（とくに様々な自由や免除の規定）の中に探しだそうとするだろう。ここで彼は、知られているかぎりで起草者や批准者たちはどのような特定の適用を念頭に置いていたのか、念頭に置いていなかった適用のうちでどのようなものなら彼等は、問われれば受け入れる用意ができていたはずなのか、あるいは使用する文言を選択するにあたって彼等のより大きな目的は何であったのか、と自問することになる。ここにいたるまでの探求は完全に事実的――歴史的、経験的、そして価値中立的――であったろうし、またその結果は完全に否定的であろう。プライバシーの権利はないし、馬鹿げた法律による恣意的な介入を排除する救済の方途はなく、妊娠か逮捕かのどちらのリスクもともなわないセックスはない、ということになる。この解釈様式は、「憲法の教義的内容は憲法が採択された時に完全に決定されており、憲法の教義はテクストあるいは［それの］『原意』についての価値自由で事実的な研究によって同定することができる、と仮定している」[9]。立法の無能力をこの方法によって探し出して特定することができない時にはもちろん、関連する立法を覆すどんな根拠も存在しない。つまりその立法は「国民の代表者たち」によって最初に制定されたとおりに有効でなければならない。そしてこうした国民の代表者たちは、憲法において明示的に宣言されている諸々の免除に違反しない法律であればどのような種類のものであれ、たとえそれがどんなに馬鹿げていようと、創出する権限をもっているのである。

主に自分に関連する領域において個人的自律（プライバシーの一つの意味）への道徳的権利が存在すること、そしてこれと競合する配慮が避けられない公益がないのであれば、自律へのその抽象的な権利から性的ならびに生殖的事柄において自由に選択しうるというもっと具体的な権利が導出されることを、一連邦最高裁判事が単純に表現できるだろうか。そのようなことを表現するとすればそれは、裁判官自身の個人的な「価値選好」を、そうしなければそんなものなど含んでいない憲法の中に投げ入れることであり、また憲法自身はそうしたことを行なう有効な権限を裁判所に与えていない、と原意主義者なら返答する。ボークほど裁判所の権限について制限的ではないがエリィは、「司法による違憲審査を行なう時に、『裁判官自身の価値』［と彼が言うところのもの］と立法府の価値とのあいだで選択が問われれば、…立法府の価値を選択する」[10]としている。

それどころか道徳的権利などいずれにせよ存在せず、そのように装っているものは実際には裁判官の、単なる主観的な選好つまりボークが好む表現を用いれば「価値選択」、にすぎないとされる。ライオンズが指摘しているように[11]、ボークの用法では「価値選択」は価値判断ではない。むしろそれは裸の願望と同じだけ個人的かつ恣意的であり、まさにその本性からして合理的には支持することができないものである。したがって当然の帰結として、憲法解釈において裁判官が自分自身の価値選好を使用することは党派的で「無節操」であることになり、そして人々のあいだに政府が組織されているのはどの権利を確保するためなのかについて二人の裁判官が意見を異にする時には、論争を解決する合理的な道は存在せず、一方の意見と他方の意見とのあいだに差はないことになる。ボークの価値懐疑主義は明らかに際限のないものである。それ故ボークの見解では良心的な裁判官は事実だけに限定される。彼は、憲法の中に、あるいは憲法の立案者たちの真正であると証明された意図の中に、事実問題として見いだされる「価値」（それ自身も単なる「選好」であるが）を履行することは許される。とはいえ他の人たちの価値選好を履行することは、自分自身の価値選択を行なうのと同様の無節操な活動なのではない。したがって裁判官は、憲法の中にそれを読み込みたくなるほどに自分を満足させるような、彼自身の道徳判断（そして道徳的権利を単なる「価値選好」と見なす判断さえ）と、明示的な制定法の文言あるいは明白な意図の中で指示されている、同じく恣意的で合理的には弁護できない立法府の価値選択とのあいだの衝突に直面する時には、立法府の価値選択を選ばなければならない。たとえそれが、その全構成員が死去して久しい1880年代のコネティカット州の立法府による価値選択であったとしても、である。

ボークと同様に慎み深い人格の上訴審判事であれば、自分の私的な資格からすると夫婦の受胎調節に対するコネティカット州の介入をおそらく非難するであろうが、それにもかかわらず彼自身の道徳判断がすべての道徳判断と同じく合理的には支持できない単なる主観的な選好であると認識することによって、裁判官としての自分のより高度な義務を敢然と遂行するであろう。判決への他のどんな道筋も「無節操」であろう。というのもそうした道筋は、自分たちの権利とされるものを力説する少数派と、自分たちの価値選好が法的に有効な制定法の中に表現されている多数派とのあいだの社会的衝突において、憲法上の根拠をもたないまま一方に荷担しているからである。一つの選好を充足することをボークは「満足」あるいは「喜び」と呼んでいるが、そうするとボークがそう呼ぶところの「無節操な」裁判官[12]は、一方に荷担する権限を私物化し、夫婦の保護されたいという願望（それを彼等は「自分たちの権利」と呼ぶかもしれない）が成就されることから夫婦が引き出すであろう満足と、夫婦が欲しているものに同意せず、それ故夫婦の自由の制限に喜びを見いだすであろう部外者の満足との間で選択することになる。一方を他方と比べて選好するための客観的な根拠は存在しないがゆえに、これらの競合する満足のうちのどちらを選好するにせよ、そうした裁判官の選好は、合理的には弁護することができずそれ故恣意的になるであろう[13]。

ライオンズはさらにもっと理解の足しになる例を挙げる。「修正第14条〔南北戦争の結果成立した平等保護条項〕以前であれば、ユダヤ教徒とカトリック教徒が一定の職業につくことを禁止している法律の無効化を要求する訴訟に対しておそらくボークなら、「憲法が道徳的な…選択を体現していないところでは、制定法に体現されている共同体の判断を退けるための基盤としては裁判官は彼自身の価値以外に何ももたない」と［繰り返すことで］応答するだろう。…裁判官の『自制』という方針に賛成するボークが明示する理由は、対立するすべての立場が、人種的偏見を拒絶する立場も含めて、合理的には弁護できないということであり、したがって［明示的な］憲法上の正当性を欠いている中でいずれか一方を『選好する』とすれば、それはどれも『原理に則っている』のではありえないからこそ、一方を利する裁判官の決定は『無節操』だということになるであろう。」[14] ボークは彼自身の「満足」の言語を使って効果的に論点を取りまとめ、「ある人の満足が他の人の満足よりもいっそう尊重に値することを、あるいはある形式の満足が他の形式の満足よりもいっそう価値があることを決定できるような原則に則った道筋は存在しない」[15] と結論づけている。このことは、ライオンズが合衆国憲法の中に「法による平等保護」のような条項が存在するようになるより前の時代に当てはまることを念頭に置いて挙げている例では、医者になることで一人のカトリック教徒が得る満足が、彼を今の分限にとどめておくことで〔州の〕立法府の多数派が得る満足よりも大きな価値があるわけではない、ということを含意しているように思える。（衝突している「満足」のあいだのこうした比較を恣意的と呼ぶ点でボークは、彼の見解とそれ以外では類似した理論を展開しているベンサムよりももっと徹底している。というのも功利主義者であるベンサムは道徳判断の客観性を信じており、衝突がある事例ではいっそう広く強く持続的な「満足」の方を裁判官に支持させたであろうからである。）

ここで私はボークの原意主義に反対し、原意主義の代替案である憲法の中にある道徳的権利の理論を擁護する議論を展開することにしたい。第一の議論はほとんどあまりに簡単である。この議論はこれまでにも多くの人たちが考えてきたはずであり、だからそれに対する標準的な返答もあるのかもしれないが、そうした返答に私はこれまで出会ったことがない。人々が所有する道徳的権利が存在し、人々のあいだに政府が組織されているのはこうした権利を確保するためである、とジェファーソンが言明した時彼が、後に憲法の起草者、批准者、修正案提出者となることになった人たちをも含め、彼の同僚の大多数の考えを代弁していたことは、歴史の事柄としてほとんど疑いの余地がない。そのような権利を国の存在理由の一部として設定しながら、国の基本的な法的構造がそうした権利を具現していることを否定するなら、それは馬鹿げたことであろう。したがって建国の父たちあるいはその大半は、自分たちの審議や立法に先行しそれらから独立して実在する道徳的権利が、彼等が立案中の統治の憲章の核心的部分であると信じていた、ということは歴史的事実である。ところで原意主義に従えば、建国者たちの「もともとの意向である原意」こそが我々にとって、憲法の法源である。ここから帰結するのは、もともとの起草者たちの諸々の意図から独立した源をもつ諸々の権利が憲法の中に現存しているということに、原意主義自身が与しているということである。別の言い方をすると、自分たち自身の言葉や意図をその後の司法上の解釈にとっての唯一の鍵とすべきではない、というのがまさにもともとの立案者たちの意図だったのである。こうして原意主義は自縄自縛に陥っている（Originalism thus is hoist with its own petand.）[16]。

第二の議論は、完全な倫理的懐疑主義にとっては古代から困惑の種である。道徳判断についての完全な相対主義者であれば、自分自身についてであれ他の人についてであれ、権利についてであれ義務についてであれ、自分自身が道徳判断を行なうことを避けねばならないだろう。しかしもしも彼が、例えばボークがしているように、裁判官たちの諸々の義務について判断するのを自分に許すのであれば、彼はそうした自分の判断を、諸個人や地方と中央の諸政府の中での衝突において当事者たちに権利や義務を帰属させている道徳判断を彼が批判する時に使用するのと同じ破壊的な分析にかけねばならないだろう。つまり彼自身の判断も、主観的な選好にすぎず、合理的には弁護できず、恣意的なのである。だとすると、ボーク自身の道徳判断が出るやいなや、それを彼の理論が奪い去るであろう。

道徳的懐疑主義を批判するこのような伝統的議論を回避するために、こうした主義主張を道徳的権利の言明だけに限定し、かくて道徳的義務へのそれの適用を免除しようとする論者がいるかもしれない。しかしながら、多くの道徳的義務は相手方の権利と論理的に結びついているので、義務を権利の帰結として説明することは少なくともその逆の説明と同程度に説得的であると思われる。道徳的権利は通常、権利の所有者に対して、その制度的および法的な対応物と同様、例えばその保有者の選択を容易にしたり利益を保護したりするために他者の義務のオンとオフとを切り替えることでその義務をコントロールする「権限」を与える。この場合に義務が現に存在することを容認しながら、しかし同時に義務から利益を受ける人には義務をコントロールするすべがまったく欠けており義務が履行されない時にも個人的な不満を適切に表現することはできないと主張する、要するに、義務が客観的事実でありながら、義務と連関している権利は話者の恣意的な「選好」にすぎないと主張する、のは恣意的であると思われる。

ボーク、エリィ、そして他の多くの人たちに共通する原意主義のもう一つの議論は、非常に微妙な推論の誤りをおかしているように私には思われる。こうした著者たちは皆、議論のどこかの段階で、裁判官が道徳判断を下すことは彼が彼「自身の価値」または彼「自身の意見」を述べるのとまったく同一の事柄である、と主張する。エリィが描写するところでは、憲法が沈黙しているあるいは不明確なままである時、〔立法の合憲性についての〕司法審査における裁判官の意見表明は、立法府の価値と裁判官自身の価値とのあいだの二者択一である[17]。ロウ対ウェイド判決について語りながら彼は、「裁判官たちは…時おり彼等の個人的な価値を押しつける」[18]とまで言っている。すなわちそれは、彼等の価値であるのみならず、彼等の私的で個人的な価値、つまり何が道徳であるかについての彼等の私的な信念ないし「意見」だというのである。ボークは軽蔑的に、彼を批判する学者たちが提案しているのは、「裁判官たちが善い価値を実行すること」、ボークはこれに直ちに付け加えて、「言い換えると、その教授にとって善いと思われる価値を実行すること」である、と書いている[19]。これはあたかも、この人やあの人に善いものだと思われる価値が、その事例のまさにあり方からして実際に善いものであることなどありえない、とでも言いたいかのようである。

これらの定式の中に含まれる巧妙な欺瞞は、ある表現は些末な自明の理だとする解釈から、当該言明は読者が最初から誤っていると考えがちな重大な内容をともなう論点の主張だとする解釈へと、いかがわしい形でスライドすることにある。人は、自分が判断を下すよう求められる時には、彼自身の（一体他の誰の？）意見を、あるいは結局同じことになるが、彼が見ているかぎりでの真理を、表現するよう求められている、という想定から出発する。人がある事柄について、彼自身の意志や印象からは独立した道理にかなう判断を下す時でも、彼が表現するのは結局のところ彼の意見であって、他の誰かの意見ではない。これは自明の理であって、私が判断を下す時には、私が下すのは私の判断である。巧妙なごまかしが始まるのは、人がこの自明の理を、彼自身の意見にすぎないとか「彼自身の信念にほかならない」とか「ひとえに彼自身の判断である」とかいった、矮小化する語で限定する時からである。あたかも、彼の意見の表現は常に彼自身の意見の表現であるというトートロジーが、彼の意見は主観的なものにすぎないということ、つまり彼の意見は意見そのものからは独立した、最善の場合にはその意見に信憑性を与えるかもしれないいかなる事実とも無関係であるということ、を必然的に含意してでもいるかのように、である。

私が私の意見を表現する時私が表現しているのはもちろん私の意見であるというトートロジーから、すべての場合において私の意見はきわめて特殊な種類の意見、つまり私に固有な私的または「個人的な意見」であるにちがいなく、私個人にまったく言及しないいかなる一般的あるいは非個人的な理由によっても支持されることはない、といった結論へと移行する時には、このスライドがさらに継続しており、いっそう言語道断のものになる。例えばブロッコリーは美味しいと言う時には私は、「単に」個人的な意見を表現している。他方でブロッコリーはビタミンCが豊富であると言う時には私は、公共的で非個人的な証拠を援用している。明らかなことだが、私が意見を表現する時私が表現するのは私の意見であるというトートロジーから、当然の帰結として、いつであれ私が表現する意見はすべて個人的な種類の意見である、ということが出てくることはない。実際には、単なるトートロジーから、実質的内容をともない論議の的になる性質のものが、どんなものであれ結論として出てくることなどありえないのである。

私が記述を試みてきた誤りは、心理的利己主義――人間のすべての動機は利己的であるという主義主張――を証明しようとしている人々がしばしばもっと露骨におかすものである。その階梯はよく知られている[20]。利己主義者は、あたかも自明の実質的内容をともなう真理であるかのように彼が呈示する自明の前提すなわち「自発的な行為はどれも行為者自身の動機によって駆り立てられている」から始める。これは「個人が表現する意見はどれも彼自身の意見である」と類似の前提である。この利己主義を支持する論証の前提が真である理由は、もしもある個人の行動の動機や意図が彼自身のものではなく、彼をコントロールしている誰か他の人の動機や意図であるというのであれば、我々はその行動をそもそも彼の、つまり自発的な彼の行動とは呼ばないだろうということにある。しかしそこでこの自明の理から、私は常に私自身の動機に基づいて行動するのだから、私は常に私自身のために何かを求めているのだ、という経験とは相容れないように思える内容をともなう、論議の的となる実質的な主張へとスライドする時、横滑りが始まり、さらにそこから、「自発的な行為はすべて、単に（自明の理が言うように）行為者自身の動機によってだけでなく、またきわめて特殊な動機すなわち利己的な動機によっても、駆り立てられている」へとスライドするのである。こうして我々は、出発点に置いていた自明の理から、論理的な正当性もないまま、長い道のりを歩んだことになる。我々は、もう一方の事例で「私のものである意見」から「私のものである非常に特殊な意見、すなわち、いわゆる個人的意見」へと移行する場合も、同じことをしているのである。

こうした論理的に正当でない方策を使えば、我々はすべてのことを相対化することができる。我々は、科学者が自分の仮説を支持する際には専ら一定の種類の理由、例えば数学的な理由にのみ訴えるべきだと言い、そしてつぎに事実に目を向けて、彼が実際には数学的な真理にではなく、彼が数学的真理だと信じていたものに訴えていたにすぎない、と文句を言うことができる。つまり彼は、何が数学的に真であるかについて自分の意見を、それも一つの「個人的な」意見を表現していたに「すぎない」のである。したがって数学における判断でさえも、個人的、私的、主観的、恣意的なものにすぎないということになる。あるいはまた我々は、一人の連邦最高裁判事に対して、タイプＲの理由、例えばエリィやボークお気に入りの類の原意主義的理由、だけを受け入れるように教え、そしてつぎにその判事が我々の勧告を受け入れたあとで、彼が実際には原意主義的理由を決して使用しておらず、むしろそれとは必然的に異なっているもの、つまり原意主義的理由であると彼が考えているもの、を使用している、したがって我々が欲していた客観的で事実的な理由の代わりに彼自身の私的で個人的な理由を使用している、と文句を言うことができるのである。誰もこうしたゲームでは勝利することができないことになる。

ボークが「立憲民主制では法の道徳的内容は、決して裁判官の道徳によってではなく、憲法起草者あるいは立法者の道徳によって与えられねばならない」と書く時彼は、裁判官によって下されるどんな道徳判断も彼自身の私的で個人的な道徳――「その裁判官の道徳」――でしかありえず、その判断がそうだと主張するかもしれないような非個人的で客観的な道徳ではありえない、と我々が彼とともに想定することを望んでいる。さらにボークは、トートロジカルな前提の自明の真理から非常に疑わしい偏向した結論へと、あたかも一方から他方への移動のあいだずっと眠っていたかのようにして、我々が移動することを望んでいる。

原意主義の議論に対する私の最後の批判は、専らボークに向けられる。彼は、公共政策に関するフランシス・ボイヤー連続講義の中で、その機会を利用して、彼の法哲学の主要な源泉である、「中立原理」についての影響力の大きなインディアナ・ロー・ジャーナル論文〔本章註５参照〕で表明していた見解のいくつかを洗練し敷衍している。彼は「憲法における伝統と道徳」についての講義において、パトリック・デヴリンの有名な講義以来「法による道徳の強制」と呼ばれてきた問題に取り組んでいる。ここでミル流のリベラリズムに反論する中で、論敵を道徳的相対主義のかどで非難しているのは、他ならぬボーク自身である。リベラリズムの立場は、共同体の道徳に反する一群の行為を禁止する刑事諸法はそれらの行為が同時に行為者以外の人々に危害を及ぼすという場合を除いてすべて不当である、と宣言する。だから例えば、成人同士が私的に同性愛の関係を結ぶことを禁止する法令は、たとえそうした振る舞いが優勢な道徳慣習に反している場合でさえ、正当ではないだろう。こうしたリベラリズムの原理（しばしば「危害原理」[21]と呼ばれる）は、共同体あるいはその多数派が「危害と見なす権限をもつ」事柄の範囲を擁護不可能な程度にまで制限することになるだろう、とボークは不満を述べる。というのも、これに従うなら多数派は、人身被害や経済的損失を防止することは許されるが、彼等が「道徳的危害」だと考えるものを防止することは許されなくなるからである。これはまた、「道徳の私事化」に等しいことになり、「共同体の法に対し道徳的相対主義を実践することを要求する」ことになってしまう、と彼は抗議している[22]。

この注目すべき批判に応えるために、アベルとベイカーという二人の市民と、彼等それぞれに対応する同様の意見をもつ二つの下位共同体を想像していただきたい。アベルとベイカーとは、何が実際に道徳的である、また不道徳である、かについての道徳判断のいくつかを異にしており、その結果そうした判断によって決定される生活スタイルでも異なっている。アベルはより大きな共同体の多数派の道徳判断を代表し、ベイカーは穏健な少数派の道徳判断を代表している。この仮説的事例ではアベルもベイカーも道徳的懐疑主義者ではない。二人とも道徳的真理なるものが存在していることを信じているが、ただそれぞれ相手ではなく自分がそうした真理を所有していると信じているのである。政府もまた道徳に関して懐疑主義的ではない。政府は、アベルと多数派が真なる道徳判断群に従って生を営んでおり、他方でそれらに対応するベイカーの意見は誤っていると信じている。しかし政府は、いくつかの道徳的意見の不一致は、たとえそれらを理性に服させるとしても解決するのが極端に困難であり、また道理をわきまえた人たちが時にはいずれの側にも見いだされる、ということも信じている。問題の事例ではいずれの側も平和的であり、どちらも自分の道徳的確信を端的に実践に移すことによって誰かに危害を与えることはありそうもない。そこで最も賢明な政策は寛容と不介入の政策である、と政府は結論を下す。この時点でボークは、寛容政策は「倫理的相対主義の実践」に等しい、と異議を唱える。この話ではどの当事者も、相対主義者でも主観主義者でも懐疑主義者でもないというのに、である。

共同体の法に倫理的相対主義を実践するよう強いる、という共同体の法についてのボークの言い回しの中には実際、何か非常に解せないものが含まれている。この言い回しは私の耳には、甥について親族重用主義を「実践」したことで罪を問われる叔父、というのとどこか同じ響きがする。しかしそれは、現象主義あるいは認識論的実在主義を「実践」するような学派の認識論者たちの方にさらに類似している。「主義」がついたこれらの語は、実践と何ら論理的関係をもたず専ら哲学的理解とだけ関係する理論の名称である。ボークは、まるで倫理的懐疑主義以外には寛容を示す理由がまったく存在しえないかのように、政治的寛容とは寛容を示す人が実践とは無関係なメタ倫理的理論に与していることの徴表である、と捉えている。真正な道徳的確信は、その確信をもつ個人がそれを他の人たちに力強く押しつけるよう試みることを論理的に要求する、と彼は示唆するのである。

さらにボークは、リベラリズムの原理はリベラリズムが本当は自由を蔑視していることを示している、と主張する。なぜなら、リベラリズムは諸個人に彼等の道徳的信念への資格を与えておきながら、彼等が「そうした道徳的信念を法律の中に表現する」権能を与えていないからである、というのである[23]。この後半の論証は、度外れて奇異な印象を与えて私を驚かせる。というのもこの論証は、刑罰の裏付けを有する禁止が刑法典に組み入れられる時に問題になることのすべては、あたかも「表現」だけであるかのようにして、多数派の表現の自由がきわめて容赦なく抑圧されることに対して、我々が多数派に共感するよう、実際に懇請しているのである。ボークの言うところでは、少数派を投獄で威嚇することによって自分の考えを表現するという多数派の権利を、非常に冷淡に妨害ばかりしているのがリベラル派であり、こうしたリベラル派に従えば「道徳的相対主義が憲法の要求となる」のである[24]。少数派の反対者たちを罰しえないことは（多数派が反対者たちを特異に強制的な仕方で、すなわちその人たちの振る舞いや意見を罰すべき犯罪と見なすという仕方で、非難することを不可能とすることによって）多数派の自由な表現の権利を侵害している、さらには、反対者たちの道徳的権利に訴えることによって彼等を保護する裁判官は道徳的相対主義を「憲法上の要求」へと変えてしまっている、というのである。こんな議論に私が印刷物で出くわしたのは今回が唯一だと思う。ここでもボークはまるで、抑圧される意見が誤っていることが抑圧のための十分な理由であり、一つの意見がもう一つの意見と同じように善い（真である）という場合を除けば、不評の意見に対して寛容を示す理由は存在しえない、かのごとくに、「道徳的相対主義」と「政治的寛容」とを論理的に不可分のものと捉えているように見える。

ボークによって講義で批判されている連邦最高裁の意見が問題にしているのは、「不道徳」と呼ぶのは誤解を招くだけでむしろ「悪趣味」と呼ぶのが適切であると私には思われるような事柄である。ボークは、コーエン対カリフォルニア州判決[25]でのハーラン判事の意見から、「ある人にとっての悪趣味は他の人にとっての叙情である」というしばしば引用されてきた文章を引用する。多数派の意見の中に出てくるこの文は「憲法は趣味や生活スタイルの事柄を…大幅に個人に委ねている」というリベラリズムの見解を主張している。これによって連邦最高裁は、非正統的な生活スタイルに関わる問題群全体を私的な選好の事柄に引き下げている、というのがボークの苦言である[26]。このボークは、16年前に道徳的権利についての判断は実際には個人的な選好の表現にほかならないと主張したときのボークと同じでありうるだろうか。

リベラル派の一人として私もまた、趣味、生活スタイル、作法を国が規制するという問題に関してボークとは意見を異にしている。しかしそうなるとボークも私も首尾一貫していないように見えるかもしれない。というのも我々はどちらも、道徳の一つの領域は単に個人的な選好の事柄であり、道徳のもう一つの領域は法律によって適正に強制可能な客観的判断の事柄であると考えているからである。我々がともに合意するように、二つの領域を区別することには何の悪いところもないが、常識の観点からするとボークは真理を逆立ちさせるような仕方で区別を行なっている。というのも、悪趣味という不道徳は国によって強制可能な客観的道徳判断の事柄であるのに対し、一部の非常に有害な行為は私的な選好の事柄としてのみ非難される、というのがボークの見方であると思えるからである。他方私が展開してきた道徳的権利の理論が主張しているのは、適正手続なしにゲシュタポ的なやり方で行なわれる早朝の逮捕は道徳的権利を侵害しており、避妊具の禁止は道徳的権利を侵害しており、互いに愛し合っている判断力ある大人のカップルが、どちらか一方が悪しき人種であるとの理由で結婚を阻止されるのは道徳的権利の侵害である一方で、衣服や作法における悪趣味は、それが何かの理由で上述した権利侵害の形で人間の重大な利益に対し非常に有害である――そんなことはありそうもないが――というのでなければ、道徳的権利の侵害ではない、ということである。要するにボークは、人間の権利の諸々の問題がそれについては争うべくもない趣味の事柄であり、また他方では明らかに趣味や生活スタイルの事柄が、人間の権利の問題にこそ通常ならば当てはまると考えられるような、客観的判断と法的な強制とを必要とする問題である、と考えているように見える。私見ではあるが、こうした特異な道徳的見解へと転向する人は多くないであろう。

本章ならびに以前の二章の結論として私が推奨したいのは、人々は熟慮した自分自身の道徳判断をもっと尊重する方がよい、ということである。ゲシュタポの手先たちが好きなように手入れや逮捕を行なう法律上の権限は、合憲であったドイツの法律や命令によって彼等に与えられたのであって、制定法に違反していたわけではなかった。またそれは、新しいナチ「道徳」の背景をなしていた徹底的に脅されあるいは魅了されていた世論に反していたわけでもなかった。しかしそれでもそうした権限がとにかく道徳的に間違っていたということを誰が否定できようか？さらに言うと、なんら受け入れ可能な道徳的理由もなくその犠牲者に押しつけられた途方もない危害のゆえに、その権限は間違っていたのである。犠牲者と同じ立場に立つことで我々は、犠牲者が弾圧者に対抗して行なった道徳的主張を直感的に理解できるし、その価値を認めることができるが、そうした主張はもちろん完全に無視されたのであった。また犠牲者に代わって我々は、恥辱や困惑なしに、偽りのない道徳的苦情を声に出せるし、偽りのない道徳的憤慨を感じることができる。これらは、「権利」という語を適用できるかについての主要な規準の一部である。ここから導かれるのは、ナチの諸々の行動が道徳的に間違っていたことのみならず、それらが道徳的権利を侵害していたということ、そしてそのことがそうした行動が道徳的に間違っていた**理由**であるということである。諸々の道徳的権利が一つ一つ、法の制定から派生したのではないし、事実それらは、支配的な法典と道徳律のどちらにおいても、認知も保護もされないままであった。当時受容されていた慣習的な規則から独立に妥当していたからこそ、そうした権利は道徳的権利であったし、また我々すべてが等しく有する道徳的権利であったからこそ、それらは人権だったのである。

こうした真理を否定することは、道徳的憤慨がもつ適切さを否定することであり、人間的共感という我々の感じ方に向けてのみならず、いっそう中心的には公正さについての我々の感覚や自律に対する我々の敬意に向けて、憤激を表現する道徳化された感情がもつ適切さを否定することである。避妊具の使用、異人種間の婚姻、国境を越える自由な旅行などに対する国による禁止において加えられる危害は、ナチの事例には及ばないけれども、これらの事例についても、ほとんど同じことが言えるであろう。これらすべての事例において、恣意的な立法によって束縛される犠牲者は、当該領域で彼が何をするかはまさに彼の問題であり、国の問題でも、社会の問題でも、彼の隣人の問題でも、立法府の問題でもない、と主張するであろう。もちろん、主張＝請求されている道徳的権利の一部は議論の余地のあるものであり、他の一部は偽物でさえあるが、そのことによって、これらのパラダイム的な事例において、主張＝請求されている権利を我々が承認できなくなるわけではない。本気で信じられている道徳的権利を帰属させる判断と恣意的な願望や選好の単なる表現とを区別することは、誰にでも可能である。自分の願望や選好を道徳的権利の言語で表現する人たちは、そうした言語の価値を低下させ、懐疑主義を有害な仕方で不必要に広めることになる。しかし、我々の諸々の真正な権利要求を単なる願望と見なすことによってそれらを矮小化することも、同様に有害である。そのような仕方でこれら二者のあいだの区別を否定することは、我々の最も深いところにある確信の一部を捨てることであり、我々が実際に信じていることに対する裏切りである。　(忽那敬三訳)

(訳者注)

この論文にはすでに川谷茂樹氏による「道徳的権利の擁護、その憲法との関連性」(『生命・環境・科学技術倫理研究Ⅳ』千葉大学、1999年、35頁～47頁)という表題での翻訳がある。今回新たに翻訳するにあたっては多いに参考にさせていただいた。ここに心よりの謝意を表しておきたい。とはいえ今回の拙訳の責任がすべて忽那にあることは言うまでもない。

註

1 See my *Social Philosophy* (Englewood Cliffs, N. J. : Prentice-Hall, 1973), pp. 70-71.
2 *Griswold* v. *Connecticut*, 381 U.S. 479 (1965).
3 Warren Burger, *Paris Adult Theatre, I* v. *Slaton*, 413 U.S. 49, 65 (1973).
4 See especially his *Democracy and Distrust* (Cambridge, Mass.: Harvard University Press, 1980).
5 See especially his "Neutral Principles and Some First Amendment Problems," *Indiana Law Journal* 47/1 (1971): 1-35.
6 William Rehnquist, "The Nature of a Living Constitution," *Texas Law Review* 54 (1976): 693
7 Edwin Meese, "Constructing the Constitution," *UC Davis Law Review* 19 (1985): 22.
8 *Home Building & Loan Association* v. *Blaisdell*, 290 U.S. 398, 453 (1934) (Sutherland, J., dissenting).
9 David Lyons, "Constitutional Interpretation and Original Meaning," *Social Philosophy and Policy* 4/1 (1986): 77.
10 Linda R. Hirshman, "Brönte, Bloom, and Bork: An Essay on the Moral Education of Judges," *University of Pennsylvania Law Review* 137/1 (1988):182.
11 Lyons, "Constitutional Interpretation," p.97.
12 Bork, "Neutral Principles," p.3.
13 Lyons, "Constitutional Interpretation," p.98.
14 Ibid., p.98.
15 Bork, "Neutral Principles," p.10.
16 Petard（爆竹）は、放屁するという意味のフランス語の動詞peter、つまり腸内ガスの炸裂に関連する語に由来している。この意味はもともとは古代ギリシア語やラテン語に起源をもっている。しかし15/16世紀にはフランス軍が門や扉を壊したり壁を破ったりするために用いる爆発物を中に入れている金属製ないし木製の容器に対して、つまり小さな爆弾の一種に対してこの語を採用していた。その後この語は「大きな音をたてて爆発する爆竹」を意味する俗語となった。〈自分自身の爆竹で吹き飛ばされるということ〉が、類推的拡張によって、「他人に向けた自分自身の仕掛けによって自分に害が及ぶ」ことを意味するようになったわけである。それはちょうど爆薬の着火が早すぎて一種のバックファイアが兵士を吹き飛ばす時、あるいは、他の人たちを論駁するための自分の論証が自分自身の主張に適用されて自分が論駁される時に当てはまるのである。
したがって私が本文で指摘したのは、この第一の論証によって原意主義者は彼自身の爆竹で論駁されているということである。ここでの「爆竹」は立案者たちの意図だけが憲法に関する解釈を導くべきであるという原意主義者の原則である。しかしこの「爆竹」は原意主義者自身に跳ね返ってくる。というのもここで示されるのは、その後の法廷で具体的な条項の中にある立案者たちのもともとの意図を解釈する時には、条項に含意されている可能性のあるすべての自然権に決定的な重点が置かれるべきであるということにこそ立案者たちの明確な意図があった、ということだからである。
17 See Hirshman, "Brönte, Bloom, and Bork."
18 Ely, *Democracy and Distrust*, pp.2-3.
19 Robert Bork, "Tradition and Morality in Constitutional Law," The Francis Boyer Lectures

on Public Policy (Washington, D.C.: American Enterprise Institute for Public Policy Research, 1985), pp.8-9.

20 See my "Psychological Egoism," in *Reason and Responsibility*, 7th ed., ed. Joel Feinberg (Belmont, Calif.:Wadsworth, 1988), pp.498-99.

21 See my *Harm to Others* (New York: Oxford University Press, 1984).

22 Bork, "Tradition and Morality," p.3.

23 Ibid.

24 Ibid.

25 *Cohen* v. *California*, 408 U.S. 15 (1971).

26 Ibid., p.4.

第3部
動物と未来世代の権利・安楽死・他

第12章
動物の権利とまだ生まれていない世代の権利

The Rights of Animals and Unborn Generations

すべての哲学論文は、証明されていない仮定から始まらねばならない。私の仮定は、これから500年たった後でも世界は存在しており、そこには我々とそっくりの人類がいるだろう、というものである。彼等が生きなければならない環境の保存または破壊に手を貸すことで、これらの人々の生活を善くも悪くも左右する力が、現在の我々にあることは明らかである。さらに私は、我々が遠く離れた自身の子孫たちを気遣うことは、心理学的に可能であるし、我々の多くが事実そうしているし、実際我々はそうするべきだ、と仮定する。そうすると、私の中心的関心は次の点を示すことになるだろう。つまり、まだ生まれていない世代が我々に対してもつ権利について語ることには意味があるのであって、彼等のために我々の環境上の遺産を保存する義務が我々にあるという道徳的判断に根拠があるとすれば、未来の世代には、我々が彼等に対してもつ現在の義務に対応する権利が実際に**ある**のだ、といっても問題ないだろう、ということである。現在我々の環境を保護することは、初歩的賢明さの問題でもあるし、我々の子供たちの人格の中にすでに現存している次の世代のために我々がそれをする限りでは、それは愛の問題でもある。しかし我々の遠い未来の子孫たちの視点からは、それは基本的に正義の問題、彼等の権利を尊重するという問題、である。このことがいかにして可能なのかをもっとよく理解するために、権利の概念を検討することが、本論における私の主要な関心事である。

1 問題

権利をもつということは、何かについて誰かに対して請求権をもつということである[1]。その場合、その請求権を認めることが、法的ルールによって、または道徳的権利の場合は啓蒙された良心によって、要求される。よくある権利の事例では、請求者は能力を備えた大人の人間であり、被請求者は何かの機関の公務員かまたは私人であって、どちらの場合も能力を備えたもう一人の大人の人間である。それ故、正常な大人の人間が、その者について権利を有意味に述語とすることができる種類の存在であることは明らかである。誰もが、事実として誰かが権利をもつことを否定する極端な人間嫌いでさえ、これには合意するだろう。他方、岩が権利をもちうると言うのは不条理だが、それは岩が、権利に値しない道徳的に劣った存在だ（その言明もまた意味をなさない）からではなく、権利を有意味に述語とすることができないカテゴリーに属する実体だから、である。これは、我々が岩を慎重に取り扱わねばならない状況などないと言っているわけではなく、ただ岩自体が我々から、有効な形でよい扱いを要求することはできないというだけである。しかし、岩と人間という明白な両事例の中間には、当惑するような境界事例も含めて、もっと明白でない事例からなる領域がある。我々の死んだ先祖たちに、動物個体に、動物の種全体に、植物に、痴呆や気の狂った人に、胎児に、まだ産まれていない世代に、権利を帰すことに意味はあるのか、またそれは概念的に可能なのか。いかにこれらパズルとなる事例を解決するのかが分かるまで我々は、権利の概念を十分に把握している、またはその論理的境界の姿を知っている、と主張することはできない。

これらの謎にアプローチする一つの方法は、我々の注意をもっとも身近で問題のない権利の事例に向け、それらのもっとも顕著な特徴群に着目し、そしてボーダーラインの事例とそれらを比較することで、類似点と相違点を可能な限り詳細に計測することである。最終的に我々がボーダーラインの事例をどう分類するかは、それらと我々がもっとも自信をもっている事例との間にある類似性と差異性のどちらに、我々がより強く印象づけられるかに依存することになるだろう。

最初に動物個体の問題を取り上げるのが有益だろう。なぜならその事例は、すでに哲学者たちによってもっとも徹底的に論争された事例であって、主張と応答の対話は今や、論争者たちが、すぐに終盤戦まで辿り着いて争点となる決定的論点を分離することができるところまで、展開しているからである。動物の権利をめぐる論争において、厳密に何が問題であるのかを我々が理解する時には、他のすべての権利に関する謎を解決する鍵が手に入るだろう、と私は考えている。

II　動物個体

ほぼすべての現代の著述家たちは、我々は動物に対して優しくしなければならない、という点に同意する。しかしこれは、動物たちが応分のものとして我々から優しい取り扱いを請求できる、とすることとはまったく別のことである。動物に対する残酷行為を犯罪とする法律は今やごくありふれたものであり、それらはもちろん人々に、動物を虐待しない法的義務を課す。しかしこのことは依然として、動物がこれらの義務の受益者として、それらに対応する権利をもつのかという疑問を、答のないまま残している。我々は動物に関する義務をもつことは十分可能だが、その義務は同時に動物に対する義務でもあるわけではない。これはちょうど、我々は岩、建物、芝生に関する義務をもつかもしれないが、それらは岩、建物、芝生に対する義務でないのと同じである。法学の著者の一部は、動物自体は動物への残酷行為を禁止する法律が直接意図する受益者ですらない、とするさらに極端な立場をとった。例えば19世紀には、そのような法律は、残酷な習慣が身につき後に人間をも傷つける恐れが生じることを防止することで人間を保護するのが目的である、と言われるのが普通であった。ルイス・B・シュウォーツ教授は、動物への残酷行為禁止の根拠を、動物愛護者たちをその感じやすさに対する侮辱から守ることに見出す。「究極の関心対象となるのは、虐待される犬ではない。我々の関心は他の人間の感情にあり、大部分の人々は、食物のために動物を殺すことには慣れているとはいえ、容易に虐待される犬や馬の身になり、その苦しみに対して大いなる感受性をもって反応する[2]。」と彼は書いている。私にはこれはわざとらしく見える。ジョン・チップマン・グレイのように、動物への残酷行為禁止法の真の目的は、「物言えぬ動物を苦しみから保護すること[3]」にあると言う方が、どれだけ自然だろうか。上記の対抗的説明ではその感じやすさに訴えかけられる当の人々、今や疑いなく我々のほとんどを含む当の人々はまさに、その保護は主には動物自身の問題であって、単にその人々の心優しき感情の問題ではない、と主張するであろう人々なのである。実際、動物たちがその権利において、そして彼等自身のために、保護に値するのだという信念なしには、そのような感情の存在を説明することさえ困難であろう。

私はそうすべきだと思うのだが、たとえ我々が、動物への残酷行為を禁止する立法が意図する直接の受益者は動物であることを認めるとしても、そこから直接、動物が法的権利をもつことが演繹できるわけではない。そしてその一人[4]としてグレイ自身が、このようなより先に進む推論を拒否している。彼の考えでは動物は、義務を負うことができないのと同じ理由、つまり彼等が本物の「道徳的主体」ではないという理由のために、権利をもつことができない。さて、なぜ動物が義務を負うことができないかを理解することは比較的容易であり、この点にほとんど論争の余地はない。動物に責任を説きつけることや、それを教え込むことはできない。彼等は柔軟性を欠いており、将来の偶発事件に適応することができない。彼等は、本能的感情の発作に従い、それを抑圧したり、コントロールしたり、延期したり、昇華したりすることができない。だから彼等は、契約的合意を結んだり、約束したりすることができない。彼等を信用することはできない。そして彼等を（非常に狭い限界内におけるかつ条件づけの目的のためのそれを除いて）人間であれば「道徳的過誤」と呼ばれるはずのもののために非難することはできない。それ故彼等は、道徳的主体であること、道徳的意味で正しくまたは誤って行為すること、義務や責務を負ったり果たしたりそれに違反したりすること、ができない。

しかし、動物の知的無能力（それが彼等を義務について不適格にすることは認められるが）に関して何が、権利について彼等を論理的に不相応にするのだろうか。この問に対するもっとも通常の回答は、動物は自分で権利を主張することができない、というものである。彼等は、自身の請求権を認めて執行してもらうために、自分で裁判所に申立を行うことができない。彼等は自分では、どんな種類の法的手続を開始することもできない。また彼等は、いつ自身の権利が侵害されるかを理解することさえできず、事実上の危害と不当な権利侵害とを区別することができず、単なる怒りや恐れではなく義憤と正義感からの憤慨をもって応答することもできない。

誰もこれらの主張を否定できないが、それらが権利への資格を動物に与えない根拠になるという主張に対しては、この論争の反対側にいる哲学者たちが説得的な回答を与えている。W・D・ラモントが言うには[5]、権利とは何かを理解する能力、そして自分のイニシアティブで法的機構を動かす能力、が権利をもつために必要だというのは、単に真でないのである。もしこれが本当なら、痴呆の人間も小さな赤ん坊も、何も法的権利をもたないであろう。しかし、これら二つの集合に属する知的無能者たちがどちらも、裁判所によって法的権利を認められそれを容易に執行されているのは、自明のことである。子供や痴呆者は、直接自身のイニシアティブによってではなく、彼等の名において語る権限を与えられた代理人や弁護士の行為を通して、法的手続きを始動させる。もしこの状況に概念的不条理がないのなら、動物の代わりに代理人が請求を行う事例にはなぜそれがあるというのか。人々が動物の世話のために遺言で受託者に金銭を残すのは、ごく普通のことである。この種の事例でその動物が自身の相続への権利をもつ、と語ることは、自然ではないだろうか。もし受託者がその動物の口座から金を着服し[6]、そして物言えぬ動物に代わって代理人がその動物の請求権を強調するなら、彼はその動物の権利を述べているのだ、と記述できないだろうか。より正確には、その動物自身が、その動物に代わって動物の名において語る人間の代理人による代理行為を通して、自身の権利を主張するのである。動物を権利の保持者と見なす条件として、何が起こっているかを動物が理解していることを要求する理由はないように思われる（とこの議論は結論づける）。

一部の著者はこの点で反論し、動物と人間との間には本人と代理人の関係は成り立たない、とする。人間の間では代理関係は、代理人に与えられる裁量の程度に応じて、二つの非常に異なる形態を取りうるし、両極端の間に連続的な組み合わせが存在する。一方には、本人の単なる「マウス・ピース」に過ぎない代理人〔使者〕がいる。彼は、タイプライターや電話がそうであるのと同じ意味で、一つの「道具」であり、単に本人の指示を伝達するだけである。人間が、この意味で動物の代理人や代表になることはできない。なぜなら物言わぬ動物は、機械的道具を使えないのと同じく、人間の「道具」も使えないからである。他方代理人は、本人のために本人の名において専門職的判断を行うために雇われる何らかの種類の専門家であるかもしれない。彼は、何らかの専門領域の内部で、最善だと考える通りに行為することで本人を有利なまたは不利なすべての帰結に縛りつける完全な独立性を与えられているかもしれない。これは、受任者、弁護士、ゴースト・ライターたちが果たす役割である。このタイプの代表は、代理人が高い技術をもっていることを要求するが、本人に対して求めるものはほとんどまたはまったくないのであって、本人は自身の代理人の判断にすべてを委ねることができる。それ故最初はなぜ、動物個体がこの第二の種類の代理関係における全面的に受動的な本人であってならないのか、の理由は何もないように見えるのである。

しかし依然として、いくつかの重要な非類似性が存在する。たとえ第二の高度に裁量的な種類の代理人による代表においても、その代理人は、彼と合意または契約を結ぶ本人によって雇われる。つまりその本人は代理人に対して、一定の注意深く確定された境界内で、常に是認と新しい指示を与えたり全体の取り決めを破棄したりする権利、とに従いながら、「あなたは私の代わりに話してよろしい」と言うのである。これらのどれかができる犬や猫はいない。さらにもし、本人の権利を擁護することが代理人に与えられた仕事であるなら、その本人はしばしば、その請求の相手方を〔義務から〕解放したり、自身の権利を放棄したりすることを決断し、代理人にそのように指図するかもしれない。口のきけない牛や馬はまたこれをすることもできない。しかし、雇用し、合意し、契約し、是認し、指示し、破棄し、解放し、放棄し、指図する可能性は、代理人による代表の典型的な（人間間の）事例には存在するが、そうで**なければならない**という論理的または概念的な種類の理由はないように見えるし、実際にも、本人が人間であっても事実としてそうでないような、特別の例がいくつかある。私の念頭にあるのは例えば、裁判において被告が弁護士によって代表されることを要求し、非協力的な被告または欠席のまま裁判を受ける被告たちに対して、彼等がそうしたいか否かにかかわらず州によって指名された弁護士をつけるような法的ルールのことである。さらに、小さな子供とか精神薄弱や発狂した大人が受任者や弁護士によって代表されるのは普通のことだが、これはたとえ彼等に、その代表に対する同意を与えたり、契約を結んだり、指示を与えたり、自身の権利を放棄したり、する能力がなくとも行われるのである。本人の理解や同意なしに代理人が本人を代表することを認めるのは、賢明でないかもしれない。もしそうなら誰も、少なくとも法的に拘束力ある形で、動物を代弁することを許されるべきではない。しかしそれは、そのような代表が、論理的に不整合であるとか概念的に矛盾しているとか言うのとはまったく別のことであり、こちらの方が論点となっている主張である。

私の理解ではH.J. マクロスキー[7]は、ここまでの議論を受容するが、動物が法的権利をもつことができることを否定する新たな別の理由を提示する。彼の議論の含意では、直接であろうと代表を通してであろうと請求を行う能力があることが、権利をもつことにとって不可欠である。しかし動物が自分でその請求を行うことができないのは明らかだから、もし彼等が権利をもつなら、それらの権利は代理人によって主張可能なものでなければならない。しかしながら動物は、すでに論じられた理由のどれのためでもなく、代表は必ず常に、利益の代表でなければならないが、動物は（彼が言うには）利益をもつことができない、という理由のために、代表されることができない、とマクロスキーは主張するのである。

さて、ある存在が論理的に権利の適切な主体であるためには彼は利益をもたねばならない、という要求には、非常に重要な洞察が含まれている。これは、もし我々がなぜ単なる物は権利をもてないのかを考えれば、理解できることである。非常に貴重な「単なる物」――美しい自然の未開地や、タージマハールのような装飾的人工物――を考えていただきたい。そのような物は、配慮を受けねばならない。なぜならそれらは、もし無視されれば崩壊の淵へと沈み、一部の人間、いやおそらくすべての人間から大きな価値ある物が奪われるからである。一定の人々は、これら価値ある対象への配慮と保護を自身の特別の仕事とさえしているかもしれない。しかしこれらの事例において我々は、たとえそう試みても、単なる物がそれ自身の利益をもつと考えることができないために、保護義務に対応するような「物の権利」を語ろうという気にはならないのである。タージマハールを保存し、維持し、改善する義務を負う人々はいるかもしれないが、彼等がそれを、助けたり害を加えたり、利益を与えたり支援したり、援助したり解放したり、する義務を負うことはありえない。保護者たちは、国民のプライドや芸術愛好家たちのために、それを保護するかもしれないが、「それ自身」のために、または「それ自身の福祉」または「良き生」のために、それを良好な修復状態に保つわけではない。私の推測ではこの事実を説明するのは、単なる物は能動的生をもたない、つまり自覚的な希求、欲求、希望も、潜在的な傾向性、成長の方向、自然の充足、ももたない、という事実である。様々な利益には何らかの形で、能動性が混ぜ合わされていなければならない。だから、単なる物は利益をもたない。なおさらそれらは、法的・道徳的ルールによって保護されるべき利益をもたないのである。利益がないのであれば被創造物は、その達成がその応分のものとなるようなそれ自身の「善」をもたない。単なる物は、それ自身の権利として価値の拠り所にはならないのであって、それらがもつ価値は、全面的に他の存在がもつ価値の対象であることに存する。

ここまでのところではマクロスキーの議論は堅固な基礎の上にある。しかし人は、人間以外の動物が利益をもつことに対する彼の否定に異を唱えることができる。犬や猫に遺贈された基金の受任者は、彼が保護する動物の管理者にすぎないのではない、と私は考える。彼の仕事はむしろ、その動物の利益に注意し、誰かが動物にその応分のものを拒否しないよう確保することにある。その動物自身が彼のサービスの受益者である。高等動物の多くは少なくとも、欲望、能動的衝動、基礎的目的、などをもち、それらの統合的満足がそれらの福祉または善を構成する。もちろん我々は一貫性をもって、動物たちを単なるペットとして扱い、それらがどんな権利をもつことも否定することもできる。ほとんどの動物、特により低位の動物については、そうする以外選択肢がない。しかしそれにもかかわらず私には、一般に動物たちは、権利をその述語として語ったり拒否したりすることが有意味な種類の存在に、実際に属して**いる**ように思われる。

そこでもしある人が、動物は権利をもち**うる**種類の存在であるというここまでの議論の結論に同意し、さらに彼が、我々は動物に対して親切でなければならないという道徳判断を受け入れるなら、一部の動物が実際に権利をもつという結論を導くために必要な前提は、あと一つだけである。我々が（一部の）動物を配慮をもって人道的に扱わねばならないのは誰のためなのか、を我々は自問すべきである。我々がもし自身の義務を、権威に対する、または自らの良心に対する従順の義務に過ぎないとか、人間の優しい感受性への配慮の義務だけだ、と考えるのであれば我々は、動物は権利をもち**うる**種類の存在だとたとえ認めたとしても、依然として動物が権利をもつこと否定することができる。しかしもし我々が、動物を人間的に扱わねばならないということだけでなく、動物自身のためにそうせねばならない、そのような扱いは、我々が動物に対してその応分のもとして負っており、それらのために請求しうるものであり、それを与えないことが、単なる危害ではなく不正義と不当性の問題になる、と考えるなら、我々は実際に権利を動物に帰していることになる。私の推測では、我々のほとんどが動物について下す道徳判断は、これらの現象的テストを通るものであって、我々のほとんどは動物が権利をもつと実際に信じているのだが、権利の観念に関する概念上の混乱のために、そのように語りたいと思わないのである。そしてこの概念上の混乱は、私が上で払拭しようと試みたものなのである。

さて我々は、動物の権利についての我々の議論から、権利概念の適用可能性についての他の謎を解決するために暫定的に利用できる決定的原理を抽出することができる。それはつまり、権利をもち**うる**種類の存在とはまさに、利益をもつ（もちうる）者たちだ、というものである。私は、次の二つの理由から、この暫定的結論に至った。(1) 権利保持者は代表されうる存在でなければならららないが、利益をもたない存在を代表することは不可能だからであり、(2) 権利保持者は、自らの人格において受益者となりえねばならないが、利益をもたない存在は、危害や利得を受けることのできない存在であって、それ自身の善や「ため」をもたないからである。それ故利益をもたない存在は、その「代わりに」行為したり、その「ために」行為したりする当のものをもたない。今や私の戦略は、一貫した直感的に満足のゆく形で権利をもちうる存在をそうでない存在から区別するという希望をもって、「利益原理」と呼んでよいものを、必要なところでは（しかし可能な限り少なく）修正する用意をもちながら、権利に関する他の謎に適用することにある。

III　植物

我々が一定の植物の扱いを誤ってはならないことは明らかであり、実際、植物王国の一定のメンバーに関して人々に義務を課すルールや規制が存在する。例えば、国立公園の山岳草原地帯で野生の花を摘むことや、乾燥した森林地帯でたき火をして木々を危険に曝すことは、禁止されている。議会の議員たちは､彼等が言うところでは､レッドウッドの木々を商業的略奪から「保護する」ことを狙った法律を導入する。この背景を所与とすれば、誰も[8]植物が権利をもつと言わないのは驚くべきことである。なんと言っても植物は、「単なる物」ではなく、その自然的成長を決定している受けつがれる生物学的性質を伴った、生きた対象である。さらに我々は実際に、一定の条件が植物に「よい」とか「悪い」と言い、それによって岩と異なって植物が「善」をもちうることを示唆する。（しかしこれは、「我々が言うこと」をまともに受け取るべきでない事例である。我々は、一定のペンキが家の内壁によいとか悪いとかとも言うが、これによって我々が、それ自身の善や福祉をもつものとしての壁にコミットするわけではない。）最後に我々は、動物の場合にするように固有名を与えてそれらを人格化することはめったにしないとはいえ、特定の植物に対してある種の愛情を感じることができる。

それでも、植物が権利をもつことができる種類の存在でないことには、皆が同意する。植物を、それを「保護する」ことを狙うルールが意図している直接の受益者だと考えることが適切になることはありえない。我々がレッドウッドを存在させ続けたいを願うのは、その晴朗な美しさを人間が楽しめるためであり、まだ産まれていない世代の人間たちのためである。木は、様々な生物学的性質をもっているという事実にもかかわらず、それの「ため」を語れるような存在ではない。木は、それ自身の自覚的願望や目標をもたないので、満足や不満、楽しみや傷みを知ることができない。それ故、木に対して親切とか残酷とかであることはできない。これらの道徳的に決定的な諸点において、木は高等種の動物とは異なる。

それでも木々は、岩のような単なる物ではない。それらは、自身の本性の法則に従って成長し発展する。アリストテレスとアクィナスはどちらも、木々には自身の「自然的目的」がある、と考えた。それなのに私はなぜ、自身の利益をもつ存在としての地位をそれらに与えないのか。その理由は、利益は、この概念が最終的にどのように分析されるにせよ、少なくとも基本的な認識器官を前提にする、ということにある。様々な利益は願望と目的から合成されるが、この両者はどちらにも、何か信念〔世界理解〕のようなもの、または認識的自覚が前提となる。願望をもつ生き物はXを欲しいと思うかもしれないが、それは彼がθであるような物を求めており彼にはXがθであるように思われるか、または彼はYを求めており、XがYへの手段であると彼が信じるか、期待するか、希望するか、しているからである。もし彼が、Yを得るためにXを願望するのであれば、このことは彼が、XがYをもたらすと信じていること、または少なくとも彼が、信念の初歩的相関物であるような何らかの種類の粗野な期待もっていること、を含意する。しかしθ（またはY）への願望自体についてはどうだろうか。あるいはある生き物は、究極的傾向としてそのような「願望」をもっており、それはあたかも彼が、θ性またはY性を追求すべくすべて「〔ネジが〕巻き上げられて」産まれてきたが、なぜそれを追求するかを考えることはないのかもしれない。そのような傾向性には、願望としての資格がないと私は考える。信念によって媒介されることのない単なる粗野なあこがれ――何であるかを自身が知らないものへのあこがれ――は、初歩的な意識であるかもしれない（私はこの問題を回避したいわけではない）が、それは、我々が「願望」の語によって、特に人間について語る時に意味している種類のものとはまったく異なるものである。

もし上記のような説明が正しいとすれば、初歩的な信念さえもちえないことがわかっている生き物に願望や欲求を帰すための基礎はない。そしてもし願望や欲求が利益を構成する材質であるなら、知性なき生き物は、それ自身の利益をもたない。それ故、法がその意図としてそれら生き物の利益の保護を掲げることはありえず、「保護立法」は、人間がそれらにもつ利益を保護する立法と理解されねばならない。

それにもかかわらず植物の命は、二つの理由のために、利益原理にとっての困難事例を構成するとまずは考えられるかもしれない。第一に植物は、動物に劣らず、それ自身の必要性をもつと言われる。確かに我々は、単なる物についてさえ、それが必要性をもつと語ることもできるが、そのような物言いによって誤導されて、必要性が、最終的分析において「単なる物」自身に帰属すると考える人はいない。もしそのように騙されるのであれば我々は結局、単なる物を「単なる物」だとは考えていないのである。例えば我々は、甲野太郎の壁はペンキを塗る必要があるとか、乙野次郎の自動車は洗車が必要だと言うが、我々の同情や非難（この事例では多分これだが）の態度は、太郎や次郎に向けられているのであって、彼等の持ち物にではない。もし我々が、誰か子供にまともな食事が必要だと考えるなら、話は別である。その事例では我々の同情と関心は、問題の必要性の本来の持主であるその子自身に向けられている。

植物の必要性が、単なる物がもつ疑似的必要性よりも動物のもつ必要性の方により近いように見えることも十分ありうる。所有者は植物を（例えば商業的価値のためまたは潜在的食用物として）必要としうるが、植物自身も栄養や世話を必要とするように見えるかもしれない。この問題についての我々の混乱は言語に発している。必要性（need）の語があいまいであるのはありふれた話である。A は X を必要とすると言うことは多分、(1) X は A の目標の一つの達成のために、またはその機能の一つを果たすために、不可欠である、または (2) X は A にとって善い、つまりそれがないことは、A を害するか、彼（またはそれ）にとって有害または好ましくない、のいずれかを言うことであろう。最初の種類の必要言明は、問題になっている目標や機能がもつ価値への言及を含意せず、価値中立的である。一方必要についての第二の種類の言明は、長期的に何が A にとって善いか悪いか、つまり何が A の利益か、に関する価値判断へと発話者をコミットさせる。それ故、第二の意味で必要性をもつためには、その存在は利益をもたねばならないが、どんな種類の物、植物、鉱物でも、第一の意味の必要性はもちうるのである。自動車は、機能を果たすためにはガソリンとオイルを必要とするが、たとえそれらが尽きてもそれにとっての悲劇にはならない――空のタンクが、それの利益を損ねたり阻害したりするわけではないのである。同様にして、木が陽光と水を必要とすると言うことは、それらがなければ木は生長し生き続けることができないと言うことである。しかし、木々の生長と存続が人間の、実践的または美的関心事でなければ、木々の必要性だけで、それら自身から見てその「応分の」ものを請求するための根拠となるわけではない。植物は、その機能を果たすために色々のものを必要とするが、その機能は、人間の利益によって与えられるのであって、それ自身のものではない。

混乱の第二の原因は、我々がよく、植物が繁茂し花開く、またはしおれて色あせる、と言うという事実から来る。これらの状態は、それら自身が利益をもっていることの結果であるから欲求や信念をもたない生き物でも利益をもつと言える、そうでなくともそれらの状態は、理解可能な権利主張を行うための、利益をもつことと独立の根拠になる、と考えるよう、人は誘惑されるかもしれない。どちらの場合にも植物は結局、権利をもつと想定可能なものと考えられることになるだろう。

何かが「flourish（花開く）」と話すことは何を意味するかを考えていただきたい。この動詞は明らかに、元来そして字義的には植物にのみ適用され、元の意味では単に「花をつける：咲く」を意味した。しかしそれから、類比的に意味を拡張して、「豊かに生える：増殖する、大きくなる」へ、それから（一般に）「繁茂する」へ、そして最後に、人間へと拡張される場合は、「繁栄した」、または「富、名誉、安楽、幸福、または望ましいものであれば何でも、が増える」ことも意味するようになった[9]。人間に適用される場合もちろんこの語は、固定的な隠喩となる。人が花開く時、植物が花開き、成長し、広がる時に植物に起こるのと類比的なことが、彼の利益に関して起こる。人の様々な利益（それが何であろうと）が、個々にも集合的にも進展して調和のとれた充足へと向かい、それらもまたよい見通しが立つような新たな多数の利益を生み出すような時、彼は花開く。花開くとは、自身の利益の前進において輝くこと、要するに幸せであること、である。

植物の隠喩を人間から植物に逆適用することで得られるものはない。人間の様々な利益があたかも花であるかのように、それらが繁茂すると話すことは、自然に問題なく話すことであって、誰をも誤導しない。しかしその後で、あたかも花や植物が利益（またはその徴表）であるかのように考えることは、十分な理由もなくこの隠喩を一巡させること、それも我々の実際の信念の歯にかみ砕かれながらそうすることである。花開く植物についての我々の語り方の一部は、植物が花開く時に繁茂する利益が、「植物の利益」ではなく人間の利益であることを明らかに示す。例えば我々は時によって、花の茂みがもつそれ自身の本来の傾向性を「挫折させる」ことによってそれを花開かせる。我々は、枯れた花を実がなる前に摘み、それによってその植物が、もっと多く実をつけようとして新たな花を咲かせるよう「促す」。促進されているのは、その植物の（実をつけるという）自然の傾向性ではなく、新たな花を咲かせるという園芸家の利益と、美的な形、色、香り、に対する鑑賞者たちの喜び、である。そのような事例で我々が、植物は花開いていると言うことで意味しているのは、その植物自身のではなくそれに関する我々の利益が繁茂している、ということである。これが我々の意味することだということは、常に明らかなわけではない。というのも他の場合には、我々の利益と植物の自然的傾向性の間に対応関係、つまり我々が自然から求めるものと自然自身の「意図」の一致、があるからである。しかしこの対応関係に対する例外は、植物の善または福祉について語る時に我々が本当に意味するものへの手がかりを与えてくれる[10]。そしてたとえそのような対応関係が存在する時でさえ、それは我々が実際に植物の本性を作り替えて、それに対する我々の利益がより「自然に」効果的に花開くようにしたためであることが多い。

IV　種全体

植物であろうと動物であろうと、種全体についての論点は、植物個体の論点と同じやり方で扱うことができる。集合体そのものは、信念や期待や欲求や願望をもつことができず、植物個体がその意味で繁茂したり衰えたりする人間の利益に関連する意味、においてのみ、花開いたりしおれたりすることができる。個々のゾウは利益をもつことができるが、種としてのゾウはそれができない。個々のゾウが権利を認められていない場合であっても、その種を絶滅から守るについて人間が——経済的、科学的、感情的——利益をもつことはありうる。そしてその利益が、法によって様々な形で保護されることはありうる。しかしこれは、その種自身に属する生存の権利を認めることとはまったく別のことである。それでも、種全体の保存が、動物一個体の保存よりも道徳的に重要な問題であるように見えるのは、まったく適切なことであるかもしれない。個々の動物は権利をもちうるが、彼等に人間をモデルとする生命への権利を帰すことはできそうもない。また我々は、それを人間的で無慈悲でないやり方で、正当な人間の利益に釣り合った割合で行うかぎり、個々の動物を生かしておく義務または彼等を殺すことを控える義務さえ、通常負うこともない。他方我々は、存続を脅かされている種を保護する義務を実際に負っている。これは、その種自身に対する義務ではなく、将来の人間に対する義務、この惑星の一時的住人として我々がもつ家政上の役割から派生する義務、である。

我々はよくそしてごく自然に、機関、教会、国民的国家のような団体的存在が権利と義務をもつと語るが、権利の所有者となるための条件を適切に分析することで、この事実を説明することができるはずである。団体的存在はもちろん、いくつかの重要な特徴を共有する物が集まったにすぎないもの以上のものである。生物学的種とは異なって機関は、役職と手続を定義するルールを伴う憲章、憲法、定款などをもち、そのルールを運用し手続を適用することを役割とする人間をもっている。機関が部外者に対する義務をもつ時、その部外者のために何かをすることを義務とする決まった人間が常におり、例えば国家が税金を徴収する権利をもつ時、他の市民たちから税金を要求する権利をもつ肉と血でできた一定の人たちが常にいる。我々が、団体の権利や義務を語るのを躊躇しないのは、最終的な分析においてはこれらが、役職上の権限において行為する個人たちがもつ権利や義務であることを知っているからである。そして個人たちが、権限を与える有効なルールに従ってその職務上の役割において行為する場合、彼等の行為は組織自身に帰すことができ、「国家の行為」となる。それ故、「国家」（またはこれについて「会社」「クラブ」「教会」など）の表現によって名付けられる個々の超人格を仮定する必要はない。また、団体的存在の権利を利益原理の例外だとする理由もない。合衆国は、それ自身の欲求や信念をもつ超人格なのではなく、それ自体はその肉と血のあるメンバーたちの利益へと分析可能な団体的利益、を伴う団体的存在なのである。

V　死者たち

ここまで我々は、利益原理を洗練してきたが、それを修正する機会はもたなかった。しかしながら、それが死者たちにも適用され、いかにして我々の死者たちに対するコミットメントを尊重する義務が死者たちが我々に対してもつ権利と結びつけられると考えうるのか、をこの原理が説明できるようになるためには、それは破綻点に近づくまで拡張されねばならなくなるだろう。死者たちに権利を帰すことへの反論は、ごく簡単にできる。それは、死者は単なる死体、つまり一片の腐敗しつつある有機体にすぎない、というものである。単なる生命のない物は、利益をもつことができないし、利益をもつことのできないものは、権利をもつことができない。それにもかかわらずもし我々が、我々に対する権利を死者たちに認めるなら、彼等が生きている時にもっていた利益が、何らかの形で彼等の死後も生き残っているとして、我々が扱っているかのように見えるだろう。このような形で語ることにはパラドックスの響きがあるが、それは、我々の先輩たちに対して我々がもつ道徳的関係を記述する、もっともパラドックスの少ないやり方かもしれない。そしてたとえ、利益がその保持者の死後も生き残るという考え方が一種のフィクションだとしても、それはほとんどの生者たちがそれを保存することに真の利益をもっているようなフィクションなのである。

ほとんどの人は、まだ生きている間に、自身の死後にその身体、財産、評判について起こるはずのことについて一定の願望をもっている。この理由のために我々の法システムは、人が生きている間に、その身体が医学研究や臓器移植のために利用されるかどうか、またその財産が（税引き後）誰に移転されるか、を決定できるようにする手続を発達させた。生きている人はまた、蓄積された利得が自身が選んだ受益者に移転されることを保証する生命保険をかける。彼等はまた、何らかの現在の奉仕や優遇と交換に、その死後に一定のことが行われることを約束してもらう、契約上のまたは非公式の、私的合意を結ぶ。これらすべての事例において、生きている人に対して、その希望がその死後に尊重されるという約束が行われる。他の有効な約束と同じくそれらは、契約者に義務を課し、それに相関する権利を受約者に与える。

受約者が死ぬと、状況はどう変わるだろうか。契約者の義務が突然無効になるわけでないのは確かである。もし無効になるのであれば、そしてそれがわかっていれば、死後の取り決めに関する約束は信用できなくなり、遺言や生命保険契約に気を遣う人は誰もいなくなるだろう。実際、遺言による指示を尊重する義務はもちろん、その受任者も、そして生命保険会社が生存者に保険金を払う義務も、ある意味で、人が死ぬまでは秘密にされている義務に過ぎない。それらは、受約者の死の時点ではじめて、即時の行為に対する定言的要求として存在するに至る。それ故、死がそれらを無効にするという考え方は、真理をまさに逆立ちさせたものである。

受約者の死後も契約者の義務が残ることが、受約者が死後も権利を保持することを証明するわけではない。というのも我々は、約束を守る義務が、受約者の権利に論理的に相関しないような一群の事例、すなわち受約者が死んだ事例、が存在すると結論する方がよいと考えるかもしれないからである。それでも道徳的感受性の高い契約者は、自身の約束された実行が一つの義務（つまり、道徳的に要求される行為）であるだけでなく、亡くなった受約者の応分のものとして彼に負っているものだ、と考えそうである。そのような約束を尊重することは、死者への誓いを守る一つのやり方である。確かに、契約者は自身の義務を、受約者の「善」のためになされることだとは考えないだろう。受約者は死んでおり、彼自身の「善」をもたないからである。しかし、亡くなった者がもっていた一定の利益は（特に遺言に書き込まれたもの、契約や約束によって保護されているものを含めて）、その保持者の死後も生き延び、我々に対して主張者の命を越えて存続する要求を構成する、と我々が考えることは可能である。そのような要求は、動物たちの要求とちょうど同じように、代理人によって代表されうる。私の信じるところでは、このような語り方は、人間の条件についての重要な事実を、他のどんな語り方よりも正確に、反映している。つまり我々は生きている間に、自身の他の利益が死後も認識され満たされることに一つの利益をもつのである。それ故遺言と遺言書その他類似のものを尊重する慣行全体は、その具体例の一つが死者のためだと考えられるかもしれないのとちょうど同じように、生きている者たちのためなのである。

それ故、死者の権利を語ることに概念上の意味はある。しかし、死者が事実として権利をもつのか、もしそうだとすればそれらの権利とは何か、は依然として広く開かれた一つの道徳的問である。具体的には、評判についての人の利益は、彼の死後も中傷から保護されるに値するか、をめぐって評釈者たちは意見を異にしてきた。目立った例外は少しだけあるが、多くの法システムは死者に対する名誉毀損を、「その公刊が本当に、生きている個人たちの利益に対する攻撃となる場合にかぎって」[11]処罰する。寡婦または息子は、彼等の死んだ夫または父の記憶に対する中傷によって、傷つき、当惑し、経済的に害されることさえあるかもしれない。死者に対する中傷は、ユタ州では犯罪であり、スウェーデンでは民事賠償請求の原因となる。しかしながら、死者自身が代理人によって代表可能な中傷によって傷つけられる利益をもつと法が想定することは希である。明らかにそれは、死者が知らないことは彼を傷つけえない、という法格言のためである。

しかしこのことは、たとえ生きている人々のものであろうと、評判を防衛することの要点は、彼等を害を受けたという感情から保護すること、または何か他の利益、例えば経済的利益を保護することにある、と前提しているが、これらは死後も存続するものではない。少し考えただけで、我々の利益はこれよりももっと複雑であることがわかるだろう、と私は思う。もし誰かが、この国の遠くの場所で何百人かの人々の間で、私が知らないうちに私についての名誉毀損的な話を広め、その結果私が、依然として知らないまま、そのグループの一般的嘲笑とあざけりの対象となるとすれば、何が起こったかを私が知ることはなくとも、私は害を受ける。それは、私が信じるところでは私は、害を受けたという感情や当惑や経済的損害を避けることに加えて、よい評判をもつこと自体に利益をもっているからである。この例では私は、私について何が言われ信じられたかを知らないから、感情は傷つかない。しかしもし私が実際に知っていたら、私がひどく苦しめられるだろうことは明らかである。その苦しみは、苦しみを避けることの利益以外の利益が害されたという私の信念から来る自然な帰結である。これ以外一体どのように、私はその苦しみを説明できるだろうか。もし私が、よい評判自体に利益をもたなかったなら、評判が傷つけられたというニュースに無関心で応答するだろう。

それ故、死者は感情を傷つけられることはできないが、だからといってそこから、彼が値するよりも悪く思われないことに対する彼の請求権が、死後も生き残ることはできないことが導かれるわけではない。ほとんどの生きている人は、少なくとも彼の同時代人であった人たちが生きている間は、自身の死後もこの利益が保護されることを望んでいる、と私は考える。我々は法が、ジュリアス・シーザーを歴史書の中での中傷から保護すると期待することはできない。そんなことをすれば、歴史研究を妨げ、社会的に価値のある表現を規制することになるだろう。それをもつ者の死後も生き残る利益でさえ、不死ではない。誰でも、ジョージ・ワシントンやアブラハム・リンカーンについて、言いたいことは何でも言うことを許されるべきである。多分、何を言っても道徳的に許容されるわけではないだろうが。誰でも、たとえ皇帝ネロやツタンカーメン王についてでさえ、悪意の嘘を慎むべきだが、それは、それら古代人のためにというより、過去についての真実を現在知るであろう人々のためにである。しかし我々は、ケネディ兄弟の同時代人であった人々に対して彼等について害になる嘘を言わないことを、彼等に応分のものとして負っている。もし読者がこの判断を否定するなら、私にできることは、自身の死後、財産の分配を決定することの利益とともに、評判が尊重されることの利益をもちたいと今思うだろうか、を自問するよう彼に促すことだけである。

VI　植物人間

精神的に欠陥を抱え錯乱している人間たちは普通、義務を課したり彼等がすることで責任を問うたりできない程度には能力が足りないが、より下等な動物の中で最高のものとの比較でさえ優位に立てないほどの知的障害を抱えていることはめったにない。動物は権利をもちうるのだから、論理的帰結として痴愚者や凶人もまた権利をもつことになる。例えば、効果的な治療が手の届くコストで入手可能な時はいつでも直してもらう権利、を彼等に帰すことには十分な意味があるし、恒常的に「収容する」ためにサナトリウムに委ねられてきた治療不能の人々でさえ、まともな扱いへの権利を（代理人を通して）主張することができる。

しかし、極端な精神病を患う人間たちは、もっとも賢い猫や犬と比べて劣るほどひどく分別を失い無感覚であるかもしれない。緊張型分裂病を患う人々は、利益の保持が前提するような特性の点で、発達段階の低い植物とほとんど差がないかもしれない。我々がこの人々を潜在的に治療可能だとみなす限度で、我々は彼等を、自身の快復に利益をもつ人間と考え、権利の保持者として扱うことができる。我々はこの患者を、ちょうど古いおとぎ話でカボチャを、彼女の真の姿を回復するための適切な言葉だけを待っている魔法にかかった美しい女性と考えることができたのと同じように、植物の外皮の中から出ようと苦労している本来の人間と考えることができる。多分、患者が快復可能だという希望を決して失わないこと、それ故彼をいつも、承認と保護を受ける資格のある自身の快復に対する恒久的利益をもつ「魔法にかかった」人とみなすこと、が道理にかなうのである。

それにもかかわらずもし我々が、緊張型分裂病患者と非可逆的脳損傷を受けた植物状態の患者を絶対的に治療不可能だと考えたらどうなるだろうか。我々は彼等が同時に、利益と権利をもっていると考えることができるだろうか。それともこの両特性間の組合せは、概念的に不可能だろうか。最初はショッキングに思われるかもしれないが、私は不可避的に後者の見解に導かれた。もしレッドウッドの木々やバラの茂みが権利をもちえないのであれば、どうしようもない植物人間も同じである[12]。これら不運な人々の世話のための基金を運営するよう指名された受任者たちは、これらの患者たちはもはや利益をもたないのだから、それらの人々の利益の代表者ではなく単なる管理者だと理解する方がよいだろう。ここから、彼等が可能なかぎり長く生かされるべきではない、という結論が出てくるわけではない。それは、概念分析によって排除されるのではない開かれた道徳問題である。しかしたとえ我々が、植物人間を生かしておく義務を負うとしても、それは彼等に対する義務ではありえない。他者の感情を保護するために、または我々自身の中に人間尊重的傾向を育むために、我々は彼等を生かしておく責務を負うかもしれないが、それは彼等自身の善のためではありえない。彼等はもはや自身の「善」をもつことができないからである。意識、期待、信念、願望、目標、目的、のどれもないなら、ある存在は利益をもたない。利益がないなら、彼は受益することができない。受益者になる能力がなければ、彼は権利をもてない。それにもかかわらず、彼をあたかも権利をもっているかのように扱う理由は他にいくつもある。

Ⅶ　胎児

もし利益原理が、幼児、胎児、まだ産まれていない世代、に対して権利を帰すことを許すことになるなら、それは、利益の保持者たちが死んだ後でさえ彼等の利益が尊重されるという死者尊重の状況とちょうど逆の形で、利益の保持者が実際に存在するに至る以前にさえ利益は我々に請求権を及ぼすことができる、という理由に従ってのみ可能である。産まれたばかりの幼児は植物よりも、騒々しいのは確かだが、わずかに賢いだけである。アリストテレスが言ったように彼等は、概念と傾向性を獲得する能力を伴って存在するに至るが、初めは我々は、彼等の世界意識は「途方もないブンブン音のする混乱」だと仮定する。彼等は疑いもなくまさに初めから痛みを感じる能力をもっており、利益と権利を彼等に帰すには、これだけで十分な根拠になるかもしれない。しかしこのこととは別に、少なくとも彼等の命の最初の数時間の間は、彼等が利益の保持に必要な初歩的な知的能力さえ欠いていることは十分ありうる。もちろんこのことは、大人の内に、どんな道徳的留保をも誘発しない。子供たちは最初の数ヶ月でほとんど目に見える形で成長し成熟するので、彼等のもっとも初期の日々の未熟な混沌からあれほど急速に出現してくるそれら将来の利益は、彼等の現在の権利の疑問の余地のない基礎であるように見える。それ故我々は産まれたばかりの幼児について、まさにこの時点ではその願望やその他の願望をもつための概念的装備を欠いているにもかかわらず、生きて彼の大人時代へと成長する権利を今の時点でもっている、と言う。要するに産まれたばかりの幼児は、利益の保持に必要な諸特性を欠いているが、それらの特性を獲得する能力をもっており、彼の相続した様々な潜在的可能性は、我々が彼を見ている間にさえ、現実化に向けてどんどん進んでいるのである。だから幼児に代わって要求を行う代理人たちは、管理人以上のものである。つまり彼等は、いやしくも存在するに至ることを許されるべきであれば現時点でさえ保護を必要とするかもしれない、子供の発生しつつある利益の本物の代理人である（またはありうる）。

同じ原理が、「まだ産まれていない人」にまで拡張できるかもしれない。結局のところ、産まれる１日前の胎児の状況は、産まれて数時間後の状況と目立った違いはない。我々の法がまだ産まれていない子供に与える権利は、財産的権利も人格的権利もその大半は、彼が全面的な利益をもつ存在となる時に相続するはずの権利のために、場所確保または予約をするためのものである。法はこれらの事例で潜在的利益を、それが現実のものへと成長する以前にさえ保護するが、これは、庭のフェンスが新しく種を播いた花床を、そこから咲く花が出てくるずっと以前から保護するのと同じである。例えば、現在のまだ産まれていない子供の財産への権利は、彼の出生を条件に、そしてもし彼が出生前に死ぬ場合には直ちに無効にできる、彼の将来の利益に対して現在提供される法的保護である。クックの表現では、「多くの事例で法は、彼の出生が明白に期待できる点から、彼を配慮する[13]。」しかしこれは、現実に産まれる権利を承認することとはまったく別のことである。その子が産まれるだろうと仮定して法は、彼が出生後もつことになる様々な利益が、出生前にさえ、それらが被りうる損害から保護されねばならない、と言っているように見える。それ故過失によって加えられた種類の出生前の害は、新しく産まれる子供に損害賠償を求めて訴を提起する権利を与えるが、この権利を彼は、彼が産まれた後にいつでも、代理人弁護士を通して自身の名において、行使することができるのである。

しかし、我々の法が無条件の産まれる権利を含意しているように見える場所が、これの他にも多数あるが、驚くことにこれまで誰も、この考え方が概念的に不合理だと考えた者はいないようである。一つの興味深い例は、ニューヨークタイムズの「まだ産まれていない子供の権利、宗教に優先と判定」という見出しを付された記事[14]に見られる。妊娠8ヶ月の入院中の患者が、医師に「いつ死ぬかわからず、子供の命も奪うことになりうる」と警告されたにもかかわらず、輸血を受けることを拒否した。拒否の理由は、輸血が彼女の宗教（エホバの証人）と両立しないことにあった。ニュージャージー州最高裁判所は、妊娠中でない大人が、宗教上の理由から輸血を拒否できるか、という憲法問題については不確実だと表明したが、それにもかかわらず、「まだ産まれていない子供は法の保護を受ける資格がある」という理由から、当該の事例では輸血を受けることを命じた。

胎児が権利を実際にもつか、またはもつべきか、という問は、議論と判定に開かれた法と道徳における実質的な問である、と再度強調しておくことが重要である。しかし、胎児は権利をもちうる存在であるか、という先の問は、いわゆる「論理的分析」にだけ馴染む、道徳判断には有意性をもたない概念的な問であって、道徳的問ではない。私の信じるところではこの概念的問に対する正しい回答は、まだ産まれていない子供たちは、たとえ彼等が（現時点では）利益をもちえないとしても、彼等の将来の利益を今保護することが可能であり、潜在的利益をそれが現実になる以前にさえ保護することに意味があるという理由から、権利保持が有意味に述語にできる種類の存在に属している、というものである。しかしながら利益原理は、胎児がもつ無条件の産まれる権利に関する議論を、よく見ても、難しいものにする。というのも、胎児は現実の欲求や信念を欠いているので、産まれるについての現実の利益をもたず、彼等が事実として産まれるという仮定のもとで以外に、彼等にどんな権利を帰す他の理由も考えるのが難しいからである[15]。

Ⅷ　将来世代

今や我々は子孫たちに対して世界を、我々が先祖たちから相続した世界よりもずっと不快な場所にする力をもっている。我々は、肥沃な土地をさらに大きな比率で利用し尽くし、我々の廃棄物を川、湖、海へと捨て、我々の森を切り倒し、有害なガスで大気を汚染しながら、どんどん大きな人数へと増殖するのを続けることができる。考え深い人々すべてが、我々はこれらのことをすべきでない、という点で合意している。ほとんどの人は、これらのことをしない義務が我々にあると言うだろう。それは単に、保全が道徳的に（望ましいのではなく）要求されるということを意味するだけでなく、それは我々の子孫たちが受け取るべきもの、彼等のためになされるべきことだ、ということをも意味する。明らかに我々は将来の世代に対して、使い尽くされたゴミの山ではない世界を伝えることを負っている。我々の遠い子孫たちはまだ、自身の権利として居住可能な世界を要求すべく現存していないが、今彼等のために語る代理人は多数いる。これらのスポークスマンたちは、単なる財産管理者ではなく、将来世代の本物の代表者である。

それならなぜ、将来の人間が彼等の名で今我々に対して請求することができる権利をもつことを否定するのか。一部の者は、まだ存在すらしていない迂遠で同定不可能な存在に対して権利を認めることによって、不可解な形而上学に陥るのではないかという恐れから、それを否定しようという気になる。まだ産まれていない我々のやしゃごは、ある意味で「潜在的な」人格だが、彼等は胎児よりもずっと遠く潜在的であるように見えるかもしれない。しかしこのことが現実の困難を生じさせることはない。まだ産まれていない世代は、一つの意味では胎児よりも遠い潜在的存在であるが、別の意味ではそうでない。彼等の潜在性が現実化するまでには、ずっと多数の因果的必然性のある重要な出来事を伴ったずっと長い時間が経過せねばならないが、我々の集合的な子孫たちは、母の胎内にいるどの所与の胎児とも同じだけ確実に、「正常な出来事の推移の中で」存在に至るのである。その意味では遠くの人間的未来の存在が遠く潜在的なわけでないのは、すでに出生へと向かっている個別の子供の存在がそうでないのと同じである。

本当の困難は、我々の子孫たちが現実のものになるかどうかを我々が疑うことにあるのではなく、彼等が誰なのかを我々が知らないことにある。我々を悩ませるのは、彼等の時間的遠さというより、彼等の不確定性——彼等には現在顔も名前もない——である。今から5世紀後、男たちと女たちが、我々が今住んでいるところに住んでいるだろう。彼等の中から誰を選んでも、居住空間、肥沃な土壌、清浄な空気、とその種のものに利益をもっているだろうが、その任意に選ばれた人は、現在我々が明確に思い描けるような他の性質を何ももたない。我々は、彼の両親、祖父母、祖々父母が誰かも、また彼が我々の縁者かどうかさえ、知らない。それでも、これらの人間が結果として誰であっても、そして彼等がどんな様子だろうと期待するのが道理にかなっていようと彼等は、まさに今我々が善い方にも悪い方にも左右することのできる利益をもつことになる。その限りで我々は、彼等について知ることができるし、実際知ってもいる。これらの利益を保持する者の同定性は現在、必然的にあいまいであるが、彼等が利益の保持者であることは水晶のごとく明確であり、それが、彼等の権利についての現在の物言いの整合性を確認するために必要なことのすべてである。我々は時によって、それが誰かも何人かも知らないが、空間的距離の先にあるのが人影だと言うことができる。そしてこのことは、彼等の方向に、例えば爆弾を投げないという義務を我々に課す。同じような形で、人間の未来のあいまいさは、それが結局は人間のものだとほぼ確実に知っていることに照らせば、それが我々に投げかける請求を弱めはしないのである。

産まれる権利の存在についての疑義は、将来の世代に帰される存在に至る類似の権利の問題にそのまま移行する。将来の世代が我々に対して確実にもつ権利は、条件的権利である。つまり、彼等が存在に至る時に（彼等が存在に至ると仮定して）確かに我々に対してもつ利益は、今発生する可能性のある侵害からの保護を大声で求める。それでも、現在は存在しない将来の世代が現在もつ、現在存在する実際の利益はないのである。それ故、彼等が単に存在に至ることについてもつ現実の利益はなく、私は、彼等が存在に至る権利をもつと主張するための他の理由を考えるのに途方に暮れるのである（そのような理由が存在することは十分ありうるのだが）。それ故、すべての人間がある時、子供をもう作らないという契約を自発的に結び、そうして数世代の内に我々の種を滅びさせると仮定していただきたい。これはもちろん、ひどくありそうもない仮定的例だが、我々が暫定的に考慮してきた立場にとって決定的な例である。それに我々は例えば、世界全体がすべての人に性的禁欲を絶対的に要求する奇妙な禁欲的宗教に改宗する、と仮定することができる。この設定は、誰かの権利を侵害するだろうか。誰も現在存在していない将来世代に代わって、保護への条件的権利を彼等に与える彼等の将来的利益が侵害されたことに不満を言うことはできない。というのも、彼等が侵害を受けるべく存在するに至ることは決してないからである。それ故、私がそれに傾いている結論は、我々の種の自殺は、嘆かわしく遺憾で深く心を動かされる悲劇ではあるが、誰の権利をも侵害しない、というものである。実際、事実に反してもし、すべての人間がそのようなことに合意することができるとすれば、その合意自体が、我々の種がいずれにせよ生存に不適であることの兆候となるであろう。

IX　結論

今や数世紀にわたって人間は、あたかもそこに住む動物やそこに住むことになるであろう人間世代が何らそれに請求権をもたないかのようにして、我々の惑星の土地を手荒に扱ってきた。哲学者たちは、動物や将来世代は今権利をもちうる存在ではなく、それらは現在、我々の道徳的共同体のメンバー資格、たとえ補助的なメンバー資格でさえ、の条件を満たさない、と論じて状況を改善しなかった。私は本章で、そのような結論を可能にした概念上の混乱を取り除こうと試みた。その権利を認めることは、我々が（我々自身のそれを含む）危機にある種のメンバーたちのためにすることができるまさに最小限のことにすぎない。しかしそれは意味のあることである。

補論：潜在性のパラドックス

存在者が単なる潜在的利益をもつことだけで権利を保持することができると認めたことから、我々は滑りやすい坂の上にいる。というのも一見したところ、何であろうと潜在的利益をもつことができる、またはずっと一般的に、どんなものも潜在的には他のどんなものにもなりうる、ように思われるからである。脱水オレンジ粉末は、我々がそれに水を加えればオレンジジュースになるから、潜在的にはオレンジジュースである。しかしもっと遠い関係ではそれは、レモネードである。もし我々が、大量のレモンジュースと砂糖と水を加えれば、それはレモネードになるからである。それはまた潜在的に毒入り飲料（水とヒ素を加える）、潜在的オレンジケーキ（小麦その他を加えて焼く）、潜在的オレンジ色建設用ブロック（セメントを加えて固める）、などであり、これは無限に続く。同じように、装置を使わずに目で見るには小さすぎる２細胞からなる胎児は潜在的人間であるが、授精していない卵や、「接合に至らない」精子ですらそうである。着床した胚に（一定の他の必要条件の下で）適切な栄養を与えれば、それは胎児になりそして子供になる。しかし別の見方をすれば、着床した胚が栄養的要素と（同一の条件下で）混ぜ合わされたのであって、栄養的要素自体が成長する胎児に、そして子供に、変わる。その場合、食糧は「潜在的子供」であると言うことは、胚は潜在的子供であると言うのと同じだけ適切だろうか。もしそうなら、「潜在的子供」ではないものが何かあるだろうか。（空気中と土壌中にある有機的要素は、「潜在的食糧」であり、それ故潜在的人間なのである！）

明らかに、直接的または近接の潜在性と間接的または遠い潜在性との間に何らかの種類の線引きが必要である。しかし我々がこの線をどのように引こうが、分類が不確実または恣意的とさえ見えるようなボーダーラインの事例が存在するだろう。たとえどのＸも必要的追加要素 a、b、c、d その他と結合されさえすればＹになるとしても、一定のさらなる――かなり厳格な――条件が満たされるのでないかぎり我々は、どんな所与のＸについてもそれは「潜在的Ｙ」であると言うことはできない。（さもなければ潜在性の概念は、普遍的かつ無差別に適用可能なために、利用価値をもたないだろう。）近接的潜在性のための基準となりうるものはいくつか思い浮かぶ。最初のものは、因果的重要性の基準である。オレンジ粉末を潜在的建設用ブロックと呼ぶことが適切でないのは、それを建設用ブロックに変換するのに必要な要素の中で、（オレンジ粉末がもつどんな性質と対比しても）セメントが因果的に決定的な要素だからである。同じように、どんな生活保護者も、どんな人でも億万長者に転換するのに必要なのは多額の金銭だけだから、（誤解を招く形で）「潜在的億万長者」だと呼ばれるかもしれない。もちろん、この転換における絶対的に決定的な要素は、その人の性質ではなく、彼に「つけ加えられた」億万の金銭である。

何が因果的に「重要」かは、我々の目的と関心に依存し、それ故ある程度は相対主義的な問題である。もし次に「重要性」の標準を求めるのであれば、我々は例えば、結合することで手元にあるものを何か別のものにする、欠けている要素についてそれを入手するについての（このまたはあの人々にとっての）容易さまたは困難さ、というような基準を措定することができるかもしれない。例えば、オレンジ粉末は潜在的にオレンジジュースだ、と言うのはごく自然であるが、それは、欠けている要素が普通の水道水、誰にも便利に手近にある素材、だけだからである。一方その粉末を潜在的ケーキだと性格づけるのはそれほど妥当ではない。なぜなら一つだけではなく多種のさらなる要素が要求され、その一部は多くの人にとって便利に手近にあるわけではないからである。さらに、欠けている諸要素を結合してケーキにする過程は、単なる「追加」よりも複雑である。オレンジ粉末を潜在的縁石だと呼ぶことは、同種の理由から、さらに妥当性が低い。追加的な要素の獲得と結合の容易さ困難さという基準は、これらの違いをすべて説明する。

近縁的潜在性のさらにもう一つの基準で他の基準と密接に関連しているのは、要求される「物事の通常の経緯」からの逸脱の程度、という基準である。その生産者、流通業者、販売者、消費者の意図を所与とすれば、脱水化されたオレンジジュースは、物事の通常の経緯に従えば、オレンジジュースになる。同じように母の子宮壁の中に安全に着床した人間の胎児は、物事の通常の経緯に従えば人間の子供になるだろう。それはつまり、もし誰も意図的に介入してそれの生起を阻止しなければ、それは大半の事例において生起するだろうということである。他方授精していない卵は、誰かが意図的にそれを発生させるのでなければ、胎児になることはない。物事の「通常の」経緯に対するそのような介入がなければ、卵は短い寿命しかもたない一片の単なる原形質である。もし我々が、ほぼすべての生物学的にそれが可能な人間女性がその妊娠可能期間全体を通して毎年妊娠するような世界に住んでいたなら、我々は授精を、「物事の自然な経緯」においてすべての卵に起こることだとみなすだろう。多分そのような世界では我々は授精していない卵を、その将来的利益に対応する権利さえもつ潜在的人格だとみなすだろう。多分そのような世界では、意図的に授精しないことをある種の殺人だと見做すことも、道徳的意味でないとしても概念的意味のあることになるだろう。

要するに、重要な、容易な、通常の、といった語は、人間の経験、目的、技術に相関的にのみ意味をもつのに気づくことが重要である。後者が変わるに応じて、何が重要か、困難か、通常か、の考え方も変わり、そして潜在性の概念、またはそれを我々がどう適用するか、も変わるのである。もし我々の目的、理解、技術がこれまでと同じ方向に変化し続けるなら、我々はいつか、無生物が「潜在的利益」をもつと考えるようになるかもしれない。いずれにせよ我々は、権利の概念がその論理的境界線を、我々の実践的経験の変化とともに変えて行くだろうと予期することができるのである。　(嶋津格訳)

註

1　私はここでは請求権の概念を分析しないままにしておくが、詳細な議論として、本書「第８章　権利の本質と価値」を参照されたい。

2　Luis B. Schwarz, "Morals, Offenses and the Model Penal Code," *Columbia Law Review* 63 (1963) : 673.

3　John Chipman Gray, *The Nature and Sources of the Law*, 2d ed. (Boston: Beacon Press, 1963), p. 43

4　そしてもう一人として W.・D・がいる。*The Right and the Good* (Oxford: Clarendon Press, 1930) , app. I, pp. 48-56 を見よ。

5　W. D. Lamont, *Principles of Moral Judgment* (Oxford: Clarendon Press, 1946) , pp. 83-85.

6　H. J. McCloskey, "Rights," *Philosophical Quarterly* 15 (1965) : 121, 124 参照。

7　Ibid.

8　サミュエル・バトラーの本 *Erewhon* の外では。

9　*Webster's Third New International Dictionary*.

10　もちろん場合によって、植物の自然の傾向性に添うものが我々の利益になるというより逆にそうならないために、この対応関係は破れる。この種の事例において我々が、雑草が花開くとさえ語ることを、私は認めねばならない。しかし、一本の雑草がそれ自身の善をもつ物だとの含意を我々が込めているのか、私は疑わしいと思う。むしろこのような語り方は、単なる皮肉か、そうでなければ（雑草たちを繁栄するビジネスマンたちのように考える）アニミズム的な隠喩である。いずれにせよ、雑草が繁茂する時、人間のであろうがなかろうが、利益が花開くことはないのが普通である。

11　William Salmond, *Jurisprudence*, 12th ed., ed. P. J. Fitzgerald (London: Sweet and Maxwell, 1966) , p. 304

12　もちろん、問題の個人が、「植物」になる前に、もし彼が治療不可能な植物になることがあれば彼の身体をどうすべきかについて、遺言による指示を残しているのでないかぎり、である。彼は、可能な限り長く生きたまま保存されるのか、それとも、破壊されるか、どちらでも彼の望むままに指示していたかもしれない。もちろん、そのような指示になぜ従うべきではないのかという健全な公序からくる理由もあるかもしれない。しかしもし我々が、そのような願望に法的効果を与えることを実際に約束していたなら、自身のまさに個人としての能力が失われた後に残る自身の身体に何が起こるかについて人が事前にもつ利益の例がここにあるといえるだろう。この関係は、今や死んでいる人の明示された利益が我々に請求権を行使するような例と同じである。

13 Salmond, *Jurisprudence*, p. 303 での引用による。単なる政策の問題として、一部の将来利益の潜在性は非常に迂遠であり、それらを現在の保護に値しないものに思わせる。例えば遺言作成者は、財産を子供に残すことができるが、まだ産まれていない孫に残すことはできない。現在は母親の胎内にいる潜在的人について、彼は現在財産を所有する、と言うことは、一定の財産が、彼がそれを所有できるだけ十分に「現実の」「成熟した」存在になるまで、彼のために確保されねばならない、と言うことである。「しかし法は、財産がこのような形であまりにも長く、将来に現れる世代のために生きている人々の使用から保留されることがないよう、注意を払っている。そして様々な制限的ルールが、この目的のために導入されてきた。遺言作成者は誰も、自身の富が 100 年間蓄積され、その後で彼の子孫たちの間で分配されるように、今指示することはできない。」Salmon, *ibid.*

14 *New York Times*, 17 June 1966, p. 1

15 「産まれる権利はあるか」と題した論文で私は、この提示された問に対する否定的回答を擁護しているが、しかし私は、一定の特別な条件の下で、「産まれない権利」がありうることを認める。*Abortion*, ed. J. Feinberg (Belmont, Calif.: Wadsworth, 1973) 参照。

第13章
開かれた未来に対する子供の権利

The Child's Right to an Open Future

I　信託中の権利

子供の権利というものは、どんな特別の哲学的問題を提起するであろうか。もちろん、子供の権利のすべてが他と区別される特有の性格をもっているわけではない。いくつもの種類の権利はそのまま大人と子供とに共通であるし、排他的に大人だけが所有する権利も数多く、必然的に子供だけに特有であるようなものは一つもないのかもしれない。共通な種類のものの中には直接的に虐待を受けない権利がある。例えば鼻にパンチを食らわない権利や、ものを強奪されない権利などである。見知らぬ他人が子供に平手打ちを食わせ、自分で食べるためにキャンディーを横取りするとしたら、その者は、子供が身体や所有物に対して有する利益に不正に介入しており、子供の権利を侵害していることになる。それはちょうど、その暴漢が大人を殴打して財布を無理矢理失敬した場合と同じだけ確実にそうである。このように大人と子供とに共通している権利は、これを「ＡＣ権利（Adults-Children rights）」と呼ぶことができる。

大人だけがもっていると考えられる権利（「A権利」）としては、法的な投票権、飲酒する権利、朝帰りする権利、等がある。こういった権利の興味深い亜種の一つは、小さな子供にはほとんど適用できない自律権（autonomy rights）（保護された選択の自由）である。例えば自分の宗教を自由に実践する権利であり、これは人がまずもって宗教的な確信や嗜好をもっていることを前提している。両親が子供を宗教行事に連れていき日曜学校に入会させることを選ぶ時、彼等は自分の宗教的権利を行使しているのであって、子供のそれを行使しているのではない（あるいは、まだそうしていない）。

「C権利」と呼ぶことになる権利は、厳密には子供だけに特有なものではないが、概して子供に特徴的なものであり、大人がこれを所有するのは、稀であったり異常であったりする状況だけに限られる。これには二つの下位クラスを区別することができるが、第一のものに言及するのは、この章で扱う主題をなしてはいないとしてそれを片づけるためにすぎない。すなわち、子供が――食料や住居や保護のような――生活の基本的な糧を他人に依存しているという事実に由来する権利である。依存権（dependency rights）はすべての子供に共通するが、もちろん彼等だけがもつわけではない。なぜなら、そういった権利のあるものは、自活する能力を欠いているがために、その点に関しては一生涯「子供として扱われ」なければならない、障害のある大人もこれをもつからである。

C権利のもう一つのクラス、すなわち私が「信託中の権利（rights-in-trust）」と呼ぶことにする権利は、子供がより十分な成長を遂げて能力を獲得するまでは自由な選択を十分満足に行うことができない、という点を除けば、クラスAの中の大人の自律権に外見は似ている。洗練された自律権が、まだそれを十分に行使できないことが明白である子供に帰せられる時、自律権の名で呼ばれているのは、大人になるまでの間その子のために**保存される**べきだが、子供がそれを行使する立場に置かれる以前においてさえ、言わば「事前に」侵害されうるような、権利のことである。その侵害行為というのは、子供が自律的な大人になった時、一定の重要な選択肢がすでに彼には閉ざされているだろう、ということを**今の時点**で確実にしてしまうものである。まだ子供でありながら彼がもっている権利とは、複数の選択肢の間の決断のできる十分成長した自己決定的な大人になるまでの間、そうした未来の選択肢を開かれたままにしておいてもらうことに存する。こうした、クラスCにおける「先行的自律権（anticipatory autonomy rights）」が、私の最も関心を寄せる子供の権利である。というのも、それは最も興味深い哲学的問を提起するからである。実際のところそうした権利は、子供がそれを「時期尚早な段階で」保有する際にとるべき形態をとった自律権である。

非常に大まかに言い表せば、信託中の諸権利は、単一の「開かれた未来に対する権利（right to an open future）」という形に要約できるが、このあいまいな定式化は、もちろん、問題の特定の諸権利がもつ形式を描写しているにすぎず、それらの具体的な内容を描写しているのではない。開かれた未来に対する権利を、すべての側面ではなく一部の側面にかぎって子供に帰するのが道理にかなっていそうだが、この単純な定式は、そうした側面を特定しないまま残している。しかし、この一般的な定式化の利点は、子供の一定の権利に言及するのに、子供とは全く別の生きものである大人の権利にも当てはまる名称をもってしたくなる誘惑を無効にしていることにある[1]。例えば、自分の宗教的信念を行使するための大人の権利は、クラスAの権利であるが、同じ名称の権利は、小さな子供に当てはめられた場合、信託中の権利でありはっきりとクラスCに属する。後者をただ、子供の、(宗教的所属に関する)開かれた未来に対する権利の部分と呼ぶだけで、この二つの混同を避けることができる。こうした一般的なカテゴリーにおいては、この権利は、まだ自分で場所の移動ができない二ヵ月の幼児の保持する、歩道を自由に歩く権利と同列である。人がもしその子の脚を切断するなら、その信託中の権利を、行使すらできない現在において侵害することになるであろう。

一般的な名称をもつ権利のいくつかは、特に、少しだけ大人に近づいたより年長の子供に帰せられる場合には、分類するのがより困難である。そういった権利のあるものは、クラスAのうちに片方の足を入れると同時に、Cカテゴリーの中の信託中の権利という下位クラスのうちに他方の足を入れているように思われる。例えば、政治的意見を発表する自由と解された場合の言論の自由の権利は、10歳児に帰せられた場合には、おそらくは、主として実際のA権利であろうが、しかし、少なくとも、その子がいつかは抱くようになるかもしれないが現在のところは能力を越えているような意見に関しては、まだ部分的に信託中のC権利である。

人はしばしば、子供の「福利（welfare）」とか「利益（interests）」について語る。ＡＣ権利によって保護される子供の利益は、その子が現在において実際にもっている利益である。そうした利益を増進することは、言わば、現時点における子供の権利としてのその子の善＝財（good）の構成要素となる。これに対して、その子が成長するに従ってもつようになるかもしれない利益が、彼のクラスCに属する信託中の権利によって保護される利益である。その子がまだ子供でいる間は、そうした「将来の利益」の中には、成長の方向如何によって、その子が将来、実際にもつようになる利益と、決して獲得することがない利益との双方が含まれる。

利益が、それと衝突しうるまたしばしば実際に衝突する、現在の欲求（present desires）と同じものでないということは、哲学者の間では自明の理となっている。したがって、もし子供の信託中の自律権（autonomy right-in-trust）の侵害が、その子の現在の利益を調査することによって常に確証できるとは限らないとすれば、なおのことそれは、その子の現在の欲求や選好を確定することによって確証することはできない[2]。選択を行わねばならない者は、その子がいずれなるはずの大人である。より正確には、その子の基本的な選択肢が開かれたままに保たれ、その子の成長が「自然」なまま、ないしは無理強いされないまま、に保たれた場合に彼がなるであろう大人である。いずれにしても、その大人はまだ存在していないし、あるいは決して存在するにいたらないかもしれない。しかし、その子は潜在的にはその大人なのであり、そして、その大人こそ、現在において（あらかじめ）その自律が保護されなければならない人物なのである。

成熟した大人が、現在ほしいものを手に入れることと、選択肢を未来において開かれたままにしておくこととの間の葛藤に直面している時、我々は、彼の自律を尊重する意味から、彼の現在の選択を強制して未来の「自由」を保護する、ということをしてならない。彼の現在の自律は、彼が将来手にする見込みのある善に比してさえ優先するのであって、彼は、いつかなるであろう未来の自我を犠牲にしてさえ、自分の現在の自律を思いのままに行使してよい。しかし、子供の場合には話が別である。子供が大人になって享受するであろう未来の自律に対する尊重は、しばしば、現在において彼の自由な選択を妨げるよう要求する。したがって、大人の扱いにおいては、未来の自我は、子供の場合ほどには道徳的な重みをもたない。場合によっては未来の自我は、自分自身の決断について思いをめぐらしている大人にとって、自分自身の子供を律している大人にとってと同程度に重要であるかもしれない。自分自身に関わる事例においては未来の自我は、慎慮（prudence）への要求という形でその重みを及ぼしはするが、自律的な大人に対して慎慮を外側から押しつける、ということが正当ではありえない。

II　衝突のいくつかの形態

子供たちの信託中のC権利について道徳的な難問が最も生じやすいのは、そうした権利が、両親のもつ一定のA権利と衝突するように見える場合であるが、その衝突は裁判所がこれを裁定しなければならない。典型的にはそうした衝突は、子供の（目前の健康や福利というより）成長と発達に対する保護される個人的利益と、両親がもつところの、子育ての仕方をとり仕切ったり、自分自身の一般的生活スタイルを決めたり、外からの介入を受けずに自分の宗教を実践したりする権利との間に起こるものである。国家によって代弁される一般社会の利益（例えば、子供たちが他人への感染源にならないこと、彼等が、責任をもって投票する市民となるに十分な識見を備えて成長すること、あるいは、犯罪者や、国家の福祉援助への絶望的な依存者にならないこと、に対する関心）も絡んでくることが非常にしばしばある。こうして、監護権をめぐる審問、両親に対する育児放棄〔を理由として国が介入する〕手続、義務的就学法違反および児童労働法違反による刑事裁判はしばしば、子供の権利、両親、社会の集合的な利益を代弁する国家、の三者間で行われる対決となる[3]。しかし時には、社会の利益は当の事例に周辺的にのみ関わっており、純然たる親子間の葛藤が前面にはっきり出てくる場合もある。この種の事例で最も扱いにくいものの一つとして、両親の宗教的権利と、その子供の開かれた未来に対する権利との間の衝突、を提起する事例がある。

子供たちには、自分自身の将来の利益を、両親によって加えられる現在の侵害から守る法的な能力がなく、したがって、その仕事を彼等のために行わなければならないのは、通常は、「後見人としての国（parens patriae）」という役割を担う国家である。アメリカの裁判所がこれまで長期にわたって採用してきた立場では、国家は、未成年者その他の法的無能力者に対して「後見人としての最高権力（sovereign power of guardianship）」をもっているのであって、その権力が国家に、自分自身を守る能力のない者の利益を配慮する権利、あるいは義務すら、を与える。例えば、自ら治療を求めることができないほどの重度精神障害者でも、「後見人としての国」の原則に基づけば、国家による庇護のもと、精神医療を受ける資格がある。しかし、「精神病」者の多くは認知能力の点では障害をもっておらず、またその中には、精神病院に閉鎖されて治療を受けることを望まない者もある。政府には、そうした人たちに治療を押しつける権利はない。なぜなら、「後見人としての国」の原則は、医療を求めるべきか否かを自分で決断することが文字どおりできない不幸な者たちにのみ適用されるからである。しかも、そういった〔不幸な者たちの〕事例においてさえ、その原則は、これをリベラルな形に解すれば、国家に「もしも精神が健全であったならばその人が自分で決断するであろうと推定されるような仕方で、その人のために決断する」[4]権限を認めているにすぎない。これに対して、子供が大人になった時には自分で決断するだろう（または、実際にそうする）、と裁判所が推測するような仕方で子供のために決断を下さねばならない場合には、裁判所の抱える問題ははるかに困難なものになる。概して言えば裁判所は、未来の大人の名において今口を挟むほど僭越ではないが、他方時には、子供が成熟して自分自身で重大かつ最終的な態度決定をする法的能力を獲得するまでそうした態度決定を先送りするために、両親に介入する方法もいくつかはある。

1944 年、プリンス対マサチューセッツ州事件[5]において連邦最高裁判所は、エホバの証人である両親の子供たちが、その自由な宗教活動であると両親が称するものの中で、公道で宗教的パンフレットを配るのを阻止するために適用された、マサチューセッツ州法を支持した。この事件での判決は、「後見人としての国」の原則の誤用であるとして手厳しい批判を受けてきた[6]（そして、私はそうした批判が正しいと思う）が、最高裁判所によるこの原則の宣明は、異例なほどはっきりして辛辣である。裁判所の言うところでは国家は、子供の健康や福利に関心をもつばかりでなく、

> 若者が健全で調和のとれた成長を遂げ、［民主主義において］その語が意味する一切を携えながら…市民として十分に成熟することにも関心をもつ。両親が自分自身殉教者になることは別にさしつかえない。し

> かしそこから、子供達が十分な法的裁量権を得る年令に達して自分達自身で決断を下せるようになるまでの時期に、子供達を同一の状況下で殉教者に仕立てる自由が両親にある、という結論が導けるわけではない[7]。

子供たちが路上の通行人の無視と蔑視とにさらされることを「殉教」と表現したのは、明らかに言いすぎであった。しかし、裁判所がうまく言語化したのに適用を誤った原則は、宗教の自由が子供の権利要求に道を譲らなければならないような、これとは別の事例もあることを示唆する。その権利要求とは、子供は、可能な限り多数の選択肢・機会・利点を携えて成熟期に達することを許されるべきだ、という要求である。

20年後、全く性質を異にするある事件の中で、ロングアイランドの裁判所において、三人の小さな子供を犠牲にする形で両親の宗教的権利が支持された。車の衝突事故で負傷した24才の母親は、夫が宗教上の理由から医師に輸血を行うことを許可しなかったがために死んでゆくに任された。夫は、妻と同様にエホバの証人に属しており、医師の懇願にもかかわらず頑なに意思を変えなかった。最後には病院の経営者が、州最高裁判所判事のウィリアム・サリヴァンに訴えたが、彼は輸血の命令を与えるのを拒んだ。

法的に困難な事件において生死に関わる決定を即座に行わざるをえなかった判事を批判するのはいともたやすいことであり、私にはそのようなことをするつもりはない。この事例においては、子供の側に有利な仕方で天秤の傾きを読むべきだとする論拠も、実際のところ非常に強力なのではあるが、すべてを考慮して判事の決定を正当であったとも十分言えるかもしれない。現在の福利と将来の発達とに関して直接の利益を有する三人の子供は、当然のことながら、自分自身でその重大な決定を下すことができず、また、実の両親はどちらも、子供の利益に背く決定をしようと決心していた。国家のみが、自分自身を救う力のない者たちの保護者（「後見人としての国」）としての資格において、両親の決定をくつがえす法的な権限をもっていた。両親の宗教的信念は誠実で重要なものであり、彼等の宗派の教義によれば、それに背くことは重大な罪であって、おそらくは食人や姦通にも類することである[8]。天秤のもう一方の皿には、三人の子供が「健全で調和のとれた成長を遂げて十分に成熟する」見込みが減少することと、母親の配慮・情愛が即座に欠乏し今後も持続的に欠乏し続けること、が乗っている。両親の〔戒律を破る〕「罪」は、たとえあるにしても、国家の強要のもとに意に反して「犯した」という事実によって、まちがいなく緩和されるであろう。それに対して子供のこうむる欠乏は、「殉教」ほどのものではなくとも、永続的な喪失、おそらくは回復不可能な喪失であろう。他方において、父親の中には、自ら母親の役目を果たしたりすぐに再婚したりして、死亡した妻の穴埋めを巧妙に行うことのできる者もいるであろう。だとすると、この事例において「後見人としての国」の原則を適用する論拠が決定的でなかったとは必ずしも言い切れない。

もう一つ、私の考えでは接戦の事件だが子供の利益の方が実際に両親の宗教的利益に優先するように見えるものは、カンザス州裁判所がアーミッシュの共同体に対して、すべての子供は州が認可した学校に通わせなければならないという法的義務を免除する例外扱いの許可を拒否した事件である[9]。アーミッシュとは、理解のない部外者からの介入を受けずに、宗教的原則に従って自足的な農耕社会を建設するためにこの国に定住した、プロテスタントの固い信念をもった18世紀移民の子孫たちである。宗教的信仰が生き方全体の中に表現されており、宗教的原則が社会組織に吹き込まれ浸透している実例として、これほど純粋なものはおそらく他にはない。アーミッシュの教育の目的は若者たちに、祖先が行っていたそのままの農耕や家事の方法と、単に生活をもっと複雑に性格を軟弱にし「世俗性」によって腐敗することしかできない、現代の様々な技術とスタイルに対する全面的な不信感と、を伝えることで、彼等に勤勉で敬虔な生活を送る準備をさせることにある。そのようなわけでアーミッシュの人々は、常に、最大限努力して、州が運営する学校の影響を始めとする、外部世界の影響から自分たちの社会を遮断しようと試みてきた。彼等自身の学校では、生涯にわたって聖書研究をしてゆけるに足る程度の読み方と、家計簿や簡単な商取引の記録をつけるに足る程度の算術とを教える。これを4、5年行うことに加えての、社交の訓練、信仰修養の教育、伝統的な徳の教え込み、野外・商店・台所での簡単な手仕事の実地訓練。もっとも厳粛な約束によって両親たちがそれに縛り付けられている伝統的なアーミッシュの生き方へと子供たちを準備させるのに公式に要求されるのは、それだけである。

しかし、カンザス州で認可されるどの私立学校にも、法律により、これ以上のことが要求されていた。教育は、16才までが義務であるし、歴史、公民、文学、美術、理科、初歩の算数よりも高度な数学、の授業を含むカリキュラムについての最低限の基準を満たさなければならない。なぜ、アーミッシュの人々のもつ、宗教活動の自由に対する憲法上の権利、およびその実践とは不可分の、自足的な生き方に対する憲法上の権利、を尊重する意味から、そうした要件の限定的免除を許可しないのであろうか。免除を支持する論拠は強力であった。アーミッシュの「誠実さ」には疑いの余地がない。彼等の宗教の一部をなす、質素な「脱俗的」生活は、一見したところ現代の教育とは相容れず、しかも、質素と隠棲の徳は「重要なもの」、つまり、アーミッシュの宗教にとっては、単に付随的、末梢的であるにはとどまらないものである。さらに、アーミッシュが小規模の宗派であることからすれば、たとえ免除しても、それがカンザス州の一般的教育レベルに及ぼす影響は最小限にとどまるであろう。実際、この問題に（個人的利益の間の衝突ばかりでなく）公共の利益が絡んでくるかぎりでは、それは秤のアーミッシュ側により大きな重みを与えるように思われる。というのも、ジョン・スチュアート・ミルが『自由論』の中で指摘しているように[10]、我々は誰しも、他人による「生活の実験（experiments in living）」の実例から利益を得るからである。そうした実験があってこそ、我々は、様々な選択肢があることをより強く自覚しながら自分の生き方を選択することができるのであり、かくしてそれは、こうした選択肢をめぐる我々自身の理性行使を容易にし、選択に際して起こりうる誤謬を減じてくれるのである。根本的に異質な生き方の実例が絶えず眼前にあることは、たとえ我々の大多数のとる生き方がどれも行き詰まった時に異なる方向を示唆してくれるだけだとしても、我々を利しないわけがない。

アーミッシュを免除することに反対する側の論拠は、徹頭徹尾、アーミッシュの子供達の権利に基づいているのでなければならない。そうした権利は、国家が「後見人としての国」としてこれを保護することを誓っているものである。子供を、たった一つの生き方にしか適さなくしてしまうような教育は、その子の他の選択肢を回復不可能な仕方で排除してしまう。その子は、敬虔なアーミッシュの農夫にはなるかもしれないが、エンジニアや医師や科学研究者や法律家や会社の重役になることは、事実上不可能と言ってよいほど困難であろう。多数の事例において生来の資質が進路を妨害される公算は大きいし、ほとんどすべての事例において、人生の極めて重大な決断が、当人が一人前の裁量権を手に入れる年令に達するずっと以前に、すでに取り返しのつかない仕方で下されてしまっていることであろう。自由な社会の中では、人はその年令になって、そうした人生の決断を自分で下すことが期待されるにもかかわらず、である。この複雑で不確実な世の中にあって、最悪のことを含めて何事にも準備ができているためには、未成年期間を通じて子供にとって吸収可能なかぎりの知識を身につけておくことが、必要であるように思われる。こういった点を考慮して多数の論者たちは、アメリカの子供たちがもつ、可能と思われる最大限の教育を受ける生得の権利、について語るに至っている。それは、両親の宗教的権利と同程度の効力しかないものだが、両者の衝突が避けられない事例においては、気が進まなくとも優先されねばならない権利なのである。

アーミッシュの要求する免除を認めるのを拒否しても、彼等は自分たちの子供に対して、他のすべての両親が置かれるのと同じ種類の立場に置かれるだけである。彼等には、手本と教訓を示して、自分自身の価値観を子供に伝えるあらゆる道理にかなう努力をすることが許されているし、それどころか、そうすることが期待されてさえいる。彼等が子供の身近にいて子供に情愛を注ぐという特別な関係をもつことを考えれば、この立場は、たとえ隣人や学校からの反対の影響と比べても、実際上両親にとって特権的なそれである。しかしそれでも、子供自身が、結果として十分に成熟し、自己を実現し、自然な多面的発達を遂げる、という利益のためには、両親は様々な外部からの影響と競ってみなければならない。

しかし、カンザス州最高裁判所の手によってもたらされたアーミッシュの法的敗北は一時的なものにすぎなかった。というのも、6年後、ウィスコンシン州対ヨーダー事件[11]において、彼等は連邦最高裁判所で完全に勝訴したからである。この事件におけるアーミッシュ側の訴訟当事者たちは、子供を、第８学年卒業後に公立学校にも州認可の私立学校にも通わせるのを拒むことにより、ウィスコンシン州義務的就学法（この法律は16才までの就学を要求している）に違反した、として有罪宣告を受けていた。連邦最高裁判所は、義務的就学法のアーミッシュへの適用は、修正第１条の、宗教活動の自由条項のもとで保障されている彼等の権利を侵害する、とのウィスコンシン州最高裁判所の判決を支持した[12]。裁判所は、当該事件においては合法的な複数の利益の衡量が必要であることは認めたものの、子供の宗教教育を決定する両親の利益は、「後見人としての国」の役割を担う国家の「中等教育の恩恵を、親の願望にかかわりなく子供に及ぼす」権利の主張に勝る、と結論づけた。

バーガー裁判長は裁判所の見解を表明したが、それは、両親の側の利益と、その利益が世俗的な公教育によって脅かされることに対しては、見事な感受性を示している。

> 世間から隔離した生活という考え方、および、それには価値があるという考え方が、彼等の信仰の中心をなす。…高等学校に通い、アーミッシュの信仰をもたずそれを敵視さえしているかもしれない教師に習う、ということは、アーミッシュの子供がアーミッシュの宗教社会に溶け込むうえには重大な障害となる。…16才になるまでアーミッシュの子供たちに義務的就学を行わせることには、今日存在する形のアーミッシュの社会と宗教的実践とを衰退させてしまうという非常に現実的な脅威が伴う。そんなことをすれば彼等は、信仰を放棄して一般社会に同化するか、それとも、どこか別のより寛容な地域に移住するかしなければならない[13]。

しかしながらバーガーは、アーミッシュの子供が自分の人生の職業を選択することに対してもつ利益に対してはほとんど全く感受性を示していない。アーミッシュの子供の中にも、選択の機会さえあれば、自由な判断として、そして賢明とさえいえる形で、現代世界に入ることを決断する者があるかもしれない、と示唆する論者なら誰に対しても、彼は、一つの点で論点先取を犯している。

> あらゆる教育の価値は、その教育には子供に生活の準備をさせる能力があるか、という観点から評価されなければならない。第8学年終了後の1、2年間の義務教育は、その目標が大多数の営むような現代社会での生活の準備を子供にさせることにある場合には、必要であるかもしれない。しかし、もしも教育の目標が、アーミッシュの信仰の要であるところの、隔離された農村社会での生活の準備を子供にさせることにある、と考えられるとすると、状況は全く違ってくる[14]。

だが、「教育の目標」というものはどう考えるべきだろうか。これは、もし裁判所が真に中立的な判断を示そうとするなら、未決定のままにしておかなければならない問である。教育の「目標」が現代の商業的・産業的生活への準備をさせることにある、と仮定することは、国家に有利な形での論点先取を犯すことであるが、しかし同じように、その「目標」が「世間から隔離した生活」の準備をさせることにある、と仮定することも、両親に有利な形での論点先取を犯すことである。公平な判断であれば、教育とは、どのような種類の生活であれ、子供の生れつきの才能と成熟して以後の性向とに最も適合するような生活を彼が選択するうえに役に立つ知識と技能とを授けるものでなくてはならない、ということだけを仮定するであろう。それは、子供を、可能な限り多くの機会を携えたままで大人の世界に送り込み、かくして、彼が自己実現する可能性を最大化するものでなければならない。

80パーセント以上を自分の意見に費やした後、バーガーは最後に肝心の論点にとりかかる。

> 州の言い分は…もし、アーミッシュの両親に義務教育法の要件を例外的に免除するとしたらそれは、一部の両親が、アーミッシュの生き方か外部世界の生き方かを知性を発揮して選択する機会を子供から奪うことによって、子供の最善の利益に反する振る舞いをすることを許してしまうかもしれない、という潜在的可能性に基づいているように思われる[15]。

これが実際、バーガーが反駁せねばならない議論であり、そして彼の反駁の試みは全く風変わりなものである。

> 同じ議論は、もちろん、大学に満たないすべての教会学校についても行うことができる。[バーガーは、教会学校といえ、州によって認可されるためには一定のカリキュラムについての最低限の基準を満たさなければならない、ということを忘れている。ウィスコンシン州が、他の教会学校と同じ基準を満たす教区学校を設立するのを、アーミッシュに禁じたことはない。]実際、明白に思われることであるが、もしも州が、「後見人としての国」として、もう2年間の正規の高等義務教育を要求することによって、子供を子供自身やアーミッシュの両親から「救済する」権限をもつとすれば、州は、その子の将来の宗教に対して、決定的ではないとしても大きな影響を及ぼすことになるであろう。したがって、この事件は、プリンス事件よりも一層際立った仕方で、子供の将来の宗教とその教育を導くうえでの、州の利益と対置された形での、両親の基本的な利益に関わっている[16]。

バーガーはここで、次のようなよく知られた議論の一つのヴァージョンを用いているように思われる。すなわち、一方当事者がある結果を決めるのを阻止することは、必然的に、それと別の結果を決めること、ないしは、最終結果に対して不当な「影響」を及ぼすことである、という議論である。同じような言葉遣いを用いることによって、一方当事者による、第二の当事者に対する決断の強制を阻止することは、それ自体、そうした決断に対して強制的な影響を及ぼすことである、と論じられてきた[17]。この種の議論はしばしば、作為に対してばかりでなく不作為に対しても向けられ、そのため公平さの保証人であるはずの者は最初から敗北することになる。だから、強制を差し控えることは、阻止できたはずの結果を容認することであり、したがって不当な影響力を行使することであるとか、あるいはまた（別の文脈では）、罰しないことは「大目に見る」ことであるとか、時として言われるわけである。こうした流儀の議論の行き着く先は、国家の中立性は困難なばかりでなく原理的に不可能である、つまり、自らが何もしないことによって、あるいは、子供が成長しないうちに子供の選択肢を閉ざしてしまうであろうようなことはどんなことも他の当事者に許可しないことによって、国家は多くの場合、自分自身がいくつかの選択肢を閉ざしている、という結論である。

バーガーのこの議論に返答するには二つの方法がある。第一は、彼の全面的な否定が当たらない道理にかなう中立性概念の構成が可能であり、障害となるような実践上の重大な困難はあるにせよ、それらは原理的に解決不可能ではない、そしてたとえ、不完全な世の中で完全な中立性を実現することは不可能であるにしても、ある程度、完全な中立性に接近するまたは近似する望みはある、と主張することである。理想的に言えば（この「道理にかなう概念」でいう）中立的な国家は、子供にとってのすべての可能性を開くために、あらゆる影響、または可能な中で最大でもっともランダムな影響の組み合わせが、等しく子供に及ぶままにしておき、その際自らは、それらのうちのどれか一つへ向かうように子供に影響を与えることはしない。そのような方法をとれば、成長した段階で子供が職業およびライフスタイルを選択するに際して決定的な役割を演じる主要なファクターが、彼の支配的な価値観、才能、傾向となることが期待できる。バーガーに対する第二の返答の仕方は、中立性が不可能であるとの前提に立脚しつつ、両親の利益が子供の利益と衝突した時に、裁判所はなぜ前者の方を自動的に優先させなければならないのか、と問うことである。

バーガーの論法に対して以上のような批判を向けるからといって、私は、ヨーダー事件における判決がまちがっていたと主張したいわけではない。8年間の初等教育だけを受けることと、10年間の、初等教育を主体とする教育だけを受けることとの相違は、技術的に複雑化している現代社会にあっては、ごくわずかなものであるから、前者の教育だけを受ける子供は本来なら可能な多数の職種に就くことを妨げられ、一方、後者の教育だけを受ける子供はそうはならない、と主張することは困難に思われる。だとすれば、学習能力のあるアーミッシュの14才の子供にもう2年間の就学を保証することによって得られるものは、アーミッシュ社会の宗教的結束に及ぼされる腐食的効果によって相殺されて余りある、と論じることができそうである。だが、哲学的な観点から見れば、両親が合法的に学校に行かせない16才の学習能力のある若者でさえ、自分の信託中の権利の侵害を被っているのである。

ヨーダー事件では私は、裁判長によって起草された公式の多数意見よりも、ホワイト判事によって起草され、ブレナン判事とスチュアート判事によって支持された別個の補足意見の方により共鳴するので、その意見の強調点を浮き彫りにしてみたいと思う。これらの判事が多数意見に加わったのは、8年と10年の相違は、子供の利益の点からすればわずかであるが、アーミッシュの存続そのものにとって致命的となる可能性がある、という理由からにすぎない。（世俗社会が子供たちに及ぼす影響は、最初の8年間の教育期間においては最小限で済んでいた。なぜなら、子供たちは「近所の田舎の校舎」に通っており、そこでは、アーミッシュの信仰をもった生徒が圧倒的多数を占め、その生徒たちは誰一人として、ロックレコードをかけたりテレビを見たりなどはしなかったからである。）しかしそれにしても、たとえ、この事件での諸事実が州側の立場にとって好都合ではないにしても、この事件はやはり接戦なのであり、したがって、もし事実が多少とも違っていたとすれば、上の判事たちは、アーミッシュにいかなる犠牲を強いようとも、州が代弁する〔子供の〕C権利を支持していたであろう。ホワイトは次のように書いている。「もし仮に被告側の主張が、自分たちの宗教は子供に、いかなる時期にいかなる学校に通うことも禁じているし、州が定める教育基準にいかなる仕方で従うことも禁じている、ということであったとしたら、それは私にとっては非常に違った事件になったであろう」[18]と。その架空の事件においてであれば、被告側が子供を2年ないしは4年の就学の後に退学させるといった中間的な様々な事例と同様に、子供の宗教的育て方に対する両親の利益をいかに大きく損ねようともそのことが、子供の開かれた未来に対する信託中の権利を覆すことはできないのである。

アーミッシュの若者に対する現代の大規模な高等学校での義務教育は、事実上一種の世俗的諸価値の教化である、というバーガーの主張に対して、ホワイトは雄弁に回答している。彼の議論では、教育が義務的であってよいのは、それが中立的であるからであり、かつ、その場合に限られるのであって、

> 州は、そのこと自体が目的で教育制度の維持に関心をもつわけではない。むしろ州は、アーミッシュであろうとなかろうと、州内に居住する子供の人間的な潜在的可能性を育て、伸ばすことに努めている。つまり、子供の知識を増やし、感性を広げ、想像力に点火し、自由な探求心を育成し、人間としての理解力と寛容性を高めようと努めているのである。アーミッシュの子供たちの大部分が両親と同じ田園生活を続けたいと望む、ということはありうるし、その場合には彼等を家庭の中で訓練することが、彼等に、将来の役割に向けての十分な準備をさせることになる。しかし、それ以外の子供たちの中には、原子核物理学者やバレリーナやコンピュータープログラマーや歴史家になることを望む者もいるかもしれず、そして、そうした職業に就くためには正規の訓練を受けることが必要になる。…州は、州の子供たちの隠れた才能を伸ばそうとすることに対してだけ正当な利益をもつのでなく、彼等に、彼等が後々選択するかもしれないライフスタイルのために準備をさせようとすることに対しても、あるいは少なくとも、彼等に、過去において送ってきた生活とは別の選択肢を提供しようとすることに対しても、正当な利益をもっている[19]。

こうして、ホワイトの補足意見が多数意見を矯正する形で強調しているのは、子供のC権利が両親の監督権（supervisory rights）と明らかに衝突する時に、前者に不利となる決定のためにヨーダー事件が判例として無批判に利用されるという危険性である。ここで、子供の監護権（custody）の決定に関わる、全く別の事件をとり上げよう。それは、目に余るほど「非中立的」なやり方で解釈された仮定上の子供の将来の利益のために両親の権利を覆す場合に生じる、上記の危険に匹敵し、かつ方向が反対の危険を例証する事件である。この戦慄的事件は、裁判所が、「後見人としての国」の原則のもとでの自らの権利をあまりに深刻にとらえすぎて、子供に、何が真に最善の生き方であるかについての自らの特殊で偏りある考え方を強制した一つの例である。私が引き合いに出すのは、アイオワ州エイムズに住む6才児、マーク・ペインターに関わる事件である[20]。彼の母親と姉は自動車事故で死亡した。それで父親は一時的にマークを、アイオワに広大な農場をもつ母方の裕福な祖父母のもとに預け、自分は新たな職をはじめるためにサンフランシスコ郊外へと移った。1年後彼は再婚した後、新居に息子とともに戻ろうとして、アイオワに帰った。しかし、祖父母が少年を引き渡すのを拒んだため、事件は法廷にもち込まれることになった。息子を実父の保護に戻すべきであるという下級審の判決は結果として、祖父母を支持する州最高裁判所の判決によって覆された。連邦最高裁判所がその判決の審査を却下したため、父親は自分の息子の監護権を法的に失ってしまったのである。

アイオワ州最高裁判所の意見は、憂欝な文書である。その文書は結論として、ペインター氏の新居は、子供のもつ、調和のとれた成長を遂げて十分に成熟する権利を充足しないであろう、という。

> ペインター氏が提供したであろう種類の家庭について我々の下した結論は、彼の、金銭や人生一般に対するボヘミアンな態度を根拠としている。…彼は不可知論者か無神論者かのどちらかであって、正式な宗教訓練を行うことには関心がない。…彼は禅の書物を多数読んでおり、…［新妻である］ペインター夫人はカトリック教徒である。…彼は政治的にリベラルであり、ワシントン大学において、全米市民的自由連合（the American Civil Liberties Union）の活動を支援したことから、仕事上問題を起こした。…我々の思うところ、ペインター家が提供したであろう家庭は不安定で、慣例から外れており、芸術家気取りで、放浪者的、そして知的には刺激的かもしれない[21]。

これに対して、プロテスタントの日曜学校で教師を勤めるマークの祖父母の家庭は、広々と十分な間取りがあり、彼に、「安定していて頼りになり伝統的で中産階級的な中西部の生育環境」[22]を提供するのが確実であった。

もしも親が、親であることによって、自分の子供の監護者となる権利を法的に認可される（これは確かに事実にちがいない）のだとすれば、裁判所はそうした権利を、最大限の遠慮をもってのみ、そしてどうしてもやむを得ない理由のためだけに、破るだろう、と我々は予想すべきである。そして、そのような〔親の権利を認めないための〕理由の一つは、子供自身のもつそれ以上に重要でさえある権利との衝突であろう。自分の子供をたたいたり拷問にかけたり不具にしたりする両親、あるいは、子供が教育を受けることを意固地に許さない両親は、「後見人としての国」である国家の介入を受け、裁判所任命の受託者に子供を委ねられると予期してもおかしくない。しかし、ケアと教育とについて道理にかなう道徳的水準が満たされている場合、裁判所は、善き生についてのそれ自身の考え方を、実の親の反対を押し切って子供に押しつける権利をもたない。国家が子供にとって最善の影響を選別するということは適切ではありえないのである。国家が主張しうるのはただ、すべての公共に関わる影響が開かれていなければならないということ、つまり、認可された学校での就学を通じて、すべての子供が、きわめて多様な事実と、世界と歴史の中にある無数の人間による成果についての様々に異なる説明や評価に、接するにいたるということだけである。これこそがまさに、両親が外部の影響と「競う」ということの意味である。しかし、このことを別にすれば、すべての親には、自分の選ぶどのような宗教教育でも、または、全く宗教教育を施さないことでも、それを提供する自由がある。自分の子供を公立学校へと、あるいは、特定の宗派に属していたりいなかったりする、認可された私立学校へと、通わせる自由がある。子供に、どのようなものであれ自分自身の抱く道徳的・政治的な理想を伝えようと試みる自由がある。要するに、すべての親には、人間性や健康や教育について国家の定める、重要だが最小限度の基準に従いつつ、自分の子供に感化を及ぼすための、可能な限りのあらゆる環境を整える自由がある。結局のところ、子供が主に慣例的でない価値観へと直接さらされることと、「殉教」との間には、依然として大きな距離がある。

どんな特定の両親のもつ価値観についても、リベラルな国家は中立的であるし、またそうあらねばならない。実際のところ、国家は、プロテスタントとカトリックとの間で中立的であらねばならないのと同様に、市民が個人的な家庭生活の中で無神論をとるか有神論をとるかについても中立的であらねばならない。したがって、ペインター事件で出されたひどい判決は部分的に、子供の側の考慮に値する利益や権利とは無関係の理由によって、宗教「非実践」の自由に対する市民の権利を侵害したもの、と解することができる。子供の福利は親の監護権にさえ優先する、と述べても、別段反発は招かないように思われる。しかしこれは、子供の福利が、客観的に見て明らかに危険にさらされているのでない場合には、空疎な決まり文句にすぎない。

III　自律と自己実現のパラドックス

子供の開かれた未来に対する権利についての以上の説明がもつ整合性は、多数の哲学的難問によって脅威にさらされる。我々が見てきたとおり、こうした権利の存在は、両親が自分自身の子供を育てるのに許される仕方に限界を設け、さらに国家に、「後見人としての国」としての役割上そうした限界を強制する義務を課す。こういった保護義務が成り立つ根拠を十分に述べようとしたら、自律（ないしは自己決定）と自己実現という、相関し合う二つの理念に訴えることが必要であろうが、これらの概念は、えてして哲学的混乱を引き起こしがちだという点で悪名高いものである。さらにまた、子供の、開かれた未来に対する権利の賛成者の側も反対者の側も、「パターナリズム」という、あいまいで感情的な負荷を帯びた形容辞を用いがちである。一方の側は非難を込めて、他方の側は弁護しつつこれを用いるわけだが、こうした議論の仕方は、概念的明晰さを一層損ねるだけである。

「パターナリズム」という、非難の意を含む用語は、一般に、大人をあたかも子供のごとく扱っているように思われる、当局や立法者の行為に対して用いられる。例えば、主として自分自身に関わる（self-regarding）ある種の行動を禁ずる命令であって、かつ、当人自身の熟考したうえでの選好とは全く別個に、当人「自身の善」のために発せられるものとか、あるいは、当人の同意なしに、ないしは彼の願望に反してさえ、彼の生に故意にある型を押しつける行為であって、しかもやはり、苦い薬のように「彼自身の善のために」行われるものとかである。そうだとすると、両親が自分自身の子供に対して、同様な否定的意味において「パターナリスティック」である、などということがどうして可能なのだろうか。この用語が、このような形で非難の意を込めて使われうるのは、子供の成長には、最初の全くの無力・無能力から、大人になる手前のほぼ完全な自足（self-sufficiency）に至るまでの一連の段階があるからに他ならない。非難に値する「パターナリズム」とは、ある段階にある子供を、あたかもそれより前の、より成長していないどこかの段階にあるかのごとく扱うことに存するのでなければならない。しかし、子育てにおけるパターナリズムはある意味では不可避であり、したがって、子供の利益の名のもとに国家によって課せられようと、また、両親自身によって課せられようと、完全に適切なものである。それは、年長の子供でさえ自分自身の利益を知ることができないような物事の側面というものがすくなくともいくつか存在し、したがって、その点において彼は、自分自身の未熟で無知な判断から守られなければならないからである。さらにまた、子供ははっきりと確定した性格的構造をもって生まれてくるのではないから、大人社会の一人前の成員になるためには、訓練という手段によって社会化されなければならず、そしてそれは、たとえまだ社会化されていない子供自身の願望に反してさえ行われなければならない。ケネス・ヘンリーの言い方を借りれば、「我々は、時に苦痛を伴う成長の諸段階に彼等が同意するのを、常に待っていられるとは限らない」[23]のである。

もちろん、子供を子供自身の愚行から守ることばかりでなく、他人がもたらす危険を含めて、外的な危険一般から守ることも、両親に特徴的な役目である。この作業においては、国家が協力者として両親に加わる。つまり国家は、子供に対する犯罪が何であるかを明確にし、警察権力と刑罰による威嚇との助けを借りて刑法を執行する。国家は、こうした安全確保機能において心ある両親と協働するのであるから、その保護政策は、純粋で非難を含まない意味において「パターナリスティック」であり、換言すれば、「両親に特徴的な仕方で保護的だ」という意味においてそうである。しかし、この章で考察してきた諸事例では、国家は子供のために、**その両親に逆らいつつ**守護者としての権力を行使する。こうした国家の政策は、「親としての特徴をもつ」という一般的な意味においては「パターナリスティック」であるが、極端な場合を除けば、そうした政策の正当化という問題はいつも真正の論争を生む。「パターナリズム」という語に侮蔑的な響きが固着してしまっている限りでは、この語をそうした困難な事例で使用すればどうしても、非難的な意味と中立的な意味との区別をあいまい化し、その結果、国家の介入を擁護する者には不利な形の論点先取が発生する、という危険性が避けられない。

国家が、子供のために両親に介入する際に負うべき正当化の証明責任は、概して、両親が子供のために自ら介入する際に背負う正当化の証明責任よりも重い。それは、国家の行為というものが、本性上やっかいで高圧的になりがちだからであり、また、その行為が両親のもつ、自分の子供のしつけをとり仕切る権利や、自分の信教の自由に対する権利（それは不可避的に子供の形成途上の態度や信念に影響を与える）という十分定着した権利に対する脅威となるからである。しかし、国家が背負う証明責任はその特徴上、両親が自分自身で行う介入について背負う証明責任よりも重いとはいえ、それは本質的に同じ一般的種類に属しており、同じ種類の理由づけを必要とする。すなわち、どちらの場合も正当化は、（まずは大まかな言い方をしておくと）子供の後々の自律（eventual autonomy）と子供の善（the good）に訴えることで行われるのである。

「自律」という語は、子供の権利についての議論において非常に基本的な役割を演じているものだが、少なくとも二つの重要な意味をもっている。それは一方では、自分自身を支配する〔事実上の〕能力（capacity）を指し、それはもちろん、程度差のあるものである。また他方では、（政治的国家との類推から）自分自身を支配する主権的権威（sovereign authority）を指し、それは、自分自身の道徳的な境界（その人の「領土」や「領域」や「範囲」や「仕事」）の内部においては絶対的である。注意すべきこととして、「独立の（independent）」という用語にも、それに対応する二つの意味がある。それは、第一には自足（self-sufficiency）を、つまり、自分自身を支え、自分自身の人生を導き、自分自身の決断に最終的な責任を負う、事実上（de facto）の能力を指し、第二には、主に政治国家について言われることだが、法的意味で（de jure）の主権や自己決定権（the right of self-determination）を指す。要するに、「自律」（および「独立」）の一つの意味は能力であり、今一つの意味は自己決定権である。国家が、保護される子供の後々の自律を引き合いに出して、両親の自由に自らが介入することを正当化する時、国家は、子供がいずれそうなるであろう成熟した大人が、すべての自由な市民と同じく自己決定権をもっており、もしも、子供が自ら自己決定能力を備える以前に、子供の人生行路を定める一定の重要でとり返しのきかない決断が、当人以外の誰かによって下されるならば、その〔大人となった後の〕自己決定権が事前に侵害されてしまう、と主張しているわけである。

子供自身の善は、芽生えたての彼の自己決定権を保護する政策によって、必ずしも助長されるとは限らない。もちろん、人間の善が何に存するかについて、哲学者の間で一致した見解があるわけではない。しかし、私にも非常に納得のゆくある多数意見に立てば、人の善とはその人の自己実現（self-fulfillment）――これは、自律や自己決定権と同じ概念ではない――と究極において同じものである、とされよう。自己実現ということは様々に解されるが、しかし、そこに不可欠の要素としてまちがいなく含まれているのは、主要な素質が、真の才能へと発展し人生においてその活動の機会を得ること、〔人間という〕種に共通なものも個人にのみ特有なものも含めた、すべての基本的な傾向や好みが花開くこと、そして、計画を立て、企図し、秩序を生み出そうとする人間の普遍的な傾向性が活動的に実現すること、である[24]。自己実現は、このように解された場合、達成と同じではないし、また、快楽や満足と混同されてもならない。もっとも、達成はしばしば高度な自己実現であるし、また、自己実現は概して大きな満足を与えるものではあるのだが。

自己決定の権利を導き出す一つの標準的な方法は、それを自己実現という善の上にしっかりと基礎づけることである。所与の正常な大人は、自分自身の利益、才能、生まれつきの性向（これらは、彼の善を形作る素材である）について、他のどの関係者よりも多くを知っているであろうし、したがって、自分自身の事柄を自分自身の善という目的にまで導いてゆくことについて、政府の役人よりも、あるいは、彼に代わって選択を先取りするかもしれない早い段階での親よりも、ずっと有能であろう。この点に関して個人がもつ優位さは非常に大きいので、我々は、あらゆる実際的な目標にとって、自己決定権（自律）を認めてこれを執行することが、自己実現（その個人自身の善）を達成するための因果的な必要条件である、と考えることができる。これはジョン・スチュアート・ミルの見解であり、彼は『自由論』の中で、国家が真の慈悲心からでさえ、大人に対して、何が彼自身の善であるかについての考え方を外部から押しつけようとすることは、ほぼまちがいなく自己敗北的であり、また、大人自身の善は、「彼に自らの手段でそれを追求するのを許すことによって最もよく達成される」[25]、と述べている。人間の善き生（well-being）の促進および危害の防止が、ミルの体系においては第一義的であり、したがって、自己決定権のような基本的な権利でさえ、この両者への貢献可能性から導出されなければならない。人の自律の自由な行使が彼自身の利益に反するであろうことを我々が知りうる、というような例外的な場合、例えば、その人が自由にしたがって、何か他の善と引き替えに自分自身を奴隷にする交渉を行う、といった場合においては、我々が、彼を危害から保護すべく彼の自由に介入することは正当化される。

自己決定権の第二の標準的な解釈ではそれは、他のものから導出が全く不可能であり、自己実現という善そのものと同じくらい、道徳的に基本的である、とされる。この見方によれば、個人の自律の自由な行使がその個人自身の善を促進する必然性はなく、逆に、客観的な証拠に基づいて、自己決定がその人自身の危害に結びつく可能性が高い場合でさえ、他人には、「彼自身の善のために」強制的に介入する権利はない。概して人は、自分自身で決断を下す方が、より自分自身の善に達することができるであろうが、たとえその反対が妥当する場合であっても、他人が介入することは許されない。自律は、個人の善き生と比べてさえより重要なものだからである。人が自分自身の早計な判断によって危険にさらしてしまう人生も、やはり結局は彼の人生である。それは彼のものであって、他の誰のものでもない。この理由だけからしても彼は、他人の利益が直接には絡んでこないプライベートな領域において、自分の人生を――善きにせよ悪しきにせよ――どうすべきか決定する人物でなければならない[26]。

大人がもつ自律の権利についての妥協的な考え方は、それを、その所有者自身の善（自己実現）から派生するものとも、それより基本的なものともみなさず、むしろ、それと同格のものとみなすことである。この第三の見解の比較的納得のゆくヴァージョンによれば[27]、個人自身の善は、ごく広い事例において、その個人が、自分に関わる事柄において自分自身の選択をすることを許される際に最も信頼できる仕方で促進されるが、二つの価値の同時成立がない場合には、一方が他方に対する優位を自動的に獲得するわけではない以上、人は単に、自律と個人の善き生との間のバランスをとるのに最善を尽くし、二つの間で直観にしたがって決定を下さなければない、というだけである。いずれにせよ、主権的自律（自己決定）と個人の善き生（自己実現）という二つの別個な理念は、どちらも、「子供の、開かれた未来に対する権利」を基礎づける議論の中に入り込む、というか実際それを支配する可能性が高い。その権利（ないしは、一群の権利）は、これから出現しようとしている大人の主権的独立性に対する尊重（そして派生的な意味において、多くの場合は彼自身の善）からして、それとも、今のところはまだ子供でいる人の生涯にわたる善き生（自己統御の必要性を「概して」そこから導出しうるところの善き生）のために、それとも両者双方の理由により、信託に付されねばならないのである。このようにして、子供の善（自己実現）と子供の権利（自己決定）とが正当化の議論の中に入り込んでくる。そして、両者は、注意して扱わないと最初からパラドックスを生みかねない。

私が念頭に置く二つのパラドックスは、一見すると両方とも悪循環の形をとる。最初に、自己決定の循環を考えてみよう。もし我々が、十分な自己決定の結果である大人について何らかの整合的な概念をもっているとすれば、その人は、自分自身の生の諸環境（life circumstances）と自分自身の性格（character）との双方を決定した人である。前者は、職業（医師、法律家、商売人、署長）、ライフスタイル（時流の先端をいく者、隠者、ジョッギング愛好者、学者）、宗教上の所属と態度（敬虔、偽善、無関心、全面的帰依）、その他から成り立っている。後者は、所与のタイプの環境の中で我々が自分自身の行為や培った感情によって作り上げる一連の習慣的特性（habitual traits）であり、人生の基本的な種類の状況に対する反応が示す我々の性格的習慣である。アリストテレスはこれを、一定の種類の環境において、一定の仕方で行為したり感じたりする、深く根を下ろした性向であると分析しており、彼の時代以来、我々は大部分が自分自身の手になる産物である、とするのが哲学的に自明なこととなっている。というのも我々は、一定の種類の場面において一定の仕方で行為したり感じたりする度ごとに、将来の同様な場面においてその（勇敢なまたは臆病な、親切なまたは残忍な、温かいまたは冷たい）仕方で行為したり感じたりする性向を強化しているからである。さて、ある子供の両親がどのような方針をとろうとも、また、国家がどのような法律を可決して執行しようとも、生の環境や性格に関連するその子の選択肢は、彼が大人になるよりずっと前に、実質上狭められているであろう。彼は社会化され教育されねばならないであろうが、そういったプロセスは必然的に、彼自身の価値観、嗜好、判断基準の形成に影響し、そして次にそれらが、彼の行為や感情や選択のあり方を部分的に決定するであろう。それはまた次に、将来同様な仕方で行為し感じ選択する傾向を強化し、ついには彼の性格が確定するに至るであろう。たとえ両親と国家が、早い段階で成り行きまかせの策をとることによって、性格形成と職業形成とに対する責任を免れようとしても、それもやはり子供の上に様々な帰結を生み、両親や国家はそれら帰結に対して答えなければならないであろう。いずれにせよ両親は、ただ自分自身の生活を自分の選択に従って送るだけでも、子供の周囲に、彼の芽生えはじめの様々な忠誠心と習慣とを形作っていくことになりがちな環境を整えつつあることになるであろうし、自分自身のうちに、模倣のための手近な手本を提供していることになるであろう[28]。それでも、こうして選択肢を不可避的に狭めることは、もしそれが何らかの形で、子供の現実的ないしは推定的、明示的ないしは黙示的な、同意と合致していれば、自己決定に対する子供のＣ権利を侵害することなしに行うことも可能であろう。しかし、こうしたプロセスがスタートする時点――つまり「枝が曲げられ始める」時――において子供は自分の同意を与えうるほど十分に成長していないのであるから、我々の〔人格等〕形成的決断に対する彼の現実的・明示的な同意を求めることはほとんど不可能である。しかもまた子供は、両親が、それらを参考にしたり、子供が同意を与えたり差し控えたりする場合の性向はどんなであろうかを知る手掛かりになるような、自分自身の様々な価値観や選好ももっていない。初期の段階においては両親は、考慮中の自分たちの方針と切り離しては、子供が、関連する選好、価値観、同意能力を実際にもった時に、どんな人間になっているであろうか、と決定に役立つ仕方で問うことすらできない。そうした結果は、子供がその時になってもつことになる性格に依存するであろうし、その性格はまた、部分的に、両親が現在において子供をどのように育てるかに掛かっているであろう。両親は現在において、後になって自ら決断するはずの当の人物、しかも、後に彼が行うと推定される決断が予知できない当の人物、を形作っているのである。ヘンリーの言い方を借りれば、「ある種類の人生が子供を満足させるであろうか、ということは、しばしば、彼がいかなる仕方で社会化されてきたかに依存するのであり、したがって我々は、その人生に向けて彼を社会化しようと決めるに際して、その種の人生は彼を満足させるだろうかと問うことができない」[29]のである。

自己決定のパラドックスは、これを無限後退として、さらに説得的な仕方で表現することができる。もしも成人になった子供が、自分自身の人生を決定して、少なくとも相当部分において自分自身の「自己決定」の所産になるというのなら、彼はすでに、十分形成されその決定が可能な自我をもっているのでなければならない。だが、彼が自分自身で首尾よくその自我を決定したはずはない。なぜなら、それを行うためには、彼はすでに形成された自我になっていたのでなければならないからである。そしてこれは無限に続く。この悪循環は、無限の系列をなす先行的自我、その各々が一つ手前の自我の産物であるような諸自我、を措定することによってのみ回避される[30]。

自己実現のパラドックスも、自己決定のそれと全く同じ種類の外見をしており、平行する言葉で表現できるものである。しかし、そのパラドックスが生ずるのは、我々が、子供は後に成熟した自律を行使するにあたって、何を好み、何を選び、何に同意するようになるであろうか、と問う場合においてではなく、むしろただ単に、推定される彼の選択には関わりなく、何が彼にとってよいことか、を問う場合においてである。この問に答えるためには、我々は、彼の支配的な傾向性、彼の技能と適性、彼の中にあるもっとも高い「潜在性」を知ろうとしなければならない。彼の最も根本的な傾向を実現するものが何であるかを決定するためには、我々は、彼のもって生まれた性質がどのように「ネジを巻かれて」いて、彼がどの方向に向いているのかを測定しなければならない。我々が悪循環に陥るのは次の点に気づく場合である。すなわち、もし、人自身の善とは自己実現のことである、と理解されるべきであるとすれば、我々は、小さな子供の「本性」が十分に形成されないうちは、その子の長期にわたる将来の善を十分に知ることができないが、同様に我々は、何がその子自身の善になるかを知らないうちは、その子の本性を形成する最良の方法を決定しえない、と。その際我々は、子供が後になって、大人として、確定した価値観に基づきながら決定ができるよう、彼の未来のあらゆる可能性を開いたままにしておく、ということはできない。というのも、彼は、子供時代にある現在、そうした価値観を獲得し始めなければならないし、我々が何をしようとも、自分の支配的な性向を現在において実際に獲得するであろうから。我々は、教育し、社会化し、子供に影響を与える環境を選定することによって、現在において彼の未来の選択肢を何らかの仕方で限定するに際して、子供自身の将来の性格に合致するものは何か、ということだけによって導かれることはできない。なぜならその性格は、その大きな部分が、我々が現在において形作りつつある自我が生み出すものだからである。要するにこういうことである。両親は、それが実現されれば子供自身の善になるであろうような利益のいくつかを創り出すのに寄与する。彼等は、どのようにそれをするかを決定するにあって、子供自身の善が何であるかという、これと独立の概念を目標にすることはできない。というのも、子供自身の善（自己実現）は、ある程度まで、両親がどういった利益関心を創出しようと決断したかによって左右されるからである。こうして循環は閉じられる。

Ⅳ　パラドックスの解決

閉じられるが、堅く閉じられるわけではない。我々をパラドックスの中に閉じ込めるように見える、一見道理にかなった諸命題は、実のところおおよその一般化にすぎず、部分的な真理にすぎないのであるから、その弱点のゆえに脱出口を開くことが可能なのである。「パラドックス」が生ずるのは、その定式化において援用される様々な判断がいかに部分的な真理にすぎないか、一定の中心的な区別がいかに程度問題にすぎないか、を理解し損なうがゆえである。例えば、潜在的な偏向や限界をもたないまま、子供の性格が完全に未形成で、彼の才能と気質とが全くの可塑的な状態にある、というような早期の段階がどこかで存在する、と語るのも言いすぎであれば、また、決定を行う自我がすでに全面的に形成されていない限りは「自己決定」は存在しえない、と語るのも言いすぎである。さらにまた、子供と大人の区別を、当の「パラドックス」が想定しているような硬直した仕方で描写するのも歪曲である。

人生のこの二つの段階の間に画然とした境界線なるものは存在しない。二つの段階は、実のところ、発達という一つの連続的な過程からの有用な抽象物にすぎず、その連続的過程のどの局面も、先行する局面とは程度のうえで異なっているにすぎない。子供がもつ信託中のＣ権利の多く、ないし大部分は、彼が 10 才か 12 才になるまでに、すでにＡ権利になっている。幼児期を過ぎた「たかが子供」は誰であれ、ある点では子供であり、別の点ではすでに大人である。18 才の誕生日、21 才の誕生日のような境界線は、すべての「信託中の自然権」が現実のＡ権利になった時点を決めるための近似値（ありそうな推定）にすぎない。どちらかと言えば子供である者から、どちらかと言えば大人である者へと至る連続的な発達の途上においては、それまでは子供自身は自己形成に何の役目も果たさないのに、それ以後は自分の性格や人生設計に対する唯一の責任ある製作者になる、と言えるような時点は存在しない。自己形成において子供がどれほど役割を果たすかの程度も、やはり、誕生の時点ですでに開始している連続的で絶えざる成長の過程にあり、その点は、自我の「大きさ」すなわち、自我がすでに形成され固定している度合い、がそうであるのと同じである。

そもそもの始めから新生児は、気質的な傾向性から成るある種の基本的な性格と、様々な才能や技能を獲得してゆくための遺伝学的に定まった潜在性とを備えている。最初期の年月における、標準的な種類の情愛豊かな養育と人間的な社会環境とは、乾燥食品に加えられる水分のようなものであって、それにしみ込み、それの蓄えられた傾向を発現させる。それから、子供が最も初期の頃に模倣する手本が、彼の上に不可避の痕跡を残すであろう。例えば彼は、他の言語とは異なる一つの言語を学習し、しかも、特定のアクセントと抑揚とともにそれを学習する。彼の大人になってからの言語的スタイルは、全くの開始点と言ってもよい時期から形成の途上にあることになろう。子供は、最初の 1、2 年の間は、アリストテレスが徳・悪徳と呼んだような種類の、行為と感情の定まった性向（性格の卓越性と欠点）はもち合わせていないであろうが、アリストテレスも言うとおり、子供はそうした性向を獲得する能力を携えて生まれてくるのであり、そのプロセスは、彼の反応の基本的な習慣が形作られ強化されるに応じて、非常に幼い時から進行してゆくのである。

その子をいかに教育し社会化すべきか、という問題がまだ生じてさえいない非常に初期の時期においても、その枝は、一定の確定した方向へと向けて曲げられるであろう。その時期以来両親は、子供の後々の自律と善き生を助長するに際して、遺伝と初期の環境とに由来するそうした偏向を尊重しなければならなくなるであろう。こうして子供はそもそもの最初から、自己形成への何らかの「入力」を受けているにちがいない——その後も不可避的に受けることになるであろう——し、その入力の範囲は、子供の性格そのものが成長する時にさえ、絶え間なく増大してゆくであろう。私の思うところ、先のパラドックスは、子供が自分の自我と環境との形成に次第に増加してゆく割合で寄与することができる、ということを想起すれば、これを回避する、少なくともより弱いものにする、ことができる。新たな自我の形成に寄与する自我というものはそれ自体が常に、外部からの影響と今ほど十分には形成されていなかった一つ手前の自我との両方の産物である。一つ手前の自我というのもまた、外部からの影響と、形成・固定の度合いのさらに低いもう一つ手前の自我との両方の産物であり、以下同様にして幼年期にまで遡るわけである。後続するどの段階においても、未熟な子供が、自分自身の人生の創出に対して、次第に大きくなってゆく役割を演じており、そしてついに彼は、全面的成熟または成人という恣意的に固定された時点において、本来の十分な仕方で、自分の領域内部において主権をもつ自分自身を引き受ける。つまり、外部の影響と彼自身の先立つ自我のなす次第に増大してゆく寄与との二者が複雑に作用し合って生み出した産物である、多少とも完成した彼の性格、を引き受けるのである。少なくともこれが、両親と他の機関とが、子供がいつかなるはずの大人の自律に最大限配慮しながらその子を育てる際の、成長の進み方である。「自力でたたき上げた人（self-made person）」という理想が我々に意味をもつのは、これが精一杯であるが、私の見るところ、それは理解可能な観念であり、そこには何のパラドックスも含まれていない。

同様に、自分の子供を、その自己実現を最も効果的に助長するような仕方で育てる両親は、どの段階においても、その段階で顕現する子供の基本的な傾向を強化しようと試みるであろう。例えば、子供の最も恵まれた才能が何であるかを見いだす機会をいろいろ楽しんだ後、いくつかの才能を伸ばすための機会を子供に提供するであろう。そして、子供が生れつきもっていない気質ではなく、すでにもっている種類の気質を必要とするような職業へと向けて、子供を誘導するであろう。もしも、生れつきの身体構造が座業に向いていて、敏感な指先を繊細に動かす能力に恵まれた子供が、筋骨たくましく、精力的で、大まかな運動を得意とするが、しかし細かな骨の折れる作業には忍耐力のない人に適した仕事に就かざるをえないとしたら、その子にとっては自己実現などありえないし、その逆もまた然りである。子供は、少なくともそれが、遺伝的な気質的傾向性から自然に生ずるものである限りでは、初期の頃から、様々な種類の態度へと向かう非常に基礎的な傾向をもっているとさえ言えるであろう。子供は生れつき社交的で外向的な種類の人間であるかもしれないし、あるいは、生れつき自分のプライバシーを大切にして、何でも自分で考える内省的な種類の人間であるかもしれない。多少とも、自発性や自由よりも秩序や組織立ったことを重んじるかもしれない。他の条件が同じ場合に、権威を尊重する傾向を示すかもしれないし、権威に挑みかかる傾向を示すかもしれない。こうした様々な態度は、基礎的な気質の性向から生ずるものであり、そしてそれらが今度は、子供が大人になってもなお築き続けるであろうところの、そしてまた、大人になって理解し正当化しようと努めるであろうところの、根本的な確信や生活スタイルの萌芽となるのである。弁別力のある親ならば、こういったものすべてを、子供が成長してゆくに従ってますます鮮明に見てとるであろうし、仮にも子供を誘導する限りでは、子供自身が好む方向へと誘導するであろう。最低でも親は、子供を流れと逆方向に向かわせ、自身の最深部の流れと闘争させようとしたりはしないであろう。もしも子供の未来が、彼自身の完成された自我による決定のために可能な限り開かれたままに保たれているなら、将来現われるべきその幸運な大人は、パラドックスを引き起こすことなしに、ある一定量の自己実現をすでに達成していることであろう。なぜならこれは、その大部分が、自分自身の自然的な選好を促進するべく彼が自分で行った、すでに自律的といえる多くの選択の帰結だからである。 (久保田顕二訳)

註

1　ジョン・ロックは、より一層画一的な用法を好んで用いており、それによれば、すべての人権はＡＣ権利であることになる。ここでの私の用法とは外れている彼の用法からすると、我々は 皆、幼年期から老年期までの一生涯を通じて所有し続けるある一定の権利を携えて生まれてくる。しかし、そうした権利のいくつかを、子供は行使することができない。もちろん子供は、必要な能力を獲得するまでの間もそれを所有し続けているのではあるが。「こんなわけで、我々は理性的なものとして生まれたから、生まれながら自由であるとはいっても、それは我々が生まれながらにして実際に両者を行使できるという意味ではなく、ある年令に達して理性をもつようになると、それに伴って自由をもつようになる、ということなのである。」（宮川透訳『統治論』第 61 節、世界の名著 27『ロック・ヒューム』中央公論社、所収、229 頁）こうした用語上の相違を拡大解釈して哲学的紛争にまで発展させるとしたらそれは誤りであろう。ロックは彼の用語法を用いて、私の用語法で語りうるすべてを語ることができるし、またその逆も成り立つからである。ロックが、子供と大人の道徳的な身分における類縁性を強調することに関心を向けているのに対して、本章は両者の相違に話題を集中している。もし仮に、人々がA権利について、小さな幼児でもそれを現実に所有しているかのような語り方をしたとしても（例えば、投票権ということでもよい）、私には異存はない。ただしその場合、そのA権利が「所有されて」いるのは次の意味においてであることがはっきりと理解されていなければならない。すなわち、その権利は、子供がいつかおそらくなる（であろう）大人のために信託されて保持されているのであり、したがって、現在においても独自の仕方で侵害されることがありうるのである、と。

2　ウィスコンシン州対ヨーダー事件におけるウィリアム・ダグラス（William O. Douglas）の反対意見を参照せよ、*Wisconsin v. Yoder*, 406 U.S.205（1972）.

3　三者間の対決を啓蒙的に分析したものとして、次を参照せよ、Stuart J. Baskin, “State Intrusion into Family Affairs: Justification and Limitations,” *Stanford Law Review* 26（1974）: 1383.

4　“Civil Restraint, Mental Illness, and the Right to Treatment,” *Yale Law Journal* 77（1967）: 87 への注。

5　*Prince v. Massachusetts*, 321 U.S. 158（1944）.

6　プリンス事件におけるフランク・マーフィー（Frank Murphy）判事の反対意見を参照せよ。また次を参照せよ、Donald Giannella, “Religious Liberty, Nonestablishment, and Doctrinal Development,” part 1, “The Religious Liberty Guarantee,” *Harvard Law Review* 81（1967）: 1395.

7　*Prince* v. *Massachusetts*, at 168, 170.

8　「警察が語ったところでは、ジャクソン氏は、『もし私が彼女の体内に血液を入れるのを許して彼女が助かったとしても、彼女を私の妻だと考えることはないだろう』と述べたという」(*New York Times*, November 13, 1968)。

9 *State v. Garber*,197 Kan.567（1966）.
10 John Stuart Mill, *On Liberty*, 第 3 章、第 2-3 パラグラフ。〔塩尻公明・木村健康訳『自由論』岩波文庫、115-9 頁〕
11 *Wisconsin v. Yoder, et al.*, 406 U.S.205（1972）.
12 憲法修正第 14 条によって諸州に適用可能になっているように。
13 *Wisconsin v. Yoder* at 209,216.
14 *Ibid.*, at 213.
15 *Ibid.*, at 230.
16 *Ibid.*
17 よく耳にする次のような議論も考慮せよ。つまり、宗教の儀式や行事を公立学校から締め出す国家政策は、他のすべての宗教に優先してある一つの宗教を、すなわち「世俗的なヒューマニズム」という宗教を「創始する」結果をもたらす、という議論である。その場合に提出される結論は、国家はそれにもかかわらず可能な限り中立的であろうと努めなければならない、ということではなく、むしろ、どの政策をとろうと中立性は絶対に不可能なのであるから、国家はキリスト教の儀式を容認するのがよかろう、ということである。
18 *Wisconsin v. Yoder*,at 236.
19 *Ibid.*, at 237-38.
20 事件について彼の父親が著した本を参照せよ、Hall Painter, *Mark, I Love You*（New York: Simon & Schuster, 1968）。以下の注 21 と 22 に指示した引用は、アイオワ州裁判所で出されたウィリアム・スチュアート判事の判決文からとったものであって、この判決文は、『*Mark, I Love You.*』のペーパーバック版（New York: Ballantine Books, 1969）の付録として再録されている。
21 *Ibid.*, pp. 226f.
22 *Ibid.*, p. 225.
23 Kenneth Henly, "The Authority to Educate," in *Having Children: Philosophical and Legal Reflections on Parenthood*, ed. Onora O'Neil and William Ruddick（New York: Oxford University Press, 1978）, p. 255. ヘンリーのすぐれた論文は大いに推奨される。
24 自己実現についてさらに分析したものとして、私の次のものを参照せよ、"Absurd Self-fulfillment: An Essay on the Merciful Perversity of the Gods," in *Time and Cause, Essays Presented to Richard Taylor*, ed. Peter van Inwagen（Dortrecht: Reidel, 1979）. 本書第 14 章として収録。
25 John Stuart Mill, *On Liberty*、第 5 章、第 11 パラグラフ。〔邦訳 205 頁〕
26 自律権についてのこの第二の解釈は、私の次の二つの論文の中で擁護されている。"Legal Paternalism," *Canadian Journal of Philosophy* 1（1971）本書第 3 章として収録。: 105-24; "Freedom and Behavioral Control," in *The Encyclopedia of Bioethics*, ed. Warren T. Reich（New York: Free Press, 1978）.
27 例えば次を参照せよ、Jonathan Glover, *Causing Death and Saving Lives*（New York: Penguin Books, 1977）, pp. 74-85.
28 ヘンリーは、両親の宗教的権利に関する議論の中でこの主張を特に巧妙に行っている。「社会化される初期の年月においては、子供は両親の宗教的生活によってとり巻かれている。両親がそうした宗教的生活を営む権利をもっているのだから、また、子供は通常は両親によって育てられるものだとの仮定に基づけば、両親が子供の宗教的生活に影響を与えることは適法かつ不可避である。しかし、それほど早い段階では、強制が行われるという言い方はほとんどできない。子供はただ、ある宗教的な生き方の中で生活し、その様式を共有するに至るだけだからである。しかし、子供は宗教の自由を携えて生まれてくるのだという主張は、明らかに次のことを含意しているのでなければならない。すなわち、子供がひとたび自分の意見を形成する能力を身につけたうえは、両親は自分の宗教的信念を彼に強要しないという、少なくとも道徳的な束縛を受ける、ということである。」（“Authority to Educate,” pp. 260-61）

29　*Ibid.*, p. 256.

30　道徳的責任は我々がこれまで常に存在してきたことを前提しているという、ジョン・ウィズダムによる、ふざけ半分でもない議論と比較せよ。John Wisdom, *Problems of Mind and Matter*（Cambridge: Cambridge University Press, 1934）, pp. 110-34.

第14章
不条理な自己充足
Absurd Self-Fulfillment

最近ある学者が、古代のシーシュポス神話にあるひねりを加えている。シーシュポスは神々から永遠の命を与えられ、大きな岩を山の頂きまで運ぶ、しかし、その岩は反対側から転げ落ち、それを再び山頂まで運ぶ。シーシュポスはこれを永遠に繰り返すという刑を神々から宣告されている。リチャード・テイラーは言う。「さてここで神々が、今述べた運命をシーシュポスに宣告する一方、後から思いついてひねくれた慈悲深さを見せ、奇妙で不合理な衝動、すなわち、岩を転がしたいという衝動を、例えば性格や欲動に影響する何らかの物質を埋め込むことによって、彼に植え付けたと想定してみよう。」[1] テイラーの主張によれば、この改変は慈悲深いが「ひねくれ」てもいる。「なぜなら我々の観点からすれば、これほど意義のないことをしたいという欲求を飽くことなくもち続ける理由がないことは明らかだからである。」[2]

その活動は我々には無意味に思えるかもしれないが、テイラーが改変したシーシュポスは、彼の岩押し人生を充実したものと、少なくとも感じることができる。岩を押し上げる強力な傾向性が彼の中に組み込まれている限り、シーシュポスが岩を押し上げている時、彼は自らの本性によってする傾向を与えられていることをしているだけである。それは犬がウサギを追いかけ、鳥が巣をつくることで自らの本性を充実させるのと同じである。しかしテイラーは、強迫観念と自己充足（それをすることが本性に適うことをすること）を混同していると批判されるかもしれない。テイラーによる伝説の改変では、シーシュポスの血中の物質が、岩を押し上げるのを「望む」よう彼に強制している。それは、無理やり血液中へのヘロイン注入を繰り返された囚人がヘロイン中毒になり、さらにヘロイン注射を「望む」ようになるのと同じだ。とはいえ、神々が利用する因果的なメカニズムがこのように雑なものである必要はない。我々は神々が、シーシュポスの本性をさらに徹底した形で作り変え、その結果、大きなものを押し上げるという傾向性は、再構成された腺や神経からなる複雑な系と基本的な欲動に由来し、シーシュポスを縛る外来の要素ではなく彼自身の不可欠な部分になる、と想定することができる。我々は、テイラーの加えたひねりにさらにひねりを追加して、神々はシーシュポスの古い本性に中毒を押しつけたのではなく、彼に新しい本性を与えたと考えよう。岩を押し上げるシーシュポスが彼特有の活動に「中毒」になっているわけでないのは、我々が直立歩行をしたり言葉を話したりするのに中毒になっているわけでないのと同じだ、と我々は考えることができる。しかも、我々が想定した新たなシーシュポスの活動は自己充足的でもある。それはその活動が、彼の欲求を充足するからとか、彼がそれに片意地を張って黙従しているからというだけではなく、むしろその活動に、シーシュポスの本性がもつ基本的な遺伝的傾向性が表現されているからである。

テイラーはシーシュポス特有の活動を表すのに「不条理（absurd）」の語を使ってはいない。しかし、アルベール・カミュ[3]がその近年のもっとも著名な一員である一つの伝統全体が、この語をきわめて適切だと考えている。テイラーが使ったのは、「無意味な（meaningless）」、「意義のない（pointless）」、「とめどない（endless）」である。おそらく、明白な目的も結果も伴わない意義なき作業がとめどなく繰り返す循環というのは、不条理の中の一つの種類にすぎない、すなわちたぶん、意義のないことは、不条理な活動だと判断するためのいくつかある根拠の一つにすぎないのである。（もう一つの根拠は、目的はあるが自滅的な行為が示す無益さ（*futility*）という密接に関連するが別の特徴であろう）。いずれにせよ、意義がないことと属名としての不条理は同一の観念ではない。とはいえ、次の総合的な判断を否定する人は少ないだろう。すなわち、ただ何になるわけでもない意義なき作業には不条理が**ある**。テイラーはこの不条理を、苦痛や孤独と対照させることで単離している。シーシュポスの作業が不条理なのは、それが辛く身体を傷つけるものだからではない。というのも我々は、彼の運ぶ岩が小さく、作業に特段の労力を要しないと想定することもできるからである。それによって、その作業の意義のなさが軽減するわけではなく、それ故、それによって不条理が弱くなるわけでもない。さらに、テイラーが示唆するように、シーシュポスに何人かの仲間を与えて、二人以上のチームで岩移動活動を実施させることもできる。それで孤独は軽減されるだろうが、そのばかばかしさ（silliness）が減るわけではないだろう。意義なき活動のもつ本質的な不条理は、テイラー自身の示すシーシュポス以外の例で捉えられている。「囚人の二つのグループがいて、一方は地面に巨大な穴を掘る作業に従事し、他方は、それが終了したかと思うと再び穴を埋める。その後、後者のグループが新しい穴を掘り、最初のグループがただちにそれを埋める。これがとめどなく続く。」[4]

多くの哲学者が、人間存在が不条理であるかぎり、一定のネガティブな態度――自殺に至る絶望、超然としたシニシズム、哲学的ペシミズム、カミュの傲慢な軽蔑や実存的反抗――には根拠がある、と述べた。別の哲学者たちは、いくぶん異なったデータを検討しながら、ある人生が自己充足的であるかぎり、それは善き生であり、人間の条件に対する一定のポジティブな態度――希望、満足、受容、和解――をとる理由を与える、と述べた。「オプティミスト」はしばしば、少なくとも生のうちのいくつかは完璧に充足され、ほとんどの生はある程度は充足される、と言う。すべての生が充足されることも、すべてが充足されないことも、予め必然的なわけではない。それはすべて手腕と運次第である。他方で「ペシミスト」が主張するのは、すべての生が必然的に不条理（無意味、意義がない、無益）だということなので、その見解はより全面的なものである。いずれにせよ、「不条理」と「自己充足」とはまったく違う観念であるため、オプティミストとペシミストは同じ事柄について語ってすらいないのである。テイラーはまったくもっともなことに、生は不条理でもあり、最良の場合、時によっては自己充足的でもありうると示唆している。この二つの真理の結びつきから、我々は何を導くべきだろうか。オプティミズムとペシミズムに対してはどんな帰結をもたらすだろうか。もしこれを受け入れるなら、どのような一般的態度が適切になるだろうか。これらの問は、「不条理」と「自己充足」という概念、およびこの二つの概念がいかに相互に調和するのか、に対するもっと詳細な検討を要求する。そして、宇宙的態度の合理的適切性を我々はいかに判断することができるのか、という問に対する何らかの意見表明を要求する。

1　個人の生の中にある不条理

生の不条理を主題にする前に、生の中の否定しがたい不条理の例に注目したい。どんな生にも何か不条理な要素はあるのだから、それらお馴染みの出来事に注目し、それらを不条理であると判断する際に我々はそれらについて何を言っているのか、と問うことができる。トマス・ネーゲルは、有用な不条理な出来事の事例をいくつか挙げているが、それらは、ふざけた応答が容易であるため、否応なく喜劇的である。「すでに可決された動議を支持して誰かが手の込んだ演説をする、悪名高い犯罪者が有名な慈善団体の代表者になる、録音された音声を相手に電話で愛を表明する、ナイト爵を授けられる時にズボンがずり落ちる」[5]である。ネーゲルが挙げている事例の一部は人の行為であり、それらは推定される行為者の動機や目的に関連させて、道理にかなっているとか道理にかなっていないとか批評することができる。他にも、推定される何らかのより広い目的との相関でそれ自体が不合理だと見なされうるような事態へと直接導く、単なるハプニングが挙げられている。立派な政治家や科学者が、女王がナイト爵を授けようしている時に、足首までズボンを落として裸足で立っている風景は、推定される儀式の目的――その一部は、威厳があり感動的な情景を作り出すことにある――と不合理にも矛盾している。仮にズボンがずり落ちた事件が意図的な選択によるのであったら、不合理だとして非難の的になったことであろう。なぜならそれは、その行為選択のより大きな目的を挫折させるような結果を生み出すことが予想できたはずだからである。このような間接的な形で、単なる出来事や選択されていない事態であっても、「不合理だ」、そして時には、不条理と言えるほど不合理だ、と判定できるのである。行い、活動、経歴と人生、単なるハプニングや事態、に加えて我々は、信念、仮説、確信、欲求、目的、さらには人に対しても、不条理だという判定を下す。通常我々は、これが何を意味するかを、不条理を「不合理」という言葉に置き換え、問題の不条理を多様な種類をもつ不合理さの地図の上に位置づけることで、かなり簡単に説明することができる。別の事例では、ズリ落ちたズボンの事例がそうであるように、単なる出来事は、仮に事実に反してその事件が誰かの熟慮の行為だと考えられたならば、その行為は明白に不合理であろうということを示すことによって、間接的に不合理性と結びつけられる。

不合理の典型は、偽の信念ないし不当な信念である。信念以外のものについての欠陥、すなわち、欲求、目的、手段、行為や事態の欠陥が、目に余る虚偽ないし明々白々の誤謬推論に類比できるものである場合、それらもまた不合理とか道理にかなっていないと特徴づけることができる。もっとも、「不条理（absurd）」という言葉の方がより自然にぴったりと適用できるのではあるが。『ウェブスター大学辞典』によると、強意語 *ab* がラテン語の *surdus*（頭が鈍い、耳が聴こえない、無感覚の）に付け加わり、結果、「何を言っているのかが聞こえない」の意味をもつラテン語になり、そこから「笑えるほど、真または道理にかなっていると判断されるものと整合していない」という意味の英語の単語が派生した、とされる。だから、「偽であること」や「妥当しないこと」は、不条理の説明として十分ではない。不条理なるものとは、明白に真でないか道理にかなっていないものであり、異様で途方もなくそうであり、文字通り「前代未聞」か歓迎されないものである。だから、様々な種類の不条理には一つの共通する要素があり、それは、極端な不合理性（irrationality）である。はっきりと偽である命題を明らかにそれと知って主張する、明らかに道理にかなっていない決断を進んで行う、明白に意義のない生をいかにも熱心に送る、などのどれであろうと、である。

すべての不条理の中にある二つ目の要素は、一つ目の要素の中に隠されているものの、それとして明確に述べるだけの価値がある。不条理があるところでは、いつでも二つの事物がぶつかったり不調和であったりしている。区別可能な二つの実体が互いに対立しているのである。この要素は、一致しない対象間の「分裂（divorce）」[6]や、不均整（disparity）、不一致（discrepancy）、不均衡（disproportion）、不釣合い（incongruity）といった様々な仕方で言及される。一般に不条理があるところにはどこでも、相互に適合しないもの――目的と一致しない手段、結論と釣合わない前提、実践と調和しない理想、現実と相いれない自負――が見出される。不条理を感じた時、我々はそれを、不調和の関係そのものに帰するか、それとも一致しない二つの対象の一方または他方に排他的に帰するかすることができる。

ある事例では我々は、標準者の観点をとって、不釣合いな対象を「笑いで引きずり下ろす」。尊大な有力者の威厳失墜の凋落を楽しむ時がそうであるように。他の事例では、この反対の観点、つまり、喜劇的に外れている対象自身の観点をとって、標準者を笑う。例えば、大人に仮装しているかわいい子供たちを笑う時、もしくはまったく異なる例ではあるが、きわどい物語で笑い、その物語中で性的規範が侵害されることをある程度楽しむ時がそうであるように。おそらく、すべての滑稽なものが不条理なわけではなく、確実に、すべての不条理なものが滑稽なわけではない。しかし、不一致は多くの喜劇的で不条理なものに共通する要素である。

不均整（disparity）のもう一つの形式が、ネーゲルの不条理に関する鋭い説明の中に記されている[7]。それは、我々が態度を形成したり判断を下したりする際にとっている、多様なパースペクティブ間の衝突ないし不調和である。次の二つの見方には、不一致が避けがたく存在している。一方には、自分自身に対する自然で主観的な見方がある。そこでは自分とは、自身の目にはかけがえのないものであり、真に重要な計画でいっぱいであり、自分自身の中では全宇宙であり、「たった一度の人生を生き」与えられた時間を最大限活用せねばならない人物、である。もう一方には、より宇宙的なパースペクティブからなされる様々な仮想的判断がある。そこでは我々は、ただの小さな点か、大海の一滴、ないし群がるミツバチの一匹にすぎず、物事の大きな枠組みにとっては絶対的に非本質的である。そんな我々が、自身として愛に値しないのは、何兆もの昆虫の任意の一匹が愛に値しないのと同じである。昆虫たちの極端に儚い生は長期的な重要性をもたないが、それは我々の人生でも同じなのである。我々の主観的観点は、どんな生き物であっても自分の状況を考慮する際に伴うべき「真剣さ」の表現、我々の生物的な本性の必然的な表現、である。一方、これとは異なり対立する描像を産み出すより広いパースペクティブは、想像力とささやかな概念的発達を伴う存在に利用可能なものである。このパースペクティブから判断するなら、「重要な目的」を追求する中で人間が行う努力や感情の浪費は、数々の格好づけに過ぎず、死すべき我々は、舞台上でいばったりイライラしたりして時を過ごす不条理な登場人物なのである。ネーゲルが言うには、人間の条件における不条理は、特別な種類の際立った不一致によって構成される。それは、一方にある避けがたい自負または大望と、他方にあるより真なるパースペクティブからとらえられる現実との間にある不一致である。

ネーゲルの挙げている人生の中の不条理の例すべてが、同じように人生それ自体の不条理と言われるものの妥当なモデルになるわけではない。ともかくシーシュポスに、ないし現実のシーシュポス的な生に適用するなら、ネーゲルの言う「自負または大望と現実との間の際立った不一致」は、テイラーの、究極的な無益さと意義のなさによって不条理を捉える考え方ほどぴたりとは関連していないように見える。しかし、注意深く再考してみるなら、テイラーの「活動の無益さないし意義のなさ」と、ネーゲルの「自身を見る際の複数のパースペクティブ間の不一致」とは、互いに還元できない別々の不条理のタイプであるにもかかわらず、不条理という類の等しく適切な事例であることがわかる。テイラー・タイプの不条理は、人間の条件に関するシーシュポス的モデルに対してより自然に妥当する。一方ネーゲルの捉え方は、人生全体の不条理に関する描像として同程度に興味をそそるそれ独自のモデルを与える。このモデルはまた、テイラー・タイプと同じくらい馴染み深いものでもある。このことを、最近の『ニューヨーカー』誌のマンガは示している。二人の小さな人影が見える。キレイに着飾った中流階級の夫婦のようだ。郊外の家の中庭にいて、彼等の上には満月と満天の星がまたたいている。人間がもつ避けがたい度を越した自尊の意識と、絵全体の中で彼等が果たしている現実のちっぽけな役割との間にある不一致が、この小さな人物の発する妻への言葉によって明らかになる。「なぜ！なぜ自分がちっぽけだと感じるんだろう。東部エリア全体の責任者になったというのに。」[8]

ネーゲルが言う種類の不条理は、シーシュポスの物語には必ずしも含まれていない。しかしもしその不条理が、**現に**含まれている意義なき労働に追加されるなら、それは不条理の全く新しい次元を、すでにそこにある次元に付け加える。さらに、シーシュポスの労働が、真に分別ある目的によって動機づけられており、それ故テイラーの意味では不条理ではないが、それでもネーゲルに近い意味ではやはり不条理であるかもしれない。例えば、神々がシーシュポスに宣告した刑が、大きい山に上り、頂上に小さな旗を立ててくることだけだった、と想定しよう。成功すれば即一回で彼の罰は終わる。シーシュポスが山に登るのには何年（あるいは何世紀）もかかるが、登ってから旗を忘れたことに気づく。麓に引き返し、旗を取り戻して、さらに千年ほどをかけて頂上まで登ると、間違った山にいることに気づく。こういったことを永久に繰り返す。この事例におけるシーシュポスの労働は、分別ある目的があるゆえに、意義のないものではないだろう。しかし、目的追求の過程で犯されたものだろうがなかろうが、くり返される誤りはなんと真に不条理なことだろう！ あるいは、元の伝説における神々が、シーシュポスに永遠に続く自滅的な労働を課すだけでなく、頂上に向かう前に毎回岩に百回ずつ「私は悪い子です」と書くようにも要求したと想定しよう。誇り高くかつては強力だったシーシュポスにとって、なんという不条理な零落だろう！今や彼の労働は、意義なきものであるとともに彼の自然な自尊心と対立するという形で、二重に不条理である。

さらに、テイラーとネーゲルの規準の違いを際立たせるために、改変を始める前の伝統的なシーシュポスは、ネーゲルの規準では不条理ではなかったということを指摘できる。シーシュポスに幻想や虚偽の自負はなく、彼が甘受する「大望」は、意義はないものの、完璧に現実的であった。それ故、もしシーシュポスの苦境を、人間の営為全体の不条理性のモデルと受け止めるというなら、我々は、不条理に関するネーゲルの説明を、テイラーが強調した種類に属する人生の中に存在する事例を含むように拡張しなければならない。その事例は例えば、囚人による穴堀りと穴埋め、手をかけて飾りたてたウエディング・ケーキを注文しながら、包装さえされない前に食べてしまうこと、あるいは一般に、一方の手で与えておきながら、あらゆる理に反してもう一方の手で奪うこと[9]である。とはいえ、不条理に関するテイラーとネーゲルの捉え方は、一般的な特徴を共有している。それらは不条理の二つの別々の種ではあるが、共に「不一致」という部門の下に、別々の仕方で包摂される。テイラーの場合の不一致は、通常単なる骨折れ仕事と見なされる労働の種類と、それを正当化するには不適切な目的、または、それに何であろうと理由を与えること、との間にある不一致である。究極的には、意義がないということは、手段と目的との不一致ないし大規模な不調和の一種なのである。ネーゲルに公平に、次のことも言っておかなければならない。すなわち、ネーゲルの不条理の捉え方は、一定のシーシュポス的な個人に適用することが可能である。もし我々のうちの一部が、実際にはシーシュポスと極めて似ているのに、そうではないふりをするなら、我々はネーゲルの意味でも不条理である。

個々の人生の中にある不条理の要素を注意深く精査することで、テイラーの「意義のないこと」や、ネーゲルの「非現実的な自負や大望」に加えて、不条理のさらに別のモデルが明らかになる。その新たに加わるタイプの不条理もまた、一種の不一致や対立、ないし不調和の種族として扱うことができる。我々はまず、先に行った示唆をさらに先に進めて、意義のないことを無益さから区別せねばならない。意義のない行為ないし活動とは、それを果たすことで価値と説明（「意義」または「意味」）を与えてくれるような、理解可能な目的をもたない活動である。さらにそれは、どんな目的とも別にそれ自体で報酬をもたらすような種類の活動でもなく、我々が普通は（岩の押し上げのように）単に骨折れ仕事とみなすような種類の活動である。それ自体で価値をもたず、もつとすればむしろある種の否定的価値であり、それに取りかかることで得られると予想される結果などなく、それは完全に無価値か、それ以下のものである。完全に意義のない活動は、それ自身を超える意識された目的を欠いているだけでなく、ある種の僥倖によってそれに価値を与えてくれるような、思いがけない実際の帰結をも欠いているのである。

意義をもつ活動の中には、その活動によって意図された目的がそれを果たすための骨折り仕事を正当化できないことが明らかなために、完全に意義のない活動とほとんど同じだけ不条理なものがある。その活動がもつ内在的反価値は、それほど些細な報いのために支払うには法外な（それ故不合理な）価格である。もしシーシュポスの全動機が、100年とか毎に神々から与えられる飴を一個受け取ることにあったとしたら、彼の労働は意義が完全にないとは言えないであろう。この場合、シーシュポスのとめどない労働は、少しも不条理さを減じないだろう。そして、問題の不条理は、手段と目的の間にある明らかな不調和にある。W. D. ジョスキに従って我々は、この不条理の種族を些末さ（triviality）と呼ぶことができる[10]。不条理に些末であるような煩わしい活動は、完全に意義のない煩わしい活動より、不条理さがそれほど少ないわけでないのは当然である。

無益な活動（さらに別の種類の不条理）には、実際意義があり、それも、道理にかなった仕方で調和のとれた意義があるにもかかわらず、その活動の些末ではない目的を達成するための手段が明らかに効果的でないがゆえに、不条理なのである。もしその活動に、それを動機づけている目指すに値する目的を達成するチャンスがあったとしたら、それは不条理でなかっただろうが、内在的に無価値な活動に継続的に従事することが実りに結びつかず（fruitless）、それ故無益である（futile）ことが、我々観察者、あるいは最悪の場合それを行っている本人にさえ、明らかなのである。不条理な活動において手段が効果的でない理由は様々である。もっとも単純な事例では、自然自体が邪魔をしていて、例えば走り高飛びで地面から 10 フィート〔約 3 メートル〕まで飛ぼうと努力する場合のように、自然法則によって成功が不可能になっている場合や、あるいは、犬がビーチでしつこくカモメの群れを追いかけ、そのうちの一匹を捕まえようとしているらしいのだが、スピードその他の必要な身体的技術の欠如のゆえに繰り返し失敗をしているのに、その不条理な努力を諦めない場合のように、偶然的な個人の能力欠如によって、成功が不可能になっている場合である。とはいえ、最も興味深い無益な活動のクラスは、手段の効果のなさが行為者自身の技術と戦略の自滅的な特徴の結果である場合であり、特に、それが他の観察者には目に余るほど明らかである時である。いつも昼に弁当箱を広げ、サンドイッチを吟味して、「げぇ、またツナサンドか」と言う職人の話がある。何週間もこの儀式を目の当たりにした後、ついに同僚の職人が彼に尋ねる。「なぜ奥さんに他の種類のサンドイッチを作ってもらわないんだい。」すると男は「いや、僕は結婚してないよ。自分で弁当を作っているんだ」と答える。この職人が常に失敗するのを、貧弱な記憶力か、あるいは何かその他の認知的な機能不全のせいにすることもできるかもしれない。しかし、これを不条理だととらえる観察者から見れば、まるでその行為者は、毎日わざと彼自身の目的を挫折させる策をとっているかのごとくである。

要約すれば、様々な目的ある活動は、不条理のスペクトルの中に位置づけることができる。一方の極には、それ自身を超えてまっとうさを立証する目的がないにもかかわらず実行される内在的価値のない活動がある。この活動は完全に意義のない活動である。次に来るのが、手段となる労働が、ひどく不調和であるような何か小さな利益しか生み出せないと予想されるにもかかわらず、このことのみを理由に為される過酷な活動ないし嫌がられる活動である。これらは、不条理に些末な活動である。それらもまた、スペクトルの全区域を構成し、達成される目的が手段との不調和を減らすごとに不条理はより小さくなっていく。その次は、明らかに正当な目的をもつが、それを達成するための方法が上手くデザインされていないような、内在的に過酷な活動である。それらは、絶望的に効果が無いことが観察者に明らかな時には、不条理に無益な活動である。もし成功するチャンスがあれば、たとえ活動を正当化する目的が実際には果たされなくとも、その活動は道理にかなったもの、それ故、不条理ではないものでありうる。手段と目的の不調和によって説明されるこれらの不条理に我々は、ネーゲルお気に入りの不条理のタイプを付け加えなければならない。それは、これ以外の種類の適合不良、特に自負と大望が客観的事実に適合しないこと、によって説明される不条理である。要するに、個々の人生の中にある不条理の要素は、五つないしそれ以上のカテゴリーに入れることができる。その要素は、意義のなさか、些末（手段としての不調和）か、無益か、非現実的自負か、それとも、偽の信念や論理的に不整合な信念を前提とした行為のように、その他の不釣合いないし「適合不良（poor fit）」か、である。

II　いわゆる人生そのものの不条理：いくつかの哲学的告発

テイラー、カミュ、ネーゲルは、それぞれのやり方で、それぞれ特別の限定を加えながら、人間の条件それ自体に不条理があるという判断を支持する見方をしている。ここで、3人の哲学者が与えた理由の一部を批判的に論じるのが有益だろう。まずはテイラーから始めよう。彼は人間の活動がすべて、シーシュポスの活動と同程度に（長い目で見れば）意義がないと考える。テイラーは「無意味（meaningless）」と「意義がない（pointless）」を「不条理（absurd）」の代わりに使っており、すでに見てきたように、それらの語によって「何になるわけでもないとめどない反復的活動」を意味している。とめどなさは明らかに、無意味さにとって本質的ではない。仮にシーシュポスの岩を繰り返し押し上げる作業が90年間だけで終わり、神々によって慈悲深く殺されたとしても、テイラーは、シーシュポスの岩運搬者としての有限の経歴を不条理と判断することができるし、そうするだろう。それは、テイラーが人間やネズミの有限な生を不条理と判断するのと同じである。

テイラーにとっての無意味さは、達成（achievement）によって軽減されるが解消されはしない。なぜなら、様々な達成物は持続しないからである。例えば、『ハムレット』やベートーヴェンの「第五交響曲」、ノートルダム大聖堂、といった達成物は、他の達成物より長続きし、それ故、我々の大半が自分に可能なかぎりで誇っているような、つかの間で些末な勝利よりも不条理さの程度が少ない、と言える資格をもつかもしれない。しかし、人間の寿命や国家や惑星の寿命と比べれば長いが、永遠の相というパースペクティブに比べれば無限に狭いような、十分に広い観点からすれば、持続性の点で、ノートルダム大聖堂と開拓者の立てた丸太小屋との違いは、まったく取るに足らない。テイラーに言わせれば、我々の目的はすべて「一過性の意義」をもつだけで、「目的のうちの一つを達成しても、あたかもその達成がなかったかのように、我々はすぐに次の目的に向けて出発する。しかし、次の目的もまた本質的には同じことの繰り返しなのだ」[11]。しかし、我々の多くは、シーシュポスと違って子供をもうけ、自分の価値やささやかな達成、新たな機会を、子供たちへと受け渡している。この事実にテイラーが心を動かされることはなく、彼はこう答える。「それ故各人の人生は、シーシュポスが行う一回の丘の頂上への登坂に似ており、人生の一日は彼の一歩に似ている。違いは、シーシュポスが再び岩を押し上げに戻ってくるのに対して、我々は子供たちにそれを託すところにある。」[12] それ故この営為は集合的ではあるが、やはり最終的には何になるわけでもないのである。

仮に人間存在が、この不条理から逃れられるとすれば、それはどのようなものと想像できるのだろうか。これは、哲学的ペシミストたちの普遍的不条理という全面的な判断が十分に理解可能になるためには、彼等全員が答えねばならない決定的な問である。なぜなら我々は、対比されるものとしてどのような状況が排除されているのかを知らないかぎり、所与の主張が「包含している」ものが何なのかも確認できないからである。仮にそのようなものがあったとして、何が不条理でないものとして挙げうるのか、を知らなければ、我々には不条理と対比できるものが何もないことになる。仮に概念化可能な世界はすべて、見たところ等しく必然的に不条理であり、その結果、不条理でない存在がどのようなものであるかを記述することさえできないのだとしたら、我々のこの現実の世界が不条理だと主張することには、控えめに言っても、情報量がそれほどないことになる。何らかの対比される事態を排除するのに成功することは、哲学理論の理解可能性を試す試金石である。

幸いにもテイラーの理論はテストを多かれ少なかれパスするように思える。テイラーは我々に、シーシュポスには、頂上へ様々な岩を押し上げ、それらを組み合わせて美しく不朽の神殿を建築することが許されている、と想像するよう促す。これだと不条理から逃れることができるであろう、なぜなら「活動が…意味をもつのは、それが何らかの意義深い成就、すなわち、その活動の方向性であり目標であったと考えられる多かれ少なかれ長持ちする目的をもつ場合である」[13]から、とテイラーは最初に言う。しかし、テイラーはすぐに心変わりする。彼は、有意味であることを「多かれ少なかれ」の問題にしたくはないのである。というのも、それをすると彼は、人間の活動や生の中には、少なくともある程度は有意味なものがあること、そして、様々な個人の生の間の相対的な有意味さを比較することが、少なくとも無意味でないこと、を容認しなくてはならなくなってしまうからである。しかしそれでは、この問題に関する常識を、破壊するのではなく立証してしまうので、視点を高く設定しているテイラーは、自身の譲歩を即座に撤回し、その神殿は、単に「多かれ少なかれ長持ち」するだけでなく、「時が残っているあいだ世界に美を追加しながら」存続しなくてはならない、と要求するのである[14]。我々が、伝説のシーシュポスの生や10代で薬物中毒になり自殺する者の生のような無意味な生を見て、それを、例えばジェファーソンやシェークスピアの生といった、常識が示唆する相対的に意味のある人生と比較する時、当初はその違いが際立つ。しかし、（例えば今から一億年後の時点など）「離れた位置からそれらを見れば」、それらは「大筋同じものであり、同じイメージ――何になるわけでもない意義のない労働と感情――を心に生じさせる」[15]。この違いを作り出すのは時間的距離である。時間的に離れたところからの見方が物事の真のあり方を明らかにする一方、詳細にクローズアップされた像は歪んでおり人を惑わすのである。

テイラーは別の仮説的想定も行っている。シーシュポスは、限られた期間に集中して為された労働の後、荘厳で美しい神殿を作り終える。そして神々から、栄誉の内に休息し、彼の意義深い達成物をうっとりと眺めながら残りの悠久の時間を過ごすことを許される。こう想定しよう。今やついに我々は、疑義を受けない不条理ではない存在の概念を手にしたように思える。しかしテイラーは、我々の望みを即座に打ち砕く。彼は正しくも、悠久の休息は「無限の退屈」となり、そして、それもやがては一種の意義のなさまたは不条理になるであろう、と主張する。テイラーはあいにく、自身の普遍的不条理という学説を空虚さから救うかもしれない別の可能性を考えていない。例えばシーシュポスは、つかの間の休息の後だが彼の誇りある満足が退屈に変わる前に、死ぬことを許されることもできるだろう。その際、彼の神殿は神々によって永遠に保存される。あるいは、シーシュポスは、創造的活動と休息による活力補充期間とを交代させながら、永久に生きることを許されるのでもよい。その際、神々は彼の達成物の永続性を保証する。私の推測では、テイラーはバーナード・ウィリアムズと同様に[16]、後者の想定さえ無限の退屈から逃れられていないとするのではないだろうか。もし彼がこの論証を最後まで完成させていたなら、その最終的見解は、概念化可能な形式の生はほとんどどんなものも、永久に存続する達成物を作り出すことに失敗するか、または退屈へと導くために、不条理なのだ、というものになったはずである。量化子「ほとんど」は、テイラーの不条理主義に有意味な対照物を与える役割を果たす。というのも、不条理でない存在という残余となる概念が、重要な対照物（達成物の永遠保存を保証された上での慈悲による死）として維持されているからである。

とはいえ、個人の達成物が永遠に保存されることは、不条理でない有意味性のための条件として支持できるものではない。実際、神々がすべての人の最高業績にそれぞれ控えめな記念碑をたてて、永遠に宇宙をちらかすという考えには、何か不条理なところがある。そしてもし、シェークスピア級やベートーヴェン級の偉業だけが保存されるのであれば、テイラーの基準からは、我々の残りすべてにとって生は不条理となるのである。

カミュによれば、人間は一定の種類の宇宙秩序と、自分の努力の成就と、経験世界における一種の透明な合理的理解可能性とを必然的に渇望する。しかし世界は、そのような秩序をもたないし、それが許容する一時的な達成が何であれその意義を破壊するように働く。そして、世界はその核心において、異質で不透明で不合理なのである。それ故、対立は避けられないし、不条理も避けられないのである。

カミュは自らが世界に望んでいるものを正確に知っているように思える。しかも彼は、世界はまさにその本性において、彼が望んでいるものを与えることができないし、自分はまさにその本性において、それが希望のないものであるにもかかわらず、それらの望みを変えたり捨てたりすることができない、と信じている。それ故、事物の本性には「分裂」、つまり人間の自然（本性）と残りの自然との間の根深い不一致、が存在する。そして、人間条件の不条理を生み出すのは、この避けることのできない衝突なのである。カミュが望んでいるのは、彼を個人的に気遣ってくれる宇宙であり、そこから疎外されていると感じるのではなく自分が同一化できる世界であり、すべての傷つきやすい存在が「他者」としての自然に出会った時に感じる深い孤独の感覚を癒やすことのできる世界である。とりわけ彼は、合理的な存在として死が避けられないものだと知っているにもかかわらず、永遠の生を望まざるをえない。変えることもできず、しかも、充足することもできない彼の欲望は、単なる欲求以上のものである。それは本性的必要なのである。「不条理なるものは、人間の必要と理に合わぬ世界の沈黙との対立から生れるのだ。」[17]

カミュは豊かな筆致で森や大海の中で感じる不条理（「すべての自然の美しさの中心に何か非人間的なものが横たわっている」）、そして、賑わう人間たちの市場で感じる不条理を描きだす。その核には常に生き生きとした憧れ、充足される希望のないことは自分でも分かっているがしかし消すこともできない憧れ、がある。「どこの街角でもどんな人にでも、不条理性の感覚が顔を打つことがありうる。」[18] この感覚を引き起こす点で頼りになるものの一つは、カミュが「舞台装置の崩壊」と呼ぶものである。個々人の生活は決まったリズムに従って進行しているが、突然「ある日、「なぜ」が頭をもたげる…驚きの色に染められた倦怠…」[19]。あえて言えば、カミュがここで言及している感覚は、おそらく我々のほとんどが一度や二度は経験したことがあるものだ。しかし、ペシミストの哲学者たちにとっては、これは感覚以上のものであり、人間の不条理を論じるための素材を含んでいるのである。私は、スーパーマーケットで大勢の買い物客を見ていた時に、はじめてこの感覚を経験し、この議論と戯れたのを覚えている。（それ以来私はこれを「スーパーマーケットの遡及」と呼ぶことになった。）突然舞台装置が崩壊し、買い物客たちの人生パターンが、テイラーの例に出てくる囚人たちによる穴掘りと同じように、意味のないものに思えたのだ。なぜこの人々はみんなレジの前に行列をつくって立っているのか。食料を買うためだ。なぜ食料を買うのか。健康に生きていくためだ。なぜ健康に生きていくことを望むのか。そうすれば職場で働けるからだ。なぜ働きたいのか。金を稼ぐためだ。なぜ金がほしいのか。そうすれば食料を買えるからだ。以下同様で、輪を周り、見る限り何も「意義深い成就」のないまま何度も繰り返す。意義を立証してくれるはずの目的と意味は、絶えず次の舞台に繰り越されるが、いつまでもその舞台が来ることはない。そして一巡の活動全体は、整合的で自己正当化されるものというより、むしろ無意味な儀式の踊りのようにみえるのだ。

不条理が避けられないという論証がそうであるのと同じく、スーパーマーケットの遡及はその前提の強度と同じだけの強度をもつ。この論証の前提の一つは特に弱い。それはつまり、どんな人間の活動も決してそれ自体では価値あるものでありえず、それを支える価値は未来の帰結が起こるまで常に繰り延べされ、その帰結の方もそれ自体で価値をもつことはできずに、他の何ものかの手段としての価値だけをもつ、そして、その他の何ものかもまた、それ自体では価値をもつことは出来ず…と以下同様に永遠に続く、という仮定である。このパラドックスは、人間という動物の群れが儀式化されたそれぞれの目標へと機械的に向かっているところを見る観察者に対しては自然に示唆される印象的なものかもしれないが、すべての人間の活動にあてはまる正確な描像ではない。実のところ、内在的に価値のある活動は不可能であるということ自体が、モーリッツ・シュリックがその素晴らしい論文[20]の中で「目的の専制」と呼ぶものによって作り出されている幻想なのである。

別の種類の洞察も自然でありふれたものだが、これもあまりに性急に人間の活動が不条理であると解釈するように人を導いていく可能性がある。カミュとはまったく違い、我々は自身を、自然から切り離せないものとして、つまり多くの生物種の中の一つとして考えることができる。この時、我々は下位の種のライフ・サイクルを吟味することができ、その不条理な特性を鑑賞するに至る。その特性は、人間の場合のように見かけの循環ではなく、正当化を与える目的が永遠に延期されているような、本物の価値の遡及に対応している。例えば、様々な昆虫[21]、両生類、魚類は、繁殖するのに足りる長さ生き延びること以外にそれ独自の究極的な目的をもたないように思える。その結果として、その子孫たちもまた繁殖に足りるだけ生き延び、以下同様永遠に続く。それは、あたかも単に種を保存することそれ自体が目的であり、他の目的を必要としないかのようである。これは、人間の観察者の多くにとって、不条理、まったく意義なき存在、のモデルであるように思われた。

この不条理は、鮭のような種の場合には目立ったものになる。個々の鮭はそれぞれ、英雄的に努力奮闘し、川の流れに逆らって泳ぎ、岩にたたきつけられ、捕食者の餌食になり、やっと生き残った者たちが、ボロボロになって死にかかった状態で故郷の川の源流にたどり着く。それでもなお苦難は終わっていない。少なくともオスたちは同じ種内の競争相手と戦って追い払わなければならない。メスを誘って卵を産んでもらい、それに受精し、その後になってはじめて死ぬ、ための機会を得るために。この努力の意義は何にあるのだろうか。再びすべてを一からはじめる次の世代のちっぽけな鮭たちを生み出すこと。つまり、海に向かって川を下りながら、餌を食べて成長し、海水中で時を過ごした後、多くの危険の中を成功の見込みも低いのに、繁殖と死のために、川を遡って帰ってくることで。このプロセス全体には、そのプロセスがこれからも続いていくことを除いて、明白な意義はない。人間の観察者の中にも、自然のサイクルとは、意味のない務めを果たすための集合的努力の一種であり、その意味のなさは、孤独なシーシュポスに罰として課されたものと同じだ、と考える人もいる。人間のライフ・スタイルは、多分決まりや固定性がより少なく、たしかにより変化に富んでいるものの、昆虫やヒキガエル、魚のライフ・スタイルに似ている限りでは、同じだけ自己完結的で意義がないのである。

この議論に対する最良の応答は、それが人間の必要性と感受性を他の種に投影しているというものだ。人間の観察者はただ、鮭の観点をもたないのである。育ちのよい鮭であれば、鮭としての生を愛しているであろうし、結局、それが唯一知ることのできる生なのである。鮭にとってのライフ・サイクルは、鮭にとっての意義であるように思える。鮭の合理性保証を確立するのに、鮭にとって外在的なそれ以上の目的も達成も、必要ないのである。永遠に保存される達成物や後に残る記念碑がないなら鮭の生は不条理だという主張は、人間の側にある狭量な偏見の一例なのである。

スーパーマーケットの循環にしても、生物学的遡及にしても、それが示そうとしているのは、人生のどの部分ないし局面に対する正当化も、いつまでも延期され、最終的な着地点にたどり着くことがないがゆえに、人生には意義がないということだ。我々はAをすることを、それがBに導くという理由のためだけに選ぶ。しかし、我々がBを望むのは、それがCをもたらすという理由のためだけである。我々がCに価値を見いだすのは、Dへの手段としてのみである。…等々と続く。生物学的遡及の議論では、正当化の鎖がいわば一直線に進み、終わりに至ることはない。それ故この議論は、人間の活動のどれかの構成要素が、それ自身を超える価値を真にもちうることを示すことができない。スーパーマーケット・バージョンの議論では、連鎖が終わりなくどこまでも進んでいくことはないが、それは連鎖が、ある地点で輪を閉じ、グルグルときりなく周り、何事かを正当化したわけでもなく規則的な間隔で一から出発を繰り返すからにすぎない。ネーゲルはこれらの議論を、不条理を論証するための「標準的な」試みだと考え、その動機や結論には共感しながらも、この論証は失敗だと見なしている。彼が循環遡及と直線遡及からの議論を拒否する根拠の一部は、事実的なものである。たとえスーパーマーケット的遡及についての一般的言明が正しいとしても、生の中の個別の行為の中には意義をもつものがあるのだ、とネーゲルは言う。「正当化の鎖は、人生の中で繰り返しそれぞれの終局点に達する。その過程が全体として正当化できるかどうかは、その終局点の最終性とは何の関係もない。頭が痛い時にアスピリンを服用するとか、好きな画家の個展を見に行くとか、子供が熱いストーブに手で触るのを止めるとかを道理にかなったものとするために、更なる正当化は必要ではない。それらの行為を意義なきものにしないために、より広い文脈や更なる目的は必要ではないのである。」[22]

ネーゲルの挙げた、それ自体を超えた真正の意義をもつ行為の三つの事例は、異質なものの集まりであるが、少なくともアスピリンと熱いストーブの例は、説得的ではあるものの、スーパーマーケットの循環的遡及がもつ力を大いに弱めるものではない。たとえ一般に意義のない追求の中の個別の行為のいくつかがそれ自体の意義を実際にもっているとしても、人は人生を、決して見つかることのない立証点を探すための終わりのない循環的探求として、捉えることができる。アスピリンを服用することや熱いストーブに子供の手が近づかないようにすることには意義があるということ、そして、人生がたどる主な道筋の中では、我々を夢中にさせる様々な活動は、それぞれを正当化してくれるだけの意義をもたない活動からなる、逃れることのできない循環を構成しており、不可避的に不条理なのだということ、の両方を是認することは、結局のところ可能なのである。アスピリンが不条理なのではない。ただ、アスピリンを服用することは、実際に不条理である中心的パターンの一部ではない、というだけである。

カミュの他の不満に共感して耳を貸すのは難しい。もっともカミュが、状況によっては我々の誰にでも引き起こされる可能性のあるような、そして、状況によっては我々の一部には定期的に生み出されるような、ある種の気分を、どうすれば言語化できるかをよく知っているということは認めねばならない。カミュが「必要」として言及している、例えば、永遠に生きることや、科学が断片的な形で苦労して取り組んでいる自然の現象全体に対して全面的で明快な理解がもてることは、他の人にとって――実際にはほとんどの人にとって――なくて済む欲求であり、自らの人格的統一性を損なうことなく、証拠が示唆するのに応じて、諦めたり改変したりすることができるようなものである。

人生の不条理だと自分が理解するものに対して、カミュが奨める応答とはどのようなものだろうか。自殺してみてもそれは意義のないジェスチャーだ、と彼は言う。自己欺瞞は普通の解決法だ。しかし、慰めとなる神話を抱きしめることは、人の人格的統一性と整合しない。事実、カミュが見たような我々の本性の内に備わる渇望を、異質な宇宙による妥協なき拒絶と和解させる方法はない。実存主義的英雄は、自らの内に備わる不条理をひるむことなく認める。そして、自分がもつ不条理の意識を大切にし、自らの人格的統一性の証拠として不条理を永遠に生かし続けるのである。英雄は、物事が違うようでありうるという望みはもたずに、徹底的に生きて、よく死ぬ。それは、目の見えない人が、見ることへの欲望には望みがないと知りながら、それを放棄することができないようなものなのである[23]。必然的なものに対する反抗の内に自身の人格的統一性を達成し、反乱の内に自身の幸福を実現するのだ、とカミュは主張する。もしカミュがコロンビア河の鮭であったとしたら、彼は岩を乗り越え急流をのぼり、一番に卵の授精を成し遂げるであろう。しかも、その営為全体が不条理であるという確信をひと時も捨てることがない。その強情な嘲笑が彼に自分自身への深い満足を可能にする。魚が人間のようであれたら、の話だが。

カミュから離れる前に、不条理と自己充足とがどのように関係するのかについてのカミュの示唆を見ておくのは興味深い。仮に一体性や理解可能性、不死性を——逃れ難く——渇望することが、人間としての私の本性だとしよう。この時、カミュによれば、私の不条理を構成しているのは、私の本性＝自然と、私の自然がその一部でもある大きな世界との間の「分裂」であり、その世界は私の自然を、充足するのではなく挫折させる。この時極めて不条理なことに、私の自然は宇宙との調和の外にある。カミュの処方箋は、私は反抗的にその不条理を抱きしめて徹底的に生きるということだ。この処方箋は、たとえ不条理でもその本性＝自然の充足を試み、非協力的な宇宙に反抗せよ、という勧めに等しい。カミュは、完全な自己充足への手段として、自らの不条理、すなわち、より大きな自然と私の自然との間にある衝突を強く継続的に意識せよと勧めている、と解釈することができる。この考え方の中に、パラドックスの始まりを見ることができる。すなわち、それ自身と対立している本性＝自然を充足することは「充足」でありうるのだろうか。人は、挫折の中に自分の充足を、敗北の中に自分の勝利を見出すことができるのだろうか。

第三の理論つまりネーゲルの理論によれば、人間の条件の不条理は、我々が自身を見ることのできる二つのパースペクティブの間の衝突に由来する。一方は、自らの生を生き抜いている目的をもつ行為者のパースペクティブであり、他方は、我々が真剣に生きているまさにその生に対する私心なき観察者のパースペクティブである。人間だけが、一歩離れた非個人的なパースペクティブから自身を見て、自分の重要性のなさについてその観点からの判断を下すことができる。その一歩離れた仕方で実際に自らを見てみる時、とにかくも自分の生を追求する場合には受け入れざるを得ない通常の自分の生を見る仕方が、我々にとって不条理なものに見えるのである。ネズミも、人間がそれをするのと同じ真剣な日常的やり方で、自らの生を見ているが、「自分が単なる一匹のネズミにすぎないことを理解させてくれるような自己意識と自己超越の能力が欠けている」[24]ために、ネズミは不条理ではない。人類は、自らの個々の動物的本性が、漂流し衝動に反応するのを許すことによって、つまり可能な限りネズミのようになることによって、自らの生の不条理を（おそらく消すことはできないまでも）減らすことができる。しかし、これは「かなりの分裂性のコスト」[25]を伴うであろう。

他人の生が、その人本人にとって、あるいは鋭敏な観察者にとって、不条理に見えるようになる場合のあり方を説明しているだけなのに、まるで自分が、他人の生の不条理さに判定を下しているかのようにネーゲルが語る時、彼の話は混乱をまねくものになる。こうしてネーゲルが、不条理からの可能な「脱出」について語り、衝動のままに漂流して過ごす思慮のない人生は、その分裂性のコストにもかかわらず、もっと人間に特徴的な生に比べて不条理さが少ないと認める時、彼は、精神分析家がしばしば「罪」と「罪の感覚」とを同一視するのに似て、「不条理である」を「不条理に見える」の意味で使っている。ネズミ自身には手にすることのできない、想像上で拡張されたパースペクティブから我々が見るならば、ネズミの生は実際に不条理である。ネーゲルがネズミの不条理を、ネズミが超越的意識をもたないことに基づいて否定する時、彼は、ネズミの生がネズミにとって不条理に見えることはありえないのはなぜかを説明している。しかし、それにもかかわらずネズミの生は依然として、我々に不条理であるように見え、かつ現実にも不条理であることが可能である。要するにネーゲルは、少なくとも自身の議論のほとんどで、不条理な生における本質的な不一致を、自然で不可避の真剣さと、もっと高次のパースペクティブからする自身を意義のないものだとする自覚、というその生の主体を構成する二つの要素間の関係だと考えている。しかし人は、ネズミがそうであるように、この種の不一致を欠き、結果としてもっと一体化された意識を楽しむこともありうる。ただその意識は今度は、外界の現実、つまり不親切で異質な宇宙とは不一致になるのだが。ネーゲルは、主観的思い上がりと客観的現実との間の衝突について語る時、後者の不条理概念も使っている。この観念こそが、テイラーやカミュが、単なる表見上の不条理ではなく現実の不条理を判定する時に、使っているものである。本当に不条理であることと単に不条理に見えるだけであることとの区別は、すぐに別の区別も示唆する。それは、人の状況がもつ属性としての不条理と、その人のものの見方ないし自己評価における欠陥としての不条理との区別、簡潔に言えば、不条理な苦境と不条理な人物との区別である。もちろん、ある人が不条理な苦境の状態におかれているということから、その人が不条理な人物であるということは導かれない。なぜならその人は、自らの状況を埋め合わせるようなそれに対する洞察と態度を身につけていて、批判や嘲りが的外れになるかもしれないからである。テイラーによれば、様々な達成が長続きすることはなく、それ故、努力とその結果との間には必然的で客観的な不一致が存在するゆえに、我々の誰もが共有している人間の苦境は不条理である。カミュの場合も、秩序と理解可能性を切望する人間の内に備わる渇望に宇宙が抵抗し、そのため我々の必要と世界の無関心の間に根深い不調和があるゆえに、人間の苦境は不条理である。ネーゲルによれば、我々が自らの生に帰する重要性と、その重要性を正当化するあらゆる枠組みは本質的に疑わしいということとの間に、解決できない衝突があるゆえに、人間の苦境は不条理である。三人の論者すべてが、我々の人間的苦境の不条理は、「多かれ少なかれ」の問題ではなく、現にそうある状況と異なりうるような問題でもない、という点で同意している。個々人の不条理については別である。一部の人々はほかの人に比べて明らかに不条理で、彼等の信念と彼等の証拠、彼等の手段と彼等の目的、彼等の自負と本当の彼等の性格や状況、との間にはより大きな衝突がある。

人はまた——これは興味深い点である——、自らの置かれた状況に対する自分の評価とその状況の実際の性質との間に根本的な不一致がある場合にも、不条理である。もし人が、本当に不条理な苦境に置かれているのに、例えばもし、ある人の労働が、彼がそれをどうしようと選択しても、結局は何にもならないと決まっているのに、それでもその人が、頑固にその不条理を否定し、不適切な態度をとって無駄な望みを抱いているとしたら、その場合はその人自身が、少なからず不条理だということになる。それ故シーシュポスは、自らの苦境の不条理を正しく見積もり、現実主義に立って希望を捨て、「よし、続けるんだ」[26]という実存主義的精神で労働をクールに続け、そうすることで、ある種の尊厳と自尊を維持することによって、人としての不条理を回避するのである。しかしもし、シーシュポスがドン・キホーテのように、自分の労働は内在的な価値や重要性をもち世界秩序を維持するために不可欠だ、と独り言を言いそれを信じるような場合、彼が不条理になるのは確かである。実際我々は、その信念や評価、態度、自負が自分の苦境に適合する程度が異なるに応じて、人としての不条理または不条理でなさの程度が異なる、多数の可能的シーシュポスを想像することができる。とはいえ、これら想定上のシーシュポス達の状況は同じで、状況としてありうるだけ徹底的に不条理である。なぜなら、どのシーシュポスにとっても、それをどうしようと選んでみても彼は、とめどなく繰り返される、意義がなく非生産的な労働の循環に従事せねばならないのだから。

もしある人の生が全体として不可避的に不条理だとすれば、どうしてその人が不条理でないことがありうるだろう。自分に対してとる態度の一部は、不条理を回避する役には立たず、その人の置かれている状況自体が不条理で、その計画や営為に意義がない場合には、その態度の持主の人としての不条理を断然目立たせる。うぬぼれ、過剰なプライドや羞恥心、尊大な自己重要視、そして、十分な根拠があっても真剣すぎる自尊心でさえ、置かれている状況が活動の意義のなさや無益さを保証しているような人物にあっては、不条理である。例えば、シェリーのオジマンディアスについて考えてみよう。オジマンディアスは後代のために記念碑を立て、自らの子孫に命じて「汝ら強き者たちよ、我が偉勲を見よ、そして絶望せよ！」と書いた。宇宙的な時間で見ればほんの一瞬の後「二本の巨大な胴体なき石の足／沙漠に立ち…その近く、砂上に／半ば埋もれ崩れた顔転がる」[27]。古きオジマンディアス、自称「王たちの王」は、いかに不条理であったことか。著名な物理学者がノーベル賞に輝いた（そしてそれに値する）ことに対して際限ない自尊をもつとしたら、それもほとんど同じく不条理であろう。その物理学者が誇りにしたメダルが、次の千年期の砂漠で見つかったと考えよう。それを拾った人々の小学生の子供たちは、彼がもっていたものよりはるかに進んだ物理学の理解をもっているのだ。おそらく、少しばかりの本物の謙虚さは、どんな時でもどんな人にとっても徳である。しかし、不条理な状況に置かれた個人にとってそれは、彼の苦境の不条理が自身の人格をも巻き込まないために、不可欠である。

ここで、思い切って暫定的な結論を出してみよう。最初に結論できることは、どんな生にも不条理と特徴づけることが適切であるような要素が存在する、である。加えて、生全体が圧倒的に不条理だという場合もある。例えば、他に意義もないのに主に骨折れ仕事に費やされる生や、最優先の営みが、非協力的環境や自滅的戦略によって無益にされてしまったような生である。しかし、これ以上の結論、すなわち、人生それ自体が――それ故、個々の人生すべてが必然的に――不条理であるという結論に至る議論は、確信を抱かせるものではない。テイラー、そしておそらくカミュ（彼はテイラーほど明快ではないが）は、人間の条件の意義のなさ（意味のなさ）だと彼等が考えるものに心動かされており、これは、スーパーマーケットの循環と生物学的遡及からする論証からも支持される結論である。しかしこれらの議論は、意義のなさという概念の混乱のために、ひいき目に見ても結論にまで至っているとはいえない。我々が人生の中でなされる活動について語る際、なによりもまず、活動に明らかにそれ自体としての価値がない場合、例えば、岩の押し上げや穴掘りのようなただの骨折れ仕事に見える時、それらを意義がないと特徴づける。それから、与えられたただの骨折れ仕事の事例が、それに道具的価値や理解可能性を与えてくれるような、それ自体を超える更なる意義をもたなければ、その時そしてその時にのみ、我々はその事例を意義がないと呼ぶ。ある活動が意義ないし意味をまったくもたないのは、第一にその活動が、それ自体の価値をもたないということ、そしてその次に、それ以上の目的、すなわち、それの達成がその活動を説明し正当化するような目的ももたないということである。スーパーマーケットの循環や生物学的遡及は、活動を正当化する目的が決して全面的に実現しないと示すことに焦点をあてるが、このことが意義のなさの証明となるのは、人間のものであれ動物のものであれ、どんな活動もそれ自体は価値をもたないただの骨折れ仕事であるという場合のみである。活動の中には、それ自体が意義を担っているものがあり、この理由によってそれらは、予見される結果や実際の結果がどのようなものであったとしても、「無意義」ではないのである。大海で最大のサイズと力に成長し、交配場所である水域を目指して上流へと危険な猛進を始める準備ができている鮭の成魚は、これから鮭の実存、つまり鮭にとって「徹底的に生きること」に当たるもの、を楽しもうとしているのである。「鮭であるとはこういうことだ」、彼は喜びの中でそう宣言するかもしれない。このプロセスの中で彼はひどい目に遭うだろう。しかしもし彼に理性的推論ができたなら、傷つくリスクは本来の報酬によって正当化される、という結論を出すことも十分ありうる。そして彼は、最初の試合に臨む若きフットボールプレイヤーのように、事前の興奮で生き生きしているであろう。

テイラーは、意義をもたないという意味で、人生は不条理であると主張するが、「意義あるもの」の観念を時間的に当該の生より後に起こる事態に限定し、その事態の達成が、それを生み出した、または、成否はともかく少なくともそうすることを意図している、生へと手段的な価値を与え戻す、とする。しかし、その人の生の外ないし後にはこのような「意義」はないかもしれないが、それにもかかわらず、彼の生にはそれ自体の意義があるかもしれない——実際彼の生は、それ自体がそれの意義であるかもしれない。充足された生は、不条理（テイラーの意味で無意義）であるかもしれないが、それでも、充足は生の意義であるがゆえに、真に意義なきものではない。この二番目の種類の「意義」は、時間を逆行する方向に目を向け、先行する傾向性のような、何らかの予期されていた条件と適合するゆえに、存在するのである。対照的に最初の種類の「意義」を生み出す行為は、その行為自体の終わりを超えて時間的に先の方向に、そして永続する達成物を生み出すことに、目を向けている。この意味においては、鮭の英雄詩にはほとんど意義はない。しかし、その英雄詩が――実際そうであることが明らかなように――鮭の本性のもつ根本的で生得的な傾向性を吐露している場合には、それでもそれは不条理から免れているであろう。

III　自己充足の概念

自己充足に関しては、プラトン、アリストテレス、ルソー、ヘーゲルといった哲学者たちの著作に結びつけられる様々なテクニカルな概念が存在し、その歴史は、西洋哲学の最初期にまで遡り、東洋思想においても同様に重視されてきた。また、例えば人々が、ある種の生またはある種の結婚、趣味、経歴は、より充足的であるがゆえに好ましい、と言う時のように、多分思想的な概念よりは明快さも言語化可能性も少ないが、日常的な思考の一部となっているような、自己充足の概念が、一つまたはそれ以上、存在するように思われる。

日常的な自己充足の概念を適用するについて、人々は様々な状況で、四つの異なったモデルを使用して理解しているように思われる。最初のモデルでは、充足とは単に**なんであれ**先行の条件に対して応えることである。それが自分自身のものであれ他人のものであれ、約束、望み、期待、欲求、要請、等々に応えるということである。二番目は、「満たすこと、満ちていること」である。三番目は、二番目の逆、すなわち、空にすること、巻き戻すこと、荷を降ろす（発揮する）こと、縛りをほどくこと、つまり、人生という自分のコップを一滴残さず飲み尽くすことである。これらの身近なモデルは、それぞれに理解を導く（ないし不明瞭にする）メタファーを伴っている。しかしながら、より「哲学的」だとされており、我々のここでの目的にとってもより重要なのは、四番目のモデル、つまり「自然に来ることをする」というモデルである。このモデルは、それ自体をその人の「本性＝自然」がもつ基本的な複数の傾向性に限定し、傾向性間に違いや対立がある場合には、「より高い」または「より善い」傾向性に限定する。さらに、このモデルでの充足は、我々の基本的な傾向性を単に発揮することだけでなく、それを成熟させ、より完全なものにすることでもある。そして最後に、このように解釈された充足とは、「自身の潜在的可能性を現実にすること」だとしばしば言われる。ここで「潜在的可能性」の語は、人がもつ一定の種類の活動に従事する基本的本性的な傾向を指すだけでなく、技能や力量を獲得し、それらの能力を効果的に使い、それによって達成をなすために人がもつ能力をも指す。人が「自身の潜在的可能性を現実化する」ことに失敗する以上、三番目のモデルでもこのモデルでも、その人の生は「浪費された」と考えられる。

この自己充足についての理解は、有益であるには大いに抽象的にすぎるので、アリストテレス以来、それに形を与えようと試みてきた哲学者たちに突きつけられた挑戦は主に、これを具体化することにあった。人がするほとんどすべてのことは、その種の環境の下でまさにそのように行動するという、前もって存在する傾向性を充足すること、ないし、未来にそのように行動するという習慣を植えつけるか強化することだ、と言える。それ故、ほとんどどんな行為であっても、本性的な傾向の発揮、つまりそれをするのがその人の本性であるようなことをしている、と言うことができる。もっと曖昧な日常的概念からテクニカルな自己充足の概念を造形した哲学者たちの大部分は、その概念に「人にとっての善」の定義の中で決定的な役割を与えた。そのために、彼等のほとんどは、客観的な道徳性の基準を冒す行為あるいは他の仕方で根本的に欠陥のある行為を、自己充足としては除外するところから、具体化の仕事を始めたのである。もしある人が、生涯にわたって獲得、強化されてきた財布を盗むという悪い習慣をもっていたとしたら、その場合、財布を盗むという所与の一行為は、彼の（悪い）性格を構成する基本的な傾向の一つを充足するものではあるが、自己充足として数えることは許されない。同じ種類の裁定が、生来の傾向の発揮である悪なる行為を除外した。例えば、

「生まれつき」短気だったり頭に血が上りやすかったり攻撃的だったりする人が行う、怒りの長広舌や物理的な攻撃である。このような恣意的な除外は、常識に衝撃を与えるものではないが、少なくとも日常的な捉え方では実際、次のように言うことにも同じだけの正当性があるように思われる。つまり、一定の種類の自己が充足されるのは悪いことであるかもしれないが、「邪悪な」基礎的傾向の発揮も、いずれにせよ充足であり、そう呼ぶのが適切であることに変わりはない、と。

また、偉大なる伝統に属する哲学者の一部は、我々に共通の人間本性を定義するような傾向性を充足する活動に特別の重要性を与えるために、自己充足に関する自らの概念から、個人に特有の傾向性を充足する活動を排除した。もちろん、「人の本性（a person' s nature）」という言葉はあいまいである。この語は、その人がすべての人類と、そして人類とだけ共有する本性、いわば彼の「種的本性」、つまり彼を、彼が属する種にクラス分けできるようにする本性、を指示する場合もある。しかし、彼に固有の本性、彼の「個人的本性」、つまり、彼の種に属する他の個人全員から彼を区別するような特性を指示する場合もある。私がもつ種的本性の中には、他のものと共に直立歩行することや言葉を話す[28]傾向が含まれる。一方、私の個人的本性の一部には、哲学への興味、会議での時間厳守、数学での鈍さ、とても疲れている時や空腹時に怒りっぽくなる、といったことがある。私を特徴づけてはいるがすべての人を特徴づけているわけではないような私の特性の中には、弱く一時的な習慣であって支配的な傾向ではないか、あるいは（考え事をする時に頭を掻くという私の習慣のように）些末なものだという理由から、私の個人的本性の一部だと考えられないものもある。私の個人的本性は部分的には獲得されたものである。一方、私の種的本性はすべて遺伝に由来するものである。私はそれらをすでに「装填され撃鉄を起こされた状態で」生まれてきたのである。充足に関して、我々の種的本性に特別の意義を見出す哲学者たちは、生物学的な比喩と機械的な比喩に多く依拠する傾向がある。充足された生では、我々のあらかじめプログラムされた様々な潜在性が、バラの一枚一枚の花びらのようにそれぞれの決まった時に「開いてゆき」、最後にその植物に完全に花がつき「開花する」のだ。それから、同じように自然に徐々に枯れて死んでいく。この植物の生は少なくとも充足したものであった。最初の植物にごく似た別の植物が、霜に見舞われて蕾みのうちに枯れ、潜在する自然によって決められた「自身の善」を達成しない。これは、まさに悲劇的な浪費の典型である。ジョン・スチュワート・ミルは、個人のではなく、人間それ自体の「特有の才能」である性質に言及する。「知覚、判断、違いを見分ける感覚、精神活動、道徳的選好さえ含む、様々の人間の能力」[29]、これらが、成長や開花がバラの本性に対してもつのと同じ関係を人間の本性に対してもつものと理解されている。

しかし、個人的本性をその人の自己充足の概念から除外するのは、間違いである（そして、常識的な考えからも外れている）と私は思う。たとえ我々が哲人たちから、種としての人間本性を開かせるように常に行為せよ、と言われたとしても、明確な指示が与えられたとはまったくいえない。任意の数の代替的生が、人間の種的本性を同じだけよく充足するかもしれないが、それでも、その中の一部は、至極普通の理解可能な意味で、他のものと比べてずっと「充足的だ」と思われるだろう。ウィリアム・ジェームズはこの点を上手く表現している。

> 私はしばしば、いくつもある私の経験的自我の中の一つを助けて、残りの自我を放棄しなければならない必要に迫られる。もしできることなら私は、ハンサムなのと肉付きがよく立派な服装をしているのとの両方で、偉大なスポーツマンで、年に百万ドルの収入があり、機知に富み、食通で、レディーキラーであるとともにまた、哲学者で、慈善家で、政治家で、将軍で、アフリカ探検家でありまた、「トーン・ポエムの作曲家」で、聖者でもありたい、と思わないわけではない。ただ問題は、それが不可能だというだけである。百万長者の仕事は聖者の仕事と衝突するだろうし、美食家と慈善家とは互いに妨げあい、哲学者とレディーキラーは同じ魂の家の中でうまく同居できないだろう。このような異なった多くの性格が、一人の男にとって、おそらく人生の出発点においては同じように可能であったかもしれないと考えることもできる。しかしそれらの内の一つを現実のものにするためには、

残りのものを多かれ少なかれ抑圧しなければならない[30]。

ジェームズが辿れたかもしれないキャリアはすべて、彼の人間本性を同等に充足するかもしれない。このことは、様々に異なる色の花を咲かせることがすべて、同等にバラの種的本性を充足することに似ている。しかし、バラは自らの個の特性を選ぶことはできないが､人は一定の選択ができる｡ジェームズの生の中のあるもの（まずはおそらく哲学的人生）は、他のものと比べてより充足的であるだろうから、それをそうするのは、まさにウィリアム・ジェームズとしての彼の個人的本性でなければならない。もしジェームズが可能性のリストに、「世捨て修道士」や「オペラのバッソ・プロフォンド〔最低音域の男声歌手〕」、「脳外科医」、「新兵教練指導官」を加えていたとしたら、要点がさらにもっと明らかになったであろう。誰にとっても、これらのキャリアのあるものが他のものより、自分のもつ生来の素質や遺伝的気質、本性的な傾向とより密接に調和するのは明らかである。もし人が充足を求めるなら､いかにしてこれらの中から一つを選ぶのか。もちろん､｢自らを知ること」によってであって、単に、人間であれば誰でもがもつ定義的な特性をよく知ることによってではない。たしかに、選択を行うこと自体は人間に特徴的な行為であり、知覚や違いを見分けること、洞察力等々のようなミルがリストアップしている種的な人間の特性のすべてを働かせる必要がある。しかし、これらの特性を効果的にうまく働かせ、それによって自分の種的な人間本性を開かせるためには、それまでに形成された個人的特性をまず知って、それに最もよく適合する決定を下さなくてはならない。ミルが最後に使うお気に入りの比喩は、実に、靴が足に合うように生が個人的本性に合う、というものである。「人は上着や靴を、オーダーメードにするか倉庫にいっぱいある中から選ぶのでないかぎり、自分にぴったりのものは得られない。それなのに、人を人生に合わせる方がコートに合わせるより容易だとでもいうのか。」[31]

ある人物の個人的な本性のいくつかは、生まれつきのものである。例えば、素質や遺伝的傾向性、体力と我々が呼ぶものの多くである。それ故充足的な生は、これら生まれつきの資質に「合う」ものである。しかし、年を取るにつれて我々は、生まれつきの基盤の上に積み重ねて自らの本性を作りあげていく。部分的には自らの受け継いだ気質や才能の故に我々は、趣味や習慣、興味、価値を発展させ始める。我々は、自らの素質から自然と成長する技術を伸ばし、上達するにつれて、それをより楽しみ、もっとそれを練習し、さらに上達する。一方で、自分の技術が上手く活かせないことは避けがちになり、その能力は衰え弱まって結実せずに終わる[32]。こうして、我々が選ぶキャリアは、労働者であれ演奏家であれ愛する人であれ、すくなくとも、自己創発の各段階が、自らの生まれつきの素質の向く方向へとその前の段階から自然に育ったものである限りで、よく形成された個人的本性と適合するものであるはずである。

人の種的本性の充足と個人的本性の充足は相互に関係し、依存し合っているという点をさらに強調しなければならない。『自由論』の中でミルが、種としての人間性がもつ「特異な才能」の充足を強調している一節は、皮肉なことに、「福利の要素の一つとしての個人性」というタイトルがついた章に出てくるのであって、ミルはその章のどこでも、人間本性をもち出すことなしに、個人性について長く議論することはできないし、逆についても同じである。ミルの見解は明らかに、それぞれの人が自分で考え決定し、自分以外の全他人に盲目的に従うのではない、ということが種的な人間本性にとって本質的である、というものであり、そのため、人類が共有する能力を育てる際に、個々の人は同時に、彼自身の特異な個人性を促進することになる、ということであった。盲目的に習慣に流されたり別の人の選択に受動的に従ったりせずに、自らの個人的本性に合うキャリアを選ぶなら、私は、思考し選択する者として自らの種的本性を実践したことになり、それは同時に、興味と気質に関して固有のプロフィールをもつ一人の人物としての自らの個人的本性の充足を助長したことになる。

種的本性と個人的本性との区別は、目的によっては有用かもしれないが、曖昧であり境界線がぼやけている。この点は、テイラーのシーシュポスが陥っている苦境に立ち戻ることで理解できる。神々がシーシュポスに手を加えねばならなかった範囲がどうだったかによって、彼は、基本的な人間本性の上に新しい個人的本性を接ぎ木されたか、それとも、新しい（それ故人間以外の）

種的本性がインストールされたかのいずれかである。もし前者だというなら我々は、シーシュポスのもつ無限に岩を押し上げる傾向はただの個人的な奇癖であり、彼と人間本性を共有する他の人物はただ偶然それをもたないだけだ、と考えなければならない。もし後者だというなら、シーシュポスの個人的本性と種的本性は一致することになる。なぜなら、シーシュポスは今や一つの種に属する存在であり、新しい彼の種の唯一のメンバーであるからだ。これほど特異的な岩を押し上げる本能は、人間本性と通常考えられているものからの大きな離脱であり、他の人間の誰とも共有されていないがゆえに、シーシュポスは新しい種的本性、つまり人間のではなく疑似人間のそれをもち、彼は、今やホモサピエンス・ジオペトリス――知恵ある岩押し――という、生物学的種の唯一のメンバーだ、と言うことにも意義があるだろう。あるいは、新しいシーシュポスは我々の古い分類に対するボーダーライン・事例だと考える方が、それよりさらに妥当かもしれない。種が固定されているという信用を失っている教説にしがみつくのでないなら我々は単純に、シーシュポスの種的本性が変化したのかどうかという問には唯一の正しい答えはなく、この問を解くについて利便性と収まりのよさへの考慮がもつ重要性は、どんな事実についての問がもつそれとも同じだ、と断言すればよいのである。

さらに我々は、テイラーの事例を肉付するためにそこからくじ引きするかもしれない、仮定上のシーシュポスたちの可能範囲全体を残さず考慮する時、「本性」概念が、種的なものにしろ個人的なものにしろ、いかに曖昧であるかに衝撃を受ける。シーシュポスの本性（ないし、他の誰の本性であっても）の中にあるものは、彼の（乱雑な）クローゼットやパーティ福袋の中にあるものに似て、素質や関心から中毒的衝動に至るまで、あらゆるものを含んでいる。テイラーの主題が奏でうるすべての変奏を考えてみよう。神々はシーシュポスに、岩押しへの**生理的欲求**を与えたとする。それは、他の人々の食欲や「性衝動」に似て、規則的で頻繁な要求を彼に出すが、そのサイクルにおいて、標準的なサイズの岩をシーシュポスの割り当てられた山の上へ押し上げ、山のふもとに再びもどるのに必要な時間に対応している。シーシュポスは労働が一巡するたびに叫ぶかもしれない。「神々よ！押し上げるための素晴らしい大岩を私がどれだけ渇望していることか。」すると、親切な神々は彼のために、ピンボール機で出てくる次の球のように、いつも岩を準備してやる。それとも神々は彼のために、ピアノ演奏やテニス、チェスの才能のような、特異な岩押しの才能をデザインしたかもしれない。新たなシーシュポスは、永遠の若者としてはじめからやり直すのだが、最初からまぎれもない岩押しの神童である。彼は、楽しんで自らの技能を訓練するようになり、常に新たな自分への挑戦を行う。彼は、右手で、次は左手で、次は手を使わないで、次は目隠しをして、次は一度に二つ、次は頂上までずっと三つの岩をジャグリングして、岩を運ぶ。自らの記録を更新したり、次の機会には同じ記録を、ギリシャ風のダンスを踊りながら出したりできるように、熱心に次の岩を取りに戻る。あるいは神々は、岩押しの本能を植えつけることによって自分たちの用を足すかもしれない。その結果シーシュポスは、（稀な反省的瞬間を除き、その場合でも、肩をすくめるだけで仕事を続けるのだが）余計なことを考えることなく、せっせと自分の雑用に取り組む。その仕事は彼にとって、我々にとっての言語使用や直立歩行、ビーバーにとってのダム作り、チンパンジーにとってのバナナの皮むきと同じほど、自然で注目に値しないものである。それとも（もしかするとこちらの方が妥当かもしれないが）神々は、岩押しが、それに対するありうる多くの充足法の中の一つに過ぎないような、衝動またはより一般的な性癖を植えつける。もしそうする機会しかなかったならばシーシュポスは、丸太やビニール袋、鉄棒を運んだり、物を引っ張り、もち上げ、運び、投げるなどし、または、流れに逆って泳ぎながら物を押し上げたり、建築作業の際にするように、物を相互に積み上げ、つるし、くぎ打ちする、などこの種のことを、等しく自らの本性に備わっていることと見なすだろう。しかし、山に岩を押し上げることは、物理的な対象を動かし操作することへの衝動の充足として、他の活動と同じだけ用を足すので、彼は岩押しを与えてくれたことについて神々に感謝することができる。それとも神々は、テイラー自身が示唆した方法を使い、一つ一つのトリップ〔陶酔期〕の後で（例えば）シーシュポスの腕に注射して、次の中毒性の注射によって救われるためにもう一度岩を押し上げたい、という「強迫的衝動」を彼に感じさせることもできる。このやり方では神々が、他の場合より忙しいが、神々は代わりにこの仕事を、適切な間隔でシーシュポスの血流中に必要な物質を分泌するよう時間設定された体内の腺にさせることもできる。最後の設定には巧妙なところがある。というのも、山のふもとで打たれた「注射」は、山に岩を押し上げたいという衝動を作りだすとともに、注射の最初の効果がなくなった時には、新たな注射によって更新してほしがるという中毒的な必要性も創り出し、これが無限に続くからである。

神々がシーシュポスに与えたものが、岩を押し上げるというただの生理的欲求であるなら、シーシュポスは岩を押し上げる無限に続く生の中で、結局のところ自己充足を見出すことができないかもしれない。それは、我々に必要な食糧をすべて与えるが他のものは何も与えない人生に、我々の内の一人が充足されないかもしれないのと同じである。シーシュポスには、規則的に生理的欲求が満たされるという満足が定期的におとずれ、それはたしかに彼に一定の利益にはなるものの、彼の本性の最も深いところにある切望は永遠に拒絶されるであろう。まったく同じことは、神々が、岩を押し上げる欲求を創り出す物質に対してシーシュポスを化学的に中毒にする場合にも、また、神々が、それまでの自分との同一性を保つためには彼が保持し続けなければならない人間の本能とはかみ合わず統合できないような、超人間的な岩を押す本能を彼の中に植え込む場合にも、言うことができる。シーシュポス的な自己充足の話をもっともらしいものにする最善のモデルはおそらく、神々が彼に、その後永遠に訓練し誇りにすることのできるような岩運びの才能を授ける、というものだろう。このような才能が与えられれば彼は、他の者が熟練のチェロ演奏や家具製作の生に自己充足を見出すのと同じように、自らの名人芸を磨くことを通して自己充足を見出すことができる。

自己充足の概念把握はどんなものも、充足が程度問題であることを許さないかぎり、あまり意味をなさない。我々は人生を、数多くの潜在的なキャリアとともに始める。それらのキャリアのうち、いくつかは他と比べれて生まれつきの素質に合うだろうが、人生をかけてそれ以外のものを追い求めても、相当の充足へと導かれるので、その結果、それらのうちの*どの一つ*をとっても、それの追求は充足された生にとって不可欠なわけではない。親切で優しい女性を想像してみよう。彼女は本性上、親になるための能力を立派に備えており、本人も少女時代をとおして、自らを潜在的な母親としてとらえていた。彼女は結婚し不妊だと分かる。もし妊娠できていたとしたら彼女は、ほぼフルタイムの母親として送る長い生涯の内に、充足を達成したことだろう。今では、子供なしで彼女の生が充足されることは不可能なのだろうか。明らかにそうではない。なぜなら、彼女が「立派に備えて」いる母親になるための特性は、他の多くの役割を担う適性を少なからず彼女に付与し、充足された生が、ソーシャルワークから学校教育[33]に至るまで、そのどの一つからでも、さらに、詩作やバスケット編みのような独立した特定の素質に基づくキャリアからでさえ、生じうるからである。一番の野心が押しつぶされて彼女は失望するだろうし、生涯その後悔は残るだろう。しかし、ほとんどの人生においてある程度は実際にそうであるように、失望と充足とは、大した摩擦なく共存できるのである。それ故、我々は各々、自分の中に多くの紛れもない個人的可能性をもっており、（ある程度の）充足のためには、そのうちの（少なくとも）数個で十分であるが、そのうちのどれ一つとして必要不可欠ではないのである。しかし、最も充足的な可能性とは、自らの潜在的な才能や興味、当初の性向に最も合うそれであり、そして、（その人が意識している欲求や定式化された希望と単純に対置される意味での）展開しつつある自己についての理想を伴うそれである。

充足された人生の中には、全体にわたって一つの支配的主旋律をもった比較的モノクロのものがある一方、様々に異なるカラーをもち、調和の内にオーケストラをなす複数の主旋律が等しく声部を奏でるものもある。これらの生はすべて、その割り振られた自然な年月が活力ある活動で満ちているかぎりで、充足に近づく。もしそれらが、プログラムされた成長と衰弱のすべての段階を通して、もがきと奮闘、達成と気高い失敗、満足と挫折、友情と敵対、無理強いとくつろぎ、真剣さと遊び心、に満ちた長い生涯であるかぎり、それらの生が充足されたものとなるために、「成功」や「勝利」、結局のところ満足のゆくものであることさえ、必要ではないのである。何よりも重要なことは、一つの充足された人生とは、計画する、デザインする、混乱の中から秩序をランダムさの中からシステムを作り出す、建設する、修復する、再建する、創造する、目的を追求する、問題を解決する、ような生である、ということである。未来に注意を向け、そのコースを変え、最も よい状況にする。

これらは動物としての人間の種的本性である。もし自分の家が壊れ、街が瓦礫と化し、自然災害が通過したとしたら、はじめからやり直し、一歩から再建するのが、人間の性向である。あきらめと絶望の中に「充足」はないのである。

それ故、シーシュポスがやはりすごく人間らしいと思えるのは、彼が再び荷物をかついで山を登り始める時である。しかし、彼の状況が神々によって硬直的に決められており、シーシュポスに自分で手段を選んだり戦略をたてたり問題を解いたりする行動の自由が許されていないかぎり、彼の生が主導的な人間の傾向を充足することはない。もしシーシュポスが、このような裁量的活動がなくとも自分の本性を充足できるのであれば、その場合には彼は実際に、何か別の種の本性を獲得したのである。

ここまで長々と論じてきたシーシュポスの神話のどのバージョンでも、神々はシーシュポスに、それを上手くこなすために彼の特段の判断や創意工夫を要求しない非常に特化された仕事を割り当てていた。神々は彼に、責任を負わせるというより、義務を課したのである[34]。彼は何度も繰り返すべき機械的な仕事、ラバのような男のためのラバのような仕事、を与えられており、彼の仕事は、なぜいかに、を答うことではなく、それを進めることである。しかしここで神々がシーシュポスに、永久に続く複雑な工学的問題を割り当て、その解決を彼に任せると想定しよう。岩をどうにかして山の頂上に運ばねばならず、失敗の言い訳は許されない。「どうにかしてそれをそこへ運び上げよ」と神々は言う。「方法は任せる。実験と発明は自由にしてよい。お前がその途中でする成功と失敗を記録しておき、コストについて我々に説明する準備をしておくように。お前は自分の助手を雇うことができる。彼等の仕事の結果に責任を負う用意があるかぎりお前は、一定のしっかりと決められた限界内で、彼等に命令を与える権限をもつ。さあ、幸運を祈るぞ」。もしその後のシーシュポスの作業が充足的なものであるなら、それは人間に特徴的な仕方でそうなるのである。彼の個人的本性は、彼の生まれつきの性向に合い、最大限彼の受け継いだ才能と気質を生かすとともに、彼のもっと特有の個人的傾向、例えば、岩に対する特別の（多分神々の贈り物でもある）愛着にも合っている生（それはとめどもなく意義もないのかもしれないが）によって充足されるであろう。

Ⅳ　なぜ自己充足が問題なのか

多分疎外的な仕事と、「合わない」環境が産み出した結果として、自我が矮小化され発達が妨げられているにもかかわらず、つまらない職業、現実逃避的な文学、薬、酒、テレビに、定食的な満足を見出している人がいたとしよう。この人が充足されていないことは、なぜ「問題」なのだろうか。問の向きを逆にして、ある人の生が、より長いパースペクティブから見れば、我々には貝の生と同じほど不条理であるように見える時に、その人物が充足を見出すことは、なぜ「問題」なのだろうか。

最初に、実質的に充足されない生とはどんなものかを考えてみよう。人は、自らを支配する一群の傾向性とともに生まれ、その傾向性が、一定の種類に属する存在として彼を他の者たちとともに歩みはじめさせる。二十年の間彼は、自らの生来の傾向を拡張し完成させながら成長、成熟してゆき、そうして、それらが集まってこれまで存在したどんな他の者からも彼を区別し、彼の個人的本性を構成するような、様々な才能と個人的特性からなるあるプロフィールをもった、完全に唯一の存在となる。もしかすると彼は、時にはこの自らの「本性」がかなり不条理であることを理解することができるかもしれない。彼のできる最良で最上のことが、チェスや卓球をし、自分と興味が同じ他者と付き合うことである、と想像しよう。彼はこれらの追求を、自らの生の中の他の何よりも重要だと考えている。しかし彼は、これらが結局は単なるゲームであり、何ら宇宙的意義はなく、無関心な宇宙にとっても、後代にとっても、歴史にとっても、その他人間たちが大言壮語的な気分の時に意義を測る抽象的な法廷のどれにとっても、関心をひくものでないことを知っている。そのくせ、不条理ではあるけれども、それは彼の本性であり、彼がもっている唯一のものであるから、彼はどうにかしてそれを最大限生かし、その本性を構成している主要な才能群を追い求めることの中に自らの善を求めなければならない。結局彼は、自分のもの以外に、誰の本性を充足しようとできるのか。他のどこに、自らの善が見出されうると考えられるだろうか。自分自身の本性の選択は、彼のすべきことではない。なぜならそれでは、選択する自我が、その選択を決める自分の本性をすでにもっていることを前提することになってしまうからである。しかし、自らが良かれ悪しかれ分離不可能な形でそれと一体化されている本性を所与とすれば、彼はその本性の中に発見される道筋を進まなくてはならないし、自分の本性がすでにその方向に傾いている目標と自らの善とを同一視しなければならない。

さて、ここで彼が、浅はかさや軽率さ、あるいは無謀さからそれを台無しにしたと想定しよう。あるいは、世界がその機会を取り上げるとか、雷が落ちて彼の潜在性を現実化するには決定的に能力が奪われてしまったと想像しよう。それでも彼には減退した意識にとっての楽しみ、つまり鎮痛剤やテレビ番組、マンガやクロスワードパズル、が残っているが、彼の最も深い本性は永遠に充足されないままであろう。我々は、この本性について考えよう。その本性は、それ特有の衝動や才能の基礎にあり、その独自の複雑な性格を形作っている、手の込んだ神経化学的機構を伴っていたが、多くは使用されないまま浪費され、ダメになった。ねじをいっぱいに巻かれているのに、それらは決して発揮されることもねじがほどけることもない。対照的に、充足の人生は、自身のものをするための傾向と装備を備えて生まれてきて、それから、浪費や障害や摩擦なしにそのものをすることで自分自身を使い切るような人生として、我々の感動を呼ぶのである。

誰かの本性が充足されないままに残る時、それは、悪いこと、客観的に遺憾な事実だという強い印象を我々に与える可能性が高い。あるいは我々は、その本性の没頭の対象が、実際はいかに不条理かを理解するに至る時、この判断を撤回するか、修正するかしたいと思うこともあるだろう。しかし、それを自分の本性としてもつ自我の観点からすれば非充足は、何か否定的だが修正可能な「価値判断」の中で低く評価されるような悪いまたは遺憾なこと、以上のことである。非充足は、最終的な得失勘定の中に出てくるすべてのこと、考慮されるすべてのことであるかもしれないし、そうでないかもしれない。しかし、問題になっている個人の観点からは、非充足は、自分の宇宙全体の崩壊、自身の善の最終的な否定を画するものである。「善い」という語が、評価の述語として使われる場合と、「ある人自身の善」という高尚な句の中で哲学者が使う場合とでは、用法に天地の相違がある。私の善は、私のものとして固有の何ものかであり、私の本性のみによって、特に、その中でも最も力のある動向や趨勢によって決定される。私にとってそれ以外の善いもの（つまり私の利益になるもの）はどんなものであれ、私の善、私の最も強く安定した傾向の実現に寄与するから、善いのである。人がその善を、他の観点から他の基準を用いて判定したり評価したりすることは可能であり、その結果下される判断には「善い」、「悪い」、「どちらともいえない」といった語が使われるだろう。私の善が達成されること、あるいは、特定のやり方や特定の犠牲を払って達成されることは、善いことでないかもしれない。しかし、外在的観点から判断した時に私の善がそれ自体「善い」のかどうかは、**私の善とは何か**という問にとって論理的に無関係なのである。私の非充足は、他者の判断では、いや自分自身の判断でも、「すべてを考量すれば悪いこと」ではないかもしれない。私の非充足は、「客観的に残念」であったり、悲劇的であったりはしないかもしれない。しかし私の非充足は、たとえ他のすべての測定点からして善いことであったとしても、**私の善**ではありえないのである。

私の善は充足にあるということは、もしかすると必ずしも自明でないかもしれない。快楽主義者の一人は、私の善が得失勘定において快の経験が不快な経験を上回ることにある、とする立場を擁護する一方で、私の本性のもつ基本的な傾向性が快を追い求めることにあるという点を否定し、その結果、快の経験そのものが充足的であることを否定するかもしれない。私はこのような英雄的（かつ孤独）な哲学者を論駁することができない。しかし私は、人間の不条理という事実にあまりに重きをおく哲学者に反対して、もし私の善が充足にあるのなら、それは、他の誰かのではなく**私の**本性の充足であらねばならない、と主張したい。私の本性が風変わりで、不条理で、笑えるもので、些末で、宇宙的には意義のないものであることは、問題ではない。好むと好まざるとにかかわらず、あるがままでそれが私の本性なのだ。その者の善が問題になるところの自我とは、私がそれであるところの自我なのであり、私がそれであったかもしれない何か他の自我ではないのである。この点でもし選べたのであれば私は、ウィリアム・ジェームズやジョン・F・ケネディー、マイケル・ジョーダンがもつ本性（すなわち潜在的可能性）をもって生まれることを望んだかもしれないが、私は、その充足が私の善を構成することになる唯一の本性が自分の本性であることを嘆いて、自分のすべての日々を過ごすわけにはいかないのである。

自己充足に欠くことができないものは、一定量の澄んだ瞳をもち欺瞞を被っていない自己愛である。すぐ前に私は、「あるがままの」、「好むと好まざるとにかかわらない」自身の本性について述べた。この語句は、結婚の儀式と、それが想定している、条件や留保をつけることのない誠実さと献身としての夫婦愛のとらえ方を思い出させる。どんな愛する人に対しても、全面的に無条件の献身を求めるのはやりすぎだろうが、広い限界範囲の内側で、他者に対する様々な種類の人間愛は大いに無条件的な性格をもっている。例えば、グレゴリー・ブラストスは、親の愛について分かりやすく書き表している。「取り柄の変動に直面した時の愛情の不変さは、親がその子を実際に愛しているのかどうかの最も確かなテストの一つである。」[35]取り柄を様々にどう判定するかは、このように解釈された愛とは無関係である。子供の失敗は、たとえ道徳的な失敗であっても、親の希望を砕くかもしれないが、その誠実さや愛情を少しも弱めることはない。親は、ある子供を別の子供より褒めたり、（「楽しいと感じる」という意味で）好んだりするかもしれないし、一方を他方より優れていると判定するかもしれないが、極端な事例を除けば、このような取り柄への応答とともに揺れ動くことがないということが、親の愛の必要条件なのである。

安定した人であれば誰でも自身に対する愛があり、その愛は、先の事例と同様に、一定しており、知覚される長所や欠点から独立であるだろう。私は自分自身を、体型、知性、才能、そして性格についてさえも、（現実主義的に）非常に低く点をつけることがあり、実際、私は自分の個人的な本性そのものにさえ欠陥があると考えることもある。しかし一方で自身に対して、不動に誠実で愛情豊かであり続ける。賢者は、それ以上でも以下でもなく、正確に事実が要求する程度に応じた自尊心をもつべきだ、と言ったアリストテレスの言葉は的を射ている。しかし、自尊心は自己愛ではない。私は、自分の本性が課した限界の範囲で自己研鑽に励む時でさえ、謝罪や後悔もなく、自分の本性を所与のものと受け入れる時、自身に対する自己愛をもっている。私の自我と私とは、一様にすべてのことを共有しながら、いっしょに多くのことをくぐり抜けてきた。私が彼を支える限り、彼が私を失望させることはなかった。私は彼を叱ったこともあるが、決して彼の本性を呪うことはなかった。彼には間違いなく欠点があるし、ひどくそうなのだが、その短所が露わになる時、私は優しく寛大に微笑むのである。彼のへまは、彼の本性をもつ誰からでも人が予想するようなものである。人は、これほど極めて近しくしてきた存在を憎むようにはなれない。「好むと好まざるとにかかわらず」この男に依存してきたすべての年月の後で、どうやって別の自我とうまくやりはじめられるのか、実際私は知らないのである。このようにして、自己同一性は一種の取り決めによる（見合い）結婚だと考えることができる（私は、私になるはずの自我を選択したわけではない）。その見合い結婚は、安定した人の中では、真実の愛へと成熟するが、不安定な人の中では、腐って恨みと自滅へと至る。人の自己愛の最も真なる表現は、自身の善に対する献身であり、それは、自身の（他の誰のというのか？）――不条理かもしれない――本性の充足である。

V　宇宙的態度への批判

一部の生は、明白で議論の余地なく不条理である。さらなる目的もなく隠喩的な岩を繰り返し動かして過ごす生や、隠喩的な風車と戦って過ごす生は、その適例である。別の生は、達成と意匠にあふれている。この種の生では、複数の中間的目的がそれらを達成するための手段である営みに意味を与え、それらの目的は今度は、それらが促進するより究極的な諸目的によって意義を与えられる。しかし、**唯一の**究極的な目的というものはない。というのも、もっとも一般的な目的群もそれら自体が他の多様な目的の手段であり、すべてがいっしょに結びついて、入り組んでいて調和している目的の網の目になっているからである。自身の構成部分に寄与することを除いて、その網の目全体に目的は存在しないかもしれない。しかし、それぞれの構成要素は一つの場所を与えられ、網の目全体が自分の生であるその人にとって、意義を立証する重要性をもつ。このような生は、相対的に言って、不条理ではない。不条理の程度によって人生を区別すること、そして、その区別を目立たせ強調することにさえ、重要な実践的意義があることは疑いえない。（マルクスによる疎外の教説は、そのような区別を行うことが社会的有益性もつことの一例である。）しかし、すでに見てきたように、哲学者たちが見出してきたのは、人間の条件そのものの中に、一種の宇宙的な不条理があると主張するだけの理由がある、ということである。我々が距離をおき、広がった時間的観点から自身を眺めるなら、不条理な生とそうでない生の区別は意味のないものへと薄まっていき、最後にはもろとも消え去ってしまう。

我々はまた、相対的に充足された自我と充足されない自我、または充足的な生と充足的でない生、という有用な区別を行う。我々が「充足」をどのように解釈するのであれ——自分の主要な素質をそれに活躍の場を与えてくれる生の中で真の才能へと発達させること、あるいは、基本的な傾向や適性のすべてを開花させること、あるいは、計画しデザインし秩序づけるという普遍的な人間の性向を積極的に現実化すること——それぞれの為した充足の程度には、人によって大きな違いがある。浪費される生もあるし、一部は浪費され一部は充足される生もあり、ほぼ全面的に充足される生もある。不条理な生と不条理でない生との対比とは違い、これらの区別は、時の流れによっても変化しないように見える。もしヒューバート・ハンフリー〔政治家としていくつかの業績を挙げたが1968年の選挙でニクソンに敗れた民主党の大統領候補〕の生が彼にとって充足的であったなら、これは他の事実と同じように事実であって、それが事実であったということが真理でなくなることは決してない。とにかくそれを観察することのできる場所ならどんな時間的距離からでも、それは事実だと見え続けるであろう（興味を惹く程度や重要性が薄くなっていく事実ではあるが）。

ほぼ全面的に充足され、それでも、かなり近づきやすい想像上の見晴らしのきく地点からすれば、一見して不条理であるような人生を考えよう。問題になっている人が充足されているかぎりで、彼は自らの生について「善い気持ち」でいるはずだし、自らの善を達成したことを喜んでいるはずである。ここで、彼がそのすべてがいかに無益で、「最終的には何にもならない」と気づくとしよう。この出来事の中で、自らの生に対してとるべき適切な態度とはどのようなものだろうか。変わらぬ誇りと満足だろうか。悲痛と絶望だろうか。傲慢な実存的蔑みだろうか。我々は、自分の生全体に対してとられる、そして、含意上は人間の条件全体に向けてとられる、このような応答的態度のことを、「宇宙的態度」と呼ぶことができる。哲学の伝統的な仕事の一つは（そして、この名のついた学問的専門分野に馴染みのない無邪気な人々が頭に思い浮かべる哲学とは結局どのようなものかといえば）、様々な宇宙的態度に関してある種の文芸批評を行うことである。より一般的な観点から宇宙を記述するだけでなく、そのように記述された世界に対する宇宙的態度を奨めることも、以前は哲学者たちの習慣であった。

ネーゲルによれば、同時に不条理であるとともに充足されている人生に対する適切な応答的態度は、アイロニー（皮肉）[36]であり、私もこの示唆を喜んで受け入れたい。そしてこの示唆に手を加えて、ネーゲルが提示している簡素な忠告よりいくぶん先へと進めることで、私の結論としたい。

言語についてまたは客観的出来事について語られるアイロニーという言葉の馴染みの様々な意味はどれも、不条理に対してアイロニーをもって応答せよ、という忠告を意味のあるものにするとは思えない。ネーゲルの頭にあるのは明らかに別の意味、出来事を眺望する仕方の一種、すなわち、「不釣り合いを突き放して自覚する態度」としてのアイロニーである[37]。これは、真剣さと戯れとの中間にある心の状態である。当該の人物には、自分が非常に真剣であると同時に戯れているとさえ思えるかもしれない。逆の仕方で引っ張りあっている対立する要素間の緊張は、少なくとも一時的にある種の心的な均衡をもたらす。それは、「怖すぎて笑うこともできず、大人すぎて泣くこともできない」というリンカーンの物語に出てくる少年と似ていなくもない。ただ、少年にできるのは不快さの中でもがくことだけであるのに対して、アイロニーとは結局のところ、鑑賞的（appreciative）な態度なのである[38]。人は知覚された不釣合いを、ユーモアにおいてとまったく同じように、鑑賞して楽しむ。ちなみにユーモアにおいては、予想していない不釣り合いを突然目にすることが、笑いを生むのである。アイロニーにおける鑑賞は、もっと自覚的かつ知的である。状況はある意味、喜劇的応答のために不可欠な精神の緊張なき戯れを許すには、あまりに不快——悲しく、脅迫的で、失望させる——である。その中に、ある種のほろ苦い喜びはたしかに存在しているが、娯楽の喜びはない。その状況は、愉快に見えないのは確かだが、ひょっとすると、人がそれについてさらにもっと突き放した視野を達成することさえできれば、愉快に見えるのかもしれない。人は、事実とまっすぐ向き合い、鑑賞的なやり方でその不釣り合いな諸側面に応答する時、アイロニーをもって状況を眺める。アイロニーは、涙を伴う絶望や、怒りを伴う軽蔑的な抵抗、笑いを伴う娯楽とは全く異なっている。それは、特徴的に微笑みの中に表現されるに十分なだけの喜びではあるのだが、しかし、抑制された喜びの表現に相応しいような、一抹の優しさと茶目っ気の両方を伴う、いくぶん疲れた微笑みなのである。

第一次世界大戦に関するBBC作成の27巻からなるドキュメンタリーの中で最も心動かされるシーンの一つに、イギリス軍の一隊が援軍として前線にむけて行進するシーンがある。我々は、彼等が砲弾の餌食となり虐殺される運命へと向かって行進していることを知っており、彼等自身もまたそのことを知っている。兵士たちは足が痛く、骨まで疲れていて、泥まみれであり、そして絶え間なく雨が降っている。彼等が行進しながら歌う歌は、「ラ・マルセイエーズ」や「ルール・ブリタニア」のような鼓舞する愛国歌でもなく、「オーバー・ゼア」のような軽快な軍歌でもなく、「ワルチング・マチルダ」のような賑やかな酒宴の歌でもなく、感傷的なバラードや、嘆きの讃美歌や、悲しげな葬送歌でもない。彼等が歌ったのは「蛍の光」の感動的な曲に、彼等がその場で作った有名なナンセンス詩をのせたものだ。

我々はここにいる　だってここにいるから
だってここにいるから　だってここにいるから
私はここにいる　だってここにいるから
だってここにいるから　だってここにいるから

この映画の視聴者は、突然の心痛を感じ、泣き出しそうになる。しかしすぐにこの歌詞の不条理に気づき、この兵士の一団が、この歌詞を選ぶことによって自らが置かれた状況の不条理に応答しているのと同じように、それに鑑賞的に応答するのである。繊細な視聴者は、兵士たちのアイロニー的な応答がいかに適切なものか（そして、標準的な他の選択肢のどれもがいかにひどく間違ったものであるか）を理解し、自分自身もその中に静かで悲しい喜びを感じるのである。兵士たちは、希望もなく、不条理が避けられない苦境にあった。そして、自らの状況の不条理を断固として受容することによってのみ、自分たちが不条理から救われるのだ。我々のように初めてこれを見る人にとって、彼等の例の内には、このシーンを崇高なものにするインスピレーションがある。

この不運な兵士たちの行進が人生全体の適切な比喩になっているなどと、仮にも示唆するつもりはまったくない。兵士たちの短い命が浪費されたのは悲劇である。もし彼等が特別に交配された軍隊動物であったなら、自らの特異な死に個人的・生物学的な充足を見出したのかもしれないが、彼等は普通の人間だったのであり、その異様で早すぎる死は彼等の未発達で未完成な生の頂点となったのである。それとは対照的に多くの個人は、長く活動的で創造的な生の中で、実際に充足を達成する。これらの生は、単に「やりがいがある」という以上のものであって、これらの生を送る人々にとって、「自らの善」と適切に見なされうる唯一の条件の達成を意味している。それ故、哲学的「ペシミズム」、すなわち、人間の条件が不条理であるならばどのような生も生きるに値する可能性はないという、ショーペンハウアーらの見解は、拒否されねばならない。論理的にこれと対極にある宇宙的オプティミズム、すなわち人生はどれも必然的に、可能性としては常に善いものであり価値がある、という主張もまた拒否されねばならない。そして常識的見解にくみして、充足には運が必要であり、暴力的感情や事故、病気、戦争のある世界においては、運が常によいとはかぎらないと考えねばならない。

しかしこの章で私は、善い生と悪い生の一つの概念把握を描くだけでなく、人間の条件一般に対する一つの適切な態度を推奨しようともしてきた。自らの徳と幸運を通して生を最大限充足してきた人物が、衰退の年月を過ごしていると想定しよう。生来の気質による傾向に完全に合うキャリアの中で彼は、最高の個人的な潜在的可能性を現実のものにした。彼の才能と徳は、それらを発揮する限りない機会を与えてくれた生の中で、しっかりと花開いた。さらに、相互にかみ合った目的とゴールに満ちたその生の中で彼は、違いを見分ける力、共感、判断力という、種としての人間の能力も同様に完成させた。そのすべてが豊かな満足の源泉である。しかしそれは、彼の人生の哲学的な黄昏までのことである。その人は偶然に、シーシュポスの神話とカミュの評論、そして、テイラーとネーゲルの論文に出会ってしまう。あっという間にその人は、自らの営みすべてが空虚であること、時の流れが自らの達成物を全面的に浸食してしまうこと、自分の目的には長期的な根拠などないこと、要するに自身の（他の点では善い）生が不条理であること、を理解する。最初彼は鋭い痛みを感じるだろう。しかし、長期的整合性という空虚な理想と人間にとっての善とを混同している哲学的ペシミストたちの詭弁に惑わされることがなければ、彼はすぐに回復することだろう。そして、哲学者たちによって意識にはじめて呼び起された宇宙的な不釣合いのほろ苦い鑑賞という夜明けが訪れるだろう。人間存在の中核にはつつましい冗談があるにちがいないという考えは、彼を（笑わせるまでは行かなくとも）喜ばせはじめる。今や彼は死ぬことができる。すすり泣きやののしりをもってではなく、アイロニー的な微笑をもって。

（村瀬智之訳）

註

1 Richard Taylor, *Good and Evil*（London:Macmillan 1970）, p. 259.

2 Ibid.

3 カミュによる、不条理についての綿密な説明が入ったエッセイは、ジャスティン・オブライエン Justin O’Brien によって英語に翻訳され、*The Myth of Sisyphus and Other Essays*（New York: Random House, 1955）というタイトルで出版されている。〔清水徹訳『シーシュポスの神話（改版）』新潮文庫、2005 年〕

4 Taylor, *Good and Evil*, p. 258

5 Thomas Nagel, “ The Absurd,” *Journal of Philosophy* 68（1971）:718.〔ネーゲル『コウモリであるとはどのようなことか』、21 頁、勁草書房〕

6 Camus, *Myth of Sisyphus*, p. 22.

7 Nagel, “Absurd,” pp.716-27. また、ネーゲルの *The View from Nowhere*（New York : Oxford University Press, 1986）, pp.208-32.〔中村昇他訳『どこでもないところからの眺め』春秋社、2009 年、339-77 頁、第 11 章〕も参照のこと。

8 Handelsman によるマンガ。*New Yorker*、July 6, 1981, p.34.

9　ゆかいなものではないが、南北戦争の際に、最初に奪っておいてから与える不条理な事例がある。「リンカーンとブルックは負傷兵のベッドのそばにいた。負傷兵の弱った白い手には小冊子が握られていた。それは、朝からとてもよく働いていた、身なりの良い女性からもらったものだった。兵士はその小冊子のタイトルを見ると笑い始めた。リンカーンは、とてもよく働いていたその女性がまだ近くにいることに気づいており、その女性は間違いなくよかれと思ってその本をくれたのだと兵士に伝えた。「彼女にもらったものを笑うのは少し失礼ではないかね。」兵士の返答はリンカーンの心に残るものだった。「大統領閣下、どうしたら笑わずにすむのでしょうか。彼女がくれた小冊子は「ダンスすることの罪」なんです。私の両足は吹き飛ばされているのに。」」（Carl Sandburg, *Abraham Lincoln: The War Years*［New York: Harcourt, Brace, 1926］, 2 : 293.

10　W. D. Joske, "Philosophy and the Meaning of Life," *Australasian Journal of Philosophy* 52（August 1974）: 93-104. ジョスキ（Joske）は個々人の人生全体がこの意味での些末さによって不条理であるようにみえる事例を挙げている。「Guthrie Wilson の小説『The Incorruptibles』に登場する教師は我々を当惑させる。その教師は、『失楽園』のすべての文を構文分析することに人生を捧げている。」対照的に、無益さゆえの不条理の事例は、四角い円に挑戦して時間のすべてを捧げる人である。

11　Taylor, *Good and Evil*, p. 262.

12　Ibid., p. 263.

13　Ibid., p. 260.

14　Ibid. p. 263.

15　Ibid. p.264.

16　Bernard Williams, "The Makropoulos Case: Reflections on the Tedium of Immortality," in *Problem of the Self*（Cambridge: Cambridge University Press, 1973）, pp. 82-100. ジョナサン・グラバーはウィリアムズに次のように応答している。「だが、しっかりと定まった性格の人が誰でも徐々に退屈になりそれが耐え難いものにならねばならないということに私は納得していない。［彼が］解明されていく世界を見ることができ、新たな問を立てて考えることができるのであれば、そして、感情や思考を共有する他者がいるのであれば。しかるべき人たちがいてくれるのなら、数百万年を生きる実例になるチャンスを喜んで受け入れるであろうし、どうなるのかを見てみるだろう」（*Causing Death and Saving Lives*［Harmondsworth: Penguin, 1977］, p.57.

17　Camus, *Myth of Sisyphus*, p. 21.〔清水徹訳『シーシュポスの神話』新潮文庫、53 頁〕

18　Ibid., p. 9.〔邦訳 25 頁〕

19　Ibid., p. 10.〔邦訳 28 頁〕

20　Moritz Schlick, On the Meaning of Life," in *Philosophical Papers*（Dordrecht: Reidel,1979）, 2:112-28.

21　ニュージーランドの洞窟で育つツチボタルについてのテイラーの記述を参照のこと（*Good and Evil*, p. 261-62.）

22　Nagel, "Absurd," p. 724.〔邦訳 19-20 頁〕

23　Camus, *Myth of Sisyphus*, p. 91.〔邦訳 216 頁〕

24　Nagel, "Absurd," p. 718.〔邦訳 35 頁〕

25　Ibid., p. 726.〔邦訳 36 頁〕

26　これは、ジャン＝ポール・サルトルの戯曲 *No Exit*（*Huis Clos*）（Stewart Gilbert（NewYork: Alfred A. Knopf, 1946）による翻訳）の最後の一文である。〔伊吹武彦訳「出

口なし」、『サルトル全集〈第8巻〉恭々しき娼婦』、人文書院、1952年、所収〕

27 シェリー（Percy Bysshe Shelley）による詩 *Ozymandias*、2-4、11、12行目。〔アルヴィ宮本なほ子編『対訳 シェリー詩集』岩波書店、2013年、69頁〕

28 野生の子供が恒久的に言葉を学ぶ能力を失ったり、足をもたずに生まれ決して歩く能力を獲得しないといった子供達の例はある。しかし、この人たちが人間である限り、生まれながらの能力をもって生まれている。その能力は歩くことや話すことを含む傾向性や技術を獲得するための能力であり、たとえ、状況によって、その能力が現実化することが妨げられているとしても、もって生まれているのである。これらの能力は、しばしば条件的なものである。つまり、どんな人間の子供も言葉を学ぶための能力はもっているが、それが作動するのは、2歳から12歳の間だけであり、その間に言語を話す共同体の一員である場合だけなのである。言語使用に関わる傾向性や技術を獲得するための条件的な能力はすべての人類に共通のものなのである。

29 John Stuart Mill, *On Liberty*（Oxford: Blackwell, 1946）, p.51.〔ジョン・スチュワート・ミル（山岡洋一訳）『自由論』日経BP版、129頁〕

30 William James, *Psychology*（New Tork: Hernry Holt, 1983）, 1:309. これは、Lucius Garvin, *A Modern Introduction to Ethics*（Boston: Houghton-Mifflin, 1953）, p. 333での引用に従う。〔ウィリアム・ジェームズ（今田寛訳）『心理学』岩波文庫、258-9頁〕

31 Mill, *On Liberty*, p. 60.〔邦訳148頁〕

32 ジョン・ロールズ（John Rawls）は、この心理学的な傾向のことを「アリストテレス的原理」と呼び、次のように言っている。「他の条件が等しいならば、人間は自らの実現された能力（先天的、もしくは訓練によって習得された才能）の行使を楽しみ、そしてこの楽しみはその能力が実現されればされるほど、その組み合わせが複雑になればなるほど増大する、と。ここでの直観的な考えは、人間はあることにいっそう熟達するようになるにつれて、それをすることを楽しみ、そして同等に巧く行なうことができる二つの活動のうち、より複雑で鋭敏な識別力の幅広い範囲を要求する活動の方を選好する、というものとなる」（*A Theory of Justice*［Cambridge, Mass, : Harvard University Press, 1971］, p. 426.〔邦訳『正義論　改訂版』、560頁〕。ロールズが引いているのは、熟達者であれば、はさみ将棋よりも将棋を、算数よりも代数を選好する、というものである。

33 素質と基本的傾向性は、通常の欲求や計画、希望とは、重要な部分で異なっている。後者は前者と比べて、特徴的に、より正確で確定的な傾向がある。それ故、可塑性が低く、「充足する」のが簡単である。多くの希望は、比較的特定された対象に向けられており、その対象が現実のものとならない時に希望は拒絶される。しかし、一般的な興味や才能、衝動では、典型的には、同じ役割を果たす代替の対象を見つけることができる。例えば、機械に関する素質をうまく磨いた人は、飛行機や自動車のメカニックも務めることができるし、大工や配管工のほか、数多くの職業につくことができる。自動車のメカニックに対する希望は、一方で、特定の領域に入るための機会が拒絶されてしまうと、これを最後に失われてしまう。それ故、充足は全体として、成功した希望やその「満足」よりも、達成が困難ではないことになる。

34 義務と責任との違いはJ. Roland Pennock in "The Problem of Responsibility," *Nomos III : Responsibility*, ed. C.J. Friedrich（New York/ Atherton, 1960）, p.13. によって明確にされている。「[「責任」という語は］普通義務に関する行いが洞察力や選択を要求する事

例のためにとっておかれる。子供に対して「部屋をきれいにする責任がある」と言うことはできるが、「言われたことをする責任がある」とは言いそうもないだろう」。

35 Gregory Vlastos, "Justice and Equality," in *Social Justice*, ed. Richard B. Brandt（Englewood Cliffs, N.J.: Prentice-Hall, 1962）, p. 44.

36 Nagel, "Absurd," p. 707.「もし永遠の相の下で何ものも重要であると信じるべき理由がないのであれば、それはまた事実重要でもないのであり、我々は自分の無意味な人生に、英雄的な勇敢さや絶望によってではなく、アイロニーをもって取りくめばよいのである」（邦訳 38 頁）。

37 *Webster's Third New International dictionary of the English Language* を基にした、*Webster's New Callegiate Dictionary* による。私がひいてみた五つの英語の辞書の中では、もっとも新しいものだけに態度としてのアイロニーの定義が載っていた。このことは、この意味が比較的新しいものであるからなのか、それとも、これまで辞書編纂者が見逃してきたからなのだろうか。

38 「大統領はニューヨークでの選挙の［自党の敗北という］結果を哲学的に受け止め、明らかに教訓として活かすだろう。フォーニー大佐（Colonel Forney）が、彼がどのように感じたのかを尋ねた時、彼はこう答えている。「好きな子に会うために走っている途中でつまずいてつまさきを痛めたケンタッキー州の少年のようなものだ。その少年は、大人すぎて泣くことができないし、ひどく傷つきすぎて笑えない。」」（*Frank Leslie's Illustrated Weekly*, November 22, 1862.）

第15章 「死ぬ権利」への見込みの薄いアプローチ

An Unpromising Approach to the 'Right to Die'

I 安全な方に誤ること

あれこれの判定権限ある者たちが、評価対象の個々の事例の道理＝実績(merit)に基づいて決定を行うことを期待されるような標準的状況は、生活の中にたくさんある。大多数のこれらの状況で我々は、裁定者が目下の事例の実績以外のいかなる根拠も考慮から厳密に排除することを期待する。例えば運動競技の審判が、専ら当該の事例の道理＝競争結果のみに基づいて考察すれば百メートル走の勝利をアンジェロに与えるはずなのに、そうしないで、当該の事例の道理から独立した他の有意性ある基準に訴え、「あらゆる条件を考慮すれば」マリオがその競走で勝ったと判定しようと提案するなら、それは我々の慣行から外れている。そしてある雇用者が、重要な地位をパオロに与えながら、当該の職務に対する適性に厳密に基づけばジアンナを任命する論拠の方がより理が通っている(has greater merit)と〔自分の非を〕認めるとすればそれは、控えめにいっても普通にはない正直さであろう。それにもかかわらず熟慮の上で、厳密な内的考慮よりも通常は有意性＝関連性のないはずの外的考慮を優先させることは、多くの法的・道徳的な議論において、ありふれた実践である。自発的安楽死の合法化をめぐる論争は、その好例である。

専ら当該の事例の道理に基づいて判断する時、道徳的に十分に正当化される、医師その他による慈悲殺(mercy killing)の事例があることを、イェール・カミサーは、1958年の影響力ある論文[1]の中で認めているように思われる。彼が念頭に置いている類の事例では、患者は自らの生命を終わらせる道徳的権利をもつ、あるいは、彼に自己救済の能力がない場合には、それを行うについて、意思がありより有利な立場にいる人たちによって、彼のためにその生命を終わらせてもらう権利をもつ、ということにカミサーは同意するだろうと思う。カミサーは、自らが念頭に置く慈悲殺の適格条件に関して、一般的な説明さえ与えている。すなわち、患者は事実として、「⑴ 現在不治であり、⑵ 余命中に出会う可能性のあるどんな猶予策も役立たない形で、⑶ 耐え難く ⑷ 緩和できない痛みに苦しんでおり、⑸ 確固として ⑹ 理性的に死ぬことを望んでいる、のでなければならない。」[2]

それにもかかわらずカミサーは、死ぬ道徳的権利に法的な承認と効力を与えることによってそれを死ぬ法的権利に変えようという提案に対して、断固反対論を展開し、安楽死の合法化に反対する。彼が反対する理由は、彼が考察する事例の道理（merit）に関わるものではまったくなく、何であろうと殺す行為に法的免許を与えること、がもたらす危険な社会的帰結に関わっている。彼は次のように主張する。殺人罪の法は変えないでおいて、それに違反する家族、友人、医師を殺人罪で告発し、その後で彼等の運命を、その犯罪行為に道徳的罪はないと認識して、起訴を拒否するか、釈放、判決延期、執行猶予を認める気になる、共感的な検事、裁判官、陪審員の手に委ねる方がよいだろう。そうすることで、「法典中の法」は、人の命に対する深くて例外のない共同体による尊重を宣言し続け、どんな理由であろうと殺そうとする人を思いとどまらせるために役立ち続ける一方で、「実際に働く法」は、慈悲殺人を犯したより大胆な者たちが、きわめて高潔で純粋な動機からではあるが疑いもなく犯した犯罪、のために処罰を受けることがないということを可能にするだろう。

道徳的に正当化される安楽死の個々の事例の理に重みで勝るほどの力をもつのはどのような考慮だろうか。カミサーは我々のためにそれらを列挙している。専らそれ自体の道理に基づいて考察される個々の事例の道徳的質と比較衡量されるのは、他の事例において過誤と乱用の発生が避け難いという点である。それ故実際のところ、苦しみの下にいて道徳的に死ぬ権利があることには疑問の余地のないような患者に対して、カミサーが告げるのは以下のことである。「もし我々が法を変えて、妥当性のあるあなたの事例を許容するようにすると、他のもっと妥当性のない事例を合法化してしまうだろう

――つまり、誤診された患者、死に急がなければ回復するかもしれなかった患者、仮定的にだけなされた事前の死の要請にもかかわらず自らの死を早めることを本当は望んでいない患者、医療の出費がかさむにつれて自分たちの生活の蓄えが減っていくのを見る家族たちの言いなりになる患者、およびその他の「過誤」と「乱用」の事例、などである。」全面的な殺人禁止が、道徳上死ぬ権利を確実に有する責任感のある患者に告げるのは、他の人たちが重大な危害（不必要な死）を引き起こさずに同じことをするとは信じられないから、彼は、すべてを考慮した結果として有害でないまたは有益だといえることを、行ってはならない、ということである。

1920年代のアメリカでアルコール飲料の全面禁止を支持して、同じ種類の議論が行われたことが指摘できるだろう。それは、一見したところでは説得力のない議論ではない。衝動強迫的なアルコール飲料消費者は、（他にも多くある例の一つだが）自動車事故死亡者の50％以上を含む、莫大な危害を自分自身と他人に引き起こす。他方、我々何百万もの人たちは、時折の気晴らしと楽しみのために酒を飲むが、決して飲み過ぎない、非依存的な社会的飲酒者である。我々は、（例えば）夕食時に飲むなどワインの飲み方に責任をもち、好きなように酒を飲む道徳的権利があると要求できるかもしれない。だが、我々の事例でその罪のない活動を許すまさにその法律が、広い範囲に及ぶ死、不具、悲嘆を確実に引き起こすような他の人たちが行う、罪がないとはいえない飲酒を許す。他人が高速道路で惨害を、他の場所で自らの家族の破滅を、もたらすのを防止するために、我々に毎夜のハイボールをあきらめてくれというのは、果たして過大な要求だろうか。あるいはそれを我々に強要するのは、不当な犠牲なのかもしれないが、すべてを考慮すれば、全面許可よりもはるかに多くの危害が全面禁止によって防止され、かつこの困難な計算において誤りが避けられないとすれば、我々は安全な方に誤る方がよい、とその議論は結論づける。

ワインや蒸留酒の禁止を支持するこの議論と自発的安楽死の禁止継続を支持するカミサーによる議論との間に決定的な違いがあるとすればそれは、アルコールの事例が、罪のない若干の快楽を放棄したくない我々のような人たちを対象としているのに対して、安楽死の議論は、マシュー・ドネリーや、ナンシー・ベス・クルーザンの両親のように、耐え難い痛み――ドネリーの事例や、無意味な精神的苦痛――クルーザンの事例を避けようと決意していて、彼等の恐ろしい状況で「安全な方」に誤ると記述できるのはどちらの側なのかという疑問を抱いても当然の人たちを対象としている、ということにある。

マシュー・ドネリーの最期の日々の経験は、ある部類のがんの犠牲者たちの「悲しい典型例」であったし、道徳的な死ぬ権利をもつ患者もいることを、カミサーが称賛すべき率直さで認めた時に彼の念頭にあった類の事例と密接に重なっているように思われる。ジェイムズ・レイチェルズがそれを述べているところでは、

> 皮膚がんは、[マシュー・ドネリーの] 苦しむ身体を蝕んだ。…物理学者である彼は、過去 30 年間、エックス線の利用法について研究してきた。彼は、顎、上唇、鼻、左手などの一部を失った。腫瘍が彼の右腕から切除され、二本の指が彼の右手から切断された。彼は、盲目で、ゆっくりと衰弱中で、身体と魂との苦しみの中いる、という状態のままにされた。痛みは、絶え間なく続いた。痛みが最悪の時には、彼が歯を食いしばり額に汗を浮かべてベッドに横たわっているのが見られた。手術と麻酔を行い続けること以外、何もできなかった。彼の余命は約一年間であると、医師たちは推定した[3]。

「法典上の法」はドネリーに対して、禁酒の事例のように、一層無責任な人たちが自らの快楽を乱用しないように、いくつかの無害な快楽を放棄することを命じたに過ぎないのではない。むしろ、まる一年間の耐え難い苦しみからの解放に対する道徳的請求権を放棄することを、彼に命じたのである。少なくともその限りで、安楽死の事例で個々の事例の道理をくつがえす議論は、禁酒の事例においてそれに対応する議論よりずっと弱い。思うに、マシュー・ドネリーのような事例で安楽死を禁止する理由よりも、夕食時にワインを飲むことを禁止する理由の方が、まだ筋が通っている[4]。

ドネリーの痛みの切迫性は、痛みを――というか他の何事も――経験する

能力を永久に欠いていたナンシー・ベス・クルーザンの事例には、ない。クルーザンは、州の費用でミズーリ州立病院に、数年間横たわっていた。自動車事故の結果、彼女の大脳皮質は破壊されたも同然であった。そのために彼女は不可逆的に、認知機能をもたず、永続的な昏睡状態であり、永久に意識がない「遷延性植物状態」のまま取り残された[5]。彼女の観点から、この状態が一体どのように死より望ましいものでありうるのか、私には理解できない。実際のところ、当事者の見地からこの状態が死そのものとどのように区別できるのか、を理解することは不可能である。昏睡状態が不可逆的なものになった時からクルーザンは死んでいる、と常識は主張するだろう。しかし法律上、常識のこの判断は、クルーザンの地位に影響を及ぼさなかった。彼女の「大脳皮質の萎縮が不可逆的、永続的、進行性かつ継続中［であった］」[6]という事実にもかかわらず、脳幹は機能しつづけ、様々な運動反射を可能にし、体温、心拍、呼吸を維持した。彼女は、食物や水を飲み込むことができなかったので、彼女の身体は、外科的に埋め込まれた栄養・水分補給のための胃ろうチューブによって生かし続けられた。彼女の両親は、意識のない娘の身体の枕元に6年間定期的に通い続けた後、栄養・水分補給用チューブの取外しを命じる裁判所命令を請求した。ミズーリ州最高裁判所は、この命令を発することを拒否した。そこで、彼女の両親は、合衆国連邦最高裁判所に控訴し、彼等の事例は1990年にちょっとした「有名裁判事件」になった。

もし生前にナンシー・クルーザンが、自分がいつかこのような状況に陥ることがあれば、自らの身体が生かし続けられないことを望んでいたと仮定すれば、彼女の両親の言い分の道理は明らかである。裁判官たちは全員、アメリカ合衆国憲法が判断能力のあるすべての成人に治療を拒否する権利を与えていること、およびナンシー・クルーザンの身体を生かし続けている栄養・水分補給技術が治療に該当すること、で意見が一致した。この治療を継続するについてのナンシー・クルーザンの意向は現実に何なのか、あるいは何であったはずか、という事実問題を裁判所が考察した時にはじめて、論点の雲行きが怪しくなった。わずかではあるが裁判所にとって入手可能な証拠——十代の親友の証言——は、自分の身体が遷延性植物状態で生かし続けられることにナンシーが深い嫌悪を抱いていたことを示唆した。それ故、証拠の基準が、刑事事件以外で通常用いられているもの、すなわち「証拠の優越」であるとすれば、裁判所は、ナンシーが継続を望まないことの入手可能な証拠は、継続を望んでいるはずという証拠より大きいのだから栄養・水分補給用チューブに対する彼女の同意は推定できない、と判断すべきだっただろう。言い換えれば、彼女が生かし続けられることを望んでいる証拠はまったくなかったが、彼女が死の方を望むはずだという若干の証拠は、弱いものではあった。だが、連邦最高裁判所は、ミズーリ州最高裁判所を支持して、「人の命の保護と維持に関する州の利益」が関わる事例では、一層高い証拠の基準が必要であると論じた。連邦最高裁判所の理解では、クルーザンの事例の状況は、「人の命を維持する州の利益」と、そのような状況における治療中止に関する自らの意向を尊重してもらうナンシー・クルーザンの憲法上の権利との対立であった。

もちろん主要な問題は、ナンシーの意向が現実にどのようなものかに関して僅かな証拠しかないことであった。そこで、人の命の維持に関する州の利益（後に見るように、この事例で解釈された形では実にすこぶる奇妙な観念）を所与とすれば、州は、死への選好に関してとりわけ確信を抱くに足る証拠を要求する権利をもつ。そこで、ミズーリ州は、証拠の優位あるいは半分より辛うじて大きな蓋然性だけでなく、むしろ、「治療中止に関わる、意思無能力者の要望の証拠が、明白で確信を抱くに足る証拠によって証明される」[7]ことを要求した。連邦最高裁判所が直面した主要な問題は、ミズーリ州最高裁判所がこの一層高い証拠の基準に差し替える権利をもつかどうかであった。この最上位の裁判所は、ミズーリ州最高裁判所がこの権利をもつと裁定した。

実際のところ裁判所が行ったことは、クルーザンの事例の道理＝本案(merit)となっている蓋然的な事実をこえて、当該の事例の事実が何であったのかを、いわば外部から決定するような、外的な価値判断に頼ることだった。その価値判断とは、意識があり苦しんでいる患者に関わる安楽死の事例をめぐるカミサーによる議論の背景にあるのと同じもの、すなわち、生命維持の継続を望む人のためにそれを終わらせないことの方が、生命維持の継続を望まない（マシュー・ドネリーのような）人の要望を尊重することよりも重要だから、人の意向を我々が推定する場合の誤りのリスクを裁判所が（歪めて）分配することは正当である、というものである。カミサーと同じように最高裁判所の多数派は、裁判所が誤ることが避けられないとすれば「安全な方」に誤る、と決めた。しかし、彼等が当該の事例の事実を造形するために外部からもち込む比較による価値判断は、それらの事実を歪め、私が後に論じるように、その事例の本当の理非（merit）を不当に表現するものである。

II　乱用されうる裁量を根拠とする議論：安楽死はいかに特異か

安楽死の問題に戻る前に、我々が「内的な道理」と呼びうるもの以外の根拠に基づいて裁定することを正当化すると称し、それもしばしば至極もっともであるような、他の状況における議論のパタンの一つを考察することが役立つだろう。例えば、乱用されうる裁量を根拠とする議論を考察しよう。多くの夜間事故の現場になってきた交差点にもし夜間信号機を設置するとすればどのような種類のものを設置すべきかを、ある立法府が決定しなければならないとしよう。もっとも安価な解決は、照明と交通の状態が要求するのは完全な停止かそれとも速度を落として双方向の交通を注意深く見定めることだけかの決定を、運転者の自由に委ねることだろう。二つの競合する提案は、通常の三色信号機が終夜作動し続けることと、深夜から朝六時まで三色信号機を、停止を要求しない警戒信号に過ぎない黄色の明滅に切り替える反対提案とである。多数の同じような他の交差点における事故率の調査によると、終夜黄色の明滅が作動している交差点では年間の死亡者は20人であり、通常の三色信号機が日夜作動している交差点では年間の死亡者は10人だけであるとしよう。標準的な三色信号機を終夜作動させることを支持する議論は、そうすればその交差点での事故による死亡率がおそらく半減するだろうということである。他方の側の議論は、とくに夜には、交通が非常にまばらで視界を遮るものがなく、99%の運転者はここでも他の交差点でも、裁量を注意深く行使すると期待できるということである。そして、この大多数の人々に対して、彼等の事例の道理とはまったく無関係に、ごく少数の信頼の置けない運転者から彼等が乱用するかもしれない裁量を奪うということだけのために、停止を要求することで迷惑をかけるのは、彼等にとって公平ではない、とこの議論は続く。

乱用されうる裁量という難問は、例えば、並外れて傷つきやすく明らかに判断力があり信頼の置ける人だけに拳銃所持の免許を与える制度のような、実際にそれぞれの事例をその道理に基づいて裁定する、免許付与制度を立案することが実際的である場合には生じない。だが、一部の運転者に赤信号を無視して走行しても安全だと自分が考える時にそうしてよいという特別な免許を与える制度は、管理するのが実際難し過ぎるだろう。そして、そのような特別な免許付与が不可能である時、非常に逆説的で一部の人が衝撃を受けるようなある形の倫理的議論がしばしば聞かれる。年間二、三人の命を救うだろうという理由だけで、通常の停止信号を終夜作動させることを要求する法律が実際に正当化される、と運転者は認めるかもしれない。そしてその運転者は続けていうかもしれない。「だが私は、その交差点の状況によって停止がいつ必要となるかを、自分自身で十分に判断できる熟練した信頼の置ける運転者である。だから、どちらの方向にも一キロメートル以内に自動車が見えない明るい月夜に、赤信号を慎重にそのまま横切るのは完全に正当だと感じるだろう。」交通警官が、彼に違反切符を切るとしたらどうだろうか。「十分に正当な法律に対する私の十分正当な違反行為に対して彼が違反切符を切ることもまた完全に正当だろう。」運転者による違反の正当化だけが、彼の事例の内的な道理に関わっている。他の二つの正当化の場合、その一つは政治的、もう一つは法的正当化だが、この運転者の事例が内在的な道理に基づいて判断されているわけではない。当該の法律を制定するという決議は、(この運転者自身の行動と傾向にとって「外的な」事実である)他の運転者の行動に関する統計的な調査と、彼の行動にそれ自体の正当化を与えるこの運転者の状況の「内的な」特徴を斟酌しない、法律というものの言葉遣いとに基づく。個々の事例をその道理によって判定することについては、これだけにしよう。

適度に酒を飲む人たちは、1920年代の禁酒法に対する自らの違反を擁護する際に、同じような形の議論をしばしば用いたが、その法を彼等は、もっともな理由によって支持されるとしばしば認めた。禁酒法は、道徳的に正当な目的、すなわち酩酊者によって引き起こされる大きな危害を減らすという目的をもつように思われた。だが、適度に酒を飲む習慣を何十年間も享受し、他人に対する有害な結果をもたらさずに夕食時にワインを飲みパーティでハイボールを飲むと自分が請合えると知っている人々が、(他の人々については)正当だと自分でも考える法律に違反し、しかも少しもやましく思わずにそうするのは当然であった。この法律は、「罪なき者たちの市場」とギャングがその市場で商売するビジネスの誘因をつくり出したが、それには、禁酒法の信頼を失わせついにはその廃止へと導いた、あらゆる暴力的犯罪が伴っていた。

末期患者やその家族や担当医に、命を終わらせる法的権限を与える法律は、それによって、それらの関係者に自らの事例を道理に基づいて判断する裁量を与える。その状況が交通信号機の例の状況に類似しているのであれば、自由裁量が乱用される稀な事例もあるだろう。だが、その類似は非常に薄弱なものである。安楽死の事例では何が「乱用」になるのだろうか。何が、他方の事例における酒気帯び運転や無謀運転に似ているだろうか。ここでも、一つの種類の解答を与えるについて、中心的な問を回避してしまう危険がある。裁量を乱用しているのは、生ではなく死を選ぶためにそれを利用する、まさにその人だといわれるかもしれない。これがある種の道徳的乱用だというのであるが、それは結局、痛みからの解放や個人の自律のような取るに足らない価値を優先することがそれに当たる、といっている。もちろん、それらの価値と人命の尊重のどちらが最高の価値をもつのが事実であるのかが、まさに論争中の問題なのである。

この時点で、欠陥のある、死刑との類比に言及するのが自然である。安楽死の合法化に反対する議論のモデルとして時に用いられる、死刑反対論がある。それらの議論は、表面的には形が似ている。つまりそれらは両方とも、時に生じる避け難い誤りという一層大きな悪を防ぐために個々の事例の道理には目をふさぐべきだ、と主張する。しかし、二つの議論の類似は、表面的なものに過ぎない。重要な違いは、二つの議論を並べて比較することによって、もっともよく識別できる。

死刑の許容を否定する議論。殺人罪の刑罰として死刑を用いるとすれば、時に罪なき者（おそらくは千人に一人）が誤りや乱用によって[8]処刑されるだろうし、処刑は、もちろん取消し不可能である。この結果は非常に悪いので、個々の事例の正負の道理に目をふさぐこと、つまり大多数の刑事被告人が自分で行ったことのために受けるべき死という当然の報いに目をふさぐこと、が正当である。それは、これら既決の殺人犯に相応しくない利益、つまり、彼等に相応しい死刑に対する執行猶予を与えることになるだろう。だが、それでもやはりそうする価値があるのは、彼等が依然として終身刑（彼等は、それよりさらに大きな悪である死に値するのであれば、終身刑に値するにはちがいないから）をそのすべての苦難とともに受けることになり、釈放されて他の犠牲者を苦しめることはないからである。（差分となる犯罪抑止力の喪失は、取るに足らないものであろう。）このように、道徳上もっとも重要な利益、すなわち罪なき者の処刑という時に生じる重大で不正な誤りの防止、を確保するために払う総体的なコストは、大きなものではないだろう。

苦しんでいる末期患者からの死の要望を尊重することに反対する類似の議論。自発的安楽死を合法化すれば、（おそらく百人に一人の）救命できる患者や本当は同意していない患者が、時に過誤や乱用によって殺されるか死ぬにまかせられるだろう。この結果は非常に悪いので、個々の事例の道理に目をつぶって、死に対するあらゆる要望を、それらの道理にかかわらず、すなわち、死を要望している人が、自らの利益と見なす苦しみの停止と死のプロセスの短縮とを受けるに値するにもかかわらず、我々がそれらを禁止するのは正当である。これは、受けるに値しない利益をではなく、受けるに値しない害悪、すなわち苦しみの持続と死のプロセスの引き伸ばしを与えるだろう。しかし、この禁止は行うに値する。なぜなら、そのコストは、末期患者とその家族にとって[9]大きいものではなく［原文のまま］、大きな利益、すなわち不必要な殺しの防止がもたらされると考えられるからである。

一つの点で、上記の安楽死反対論は、上記の死刑反対論よりも実は説得力があるかもしれない。二つの議論の定式において想定したように、安楽死の事例における不必要な死の推定上の発生件数が、死刑の事例の十倍だとすれば、安楽死反対論はその割合の分だけ強力になるはずである。だが、その推定は必要な経験的証拠をもたず、完全に恣意的なものである。さらに、殺人に関して完全に潔白でありその犯罪に関わることは何もしなかったにもかかわらず、誤って有罪を宣告された受刑者は、処刑されるのが相応しくない人たちのうちごく小さな割合を占めるに過ぎないということを、我々は思い起こさねばならない。自分が告発された行為を行いはしたが、間違いであるいは図らずもそれを行った人たち、謀殺ではなく［死刑にはならない］故殺で有罪にされるべきだった人たち、正当防衛が成り立つために必要なだけの危害の切迫性はないものの、犠牲者からの脅威に直面して動転したせいで殺した人たち、あるいは、つかみ合いの最中にナイフで攻撃されると誤って信じた人たちがいる。あるいは、誤って殺人罪を宣告されたすべての受刑者には、事実、何らかの咎があり、彼らは何らかの罰に値するのかもしれない。だが、法律上ではないとしても事実上、殺人より軽い罪を彼等が犯した時に、殺人というすべての犯罪の中で最も重大な犯罪のために取って置かれる刑罰を課すとすればそれは、悲劇的で不正な誤りであろう。このカテゴリーの受刑者を、おそらくずっと稀な誤って逮捕され訴追され有罪を宣告された完全に潔白な傍観者に加える時、誤って処刑される受刑者の発生率は、自らが要望する安楽死の実施を誤って許容される患者の率と少なくとも同じくらいの大きさだろう、と想定することは道理にかなっているように思われる。

だが、二つの議論の類似性を崩壊させる最も重要な点は、死刑反対論をこれに平行する安楽死反対論よりもずっと説得力のあるものにする。個々の事例の道理にとって外的な根拠に基づいて死刑を拒否することは、容疑をかけられているが誰がそれかはわからない死ぬに値しない少数の被疑者のために、死ぬに値する人々に受けるに値しない利益を与える。それは、何であろうと他の利益に対するごく僅かなコストと引き換えに、この棚ぼたを与える。他方、安楽死を否認することは、自らの死を要望する末期患者の大半に、受けるに値しない害悪を与える。このことはそれによって、死に対する要望が心からのものではない者、その疾患に対する新しい治療法が死ぬ直前に発見される者（大した数でないことは確実だが）、その疾患が元々治癒可能であった者、など少数の人たちに利益をもたらす。しかしその議論は、この利益が小さなコストを払うだけで得られると主張しなければならないが、これは苦しむ末期患者の死にたいという欲求を挫折させるというコストのことだと推定されるが、この価値判断の冷淡さは、完全に常軌を逸している。激しくて絶え間ない絶望的な痛みに満ちたまる一年が、どうして「小さなコスト」でありうるだろうか、とマシュー・ドネリーなら尋ねただろう。

要約すると、日常的推論の中には、たとえ当該の禁止規則の支持者が、いくつかの個々の事例におけるその規則の適用が有害であると認めるとしても、議論によって擁護される禁止規則があることを、我々は見出した。いくつかの個々の事例においてこれらの悪い結果に意図的に目をふさぐことは、絶対禁止が与える、より大きな利益を確保するために払うに値するコストであるといわれる。これらの日常的な議論の一部は、完全に合理的でもっともなものでありうる。同じ一般的規則によって当該の裁量を同じように与えられる一層信頼の置けない人が、その裁量を乱用して社会的に有害な結果をもたらすという理由で、信頼の置ける人に自分自身の判断を行う裁量を与えるのを差し控えることは、合理的な社会政策であり*うる*。例えば免許付与手続きによって、信頼して裁量を任せられる人とそうでない人を見分ける方法が、困難かつ非実際的である限りで、この形の議論は合理的でありうる。

目下の目的のために重要な点は、それらの議論がすべて、一部の日常的な状況では説得的でありうるとしても、この形の議論のどれも、自発的安楽死の絶対的制限を支持する納得の行くモデルではないということである。説得力に欠けるともっとも言いにくいモデルは、絶対的禁止を支持するカミサーによる力強い議論の中で前提とされたものである。ある特定の末期患者による死の要望は、道理だけに基づいて考察される時には、その中に道徳的な欠陥はなく、自分自身の命を長らえるべきかどうかを自分自身で決定する裁量を彼に与えることを拒否するような彼の事例にとって内的な理由はないだろう、とカミサーは認める。だが、同様な状況ですべての患者に一般的に裁量を与えれば、いくつかの過誤と乱用が必ず生じ、それは、大多数の患者に彼等の個人的自律が要求するように思われる裁量を与えることを拒否するという悪より大きな悪であろう。自発的安楽死に適用された、乱用されうる裁量を根拠とする議論はこのように進む。この議論の支持者をその批判者から隔てるものは、論理的要件や経験的事実に関する不一致ではない。それは価値判断——複数の損失や悪の間の比較評価——に関する不一致である。十人の耐え難い苦悩の中にある末期患者が、明確に記録された自らの意思に反して、絶望的な生存を引き伸ばすように要求されることは、一人の患者が医療過誤やしびれを切らした親族からの強制的な影響のせいで早すぎる死を迎えることより大きな悪だろうか。自発的安楽死に関する論争は、この形の問にかかっている。

III　悪の比較と倍数

英米刑法の中に埋め込まれており、少なくとも一人の著述家によってイタリアの諺に起源があるとされた[10]、価値比較の判断がある。それは、18世紀に流布し、それ以来ずっと西洋諸国ではほとんど自明の理と見なされてきた。ウィリアム・ブラックストーン卿の簡潔な定式では、その格言は、「一人の罪なき当事者が処罰されるよりも、十人の有罪者が刑罰を免れる方がよい」[11]というものである。もちろん、数のこのような使用は、その格言の主旨を覚えやすくするための修辞的な工夫に過ぎない。罪なき者を処罰することは、罪を犯した者に無罪を宣告することよりも不正であるだけでなく、正確に十倍不正であるとか、自分たちが一方の種類の不正によって他方の種類の不正によってよりも正確に十倍悪いと感じさせられるとかと、我々は、どんな程度の自信をもっても言うことはできない。事実、「そのような具体的な比率を立証できるような道徳的直観も道徳理論も、我々はもっていない」[12]。だとすれば、この有名な標語の主旨は単に、罪なき者たちを処罰することは罪を犯した人たちを無罪にすることを超え（さえす）る不正となる傾向がある、ということのみである。この正義の格率は、おそらく、他の道徳的戒律と同じように、故意にしかし有用な仕方で曖昧なものとして取り扱うべきである。

この倫理的格率が実生活の状況で現実に援用される時、数が関係するようになる二つの仕方がまだ他にもある。これらのうちの第一のものは、以下の一連の事例でうまく説明される。

「二人の見分けのつかない双生児のうちの一人が、冷酷な殺人を犯すところを目撃される。その双子以外の誰も、彼等を見分けることがで

> きない。二人とも、殺人が行われた時自分は別の場所にいたと主張している。あなたは、二人とも処刑するか、二人とも無罪放免にするか、どちらか一方を選択しなければならない。」あなたは後者を選ぶだろうから（そうしますよね）、罪なき者を処罰することは、罪を犯した者が処罰を免れることよりも悪いとあなたは考えている。その後、この事例を挙げる人は、容疑者家族の人数を増やすかもしれない。「見分けのつかない三つ子のうち二人が、冷酷な殺人を犯すところを目撃される（云々）。あなたは三人とも処刑するか、三人とも無罪放免にするか、どちらか一方を選択しなければならない。あなたはやはり後者を選ぶだろうから（そうしますよね）、このことは、罪なき者を処罰することは罪を犯した人に刑罰を免れさせることよりも悪いとあなたが考えているということをより強く含意している。」[13]

容疑者の見分けのつかない特徴について何らかの非遺伝的な説明をそのうち見つけなければならなくなるであろうが、原理的には、殺人者の集団の規模を十人かそれ以上に増やすことができるだろう。

これらの仮想の事例が示すことの一部は、見分けのつかない双生児の単純な事例では非常に強い我々のいわゆる直観が、見分けのつかない殺人容疑者の集団が大きくなるのに応じて弱くなる傾向がある、ということである。このことが成り立つ理由の一部は疑いもなく、我々がこの一群の人殺しの悪党たちの未知の潜在的な犠牲者の権利を、もはや度外視できず、そのことが当該の事例の焦点をぼやけたものにする、ということにある。我々はもはや、二つの抽象物——十人の有罪者に対する無罪宣告対、一人の罪なき者に対する有罪宣告——の比較を論じてはいない。今や我々は、もっと多数の不特定の潜在的犠牲者を考慮に加えて判断しなければならない。それは、我々の直観が果たすべき仕事を非常に複雑なものにするので、直観は、我々が最初にそこから始めた単純で抽象的な道徳的問題についての明快な判断を、もはや下すことができない。だが我々は、これらの事例から有益な性質をもつ他の事柄を実際に学ぶ。すなわち、複数の悪（様々な不正の形）の間の比較で数的判断を行う機会が、通常の生活の中である範囲で生じうるし実際にも生じる、ということである。

悪の比較に関する我々の判断に数が含まれるようになる第二の仕方は、政策立案のレベルで生じる。穏健な「社会的飲酒者」から夕食時のワインを強制的に奪うことと、大酒家の多量で危険な飲酒の機会を存続させることは、どちらがより大きな悪なのかを、薬物乱用のこの領域で賢明な法律を制定するために決定したいと望む時我々は、二つの集団の相対的な人数について、おおよそであっても正確な感覚をもっている必要がある。いったんその人数が与えられれば、我々のもとの問は、x 百万人の規制されない酩酊者がいるのと y 百万人の「社会的な飲酒者」の無害な飲酒を禁止するのとはどちらがより悪いか、という一層複雑な伝統的定式で表現されるようになる。

いずれにせよ我々は、自発的安楽死の合法化に反対する「乱用されうる裁量」の議論を考察するための足場を設定するために十分のことをした。目下の問は、少なくとも二つの部分、すなわち数を含む部分と価値（または悪）を含む部分とから成る。y 回の致命的な過誤というコストを払って年間 x 千人の苦しんでいる末期患者や昏睡状態の末期患者の命を当局が終わらせることを許す規則**もしくは**、x 千人の自発的安楽死の事例を絶対的に禁止して y 回の誤った殺しを防ぐ規則は、どちらがより大きな悪か、と我々は尋ねることになるだろう。第一の（許容的な）規則によって引き起こされる悪は、誤診、新しい治療法の予想外の開発、あるいは心理的圧力のゆえに、不必要に死ぬか自らの真の意思に反して死ぬ y 人の患者によって被られる。第二の（禁止的な）規則によって引き起こされる悪は、痛み、激しい不快、絶望の苦悩に苦しむ末期患者、および、不可逆的な昏睡状態に陥っているが、これらの状況では死を望むという自発的な意向が知られているか推定できる人たちと、彼等の友人、近親者を犠牲にする。その禁止的な規則の利益は、無意味で痛ましく高価な、大脳皮質が死んだ身体の維持と、x 千人の末期患者の痛みと苦しみとの持続というコストを払って確保される。我々は、犯罪と刑罰というまったく異なる文脈で用いられるブラックストーンによる定式のような大まかな原則を擁護することができるだろうか。x 人の生が不可逆的昏睡や耐え難い痛みから解放されることは、y 人の過誤による死が防止されることよりも大きな善である、ということに我々が同意するだとうと期待することすらできるだろうか。それとも消極的な言い方をして、y 人の命が無意味に終わらせられることは、x 人の命が無意味に昏睡状態であるいは痛みに苦しみながら維持されることよりも大きな悪だ、ということに。

色々な数は実際に違いを生む。一部の事例ではあるいはエドガー・アラン・ポーによって吹き込まれたのかもしれないが[14]、棺の中で生きたまま埋葬されるという普遍的な悪夢を見たことがある人は、これ以上の恐怖をほとんど想像できない。そして、人類の埋葬習慣の長い歴史の中で、これが何回か現実に起こったに違いないということを、誰が疑えるだろうか。それはおそらく今でも、例えば五千万回の埋葬に一回は、仇敵の悪魔的な狂気のせいではなくても回避できない不注意な過失から、起こる。偶発的な生きたままの埋葬を、ぞっとする悪のリストの最上位にランクづける人すら、埋葬を禁止する法律を、あるいは埋葬を長期間延期して死者たちの再検査を要求する法律さえ、正当化するためには五千万分の一の可能性よりも悪い見込みを要求するだろう。偶発的な早すぎる埋葬は反論の余地なく悪いが、あまりにも稀で思弁的な害悪なので、我々の政策決定において大した重みはもたない。仮に、その頻度を一層大きい、例えば百万分の一だと考えるとすれば我々は、多くの人にかなりの不便と一層大きな費用というコストをかけても、用心の基準を厳しくすることを考慮するかもしれないが、自発的安楽死の事例がまさにそうであるような、多くの人にとっての極度の痛みと苦しみというコストを払ってまでそうしないのは確実である。

仮に、自発的安楽死が合法化されるとしたら、誤った不必要な殺しの犠牲者は相当な数にのぼるだろうとカミサーは見積もっているが、この数の見積もりを支持する彼の議論には説得力がない。その理由はおそらく、安楽死が非合法なままの時に死にたいという要望を却下される人たちが受ける悪と比較した場合のそれらの事例における悪の本性を所与とすれば、少数の過誤と乱用でさえ、安楽死の提案の信用を落とすのに十分であろう、とカミサーが考えることにある。ブラックストーンの言葉を借りれば、不必要に終わらされた一人の命は、不必要にかつ苦しみの中で引き伸ばされた十人の命よりも悪い、とカミサーは考えているように思われる。

なぜカミサーは、自発的安楽死の制度の下では、彼の言葉では「明らかな

(appreciable)」[15]過誤や乱用が避けられないだろうと考えるのか。過誤は主に、誤診と誤った予後判定、死ぬ直前に医学上の発見がなされる可能性から生じるだろう、とカミサーは考える。正確にどれくらいの頻度で、医師が治癒可能な病気を致死的なものと診断し、そうすることで命を救ったはずの治療を差し控えるのか、私にはわからない。だが、分別ある安楽死の体制ならどんなものでも、複数の医師による協議や、他の必要な確認の方法を要求するだろう。そして、若干の過誤は避けられないとはいえ、マシュー・ドネリーやナンシー・ベス・クルーザンの事例のような、完全に明白な事例の方がずっと多く存在する。明らかに回復不可能な事例に対して与えられる、我々が確実に知りうるかぎりではそれは誤診なのかもしれないという間違った判定はなぜ、カミサーがあれほど強調するもっと稀にしか起きない誤診と同じだけ道徳上深刻な誤りだといえないのか。

死ぬ直前の医学上の発見については、それらが「容易に感知できる程度の」数の不必要な殺しの原因になりえないことは明らかである。新薬の発見や新しい手術法の発見と、それらが実用可能になる時との間には、常にかなりの時間差がある。そして、この中間期に新たな可能性に気付くことで、いくつかの事例では希望がよみがえり、慈悲殺の延期に行き着くだろうと私は推定する。それらの事例では、患者（や後見人、代理人）と医師は、かすかな希望を可能な限り長い期間もち続けるだろう。そのような仕方で分別ある安楽死の体制は、死ぬ直前に発見がなされる可能性に順応することができるだろう。だが、救いがたく絶望的な他の事例、すなわち、死ぬ直前の発見の可能性があまりにも僅かなので、それを待つことに伴う持続的な痛みに値しないような他の事例があることも、同じように確実である。そして他の事例では、最期の時はすでに来て過ぎ去っているので、死の直前のどんな治癒の可能性もまったくない。例えば、いったん大脳皮質が破壊されてしまえば、昏睡状態の人の生存を回復できるものは、文字通りの奇跡でもなければ、ありえない。人は、数と蓋然性について言辞を弄し、死の直前の発見によって救命可能であると判明する、それがなければ末期状態にあった患者の数が、「僅か」より多いと認めることさえできる。道徳的観点から本質的な点は、慈悲殺を必要としそれを望む人たちの大半に対する慈悲殺の差止めは、我々が知っているすべてのことからして、死の直前の発見によって救われたかもしれない人たちを殺すことと少なくとも同じくらい重大な過誤だということである。グランヴィル・ウィリアムズは、要点をうまく表現している。「患者総数のうちのこの極めて小さな部分に対するこの危険の故に、苦しみながら死んでいく途中の患者たちは、来る年も来る年も、それを終わらせて欲しいという懇願に反して、そのまま放置されなければならない。」[16]

我々の伝統的な刑法は、例えばそれが脅威に曝された人や第三者を守るために必要であると思われる状況では、意図的な殺しを許容している、とカミサーは指摘する。そしてもちろん、個々の事例でこの「必要性」を判断する際に、誤りは避けられない。自己防衛や他者防衛における理の通る誤りは、「一人または複数の人の命を救う努力の避けられない副次的結果である」[17]とカミサーは説明する。だが我々は完全に同じ仕方で、合法化された自発的安楽死の体制における理の通る誤りが、耐え難い苦しみや、身体に生命を吹き込むいかなる人格も永続的に不在である時に身体の機能を苦心して多額の費用をかけて働き続けるようにすることから、当人自身の要望に従って、人間を解放する努力の「避けられない副次的結果」である、と考えることはできないだろうか。カミサーの答えは意味深長である。彼は、人の命を救うことだけが人の命を奪うことを正当化するに十分なほど大きな価値である、と考える。「安楽死の支持者が打ち出す必要性は、…止むに止まれぬという水準よりもかなり低い。それは、苦痛を緩和することに過ぎない。」[18]

マシュー・ドネリーとナンシー・クルーザンの両親が聞けば驚いたであろう当該の問題に関するこの見解は、比較判断の際に数を一切用いない形のブラックストーン主義の定式において、うまく表現されうる。ヴォルテールは有罪と無罪に関連して、「罪なき者たちを有罪にする危険よりも、有罪の者たちを見逃す危険を冒す方がましだという大原則」[19]について書いている。ここには、ブラックストーンの一層修辞的な定式にあるような、十人の有罪者と一人の罪なき者との比較といった数への言及がない。あるいはヴォルテールは、自分が主張する論点を切り離し分離するために、「他の条件が等しければ」――数や他の重要かもしれない事柄が同じならば――という条項を意図している（あるいは、意図しなかったとしてもそうすべきであった）かもしれない。その場合彼は、実生活における適用では、この条項ぬきの自らの「大原則」が示唆するよりも事情はずっと複雑であって、数は実際には意味をもち、「見逃された」犯罪者たちによって引き起こされるさらなる危害のリスクのような外部性もまた意味をもつことを認めるかもしれない。ヴォルテールの格率を模倣のモデルとして用いて我々は、患者やその近親者、家族が不必要に苦しめられるというリスクを冒すことは、安楽死を要望する患者が実は「末期」ではないというリスクや、彼の同意が実は自発的ではないというリスクを冒すことよりもましだ、という見解をカミサーに帰すことができる。数を考慮せずに、不必要に奪われた命の一例と不必要に引き伸ばされた命の一例とを比較する時、この抽象的な仕方で考察され、他の条件が等しければ、前者が後者よりも常に必ず大きな悪である、と今やその格率は告げる。つまり、他の条件が等しければ、誰かを誤って死なせることは、ある人を誤って生かし続けることよりも常に大きな悪なのである。カミサーの見解をこのように数を離れて定式化したものは、それを一層控え目でそれ故一層もっともな主張にする。それにもかかわらず本章の結論部で私は、若干説明の努力を払った後、この定式を否定するいくつかの理由を見出すことになるだろう。

Ⅳ　命の価値が乗り越えられる時

従って、自発的安楽死の状況には二種類の誤りがありうること、両者にはそれぞれのコストと推定される頻度とがあること、が明らかである。一方の種類の誤りは、治癒可能な患者が不必要に殺されるか、自らの真の同意なしに殺される危険を生み出す。もう一方の種類の誤りは、不治の末期患者が苦痛を無意味に引き伸ばされる危険を生み出す。たとえより少数の者により小さい程度の悪を被らせる類の誤りを必然的に犯すというコストを払ってでも、悪の数と程度との両方の点で一層重大な誤りを防ぐと考えられる政策を採択することが、規則制定者の任務である。

私の結論は、他の様々な要因から分離されれば二種類の誤りのうちの一方がそれ自体として常に他方よりも深刻である、とか、他の条件が等しければ（リスクの程度、それぞれの集団の中で影響を受ける人の数、などが同じならば）一方の種類の価値（生命）は常に他方の種類の価値（苦しみの停止）よりも重い考慮事項である、などとはいえない、というものになるだろう。安楽死の状況では常に多くの変項があるので、純粋に他の条件が同じという事例を見出すことは通常はできない。現実の生活で我々は、常に具体的で個別的な人たちを比較するのであって、我々の関心を引くいくつかの特性に関して抽象的であるに過ぎない主体の間を比較するのではない。そして、正確に同じ特性をもつ二人の人はいない。我々は、例えばマシュー・ドネリーやナンシー・ベス・クルーザンを、実はその命は救うことができるのだが本人は知らないまま今安楽死を望んでいるもう一人の特定の人と比較する時、比較している集団を規定する最小限の特徴以外の多くの特性を考慮に入れなければならない。苦しみがどれほど激しいか、したがってその苦しみがそれ自体としてどれくらい大きな悪か、その患者は何歳か、将来発見される何らかの治療法があるとしてそれは、どれくらい複雑で高価になり、成功の見込みがどれくらいあるのでなければならないのか、などである。

想像上のドネリーを考えてみよう。彼は、安楽死を許容する規則が別の患者に、治癒をもたらしうるもうすぐ発見される末期治療の放棄を可能にもするからという理由で、安楽死をあきらめてくれと頼まれる。このような具体的な事例で、相対的な年齢、治療する場合としない場合の余命、最善の結果において可能になる精力的な活動の程度、のような特徴を無視するのはかなり難しいだろう。我々はこの事例で、まるで人々が＜苦しみ＞と＜潜在的な救命可能性＞のような抽象的概念を擬人化した存在であるかのように、彼等を扱いはしない。我々の選択肢における相対的な価値と悪の程度は、常にそれよりも複雑だろう。というのは、すべての患者には特定の年齢、身体の状態、一般的な将来性があるに違いないからである。70 歳のアルツハイマー病の患者が、死ぬ直前の最高の「治療」が実現しても 6 ヶ月の余命と身体の衰弱した状態しか得られないと考えられる時、我々はドネリーに、その患者が死ぬ直前の治療を受け易くする一般的規則を守るために、絶え間ない痛みに苛まれながらもう一年間生きることを良心に従って強要できるだろうか。

私のテーゼは、抽象的世界の中で、あるいは可能な限りそれに近いところで、他の条件が同じならどちらか一方の種類の考慮事項が他方の種類のものよりも常に重要であるとか、他の条件が同じなら一方の類の誤りが他方の類の誤りよりも常に重要である、と判断することは誤解へと導く、というものである。他方カミサーは、二つのタイプの誤りの間にはカテゴリー的差異があるので、一方のカテゴリーが全体として常に優越しなければならない、とほのめかしている。他の条件が等しいとして、抽象化された形で「それ自体として」考察すれば、我々は、一方のカテゴリーの価値（生命）を他方のカテゴリーの価値（絶望的な苦しみの停止）よりも常に優先すべきである、とカミサーはいっているように思われる。反対に私の考えでは、たとえ我々がいやしくも「全体カテゴリー」ゲームへの参加を強制されるとしても、二つの誤りのカテゴリーには、同じだけの深刻さがある、と我々は結論しなければならないだろう。

しかし、我々がこの種の判断を完全に回避するなら、その方が善いだろう。我々は、その二種類の誤りは抽象的には比較されることが**でき**、それらは常に同じくらい深刻であるといいたくなるかもしれない。だが、それは論点が誤っており、カミサーの結論と同じくらい逆説的な結論である。二つの価値のカテゴリーの比較は行うことができ、常に引き分けの結果になる、というのでは**ない**。むしろ、その比較はまったく行うことができない。私が行ってきた再構成にしたがえば、カミサーと私の意見の相違は、「他の条件が等しければ、死は常に悪い」と彼が言い、「他の条件が等しければ、その二つの悪は常に等しい」と私が言うということにあるのではなく、むしろ、彼が前者のように言い、私が彼の主張を否認するということにある。私は、彼の主張と平行関係にあることをまったく主張しておらず、死か苦しみのどちらか一方が他方よりも常に「他の条件が等しければ、それ自体で」悪いというような、包括的な判断を行いうることを、端的に否認している。

「他の条件」（たとえ、どの「他の条件」が重要であるのかに関して我々がいつか合意に達するとしても）が同じであることはほとんどないし、たとえ**神の奇跡によって**、それらが特定の事例で同じであるとしても、その結果生じる価値判断に意味はないだろう。他の条件が等しければ死は苦しみよりも悪い（またはその逆）と述べることは、「他の条件が等しければ激しい痛みは軽い痛みよりも悪い」というような事柄を述べることではない。強さ、持続時間、広範さなどの点で、複数の痛みは有意味に比較できる類のものである。だが、死と苦しみには、比較がそこで可能となる有意味な次元がない。時間の単位（何日、何時間）は両者に適用できるかもしれないが、死に関する有意味な時間の尺度は、死そのものの持続時間――それはもちろん無限である――ではなく、むしろ、防ぎうる死が実際に生じた時に仮に生じなかったとすれば、どれくらい多くの日数を生きたと期待されるだろうかということである。それは、我々が苦しみの持続時間（苦しみが始めから終りまでどれくらい長く続くか）を測るのと同じ時間の次元ではない。それ故、死と苦しみは、このそしてその他の有意味な点において、端的に通約不可能である。「抽象的な死」や「抽象的な苦しみ」について述べるのは容易だが、現実の人々は抽象的世界に生きてはいない。

85 歳の人から付加的な 6 ヶ月間の病身の生を奪った誤って許容された死を、誤って引き伸ばされたマシュー・ドネリーの苦しみと比較しなければならないとしよう。ここでは、一方の人の苦しみは他方の人の死よりも悪いと思われるだろう、それとも我々は、もし判断を強制されたなら、いずれにせよそう判断するかもしれない。反対に、50 年間の精力的な生を奪われた誤って許容された 20 歳の人の死は、別の人の苦しみを誤って一日引き伸ばすことよりもおそらく悪い。50 年間の生を奪われた若い人は、いかなる人のいかなる量や程度の「単なる」苦しみよりも甚だしい悪を被ったのだ、と慈悲殺の反対者が宣告するとしたらどうだろうか。自らの意思に反して 50 年間激しく苦しみながら生かし続けられる人の架空の事例に直面して、彼はその判断に自信をもち続けられそうにないと私は考える。一方の悪を「死」のカテゴリーに属するもの、他方の悪を「苦しみ」のカテゴリーに属するものと特定することは、問題を導入することでしかない。それは、問題を決して解決しない。

私は、十分に具体的な文脈で、生命を凌駕しうる価値の事例として、ドネリーとクルーザンの事例自体に語らせることで満足しよう。そうすることは、残された紙幅の中で、合法化された安楽死の様々な反対者、とりわけ現代の連邦最高裁判所によって解釈された「生命維持」のふくらんだ価値をしぼませること、を私に可能にしてくれるだろう。この結論部で私は結果として、ナンシー・ベス・クルーザンの事例における裁判所の生命の価値に関する宣告に、関心を集中することにする。

自発的安楽死の反対者は、「生命それ自体」に非常に大きな価値があると考え、それと苦しみの悪とが衝突する時にはいつでも、生命それ自体の価値が苦しみの悪に重要さで勝ると想定する。それはなぜか。レーンキスト判事はクルーザンの事例における多数派意見の中で、当人が治療を拒否することを望むのであればそうする権利を、アメリカ合衆国憲法[20]は判断能力を備えたすべての成人に付与している、ということを認めた。しかし、自由に対するこの私的な「利益」は、関連する州の利益と比較衡量されなければならない、とレーンキストは宣告した。後者の中で主要なものは、「人の命の保護と維持」についての州の利益である。私は、ここでの「利益」の意味をどのように説明すべきか確信がないが、それを「政府の正当な関心」と言い換えてもそれほど的外れではなかろう。時によって人の命を保護する州の利益は、特定の治療を受けるかどうかを自分で決定することに関わる個人の自由への利益に優越する。レーンキストが挙げたこれの実例は、裁判所が、感染症を予防する州の利益を、自分が望まない天然痘の予防接種を拒否する個人の自由への利益よりも重視した、1905年のマサチューセッツ州の判例である[21]。それ故、「同意しない人の身体への強制的な薬物の注射はその人の自由への重大な介入に該当する」[22]としても、州は、市民の憲法上の自由権を時に無効にしてさえ、人の命の保護者としての自らの役割に必要な重みを与えなければならない。

裁判所がなぜ、致死的な疾患の流行を予防するのに役立てるために予防接種を法的に強制するのか、を理解するのは容易であるが、この事例が、ナンシーの人格が自らの身体から永遠に消滅した後彼女の損なわれた身体を長期間生かし続けることに関わる州の利益を説明するために、どのように役立つのだろうか。世を去った人の機能している身体の維持は、まったく誰の利益にもならない。ナンシーの利益にならないのは、彼女が意識を永続的かつ不可逆的に喪失していて、その違いを知ることはまったくできないからである。年間約10万ドルの費用を支払ったミズーリ州の利益にもならない。自分たちの愛娘の身体の不自然な維持が残酷な拷問であった、ナンシーの両親の利益にもならない。

もちろん、事故に遭う以前のナンシーの利益が残っている。万一自分が事故で不可逆的な昏睡状態に陥るとすれば死ぬに任せられることが、情報を与えられた上で彼女が抱いた確固たる意向である、と当面仮定してみよう。彼女の友人とかつてのルームメイトの証言によれば、これは、事実彼女が望んだことであった。それが本当なら、ナンシーが昏睡状態に陥っている時に彼女の身体を維持し続けることは、事故以前に彼女がそうであったナンシーの利益にならない。利益をもっていた人の死後にも残存している利益について、我々は一種の有益な虚構として語ることができると私は考える。もし、私の死後私の財産が妻の手に渡ることに、私は生きている時に利益をもっており、それから私の死後、私の弁護士と会計士の陰謀によって彼女が遺産を騙し取られるとすれば、彼女の利益だけでなく、私が死ぬ前に促進していた彼女の安全に関する私自身の利益も阻止されることになる。私の妻の資産のうち手に入るものどれについても、それをどのように分配しなおすかを決定する時に、当局は次のように言うだろう。「何が行われるべきかを決定するのは、遺言者の利益だけである。」述べられることは、私という遺言者がもはや死んでいても、完全に理解できるだろう。いずれにしても、万一自分が不可逆的な昏睡状態に陥るとすれば、栄養と水分の補給が差し控えられることを、ナンシー・クルーザンが事故以前に望んでいたという仮定の下では、彼女の身体が生かし続けられることは彼女の利益に（彼女が何かの利益をもつことができた時に彼女がもっていた利益に）ならない、ということが帰結する。

今度は、ナンシーが、永続的昏睡に陥った後は医療による生命維持の中止を望むという、情報を与えられた上での意向をもっていなかったというもう一方の可能性を考察していただきたい。この仮定の下では彼女は、どちらでもよかった＝無差別だった、おそらく当該の問題を考えたことさえなかった、か自らの生きている身体を維持してもらいたいという、十分な情報に基づく確固たる意向をもっていたか、のどちらかである。もし彼女がどちらでもよかったとすれば、それは、事故以前の彼女の利益が生命維持の中止によって阻止される事例ではありえない。だが、彼女が生命維持の継続を望んでいたとすれば、生命維持の中止は、事故以前の彼女の利益を侵害するものに見えるだろう。しかし、そのような意向に基づくと考えられるのは、どのような種類の利益でありうるだろうか。それは、彼女の命を継続してもらう利益ではありえない。というのは、仮定により、どのような出来事も彼女にとっていかなる違いも決してもたらさないからである。もし彼女が、死と永続的な意識消失とのどちらを選ぶかと尋ねられていたとしても、理性的な選択を表明することは不可能だっただろう。なぜなら、彼女自身の主観的な観点からは、死と永続的な意識消失との間に少しも違いがないからである。自らの命が論点になっている人の視角からは、一方での永続的な意識消失と、他方での永続的な意識消失との間の選択しかない。どちらの選択肢にも様々な、努力、嫌悪、事業、目標、愛着、計画、行為、知覚――「命」という言葉をそのように用いてよいとすれば単なる生物学的有機体の命、に対立するものとしての、人の命の必要的構成要素群――の可能性はない。

さらなる可能性が残る。ナンシーの立場に置かれている人が、自らの身体を自分自身の所有物と見なし、それに応じて、自分がいなくなった後にそれに対して何が為されるべきかを指示することが考えられる。万一彼女が不可逆的に昏睡状態に陥る場合には、自らの身体が新薬の安全性を試す有益な手段になって、若干の気の毒な動物をその犠牲的な役割から解放できるように、あるいは、身体の予備の部品を移植できるようになるまで、それらをうまく働く状態に保つための臓器バンクになれるように、等の目的で、自らの身体が生かし続けられることを求める条項を、自らの遺言の中に入れるかもしれない。遠い将来に国家が、その種の資源に利益をもつと主張し、あらゆる「生きている死体」を医療のために確保できるように、身体は死んだ人が好きなように処分すべき当人の私的な所有物であるという主張を覆すようになる時代が来ることを、我々は想像することさえできる。しかし現在のところでは、人は、かつて自分の身体であった有機体がまだ生きているとしても、自分の将来の生きた遺体の処分に関する利益と権利とをもつ、と述べるのは理解できる。だが、ある人がある受け手に自らの生きている身体を贈与することから、それを受け取る受け手の義務や、かつての所有者の要望に従ってそれを利用する義務が生じるわけではない。重い財政的負担に苦しむミズーリ州は――法が許しさえすれば――「ありがとう、でもいりません」と言うことも当然あっただろう。状況は、自分の1953年型シボレーが明るく照明された展示室で永久に保存されるために、それを州に遺贈する人によく似ているように思われる。結局のところその車は、遺言者が好きなように処分できる所有物であった。だが彼が、費用を賄う適切な額の金銭も遺贈したとしても、州は手間をかけるに値しないものとしてそれを拒否するのが正当だと感じるかもしれない。実際人は、不可逆的な植物状態とは何かを理解する時、身体をその状態で維持することが、いったいなぜ州の利益になるのか不思議に思う。その医学的診断について疑念がなかなか晴れないことが理由だ、というのでもなければ、である。いずれにしても、感染症を予防する利益に少しでも似た州のいかなる利益も、占有者のいない身体を生かし続けることに関しては、想像できない。

遷延性植物状態の患者の治療においては、二種類の誤りが犯されうる。そのうちの一方は非常に稀であり、他方は、それが起こる時にはいつでも重要性の低いものである。稀な誤りは、誤診——昏睡状態が事実不可逆的でない時に不可逆的であると予想すること——であろう。しかしながら、ハイテクのエックス線機器の時代である現代では、大脳皮質が機能を失い徐々に崩壊しつつあるのを知ることができるので、怠慢といえるほど形だけの検査だけが、誤った予後判定に導くだろう。医師は人間なので、もちろん誤りうるし、誤りの可能性は常にあるだろうが、この種の誤りはめったに起きないだろう。

他方の種類の誤りは、患者に、自らの生きている身体の処分に関する意向を誤って帰すものだろう。患者が栄養とケアとの打切りを望んでいてそれを得られないとすれば、それは、患者の利益にではないとしても、費用を負担する納税者はいうまでもなく、患者の両親、近親者、友人の利益に関わる、重大な誤りである。しかし、患者が自らの身体を、譲渡された所有物として、よくできた機械や芸術作品ででもあるかのように、州の費用で保存してもらうことを望み、この心からの意向が誤解されるか、そうでなくとも尊重されないとしても、その誤りは重大なものではない。要するに、この種の事例における誤った殺しのリスクは、それ自体、大して重大な危険ではない。というのは、部分的には、殺しに行き着きうる純粋に医学的な誤りの数が深刻な大きさになることはないからであり、死を望む事前の意向を患者に誤って帰すことは、それ自体、非常に大きな悪ではないからである。

しかしながら、連邦最高裁判所の多数派は、クルーザンの生命維持治療を誤って打ち切る危険が、反対方向の誤りの危険よりも重大な悪であると見なした。というのは主として、死が不可逆的であり、それ故誤った殺しは訂正不可能だからである。この判決の公式抄録は、この議論を正確に要約している。

> 「明白で確信を抱くに足る証拠という基準は、…誤りのリスクが訴訟当事者の間でどのように分配されるべきかに関する社会的判断として働く。ミズーリ州は、生命維持治療の停止を求める人たちに、誤った決定についての加重したリスクを課すことができる。生命維持治療を停止しないという誤った決定は、結果として現状の維持をもたらすが、それには、医学の進歩や患者の予想外の死のような出来事によって、誤った決定がついには訂正されるかその影響が緩和されるについての、少なくとも可能性が伴う。しかし、そのような治療を中止するという誤った決定は、訂正されることがない。」[23]

殺すという誤った決定の撤回不可能性を根拠とするこの議論に対して、ブレナン判事は、自らの反対意見において、明確かつ明白な返答をしている。「患者の観点からは、**どちらの方向の**誤った決定も、撤回不可能である。」[24]彼女はどちらの事例でも存在しないが、彼女の遺体は一方の事例では永続的に展示され、他方の事例では礼儀正しく視界から取り除かれる。

> 「人工栄養と水分補給を停止する誤った決定は、確かに、生理学的な命の最後の残遺すなわち脳幹の不全に行き着き、完全な脳死をもたらすだろう。しかし、生命維持を停止し**ない**誤った決定は、望まない治療を回避する権利によって保護される、品位そのものを患者から奪う。品位を傷付けられた彼自身の生存が永続化される。彼の家族の苦しみは長引かされる。彼が後に残す記憶はますます歪んだものになる。」[25]

意識のない単なる生物学的な命の維持に関わる州の利益などなく、したがって、そのような「命」を維持する政府の合法的な役割がありえないのは、何かの大きな植物や野菜を維持するそれがないのと同じだ、とブレナンは正しく指摘している。「当該の命を生きている人の利益から完全に分離された命は」[26]、州が保護することを決意している特別な価値を――伝染病に脅かされうる公衆衛生のようなものは何も――もつことができない。

もちろんマシュー・ドネリーは、彼の最期の日々において、植物に似た点はまったくなかった。植物が痛みや絶望に苛まれることはない。だが、ドネリーの状態の治癒不可能性を考慮すれば、ナンシー・クルーザンの命が、当人が事故の前にもっていたと推定される意向に反して維持するに値しなかった以上に、ドネリーの命は当人の明示的な意向に反して維持するに値しなかった。ナンシー・クルーザンの身体を生かし続けることはまったく無意味だったが、そうすることでナンシーに危害を加える可能性もなかった。しかしながら、ドネリーが熱烈に要望した救済を与えることを支持する議論は、それ以上に強い。我々には、ドネリーのような人たちに救済を与える義務があり、そのような人たちに対して救済を差し控えることによって、我々は彼等に残酷な害を与えている。彼等を不必要に苦しむにまかせることは、「安全な方」へと誤ることではない。命の困難な幕引きのゲームにおいてはしばしば、そちらの方へと誤るべき安全な方はない。引き伸ばしと不作為は、軽率で早まった作為と同じくらい重大な誤りでありうる。その場合には、苦しんでいる患者に自分自身の成行きを決定させるために、我々は何でもできる限りのことをする方がよい。

要約すれば、自発的安楽死の合法化に反対する（あるいは、自発的安楽死に対して法的な障壁を築くことを支持する）大多数の議論は間接的議論であることを我々は見た。それらの議論は、内的に、つまりそれ自体の道理に基づいて判断された場合に、個々の事例が安楽死を正当化しないとは論じない。これらの議論のいくつかは実際、多くの個々の事例が、道理に基づいて判断されるならば安楽死に値する、と率直に譲歩する。むしろこれらの議論は、個々の事例の道理を意図的に度外視することを支持し、全面禁止を支持するための外的考慮事項を挙げる。これらの議論の中でもっとも説得力があるのは、乱用されうる裁量を根拠とする議論である。この議論は、法的行為能力を有する個人がある状況で生命維持治療を継続すべきか終わらせるべきかを自分自身で決定する裁量を認められるとすれば、誠実な誤りとあまり誠実ではない乱用とを回避できないので、昏睡状態の人と苦痛に喘ぐ人を当人の推定される意思に反して生かし続けることの悪を凌駕する悪が生じるだろう、と主張する。乱用されうる裁量を根拠とする議論は、いくつかの文脈（例えば交通整理）では説得力があるかもしれないが、安楽死の状況には適用できない。というのは、予想される数の人たちが誤って殺されることが、予想される数の人たちが誤って生かされることよりも大きな悪をもたらすだろうということを示せないからである。自発的安楽死の哲学的問題は大部分、現実のリスクを比較することにある。自発的安楽死の敵対者は、人間の苦しみの悪を過小評価し、心臓は拍動し続けているが、人格が存在しないか、または、人格は存在するが、その苦しみがひど過ぎて人間的生を送ることができない場合の、単なる生物学的な命の価値を過大評価する、という誤りを犯している。

（水野俊誠訳）

註

1　Yale Kamisar, "Euthanasia Legislation: Some Non-Religious Objections," in *Euthanasia and the Rights to Death*, ed. A. B. Downing（London: Peter Owen, 1969）.

2　Ibid., p. 87

3　James Raehels, *The End of Life*（Oxford: Oxford University Press, 1986）, p. 32.

4　Raehels（ibid.）が書いているところでは、「ドネリー氏は弟に自分を銃で撃ってくれるよう懇願し、弟は撃った。」

5　本章の基になっている最初の講義をした１０日後にクルーザンの意向に関する新たな証言がミズーリーの法廷に提出され、法廷はその新しい証拠を、"明白で確信を抱くに足る" と評価することができた。そのため同法廷は、栄養補給装置を取り外してほしいという要求を認め、それから数日後にクルーザンは死亡した。〔訳注：この注は本論初出の *Ratio Juris*（Vol. 4 No. 2 July 1991）には付されていない。〕

6　*Nancy Beth Cruzan, by Her Parents and Co-Guardian, Lester L. Cruzan et ux, Petitioners v. Director, Missouri Department of Health*, 110 S.Ct. 2841（1990）.

7　*Cruzan by Cruzen v. Harmon*, 760 S.W. 2d, 408（Mo banc 1488）at 415（1988）.

8　Charles L. Black, Jr., *Capital Punishment: The inevitability of Caprice and Mistake*（New York: W. W. Norton, 1974）を見よ。

9　Kamisar, "Euthanasia Legislation," p. 104 を見よ。

10　B. Stevenson, ed., *The Macmillan Book of Proverbs*（New York: Macillan, 1948）, p. 1249. Jeffrey Reiman と Ernst van den Haag は *Macmillan Book* の説明を次のように言いかえて

いる：「Thomas Fielding, *Proverbs of All Nations*, p. 59（1824）で［Fielding は］、英国法の法格言でもあるイタリアの格言を引用しながら、それはイタリアに源を発するものであり、Paley 博士はそれに反対であり、一方 Blackstone と Romilly はそれを是認していた、と言う。」Reiman と Ernst van den Haag の議論“On the Common Saying that it is Better that Ten Guilty Persons Escape than that One Innocent Suffer”は *Social Philosophy and Policy* 7/2（Spring 1990）:226-48 にある。

11 William Blackstone, Commentaries on the Laws of England, 21st ed.（1765）（London: Sweet, Maxwell, Stemens & Norton, 1844）, book 4, chapter 27, p. 358.

12 Reiman and Van den Haag, "Common Saying," p. 227.

13 Ibid., p.228

14 例えば、E. A. Poe, *Selected Writings*, ed. D. Galloway（Harmondsworth: Penguin Books）内のポーの短編小説“The Black Cat”、“A Cask of Amontillado”そして特に“The Fall of the House of Usher”を見よ。また、Michael Chrichton, *The Great Train Robbery*（New York: Alfred A. Knopf, 1975）, pp. 191-94 を見よ。そこからの引用だが、

「19 世紀、イギリスとアメリカ合衆国の両国では早すぎる埋葬という観念に奇妙にも人々が夢中になっていた。…ヴィクトリア朝時代の人々にとって早すぎる埋葬は真の明白な恐怖だった。

この広く行き渡った恐怖は単なる神経症的恐怖ではなかった。…早すぎる埋葬は実際あったし、しかもそのようなぞっとする出来事は［しばしば］偶然の出来事によってのみ防げた…というたくさんの証拠があった。…ヴィクトリア朝時代の人々は二つの仕方でその不確かさに対応していた。その第一の対応の仕方は数日間埋葬を遅らせ―― 一週間は稀なことではなかった――そして、間違えることのない嗅覚によるエビデンスを待つことであった。…

第二の方法は技術的なものであった。ヴィクトリア朝時代の人々は死んだ人が自分が生き返ったことを知らせることのできる手の込んだ一連の警報と合図の装置を考案した。裕福な人ならばその人の棺と地上をつなぐ一本の鉄パイプを付けて埋葬され、故人が突然目覚めて助けを呼ぶかもしれないので、信頼の厚い一家の召使が墓地に昼も夜も、一か月あるいはそれ以上、とどまるよう要請されたものだった。埋められずに一家の地下納骨堂に葬られた人はしばしば、体のわずかな動きですら蓋をぱっと押しあけるように腕や脚に複雑な迷路のような針金を装着されて、特許取得の、ばね仕掛けの棺におさめられた。…

合図の装置はほとんどが費用のかかるもので、裕福な階級にしか手に入らなかった。貧しい人たちは、もし生き返ったら自分で土を掘って窮地から脱出することができるようにという漠然とした当てにならない考えで、何らかの道具――かなてこあるいはシャベル――とともに親戚を埋葬するというもっと単純な方策を講じた。」

15 Kamisar, "Euthanasia Legislation," p. 105.

16 Glanville Williams, "Euthanasia Legislation: A Rejoinder to the Non-Religious Objections," in *Euthanasia and the Right to Death*, ed. A. B. Downing（London: Peter Owen, 1969）p. 142.

17 Kamisar, "Euthanasia Legislation," p. 104.

18 Ibid.

19 Reiman and Van den Haag, "Common Saying," p. 226 に引用されている Jean Francois Marie Arouet de Voltaire, "Zadig or Fate," in Candide and Other Stories（London: Dent & Sons, 1962）。

20　その第一の法源は第 14 修正、「また、いかなる州も法の適正手続きなしに個人の生命、自由あるいは財産を奪ってはならない」の「適正手続き」条項である。この条項を医療に適用する際のキーワードは“自由”である。

21　レーンキストは、*Jacobson v. Massachusetts*, 194 U.S. 11, 24-30 (1905) を引用している。

22　*Washington v. Harper*, 110 S. Ct. 1028 (1990) からのレーンキストの引用。

23　*Crusan v. Director, Missouri Department of Health*, at 2844

24　Ibid. at 2873.

25　Ibid.

26　Ibid. at 2870

第16章
法と道徳における問題含みの責任
Problematic Responsibility in Law and Morals

本論の目的は、「道徳的責任」に関してよく目にする一つの概念構想が原理上、精確で一貫性のある適用ができないことを示すことにある。「道徳」に特徴的な様々の現象についての大半の概念構想の場合と同様道徳的責任も、法的対応物との、暗黙の類比と対比によって成立している。道徳的責任は法的責任と、いくつかの点で似ており他の点で根本的に異なっている、と考えられる。そして当然、その対比的な特徴こそが、道徳的責任の中の特に「道徳的」な要素を構成すると考えられる。これら対比をなす要素を明確にするために、私はまず、裁判所が責任に関する困難で問題含みの事例をどう扱っているか、を考察したい。というのも、対比がもっとも鋭利になるのは、ここにおいてだからである。

I　法における問題含みの責任の扱い

私がこの後取り上げるような法的責任の判定は、事後的に行われる。出来事が起こり、一定の状況が生起し、裁判所は、(何が、ではなく) 誰がその出来事や状況に責任があるのか、を問うのである。法廷では、問題となる状況は大抵危害を与えるものであり、(ここでは考察しない厳格責任や代位責任の場合を除いて) 被告 (人) は次のような場合に、その危害に対して責任があるといわれる。すなわち、(a) その危害が、何らかの意味と程度において、彼が行ったもしくは差し控えた何事かの結果であり、(b) それを行ったもしくは差し控えたことに対して、彼に何らかの落ち度がある、場合である。こうした責任の帰属如何によって左右されるものは、被告 (人) は危害の犠牲者に賠償させられるべきか、それとも、その危害を理由に彼自身は処罰されるべきか、あるいはその両方か、という問題である[1]。

責任を帰属させる事例はしばしば、機械的なやり方ではどうしても解決できないような困難な問題を裁判所に投げかける。そうした状況で様々な判定が、どのように行われたり支持されたりするかを検討することで、「道徳的責任」との様々な類比と対比を哲学者たちに示唆した法的責任が、一般的にもつ特徴が明らかになるだろう。

まず第一に、法的責任の判定は隠された実践的目的の強い影響を受ける。そして、あまりに多くの現実的なるものがその判定にかかっているために、沈黙を続けたり条件をつけて言葉を濁したりしてみても、多くの場合判定を避けることができない。何も判定がないことは、原告が損害賠償の受け取りを否定されること、あるいは被告人が無罪放免を許されること――少なくとも関係者にとって、最重要の実践的帰結――を意味しうるのである。

第二に、法的な責任概念には、どうしても曖昧さの残る余地があり、この余地のために裁判所はしばしば、恣意的だと自認するルールを機械的に適用せざるをえなくなる。それ故例えば、暴行の被害者が「一年と一日」までに死ねば、加害者に殺人罪を科すことができるが、もし被害者が「一年と一日」以上生きながらえるなら、その後の彼の死に対する責任は公的には別のところに帰さねばならない。刑法におけるこうしたルールや、不法行為法における同じようなルールは、責任は不確実であるしかないが「どこかに線を引く」必要があるような事例、に適用することを想定されている。

第三に、問題含みの事例における法的責任は、様々に対立する利益、目的、政策などに相対的であり、簡単に事実から「読み取る」ことはできない。被告人のある種の落ち度は、危害発生の原因だと公的に決定されてきた。しかし当然のことながら、様々な別の要因もその危害に寄与している。これらの一部は、大気中に酸素があることのように、通常の背景的条件だったが、他のものは、ある人が異様に出血死しやすいなどのように、かなり異常な要因であった。一部は予想可能であったし、一部はそうでなかった。こうした場合に決定されるべき問は、結果に対する責任を彼に帰すことが正当といえるほど、被告人の振る舞いは十分に不正であったのか、あるいは当該結果に対して十分に重要な寄与をしたのか、である。ある結果に対する因果的寄与が、どのような場合に、何らかの目的からして十分に「重要」であるのかという問題は、当然、事実を長々と調べることによって解決できる問題ではない。特に問題となっている複数の目的が相互に対立する場合には、事実関係が明らかになった後でも、この問題がずっとつきまとうこともありうる。

それ故、問題含みの事例においては法的責任は、決定されるものであって、単純に発見されるものではない。我々は、被告（人）がその危害に対して責任があると判定すべきかそうすべきでないのか。これこそが適切な形式の問であり、それに答えて、「まず彼がその危害に対して、事実として責任があるかどうかを確定し、その後で、彼に実際に責任がある時かつその時にのみ、彼に責任があると判定せよ」と言ってみても役には立たない。というのは、発見可能な事実がすべて発見された時ですら、これらの困難な事例における責任の問題は、論理的に未解決で論争の的となる問であり続けるからである。問題含みの事例において法的責任を確定することはしばしば、誰が支払うべきか、または誰が罰を受けるべきか、そしてそれはどれくらいか、の話に帰着する。そしてこれらの問は、正義に関する対立しあう諸利益や諸原理のために問題含みになり、それらへの答は普通、賠償や刑罰の「目的」または「ねらい」は何にあると裁判官が考えるかによって左右される。不法行為法においては、多くの問題含みの事例は、次のような共通の形式をとる。「被告が不当にも、予見すべき危害への対策を取らず、そして予想できなかった様々な結果が実際に発生するということである。」[2] 裁判所の多くは、そんなことをすると「どんな個人の財産でも対応できず、被告の過失ともまったく均衡しない、破滅的な賠償責任を課すことになる」[3] からという理由で、被告の過失から生じる予期できない結果に対して賠償責任を課すことを拒否する。その一方で、その損失を誰かが負わなければならないとすれば、無垢の犠牲者ではなく落ち度のある当事者が担う方が、より公正、または少なくとも不公平さが少ないのではないだろうか。この対立する二つの配慮は、それぞれとても説得力があったので、同じような事例がしばしば逆の形の決定になってしまったため、多くの弁護士や裁判所が、それらの事例がどのように判定されるべきであったのか、いまだに論争しているのである[4]。プロッサー教授の主張によると、「問題は、因果性を問うものではありえない。」なぜなら、「因果性が証明された後ではじめてその問題が発生するのだから。それはむしろ、法の基本政策の問題なのである。」[5]そこでは、正義についての様々な対立する配慮が問題になっているだけでなく、どうしたら損失を最適に分配できるかとか、リスクを冒す一定の行為は奨励すべきか抑止すべきか、というような問題も問われているのである。

さらに、処罰と賠償が異なる目的をもつという考えが、責務をめぐる様々な決定に影響を与える。被告の過失によって死んだとしても、その犠牲者がいずれにせよすぐに死んだであろうことが十全に証明される場合には、遺族への賠償は通常否定される。あるニューハンプシャーの事例では、小さな男の子が橋上の梁から、ほぼ確実に死ぬか重傷を負うであろう下の岩に向かって落ちた。男の子は落ちる際に手を伸ばして、被告会社が不注意にも電流を流したままにしていたむき出しの電線に接触し、感電死した。この事例で裁判官が述べるところでは、犠牲者は、「通常の予想寿命の人生をではなく、金銭賠償を受けるには短すぎる人生を」[6]奪われた、のである。しかし殺人の刑事事件では、犠牲者の予想寿命は被告人の責任問題に全く影響を及ぼさないという点で、一般の合意がある。それ故、エンパイア・ステート・ビルの頂上から飛び降りて自殺しようとする人を、被告人である射撃の名手が、49階を通り過ぎる際に射殺したとしたら、その射撃手はほぼ確実に、どれかの級〔一級か二級〕の殺人罪で有罪判決を受けるだろう[7]。賠償と処罰は違った機能と違った目的をもち、そしてそれらが今度は、責任を公的に決定する際に要点の異なった評価へと導くのである。

法的責任の判定は政策や目的の考慮に依存するために、困難な事例においては機械的な判定方法は破綻する。エドガートン判事が有名な陳述で述べたことには、「事件の解決は、…対立する個人的および社会的な様々の利益の衡量…に依存する。…それらの利益は…数や重みが不確定であり、同じ標準で計れるものではない。…私の信念を述べると、論理は有益だが…不十分であり、直感が不可避であるため確実性は不可能なのである。」[8]

II　道徳的責任（それがもつはずの特徴）

それにもかかわらず、法的責任が決定された後でさえ、そこには依然問題——たとえ法的問題ではないとしても——が残されているという拭いきれない感覚が残る。つまり、その危害に対して被告は（法的な責任とは対置される）本当の責任があるのだろうか。この理論上の「本当」の責任という考え方は、特定の法体系の目的や価値に「相関する」実践的責任とは峻別されており、ごく普通に「道徳性」の用語——「道徳的責務」「道徳的罪」「道徳的責任」——によって表現されるもので、それは特に、この用語法が法廷での技術的用語法と意識的に対置して使用される時に、そうである。自然に現れてくる道徳的責任という考えが関わるのは、実践的考察によって強いられるものではまったくない判定、行為者の力の及ぶ範囲の内部で全面的に絶対的な責任を帰属させるような、合理性において優越し完璧に精確な判定である。

これらの特徴を順に考察してみよう。様々な状況によって強いられる法的責任の判定とは対照的に、道徳的責任の判定は、実践的な何事もそれらの判定にかかっているわけではないため、しばしば無難に回避される。ある危害に対して法的責任があるということは、公的処罰を受ける、あるいは金銭的補償をせよという法的圧力を受けるということである。これに対して、道徳的責任があるといっても、どんな種類の公的処置も、あるいは非難行動といった非公式でインフォーマルな反応も、受けるわけではない。このように理解される道徳的責任は、何らかのイデア的記録の上で非難と名声を受けること、つまり名誉または非難（行動への含意を伴わない非難）を受ける資格のことである。ちょうど我々が、英雄や聖人について、高貴な行動を行ったことを「永遠に名誉」だと言うように、人は落ち度に対して永遠に「非難され」うるのである。よってこれが、この考え方からして何かに対して道徳的責任がある、が意味することである。すなわちそこで課されるのは、外的応答ではなく、人間としての自分の記録に非難が書き込まれることである。この記録の方は、例えば自己処罰、自責、あるいは自尊心など、いろいろな目的のどれにも使いうるが、人は、責任を単に記録の問題に留めて、その記録をこうした更なる用法で使うことを避けることもできる。

第二に、法的責任と違って道徳的責任は、曖昧さと、なんであれ「恣意的」にならざるをえないルールを策定する必要性から、免れていなければならない。「どこかに線引きをする」必要性と便宜とによってのみ正当化されるような刑法における「一年と一日」ルールに類似した道徳ルールなどありえない。行為者の道徳的責任に関する問は、原則として精確に判定可能でなければならない。さらに、「事実についての」記録を含む「記録」に関するすべての事項と同様、道徳的責任も事実から読み取られるか、それから演繹されねばならない。もし判定者の判定が卓越した合理性の保証印を有するべきだというなら、彼には他に解消できない裁量の要素があってはならないのである。

第三に、道徳的責任判定は２つの意味で「絶対的」である。まず何らかの結果に対する被告（人）の寄与は法の目的からして「重要な」寄与だ、と述べる法的判定とは対照的に、道徳的責任はどんな目的、目標、あるいは政策からも独立に妥当する、という意味で絶対的である。そして道徳的責任判定はまたそれらについて無条件の最終性をもつ[9]という意味でも絶対的である。しかしながらこれは、道徳的責任判定が法的判定と共有する特徴である。

第四に、道徳的責任は規則的で予測可能でなければならず、何事もめぐり合わせや予測不可能な偶然性に委ねることはできない。とりわけそれは、法における責任が非常にしばしばそうであるような、運の問題ではありえない。ある男が別の男を撃って死亡させ、法はその死に対して彼に責任があると決定し、彼を絞首刑に処する。全く同じ動機と意図をもった別の男が、慎重に照準を定めて獲物を撃つが、最後の瞬間に犠牲者が動いたため、あるいは彼自身の目が悪かったために、的を外すとする。彼は人の死を招いていないので、法が彼に一人の死の責任を負わすことはできない。しかし道徳的観点からすると彼は、死刑に処された殺人者より少し運が良かっただけに過ぎない。同様に、被告人が殺人の罪で有罪とされた有名な刑法の事例がある。そこでは犠牲者は、予想外のことに血友病患者であり、被告人が犠牲者の顔を平手打ちした際にできた口内の小さな切り傷から制御できないほど出血したことが原因で、死亡した。血友病患者を平手打ちした人物は、犠牲者が有していた思いも寄らない異常な敏感さが原因の死に対しても、責任があるとされた。

毎日千人もの人が不当に殴られても刑事責任の問題にはなっていないのに、である。対照的に道徳的責任は、幸運によって避けられたり運悪く遭遇したりするようなものであってはならないのである。

この道徳的責任の考え方を所与とすれば、人々が様々な外界の出来事や状況に対して道徳的に責任があるのかどうかを決めることが不可能になるかもしれない。なぜなら、ある人の行為が、ある結果を生み出すのにどれだけ重要であるとしても、それが結果を生み出した唯一のものだ、ということはありえないからである。それぞれの役割を果たす複数の状況や出来事は、通常のものも異常なものも、常に多く存在する。法的責任が問題含みであるような事例では、道徳的責任は原則として絶対的に決定不能であり、従って適用することもできない。なぜなら、ここで理解されたような道徳的責任の観点からすると、我々が様々な目的や政策に訴えることは許されないからである。

だからといって我々が、彼が行ったことについて当人に道徳的な「落ち度がある」と判定できないと言っているわけではない。そうした判定は、責任を帰属させる場合にも通常含意されるものだが、責任帰属と同じものではない。なぜなら責任判定には、因果性に関する要素も含まれるからである。もし彼の「落ち度」がなければある所与の危害が発生しなかった場合でさえ、その危害に対して責任を負うことなく、人が自分のすることについて道徳的落ち度がある、ということは可能である。その危害を彼に帰すことが適切だといえるのは彼の「落ち度」が、十分に「深刻」なものであり、当該の危害に十分に「重要」な寄与をしている場合のみである。もちろん、ここで要件となっている「十分性」は、あれこれの目的や政策に頼らずには確定できない[10]。

これらのことが道徳的責任の代表的擁護者を当惑させるとはかぎらない。もし彼が合理的な人物であるとともに哲学者であれば、外的な危害に対する道徳的責任が無意味であることを認め、だから道徳的責任は、行為者が最高位者として支配し運が入り込む余地のない、心の中の世界に限定される、と主張するだろう。なぜなら心の中の世界こそが、非協力的な自然の承諾なく物事が生じ、身体運動が開始され、意志的行為が企てられ、意図が形成され、感情がいだかれる、領域だからである。この考えにおける法と道徳の基本的な違いは、管轄の違いにある。道徳とは、完全に行為者の支配に服する内的思考や意志を統御しており、内的法廷としての良心の法廷の下に運用されるある種の内的法をなしている。外的法は、人がその仲間たちともつ関係を統御しているが、この関係には、他の人々と外的自然との両方が、予期も制御もできないような寄与をしうるのである。内的法はもっと厳正に妥当する。なぜなら、結果に対するこれらの外的寄与因子は除外されてしまっているからである。ロスコー・パウンドは道徳的主体について、「一方において彼は、自分自身と似た存在たちや外的諸事物と関係をもっている。しかし他方で彼はあたかも、孤独で自分自身とだけ共にいるかのようなのだ。[11]」と書いた。

III　道徳における問題含みの責任

道徳の内在性という教義とそれの装飾となる心理学は、それらを魅力的にする多くの要素をもっているかもしれない。しかしそれらは、法的責任を特徴づける恣意性や政策依存性を免れた、精密に決定可能な絶対的責任の適用の場を提供するわけではない。そうなる理由の一部は、たとえある人自身の様々な内的状態に対する責任というようなものがありうるとしても、それは状況によって完全に運の問題になってしまう、という点にある。

不運な血友病患者（haemophiliac）であるヒーモ（Haemo）と、同じだけ不運な平手打ち者（slapper）であるホツパー（Hotspur）（我々は以後彼をこう呼ぶことにする）の事例について考えてみよう[12]。我々がこの出来事のすべてを撮影していて、今そのフィルムを、ホツパーの行動のあらゆる場面と、（推測的にではあるが）「内的な」先行的場面まで観察できるほどスローモーションで上映することができる、と想像しよう。フィルムを逆向きに再生して我々は、ヒーモが口から出血する場面、ホツパーの手がヒーモの顔に当たる場面、急に動くホツパーの腕、まず彼の筋肉が収縮するところ、を見る。これら以前に我々が内的な出来事——ヒーモに手を振り上げようと決断する、その前に自分に言い聞かせることで勇気をしぼるまたは溜める、もっと前にヒーモの侮辱に対応して怒りの気持ちが燃え上がる——を推測できる場面が存在する。

これらの映画的場面のそれぞれに、我々がホツパーを責任ありと決定する理由となりそうな何らかの事情が存在する。我々は同様に以下のような第三者を想定して、彼をウィトウッドと呼ぶことにしよう。彼は有意のあらゆる点でホツパーと精確に類似しているのだが、たとえ彼がホツパーの立場にいたとしても、それぞれの場面で、運によって責任を逃れるのである。例えば次のようなことが想像できる。ウィトウッドがヒーモの口の出血を引き起こしたとしても、ヒーモの命は新しい薬によって救われた、あるいはもっと前の場面でウィトウッドは、ヒーモの口内の傷に責任を負うのではなく、強打を放つがそれはかすめただけで傷を作らない、さらにウィトウッドは、顔を平手打ちして痛みを伴う衝撃を与えた責任を負う代わりに、ヒーモが身をかがめてかわしたので、完全に的を外したのだ。ウィトウッドは意図も行動もホツパーと似ているのに、幸運によって責任を逃れるのである。

より初期の「内的」場面においても、同じ幸運はありうる。例えば、ホツパーが怒りを燃え上がらせ始めたであろう場面において、一片の埃がウィトウッドにくしゃみの発作を起こさせ、どんな激昂が生じるのも妨げてしまう。彼は、起こらなかった死に対して責任がないのと同じく、もたなかった感情に対しても責任がない。同様に、ホツパーであれば意図を形成するばかりになっているはずの時点で、ウィトウッドはその瞬間に大きな騒音によって気をそらされる。騒音が収まる時には、ウィトウッドの血は沈静化しており、ヒーモを平手打ちしようという意図が形成されることはない。しかして、ホツパーは彼の意図に責任がある――これを「道徳的に責任がある」と言いたい人もいるだろう――のであり、一方ウィトウッドは、偶発的な邪魔で注意を逸らされなければ同じ意図を形成したであろうが、幸運なことに責任を免れるのだ。それ故、どのような意味においてであろうと、外的状態に対する法的責任は、人がコントロールできない要因に依存するために運の問題でありうるが、全く同じ意味において、内的状態に対する「道徳的」責任もまた、偶然に依存しており運の問題でありうるのである。

当然のことながら意図は、人がもたらしたり、最初に何か他のことをすることが「原因となって発生する」ような種類のものではないので、「自分の意図に対する責任」という表現はどこか奇妙である。それでも、ある種の人格的特徴をもつことはしばしば、どんなものであっても具体的な意図を形成するための必要条件であり、よってある意味では、その意図が生じるについて一つの「寄与要因」である。もしホツパーが、実際とは反対に、短気でなかったり、一定種類の発言に対して過敏でなかったとしたら、おそらく彼はヒーモを殴打しようとは決断しなかったはずである。仮定上ホツパーと全く同じ人格的特徴を有しているウィトウッドは、意図に対する性格以外の寄与要因に邪魔が入ったために、同じ意図をもつことはなかった。よって人格的特徴は、人がもつ様々な意図にとっての十分条件となることは決してなく、ただ膨大な数の同時に作用する要因の一つに過ぎないのだから、人が自分の意図に（遡及的に見て）責任があるか否かは、その意図が生じるについて彼の人格的特徴がどれほど重要な役割を担ったか――つまり、それらの意図がどれだけ真に彼の人格的特徴の表現といえるか――にかかっている。

今や、先に定義したような道徳的責任がもつはずの他の不可欠の諸特徴、すなわち、言われているところの、精確な確定可能性や「問題含みの事例」から免れていることなどは、完全な統御や運からの独立性がそうでないのと同じく我々の内的生の特徴ではない、ということを示すのは容易であろう。もし我々がここで、法廷で発生し複数の政策的考慮間で均衡を取ることではじめて解決できるような、問題含みの事例と精確に類比的な事例が、政治的配慮が排除されている**内的法廷**でもまた発生しうるし実際にも発生する、ということを示せれば、我々はそれを証拠にして、ここで定義したような道徳的責任が空疎であることを証明したことになるだろう。

それでは、道徳的主体が自分の良心によって、弁明を行うよう召還されると想像してみよう。内的法廷の前で問われるのは、何らかの身体的行為や外的状況――それらは内的法廷の管轄外である――に対する責任ではなく、効果のある行為を産み出したかもしれないしそうでないかもしれない、何らかの過去の**意図**に対する責任である。以下のことが内的法廷によって確認されたと仮定しよう。問題になっている意図は、スミスの顔を平手打ちする意図であった。それが当人の心中に形成されたのは、(a) 彼が、一定種類の発言に対して異常な敏感さをもっており、それは、元々にある不安感と自信不足から生じている、(b) 活動過剰の副腎システム［が分泌するアドレナリン］

のせいで、通常の人より若干激昂しやすい傾向がある、(c) 彼をいらいらさせ自己抑制を弱めさせるだけ十分に不愉快な胃の不調があった、(d) スミスによる極度に挑発的でわざと罵倒する発言があった、ことの結果であった。

こうした事実がある場合、行為者はその意図に対して道徳的責任があるだろうか。もし彼が一定の短気で敏感な質の性格でなかったなら、彼は問題の意図をもたなかっただろうし、それらは、彼についての、つまり彼がどのような種類の人格であるかについての、事実である。しかしながら、スミスの挑発的な発言がなければ、あるいは胃の調子が悪くなければ、活動過剰の副腎システムがなければ、彼がその特定の意図を形成しなかっただろうということも同じように本当であり、そしてこれらのことは、彼についての事実ではなく、彼の身体や外的世界についての事実である。それでも、彼の道徳的主体としての自我や性格についていくつかの事実は、その意図にとって不可欠な条件の一部であった。すると問題は、それらは、その意図に対する究極的絶対的な道徳的責任を帰すことを正当化するに十分なだけ重要な必要条件だったのか、であるように見えるだろう。この問題は、何らかの外的危害に対する責任が確定されねばならない場合に外的法廷で発生する問題と完全に類比的であるように見える。ただそれは、外的事例では被告人は、何かをしたりしなかったりすることによって結果に寄与した一方で、内的事例では彼は、一定の種類の人間であることによって「寄与した」、という点だけを除けば、の話である。しかしながら公の法廷では、結果に対する行為者の寄与の重要性を決めるためのルール――それらの一部は確かに恣意的であるが、一部は有益な政策を反映している――が存在している。内的法廷では、そうしたルールは得られない。その結果として、道徳的責任の精確な決定可能性は幻想に過ぎず、内的法廷にも問題含みの事例は存在し、そしてそれらは原理的に決定不能であり、このように理解された道徳的責任は、法的なその対応物よりも合理性が、高いのではなく低いのである。

IV　結論

道徳的責任を分析する際の問題は、「責任」と呼べるだけ十分に法的モデルに似ており、「道徳」と呼べるだけ十分に合理的で自律的な概念構想を作り上げることにある。本章で私は、この問題は、法的装置を内的舞台に移すだけでは解けず、責任を内的管轄に限定することによってそれがもっている曖昧さを精確なものにし偶然性を排除することができる、と考えるのは誤りである、と論じた。特定の哲学者や学派に、この誤りについて特に罪があるわけではない。あえて言うなら道徳的責任は、我々全員がそれについて混乱している主題である。私が本章で論じてきた混乱は、特定の哲学者の誰彼に帰すことができるのと同じだけ、常識的な責任の観念にも帰することができるのかもしれない。その常識的観念それ自体が、多くの哲学者たちの影響の跡を留めているのではあるが。 (望月由紀訳)

註

1 例えば仕事や作業の任務における責任、そして「裁量的責任 discretionary liabilities」を負った任務における責任の判断もまた、遡及的につくられる。そして時に人に責任があるという場合、過去や未来のすべてに対して責任があるというのではなく、ほんの短い期間に対してである。遡及的責任について完全に分析するためには、(未来的) な責任判断や (短い期間の) 責任が重要ではあるが、私はここではそれらについて考察しないでおく。

2 William L. Prosser, *Handbook of the Law of Torts* (2d ed.; St. Paul, Minn., 1955) , p. 258.

3 Ibid., p. 262.

4 例えばポールズグラーフ対ロングアイランド鉄道会社の訴訟事件 (1928 年) では、出発しかけた列車に乗ろうと走っていた乗客を手助けしようとした二人の車掌が、十分注意せずに彼を乱暴に押してしまい、その人の腕から荷物をもぎ取ることになった。後から分かったことだが、その荷物には乱暴に扱うと爆発する花火が入っており、その爆発の衝撃で何フィートも離れたプラットホームの反対側にあったいくつかの重い計りがひっくり返った。計りは気付かずに待っていた女性の乗客に当たり、その人は重傷を負った。法廷に持ち出された問題は、鉄道会社が (従業員の過失による) その傷害に対して法的に責任があるかどうか、というものであった。ニューヨーク州最高上訴裁判所は激しく討議したうえでの裁定において、鉄道会社には責任がないとの判決を下した。一方、同じように難しい訴訟事件であるポレミス事件の場合、被告の会社の従業員たちは不注意にも木の厚板を船倉に落としてしまい、それが原因で生じた火花によって、彼等にはそれが在ることが分かっていなかったガス蒸気が爆発した。このようにして生じた火災によって船とその積み荷がすべて壊滅することとなった。裁判所は、被告のリース会社は (従業員の過失により) その全損失に対して法的な責任があると判示した。

5 Op. cit., p. 258.

6 Judge Allen、*Dillon v. Twin States Gas and Electric Co.* (1932) . より

7 この事例はジェローム・ホールの *General Principles of Criminal Law* (Indianapolis, 1947), p.

262. において論じられた同じような仮説事例を基にしている。

8 Henry W. Edgerton, "Legal Cause," 72 *University of Pennsylvania Law Review*（1924）, p. 211.

9 G. E. M. アンスコムは、彼女が我々の倫理学上の用語について、「それらは…今や特別な"道徳的"意味、すなわち、それらが人に対する（有罪／無罪の判定のような）何らかの絶対的な判定を含むような意味を獲得した。」と書いた時、私が思うに、「特徴的に道徳的であること」というこの特徴を示唆していた。"Modern Moral Philosophy," *Philosophy,* XXXIII（1958）, 5. を参照のこと。

10 私が思うに、これが「落ち度」fault の両義性によってしばしば曖昧にされていた点である。時として我々はその危害は「彼の落ち度」fault であるとただ単に言うことによって、ある危害に対する責任がその人にあるとする。他の場合には「落ち度」fault という用語を、その因果関係上の前件や結果に関係なく、どん欲や悪意、怠惰といった、人の持つ欠点に対しても使う。この両義性が、［サミュエル・］バトラーの『エレホン』（11 章）に登場する判事の「あなたが肺結核に罹っていることがあなたの落ち度であろうとなかろうと、それはあなたの中にある落ち度だ。そして国民がそのような落ち度から守られているよう注意することは、私の義務だ。」という有名な発言を説明している。

11 *Law and Morals*（Chapel Hill, N. C., 1926）, p. 97.

12 この人物は、死んだ人までいれても誰にも似ていない。

第17章
罰の表出的機能

The Expressive Function of Punishment

道徳哲学の古典的文献に没頭している道徳哲学者、あるいは不正義や被害に対して敏感な道徳家にとって、罰の問題に関する最近の様々な哲学的議論は、自分の関心からどこか外れているように見えるかもしれない。最近の影響力があるいくつかの論文[1]は、非常に賢く、定義に関する問と正当化に関する問、一般的ルールを正当化することと特定の決定を正当化すること、道徳的な罪と法的な罪、を区別した。ここまではまったく有益である。しかしながらそれらの論文が「罰」を定義するところまでくると、罰を理論的には謎めいたものに、道徳的には我々の心を乱すものに、しているまさにその要素を視野の外においている、と多くの人には見えるだろう。要するに罰は、人が過去にある点で間違ったこと（通常はルール違反や命令違反）に対して、権威が彼に厳しい処遇を科すことである、と定義される[2]。「罰」という言葉には、この定義によってうまく表現されるような、ごく一般的な意味もあるかもしれない。しかしたとえそうであっても、我々はこの定義の網の目からすり抜けてしまうような、狭くもっと強い意味を識別することができる。重罪を犯したことによる重労働をともなう拘禁は、この強い意味における罰のはっきりした事例である。しかし我々は、駐車違反チケット、〔アメリカン・フットボールでの〕オフサイドのペナルティ、首になること、単位を落とすこと、失格になること、などにこの罰という語を適用する気にはそれほどならないだろうと私は思う。後者のたぐいの例を、私は（単に）ペナルティと呼ぶことを提案しよう。そうすれば私は、道徳家が興味をもつ厳格で狭い意味の罰を、他の種類のペナルティから区別するものが何かを、さらに探求することができるだろう[3]。

この問に答える一つの方法は、すべての罰に欠けていて、懲罰的でない種類のペナルティすべてに共通している、明らかに特定できる特徴を発見しようと努力しながら、それらのペナルティに注意を向けることである。その特徴に両者の区別の基礎があるのかもしれないからである。しかしながら、この方法によって引き出される仮説は精緻な吟味に耐えられそうもない。例えば人は、単なるペナルティは罰ほど厳しくないと結論づけるかもしれない。しかし、これは一般的には真だが、必然的かつ普遍的にそうであるわけではない。また我々はペナルティを、特に強い動機をもつ人たちだけがその価格を支払おうとするような、一般的に好ましくないあるタイプの行為につけられた単なる「値札」だ、と解釈したい誘惑に駆られるかもしれない[4]。この解釈では、西部のいくつかの州が行っている、都心から自然保護区に向かう道路を意図的に数も少なく質も悪い状態のままにしておくという取り組みが、様々な駐車違反の罰金やフットボールのペナルティと本質的な差のないものに映ってしまうだろう。どの事例でもある種のふるまいを、完全には禁止しないまま控えるよう仕向けている。つまり、誰でも自然保護区へ行くこと（あるいは駐車時間超過やフットボールのパス妨害）を十分に強く望む者は、ペナルティ（価格）を支払う意思があるならそうすればよいのである。この考えではペナルティは、その価格が多くの場合前もってではなく後で支払われる点では違うが、事実上は許可料である。罰に関してはこれと似た解釈は妥当でないと思われるので、これがペナルティと罰の区別の基礎にあるものだ、と主張されるかもしれない。しかしながら、たとえ非常に多くのペナルティは遡及的許可料だとして扱っても妥当であることに疑いはないとしても、すべてのペナルティがそうであると見ることはまず不可能である。例えば、降格、解雇、落第点などの多くについてそれらを、既に消費された利益に対して支払われる「価格」だというのが妥当しないのは確かだし、駐車違反の罰金でさえ、「行為の基準として…真剣に受け取られることを意図されている」[5]ルールにともなう制裁であり、したがって単なる公共の駐車料金以上のものである。

ペナルティと罰との区別を基礎づけるための、様々なペナルティに共通かつ特有の特徴を探すよりもむしろ、我々の関心を罰の実例に向ける方がよいだろうと私は思う。ペナルティも罰もともに違反に対してなされる権威による利益剥奪である。しかしこれらの共通する特性以外に、様々なペナルティは雑然とした特徴をもつのに対して、様々な罰は共通に重要な一つの追加的特徴をもつ。その特徴、つまり種に特有の違いは一定の表出的機能にある、とこの後私は主張するつもりである。罰は、罰を加える権威自体の側から、あるいは「その人々の名において」罰が科される当の人々の側から、怒りや憤りの態度、そして不承認や非難という判断、を表出するための伝統的装置なのである。要するに罰は、他の様々な種類のペナルティには大きく欠如している象徴的意味をもっているのである。

罰がもつ、非難という象徴性と「厳しい処遇」としての特徴とは、現実には決して分け離せないが、分析という目的のためには注意深く区別しなければならない。非難は、それがさらに「厳しい処遇」を伴うか否かにかかわらず、それ自体が痛みを与えるし、罰金や拘禁といった厳しい処遇は、それが慣習的にもつ象徴性のゆえに、それ自体が非難でありうる。それでも我々は、それ以上の厳しい処遇を全く伴わない儀式的な糾弾や、象徴的慣習が異なるゆえに全く非難の力をもたない科刑や利益剥奪、も考えることができる。本論文で私が提示する理論は、(1) 罰がもつ「厳しい処遇」的側面と非難の機能はどちらも、法的処罰の定義の不可欠な要素であるにちがいない、(2) 上記の両側面のそれぞれは、一般的な慣行となっている法的処罰を「正当化」するについて、それぞれ別の種類の問を提起する、というものである。私はこの後、罰が果たす様々な役割と罰が提起するいくつかの概念上の問題は、(1) が真でなければ理解可能な形で記述することができないだろう、そして、よく目にする形態の応報的刑罰論に伴う不整合は、(2) がもつ効果を理解できないことに起因している、と主張するつもりである。

I　糾弾としての罰

コミュニティによる糾弾の表出が法的処罰の本質的成分であることは、法学者たちによって広く認められている。例えばヘンリー・M・ハートは、この点を雄弁に強調している。

> 刑事的制裁を民事的制裁から区別するもの、それを際立たせる唯一のものは、あえて言うなら、制裁の賦課に伴うコミュニティの糾弾という判断である。比較的最近ガードナー教授が、別ではあるが類似した関連で書いたように、
>
> 「道徳的非行に対する罰の本質は、刑事的有罪判決そのものの内にある。人は法廷でよりも株式市場でより多くの金銭を失うかもしれないし、戦争捕虜収容所が州刑務所よりも厳しい環境を提供することも十分あるだろうし、戦場における死は判決による死と同じ身体的な性質をもつ。身体的苦痛を刑罰として特徴づける唯一のものは、有罪宣告を受けた者に対するコミュニティの憎しみ、怖れ、あるいは軽蔑の表出である。」
>
> もしこれが「刑事」罰というものであるなら、「犯罪」とは何であるのかを言うことも十分容易になるだろう。…それは、その実行が正しく証明されるなら公式かつ厳粛なコミュニティによる道徳的な糾弾宣言を受けるような行為である。…実際端的に、［不快な身体的］帰結を追加された糾弾が罰である、と考えてよいだろう[6]。

このハート教授の端的な定義は、一つの点で限定が必要である。罰の本質的要素として彼が正しく同定する道徳的糾弾と「不快な帰結」とは、彼が示唆するほど別でも独立でもない。有罪判決を受ける囚人は、まず厳粛に糾弾されその後で不快な身体的処遇を受ける、というわけではない。この不快な処遇そのものが糾弾を表明しており、彼の拘禁がもつこの表出的側面がまさに、罰が単なるペナルティではなく罰だと正しく特徴づけられる理由なのである、と主張する方が、多くの事例においてより正確であろう。良心的だが事故を起こしがちな運転手の免許を残念ながら停止する行政官は、明示的にも黙示的にも何らの叱責なく利益剥奪を科すことができる。しかし6か月間刑務所に送られる無謀な運転手は、それによって不可避的に恥と屈辱を受ける——彼の獄房の壁そのものが彼を糾弾しており、彼の前科が汚名となるのである。

身体的処遇そのものがまさに糾弾を表明しているのだと言うことは、一定の厳しい処遇は公的な非難の慣習的シンボルとなっていると言っているだけである。このことは、我々の言語において一定の言葉が一定の態度を表出するための慣習的な手段となっているとか、シャンペンが伝統的に盛大な行事を祝う際に使われるアルコール飲料であるとか、黒が喪服の色であるとかと言う以上にも以下にも奇妙なことではない。さらに、特定の種類の罰がかなり特殊な態度（おおざっぱに言えば、これはその罰の「意味」の一部である）を表示するために頻繁に使われる。例えば、貴族の斬首と農民の絞首の間、異端者の焼殺と裏切り者の絞首との間、敵兵の絞首と銃殺との間、の違いに注意を向けられたい。

罰が象徴的な意義をもつことを示すことは容易だが、罰が表出するものが何であるかを正確に言葉にすることは、それよりずっと困難である。うまくすれば、文明的で民主的な国々において罰は確かに、犯罪者がしたことに対するコミュニティの強い不承認を表出する。実際罰は、犯罪者がしたことは悪であるという、コミュニティの（どのような感情とも区別されるものとしての）判断を表出すると言えるだろう。しかしながら、我々のコミュニティについては以下のように言うのが言うのが公正だと思う。罰は多くの場合、不同意を伴う判断以上のものを表出しており、それは、犯罪者に仕返しをし、ある種の報復的な怒りを表出する、ための象徴的な方法でもあるのだ、と。あえて言うならば、実際に刑務所に拘禁されたことがある読者なら誰にとっても、「受刑者に対するコミュニティの憎しみ、怖れ、あるいは軽蔑」といったガードナー教授の強い用語でさえ、拘禁が何を表出していると普遍的に受け取られるかの説明として、強すぎるとは思えないであろう。犯罪者は、守衛や外の世界のむき出しの敵意――それは十分激しいだろうが――を感じるだけでなく、その敵意がまた、自身を正しいとしていることも感じるのである。彼が受ける罰は、合法的な復讐心という側面をもつ。したがって、「刑法と復讐感情との関係は、結婚と性欲との関係とまったく同じだ」[7]というJ. F. スティーヴンの有名な言葉には多くの真実がある。

もし我々が、多様な報復的態度に対して、よりドラマティックでない「憤り（resentment）」という用語を使い、断固とした不同意の判断に対して「非難（reprobation）」という用語を使うなら、おそらく糾弾（condemnation）（あるいは弾劾（denunciation））は、憤りと非難がある種融合したものと特徴づけることができるだろう。これら二つの要素が、通常刑罰の中に見られることは、『死刑に関する王立委員会報告書』の著者たちによって非常によく理解されていた。

応報（retribution）原理についての議論は、その用語が常に同じ意味で使われているわけでないために混乱しがちである。その語は時には復讐を、時には非難を意味することが意図されている。第一の意味ではこの観念は、報復してもらいたいという不正に扱われた個人の願望を国家が充たすという原理である。第二の意味ではそれは、犯罪者が行った罪の重さに見合った罰を科すことによって、法を破ることへの国家の不同意を印象づけるという原理である[8]。

II　罰がもついくつかの派生的・象徴的機能

罰の表出的機能がいくつかある罰の中心的目的に対してもつ関係を跡づけることは、必ずしも容易ではない。象徴的な公的糾弾が利益剥奪に加わることは、抑止、更正、社会復帰、を助けるかもしれないし妨げるかもしれないが、その証拠は明らかでない。他方、罰には、抑止と更正にばかり気を取られてしばしば視野に入らないが、表出的機能を前提とし、それなしでは困難あるいは不可能であるような、他の機能もある。

i　権威による否認

当該国の実務執行者が苦情を申し立てている国の権利を侵害したため、当該国にその侵害行為を行った執行者を罰することを要求する、という標準的な国際慣行を考えて頂きたい。例えばA国の飛行機が、公海上を飛行中のB国の飛行機に発砲したと仮定しよう。十中八九、B国の高官たちはA国の対応する地位の高官たちに対して、他のことはさておき、違反行為をしたパイロットは罰せられるべきだと要求する抗議文を送るだろう。そのパイロットを罰することは彼の行為を、糾弾しそれによって否認するための、断固としたドラマティックで十分に理解されている方法である。それは世界に向けて、パイロットは彼が実際にしたことをする何の権利もなかったこと、彼は自分の責任でそれをやったこと、彼の政府はそのような種類のことを容赦しないこと、を告げるのである。それによってこの処罰は、当該の領域においてB政府の権利が侵害されたことをA政府が認めたこと、それ故そのパイロットの行為が不当であったこと、の証拠となるのである。彼を罰しないということは、A国がこのパイロット個人に責任があったと考えていないことを世界に告げる。そして今度はそのことは、当該行為の責任を引き受けることであり、それに事実上、その行為に「意図的な国家政策の手段」、したがって戦争行為、というレッテルを貼ることである。その場合には、公式の敵対かどちらか一方の側による屈辱的な面子喪失かのどちらかが、ほぼ確実に続くことになるだろう。罰がもつ非難という明白に了解された象徴性なしには、このシナリオのどれもが全く意味をもたない。これにまさに平行する形で、罰によって、雇用者は被雇用者の行為を否認することができる（その行為の民事上の責任は否認できないが）し、父親は息子の破壊行為を否認することができる。

ii　象徴的黙認拒否：「国民の名において語ること」

罰の象徴的な機能は、犯罪者に対する怒りを捨て刑法に対して概してあまり好意的な見方をしないような洗練された人々でさえなぜ、法がある種の行為を見逃す時あるいはもし見逃すならば、そのような行為は罰せられるべきであると要求する可能性が高いかについても、説明を与える。テキサス州では法は、いわゆる間男殺しを単に減刑の対象になるだけでなく完全に正当なものとみなしていた[9]。多くの人道主義者たちはまったく自然に、そのような殺人が罰せられないままであれば甚大な不正義がなされると感じるだろうと私は思う。さらに、正義が侵害されたという感覚は、他から区別されるものであって、殺人者に対するざまあ見ろという気持ち、血や復讐に対する渇望、世界を「歯車の狂った」ままにしておけないという形而上学的関心、などを伴わないかもしれない。この種の事例における罰への要求はむしろ、間男殺しは糾弾されて当然であるという感情、それを見逃す、あるいは肯定さえする法は、すべての国民を代表して、それに対する完全に不適切な態度を表出するように語っているという感情、を表わしているのかもしれない。というのも、要するにその法は、妻を寝取られた男の心にある復讐心の満足の方が、妻の情夫の生命そのものより大きな価値をもつということを、それがその名において語るところの「テキサスの州民たち」の判断として表出しているのだからである。間男殺しは罰せられるべきだという要求は単に、このいびつな価値判断は撤回されるべきであり、州は間男殺しに反対する態度をはっきりさせ、法はそのような殺人が間違っているのだという認識を公言すべきだ、という要求であるにすぎないのかもしれない。罰が殺人者たちを抑止する助けにもなるだろうという点に疑いはない。これもまたなしには済まないものであり、密接に罰に関係するが、非難と同視されるべきではない。なぜなら抑止は、単純なペナルティや罰金から奨励やプロパガンダまで、他の多くの方法によって成し遂げられるかもしれないが、効果的な公の弾劾と、それを通した犯罪に対する象徴的な黙認拒否のためには、実際上罰が必要だと思われるからである。

罰のこの象徴的な機能は、カントによって非常に強調されたが、彼はいかにも彼らしく、その重要性をさらに誇張する方向へと進んだ。たとえ孤島のコミュニティが解散することになったとしても、メンバーたちはまず刑務所に残された最後の殺人者の死刑を執行しなければならない、とカントは主張した。「そうしなければ、彼等は全員が、(罰を受けていない) 殺人の関係者だとみなされるかもしれない…」[10]。邪悪な行為を罰しないことで社会は、それらの行為を是認しそれによって犯罪加担者となるのだ、というこのカント的発想は、いかに漠然とであろうと、常識の中に埋め込まれているものを反映しているように思われる。同様の見解が、すべての市民は政治的残虐行為に対して責任を共有しているのだ、という広く見られる見解の中にある何であろうと理解可能なもの、の底にある。実存主義者や他の文豪たちによって行われる法外な罪の分配の背後に、整合的な議論があるのであれば、それは何か以下のようなやり方で再構成しうる。ある政治的行為が、どのような程度であれ「その人の名において」為されたのであれば、人はその程度においてそれに対する責任がある。市民は、事前に自身の代弁者としてのその政府と明示的に縁を切ることによって、あるいは事後に公然の抗議や抵抗などを通じて、責任を回避することができる。そうしない場合には、自身の名において為されたことを「黙認」することで、それに対する責任を負う。ここで根底にある考え方は、政府がその国民のためにもつ一種の「代理人の力」なのである。

iii　法の証（あかし）

時によって国家は、国家がその者の名で語っている当の良心的市民を十分喜ばすようなやり方で、制定法を通じてその態度を表明するが、その後で、役人による責任回避や信頼性のない法執行のせいで、法は本当にそれが語ることを意味しているのか、という疑いを生じさせる。白人の男がニグロを故意に殺すことは、他の場所でと同じくミシシッピーだけでも、殺人罪である。しかし、もし大陪審が正式起訴状の発行を拒否するなら、あるいは陪審が有罪評定を拒否するなら、そしてこの事実がほとんどの市民によって明確に認識されるなら、その場合、ミシシッピー州では白人による黒人の殺害は違法だ、というのは、まさに純粋に形式的で空虚な意味においてのことなのである。それでもその法は法令集に載っているのだが、それが高貴な道徳的判断に対して払うリップサービスの説得力は、どんどん薄れてゆく。主に違反することで尊重されるような制定法は、法という性質を失い始める。もしその法の証が立てられる（断固として再確認される）のでない限りは、である。そして明らかに、この証を遂行する方法（実際唯一の方法）は、法を破る者たちを罰すること、である。

同様に、民事裁判においていわゆる懲罰的賠償が、原告の受けた被害への補償を補足するものとして、時に原告に認められる。侵害された原告の権利の証を立てるやり方として、裁判所に、罰という象徴的装置を使ってその権利の侵害行為を強力に糾弾してもらうこと以上にドラマティックな、どんな方法が想像できるだろうか。

iv　他者の赦免

何か恥ずべきことが起こってしまい、その非行を行った者が少数の容疑者たちの一人に違いないことが明確である場合、国家は、関係者たちの一人を罰することによって、他の者たちを容疑から解放し、非公式に彼等に対して責めの赦しを与える。さらに刑事裁判の秤には、被告人への非難が掛かっているが、それと同じくらい、被害申立人の解放が掛かっていることが、かなりしばしばある。この点についてのよい例は、ジェームズ・グールド・コゼンスの小説『愛に憑かれて（*By Love Possessed*）』の中に見出すことができる。若い少女が、ボーイフレンドとの許されない性的行為の一夜の後、いじめが好きな母親にみつかってしまう。それから母親は、少女がその少年を刑事告訴することによって自身の汚名をそそぐよう主張する。少女は、彼が身体的な力を使ったと訴え、少年は、彼女が自由意思で同意したと応答する。陪審は、もし彼をレイプで有罪とするなら、同時に少女を（道徳的）罪から免除する。彼女の評判は、そして少年の評判もまた、その結果に掛かっている。国家が、刑罰によらずにこの仕事をこなすことはできないだろうか。おそらくできるだろうが、国家が罰することで語る時、国家が発するメッセージは大音量であり、確実に伝わる。

III　法的罰を定義するという憲法問題

不適切な定義によって、糾弾機能に目を向けない罰の哲学理論は、道徳家や伝統的な道徳哲学者を落胆させるだけではない。憲法学者の罰に対する死活的関心は、実践的に差し迫ったものであると同時に、概念に関わるものでありしたがって真に哲学的なのだが、不適切な罰の理論は、憲法学者に対しても侮辱といえるほど見当違いであるように見えるだろう。刑法では、刑罰と単なるペナルティとの違いは馴染みのものであって、理論家たちは、ジェローム・ホールが「『民事ペナルティ』を刑事の制裁から、『公的違法』を犯罪から区別する怪しげなドグマ」[11]と呼ぶものに、長くかかわってきたのである。我々の裁判所は現在、すべての刑事制定法は懲罰的である（制裁が明確に規定されていなければ、単にある行為を犯罪であるとレッテル貼りするだけではそれは犯罪にならない）ことを（定義上）真だとみなしている。しかし、制裁を明確に規定しているすべての制定法が刑事法であるのかという逆の問に対しては、裁判所は肯定的な答を与えようとしない。今や、「不愉快な帰結」を人々に科すことを許すがまったく刑事法とみなすことはできないような、多くの制定法がある。例えば徴税令書はある種の活動を、禁じることではなく規制することを目指している。様々な境界的な事例をどのように「規制的」と「懲罰的」のどちらかに区分するかは、単に無益な概念的謎かけではなく、裁判所を直ちに憲法的重要性をもつ問へと引きずり込む。刑罰を受ける可能性に直面する個人に対しては複雑な憲法的安全装置がある。しかし、科される恐れのある厳しい処遇が「ある活動を規制」しているにすぎない時には、それらの安全装置は適用がないしその必要もない。

1960年の「フレミング対ネスター事件」[12] 最高裁判決は、国家によって科される権利剥奪が「規制的」制裁と「懲罰的」制裁のいずれに解釈されるかによって、いかに一人の男の人生が左右されるかを示すドラマティック（かつショッキング）な例である。ネスターは、1913年にブルガリアから米国に移民し、1955年に社会保障法（Social Security Act）によって老齢年金が受けられる資格を得た。しかし、1933年から1939年まで共産党員であったために、1956年に移民国籍法（Immigration and Nationality Act）に従って強制送還された。これは、43年間ずっとアメリカに住んでいてもはや共産党員でもない男性にとって苛酷な運命であったが、少なくとも彼は社会保障給付を受けて追放の身の老齢期を支えることができるはずだ——と自身では思っていた。しかしながら、修正社会保障法の第202条は、「1954年9月1日（本条の制定日）以降に、過去に共産党員であったことを含め、列挙されているいずれかの理由で移民国籍法により強制送還される…外国人に対して支払われるべき老齢年金・遺族年金・障害年金給付の打ち切りを規定している。」[13] その結果ネスターは、自分の年金が終了すると告げられた。

それでネスターは、その行政決定の破棄を求めて地区裁判所に訴えを起こした。その裁判所はネスター側に有利な判断をし、社会保障法の第202条は違憲であるとした。「[ネスターの] 年金を終了させることは裁判なしで彼を罰するに等しく、そのことは、第202条を〔廃止されて久しい〕私権剥奪法にするという立法措置によって罰を科すことになり、その執行される刑罰は、行為の時には違法でなかった過去の行為に対して科せられるものであって、事後法を禁じる憲法を侵害している。」[14]というのがその理由である。そこでフレミング保健・教育・福祉長官は、この決定に対して最高裁に上告した。

地区裁判所が展開する議論にとって、第202条による老齢年金終了が実際は刑罰である、ということが決定的であった。なぜなら、もしそれを非懲罰的剥奪と分類するのが適切であったなら、引用されている憲法的保証はどれも有意性がないからである。例えば憲法は、すべての遡及法を禁じているのではなく、刑罰を伴う遡及法のみを禁じている。（遡及的税法もまた過酷で不公平であるかもしれないが、それは違憲ではない。）したがって最高裁の前にある問は、第202条によって科される困難が刑罰なのかどうか、であった。この問は最高裁を、「刑罰とは何か」というまさに哲学的問に直面させたのではないか、そして、罰を単なるペナルティから区別しない通常の定義においては、この具体的な法的問題は起きることさえなかったことが明らかではないか。

被上訴人ネスターの運命は簡単に物語ることができる。ブレナン判事が反対意見において雄弁にもネスターを、「自分の家族から引き離され、生活の術を取り上げられ、国外退去になって、47年前に立ち去った土地で見知らぬ人たちと生活することになった年老いた男」[15]と描いたにもかかわらず、最高裁の5人の多数派は、ネスターは罰せられたわけではない、とした。多数意見を書いたハーラン判事は、年金の終了は、強制送還自体と同じく、行為の規制に付随する議会の絶対的権限の発動である、と論じた。

> 同様に、国家が医療を行うための資格を設定し、それを時とともに変更して行くことは、自国民の健康と安全を守る国家権力に付随する活動であり、重罪を犯すあるいは過去に犯した者を医師業から除外するという国家の決定は、かつての重罪犯に罰を追加するという目的ではなく、この規制の権力を行使しようとの意思を明示的に示すものと理解される[16]。

一方ブレナン判事は、問題となっている条項が、「立法者たちの不興を買う行為のために強制送還になった外国人たち」を「狙い撃ちする」こと以外に一体全体どんな目的に役立つのか考えられない、と主張した[17]。

確かに、ブレナン判事がこの制裁の内に、議会による非難の表出を見出すのは正しいように見える。しかし、この制裁自体（ハーラン判事の言葉では「政府による非契約的な利益供与の単なる否定」[18]）は、全体として刑事法の機構の外にあるものであって、伝統的な譴責表出の手段ではなかった。それ故それは、罰一般にとって必須の非難という象徴性を欠いており、そのためそのハイブリッド的性格によって、一般の混乱および司法での見解不一致を生み出すことになった。それはまるで議会が、一定の人々の集団の上に不名誉な犯罪者のレッテルを貼ってそのレッテルに、開かれた公然の形の糾弾をさせるのではなく、聞こえよがしの私語で私的に彼等を「糾弾する」ようなものである。議会は疑いなく、一定の外国人の集団を罰することを「意図し」、実際にその目的にとって適切な厳しさの制裁を選択したのだが、議会が選んだ剥奪は、公的糾弾という機能を実行するには相応しくない種類のものだった。自身が事前に禁止しようとは考えなかった不愉快な行為のために息子を、背後からこっそり近寄りその子の身体を部屋の反対側の壁に投げつけることで「罰する」父親は、修正された社会保障法の立法者たちとまったく同じ立場にいるだろう。それは彼が、自身の息子に対する身体的攻撃には「懲罰的意図」は何もなく、自身の居間の家財道具や他の物を再配置する父親としての権利を行使しただけだ、と言うなら、特にそうだろう。そんなやり方をするならそれは、父親としての権威に汚点をつけ、その後の本物の罰に内容空疎な偽善を感染させるだろう。立法者たちが刑事法の外に出て刑事法の仕事をしようとする時、これと同じ効果が生じるのである。

1961 年にニューヨーク州の立法府は、「スミス法によって連邦政府の転覆を擁護したとして有罪になった者の運転免許を停止し取り消す」ことを要求する、いわゆる破壊的運転者法を可決した。レポーター誌[19]はその法案の発起人が、この法案が主に、5 年間の拘禁の後自身の運転免許証を取り戻す法廷闘争に最近やっと勝利した一人の人物、つまり共産主義者のベンジャミン・デイヴィスを狙い撃ちにしていることを認めた、としてその言葉を伝えた。レポーター誌は、この新しい立法によって最大「数ダースの」人々が自動車運転をできなくなるだろう、と見積もった。これは罰だったのだろうか。まったくそんなことはない、と法案の発起人であるポール・テイラー議員は言った。当該立法府は単に、公共の安全という利益ために自動車交通を規制する権利を行使しただけであって：

> テイラー議員が説明するには、運転免許は、「権利」ではなく「価値ある特権」である。結局のところスミス法の共産主義者たちは、物理力、暴力、暗殺による政府の転覆を擁護したとして有罪になったのである。（「彼等はいつも暗殺を除外するが、私はそれを入れたいと思う」と彼は述べた。）そのような法律によって有罪になった者は誰でも、「一定の見解にかなり深く身を捧げている人物にちがいない」し、その特定の見解をもった者は誰も、「他の人々の権利を気にかけることができない」と議員は続けた。他の人々の権利を気にかけることは、「よきドライバーの必要条件だ」と彼は言うのである。[20]

この例は、懲罰の意図を隠そうとする努力がいかに見え透いているか、を示している。スミス法の前科がある者たちは、非懲罰的な立法目的などと言っても通らないような、厳しさと環境の下で処遇されていた。それでもその種の処遇は、（その厳しさとはまったく別に）明白な公的糾弾に必須である非難という象徴性を欠いているのである。結局のところ、高齢者、身障者、盲目の人たちもまた免許証を奪われているのだから、この種の制裁に非難が伴う、というのは常に妥当することではない。苛酷な法の犠牲者たちが、自分たちは罰されている、それも遡及的にだ、と主張するのは理解できる。しかし厳密にいえば、彼等は「罰された」のではなく、もっとひどく取り扱われたのである。

IV　厳格刑事責任の問題

罰と単なるペナルティの区別、そして前者に必須の非難機能はまた、刑事法の著述家たちの間で見られる、いわゆる厳格責任違反――それで有罪とするために、訴追される側の過失や非難可能性を証明する必要がない違反――の適切性についての論争を解明する助けになりうる。もし彼が、制定法によって禁止されている行為を犯したことが証明されれば、彼は自身がしたことにどんな正当化理由や弁明があろうと、有罪となる。多分もっとも馴染みのある例は、交通法から挙げられるだろう。規制されている地域で許容されている時間を越えて自動車を駐車することは、自動的にその法を犯すことになり、どれほどよい弁解があろうとペナルティが科される。多くの厳格責任法は、公然の行為すら要求しない。それらは、一定の行為ではなく一定の結果を禁止するのである。禁制品、火器、または麻薬を知らずに所持することを犯罪とするものもあるし、商標を偽る商品や混ぜ物をした食品の販売を犯罪とするものもある。いわゆる公共的福祉違反の責任は、特に厳しいものに見えるかもしれない。

> …ほとんど例外なく、公共的福祉違反において悪意は必須でないこと、実際、非常に高い水準の注意も無関係だということ、ははっきりと確立している。それ故、ある家畜用飼料の販売者は、立派な化学者を雇って分析を行い、化学者の発見したことを少なめに表示したという事実にもかかわらず、商品に含まれるオイルの比率について〔過大な〕虚偽表示を禁止する法律に違反したとして有罪となった。[21]

公共的福祉法における厳格責任の正当根拠は、なんらかの弁明によって無効にしうる責任によるよりも無条件の責任による方が、公共的福祉への違反を防止できる可能性が高い、たとえ無「過失」責任は厳しいとしても、それはビジネスマンたちが被る知られたリスクの一つである、それに、制裁は罰金にすぎないから、性質上真に「懲罰的」なわけではない、というものである。他方、拘禁（「本来の罰」）に対する厳格責任は、「我々アングロ・アメリカンの司法の、そして実際文明化されたどんな司法のでも、基本的必要条件と両立しないと、多くの者が考えてきた。」[22] この態度のちがいを説明するものは何だろうか。どちらの種類の例でも、被告人は、たとえ過失がないと認められても制裁を受けるし、この差異は、拘禁が常にそして必然的に罰金よりも大きな害だ、ということではありえない。なぜなら、これは常に妥当するわけではないからである。むしろ、なぜ拘禁（罰）のための厳格責任が、罰金のための厳格責任に比べて、我々の正義感にとってこれほど違和感が大きいのかの理由は単に、現代における拘禁が、公的非難という象徴性を身につけたということにある。ブランダイス判事の言葉によれば、「今や犯罪を不名誉なものにしているのは、刑務所への拘禁である。」[23] 我々は、避けられなかった「違反」を理由に人々にペナルティを科す（penalize）というやり方に馴染んでいる。それは毎日、フットボールの試合、ビジネスの会社、交通裁判所などで起こることである。しかし人々を落ち度のないと認められている行為のゆえに罰する（punish）ことには、何か変なところ、不快なところがある。というのも、人を落ち度がない（と認められている）ことのために糾弾することは、恣意的かつ苛酷であるだけでなく、自己敗北的かつ非合理だからである。

制定法が規定する非懲罰的制裁を伴う違反というものは、それが急増している[24] ことは相対的に最近の事象だが、以前から法学のコメンテイターたちにはよく知られていたし、以前から彼等の気がかりの元だった。この不安は、「『公共的不法行為』『公共的違反』『禁止的法』『禁止行為』『規制的違反』『政治的規制』『行政的非行』『市民的違反』などのように、適切な名称が不断に探し続けられていることに示されている。」[25] これらは、交通違反、意図しない商業的規制違反などを犯罪だと、それらの違反者たちを犯罪者だと、彼等が受けるペナルティを罰だと、する受け入れがたい分類への代案を表現している。新しい模範刑事法典の起草者たちは、一群の刑事法に対する違反（infractions）を本来の刑法の一部を構成しないものと定義した。彼等はこれを「ヴァイオレーション」と呼び、それに対する制裁を「民事ペナルティ」と呼んでいる。

I.04 条。犯罪の種類と違反

(1) 本法またはこの州のすべての他の法律によって定義される違反（offense）で、それのために［死刑または］拘禁の判決が認可されているものは、犯罪（crime）となる。犯罪は、重罪（felony）、軽罪（misdemeanor）、微罪（petty misdemeanor）に分類される。

［(2) (3) (4) は重罪、軽罪、微罪を定義する。］

(5) 本法またはこの州のすべての他の法律によって定義される違反は、もし本法またはその違反を定義している法においてヴァイオレーションと呼ばれるなら、またはもし有罪判定時にその違反に対して、罰金、または罰金と没収、または他の民事ペナルティ、以外の判決が認可されないなら、またはもしそれが、当該の違反が犯罪とはならないと現時点で規定している本法以外の法律によって定義されているなら、犯罪とはならない。ヴァイオレーションは犯罪とはならず、ヴァイオレーションの有罪判定を、いかなる犯罪的違反に基づく能力停止や法的不利益処遇の契機としてもならない。[26]

ヴァイオレーションは、犯罪と異なって、社会的汚名を何も着せないので、たとえ、迅速で効率的な法執行の利益のために違反者たちが無条件に有責とされても、深刻な不正義はないのだ、としばしば論じられる。この議論の仕方は、我々が、ペナルティが警告とみなされ罰金が軽いような、駐車、軽微な交通違反、様々な種類の違法販売、健康・安全規則違反などを考える時には、説得的である。しかしこの議論は、「民事ペナルティ」が重い――高額の罰金、財産の没収、免職、免許停止、重要な「便益」の差し止め、などの――場合には、説得力がまったくなくなる。咎のない者たちを糾弾することは、もっともひどい不正義であるが、無実の者たちに対して善意で、非糾弾的だとして厳しい苦難を科すことは、それとほとんど変わらない。ヴァイオレーションおよび民事ペナルティを犯罪および処罰から区別することは有益である。しかしだからといって、後者に対して正義が要請する有責性要求による安全装置と適正手続が、常に前者には無関係なじゃま物になるわけではない。二つのものが道徳的に不正となる。(1) 咎のない者を糾弾し、どれほど軽いものであろうと彼に痛みまたは剥奪を科すこと（不正義の罰）、および (2) たとえ糾弾はなくとも、咎のない者に不必要で重い苦難を科すこと（不正義の民事ペナルティ）、である。しかしながら、駐車時間超過のために不運な違反者から２ドルの罰金を徴収することは、たとえ駐車時間超過を避けることが彼には可能でなかったとしても、このどちらでもない。

V　法的罰の正当化：罰を罪に適合させる

公的糾弾は、罰という汚名を着せる象徴を通した公然のものか、公然ではないが明確に識別可能なもの（単なる「懲罰的意図」）かにかかわらず、それに伴う厳しい処遇の態様から来る苦難を大いに増大させる。サミュエル・バトラーは鋭敏にも、非難を伴う厳しい処遇（罰）と同じ処遇が非難を伴わない場合との差異を理解している。

> …もし四肢の一つの切断が、我々を困難から救出する希望のもとに、そして医師の側が、自身が同じ窮状にないのは生まれつきの偶然にすぎないという十分な自覚をもっていて、親切かつ丁重に実施されるのであれば、我々は、その切断以上に、単なる罰という形で受ける一回のむち打ちを嫌悪するに違いない。だからエレウォン〔nowhere の逆 Erewhon〕人たちは、彼等の矯正者がそれを勧める時はいつでも、週に一度むち打ちを受け、皆で２ヶ月か３ヶ月の間パンと水の食事を取る。[27]

だから、むち打ちと絶食でさえ、それらが公的咎めを表出するものではない（バトラーが「スカウト活動」と呼んだもの）というのが社会的慣習であるところでは、罰にはならない。そして、罰ではなく治療的処遇としてそれらは、もっと気楽に受けられるのである。

それでも、むち打ちと絶食は実際に苦痛であり、（治療という）エレウォニア的な目的によって正当化される程度を越えている。同じことが、犯罪を犯した精神病質者たちがしばしば社会復帰のために送られる我々自身の州営精神病院についても妥当する。独房は、「静かな部屋」と呼ばれる時には同じほどひどく傷つけないかもしれないし、重い消火器を支えることの強制も、「水治療法」[28]と呼ばれる時には同様かもしれないが、それらを患者に科すことは、正当化が必要なほどには（その疑似医療的な名称が懲罰的な意図を隠すか否かにかかわらず）十分苛酷でありうる。

それ故、厳しい処遇と象徴的糾弾は、「罰」の適切な定義のためにその両方が必要であるだけでなく、そのそれぞれがまた、罰の正当化にとって特別の問題を投げかけるのである。罰の非難としての象徴性は、独立した苦痛の源泉としてだけでなく、いわれなき反応的態度と不公正な責任追及判断の媒体として攻撃にさらされる。ある種の懐疑論者は、法的諸ルールが実施されるにはペナルティが必要だという点と、そのようなルールに対する一般的で予想できる服従なしには社会は成り立たなという点を認めても、違反者たちにペナルティを科すのに糾弾を追加する必要があるのか、と疑問を提起するかもしれない。違反者たちへの厳しい処遇は不幸な必要事だ、と彼は認めるかもしれないが、違反者への非難は、不快にも自己正当化的かつ苛酷である、そして、必要な苦痛にいわれのない侮辱を追加することは、なんら有益な目的に役立たない。この種の懐疑論者に対する部分的回答は、すでに与えられている。罰がもつ糾弾的側面は、社会的に有益な目的に役立つ。つまりその側面は、否認、黙認拒否、立証、赦免、などのような象徴的機能の発揮を可能にする、まさに罰の中にある要素なのである。

別の種類の懐疑論者はすぐに譲歩して、罰がもつ非難という象徴性は、これら様々な派生的機能にとって必要であり、それらによって正当化される、ということを認めるかもしれない。実際彼は、このリストに抑止を加えさえするかもしれない。なぜなら糾弾は、ペナルティが単なる値札ではないことを、さもなければ明らかでないところで明らかにするだろうからである。しかしこの種の懐疑論者は、この点を認めはするが、犯罪的行為を公的に糾弾することを正当化している目的は、もっと苦痛の少ない象徴的装置を使って同じだけうまく達成できないだろうか、について我々に考えさせる。結局のところ、絞首台や拷問が恥と不名誉の主要で明白な象徴だった時代もあったのである。今や我々は、重罪人たちの犯罪を恥ずべきものにする方法として、彼等を糾弾して強制労働に送る。その仕事を、さらにもっと経済的に果たすことはできないだろうか。身体への、家族への、創造的能力への（無意味な）苦痛をさらに科すことなしに、汚名を着せる方法はないのだろうか。

宗教と秘蹟、音楽と演劇、というもっとも信頼性のある手段を利用して、もっとも厳粛なやり方で、卑怯な行為に対する共同体による犯罪者への糾弾を表出するための精巧な公的儀式、を想像することができる。そのような儀式は、非常に強力に糾弾を行うので、それが本物であることに疑いはなく、それによってそれ以上の厳しい身体的処遇を余分なものにする。そのような手段は、罰のもつ糾弾的機能を保存し、その通常の身体的媒介物——拘禁と肉体的虐待——を不要にするだろう。あるいはこれは、ただの空想かもしれないが、それ以上かもしれない。この問は明らかに解答に開かれている。私がここで指摘しておきたい唯一の点は、この問の性質についてである。罰を正当化するという問題は、それがこの形をとる場合、実際には我々が使ういくつかの具体的な汚名の象徴を正当化するという問題になるだろう。

しかしながら、罰という制度に対する懐疑主義の挑戦がどんな形態をとろうと、それに対する一つの伝統的な答として、私には一貫性に欠けるように見えるものがある。私が言っているのは、以下のような形態の応報論である。その理論は、糾弾も復讐も問題にせず、その代わりに、罰を正当化する究極的目的は、道徳的重大さと苦痛とを調和させること、邪悪な者たちはその卑劣行為に正確に比例する苦痛を受けねばならない、という正義原理と称されるものに従って、各違反者に彼の違反の悪が要求する正確な量の苦痛を与えること、にあるとする。

私は、この見解に対するよく知られた効果のある反論に、ついでに言及しておくだけにしよう[29]。罪のある者たちには害を受けるいわれがあるとされるのとちょうど同じく、思うに無実の者たちには害を受けるいわれがない。それでも、ある悪人に害を与えるについて、彼を愛する者や彼に依存している者に対して害を与えずにそれを行うことは不可能である。特定の事例で科すべき正しい量の害を決定するには、その違反者の全人生を通して顕現する彼の人格と、彼の一生の快と苦のバランスとを評価することが必要であるが、これが不可能であるのは明らかである。さらに正義はたぶん、罰を個人に対応させるという利益のために一般的ルールを捨てることを要求するだろう。なぜなら、同じ犯罪を犯すことの内には不可避的に平等でない道徳的責任があるだろうし、同じ罰から受ける害は平等ではないだろうからである。しかしながら、もし一般的ルールを捨てるのでなければそのルールは、すべての犯罪を道徳的重大さの順に並べたリストと、すべての罰を厳しさの順に並べたリストとを作り、この二つの物差しの間で対応づけをしなければならないだろう。しかし道徳的重大さの物差しは、外的行為のタイプだけでなく動機や目的もまたリストにしなければならない。というのも所与の犯罪は、あらゆる種類の「精神状態」の下で犯されるし、所与の事例でそれがもつ「道徳的重大さ」が部分的には、伴っている動機に依存するのは確実だからである。それ故適切な罰は、害を、危険の程度やなされた危害の量ではなく、動機（欲求、信念、その他何であろうと）と均衡させねばならなくなる。そうすると一部の軽窃盗が、一部の殺人よりも重く罰されることになる。我々が、裁判官や陪審にそのような困難な道徳判断をする権力を与えたいと考えることはないだろう。さらに悪いことには、要求される判断は、単に「困難な」だけでなく、原理上不可能である。例えば、激情的で衝動的な殺人者の方が計画的で計算ずくの殺人者よりも軽い害に値するのは、一部の道徳家にとっては「自明」に思われるかもしれない。しかし、たとえ危険性の比較という問題を考えないとしても、道理のわかる人々が、相対的な非難可能性の評価で意見を異にすることは、可能なだけでなく、実際にもあるだろう。そしてこの論点を解消する合理的な方法はなさそうである[30]。明らかに、一人の犯罪者が、もう一人のちょうど、2倍、または8分の3、または9分の12、だけの量の害に値することを証明する合理的な方法はない。それでも、少なくともこの理論の一部の形態に従えば、どんな二人の犯罪者に対して科される害の量も、二人の犯罪者の邪悪さの量に正確に比例していなければならないのである。

しかしこれらすべてにもかかわらず、痛みと邪悪さを釣り合わせる形態の応報理論は、道徳的常識の基礎の上に道徳的迷信の伽藍をまさに打ち立てている。というのも正義は、何らかの（別の）意味で「罰が犯罪に釣り合う」ことをまさに要求するからである。正義が要求するのは、罰の糾弾的側面が犯罪に相応すること、その犯罪が真に非難に値する種類に属することである。さらに、罰によって表出される不同意の程度は、より深刻な犯罪はより深刻でない犯罪よりも強い不同意を受けねばならない、という問題のない意味でのみ、犯罪に「相応」すべきである。この場合犯罪の深刻さは、それが一般的に引き起こす危害の量と、人々がその犯罪を犯しがちな程度とによって決定される。これは、象徴的機能と別に考慮される「厳しい処遇」という要素が、特定の犯罪行為がもつ、社会的危害との関係と独立に評価される道徳的質に、「相応」しなければならないと要求するのとはまったく別のことである。我々の慣行を所与とすればもちろん、糾弾は厳しい処遇によって表出され、後者の激しさの程度が前者の非難の程度を表出する。それでもこのことによって我々は、犯罪に釣り合うべきなのは社会的不同意とその適切な表出であって、厳しい処遇（苦痛）それ自体ではない、という事実に目をふさいではならない。苦痛は、それを科すことが公的糾弾の象徴的媒体だという限りでのみ、責任に釣り合わねばならないのである。　（長谷川みゆき訳）

註

1　特に以下を参照されたい。A. G. N. Flew, "The Justification of Punishment", *Philosophy*, 29（1954）, 291-307; S. I. Benn, " An Approach to the Problems of Punishment," *Philosophy*, 33（1958）, 325-341; および H. L. A. Hart, "Prolegomenon to the Principles of Punishment," *Proceedings of the Aristotelian Society*, 60（1959/60）, 1-26.

2　ハートとベンはともにフリューの定義を借りている。ハートのパラフレイズでは罰は「(i) … 苦痛ないしは通常不快とみなされている他の結果を含まねばならない。(ii)それはコモンロー準則に対する違反に備えるものでなければならない。(iii)それは事実上のあるいは仮定の上での違反者に帰属するものとされ、その人に与えられねばならない。(iv) それは違反者とは別の人間により意図的に執り行われねばならない。(v) それは違反がなされた法の組織により制定された権能により科されかつ執行されねばならない。」

3　罰とペナルティの区別に対して注意を向けるようコネチカット大学のアリタ・フリッツ博士にいざなわれた。似たような区別が多くの人によって異なった述語を用いてなされてきた。フレデリック・ポロック卿とフレデリック・メイトランド卿は、"真の、苦痛を与える罰"を法益剥奪、私的な復讐、罰金、贖罪とは別物として語っている。*The History of English Law Before the Time of Edward I*, 2nd edn.（Cambridge: At the University Press, 1968）, II, 451ff. "苦痛を与える罰"という表現はベンサムによって考え出された。「これらの［身体］刑はほとんどいつも不名誉を伴っている。そしてこれは必ずしも生体の実質的苦痛と共に増加するものではなく、主に違反者の状態［社会階級］に依存する。*The Rationale of Punishment*（London: Heward, 1830）, 83. ジェームズ・スティーブン卿は法的罰について「それは常に道徳上の不名誉と連結すべきものである」と言う。*A History of the Criminal Law of England*, 3 vols.（London: Macmillan & Co., 1883）, II, 171. ラスウェルとドネリーは「断罪的制裁」と「他のはく奪」とを区別している。"The Continuing Debate over Responsibility: An introduction to Isolating the Condemnation Sanction," *Yale Law Journal*,68（1959）. 伝統的なコモンローでの区別は、「破廉恥」な罪と罰、および「非破廉恥」な罪の罰、の間でなされる。「破廉恥罪」

の有罪決定を受けると人は、証人欠格のような、刑事科刑後の民事能力喪失になる。

4　厳密な意味での罰ですらある種の行為に対する税として解釈されるべきであるということはしばしばO. W. ホームズJrと結びつけて考えられる見解である。この問題に関するホームズの揺らぎに関する卓越した検討に関しては、Mark De Wolfe Howe, *Justice Holmes, The Proving Years*（Cambridge: Harvard University Press, 1963）, 79-80を見よ。また、罰と税に関する啓発的な比較と対照に関して Lon Fuller, *The Morality of Law*（New Haven: Yale University Press, 1964）, Ch.2, Part 7 および H. L. A. Hart, *The Concept of Law*（Oxford: Clarendon Press, 1961）, 39〔長谷部恭男訳『法の概念』ちくま学芸文庫、2014年〕を見よ。

5　H. L. A. Hart, *loc. cit.*

6　Henry M. Hart, "The Aim of the Criminal Law," *Law and Cotemporary Problem*, 23（1958）, II, A, 4.

7　*General View of the Criminal Law of England*（London: Macmillan & Co., 1863）, 99.

8　（London, 1953）, 17-18. My italics.

9　テキサス州刑法（Art. 1220）には最近まで以下のように書かれていた。「妻との姦通行為の最中に捕まった男に対して、その行為の当事者たちが別離する前に、夫によって犯されたのであれば、殺人は正当化できる。夫の側に、姦通に対してなんらかの黙認あるいは同意があったようにみえる時は、そのような状況は殺人を正当化しない」。ニューメキシコ州とユタ州にも同様の法律がある。テキサス州での完全に合法的な愛人殺人の驚くべき記述については John Bainbridge, *The Super-Americans*（Garden City: Doubleday, 1961）, 238ffを参照されたい。

10　*The Philosophy of Law*, tr. W. Hastie（Edinburgh: T. & T. Clark, 1887）, 198

11　*General Principles of Criminal Law*, 2nd edn.（Indianapolis: The Bobbs-Merrill Co., 1960）, 328.

12　*Flemming v. Nestor,* 80 S. Ct. 1367（1960）

13　*Ibid.*, 1370.

14　*Ibid.*, 1374（挟まれている複数の引用は省略）

15　*Ibid.*, 1385.

16　*Ibid.*, 1375-76

17　*Ibid.*, 1387.

18　*Ibid.*, 1376

19　*The Reporter*（May 11, 1961）, 14.

20　*Loc. cit.*

21　Hall, *op.cit.*, 329

22　Richard A Wasserstrom, "Strict Liability in the Criminal Law," *Stanford Law Review,* 12（1960）, 730.

23　*United States v. Moreland*, 258 U.S. 433, 447-448（1922）, Quoted in Hall, op.cit., 327

24　「1956年のウィスコンシン州法に関する、ある綿密な研究が明らかにしたところによれば、1956年時点で施行されていた（罰金、投獄あるいはその両方による処罰の対象になる）刑事犯罪に関する1113の法令の内、660もの法令では、違反を定義する際の表現の仕方において精神的要因についてあらゆる言及を排除しており、したがって、その表現の仕方のゆえに、それまでにこれらの事柄を律することになっていた解釈準則に基づいて、裁判所がもしそうすることが適切だと考えさえすれば、厳格責任を自由に科すことができた。」Colin Howard, "Not Proven," *Adelaide Law Review*, 1（1962）, 274. 引用されている研究は、Remington, Robinson, and Zick, "Liability Without Fault Criminal Statutes," *Wisconsin Law Review*（1956）, 625, 636.

25　Rollin M. Perkins, *Criminal Law*（Brooklyn: The Foundation Press, 1957）, 701-702.

26　Americal Law Institute, *Model Penal Code, Proposed Official Draft*（Philadelphia, 1962）.

27　*Erewhon*, new and rev. edn.（London: Grant Richards, 1901）, Ch. 10.

28　この二つの例は、Francis A. Allen, "Criminal Justice, Legal Values and the Rehabilitative Ideal," *Journal of Criminal Law, Criminology and Police Science*, 50（1959）, 229 で引用されている。

29　これらの議論のより説得的な言明化として、例えば W. D. Ross, *The Right and the Good*（Oxford: Clarendon Press, 1930）, 56-65; J. D. Mabbott, "Punishment," *Mind*, 49（1939）; A. C. Ewing, *The Morality of Punishment*（London: Kegal Paul, Trench, Trubner & Co., 1929）, Ch. 1; F. Dostoevski, *The House of the Dead*, tr. H. Sutherland Edwards（New Yorl: E. P. Dutton, 1912）を見よ。

30　Cf. Jerom Michael and Herbert Wechsler, *Criminal Law and Its Administration*（Chicago: The Foundation Press, 1940）, "Note on Deliberation and Character," 170-172.

あとがき

飯田亘之

本論文集成立の背景について簡単に述べ、加えてご協力いただいた方々への御礼の意を記させていただくこととしたい。

1980年代の後半からおよそ20年間千葉大学に拠点を置いた研究グループは生命倫理学、環境倫理学、科学技術倫理学等の応用倫理学の研究と、その反省を介して改めて問われるに至った倫理学の原理的問題に関する議論を行ってきた。その成果を『応用倫理学研究Ｉ』(1993年)、『生命・環境・科学技術倫理研究資料集Ｉ』(1995年) 他、およそ20冊余りの研究資料集として刊行してきた。ファインバーグの思想に関する研究、紹介もその過程で登場した。

これらの研究資料集には、研究参加者の原著論文の他、有益な議論と考えられたおよそ330点の海外論文の詳細な紹介文や翻訳が掲載され、ファインバーグ関連のものは25点ほど収められている。本論文集に収録した論文17点の内、9点はそこで既にレビューを付されて詳細に紹介され、うち7点が翻訳され資料集等に掲載されている。この9つの論文を中軸に、彼の根本思想に深く係わる他の論文を新たに加えることで本論文集は出来上がっている。

訳出論文17点の内以下の9点は初出の学会誌等からファインバーグ自身の編集による論文集に収められた際、著者による若干の加筆がなされている。加筆されたものの内、第5章「正義と人のデザート（報いに値すること)」を除き他の8点はその修正版を主たる典拠とした。第16、17章は第1論文集、第8章は第2論文集、第8、10、13、14, 15章は第3論文集に収められている。

翻訳に携わっていただいたのはかつて資料集作成に携わった方々と共編者嶋津の千葉大学在職中にその研究室に集った若い方々である。訳者のうちの何人かとは80年後半以来、実に30年近く研究上の交流を持たせていただいている。感謝の一語に尽きる。友人の英語学者斎田誠一氏（東京薬科大学名誉教授）には、語法上、難所に遭遇した際、度々相談を受けていただいた。ここに記して感謝の意を留めたい。また嶋津には、その門下生への配慮はもとより、この種の書籍の出版の際、編集者に課せられる様々な作業の内、非常に多くの部分を担当していただいた。

本論文集掲載の 3 点（第 2, 8, 14 章）の翻訳権に関してはシュプリンガー社の格別な御好意に預かった。過去の版権交渉の経験からそれ相当の準備が必要と考えていたが、今回は同社の御好意により円滑に進めることができた。心より感謝の意を表したい。この件の交渉開始は 2011 年 3 月 8 日、返信は 18 日にいただいている。

小文を閉じる前に、第 8 章の「後書き」を訳文としてではなく要約に留めざるを得なかった事情につき一言記しておく。残念ながら「後書き」の翻訳権は取得できなかった。第 8 章の本文とその後書きの版権所有者は元々異なっていた。交渉開始の時点でその版権はさらに別の所有者に移っており、新たな所有者のもとではこの文献は交渉の対象から除外されていた。「まえがき」で嶋津が述べているように、翻訳権取得ができないものは他にもいくつかあったが、この「後書き」はファインバーグの考え方を知る上で必要と考え「訳者による追記」としてその要約を付すことにしたものである。

訳者一覧

（◎ 編集・監訳者）

◎嶋津格（しまづ　いたる）

現職：獨協大学法学部特任教授

専門：法哲学

主たる業績：『問いとしての<正しさ>』（NTT出版、2011年）、「民事事件における事実の認定—「言語の内と外」各論として—」『法哲学年報』（2013、2014年）。

◎飯田亘之（いいだ　のぶゆき）

現職：千葉大学名誉教授

専門：倫理学

主たる業績：共編『バイオエシックスの基礎—欧米の「生命倫理」編』（東海大学出版会、1988年）他。

島津実伸（しまづ　みのぶ）

現職：千葉大学医学部付属病院臨床試験部　特任助教

専門：法哲学

主たる業績：「情報化社会における自由とアーキテクチャ」嶋津格編『法の主観的価値と客観的機能について』（47頁、千葉大学、2014年）他。

中井良太（なかい　りょうた）

現職：千葉大学大学院人文社会科学研究科博士後期課程

専門：法哲学

主たる業績：「リバタリアニズムにおける子供に関する一考察」『千葉大学人文社会科学研究』（第23号、214-228頁、2011年）、「ランドとハイエクにみる家族—リバタリアンな家族論の為の予備的考察—」『千葉大学人文社会科学研究科研究プロジェクト報告書』（第243集、14-21頁、2012年）

久保田顕二（くぼた　けんじ）

現職：小樽商科大学特任教授

専門：イギリス古典経験論哲学

主たる業績：共訳、ロールズ著『ロールズ哲学史講義』（坂部恵監訳、みすず書房、2005年）他。「ヒュームの共感概念について」『思想』（第1052号、260-280頁、岩波書店、2011年）

川北晃司（かわきた　こうじ）

現職：明治薬科大学教授

専門：倫理学

主たる業績：「道徳実在論の意味」『生命・環境・科学技術倫理研究』IV（12-25頁、千葉大学、1999年）、「利益相反と医療倫理—利益相反（COI）の諸定義と諸問題に関する文献考察—」『明治薬科大学研究紀要』[人文科学・社会科学]43号（1-35頁、2013年）他

野崎亜紀子(のざき　あきこ)
現職:京都薬科大学一般教育分野教授
専門:法哲学
主たる業績:「法は人の生lifeを如何に把握すべきか―Martha Minowの関係性の権利論を手がかりとして―(一)～(四・完)」『千葉大学法学論集』21(1)(2)(3)(4)、(2006、2007年)、「規範的関係論・序説」『千葉大学法学論集』29(1・2)(2014年)。

福原正人(ふくはら　まさと)
現職:東京大学大学院総合文化研究科国際社会科学専攻博士課程
専門:政治哲学
主たる業績:「領有権の正当化理論:国家は何をもって領土支配を確立するのか」『法と哲学』(第3号、信山社、2017年)、「グローバリゼーションと支配:植民地主義の悪性を出発点として」、田上孝一編『支配の政治理論』(社会評論社、近刊)他。

丸祐一(まる　ゆういち)
現職:鳥取大学地域学部准教授
専門:法哲学・生命倫理
主たる業績:「知りたいのはどんな情報ですか?診療と研究参加のインフォームドコンセント」玉井真理子・大谷いづみ編『はじめて出会う生命倫理』(有斐閣、2011年)

香川知晶(かがわ　ちあき)
現職:山梨大学名誉教授
専門:哲学・倫理学
主たる業績:共編著『生命倫理の源流　戦後日本社会とバイオエシックス』(岩波書店、2014年)、共訳『デカルト医学論集』(法政大学出版局、2017年)他。

川瀬貴之(かわせ　たかゆき)
現職:千葉大学大学院社会科学研究院准教授
専門:法哲学
主たる業績:「国民国家の集団的責任と過去の不正義の補償」『千葉大学法学論集』(26巻3号1-71頁、2011年)、「臨床研究における被験者の自立尊重原理」『千葉大学法学論集』(31巻1号130-71頁、2016年)

忽那敬三(くつな　けいぞう)
現職:千葉大学大学院人文科学研究院教授
専門:文化哲学
主たる業績:「遺伝子技術の展開に内在する両義性について」(『哲学の現在』日本哲学会国際交流WG編、2009年)、「自然科学における物象化の問題」(『千葉大学人文社会科学研究』第32号、2016年)

村瀬智之(むらせ　ともゆき)
現職:東京工業高等専門学校　一般教育科　准教授
専門:現代哲学・哲学教育
主たる業績:共著『子どもの哲学』(毎日新聞出版社、2015年)、分担執筆、「どうすれば授業で考えることができるだろうか」、直江清隆編『高校倫理の古典でまなぶ哲学トレーニング』(172-187頁、岩波書店、2016年)他

水野俊誠(みずの　としなり)
現職:富山大学特命准教授
専門:倫理学・精神医学
主たる業績:『J.S.ミルの幸福論—快楽主義の可能性』(梓出版社、2014年)、『医療・看護倫理の要点』(東信堂、2014年)他。

望月由紀(もちづき　ゆき)
現職:東都医療大学幕張ヒューマンケア学部准教授
専門:政治哲学、倫理学
主たる業績:望月由紀「発話行為と主体の成立、あるいは主体の受動性について」仲正昌樹編『アレテイア16』(御茶の水書房、2013年)、望月由紀「ネグリ」仲正昌樹編『社会思想の海図』(法律文化社、2014年)

長谷川みゆき(はせがわ　みゆき)
現職:東洋大学　国際課　職員
専門:法哲学、倫理学
主たる業績:「第三章　自我と責任・自己と責任」、『アレテイア15号　「法」における「主体」の問題』、御茶の水書房、41-65頁、2013年。「行為の原因・責任の根拠としての「意思責任」という幻想」、『人文社会科学研究』紀要、千葉大学大学院人文社会科学研究科、第21号、160-171頁、2010年。

事項索引（あいうえお順）

す

せ

た

と

は

ひ

ふ

み

め

り

わ

人名索引（アイウエオ順）

ア

アームソン (Urmson, James Opie)……126

アキレウス (Achilles)……146

アクトン (Acton, Harold B.)……209, 215, 216

アリストテレス (Aristotle)……24, 25, 39, 68, 151, 153, 154, 159, 162, 168, 189, 209, 339, 349, 382, 386, 387, 418, 419, 432, 440

ウ

ウィリアムズ (Williams, Barnard)……406, 439

ウィリアムズ (Williams, Glanville)……460

ウーズレー (Woozley, A. D.)……159-161, 164

ウェルマン (Wellman, Carl)……299, 300, 303

ウォルドロン (Waldron, Jeremy)……271, 302

オ

オースティン (Austin, J. L.)……39, 217

オッペンハイム (Oppenheim, Felix)……38

カ

カミサー (Kamisar, Yale)……254, 267, 443-446, 448, 449, 454, 458-461, 463

カミュ (Camus, Albert)……174, 394, 395, 403, 407-409, 411, 412, 414, 416, 438

カント (Kant, Immanuel)……78, 128, 184, 213, 216, 259, 293, 302, 496

ク

グレイ (Gray, John Chipman)……332

サ

サーモンド (Salmond, William)……64

サムナー (Samner, L. W.)……254-259, 263, 264, 268

シ

ジェイムズ (James, W. Rachels)……446

シジウィック (Sidgwick, Henry)……128, 134, 135

シュリック (Schlick, Moritz)……409

テ

テイラー (Taylor, Richard)……393-395, 399-401, 403-408, 414, 416-418, 423-425, 438, 439, 502

ト

ドゥオーキン (Dworkin, Gerald)……64, 103, 104

ナ

ナーヴソン (Narveson, Jan)……277

ネ

ネーゲル (Nagel, Thomas)……396, 398-401, 403, 410, 411, 413, 414, 435, 438

ハ

ハート (Hart, Henry. L. A.)……97, 114, 145, 491, 492, 510

バーリン (Berlin, Isaiah)……38, 49, 53, 54, 59

バトラー (Butler, Samuel)……143, 357, 487,

506

ヒ

ピアジェ (Piaget, Jean)……30, 37

フ

ブラックストーン (Blackstone, William)……455, 457, 458, 460
プラトン (Plato)……26, 151, 156, 157, 159, 209, 418
プロッサー (Prosser, William L.)……111, 177, 180, 477

ヘ

ベンサム (Bentham, Jeremy)……87, 247, 253-256, 258, 261-264, 268, 271, 314, 510

ホ

ボーク (Bork, Robert)……310, 312-316, 318-323
ホメロス (Homer)……145, 146

マ

マクロスキー (McCloskey, H. J.)……232-234, 335, 336

ミ

ミル (Mill, John Stuart)……41, 64, 65, 69, 70-72, 75-78, 80, 83, 85-87, 90, 98, 107, 113, 169, 173, 284, 319, 367, 380, 421-423, 440

ヤ

ヤング (Young, Robert)……293-295, 300, 302, 303

ラ

ライオンズ (Lyons, Daniel)……283, 284, 312-314
ライル (Ryle, Gilbert)……261, 262
ラスキン (Laskin, John)……20-23, 25, 37, 39

リ

リースマン (Riesman, David)……32-36, 39, 116

ル

ルイス (Lewis, C. S.)……16, 18, 24, 38, 95, 106, 276, 331

レ

レーンキスト (Rehnquist, William)……310, 465, 473
レッシャー (Rescher, Nicholas)……45

ロ

ロールズ (Rawls, John)……440, 520
ロス (Ross, W. D.)……188, 266, 512

ワ

ワサーストロム (Wasserstrom, Richard)……205, 207, 208, 275, 301

著者略歴

ジョエル・ファインバーグ（Joel Feinberg, 1926~2004）

法哲学、政治哲学、社会哲学、倫理学、など広範な分野で大きな影響力をもった米国の哲学者。大学（アリゾナ大）では、哲学科と法科大学院の両方に所属し、研究だけでなく教育においても両者の「架け橋」となった。本書収録の諸論文にも示されているように、安楽死などの生命倫理、環境問題、世代間正義、パターナリズムなどの実践的争点についても、また道徳的権利基礎論、心理的エゴイズム論批判、デザート論のような原理論についても、概念分析を中心に独自の鋭い議論を展開したが、それらの論文はそれぞれの分野で基本的文献として頻繁に引用されてきた。４巻本の大著『刑法の道徳的限界（他人への危害／他人への感情損傷／自己への危害／危害なき悪行）』（未邦訳）が主著。そこでは、J.S. ミル以来の英米圏の伝統に従い、個人の自由を前提にした上で、いかなる場合にそれを制限して個人を強制することが正当化できるかという形で政治的強制の限界を論じている。12版を重ね「哲学の中でもっとも広く使われたであろう教科書（『理性と責任』）」（死亡時の追悼文より）の編著者でもある。米国哲学会（APA）の東部・中部・西部の３地区（それぞれに会長を置く）を統括する全米理事会の議長も勤めた（1986～89年）。

倫理学と法学の架橋　ファインバーグ論文選

2018年11月15日　　初 版　第1刷発行

〔検印省略〕
定価はカバーに表示してあります。

編集・監訳©嶋津格、飯田亘之／発行者 下田 勝司

印刷・製本／中央精版印刷

東京都文京区向丘 1-20-6　郵便振替 00110-6-37828
〒 113-0023　TEL (03) 3818-5521　FAX (03) 3818-5514

発行所
株式会社 東信堂

Published by TOSHINDO PUBLISHING CO., LTD.
1-20-6, Mukougaoka, Bunkyo-ku, Tokyo, 113-0023, Japan
E-mail : tk203444@fsinet.or.jp　http://www.toshindo-pub.com

ISBN978-4-7989-1524-1　C3010　

東信堂

大学教学マネジメントの自律的構築—主体的学びへの大学創造二〇年史	関西国際大学編	二八〇〇円
学修成果への挑戦—地方大学からの教育改革	濱名篤	二四〇〇円
転換期を読み解く—潮木守一時評・書評集	潮木守一	二六〇〇円
大学再生への具体像—大学とは何か【第二版】	潮木守一	二四〇〇円
リベラル・アーツの源泉を訪ねて	絹川正吉	三二〇〇円
「大学の死」、そして復活	絹川正吉	二八〇〇円
大学教育の思想—学士課程教育のデザイン	絹川正吉	二八〇〇円
大学教育の在り方を問う	山田宣夫	二三〇〇円
北大 教養教育のすべて—エクセレンスの共有を目指して	小笠原正明・安藤厚・細川敏幸編著	二四〇〇円
検証 国立大学法人化と大学の責任—その制定過程と大学自立への構想	田中弘允・佐藤博明・田原博人著	三七〇〇円
国立大学職員の人事システム—管理職への昇進と能力開発	渡辺恵子	四二〇〇円
国立大学法人の形成	大﨑仁	二六〇〇円
国立大学・法人化の行方—自立と格差のはざまで	天野郁夫	三六〇〇円
教育と比較の眼	江原武一	二六〇〇円
大学は社会の希望か—大学改革の実態からその先を読む	江原武一	二〇〇〇円
転換期日本の大学改革—アメリカとの比較	江原武一	三六〇〇円
大学の管理運営改革—日本の行方と諸外国の動向	江原武一・杉本均編著	三六〇〇円
大学経営・政策入門	東京大学 大学経営・政策コース編	二四〇〇円
大学経営とマネジメント	新藤豊久	二五〇〇円
大学戦略経営の核心	篠田道夫	三六〇〇円
戦略経営111大学事例集	篠田道夫	三六〇〇円
大学戦略経営論—中長期計画の実質化によるマネジメント改革	篠田道夫	三四〇〇円
カレッジ(アン)バウンド—米国高等教育の現状と近未来のパノラマ	J・J・セリンゴ著 船守美穂訳	三四〇〇円
米国高等教育の拡大する個人寄付	福井文威	三六〇〇円
大学の財政と経営	丸山文裕	三二〇〇円
私立大学マネジメント	㈳私立大学連盟編	四七〇〇円
私立大学の経営と拡大・再編—一九八〇年代後半以降の動態	両角亜希子	四二〇〇円
学長奮闘記—学長変われば大学変えられる	岩田年浩	二〇〇〇円

〒113-0023 東京都文京区向丘 1-20-6 TEL 03-3818-5521 FAX03-3818-5514 振替 00110-6-37828
Email tk203444@fsinet.or.jp URL:http://www.toshindo-pub.com/

※定価：表示価格（本体）＋税